Entscheidungen

des

Reichsgerichts.

Herausgegeben

von

den Mitgliedern des Gerichtshofes
und der Reichsanwaltschaft.

Entscheidungen in Zivilsachen.

134. Band.

Berlin und Leipzig 1932

Walter de Gruyter & Co.

vormals G. J. Göschen'sche Verlagshandlung – J. Guttentag, Verlagsbuchhandlung – Georg Reimer – Karl J. Trübner – Veit & Comp.

Entscheidungen

des

Reichsgerichts

in

Zivilsachen.

---

134. Band.

Mit Anhang: Entscheidungen des Staatsgerichtshofs.

Berlin und Leipzig 1932

Walter de Gruyter & Co.

vormals G. J. Göschen'sche Verlagshandlung – J. Guttentag, Verlags-
buchhandlung – Georg Reimer – Karl J. Trübner – Veit & Comp.

Druck von Metzger & Wittig in Leipzig

Inhalt.

I. Bürgerliches Recht.

a. Reichsrecht.

b. Landesrecht.

II. Öffentliches Recht.

III. Gerichtliches Verfahren.

Anhang: Entscheidungen des Staatsgerichtshofs.

1. 1. Bestimmt die Reichsverfassung den Inhalt der wohlerworbenen Rechte der Beamten?

2. Stellen die Vorschriften der Besoldungsgesetze, die eine Herabsetzung von Beamtenbezügen durch einfaches Gesetz zulassen, eine Beschränkung der Besoldungsansprüche der Beamten dar, sodaß diese Ansprüche nur mit der Beschränkung wohlerworbene Rechte geworden sind?

3. Gewährleistet die Reichsverfassung die Fortdauer der wesentlichen Grundlagen des Berufsbeamtentums als wohlerworbenes Recht auf Aufrechterhaltung der Eigenschaft als Beamter und damit auf Ermöglichung einer der Beamtenstellung entsprechenden Lebensführung?

4. Ist ein in einem Besoldungsgesetz enthaltener Änderungsvorbehalt, der zum Teil wohlerworbene Rechte der Beamten verletzt, insoweit aufrecht zu erhalten, als er mit der Reichsverfassung nicht im Widerspruch steht?

Oldenburgisches Beamtendiensteinkommensgesetz vom 11. August 1920 § 33. Reichsbesoldungsgesetz vom 30. April 1920 § 34. RVerf. Art. 129.

III. Zivilsenat. Urt. v. 10. Juli 1931 i. S. Oldenburgischer Staat (Bekl.) w. St. u. Gen. (Kl.). III 149/30.

I. Landgericht Oldenburg.
II. Oberlandesgericht daselbst.

Die beiden Kläger, oldenburgische Landesbeamte, wurden am 10. April 1923 zu Staatsministern gewählt. Am 26. Juni 1925 wurden sie unter Gewährung des gesetzlichen Wartegelds zur Disposition gestellt. Ihr Wartegeld wurde nach Erlaß des oldenburgischen Besoldungsgesetzes vom 25. Mai 1928 dessen Vorschriften entsprechend mit Wirkung auf den 1. Oktober 1927 neu festgesetzt. Da bei beiden Klägern das Grundgehalt vor dem 1. Oktober 1927 die im Gesetz festgesetzte Höchstgrenze von 13200 RM. bereits überschritten hatte, wurde ihr neues Wartegeld nach ihrem bisherigen Grundgehalt berechnet.

Die Kläger vertreten den Standpunkt, daß ihr Wartegeld zu niedrig berechnet worden sei. Die Berechnung habe nach den für sie durch das oldenburgische Gesetz vom 5. August 1920 für maßgeblich erklärten entsprechenden Vorschriften des Reichsbesoldungsgesetzes zu erfolgen, mithin nach dem Reichsbesoldungsgesetz vom 16. Dezember 1927, nach dessen § 25 das Wartegeld unter Zugrundelegung der neuen Gehälter der aktiven Beamten ohne Berücksichtigung einer Höchstgrenze neu festzusetzen sei. Sie verlangen mit der Klage die Nachzahlung der entsprechenden Beträge bis Januar 1929 nebst Zinsen.

Das Landgericht hat die Klage abgewiesen, da nach § 33 des oldenburgischen Beamtendiensteinkommensgesetzes vom 11. August 1920 die Bezüge durch (einfaches) Gesetz geändert werden könnten. Diese Bestimmung stehe nicht im Widerspruch mit Art. 129 Abs. 1 Satz 3 RVerf. Deshalb sei für die Berechnung des Wartegelds der Kläger das oldenburgische Gesetz vom 25. Mai 1928 maßgebend. Auf die Berufung der Kläger hat das Oberlandesgericht der Klage in vollem Umfang stattgegeben. Die Revision des Beklagten führte zur Aufhebung des oberlandesgerichtlichen und zur Wiederherstellung des landgerichtlichen Urteils.

Gründe:

Die gesetzlichen Vorschriften, auf welche sich die Klage stützt, lauten:

1. § 2 Abs. 1 des oldenburgischen Gesetzes betr. Anstellung und Besoldung der Mitglieder des Staatsministeriums vom 4. Juli 1919 (OldGesS. Bd. 40 S. 435) in der Fassung des Gesetzes vom 26. Mai 1924 (OldGesS. Bd. 43 S. 231):

Die Mitglieder des Staatsministeriums erhalten jeweils das Gehalt der Ministerialdirektoren bei den obersten Reichsbehörden. Daneben beziehen sie die Orts-, Kinder-, Frauen- und Teuerungszuschläge nach den für die Zivilstaatsdiener geltenden Bestimmungen.

2. § 3 Abs. 1 des vorbezeichneten oldenburgischen Gesetzes in der Fassung des Gesetzes vom 10. August 1920 (OldGesS. Bd. 40 S. 989):

Das Wartegeld, das Ruhegehalt und die sonstigen Versorgungsbezüge von Zivilstaatsdienern, die zu Mitgliedern des Staatsministeriums gewählt sind, sowie die Hinterbliebenenbezüge ihrer Witwen und Kinder regeln sich nach den darüber für die Zivilstaatsdiener geltenden Bestimmungen.

3. § 1 des oldenburgischen Gesetzes betr. die Regelung der Versorgungsbezüge der nach dem 1. April 1920 und der zum 1. April 1920 oder früher zur Disposition gestellten oder in den Ruhestand versetzten planmäßigen Landesbeamten usw. vom 5. August 1920 (OldGesS. Bd. 40 S. 949):

Auf die Berechnung des Wartegeldes ... der nach dem 1. April d. J. zur Disposition gestellten oder in den Ruhestand versetzten planmäßigen Landesbeamten (Zivilstaatsdiener) ... finden die darüber für die Reichsbeamten jeweilig geltenden Bestimmungen mit der Maßgabe Anwendung, daß ...

3. darüber, welche Bezüge... als pensionsfähiges Diensteinkommen anzusehen sind, die landesrechtlichen Vorschriften entscheiden.

Als ruhegehaltsfähiges Diensteinkommen sind anzusehen nach Art. 13 zu a, Art. 57 § 2 des insoweit noch in Geltung befindlichen oldenburgischen revidierten Zivilstaatsdienergesetzes vom 28. März 1867 (OldGesS. Bd. 20 S. 71) das Gehalt und außerdem nach §§ 11, 15 des oldenburgischen Beamtendiensteinkommensgesetzes vom 11. August 1920 (OldGesS. Bd. 40 S. 963) — OldBDEG. — der Ortszuschlag der Ortsklasse B.

4. § 25 des Reichsbesoldungsgesetzes vom 16. Dezember 1927 (RGBl. I S. 349):

Die Bezüge der beim Inkrafttreten dieses Gesetzes im einstweiligen Ruhestande befindlichen Beamten werden mit Wirkung vom 1. Oktober 1927 nach den geltenden Vorschriften neu festgesetzt.

Die vom Beklagten angezogenen Vorschriften lauten:

1. § 22 des oldenburgischen Besoldungsgesetzes vom 25. Mai 1928 (OldGesS. Bd. 45 S. 659) — OldBesG. —:

Die Bezüge der zur Disposition gestellten oder in Ruhestand versetzten Beamten ... werden nach den jeweils für die Reichsbeamten geltenden Bestimmungen berechnet ... § 25 des Reichsbesoldungsgesetzes vom 16. Dezember 1927 (RGBl. I S. 349) findet jedoch keine Anwendung. Die Erhöhung der Versorgungsbezüge der zum 1. Oktober 1927 oder zu einem früheren Zeitpunkt zur Disposition gestellten Beamten wird nach den Bestimmungen der §§ 26flg. des Reichsbesoldungsgesetzes vom 16. Dezember 1927 berechnet.

Die in diesem Gesetz in Bezug genommenen §§ 26flg. RBesG. sehen bei den Bezügen der bereits im Ruhestand befindlichen Beamten eine durch prozentualen Zuschlag zum früheren Grundgehalt zu errechnende Erhöhung vor, bei der das neue für die Berechnung maßgebende Grundgehalt 13200 RM. nicht übersteigen darf.

2. § 33 OldBDEG.:

Änderungen der durch dieses Gesetz geregelten Gehälter, Ortszuschläge und Kinderzuschläge, sowie der auf Grund der Gehälter und Ortszuschläge festgesetzten Ruhegehälter, Wartegelder und Versorgungen, ebenso Änderungen der Einreihung der Beamten in die Gruppen der Gehaltsordnung können durch Gesetz erfolgen.

Werden Beamte durch eine solche Änderung hinsichtlich der im Abs. 1 genannten Bezüge oder hinsichtlich ihrer Einreihung in die Gruppen der Gehaltsordnung mit rückwirkender Kraft schlechter gestellt, so sind die Unterschiedsbeträge nicht zurückzuerstatten. Dies gilt sinngemäß für Versorgungsberechtigte.

Sämtliche vorgenannten Vorschriften aus den Jahren 1927 und 1928 sind mit Rückwirkung auf den 1. Oktober 1927 in Kraft getreten.

Der Berufungsrichter geht davon aus, daß sich das Wartegeld der Kläger nach § 1 des oldenburgischen Gesetzes vom 5. August 1920 seit Inkrafttreten des Reichsbesoldungsgesetzes vom 16. Dezember 1927 in Anwendung von § 25 dieses Gesetzes mit Wirkung vom 1. Oktober 1927 an nach den neuen Gehältern für die Mitglieder des Oldenburgischen Staatsministeriums richtete. Die hiergegen erhobenen Angriffe der Revision scheitern daran, daß diese grundlegende Annahme des Berufungsrichters auf der Auslegung von nicht revisiblem Landesrecht beruht. Die von der Revision vermißte Norm, wonach sich die späteren Veränderungen in den Besoldungsverhältnissen der aktiven Beamten auch auf die Kläger als Wartestandsbeamte — entgegen der für die Wartestandsbeamten des Reichs bestehenden Rechtslage (RGZ. Bd. 121 S. 149) — erstrecken, hat der Berufungsrichter im § 1 des oldenburgischen Gesetzes vom 5. August 1920 in Verb. mit § 25 RBesG. von 1927 und § 2 Abs. 1 des oldenburgischen Gesetzes vom 4. Juli 1919/26. Mai 1924 erblickt. Eine Nachprüfung durch das Revisionsgericht ist insoweit ausgeschlossen. Sie wird auch nicht dadurch ermöglicht, daß gemäß § 9 der Verordnung vom 28. September 1879 (RGBl. S. 299) die Revision auf Verletzung des oldenburgischen revidierten Zivilstaatsdienergesetzes vom 28. März 1867 gestützt werden kann. Wenngleich dieses Gesetz in den Art. 47 flg. Bestimmungen über das Wartegeld trifft, so stellen die vom Berufungsrichter zugrunde gelegten neuen oldenburgischen Besoldungs- und Ruhegehaltsgesetze, die völlig unabhängig und ohne Bezugnahme auf das Zivilstaatsdienergesetz erlassen worden sind, keine Neufassung des letzteren Gesetzes, sondern eine vollständige und umfassende Neuregelung der Versorgung der Wartegeldbeamten dar. Es ist auch unerheblich, daß § 1 Nr. 3 des oldenburgischen Gesetzes vom 5. August 1920 die landesrechtlichen Bestimmungen darüber entscheidend sein läßt, welche Bezüge der Beamten als ruhegehaltsfähiges Diensteinkommen anzusehen sind, und daß der Berufungsrichter dementsprechend aus Art. 13 und Art. 57 § 2 des Zivilstaatsdienergesetzes vom 28. März 1867 entnimmt, daß, abgesehen von dem in anderen Gesetzen geregelten Wohnungsgeldzuschuß, das Grundgehalt maßgebend sei. Denn diese Prüfung befaßt sich nur mit der Frage, welche einzelnen Teile der gesamten Bezüge der Wartegeldberechnung zugrunde zu legen sind, nicht auch mit der Frage, in welcher Höhe die Bezüge (ob in Höhe der alten oder der neuen Grundgehälter) maßgebend sind. Bei Prüfung der letzteren, allein entscheidenden Frage hat der Berufungsrichter das Zivilstaatsdienergesetz nicht angewendet.

Die Ansicht des Vorderrichters, daß durch Inkrafttreten des Reichsbesoldungsgesetzes vom 16. Dezember 1927 an sich Rechte der Kläger auf die von ihnen hiernach geforderten und richtig berechneten Wartestandsgelder begründet werden konnten, ist somit der Nachprüfung des Revisionsgerichts entzogen.

Dagegen unterliegt die weitergehende Annahme des Berufungsrichters, daß diese Rechte von den Klägern trotz der später erfolgten neuen und anderweitigen Regelung in § 22 OldBesG. im Sinne des

Art. 129 Abs. 1 Satz 3 RVerf. wohlerworben seien, der Nachprüfung durch das Revisionsgericht.

Der Berufungsrichter hat bei Prüfung des § 22 OldBesG. unter Zurückweisung verschiedener Angriffe der Kläger zunächst angenommen, die nach § 22 getroffene Regelung habe eine Herabsetzung der nach § 25 RBesG. zu berechnenden Wartegelder bedeutet, da nach ihr nur prozentuale Zuschläge zu den Bezügen unter Beschränkung des Grundgehalts auf eine Höchstgrenze entsprechend der Regelung für Ruhegehaltsempfänger in § 26 RBesG. in Frage gekommen seien. Das Berufungsgericht hat weiter die Frage geprüft, ob diese Herabsetzung einen Verstoß gegen den im Art. 129 RVerf. den Beamten gewährleisteten Schutz ihrer wohlerworbenen Rechte bedeute, und hat diese Frage für den Fall bejaht, daß nicht § 33 des vor dem Amtsantritt der Kläger erlassenen oldenburgischen Beamtendiensteinkommensgesetzes vom 11. August 1920 eingreife, und der Landesgesetzgebung ein Recht zur Herabsetzung durch einfaches Gesetz gebe. Ferner hat der Berufungsrichter in Auslegung des nicht revisiblen Landesrechts bejaht, daß § 33 OldBDEG. Inhalt des für die Berechnung des Wartegelds der Kläger maßgebenden Gesetzes vom 5. August geworden sei und auch an sich eine Herabsetzung der Wartegelder begründen könne, und daß die Vorschrift somit auf den vorliegenden Sachverhalt Anwendung finden würde, falls sie mit Art. 129 RVerf. vereinbar sei.

Diese entscheidende Frage hat der zweite Richter im Gegensatz zur Auffassung des Beklagten und des Landgerichts verneint; er hält mithin die Vorschrift des § 33 OldBDEG. gemäß Art. 13 RVerf. für rechtsunwirksam. Der Berufungsrichter hat dann die Schlußfolgerung gezogen, daß die Kläger auf Berechnung ihres Wartegelds nach den neuen Ministerbezügen ein wohlerworbenes Recht erlangt hätten, das ihnen § 22 OldBesG. nicht wieder habe nehmen können.

Der Vorderrichter stellt sonach die Entscheidung des Rechtsstreits darauf ab, ob § 33 OldBDEG. mit Art. 129 Abs. 1 RVerf. im Widerspruch steht. Die Beantwortung dieser maßgebenden Frage enthält eine Anwendung des Art. 129 RVerf. und des in ihm enthaltenen reichsrechtlichen Satzes: „Die wohlerworbenen Rechte der Beamten sind unverletzlich." Die Entscheidung des Berufungsrichters ist daher insoweit der vom Revisionskläger erbetenen Nachprüfung durch das Revisionsgericht unterworfen (RGUrt. vom

27. November 1925 III 257/25 und vom 18. Februar 1927 III 140/26, auszugsweise abgedr. HöchstrRspr. 1927 Nr. 1064; vgl. auch RGZ. Bd. 120 S. 198).

Der Angriff der Revision ist auch begründet. Dem Berufungsrichter muß zwar in der grundlegenden Frage insoweit beigetreten werden, daß § 33 OldBDEG. — wenigstens zum Teil — mit Art. 129 Abs. 1 RVerf. im Widerspruch steht. Gleichwohl ist die Klage aus weiter sich ergebenden Rechtsgründen abzuweisen.

Die Vorschrift des § 33 OldBDEG. ist im wesentlichen gleichlautend mit § 34 des Reichsbesoldungsgesetzes vom 30. April 1920 (RGBl. S. 805) und mit § 39 des Reichsbesoldungsgesetzes vom 16. Dezember 1927. Sie ist, wie ohne weiteres ersichtlich, der zuerst genannten reichsrechtlichen Vorbehaltsbestimmung nachgebildet. In der oldenburgischen Vorschrift wird dem künftigen Gesetzgeber die Befugnis verliehen, eine Änderung der durch das Besoldungsgesetz gewährten Beamtenbezüge durch einfaches Landesgesetz vorzunehmen. Die Entscheidung des Rechtsstreits hängt somit davon ab, ob diese Änderungsbefugnis im Widerspruch zu der in Art. 129 Abs. 1 Satz 3 RVerf. bestimmten Unverletzlichkeit der wohlerworbenen Rechte der Beamten steht. Der Berufungsrichter hat dies bejaht. Er nimmt an, die Vorschrift enthalte eine Beschränkung der im oldenburgischen Beamtendiensteinkommensgesetz geregelten Besoldungsansprüche, die ihnen unmittelbar derart innewohne, daß die Besoldungsansprüche der aus dem Gesetz berechtigten Beamten nur mit diesem einschränkenden Vorbehalt erworben würden. Das Berufungsgericht lehnt damit die Ansicht ab, wonach das in der Vorbehaltsbestimmung gegebene Recht des Gesetzgebers nur eine allgemeine, neben dem Besoldungsanspruch stehende Befugnis des Gesetzgebers über den Anspruch und einen selbständigen Rechtsatz darstelle, der unabhängig von der Besoldungsregelung dem Gesetzgeber das Recht zur Änderung einräumen solle.

Der im Schrifttum lebhaft bekämpften Ansicht des Berufungsrichters ist beizutreten. Sie enthält weder eine Verkennung des Rechtsbegriffs der wohlerworbenen Rechte im Sinne des Art. 129 Abs. 1 Satz 3 RVerf. noch eine Verletzung der allgemeinen Rechtsgrundsätze über die Gewährung von Beamtenbesoldung.

Die Reichsverfassung will die „wohlerworbenen" Rechte der Beamten schützen. Sie will nach ihrem klaren Wortlaut, wie weiter unten eingehender darzulegen sein wird, nicht ihren Inhalt bestimmen, sondern sie nur in dem Umfang aufrechterhalten, in dem sie erworben worden sind. Welche Rechte als wohlerworbene anzusehen sind, ist daher nicht der verfassungsrechtlichen Vorschrift zu entnehmen, sondern richtet sich nach Art und Inhalt des jeweiligen Rechts selbst. Dieser Inhalt wird jedoch durch die Gesetze bestimmt, welche diese Rechte begründen. Werden also durch ein Gesetz Beamtenrechte nur mit einer gewissen Beschränkung gewährt, so werden sie auch nur mit dem hiernach gegebenen Inhalt und Umfang „wohlerworben" (RGZ. Bd. 132 S. 122 [125 u.] und das schon angeführte RGUrt. vom 18. Februar 1927). Deshalb wird beispielsweise Rechten, die das Gesetz nur unter Vorbehalt des Widerrufs oder nur auf bestimmte Zeit gewährt, nach Ausübung des Widerrufs oder nach Ablauf der Zeit kein Schutz mehr zuteil.

In gleicher Weise ist aber auch der Fall zu beurteilen, daß das Gesetz Bezüge mit dem Vorbehalt der Änderung durch einfaches Gesetz gewährt. Auch in diesem Falle wird das Recht auf die weiteren Bezüge nur mit einer Beschränkung gewährt, welche dem Rechte von vornherein innewohnt. Allerdings wäre ein Vorbehalt der gesetzlichen Änderungsmöglichkeit selbstverständlich und würde eines besonderen oder ausreichend bestimmten Inhalts entbehren in Fällen, wo dem Gesetzgeber eine dahingehende Befugnis ohnehin zustände. Der Vorbehalt gewinnt jedoch eine besondere Bedeutung, wenn das vorbehaltlos gewährte Recht an sich gegen eine Änderung durch Landesgesetz oder einfaches Reichsgesetz geschützt ist. Die Einfügung der Vorbehaltsbestimmung in die Reichsbesoldungsgesetzgebung des Jahres 1920 — und ihr folgend in die überwiegende Zahl der landesgesetzlichen Besoldungsregelungen — ist aber, wie die Materialien erkennen lassen, gerade im Hinblick auf den Schutz erfolgt, den Art. 129 RVerf. vorbehaltlos gegebenen Beamtenrechten gewährt (Begründung zum Entwurf eines Besoldungsgesetzes in Drucksachen der Verfassunggebenden Deutschen Nationalversammlung Nr. 2471 S. 34 zu § 35 des Entw. [§ 34 des Ges.]; Begründung zum Entwurf des Besoldungssperrgesetzes in Drucksachen des Reichstags I. Wahlperiode 1920 Nr. 905 S. 620 zu § 3 des Entw.). Es liegt deshalb klar auf der Hand, daß die Gesetzgeber in den Vorbehaltsbestimmungen nicht ein allgemeines Recht zur gesetzgeberischen Änderung behandeln wollten, dergestalt, daß dieses Recht unabhängig von im übrigen selbständig gewährten Beamtenrechten vorbehalten werden sollte. Ein derartiger Vorbehalt wäre, wie gesagt, ohne rechten Sinn und würde den gewollten Zweck verfehlen. Vielmehr sollten die Beamtenrechte von vornherein nur in veränderlicher Gestalt begründet werden, wenn das Gesetz sagt: „Änderungen der durch dieses Gesetz geregelten Gehälter ... können durch Gesetz erfolgen." Die gewährten Besoldungsrechte selbst sind also nach ihrem Inhalt nur als beschränkte Rechte entstanden. Denn ihr Inhalt wird in gewisser Richtung nicht für die Dauer unmittelbar aus dem Gesetz bestimmt, sondern hängt nach dessen Willen von späteren Maßnahmen ab. Die Beamten haben im Hinblick auf die Vorbehaltsklausel Rechte erhalten, die ihrem Wesen nach nur begrenzt und in ihrer Ausgestaltung sowie in ihrer Fortdauer von weiteren Entschlüssen des Gesetzgebers abhängig sind. Sie wurden also nur in dieser Begrenzung „wohlerworben" und durch die Verfassung gesichert.

Diese Annahme verstößt auch nicht gegen allgemeine Rechtsgrundsätze. Der Gesetzgeber ist bei der erstmaligen Begründung von Beamtenrechten völlig frei, und es steht in seiner Macht, ob er Rechte vorbehaltlos oder als befristete, bedingte, unter Widerruf stehende oder irgendwie wieder beschränkbare Rechte gewähren will, sofern er nicht hierdurch sonst bestehende wohlerworbene Rechte verletzt. Dementsprechend sind schon häufig vermögensrechtliche Ansprüche der Beamten als mit wechselndem Inhalt gegebene und nur mit ihrem jeweiligen Inhalt geschützte Rechte anerkannt worden. Es mag auf die Teuerungs- und Ausgleichszuschläge, die Ministerial- und die sonstigen unter dem besonderen Vorbehalt des Widerrufs gewährten Zulagen sowie auf die während der Inflation nur auf Grund etatmäßiger Bewilligung gewährten zusätzlichen Bezüge hingewiesen werden.

Die Vorbehaltsklauseln sind auch nach ihrem Wortlaut klar und bestimmt. Es ist ihnen ohne weiteres zu entnehmen, daß sie zur Änderung ein einfaches Gesetz und keine qualifizierte Mehrheit voraussetzen. Es kann auch nicht als Erfordernis eines gültigen Vorbehalts verlangt werden, daß der Umfang der späteren Anordnung schon von vornherein erkennbar sei. Ebensowenig ist erforderlich, daß es sich um im Rechtssinne bedingte Rechte handeln müsse. Für Inhalt und Wesen des Vorbehalts ist der rechtsbegründende Wille des Gesetzgebers und seine Gesetzgebungsmacht ausschlaggebend, zumal wenn es sich um die öffentlichrechtliche Regelung der Bezüge der dem Staat unterstellten Beamten handelt.

Dementsprechend sind auch allgemein gesetzliche Befugnisse zur Beschränkung gewährter Besoldungsbezüge wiederholt in Erkenntnissen des Reichsgerichts für zulässig erklärt worden (RGZ. Bd. 120 S. 374 [394] und Bd. 132 S. 125; oben angeführtes RGUrt. vom 18. Februar 1927; RGBeschl. vom 21. November 1925 VI B 5/24, abgedr. Fischers Zeitschr. für Verwaltungsrecht Bd. 59 S. 113). Die mit den vorstehenden Ausführungen übereinstimmende Auslegung der oldenburgischen Vorbehaltsklausel (§ 33 OldBDEG.) ist daher nicht zu beanstanden.

Das angefochtene Urteil hat in Auslegung der genannten Vorschrift noch ausgeführt: Das dem zukünftigen Gesetzgeber gewährte Recht zur Kürzung der durch das Gesetz gewährten Bezüge sei unbeschränkt; denn die Vorbehaltsbestimmung enthalte keinerlei Einschränkungen hinsichtlich der Befugnis, die Besoldungssätze herabzusetzen oder ihre Berechnungsart zu ändern. Es wäre somit bei ihrer Gültigkeit rechtlich zulässig, den nach dieser Zeit angestellten Beamten durch einfaches Landesgesetz ihre ganzen Versorgungsbezüge zu entziehen, die Gehälter auf das Existenzminimum und darunter herabzusetzen und dadurch die Beamten zur Aufgabe des Beamtenverhältnisses zu zwingen.

Durch diese Auslegung der landesrechtlichen Norm ist für § 33 OldBDEG. eine anderweitige Auslegungsmöglichkeit abgelehnt worden, die sich sonst aus geschichtlicher Betrachtungsweise aller Vorbehaltsbestimmungen ergeben könnte in Verbindung mit Sinn und Zweck jeder Beamtenbesoldung, dem Beamten einen seiner jeweiligen Beamtenstellung entsprechenden standesgemäßen Unterhalt zu sichern Diese Ausführungen des Berufungsrichters sind aber, da es sich um die nicht nachprüfbare Auslegung einer landesrechtlichen Norm handelt, für das Revisionsgericht bindend und müssen daher den nachfolgenden Erörterungen zugrunde gelegt werden.

Für die Frage, ob die Vorbehaltsklausel in der ihr vom Berufungsrichter gegebenen Tragweite die Vorschrift des Art. 129 Abs. 1 Satz 3 RVerf. verletzt, ist zunächst klarzustellen, welche Bedeutung und welchen Umfang diese verfassungsrechtliche Vorschrift hat. Daß sie nicht bloß eine Richtschnur, sondern unmittelbar geltendes Recht enthält, wird allgemein anerkannt (RGZ. Bd. 99 S. 262 u. ö.).

Dagegen ist umstritten, welchen Inhalt die durch sie geschützten wohlerworbenen Rechte haben, und ebenso, ob die Vorschrift selbst den Beamten Rechte als unverletzlich geschützte verleiht. Die letztere Ansicht, daß also Art. 129 selbst gewisse Beamtenrechte als wohlerworbene Rechte gewähre, ist, wie schon erwähnt, abzulehnen. Sie findet weder im Wortlaut, noch in der Geschichte der Vorschrift eine Stütze.

Der Rechtszustand vor 1919 ging dahin, daß wohlerworbene Rechte auf Gehalt in bestimmter Höhe verfassungsrechtlich nicht besonders geschützt waren. Vielmehr war an sich ihre Änderung im Wege der einfachen Gesetzgebung möglich. Eine reichsgesetzliche Sicherung gegen die Kürzung gewährter Gehälter gab es nicht. Es bestand nur die allgemeine Staatspraxis, daß die den Beamten einmal gewährten Besoldungsbezüge gesichert blieben.

Die Beamtenschaft war nach der Umwälzung in große Erregung geraten durch Gerüchte, das Berufsbeamtentum solle beseitigt oder in seinen Rechten erheblich geschmälert werden. Nach den Äußerungen, wie sie sich aus den Vorberatungen des Art. 129 RVerf. ergeben, sollte deshalb in der Verfassung eine Zusicherung gewährt werden, daß es beim Berufsbeamtentum und bei dessen wohlerworbenen Rechten sein Bewenden haben solle (Protokolle des Verfassungsausschusses, Verhandlungen der Verfassunggebenden Deutschen Nationalversammlung Bd. 336 S. 382, 508; Sten. Berichte der Nationalversammlung 59. Sitzung vom 17. Juli 1919 Bd. 328 S. 1632). Man wollte also nicht nur einen Schutz gegen die Verletzung subjektiver Rechte der einzelnen Beamten geben, sondern auch eine Gewährleistung schaffen für das Bestehen der Beamtenschaft als solcher, als einer bestimmten Einrichtung des Staates. Es sollten deshalb zum Zweck der Aufrechterhaltung und Sicherung des Berufsbeamtentums diejenigen Rechte, welche als wohlerworbene zu betrachten waren, verfassungsrechtlich gegen eine Schmälerung durch Landesgesetz oder durch einfaches Reichsgesetz geschützt werden. Dieser erstrebte Schutz ließ sich aber nur erreichen, wenn auch diejenigen Rechte, die den Beamten in Zukunft als wohlerworbene zukommen würden, unter den gleichen verfassungsrechtlichen Schutz gestellt wurden. Es ist deshalb mit der herrschenden Lehre anzunehmen, daß auch die zukünftigen wohlerworbenen Rechte der Beamten geschützt werden sollten. Dagegen lag keine Veranlassung vor, den Beamten durch die

Verfassung selbst neue Rechte als wohlerworbene zu verleihen, insbesondere den Rechtsstand der Beamten inhaltlich zu verbessern. Nur der vorhandene und zukünftige Rechtsstand sollte gegen Verletzung durch einfaches Gesetz gesichert werden (RGUrt. vom 18. Februar 1927 [oben S. 7] und vom 28. Juni 1927 III 431/26, abgedr. DRZ. 1927 Nr. 641).

Was nun den Kreis der geschützten wohlerworbenen Rechte betrifft, so sind außer denjenigen auf Titel und Rang die subjektiven Rechte auf die gesetzlich festgelegten Gehaltsbezüge stets zu ihnen gerechnet worden. Diese Rechte wurden aber von jeher nur nach Maßgabe der Besoldungsgesetze erworben (vgl. § 6 des preuß. Gesetzes vom 24. Mai 1861, § 149 RBG.). Auch nach Inkrafttreten der Reichsverfassung wurde stets angenommen, daß die Regelung des Beamtengehalts nur durch ausdrückliche Vorschriften erfolge (RGZ Bd. 104 S. 61, Bd. 107 S. 329, Bd. 110 S. 268, Bd. 112 S. 106, Bd. 122 S. 9; RGUrt. vom 15. Mai 1928 III 385/27, abgedr. JW. 1928 S. 1935 Nr. 6, ZBR. Bd. 1 S. 87 und HöchstRRspr. 1928 Nr. 1849). Die auf Grund der Besoldungsregelungen erwachsenen Gehaltsansprüche stellen somit wohlerworbene Beamtenrechte dar, die durch Art. 129 Abs. 1 RVerf. in dem einmal gegebenen Bestande geschützt werden. Es ist demnach sowohl die Ansicht abzulehnen, daß wohlerworben nur diejenigen subjektiven Rechte seien, welche auf einem besonderen Rechtstitel beruhen (RGZ. Bd. 104 S. 58), als auch die gegenteilige, vom Regierungsvertreter bei der Beratung des Reichsbesoldungsgesetzes vom 16. Dezember 1927 vor dem Reichsrat (Sitzung des Reichsrats vom 13. Oktober 1927, Reichsanzeiger Nr. 241 vom 14. Oktober 1927 S. 2) allgemein geäußerte Ansicht, der Beamte habe zwar Anspruch auf Gehalt, aber die Höhe bleibe der Abänderung durch Gesetz vorbehalten. Auch dem vom Reichsfinanzhof in seiner Entscheidung vom 25. März 1931 (RFH. Bd. 28 S. 208; vgl. den Bescheid vom 15. Januar 1931 RFH. Bd. 27 S. 321) eingenommenen Standpunkt kann nicht beigetreten werden, es seien nur solche subjektiven Rechte der Beamten geschützt, die dem Beamtenverhältnis wesentlich seien, es sei deshalb eine unwesentliche Schmälerung dem Gesetzgeber ohne weiteres gestattet und nur die Gewährung eines standesgemäßen Unterhalts verfassungsrechtlich geschützt. Das uneingeschränkt gewährte Gehalt muß als einmal erworbener, subjektiver, öffentlichrechtlicher Anspruch in voller Höhe ein wohlerworbenes

Recht darstellen. Eine Pflicht der Beamtenschaft, mit Rücksicht auf die Staatsnotwendigkeit eine gewisse Schmälerung der uneingeschränkt zugesicherten Beamtenbesoldung zu tragen, kann dem geltenden Recht nicht entnommen werden. Hiermit würde dem Staat das Recht gegeben werden, die in seiner Verfassung gesetzlich verankerte Gewährleistung selbst zu mißachten. Ebensowenig kann der Umstand, daß die Reichsverfassung im Art. 129 das Berufsbeamtentum als solches schützen, mithin eine sog. institutionelle Garantie schaffen wollte, dazu herangezogen werden, um den Kreis und Inhalt der einzelnen, jedem Beamten als unverletzlich verliehenen Rechte enger zu ziehen. Daß auch ein besonderer Staatsnotstand dem Staat kein Recht zu „übergesetzlichen" und zu „überverfassungsrechtlichen" Eingriffen gewähren kann, bedarf im Rahmen dieser Entscheidung keiner besonderen Erörterung. Für die Berücksichtigung des Staatsnotstandes können an sich, abgesehen von der Ermächtigung durch verfassungänderndes Gesetz (Art. 76 RVerf.), nur die Maßnahmen getroffen werden, die in Art. 48 Abs. 2 RVerf. verfassungsrechtlich vorgesehen sind. Unter die dort aufgeführten Grundrechte, die bei erheblicher Störung oder Gefährdung der öffentlichen Sicherheit und Ordnung vorübergehend außer Kraft gesetzt werden können, hat aber der Gesetzgeber den Art. 129 RVerf. nicht aufgenommen.

Wie bereits ausgeführt, erwachsen die Besoldungsansprüche, welche das Gesetz nur mit einer ihnen innewohnenden Beschränkung gewährt, auch nur mit dieser Beschränkung als wohlerworbene Ansprüche. Die Rechte aus dem maßgebenden oldenburgischen Beamtendiensteinkommensgesetz sind daher nur mit der aus § 33 das. sich ergebenden Beschränkbarkeit wohlerworbene Rechte geworden. Die durch das neue oldenburgische Besoldungsgesetz später eingetretene Schmälerung bedeutete somit an sich noch keinen Verstoß gegen wohlerworbene Besoldungsansprüche.

Dagegen ist dem Berufungsrichter darin beizutreten, daß die durch die Vorbehaltsklausel dem späteren Gesetzgeber verliehene Befugnis nicht unbegrenzt sein kann. Gewisse Grenzen müssen hier gerade im Sinne des Art. 129 RVerf. gezogen sein.

Es braucht nicht Stellung genommen zu werden zu der Streitfrage, ob neben dem Anspruch auf die in den Besoldungsordnungen bestimmten Bezüge ein selbständiges wohlerworbenes Recht auf standesgemäßes Gehalt anzuerkennen ist. Es kommt somit nicht auf das hiergegen nicht ohne Grund erhobene Bedenken an, daß der Richter nicht befugt sein könne, ein in unzulänglichem Maße gewährtes Gehalt durch Richterspruch zu erhöhen (vgl. RGZ. Bd. 113 S. 82 u. ö.). Ausschlaggebend ist, daß die wohlerworbenen Rechte der Beamten, welche die Reichsverfassung vorfand, sich nicht in den Ansprüchen auf Gehalt erschöpften, sondern auch verschiedene nicht vermögensrechtliche, allgemeine Rechte umfaßten, wie beispielsweise die schon erwähnten Rechte auf Titel und Rang. Zu diesen allgemeinen wohlerworbenen Beamtenrechten gehört — wenn auch ein Recht auf das einmal verliehene Amt oder überhaupt auf ein Amt abzulehnen ist (RGUrt. vom 12. Juni 1931 III 334/30) — jedenfalls auch das Recht des Beamten auf die einmal erworbene Eigenschaft als Beamter, insbesondere das Recht auf Belassung im Amte (RGZ. Bd. 104 S. 62). Dieses Recht ergibt sich aus dem Wesen des Beamtentums, wie es sich bis zum Erlaß der Reichsverfassung entwickelt hatte. Denn das Wesen des Beamtentums bestand und besteht gerade darin, daß der Beamte kraft einseitigen Staatshoheitsaktes in ein dauerndes, regelmäßig nicht kündbares Lebens- und Rechtsverhältnis zum Staate tritt. Dieses Recht sollte auch durch die Reichsverfassung geschützt werden, ganz unabhängig von der Frage, wie es geltend gemacht werden kann. Das ergibt ohne weiteres die vorstehend wiedergegebene Geschichte der verfassungsrechtlichen Vorschrift und ihr Zweck, dem Beamten eine dauernde, unter verfassungsrechtlicher Gewährleistung stehende gesicherte Lebensstellung zu verschaffen. Der Grundsatz der lebenslänglichen Anstellung hat auch im Abs. 1 Satz 1 des Art. 129 RVerf. klaren Ausdruck gefunden.

Das Recht auf Aufrechterhaltung der Eigenschaft als Beamter wird aber verletzt, wenn die Grundlage des Rechts entzogen wird. Dies wäre der Fall, wenn die Vorbehaltsklausel der Besoldungsgesetze zu einer Herabsetzung der Bezüge in einer Art und in einem Umfang führen würde, die dem einzelnen Beamten die Aufrechterhaltung einer seiner Stellung entsprechenden Lebensführung unmöglich machte. Denn der Beamte kann die ihm obliegende Pflicht, seine ganze Kraft in den Dienst des Staates zu stellen, nur dann erfüllen, wenn der Staat ihm die Sorge um seinen Unterhalt abnimmt. Eine Entziehung der standesgemäßen Unterhaltsrente würde somit der dem Staate regelmäßig verwehrten Aufhebung des Beamtenverhältnisses gleichkommen. Die Verfassung gewährleistet also gegenüber anderweitiger Landes- und einfacher Reichsgesetzgebung die Fortdauer der wesentlichen Grundlagen des Berufsbeamtentums. Hierunter ist insbesondere zu verstehen dessen ganze Ordnung, wie sie in der verschiedenen Gliederung der einzelnen Beamtenklassen, in ihrem Aufbau von unten nach oben und auch in der Gewährung einer standesgemäßen Unterhaltsrente zum Ausdruck kommt, die dem Range der ganzen jeweiligen Stellung und der mit dem Amte verbundenen Verantwortung angepaßt ist. Falls also durch die genannten Besoldungsvorbehalte die Gehaltsverkürzung in einer Art und Weise ermöglicht wird, welche die vorstehend gekennzeichneten wesentlichen Grundlagen des Berufsbeamtentums verletzt und insbesondere den der Amtsstellung angepaßten standesgemäßen Unterhalt schmälert — bei dessen Bemessung naturgemäß dem allgemeinen Lebenszuschnitt, der Kaufkraft des Geldes und anderen volkswirtschaftlichen Gesichtspunkten Rechnung getragen werden mag —, so tritt sie insoweit mit dem Art. 129 RVerf. in Widerspruch. Der Berufungsrichter hat aber, wie ausgeführt, die landesrechtliche Vorbehaltsklausel des § 33 OldBDEG. für das Revisionsgericht bindend dahin ausgelegt, daß eine Herabsetzung der durch das Gesetz gewährten Bezüge unbeschränkt zugelassen werden sollte, sodaß bei ihrer Gültigkeit selbst die völlige Entziehung oder die Herabsetzung der Bezüge bis auf ein Existenzminimum zulässig wäre.

Der Berufungsrichter nimmt sonach mit Recht an, daß die genannte Vorschrift des oldenburgischen Gesetzes insoweit mit der Reichsverfassung nicht mehr vereinbar ist. Es erhebt sich jedoch die weitere Frage, ob damit auf Grund des Art. 13 RVerf. die ganze Vorschrift nichtig ist, wie der Berufungsrichter annimmt, oder ob sie — entsprechend dem dem § 139 BGB. zugrunde liegenden, auch im öffentlichen Recht verwertbaren allgemeinen Rechtsgedanken — in dem Umfang aufrechtzuerhalten ist, in welchem ein Widerspruch mit Art. 129 Abs. 1 RVerf. nicht vorliegt.

Trotz der sich aus der Schwierigkeit der Grenzziehung ergebenden Bedenken hält der Senat eine Teilung der Vorschrift in einen gültigen und in einen ungültigen Teil für möglich. Es ist als vermutlicher Wille des Gesetzgebers anzunehmen, daß er nichts Verfassungswidriges bezweckt hat, sondern durch die Vorbehaltsbestimmung sich nur die Möglichkeit hat sichern wollen, die Beamtenbezüge in dem verfassungsmäßig erlaubten Maße herabzusetzen. Soweit sich also das Landesrecht in den mit der Reichsverfassung vereinbaren Grenzen hält, wird die Vorschrift des § 33 OldBDEG. durch das Reichsrecht nicht nach Art. 13 RVerf. gebrochen. Denn Reichsrecht bricht Landesrecht nur insoweit, als es brechen will. Das angefochtene Urteil muß daher aufgehoben werden.

Im übrigen hängt die Entscheidung des Rechtsstreits davon ab, ob sich die Wiederentziehung der den beiden Klägern auf Grund des oldenburgischen Gesetzes vom 5. August 1920 in Verb. mit § 25 RBesG. gewährten Bezüge in dem Maß, wie sie die spätere Regelung auf Grund des § 22 OldBesG. überstiegen und infolge dieser Regelung wieder gekürzt wurden, innerhalb des Rahmens bewegt, in dem der maßgebende § 33 OldBDEG. nach den vorstehenden Ausführungen der Reichsverfassung nicht widerstreitet und somit als gültig anzusehen ist.

Zur Vornahme dieser Prüfung bedarf es nicht der Zurückverweisung. Denn der Rechtsstreit ist insoweit ohne weiteres zur Endentscheidung reif (§ 565 Abs. 3 Nr. 1 ZPO.). Die neue oldenburgische Regelung, die bei der Wartegeldberechnung von einem Grundgehalt ausgeht, welches 13200 RM. nicht übersteigen darf, entspricht dem Rechtszustand, wie er in Preußen besteht (§ 19 des preußischen Besoldungsgesetzes vom 17. Dezember 1927 GS. S. 223). Es kann deshalb ohne weiteres angenommen werden, daß diese Regelung, die in einem so großen Staatsgebiet wie Preußen für angemessen gehalten wurde, in Ansehung der Lebenshaltung der Kläger die wesentlichen Grundlagen des Berufsbeamtentums nicht beeinträchtigt und insbesondere den Klägern den ihnen mit Rücksicht auf ihre amtliche Stellung gebührenden standesgemäßen Unterhalt nicht schmälert. Dies muß umsomehr gelten, als die Regelung von 1927 der Beamtenschaft eine allgemeine Aufbesserung der Bezüge bringen sollte. Die Wiederentziehung des durch die Bezugnahme auf § 25 RBesG. erlangten besonderen Besoldungsvorteils hielt sich somit innerhalb desjenigen Teils der im § 33 OldBDEG. erteilten Ermächtigung, der nicht im Widerspruch zu Art. 129 RVerf. steht und daher gültig ist.

Hiernach ist die Klage unbegründet.

2. 1. Erlangen Angestellte preußischer Gemeinden und Gemeindeverbände schon durch die Übertragung obrigkeitlicher Befugnisse auf sie Beamteneigenschaft trotz der Vorschrift in § 1 Satz 2 des preußischen Kommunalbeamtengesetzes vom 30. Juli 1899?

2. Zum Begriff der vorübergehenden Dienstleistungen im Sinne des § 2 dieses Gesetzes.

3. Unter welchen Voraussetzungen bedarf es der Entscheidung einer streitigen Rechtsfrage durch das Plenum des Reichsgerichts?

Preuß. Kommunalbeamtengesetz vom 30. Juli 1899 (GS. S. 141) §§ 1, 2, 10 Abs. 2. RBG. § 4 Abs. 1. GVG. § 136 Abs. 2.

III. Zivilsenat. Urt. v. 29. September 1931 i. S. Kreis H. Sch. (Bekl.) w. R. (Kl.). III 366/30.

I. Landgericht Meiningen.
II. Oberlandesgericht Jena.

Der Kläger stand vom 1. Oktober 1918 bis zum 17. Oktober 1927 im Dienst des verklagten preußischen Kreises. Zunächst war er als Bürogehilfe unter Vorbehalt einer beiden Parteien zustehenden vierwöchigen Kündigung beschäftigt. Durch Beschluß des Kreisausschusses vom 8. September 1922 wurde ihm rückwirkend vom 1. August 1922 die Leitung des Wohnungsamtes sowie das Amt des Schriftführers beim Mieteinigungsamt und beim Kaufmanns- und Gewerbegericht übertragen. Diese Tätigkeit hat er bis zu seiner Entlassung am 17. Oktober 1927 ausgeübt. Am 27. November 1927 beantragte der Kläger beim Kreisausschuß, ihm die Beamteneigenschaft zuzuerkennen, da er seit dem 1. August 1922 obrigkeitliche Befugnisse ausgeübt habe und dadurch Beamter geworden sei. Sein Antrag wurde abgelehnt, die dagegen erhobene Beschwerde vom Bezirksausschuß zurückgewiesen.

Der Kläger hat daraufhin nach § 7 KBG. den Rechtsweg beschritten und die Feststellung beantragt, daß der verklagte Kreis verpflichtet sei, ihm das Gehalt nach der festzusetzenden Gehaltsgruppe, im Falle seiner Dienstunfähigkeit Ruhegehalt und nach seinem Tode den Hinterbliebenen Versorgungsgeld zu zahlen. Zur Begründung des Klaganspruchs trägt er vor, durch die Übertragung und Ausübung hoheitsrechtlicher Dienstverrichtungen sei er auch ohne Aushändigung einer Anstellungsurkunde Kommunalbeamter auf Lebenszeit geworden. Der Beklagte vertritt den Standpunkt, der Kläger sei nur Angestellter, aber nicht Beamter gewesen. Nach § 1 Satz 2 KBG. könne die Eigenschaft eines Kommunalbeamten nur durch Aushändigung einer Anstellungsurkunde begründet werden. Da dem Kläger keine solche Urkunde erteilt worden, sei er nicht Beamter geworden. Dieser Wille des Gesetzgebers ergebe sich aus der Fassung des § 1 KBG., aber auch aus der amtlichen Begründung zum Gesetz und aus den Beratungen der gesetzgebenden Körperschaften. Der Beklagte macht weiter geltend, er habe nie die Absicht gehabt, den Kläger zum Beamten zu ernennen, sondern habe ihn stets als Angestellten angesehen, wie dies auch der Kläger selbst getan habe, und deshalb sei seine Bezahlung nach dem Tarif für Kommunalangestellte erfolgt. Ferner erhebt der Beklagte den Einwand, nach § 14 der Kreisordnung für Hessen-Nassau vom 7. Juni 1885 (GS. S 193) könne der Kreis nur durch drei Unterschriften verpflichtet werden, der Anstellungsbeschluß entspreche aber nicht diesen Formvorschriften. Weiter sei die Übertragung der laufenden Geschäfte des Kreises an andere Personen als den Landrat und die Kreisausschußmitglieder ungültig, weil sie gegen § 93 der Kreisordnung verstoße. Der Kläger habe daher nicht in rechtsgültiger Weise hoheitsrechtliche Dienstverrichtungen vorgenommen, sodaß er hierdurch keine Beamteneigenschaft erlangt haben könne. Außerstenfalls handle es sich bei ihm nur um eine Nebentätigkeit und nur um vorübergehende Dienstleistungen nach § 2 KBG., weil er nur einen geringen Teil seiner Arbeitszeit dafür benötigt habe. Es habe von Anfang an festgestanden, daß das Mieteinigungs- und das Wohnungsamt nur vorübergehende Einrichtungen seien, da die erlassenen Verordnungen sämtlich nur für eine gewisse Zeit wirksam gewesen seien. Unter allen Umständen sei der Kläger nur Kündigungsbeamter geworden.

Die beiden vorderen Rechtszüge haben dem Klagantrag in der Hauptsache entsprochen. Die Revision des Beklagten wurde zurückgewiesen aus folgenden

Gründen:

Die Entscheidung des Rechtsstreits hängt in der Hauptsache davon ab, ob der Kläger auch ohne Aushändigung einer Anstellungsurkunde (§ 1 Satz 2 KBG.) durch die bloße Übertragung der Ausübung staatshoheitsrechtlicher Befugnisse die Eigenschaft eines preußischen Kommunalbeamten auf Lebenszeit erlangt hat und ob infolgedessen die vom verklagten Kreis verfügte Entlassung des Klägers auf seine Gehaltsansprüche ohne Einfluß ist. Der erkennende Senat hat in mehreren in den letzten Jahren ergangenen Entscheidungen diese Frage bejaht (RGUrt. vom 13. März 1928 III 303/27, vom 14. Juni 1929 III 447/28, abgedr. JW. 1929 S. 3381 Nr. 10 und ZBR. Bd. 2 S. 291, und vom 11. Oktober 1929 III 10/29, abgedr. RGZ. Bd. 125 S. 420). Der gleiche Rechtsstandpunkt wird in den Senatsurteilen vom 3. Oktober 1930 III 97/30, vom 3. Februar 1931 III 79/30, abgedr. RGZ. Bd. 131 S. 308, vom 3. März 1931 III 223/30, abgedr. RGZ. Bd. 132 S. 61, und vom 27. März 1931 III 215/30, abgedr. RGZ. Bd. 132 S. 234/35, eingenommen. Eine Untersuchung, wie weit die Anfänge dieser Rechtsprechung zurückreichen, ob sich Ansätze dazu erst im Senatsurteil RGZ. Bd. 89 S. 294 und demnächst in RGZ. Bd. 99 S. 265 oder bereits in früheren Urteilen des Senats finden, und ob in der noch weiter zurückliegenden Rechtsprechung eine abweichende Ansicht vertreten wurde, ist für die Entscheidung des vorliegenden Rechtsstreits, um die es sich hier allein handelt, bedeutungslos und daher abzulehnen. Tatsache ist jedenfalls, daß die Rechtsentwicklung zu dem eingangs festgestellten Ergebnis geführt hat, und es kann sich daher nur fragen, ob der Rechtssatz, daß Angestellte preußischer Gemeinden und Gemeindeverbände nicht nur durch Aushändigung einer Anstellungsurkunde, sondern auch durch die bloße Übertragung obrigkeitlicher Dienstverrichtungen Beamteneigenschaft erlangen können, aufrecht zu erhalten oder, wie die Revision dies verlangt, preiszugeben ist. Auch nach nochmaliger Prüfung der erheblichen Bedenken, die im überwiegenden Teil des Schrifttums gegen diese Rechtsprechung erhoben worden sind, hält es der Senat für geboten, bei seiner neueren Rechtsprechung stehenzubleiben. Ihr liegt das Bestreben zugrunde, aus dem inneren Wesen des Beamtentums nach Möglichkeit eine einheitliche Rechtsstellung der Beamten in Reich, Ländern und Gemeindeverbänden herauszubilden und dem Rechtsgrundsatz allgemeine Anerkennung zu verschaffen, daß mit der Verrichtung hoheitsrechtlicher Dienstverrichtungen, der Ausübung öffentlicher Gewalt, nur auf Lebenszeit angestellte, mit allen Machtvollkommenheiten ihres Amtes ausgestattete und mit aller Verantwortlichkeit ihrer Stellung umkleidete Beamte betraut werden dürfen. Schon § 4 Abs. 1 RBG. bestimmte, jeder Reichsbeamte erhalte bei seiner Anstellung eine Anstellungsurkunde. Das Reichsgericht hat diese Vorschrift in ständiger Rechtsprechung dahin ausgelegt, daß sie nur eine Sollvorschrift enthalte, daß der Anstellungsurkunde bei den Reichsbeamten keine rechtsbegründende (konstitutive) Bedeutung zukomme und daß die Eigenschaft eines Reichsbeamten auch „ohne die Zufertigung einer Anstellungsurkunde erworben werden könne" (RGZ. Bd. 6 S. 107; Bd. 28 S. 84 und 90). Diese drei Entscheidungen, die übrigens nicht vom erkennenden Senat herrühren, auf denen aber die sich gleichbleibende spätere Rechtsprechung des Reichsgerichts beruht, lagen bei Erlaß des preußischen Kommunalbeamtengesetzes bereits vor. Wenn daher der damalige Gesetzgeber einer dem § 4 RBG. rechtsähnlichen Auslegung der Vorschrift dieses Gesetzes über die Aushändigung einer Bestallungsurkunde wirksam vorbeugen wollte, so war es notwendig, diesem Willen im Gesetz selbst unzweideutigen Ausdruck zu verleihen. Nun bestimmt zwar § 1 KBG. (in anderer Fassung als § 4 RBG.), die Anstellung als Kommunalbeamter erfolge durch Aushändigung einer Anstellungsurkunde. Daß aber dieser Formalakt die unerläßliche Voraussetzung für die Erlangung der Beamteneigenschaft bilden und jede andere Möglichkeit der Begründung eines Beamtenverhältnisses ausgeschlossen sein solle, sagt das Gesetz selbst nicht. Sonach läßt auch die Fassung des § 1 KBG. die Auslegung zu, daß die Aushändigung einer Anstellungsurkunde nur den Regelfall darstellen, die Anstellung eines Beamten durch schlüssige Handlungen aber nicht schlechthin ausgeschlossen sein soll. Dem Umstand, daß die Begründung des Entwurfs zum Kommunalbeamtengesetz (Drucks. des Preuß. Herrenhauses 1899 Nr. 27 S. 13) eine stillschweigende Beamtenanstellung für die Zukunft ausgeschlossen wissen will, ist demgegenüber keine ausschlaggebende Bedeutung beizumessen. Denn die gleiche Begründung (das. S. 14) bezeichnet es als „leitenden Grundgedanken" des Kommunalbeamtenrechts, daß obrigkeitliche Dienstverrichtungen ausschließlich von Beamten ausgeübt werden müssen, und sichert das Festhalten des Gesetzentwurfs an diesem Grundsatz zu. Es ist jedoch nicht ersichtlich, wie dieses im Interesse der Beamtenanwärter und der allgemeinen Rechtssicherheit gleich wichtige Ziel erreicht werden sollte, wenn es jeder kommunalen Anstellungsbehörde freistände, im bürgerlichrechtlichen Dienstverhältnis verpflichtete Personen zwar mit Ausübung öffentlicher Gewalt zu betrauen, aber durch Nichtaushändigung einer Anstellungsurkunde die Begründung eines öffentlichrechtlichen Beamtenverhältnisses zu verhindern. Diese Erwägungen und sonach gerade die Anwendung des vom Gesetzgeber des Kommunalbeamtengesetzes als „leitender Grundgedanke" bezeichneten Rechtssatzes führen zwanglos zu dem in RGZ. Bd. 125 S. 421 enthaltenen Ausspruch, die Befugnis zur Ausübung von Hoheitsrechten könne der Natur der Sache nach nur im Rahmen eines öffentlichrechtlichen Beamtenverhältnisses eingeräumt werden und nicht der Gegenstand eines privatrechtlichen Dienstvertrags sein; wer sie übertragen erhalte, werde aus dem inneren Wesen der Sache heraus Beamter (RGZ. Bd. 37 S. 225).

Kann hiernach der auf die Fassung des § 1 KBG. gestützte Revisionsangriff dem Rechtsmittel nicht zum Erfolg verhelfen, so erweist sich auch die Meinung der Revision als unzutreffend, der Senat könne nicht ohne vorgängige Herbeiführung einer Entscheidung des Plenums nach § 136 Abs. 2 GVG. zur Zurückweisung des Rechtsmittels gelangen. Zwei Gründe werden für diese Ansicht angeführt:

1. Die Entscheidung RGZ. Bd. 125 S. 420 führt auf S. 422 aus, eine gesetzliche Vorschrift, welche die Kundgebung des Anstellungswillens durch Übertragung von Dienstverrichtungen öffentlichrechtlicher Art ausschließe, würde keine Beachtung verdienen. Die Revision will in diesem Ausspruch die Aufstellung eines mit der Rechtsprechung sämtlicher Senate des Reichsgerichts im Widerspruch stehenden allgemeinen Rechtssatzes finden, daß der Richter an ein ordnungsmäßig erlassenes Gesetz nicht gebunden sei. Diese Annahme wird durch die sonstige Rechtsprechung des erkennenden Senats, namentlich durch die auch von der Revision in Bezug genommene Entscheidung RGZ. Bd. 107 S. 317 widerlegt, an welcher der Senat festhält.

2. Richtig ist, daß der 2. Strafsenat des Reichsgerichts in einem Urteil vom 8. Juli 1902 (RGSt. Bd. 35 S. 326/27) im Gegensatz zu der neueren Rechtsprechung des erkennenden Senats ausgesprochen hat, daß der damalige Angeklagte, da ihm keine Anstellungsurkunde ausgehändigt worden sei, nicht Kommunalbeamter im Sinne des preußischen Kommunalbeamtengesetzes vom 30. Juli 1899 geworden und als solcher nicht angestellt sei, und daß die Eigenschaft eines „Kommunalbeamten im Sinne dieses Gesetzes" erst mit der Aushändigung der Anstellungsurkunde erlangt werde. Es ist weiter

richtig, daß sich der 4. und der 3. Strafsenat des Reichsgerichts dieser Rechtsansicht angeschlossen haben (RGSt. Bd. 50 S. 356, Bd. 56 S. 367). Dies nötigt jedoch nicht zur Einleitung eines Verfahrens nach § 136 Abs. 2 GVG. Nach der übereinstimmenden Rechtsprechung der Zivil- wie der Strafsenate des Reichsgerichts bedarf es einer Entscheidung der Vereinigten Senate oder des Plenums nur dann, wenn die Rechtsansicht, von der abgewichen werden soll, die wesentliche Grundlage der früheren Entscheidung bildet, wenn diese auf der Entscheidung gerade der streitigen Rechtsfrage beruht, wenn es sich also nicht lediglich um beiläufige Bemerkungen handelt (RGZ. Bd. 26 S. 431 und 433, Bd. 31 S. 153 und 154, Bd. 44 S. 263, Bd. 63 S. 46, Bd. 70 S. 433, Bd. 73 S. 387, Bd. 76 S. 145, Bd. 105 S. 90; RGSt. Bd. 39 S. 248, Bd. 47 S. 381, Bd. 48 S. 84 und S. 200, Bd. 49 S. 50 und S. 386, Bd. 57 S. 241, Bd. 58 S. 425).

In dem Urteil RGSt. Bd. 35 S. 325 stand zur Entscheidung, ob sich der Angeklagte einer einfachen Unterschlagung (§ 246 StGB.) oder einer Amtsunterschlagung nach § 350 StGB. schuldig gemacht habe; es war also in erster Reihe die Rechtsfrage zu prüfen, ob er im Sinne des § 359 StGB. als Beamter anzusehen sei. Nun sind Rechtsprechung und Schrifttum im wesentlichen darüber einig, daß der Begriff des Beamten im Sinne des Strafrechts ein anderer ist als der Beamtenbegriff nach Reichs- und Landesstaatsrecht. Das kommt gerade in der Begründung dieses Urteils klar zum Ausdruck, wo auf Seite 327 ausgeführt wird, es könne nicht zweifelhaft sein, daß durch die Vorschriften des Kommunalbeamtengesetzes die materiellen Voraussetzungen für die Bestimmung der Beamteneigenschaft im Sinne des § 359 StGB. gar nicht berührt würden. In der dem Abdruck des Urteils in der amtlichen Sammlung vorangestellten Frage wird denn auch der der Entscheidung zugrundeliegende Rechtssatz dahin gefaßt: „Was erfordert die Anstellung als Beamter im Sinne des Strafgesetzbuchs?" Auf die Frage, ob der damalige Angeklagte Beamter im Sinne des § 1 KBG. geworden war oder nicht, kam es infolgedessen auch nach der Ansicht des damals erkennenden Strafsenats in keiner Weise an. Das Urteil hätte genau ebenso ergehen müssen, wenn die Ausführungen über das Kommunalbeamtengesetz weggeblieben wären; diese sind also — vom Standpunkt des § 136 GVG. aus gesehen — nur beiläufige Bemerkungen, auf ihnen beruht die frühere Entscheidung nicht. Das gleiche gilt von den Urteilen RGSt. Bd. 50 S. 356 und Bd. 56 S. 367. Übrigens hat der 2. Strafsenat des Reichsgerichts im Urteil vom 22. Dezember 1930 2 D 927/30 seinen früheren Rechtsstandpunkt zwar nicht aufgegeben, er hat sich aber der Rechtsprechung des erkennenden Senats so weitgehend genähert, daß auch im Hinblick hierauf die Herbeiführung einer Plenarentscheidung nicht veranlaßt wäre.

In rechtlich einwandfreier Weise stellt das angefochtene Urteil fest, daß dem Kläger sowohl durch die Bestellung zum Leiter des Wohnungsamtes wie auch durch die Übertragung der Tätigkeit des Schriftführers beim Mieteinigungsamt und beim Kaufmanns- und Gewerbegericht die Ausübung staatshoheitsrechtlicher Dienstverrichtungen anvertraut worden ist. Es befindet sich hierbei in Übereinstimmung mit der Auffassung des Senats, wie sie in den eingangs angeführten Urteilen vom 13. März 1928, 14. Juni 1929 und 11. Oktober 1929 niedergelegt ist. Auf die Begründung dieser Urteile wird verwiesen....

Das Berufungsgericht hat auch geprüft, ob der Kläger etwa nur zu vorübergehenden Dienstleistungen im Sinne des § 2 Abs. 1 KBG. angestellt oder ob seine Tätigkeit nur nebenamtlicher Natur war (Abs. 2 das.), und hat diese Frage überwiegend aus tatsächlichen Erwägungen verneint, die keinen Rechtsirrtum erkennen lassen. Dieser Rechtsstandpunkt wird nicht dadurch erschüttert, daß die Revision an Hand der Entstehungsgeschichte und der Weiterentwicklung der Mieterschutzverordnung und der Wohnungsmangelverordnung darzulegen versucht, diese gesetzlichen Maßnahmen seien von Anfang an befristet gewesen. Die Revision muß selbst anerkennen, daß sich das Wohnungsmangelgesetz in der Fassung vom 26. Juli 1923 (RGBl. I S. 754) keinen Endtermin für seine Geltungsdauer gesetzt hat, und wenn ein solcher in der Verordnung des Reichspräsidenten zur Sicherung von Wirtschaft und Finanzen vom 1. Dezember 1930 7. Teil Kap. IV Art. I (RGBl. I S. 598) — also nach Erlaß des Berufungsurteils — und zwar erst auf den 1. April 1934 bestimmt wurde, so ist dies eher geeignet, die Ansicht des Berufungsrichters, daß sich das Außerkrafttreten des Wohnungsmangelgesetzes noch nicht voraussehen lasse, zu bestätigen als sie zu entkräften. Es läßt sich zudem auch heute noch nicht zuverlässig beurteilen, ob nicht die Verhältnisse, wie in zahlreichen vorausgegangenen Fällen, abermals zu einer Hinausschiebung des Endtermins nötigen werden. Das Vorbringen der Revision, daß im verklagten Kreis das Wohnungsmangelgesetz bereits im Februar 1930 völlig außer Kraft gesetzt worden sei und daß die Geschäfte des Mieteinigungsamts inzwischen an das Amtsgericht übergegangen seien, ist neu und daher in diesem Rechtszug nicht zu berücksichtigen (§ 561 ZPO.). Daß endlich schon bei der Anstellung des Klägers im September 1922 eine Aufhebung der Kaufmanns- und Gewerbegerichte vorauszusehen gewesen wäre und auch insoweit nur vorübergehende Dienstleistungen des Klägers hätten in Frage kommen können, behauptet die Revision selbst nicht. Hierzu kommt aber noch folgendes: Nach der Rechtsprechung des erkennenden Senats ist es erforderlich, daß die Beschränkung der Annahme zu vorübergehenden Dienstleistungen dem Beamten gegenüber vor dem Dienstantritt klar und zweifelfrei zum Ausdruck gelangt (vgl. RGUrt. vom 21. September 1926 III 539/25 und vom 3. Oktober 1930 III 97/30; § 10 Abs. 2 KBG.). An einer dahingehenden Feststellung fehlt es hier, wie denn auch im übrigen den beiden erwähnten Entscheidungen, auf welche die Revision Bezug nimmt, ein anderer Sachverhalt zugrunde liegt.

Nach dem Ausspruch des Berufungsgerichts verstößt die Übertragung der Leitung des Kreiswohnungsamtes an den Kläger nicht gegen die Vorschriften der §§ 93, 94 der Kreisordnung für die Provinz Hessen-Nassau vom 7. Juni 1885. Auf die Verletzung dieser Rechtsnorm kann die Revision nicht gestützt werden (§ 549 ZPO.).

Die Annahme des Berufungsgerichts, daß der Kläger mit Wirkung vom 1. August 1922 ohne Hinzufügung einer Kündigungsklausel angestellt worden ist, beruht auf einer tatsächlichen Feststellung, gegen welche die Revision nicht anzukämpfen vermag. Jedenfalls ist weder eine ausdrückliche noch eine stillschweigende Vereinbarung der Parteien über die Kündbarkeit des Beamtenverhältnisses festgestellt.

Die Anwendbarkeit der preußischen Verordnung zur Durchführung der Verordnung des Reichspräsidenten vom 24. August 1931 usw. (sog. Spar-Notverordnung) vom 12. September 1931 (GS. S. 179), im besonderen des zweiten Teils Kapitel VIII, kann hier nicht in Frage kommen. Landesrechtliche Normen, die erst nach Erlaß des Berufungsurteils verkündet worden sind, können nach der Rechtsprechung des Senats im Rechtszug der Revision keine Berücksichtigung finden (RGUrt. vom 28. Januar 1927 III

195/26, abgedr. JW. 1927 S. 1257 Nr. 15). Davon abgesehen treten die Vorschriften des Kapitels VIII des zweiten Teils nach § 4 das. erst mit Wirkung vom 1. Oktober 1931 in Kraft. Daß etwa die in Rede stehenden Vorschriften, wie die Revision meint, als authentische Interpretation der Vorschriften des Kommunalbeamtengesetzes angesehen werden könnten, ist ausgeschlossen. Denn es fehlt an einem dahingehenden Ausspruch in der Spar-Notverordnung, aber auch an jedem sonstigen Anhaltspunkt für diese Annahme.

---

3. Zur Rechtswirksamkeit eines Vertrags, durch den der Eigentümer eines Hausgrundstücks den in die Fluchtlinie fallenden Grundstücksteil freihändig an die Stadtgemeinde veräußert.

RVerf. Art. 153. BGB. §§ 119, 138, 242. Preuß. Fluchtliniengesetz §§ 7, 8, 11, 13. NotVo. v. 5. Juni 1931 (RGBl. I S. 279) Teil 6 Kapitel III §§ 1 bis 7.

V. Zivilsenat. Urt. v. 24. Oktober 1931 i. S. H. Gesellschaft mbH. (Kl.) w. Stadtgemeinde K. (Bekl.). V 284/30.

I. Landgericht Krefeld.
II. Oberlandesgericht Düsseldorf.

Die Klägerin ist Eigentümerin eines in K. an der Ecke Neußer- und Kanalstraße gelegenen Hauses. Im Jahre 1903 wurde zur Verbreiterung der Neußerstraße ein Fluchtlinienplan, durch den ein etwa 1 m breiter Streifen des Hauses an dieser Straße von rund 24 qm Flächeninhalt weggeschnitten wurde, nach § 8 Satz 3 des preußischen Fluchtliniengesetzes (FlLG.) förmlich festgestellt, offengelegt und ortsüblich bekanntgemacht.

Im Jahre 1913 wurde ein weiterer Fluchtlinienplan zur Regelung der Ecke Kanalstraße und Neußerstraße aufgestellt. Dieser Plan sah eine Fluchtlinie vor, durch den ein Flächeninhalt von 61 qm vom Hause der Klägerin an beiden Straßen fortgenommen wurde. Der Plan wurde durch Bekanntmachung vom 4. Dezember 1913 gemäß § 7 FlLG. offengelegt. Die Klägerin brachte fristgemäß eine Einwendung an. Verhandlungen zwischen den Parteien über die Erledigung der Einwendung und über die Regelung der Entschädigung für das in die Fluchtlinie fallende Gelände blieben zunächst erfolglos. Im Oktober 1923 reichte die Klägerin bei der Baupolizeibehörde ein Baugesuch ein, das bauliche Änderungen des Hauses im Untergeschoß und ersten Stock und eine Toreinfahrt an der Kanalstraße vorsah. Die Behörde genehmigte den Bau der Toreinfahrt zunächst vorläufig auf jederzeitigen Widerruf, machte dann aber auf Betreiben der Beklagten mit Rücksicht auf den Fluchtlinienplan vom Jahre 1913 vom Widerrufsrecht Gebrauch, versagte die Baugenehmigung und ließ die bereits begonnenen Arbeiten zwangsweise einstellen. Demnächst kam es wegen der Einwendung der Klägerin gegen den Fluchtlinienplan vom Jahre 1913 und wegen der Zurücknahme des Bauverbots zu Verhandlungen zwischen den Parteien. Sie führten dazu, daß die Klägerin der Beklagten am 8. Dezember 1923 folgendes Vertragsangebot machte: Die Beklagte sollte das Recht erhalten, vom 1. Januar 1944 ab die nach dem Fluchtlinienplan zur Verbreiterung der Neußer- und der Kanalstraße bestimmten Streifen des Grundstücks der Klägerin gebäudefrei für 300 GM. je qm zu erwerben; die Klägerin sollte mit Zustimmung der Beklagten die nachgesuchte Bauerlaubnis bekommen und ihre Einwendung gegen den Fluchtlinienplan zurückziehen. Die Beklagte nahm das Vertragsangebot am 17. Dezember 1923 an. Die Klägerin erhielt die Bauerlaubnis und nahm ihre Einwendung gegen den Fluchtlinienplan zurück. Der Plan wurde gemäß § 8 FlLG. am 22. August 1927 förmlich festgestellt und offengelegt und am 25. August 1927 ortsüblich bekanntgemacht.

Die Klägerin hat den Vertrag vom 8./17. Dezember 1923 durch ein Schreiben an die Beklagte vom 3. November 1927 angefochten und begehrt mit der Klage die Feststellung seiner Nichtigkeit. Das Landgericht hat der Klage stattgegeben. Das Oberlandesgericht hat sie abgewiesen. Die Revision der Klägerin hatte keinen Erfolg.

Gründe:

1. Die Klägerin glaubt, die Nichtigkeit des Vertrags zunächst aus § 138 Abs. 1 BGB. herleiten zu können. Das Berufungsgericht hat diese Ansicht mißbilligt. Es stellt fest, daß die Klägerin die im Oktober 1923 nachgesuchte Bauerlaubnis nicht ohne die Einwilligung der Beklagten erlangen konnte und daß der Vertrag den doppelten

Zweck verfolgte, der Klägerin diese Einwilligung zu verschaffen, der Beklagten aber die Durchführung des Fluchtlinienplans vom Jahre 1913 ohne Enteignungsverfahren durch freihändigen Erwerb der erforderlichen Grundfläche zu einem vertraglich im voraus festgesetzten Preise zu ermöglichen. Ein solcher Vertrag wäre, so führt das Berufungsgericht aus, sittenwidrig und nichtig, wenn die Beklagte dabei ihre behördliche Machtstellung mißbraucht hätte, um die in die Fluchtlinie fallende Grundfläche zu einem unangemessen niedrigen Preise zu erlangen, und wenn sie im Bewußtsein dieses Vorteils ihren Zweck durch rücksichtslose Handhabung ihres Rechts erreicht hätte, die Zustimmung zu dem Bauvorhaben der Klägerin zu versagen. Eine Feststellung in diesem Sinne zu treffen, lehnt aber das angefochtene Urteil in tatsächlicher Würdigung der Gesamtumstände des Falles ab.

Die Revision führt dazu aus: Die Klägerin sei beim Vertragsschluß in einer Zwangslage gewesen. Die Beklagte habe freilich das Recht gehabt, bei der Baupolizeibehörde auf den Widerruf der zunächst nur unter Vorbehalt erteilten Baugenehmigung und nach dem Widerruf auf die Einstellung der Umbauarbeiten hinzuwirken. Mit diesen Maßnahmen sei es ihr aber „doch eigentlich gar nicht ernst gewesen". Angekommen sei es ihr vielmehr auf die Zurücknahme der Einwendung der Klägerin gegen den Fluchtlinienplan und auf die Vereinbarung über den Übergang des in die Fluchtlinie fallenden Eigentums der Klägerin zur Vermeidung einer Enteignung. Es gehe nun aber nicht an, daß sich die Beklagte ihren allein nach pflichtgemäßem Ermessen unter Berücksichtigung größtenteils öffentlichrechtlicher Gesichtspunkte zu treffenden Entschluß über die Zustimmung zum Bauvorhaben der Klägerin „habe abkaufen lassen", daß sie ihre amtliche Handlungsweise „zum Gegenstand eines Handelsgeschäfts gemacht habe", zumal mit einem Bürger, dessen Zwangslage sie gekannt habe.

Der Angriff dringt nicht durch. Die Ansicht der Revision, daß es der Beklagten mit ihren gegen die Durchführung des Bauvorhabens der Klägerin gerichteten Maßnahmen vor dem Vertragsschluß vom Dezember 1923 nicht ernst gewesen sei, entbehrt jeder tatsächlichen Grundlage, ist auch von der Klägerin in den Vorinstanzen nicht vertreten worden. Sie will wohl auch nur zum Ausdruck bringen, daß jene Maßnahmen nicht in der Verhinderung des Baues ihren

Endzweck fanden, sondern daß sie ein Mittel zu einem anderen Zweck — der Bereinigung der Fluchtlinienangelegenheit — darstellten. Dadurch wird ihre Ernstlichkeit nicht berührt. Der Revision kann aber auch darin nicht beigetreten werden, daß sich die Beklagte ihr amtliches Handeln in der Baugenehmigungssache in rechtlich bedenklicher Weise durch Zugeständnisse in der Fluchtlinienangelegenheit habe „abkaufen" lassen. Die Revision scheint hier Gedankengängen zu folgen, wie sie gelegentlich in der Rechtsprechung des Reichsgerichts (z. B. RGZ. Bd. 132 S. 174) über die grundsätzliche Unzulässigkeit der Erteilung von amtlichen Genehmigungen gegen Ausbedingung von geldwerten Gegenleistungen entwickelt worden sind. Solche Gedankengänge können im vorliegenden Falle aber nicht Platz greifen. Die Beklagte hat sich für die Zustimmung zur Baugenehmigung keine Gegenleistung ausbedungen. Sie hat vielmehr lediglich ihre Zustimmung von der vertraglichen Regelung der Fluchtlinienangelegenheit abhängig gemacht. Insoweit findet ihr Verhalten seine Rechtfertigung in den §§ 7, 11 FlLG. Durch die Bekanntmachung vom 4. Dezember 1913 war das Grundstück der Klägerin einer (vorläufigen) Baubeschränkung zugunsten der Beklagten unterworfen worden (RGZ. Bd. 21 S. 216, Bd. 34 S. 243, Bd. 128 S. 27, 29). Wenn nun die Beklagte auf ihr durch die Beschränkung begründetes gesetzliches Recht, die Zustimmung zu einem Umbau des Hauses zu versagen, nur verzichten wollte, falls zugleich die Fluchtlinienfrage dahin bereinigt wurde, daß die Einwendung der Klägerin gegen den Fluchtlinienplan wegfiel und die Möglichkeit, das in die Fluchtlinie fallende Gelände freihändig zu erwerben, für die Beklagte vertraglich feststand, so verquickte sie nicht in unzulässiger Weise zwei getrennte amtliche Angelegenheiten miteinander, sondern sie trug durch die Verbindung der beiden innerlich zusammengehörigen Dinge dem Zweck des § 11 FlLG. in verständiger und rechtlich einwandfreier Weise Rechnung. Daß sich die Klägerin durch den Beginn der Umbauarbeiten vor der endgültigen Entscheidung über die Baugenehmigung für die Vertragsverhandlungen mit der Beklagten in eine gewisse Zwangslage gebracht haben mag, muß sie sich selbst zuschreiben. Nach den Feststellungen des Berufungsurteils ist diese Zwangslage von der Beklagten nicht durch ein „Diktat" unbilliger Vertragsbedingungen ausgenutzt worden. Für § 138 Abs. 1 BGB. ist deshalb kein Raum.

2. Die Klägerin glaubt weiterhin den Vertrag unter dem Gesichtspunkt des Wegfalls der Geschäftsgrundlage beseitigen zu können. Sie behauptet, beide Vertragsparteien seien beim Vertragsschluß stillschweigend davon ausgegangen, daß die Beklagte ohne Entschädigungspflicht die Zustimmung zum Umbau des Hauses habe versagen können. Diese beiderseitige Ansicht sei, wie sich erst durch das Urteil des Reichsgerichts vom 28. Februar 1930 (RGZ. Bd. 128 S. 18) herausgestellt habe, im Hinblick auf Art. 153 Abs. 2 RVerf. rechtsirrig gewesen.

Auch damit kann die Revision nicht zum Ziel gelangen. Das Berufungsgericht stellt fest, daß die Parteien beim Vertragsschluß an einen Entschädigungsanspruch der Klägerin gegen die Beklagte wegen eines Bauverbots überhaupt nicht gedacht, geschweige denn darüber verhandelt haben. Wenn es daraus folgert, daß die Parteien die Rechtsauffassung, ein solcher Anspruch fehle, nicht zur Geschäftsgrundlage des Vertrags gemacht, daß sie vielmehr den Vertrag ohne Rücksicht auf die Entschädigungsfrage geschlossen und den etwa bestehenden Entschädigungsanspruch der Klägerin durch den Vertrag nicht beseitigt haben, so kann in dieser Schlußfolgerung kein Rechtsirrtum erblickt werden. Aber selbst dann, wenn die Klägerin mit ihrer Ansicht Recht hätte, daß die Auffassung, die Beklagte dürfe entschädigungsfrei die Zustimmung zu dem Bauvorhaben der Klägerin versagen, zur Geschäftsgrundlage des Vertrags gemacht worden sei, so wäre nicht ersichtlich, inwiefern diese Geschäftsgrundlage durch das erwähnte Urteil des Reichsgerichts erschüttert worden sein sollte. Es kann dahingestellt bleiben, ob für die Beurteilung dieser Frage die §§ 1 bis 7 im III. Kapitel des 6. Teils der Zweiten Verordnung des Reichspräsidenten zur Sicherung von Wirtschaft und Finanzen vom 5. Juni 1931 (RGBl. I S. 279) heranzuziehen sind und ob durch den damit vollzogenen gesetzgeberischen Eingriff in die vom Reichsgericht für das frühere Recht aufgestellten Grundsätze die Rechtsstellung der Klägerin in Ansehung der Geschäftsgrundlage des Vertrags verschlechtert werden konnte und verschlechtert worden ist. Denn auch wenn der Klägerin zugebilligt werden könnte, sich für die Frage der Geschäftsgrundlage nach wie vor auf den Boden des früheren Rechts zu stellen, darf nicht übersehen werden, daß für dieses Recht durch das Urteil des Reichsgerichts vom 28. Februar 1930 die Vorschrift des § 13 FlLG., wonach für die aus den §§ 7,

8, 11 sich ergebenden Bauverbote grundsätzlich keine Entschädigung gefordert werden kann, nicht allgemein, sondern nur in beschränktem Umfang für reichsverfassungswidrig erklärt ist. Die Gültigkeit der Vorschrift wurde ausdrücklich insoweit anerkannt, als entweder der Fluchtlinienplan beim Inkrafttreten der Reichsverfassung bereits endgültig gemäß § 8 Satz 3 bekanntgemacht war oder als der erst nach Inkrafttreten der Reichsverfassung von einer Baubeschränkung aus §§ 7, 8, 11 betroffene Grundstückseigentümer durch die Ausnahmefälle der Nummern 1 bis 3 des Abs. 1 im § 13 in die Lage versetzt worden ist, wenn auch nicht sofort, so doch später eine Entschädigung nach Maßgabe des Enteignungsgesetzes zu erzwingen. Die Beklagte beruft sich nun — anscheinend mit Recht — darauf, daß schon durch den im Jahre 1903 endgültig festgestellten ersten Fluchtlinienplan das Grundstück der Klägerin von einer Baubeschränkung ergriffen worden sei, welche die Versagung der Baugenehmigung im Jahre 1923 gerechtfertigt hätte, und daß daher für die Entschädigungsfrage im Falle der Versagung der Genehmigung nur auf das alte preußische Recht, nicht auf Art. 153 Abs. 2 RVerf. hätte zurückgegriffen werden können. Die gegenteilige Ansicht der Klägerin, daß die Bauerlaubnis nur mit Rücksicht auf den im Dezember 1923 erst vorläufig, noch nicht endgültig bekanntgemachten zweiten Fluchtlinienplan vom Jahre 1913 hätte versagt werden können, entbehrt nach den Feststellungen des Berufungsgerichts über Art und Umfang des Umbaues der tatsächlichen und rechtlichen Begründung. Aber auch wenn die Ansicht der Klägerin insoweit zutreffen sollte, müßte sich diese entgegenhalten lassen, daß ihr § 13 Abs. 1 Nr. 2 die Möglichkeit eröffnete, nach Freilegung ihres Grundstücks bis zur Fluchtlinie des Planes vom Jahre 1913 die Entschädigung nach dem Enteignungsgesetz zu erzwingen, daß sie also auch bei Zugrundelegung des Reichsgerichtsurteils vom 28. Februar 1930 keinen Entschädigungsanspruch auf der Grundlage des Art. 153 Abs. 2 RVerf., sondern nur die nach dem älteren preußischen Recht begründeten Ansprüche hatte. Nach diesem Recht stand ihr beim Abschluß des Vertrags vom Dezember 1923 kein Anspruch auf Entschädigung im Falle der Versagung der Bauerlaubnis zu. Das Fluchtliniengesetz und das Enteignungsgesetz eröffneten ihr vielmehr lediglich eine Aussicht auf künftige Entschädigung nach Eintritt neuer tatsächlicher Voraussetzungen. Aus § 75 Einl. ALR. hatte sie keinen Anspruch, weil der Fluchtlinienplan vom Jahre 1913 zur Zeit der Einreichung des Baugesuchs schon nach § 7 FlLG. bekanntgemacht war (RGZ. Bd. 26 S. 265, Bd. 28 S.275, Bd. 126 S. 356). Die Vertragsparteien sind also im Dezember 1923 auch dann, wenn die Sachdarstellung der Klägerin als richtig unterstellt wird, in der Entschädigungsfrage von keiner falschen Geschäftsgrundlage ausgegangen.

3. Die Klägerin hat den Vertrag schließlich wegen Irrtums angefochten. Sie behauptet, ihr Geschäftsführer L. habe beim Vertragsschluß eine falsche Vorstellung vom Verlauf der Fluchtlinie durch das Grundstück gehabt und sei über die Größe der im Vertrag der Beklagten zum freihändigen Erwerb angestellten Fläche im Irrtum gewesen. Das Berufungsgericht hat der Anfechtung den Erfolg versagt. In erster Linie verneint es einen die Anfechtung rechtfertigenden Irrtum beim Geschäftsführer der Klägerin; hilfsweise erklärt es die Anfechtung aber auch für verspätet. Die Revision wendet sich ohne Erfolg gegen diese Begründung.

Das Berufungsgericht hält für nicht erwiesen die Behauptung der Klägerin, ihr Geschäftsführer sei beim Vertragsschluß davon ausgegangen, daß die Fluchtlinie nur 80 bis 90 cm in das Haus hineinschneide und daß deshalb eine nur verhältnismäßig geringe Grundstücksfläche zum Vertragspreise der Beklagten zu überlassen sei. Es stellt fest, daß L. den Vertrag namens der Klägerin geschlossen hat, ohne sich eine deutliche und bestimmte Vorstellung über den Verlauf der Fluchtlinie gebildet zu haben, wenn er dabei auch den völlig unbestimmten und jeder tatsächlichen Unterlage entbehrenden Gedanken gehegt haben möge, die Einwirkung der Fluchtlinie auf das Grundstück sei nicht erheblich. Jedenfalls hat sich dieser Gedanke — so fährt das Urteil fort — in ihm nicht zu einer deutlichen und bestimmten Vorstellung verdichtet, die ihn zum Abschluß des Vertrags veranlaßt und in einer Weise beherrscht hätte, daß er an ihre Richtigkeit unbedingt glaubte. Wenn das Berufungsgericht aus diesen von der Revision nicht beanstandeten, einwandfrei getroffenen tatsächlichen Feststellungen den Schluß zieht, daß sich die Klägerin nicht auf einen für den Vertragsschluß ursächlichen Irrtum über den Inhalt ihrer Willenserklärungen berufen könne, so ist darin kein Rechtsirrtum zu erblicken. Die Klägerin hat nach jenen Feststellungen ihre eigene, ihr bewußte Ungewißheit über die Größe der vom Vertragsschluß betroffenen Grundstücksfläche nicht für wichtig genug gehalten, um den Vertragsschluß in Frage zu stellen. Objektiv ist diese Fläche durch den Fluchtlinienplan vom Jahre 1913 eindeutig bestimmt. Subjektiv hat die Klägerin sie ohne Irrtum, wenn auch auf innere Klarheit verzichtend, aufs Geratewohl in ihren Vertragswillen aufgenommen.

Im übrigen hat der Berufungsrichter aber auch die Rechtzeitigkeit der Anfechtung mit Recht verneint. Er stellt fest, daß die Klägerin vor dem 3. November 1927 keine Anfechtungserklärung abgegeben hat. Er unterstellt zu ihren Gunsten, daß sie erst Anfang September — nicht schon im Juni — 1927 vom Verlauf der Fluchtlinie des Plans vom Jahre 1913 bestimmte Kenntnis erhalten habe. Die Bedenken der Revision gegen diese Unterstellung und die Rüge aus § 286 ZPO. wegen Übergehung des Beweisantritts der Klägerin mit dem Zeugen Rechtsanwalt G. sind nicht stichhaltig. Die Klägerin selbst hat in beiden Vorinstanzen vorgetragen, sie habe durch die am 25. August 1927 veröffentlichte endgültige Bekanntmachung des Fluchtlinienplans und um diese Zeit Kenntnis von der Fluchtlinie erhalten. Ihr Geschäftsführer L. hat das bei seinen Vernehmungen bestätigt. Hiernach kann es keinem Zweifel unterliegen, daß die Klägerin nach erlangter Kenntnis vom Inhalt des Fluchtlinienplans noch mindestens zwei Monate bis zur Anfechtung des Vertrags hat verstreichen lassen. Zutreffend hält das Berufungsgericht diese Anfechtung für nicht unverzüglich erklärt (§ 121 BGB.). Unter Berufung auf das Zeugnis des Rechtsanwalts G. hat die Klägerin Beweis dafür angetreten, daß sie noch bis zum 3. November 1927 die Notwendigkeit, den Vertrag wegen Irrtums anzufechten, nicht durchschaut habe, sondern der Ansicht gewesen sei, auch die Beklagte sei beim Vertragsschluß entgegen den beurkundeten Erklärungen nicht von der im Fluchtlinienplan von 1913 vorgesehenen Fluchtlinie ausgegangen und der Vertrag sei deshalb wegen Nichtübereinstimmung des beiderseitigen wahren Willens mit den beiderseits abgegebenen Erklärungen auch ohne Anfechtung hinfällig. Damit beruft sie sich aber nicht auf einen Mangel der Kenntnis des Anfechtungsgrundes in Ansehung ihrer Willenserklärungen, sondern auf einen ausschließlich ihr zur Last fallenden und von ihr zu vertretenden Rechtsirrtum über die Anfechtungsbedürftigkeit des Vertrags. Dieser Irrtum schließt ein schuldhaftes Zögern mit der Anfechtungserklärung nicht aus.

Die Klägerin scheint nachträglich zu der Ansicht gelangt zu sein, daß sie beim Vertragsschluß im Dezember 1923 unüberlegt gehandelt habe, als sie, um die Bauerlaubnis zu erlangen, sich mit der — übrigens von ihr selbst als angemessen anerkannten — Vertragsvergütung für den in die Fluchtlinie fallenden Grundstücksteil begnügte und damit auf anderweitige Entschädigungsansprüche aus dem Fluchtliniengesetz (§ 13flg.) und dem Enteignungsgesetz verzichtete. Daraus kann sie aber nicht das Recht herleiten, sich von dem ihr unbequem gewordenen Vertrag loszusagen und auf die preisgegebenen Ansprüche zurückzugreifen.

---

4. 1. Kann der Vertreter mit Wirkung für den Vertretenen auch ein Scheingeschäft mit einem Dritten abschließen?

2. Begriff des Einverständnisses mit der Scheinnatur einer Willenserklärung im Sinne des § 117 Abs. 1 BGB.

3. Kann sich derjenige, der mit dem Vertreter eines anderen in beiderseitigem einverständlichem Zusammenwirken ein Scheingeschäft vorgenommen hat, dem Vertretenen gegenüber auf die Scheinnatur des Geschäfts berufen?

BGB. §§ 116, 117. WO. Art. 7.

II. Zivilsenat. Urt. v. 27. Oktober 1931 i. S. E. Bank, eingetr. Gen. m. beschr. Haftpfl. (Kl.) w. M. (Bekl.). II 178/31.

I. Landgericht Oldenburg.
II. Oberlandesgericht daselbst.

Die klagende Genossenschaftsbank ist legitimierte Inhaberin eines am 10. Oktober 1928 von ihrem Genossen D. auf seinen Schwager, den Beklagten, gezogenen, mit dessen Akzept versehenen und vom Aussteller blanko girierten Wechsels an eigene Order, der über den Betrag von 40000 RM. lautete und am 3. Januar 1929 fällig war. Sie nimmt daraus den Beklagten in Höhe von 10000 RM. nebst Zinsen in Anspruch. Der Beklagte wandte u. a. ein, daß der Wechsel zur Zeit der Annahme ein Blankett gewesen und von D. auf 40000 RM. — statt auf 10000 RM. — ausgefüllt worden sei. Dies wurde jedoch durch Vorbehaltsurteil des Landgerichts für unerheblich erklärt, weil nur 10000 RM. eingeklagt worden sind.

Außerdem machte der Beklagte geltend, die Akzeptierung sei ein Scheingeschäft gewesen.

Das Landgericht hielt das auf Verurteilung des Beklagten lautende Vorbehaltsurteil im Nachverfahren aufrecht; das Oberlandesgericht dagegen wies die Klage ab, indem es folgende Feststellungen traf:

Nach der Satzung der Klägerin hatten zwei Vorstandsmitglieder zur Vertretung der Klägerin mitzuwirken; der Vorstand der Klägerin bestand zu der hier fraglichen Zeit aus Schw., M. und dem Rendanten R. Letzterer hatte es verschuldet, daß ein dem Genossen D. von der Klägerin gewährter Kredit in erheblichem Maße ungesichert geblieben war; den übrigen Vorstandsmitgliedern und dem Aufsichtsrat war dies unbekannt. Um zu verhindern, daß es bei einer Revision entdeckt werde, vereinbarten R. und D., letzterer habe, wie schon bei einer früheren Gelegenheit geschehen, wieder Scheinakzepte beizubringen, die zur Vortäuschung einer Sicherung seines Kontos dienen und nach Jahresschluß, d. h. nach Prüfung durch Vorstand und Aufsichtsrat, sofort zurückgegeben werden sollten. Zu den von D. hierauf beschafften Papieren gehört auch der Klagwechsel. Der Beklagte ließ sich zur Hergabe seines Akzepts durch die Zusicherung des D. bestimmen, daß es sich um einen „Schein- oder Proformawechsel" handle, aus dem keine Ansprüche erhoben würden. Über den Zweck der Maßnahme hat D. dem Beklagten nichts mitgeteilt, und der Beklagte, der von Wechselgeschäften nichts verstand, hat sich darüber auch keine Gedanken gemacht. Aus diesem Sachverhalt schließt das Berufungsgericht, daß die Klage an der Vorschrift des § 117 Abs. 1 BGB. scheitere, da R. als Vertreter der Klägerin beim Erwerb des Wechsels die Scheinnatur des Akzepts gekannt habe.

Die Revision der Klägerin wurde zurückgewiesen.

Gründe:

Aus der Theorie des Wechselrechts läßt sich die Unanwendbarkeit des § 117 Abs. 1 BGB. nicht herleiten. Denn wenngleich diese Vorschrift von einer Willenserklärung spricht, die einem anderen gegenüber abzugeben ist, das Akzept aber nach der reichsgerichtlichen Rechtsprechung (RGZ. Bd. 24 S. 87) grundsätzlich eine einseitige, nicht empfangsbedürftige Willenserklärung ist, so steht doch hier ein

Blankoakzept in Frage. Bei einem solchen hat aber das Reichsgericht stets einen Begebungsvertrag verlangt (vgl. RGZ. Bd. 74 S. 353; WarnRspr. 1918 Nr. 227; Staub-Stranz WO. Art. 7 Anm. 10 und 14). Es erübrigt sich deshalb, zu der Frage Stellung zu nehmen, ob der vom Reichsgericht beim Nicht-Blankoakzept eingenommene Standpunkt gegenüber den im neueren Schrifttum geltend gemachten Gründen, namentlich gegenüber der Rechtsscheintheorie, aufrecht erhalten werden kann (vgl. Jacobi in Ehrenbergs Handbuch IV 1 S. 318flg.; H. Meyer Das Akzept S. 81, 89flg.; Enneccerus-Lehmann Schuldverhältnisse §§ 205, 206).

Die Angriffe der Revision richten sich gegen die Annahme des Berufungsrichters, daß R. beim Erwerb des Wechsels Vertreter der Klägerin gewesen sei und sein Wissen ihr schade.

Hauptsächlich wirft die Revision dem Berufungsrichter die Übergehung der Behauptung vor: die Klägerin habe den Wechsel nicht durch R., sondern durch Schw. und M. erworben; mit der durch R. bewirkten Aushändigung des Wechsels an Schw. und M. sei der Begebungsvertrag mit ihr abgeschlossen gewesen. Allein das würde zur Voraussetzung haben, daß R. den Wechsel zuvor in eigenem Namen erworben hätte. Wäre dies der Fall gewesen, hätte also R. den Wechsel als Blankoindossatar ohne neues Giro weitergegeben, so hätte dies allerdings dieselbe Wirkung gehabt, wie wenn er an den Nehmer indossiert hätte, d. h. diesem könnten die ihm beim Erwerb unbekannten Einreden aus der Person des Vormanns (hier des R.) nicht entgegengehalten werden (Staub-Stranz WO. Art. 13 Anm. 4; Michaelis Scheckgesetz § 8 Anm. 29; Breit Scheckgesetz § 8 Anm. 8; anders Bernstein WO. S. 79). Der Umstand, daß R. gleichzeitig dem Vorstand der Klägerin angehört hat, wäre für deren Gutgläubigkeit in diesem Falle bedeutungslos gewesen, weil er dann bei der Weiterbegebung an die durch die gutgläubigen Schw. und M. vertretene Klägerin als Nehmerin lediglich als Wechselgeber aufgetreten wäre. Allein jene Voraussetzung, daß R. den Wechsel vorher im eigenen Namen erworben hätte, trifft nicht zu. Denn wegen des mit dem Geben des Wechsels verfolgten Zweckes (für den dem D. gewährten Kredit Sicherheit zu geben) kam ein Wechselerwerb des R. in eigenem Namen überhaupt nicht in Frage; er wollte auch nicht etwa diesen Zweck durch sein eigenes Giro unterstützen. Die Entgegennahme des Wechsels durch R. ist also nur als ein Tätigwerden im Namen der Klägerin zu beurteilen. Es handelt sich bei den Ausführungen der Klägerin auch nicht sowohl um die Aufstellung einer (vom Berufungsrichter dann übergangenen) Behauptung, sondern um irrige rechtliche Würdigung eines an sich unbestrittenen Sachverhalts.

Die Revision hält die Auffassung des Berufungsrichters, der in R. einen Vertreter der Klägerin erblickt, deshalb für widersinnig, weil mit der durch den Begriff der Vertretung geforderten Erklärung, daß die rechtlichen Wirkungen des Geschäfts für die Klägerin zur Entstehung gebracht werden sollten, sein Einverständnis mit D. über den Scheincharakter der Wechselbegebung nicht in Einklang zu bringen sei. Allein dieser Widerspruch haftet dem Scheingeschäft des § 117 Abs. 1 BGB. stets an, da sich bei ihm die Beteiligten gegenseitig rechtsgeschäftliche Erklärungen abgeben und doch darüber einig sind, daß diesen Erklärungen keine Rechtswirkung zukommen soll. Daß solches auch beim Vertreter möglich ist, versteht sich von selbst und folgt außerdem aus dem in § 166 Abs. 1 BGB. gebrauchten Wort „Willensmängel", worunter alle in den §§ 116flg. a. a. O. geregelten Tatbestände auch des fehlenden Willens (geheimer Vorbehalt, Simulation, Nichternstlichkeit) inbegriffen sind.

Übrigens spielt die Simulation des Indossaments hier überhaupt keine entscheidende Rolle; maßgebend ist, daß zwischen dem Beklagten und D. die Scheinnatur des Akzepts vereinbart wurde und daß R. bei der Übertragung des Wechsels hiervon Kenntnis hatte. Aus dem Satze aber, daß eine Willenserklärung einem von mehreren Gesamtvertretern gegenüber wirksam abgegeben werden kann, wird allgemein gefolgert, daß die Kenntnis, der böse Glaube und die Arglist eines einzelnen Vertreters der Kenntnis usw. des Vertretenen gleichsteht (RGZ. Bd. 53 S. 231, Bd. 59 S. 408, Bd. 78 S. 354; JW. 1911 S. 1012 Nr. 2, 1914 S. 401 Nr. 1, 1927 S. 1675 Nr. 2). Damit ist sehr wohl vereinbar — worauf es aber hier nicht entscheidend ankommt —, daß die Begebung des Wechsels an die Klägerin nach deren Satzung (vgl. auch § 25 Abs. 1 GenG.) nicht schon durch R. allein, sondern erst in dem Augenblick zustande kam, als eines der anderen Vorstandsmitglieder dem Erwerbe zustimmte.

Mit Unrecht meint schließlich die Revision, es habe auch des Einverständnisses von Schw. und M. mit der Scheinnatur des Geschäfts bedurft, weil § 117 Abs. 1 BGB. das Einverständnis des Erklärungsempfängers mit dem gewollten Schein verlange, Empfänger der Erklärung aber die Klägerin gewesen sei, vertreten durch zwei Vorstandsmitglieder. Zunächst trifft das schon insoweit nicht zu, als sich die Einrede des Beklagten auf den arglistigen Erwerb des simulierten Akzepts stützt. Wenn aber die Scheinnatur des Indossaments in Frage stände, würde schon die Kenntnis des R. die Nichtigkeit begründen. Einverständnis im Sinne des § 117 ist keine neben der früher abgegebenen einhergehende, selbständige Willenserklärung; es müssen sich nur beide Teile dessen bewußt sein, daß jener ersten Erklärung kein Wille entsprechen soll. Dieses Umstands war sich aber die Klägerin schon dann bewußt, wenn auch nur einer ihrer Gesamtvertreter ein solches Bewußtsein hatte.

Der Schwerpunkt der Entscheidung liegt, wie nachdrücklich hervorgehoben werden muß, in der vom Berufungsgericht festgestellten Gutgläubigkeit des Beklagten. Hätte er gewußt, daß R. die Absicht hatte, den beiden anderen Vorstandsmitgliedern und dem Aufsichtsrat eine in Wahrheit nicht bestehende Sicherung des Kontos D. vorzuspiegeln, hätte er also im Einvernehmen mit R. arglistig zum Nachteil der Klägerin gehandelt, so müßte er verurteilt werden. Im Urteil vom 23. Juni 1908 (abgedr. bei Gruch. Bd. 52 S. 933) hat der erkennende Senat ausgesprochen, daß sich derjenige, der mit dem Vertreter kolludiert habe, nicht auf die Scheinnatur des Geschäfts berufen könne. Dem ist Oertmann (Recht 1923 S. 74; Kommentar zum BGB. § 117 Nr. 2c β Abs. 3 S. 381, § 166 Nr. 4f S. 615) beigetreten, indem er die Begründung dahin ergänzt, daß in solchem Falle der Erklärende demjenigen, der im Sinne der Wirkung als sein Geschäftsgegner in Betracht komme, das Vorhandensein eines Wirkungswillens ebenso vortäusche, wie wenn er ihm die Erklärung ohne das Zwischenglied eines Vertreters abgebe; deshalb gehöre die Kollusion dem Gebiete des geheimen Vorbehalts an und müsse nach dessen Vorbild behandelt werden (§ 116 Satz 1 BGB.). An diesem Grundsatz mit der Oertmannschen Ergänzung würde der Senat festhalten, wenn die Bösgläubigkeit des Beklagten in Frage stände. Allein der Beklagte war gutgläubig. Daß er den Zweck des Wechsels gekannt habe, ist nicht einmal behauptet. Möglicherweise hat er angenommen, der ganze Vorstand wisse Bescheid und das Blankoakzept solle nur dazu dienen, irgendeine Rechtsverschiebung der Kritik unbefugter Dritter zu entziehen. Dann ist es nur recht und billig, wenn er sich gegen die Inanspruchnahme durch die Klägerin wehrt. Ihm war die Ungefährlichkeit des Akzepts als eines bloßen Scheingeschäfts vom Akzeptempfänger zugesichert worden, und da dies auf Veranlassung eines Mannes geschehen war, der die Klägerin beim Erwerb des Wechsels mitvertrat, muß sie es hinnehmen, wenn ihr Erwerb als arglistiger beurteilt wird.

---

5. Zum Unterschied der Herkunfts- und der Beschaffenheitsangabe und zur Frage der Verwirkung im Warenzeichen- und im Wettbewerbsrecht.

WZG. §§ 12, 14. UnlWG. §§ 1, 3.

II. Zivilsenat. Urt. v. 27. Oktober 1931 i. S. Firma A. S. (Kl.) w. Firma S. (Bekl.). II 25/31.

I. Landgericht I Berlin.
II. Kammergericht daselbst.

Für die Klägerin ist seit 1895 das Wortzeichen „Hunyadi Janos" für Bitterwasser, Bittersalz und Abführmittel eingetragen. Sie vertreibt seit 1865 unter dieser Bezeichnung das bekannte aus den Hunyadi Janos-Quellen stammende Bitterwasser in Flaschen. Die Beklagte stellt seit 1880 trockene künstliche Mineralwassersalze her, und zwar bezeichnet sie das nach ihrer Angabe erste und in besonderem Umfang von ihr vertriebene künstliche Salz als ein künstliches Ofener Salz, das auf Grund der Analyse der Hunyadi Janos-Brunnen dargestellt sei. Die Klägerin fordert mit der Klage Unterlassung dieser Bezeichnung, Feststellung der Schadensersatzpflicht der Beklagten für die Zeit seit dem 1. August 1898, Auskunftserteilung über ihren Umsatz usw. und Zusprechung der Veröffentlichungsbefugnis. Die Beklagte hält die von ihr gebrauchte Bezeichnung für eine notwendige Beschaffenheitsangabe und beruft sich überdies auf Verwirkung der Klagansprüche, für den Schadensersatz- und Auskunftsanspruch auch auf Verjährung.

Die Klägerin ist in allen drei Rechtszügen unterlegen.

Gründe:

Das angefochtene Urteil läßt dahingestellt, ob der Gebrauch des Zeichenwortes der Klägerin „Hunyadi Janos" durch die Beklagte warenzeichenmäßig, also im Sinne einer Herkunftsangabe, erfolgt und aufzufassen oder ob darin nur eine auf das Vorbild der künstlichen Darstellung ihres Salzes hinweisende Beschaffenheitsangabe zu erblicken ist. Der Vorderrichter weist die Berufung schon aus dem Gesichtspunkt der sog. Verwirkung zurück, weil die Klägerin in Kenntnis oder mindestens in grobfahrlässiger Unkenntnis der Ausstattung, in der die Beklagte ihr Salz in Glasbüchsen in Verkehr bringt, jahrzehntelang den Gebrauch des Wortes „Hunyadi Janos" widerspruchslos geduldet und auf diese Weise selbst deren heutigen Besitzstand mit habe begründen helfen. Die Klägerin müsse danach die etwa bestehende Gefahr der Verkehrsverwirrung hinnehmen. Eine Täuschung des Publikums über die Wirkung des künstlichen Salzes der Beklagten komme jedenfalls nicht in Frage, da diese Wirkung in der Hauptsache der des Bitterwassers der Klägerin entspreche.

Die Revision greift diese Ausführungen zu Unrecht an. Wenn das angefochtene Urteil die Frage offen läßt, ob sich das Verhalten der Beklagten, abgesehen vom Gesichtspunkt der Verwirkung, als Warenzeichenverletzung darstelle, so bedarf es an sich auch im gegenwärtigen Rechtsgang hierzu keiner Erörterung. Immerhin läßt der Sachverhalt keinen Zweifel daran, daß auch der wenig aufmerksame Leser aus den (weißen oder grünen) Prospekten der Beklagten, aus den gelblichen Umhüllungen ihrer Glasbüchsen oder aus den diesen aufgeklebten roten Etiketten keinen Gebrauch des der Klägerin geschützten Wortes „Hunyadi Janos" im Sinne einer Herkunftsangabe zu entnehmen vermag. In den Prospekten findet sich der Artikel „Künstl. Ofener Bitterwasser (Hunyadi Janos)" nach einem einleitenden Hinweis auf das Wesen, insbesondere auf den Ersatzcharakter künstlicher Mineralwassersalze, im Verzeichnis der von der Beklagten „dargestellten" Mineralwassersalze unter der Rubrik „Name des Salzes und der Quelle, deren Analyse der Darstellung zugrunde gelegt ist". Die Flaschen aber tragen auf Umhüllung und Etikette unter der Überschrift „S.s künstliche Mineralwassersalze" den groß gehaltenen und in erster Linie auffallenden Aufdruck „Künstliches Ofener Salz", dem in wesentlich kleinerer Schrift der Vermerk „dargestellt auf Grundlage der Analyse der Hunyadi Janos-Brunnen" angefügt ist. Diese Hinweise stellen für jeden nur einigermaßen verständigen Leser zur Genüge klar, daß das von der Beklagten in Verkehr gebrachte Erzeugnis nicht das natürliche, durch Eindampfung gewonnene Produkt der Ofener Quellen, sondern ein künstliches Erzeugnis ist, das nur seiner Zusammensetzung nach die Beschaffenheit des natürlichen Bitterwassers nachzuahmen und die gleiche Wirkung herbeizuführen bestimmt ist. Die Verwendung des Ausdrucks „Hunyadi Janos" im Sinne eines von der Beklagten nur nachgeahmten Vorbilds, mithin einer bloßen Beschaffenheitsangabe, nicht aber eines Hinweises auf die Herkunft der Ware aus dem Betrieb der Klägerin, ist hiernach unzweideutig genug, um den Tatbestand der §§ 12, 14 WZG. auszuschließen (vgl. hierzu RGZ. Bd. 86 S. 123, Bd. 110 S. 339; M. u. W. 1912 S. 37, 1928 S. 310; Gewerbl. Rechtsch. 1912 S. 37, 1929 S. 488; WarnRspr. 1912 Nr. 96). Es ist nicht einzusehen, wie die Beklagte ihr Erzeugnis anders bezeichnen sollte, um den wahren Sachverhalt klarzustellen und bei ihrem an sich zweifellos erlaubten gewerblichen Wettbewerb gegenüber der Klägerin den Anschein der Unlauterkeit zu vermeiden.

Das angefochtene Urteil wird aber auch vom Gesichtspunkt der Verwirkung getragen. Die Beklagte gebraucht die beanstandete Kennzeichnung ihrer Ware auf ihren Glasbüchsen seit annähernd 50 Jahren, ohne dabei vor Klagerhebung von der Klägerin jemals einen Widerspruch erfahren zu haben. Wenn das Berufungsgericht bei dieser Sachlage zu dem Ergebnis kommt, daß die Beklagte in ihrem mittlerweile begründeten und durch ihre Tätigkeit aufgebauten Besitzstand zu schützen sei, so ist darin keine Rechtsverletzung zu erblicken. Die Ausführungen der Revision verfolgen in der Hauptsache das Ziel, einmal die Annahme der Vorinstanz, daß die Klägerin von der Warenkennzeichnung der Beklagten erfahren haben müsse, mindestens aber ihre etwaige Unkenntnis auf grober Fahrlässigkeit beruhe, zu erschüttern, und ferner die Gutgläubigkeit der Beklagten zu widerlegen, der es darauf angekommen sei, den Markt zu verwirren und die Klägerin um die Früchte ihrer Arbeit zu bringen. Indessen kommt es auf diese Gesichtspunkte für die Entscheidung nicht wesentlich an. Gewiß geht namentlich die frühere Rechtsprechung in der Verwirkungsfrage von der Voraussetzung aus, daß der klagende Teil von dem sein Recht verletzenden Verhalten des anderen Kenntnis erlangt hat oder mindestens in grobfahrlässiger Unkenntnis war, und daß der Besitzstand des Beklagten in redlicher Weise begründet worden ist (so z. B. RGZ. Bd. 111 S. 192, Bd. 114 S. 360; M. u. W. 1926 S. 255, 1927/28 S. 343, 488, 1929 S. 544; Gewerbl. Rechtssch. 1929 S. 493, 1930 S. 331; JW. 1929 S. 1206 Nr. 17). Der Gedanke der sog. Verwirkung im Wettbewerbsrecht und in dem nur einen Teil davon bildenden Warenzeichenrecht beruht jedoch nicht auf ersitzungsähnlichen Gesichtspunkten (so Julius L. Seligsohn im Gewerbl. Rechtssch. 1930 S. 93 flg.), auch nicht auf dem Erfordernis, daß dem Kläger bei Verfolgung seines Anspruchs eigener unlauterer Wettbewerb zur Last falle (vgl. Baumbach im Gewerbl. Rechtssch. 1930 S. 251 flg.). Er beruht vielmehr auf dem das ganze Wettbewerbsrecht beherrschenden Grundsatz von Treu und Glauben, welcher der Rechtsverfolgung entgegensteht, wenn sie so spät erfolgt, daß der andere Teil seinen inzwischen mit Mühe und Kosten geschaffenen Besitzstand als einen vom Kläger geduldeten und erlaubten ansehen darf. Entscheidend sind danach stets die Umstände des einzelnen Falles und zwar nicht auf der Seite des Klägers, sondern auf der des Beklagten (RGZ. Bd. 127 S. 323; Seligsohn a. a. O. S. 97). So hat der erkennende Senat in neueren Entscheidungen die Möglichkeit der Verwirkung auch gegenüber ursprünglich sittenwidrigen Wettbewerbshandlungen anerkannt (vgl. M. u. W. 1930 S. 440, 560; 1931 S. 91), und so bildet auch die Kenntnis des Klägers von der Wettbewerbshandlung des anderen für die Beurteilung der Verwirkung keine notwendige Voraussetzung (Seligsohn a. a. O.). Rechtlich nicht zu beanstanden ist im übrigen auch die Feststellung des Vorderrichters, daß der Klägerin bei ihrer angeblichen, an sich höchst unwahrscheinlichen Unkenntnis von der Warenkennzeichnung der Beklagten mindestens grobe Fahrlässigkeit zur Last falle. Die Klägerin bedurfte keiner besonderen Abwehrorganisation, um in den vergangenen langen Jahrzehnten von der in den weitesten Kreisen bekannten Beklagten und von ihren Erzeugnissen und ihrer Vertriebsweise zu erfahren. Die für ihre angebliche Nichtkenntnis angetretenen Beweise brauchten danach nicht erhoben zu werden. Was ferner den von der Revision beanstandeten Besitzstand der Beklagten anlangt, so sind die Ausführungen des Berufungsurteils auch insoweit bedenkenfrei. Es ist schon eingangs dargelegt worden, daß die Beklagte in ihren Prospekten und bei ihrer Flaschenausstattung das Erforderliche getan hat, um für das Publikum die Beschaffenheit ihrer Ware klarzustellen. Für den auf diese Weise erlangten Besitzstand konnte nur ein Widerspruch der Klägerin, nicht aber, wie die Revision meint, die Eintragung ihres Zeichens an sich abträglich sein. Denn gerade die Tatsache, daß das Zeichenrecht der Klägerin gegen die Beklagte nicht geltend gemacht wurde, war der den Besitzstand der letzteren bestärkende und damit die Verwirkung des Rechts der Klägerin begründende Umstand. Was die Revision zur Begründung der Bösgläubigkeit und der auf Schädigung der Klägerin gerichteten sittenwidrigen Absicht der Beklagten aus dem Parallelprozeß der Parteien über die Bezeichnung „Uj Hunyadi" anführt, ist nach dem oben Gesagten für den gegenwärtigen Rechtsstreit schon an sich und außerdem deshalb belanglos, weil es einen sachlich und rechtlich anders liegenden Fall betrifft. Die Vorinstanz stellt fest, daß die Wirkung des künstlichen Erzeugnisses der Beklagten der des natürlichen Bitterwassers der Klägerin gleichwertig sei und daß danach die Beschaffenheitsangabe der Beklagten, wie sie die Interessenten verstünden, nach den medizinischen Erfahrungen der Gegenwart und nach der Auffassung des Verkehrs, der sich an der Gleichheit der *wesentlichen* spezifischen Wirkungen genügen lasse und keine volle Übereinstimmung beider Wässer erfordere, nicht irreführend sei. Daß in der Kennzeichnung der Ware durch die Beklagte, wie die Revision annimmt, eine Täuschung des Publikums enthalten sei, wird vom Berufungsgericht also gerade verneint. Dann kann sich aber die Beklagte — ganz abgesehen davon, daß sie von vornherein für ihr Erzeugnis eine Kennzeichnung gewählt hat, die nicht verkehrsverwirrend war — der Klage gegenüber um so mehr darauf berufen, daß ihr im Laufe der Jahrzehnte geschaffener, von der Klägerin nicht angefochtener Besitzstand als ein redlicher anzuerkennen sei und daß die Klägerin, sofern wirklich noch die Möglichkeit einer Verkehrsverwirrung in Betracht komme, diese Gefahr nach Treu und Glauben in Kauf nehmen müsse (JW. 1929 S. 3075 Nr. 14). Zu diesem Ergebnis gelangt das angefochtene Urteil auf Grund einer nicht zu beanstandenden Abwägung der beiderseitigen Interessen . . .

6. 1. Zur Frage der Gültigkeit von Verträgen, die durch Bestechung von Angestellten der Gegenpartei zustande gekommen sind.
2. Wie weit hat sich die Kenntnis oder das Kennenmüssen des Vertragsteilnehmers zu erstrecken, wenn ein Dritter die Täuschung verübt hat?

BGB. §§ 123, 138 Abs. 1; § 823 Abs. 2; § 826.

VI. Zivilsenat. Urt. v. 29. Oktober 1931 i. S. M. & Sohn GmbH. (Kl.) w. Ehel. N. (Bekl.). VI 231/31.

I. Landgericht München I.
II. Oberlandesgericht daselbst.

Durch notariellen Vertrag vom 10. März 1928 kaufte die Klägerin als Wohnung für ihren alleinigen Gesellschafter A. und seine Ehefrau von den Beklagten ein diesen gehöriges Hausgrundstück zum Preise von 135000 RM. Schon am 1. März 1928 hatten die Parteien drei privatschriftliche Urkunden errichtet: einen den wesentlichen Vertragsinhalt festlegenden Entwurf des Kaufvertrags, ferner die Vereinbarung, daß das von der Klägerin gezahlte Angeld von 5000 RM. verfallen solle, falls die Verbriefung des Kaufvertrags nicht bis zum 8. März 1928 stattfinden würde, endlich einen von der Klägerin mitunterzeichneten Vertrag zwischen A. und dem verklagten Ehemann über die Ausführung von Arbeiten in dem Kaufgrundstück zum Preise von 25000 RM. („Ausbauvertrag"). Die Eigentumsumschreibung und die vereinbarte Hypothekeneintragung sind erfolgt.

Durch Schreiben vom 22. Oktober und 6. November 1928 focht die Klägerin den Kaufvertrag und den Ausbauvertrag wegen arglistiger Täuschung an. Die Anfechtung ist unter anderem darauf gegründet, daß der bei den Kaufverhandlungen beteiligte Privatsekretär des A. und Angestellte der Klägerin, H., der bei A. eine Vertrauensstellung eingenommen habe, vom verklagten Ehemann N. durch das Versprechen einer Provision bestochen worden sei; die infolgedessen von H. zugunsten der Beklagten entwickelte Tätigkeit sei für den Abschluß des Kauf- und des Ausbauvertrags ursächlich gewesen. Da die Beklagten die Anfechtung zurückwiesen, erhob die Klägerin Klage u. a. mit dem Antrag auf Feststellung der Nichtigkeit des Kaufvertrags und des Ausbauvertrags.

Die Beklagten räumen zwar ein, daß der Beklagte Ehemann N. dem H., nachdem die Parteien sich über die Vertragsbedingungen im wesentlichen geeinigt gehabt hätten, für die Beschleunigung des förmlichen Vertragsschlusses etwas versprochen und an ihn im ganzen 1800 RM. gezahlt, ihm auch weitere 400 RM. in Aussicht gestellt habe. Auch habe der Ehemann N. an H. die Briefe vom 10. September und 9. Oktober 1928 gerichtet. Im ersteren Brief heißt es:

Zunächst bedauere lebhaft, daß Sie außer Stellung sind. Was Ihre Provisionsforderung betrifft, so bin ich leider nicht in der Lage, dieselbe auch nur annähernd anzuerkennen. Abgesehen davon, daß . . ., habe ich durch die übermäßigen Forderungen des Käufers . . . solch große Kostenüberschreitung gehabt . . . Um Weiterungen zu meiden, gab ich nach. Wären Sie *hier gewesen*, so wäre alles durch Ihre Vermittlung doch anders gekommen . . . Ich sende Ihnen anbei 300 M., weil ich weiß, daß man in der Fremde ungern in der Klemme ist, und ohne eine Verpflichtung durch die veränderten Verhältnisse anzuerkennen.

Schreiben Sie mir, was ich dem G. (dem Geschäftsführer der Klägerin) sagen soll, der mich wiederholt frug, ob und wieviel ich Ihnen Geld gab . . .

Im Brief vom 9. Oktober 1928 finden sich folgende Sätze:

. . . Die Arbeiten kosten mich das Doppelte, als was ich gerechnet habe. Es ist richtig, daß Sie . . . nichts dafür können, aber andererseits behaupte ich, daß ich diese Lasten nicht vorausgesehen habe und nicht hätte tragen müssen, wenn Sie hier geblieben wären . . .

Mit Rücksicht auf die Verhältnisse, namentlich auf Ihre Lage, will ich die Angelegenheit freundschaftlich erledigen und bin ich bereit, Ihnen 400 M. in zwei Monatsraten zu senden; damit bin ich an die Grenze des Möglichen gegangen . . .

Dem Ehemann N. habe es aber ferngelegen, den H. zu bestechen oder „abzuschmieren". Im übrigen würden die Klägerin und A. — so machen die Beklagten weiter geltend — das Haus auch dann zu den vereinbarten Bedingungen gekauft haben, wenn sie um die dem H. in Aussicht gestellte Zuwendung gewußt hätten.

Das Landgericht hielt eine arglistige Täuschung der Klägerin, soweit sie auf die Annahme von Schmiergeldern durch H. gestützt ist, für erwiesen und entsprach daher dem Klagantrag. Das Oberlandesgericht dagegen wies die Klage ab.

Die Revision der Klägerin führte zur Aufhebung und Zurückverweisung.

Aus den Gründen:

... Das angefochtene Urteil stellt folgenden Sachverhalt fest.

Der Beklagte Ehemann N. habe dem mit den Unterhandlungen über den Kaufvertrag betrauten H. eine Vergütung für die Beschleunigung des rechtswirksamen Abschlusses des Kaufvertrags versprochen und nach dessen Abschluß auf diese Vergütung 1800 RM. gezahlt, auch weitere 400 RM. in Aussicht gestellt. Ausschlaggebend für den Hauserwerb sei die Entschließung der Eheleute A. gewesen. Das hätten die Beklagten gewußt. H., der Angestellte der Klägerin, sei aber bei den Kaufverhandlungen vorwiegend als Vertrauensmann der Eheleute A. tätig gewesen. Ob den Beklagten das Anstellungsverhältnis des H. zur Klägerin bekannt gewesen sei, könne dahingestellt bleiben; jedenfalls habe der Beklagte durch das Versprechen der Vergütung auf H. nicht in dessen Eigenschaft als Angestellter der Klägerin einzuwirken gesucht, weil der Kaufabschluß in Wirklichkeit nicht von deren Willen abhängig gewesen sei, sondern er habe sich an ihn nur als an die Vertrauensperson der Eheleute A. gewendet. Wann der Beklagte dem H. die Vergütung versprochen habe, lasse sich nicht sicher feststellen, es sei aber anzunehmen, daß dies bereits vor der Absendung des Briefes des H. an A. vom 23. Februar 1928 geschehen sei. Die Kaufbedingungen möchten wohl in den Grundzügen festgelegt gewesen sein, sicher aber noch nicht in allen Einzelheiten. Immerhin sei aber die Behauptung des Beklagten glaubwürdig, daß er dem H. nur für die Beschleunigung des rechtswirksamen Vertragsschlusses eine Vergütung versprochen habe. Daß es dem Ehemann N. vor allem um die Beschleunigung des Abschlusses zu tun gewesen sei, lasse auch der Brief vom 23. Februar 1928 erkennen, wonach er eine Ausschlußfrist für sein Vertragsangebot gestellt habe. Möglich sei, daß bei dem Zuwendungsversprechen der Gedanke des Beklagten eine Rolle mitgespielt habe, sich dadurch auch das Wohlwollen des H. als des einflußreichen Vertrauten des A., seine freundliche Gesinnung zugunsten des Vertragsschlusses warm zu halten und seinen Eifer für diesen Abschluß anzuspornen. Der Ehemann N.

habe aber dabei nicht im Auge gehabt, den H. zu veranlassen, daß er gegen seine bessere Überzeugung auf A. zugunsten eines Vertragsschlusses einwirke, den er nicht als für A. günstig und als nicht in dessen Interesse gelegen erachtet hätte, oder den H. dafür zu gewinnen, daß er günstigere Vertragsbedingungen für die Beklagten durchsetze. Daß der Beklagte dem H. eine nach der Höhe des Kaufpreises zu berechnende Provision versprochen habe, sei nicht erwiesen. Es möge sein, daß H. gegenüber den Eheleuten A. ein falsches Spiel getrieben und für die Beklagten möglichst günstige Bedingungen zu erreichen versucht habe, weil er hoffte, der Beklagte werde desto mehr Zuwendungen über die versprochene sog. Provision hinaus machen. Das sei aber dem Beklagten unbekannt, habe nicht in seinem Willen gelegen und sei auch nicht bedingt von seinem Willen umfaßt gewesen. Der Schriftwechsel zwischen dem Beklagten und H. stehe nicht im Widerspruch mit dem Vorbringen der Beklagten. Mit dem Worte „Provisionsforderung" im Schreiben vom 10. September 1928 nehme der Beklagte Ehemann N. offensichtlich eine Redewendung des H. auf, die seinem eigenen Sprachgebrauch bei seinen geschäftlichen Angelegenheiten naheliege; eine Schlußfolgerung auf Bedeutung und Inhalt des Versprechens lasse sich aber daraus nicht ziehen. Aus den Bemerkungen in diesem Schreiben und dem vom 9. Oktober 1928: wenn H. dageblieben wäre, dann wäre es anders gekommen, müsse nicht auf eine Bestechung des H. geschlossen werden. Das Ersuchen im Schlußsatz des ersterwähnten Briefes, H. möge schreiben, was der Beklagte dem G. wegen der Geldzuwendungen sagen solle, lasse sich zwanglos damit erklären, daß der Ehemann N. erst durch die Nachforschungen des G. nach einer an H. gezahlten Vergütung auf die Bedeutung aufmerksam geworden sei, welche die Klägerin und A. der Sache beigelegt hätten, und daß sich der Ehemann N. deshalb, um den H. nicht bloßzustellen und zu schädigen, mit diesem habe ins Benehmen setzen wollen.

Diesen Sachverhalt würdigt der Berufungsrichter rechtlich, wie folgt:

Ein Schadensersatzanspruch der Klägerin (§§ 823, 826 BGB.) sowie die Nichtigkeit der Verträge gemäß § 138 das. seien schon deshalb nicht gegeben, weil das Grundstück nach dem Gutachten des Sachverständigen 165000 RM. wert, die Klägerin also nicht geschädigt sei, da sie es für 160000 RM. einschließlich der Ausbaukosten erworben habe. Bei der Anfechtung (nach § 123 BGB.) wegen der als Bestechung bezeichneten Zuwendung an H. berufe sich die Klägerin auf RGZ. Bd. 107 S. 208. Der diesem Urteil zugrunde liegende Fall unterscheide sich aber von dem hier festgestellten Sachverhalt in wesentlichen Punkten. Der Hauptunterschied liege darin: der Ehemann N. habe sich an H. nicht als Angestellten der Klägerin, sondern als den Vertrauten des A. gewandt, dessen Wille ausschließlich maßgebend gewesen sei. H. habe dem A. gegenüber keine Rechtspflicht zur Offenbarung des Empfangs der Zuwendung gehabt, auch habe der Ehemann N. von H. kein ungetreues Verhalten verlangt und durch die Zuwendung nichts Unrechtes, sondern vorwiegend nur die Beschleunigung der Erledigung zu erreichen beabsichtigt; eine darüber hinausgehende unlautere Beeinflussung des A. habe nicht im Willen des Ehemanns N. gelegen. Von besonderer Bedeutung sei aber die Frage der Ursächlichkeit. Wohl hätten die Eheleute A. nach bester Überzeugung bekundet, daß sie die Verträge nicht geschlossen hätten, wenn ihnen das „Abschmieren" des H., selbst bei Zugrundelegung der Sachdarstellung der Beklagten, bekannt gewesen wäre. Die beiden Zeugen hätten sich aber kein unbefangenes Urteil darüber bilden können, wie sie sich dann verhalten hätten, wenn ihnen das Vorkommnis so, wie festgestellt, bekannt gewesen wäre. Das Berufungsgericht habe sich nicht davon überzeugen können, daß A. und die Klägerin von den beiden Verträgen unter den in ihnen festgesetzten Bedingungen abgestanden wären, wenn sie das Zuwendungsversprechen des Beklagten an H. unter den festgestellten Umständen gekannt oder vom Verschweigen des Erkenntlichkeitsversprechens noch vor Abschluß der Verträge Kenntnis bekommen hätten.

Die Revision ist begründet. (Es folgt die Erörterung einer Prozeßrüge.)

Sachlichrechtlich macht die Revision irrige Nichtanwendung des § 123 BGB. geltend, soweit die Anfechtung der beiden Verträge auf das durch die Bestechung veranlaßte Verhalten des H. gestützt worden ist. Diese Revisionsbeschwerde greift durch. In der Tat hat der Vorderrichter nach mehrfacher Richtung den § 123 Abs. 2 Satz 1 BGB. und die Grundsätze verletzt, welche die reichsgerichtliche Rechtsprechung auf Grund dieser Vorschrift für die Beurteilung der Frage der Gültigkeit von Kaufverträgen aufgestellt hat, die durch

Bestechung von Angestellten des Vertragsgegners zustande gekommen sind (RGZ. Bd. 86 S. 146, Bd. 107 S. 208).

Die Annahme, daß für die Vertragspartei, die einem Angestellten der Gegenpartei Schmiergelder gezahlt hat, gegenüber dem Vertragsgegner eine Offenbarungspflicht für diese Tatsache bestehe, wird sich allerdings, zum mindesten der Regel nach, nicht rechtfertigen lassen und wird offenbar auch in RGZ. Bd. 107 S. 208 (211) abgelehnt. Eine Anfechtbarkeit auf Grund eigener arglistiger Täuschung durch den Schmiergeldgeber (§ 123 Abs. 1 BGB.) und eine Schadensersatzpflicht auf Grund Verschuldens beim Vertragsschluß scheiden daher aus. Dagegen ist die Anfechtbarkeit in der angeführten Entscheidung mit Recht aus § 123 Abs. 2 Satz 1 BGB. hergeleitet worden, welcher lautet:

Hat ein Dritter die Täuschung verübt, so ist eine Erklärung, die einem anderen gegenüber abzugeben war, nur dann anfechtbar, wenn dieser die Täuschung kannte oder kennen mußte.

Demnach ist das Verhalten des Dritten — hier des H. — und das des Erklärungsempfängers — hier des Beklagten N. — scharf auseinanderzuhalten. Während dem H. eine arglistige Täuschung der Klägerin selbst oder in der Person des mit ihr wirtschaftlich identischen und daher für die Anfechtungsfrage als eine und dieselbe Person mit der Klägerin zu behandelnden A. zur Last fallen muß, genügt beim Ehemann N., daß er die durch H. verübte arglistige Täuschung kannte oder nur infolge von Fahrlässigkeit (§ 276 BGB.) nicht kannte.

Daß die Tätigkeit des H. für A. bestimmend oder wenigstens mitbestimmend war (RGZ. Bd. 77 S. 314), die beiden Verträge zu schließen, hat das Berufungsgericht zwar nicht ausdrücklich festgestellt, aber offensichtlich angenommen; das Schreiben des H. an A. vom 23. Februar 1928 in Verbindung mit dem am 1. März 1928 erfolgten Abschluß der drei Vereinbarungen und die Briefe des Ehemanns N. vom 10. September und 9. Oktober 1928 an H. lassen hieran wohl kaum einen Zweifel übrig. Es fragt sich daher zunächst weiter, ob dem H. deshalb eine arglistige Täuschung zur Last fällt, weil er sich entgegen den Geboten der Ehrlichkeit vom Beklagten eine Zuwendung hatte versprechen lassen und demzufolge der wirkliche Sachverhalt seinem Dienstherrn nicht völlig bekannt wurde, als dieser die Verträge mit dem Beklagten schloß. Ob man diese Zuwendung als Bestechungsgeld, als Schmiergeld, als Provision oder als Gratifikation bezeichnen will, ist sachlich ohne Bedeutung; der Sache nach war es eine Vergütung dafür, daß H., der Unterhändler des A., zugunsten der Beklagten, also der Gegenpartei, eine Tätigkeit entfalten sollte. Zwar hat H. durch die Entgegennahme des Zuwendungsversprechens ebensowenig den Tatbestand des § 12 Abs. 2 UnlWG. erfüllt wie der Ehemann N. den des Abs. 1 das. durch die Abgabe des Versprechens, und zwar beides weder insoweit, als der Kaufvertrag, noch insoweit, als der Ausbauvertrag in Betracht kommt. Dies zum mindesten deshalb nicht, weil Grundstücke keine Ware sind und nichts dafür vorliegt, daß der Beklagte bei dem Ausbauvertrag mit irgendeiner anderen Person im Wettbewerb gestanden hätte. Gleichwohl geht die Rechtsansicht des Berufungsgerichts fehl, dem H. habe keine Rechtspflicht obgelegen, der Klägerin oder dem A. das Zuwendungsversprechen zu offenbaren. Ob sich der Ehemann N. an H. in dessen Eigenschaft als Angestellter der Klägerin gewandt hat, was das angefochtene Urteil verneint, oder als an den Vertrauten des A., von dessen Entschließung das Zustandekommen der beiden Verträge ausschließlich abhing, ist ohne Belang. H. war der Angestellte der Klägerin, die das Grundstück auf ihren Namen kaufen sollte; der Anstellungsvertrag verpflichtete ihn daher, das Zuwendungsversprechen des Beklagten als der Gegenpartei abzulehnen, zum mindesten aber, wenn er das Versprechen angenommen hatte, die Klägerin über den Sachverhalt aufzuklären. Und die gleichen Pflichten lagen H. dem A. gegenüber, dessen Privatsekretär er überdies gewesen sein soll, mindestens deshalb ob, weil er nach der Feststellung des angefochtenen Urteils von A. mit der Führung der Kaufvertragsverhandlungen betraut war, zu ihm also mindestens in einem Auftragsverhältnis stand. Aus diesen Vertragsverhältnissen, nicht minder aber auch aus den Grundsätzen von Treu und Glauben nach der Auffassung des redlichen Geschäftsverkehrs (RGZ. Bd. 107 S. 211) folgte die Pflicht des H., auch den A. über den wahren Sachverhalt nicht im Unklaren zu lassen, seine Unkenntnis nicht auszunutzen. Kann hiernach kein Zweifel daran bestehen, daß H. seine vertraglichen Pflichten gröblich verletzt hat, so wird der Tatrichter weiter zu prüfen haben, ob H. diese Pflichten nicht gekannt oder nicht zum mindesten mit der Möglichkeit gerechnet hat, daß ihm solche Pflichten oblägen.

Es kommt dann ferner darauf an — und das ist wohl die Kernfrage in diesem Rechtsstreit —, ob die Unkenntnis von dem Zuwendungsversprechen an H. ursächlich gewesen ist für den Entschluß der Klägerin und des A., die beiden Verträge zu schließen, mit anderen Worten, ob sie die Verträge auch dann geschlossen hätten, wenn ihnen bekannt gewesen wäre, daß ihrem Unterhändler H. vom Beklagten eine Zuwendung versprochen war. Nun wird man nach der Lebenserfahrung davon auszugehen haben, daß im allgemeinen ehrliche und anständige Menschen auf die Eingehung jeglicher vertraglicher Beziehungen zu solchen Leuten alsbald verzichten werden, von denen sie erfahren, daß jene für den Fall des Zustandekommens des Vertrags dem Angestellten und Unterhändler der Gegenpartei eine Zuwendung versprochen haben. Im redlichen Geschäftsverkehr ist ein derartiges Verfahren mit Recht verpönt, und der Regel nach wird, abgesehen von dem persönlichen Grunde, daß ein solches Verhalten (wie die Revision es nicht ohne Grund ausdrückt) „anekelt", ein jeder sich sagen, daß er mittelbar die seinem Angestellten versprochene Zuwendung bezahlen muß und daß auf die Vertragstreue einer Partei, die zu solchen Mitteln greift, kein Verlaß ist. Es mag sein, daß unter besonderen Umständen, z. B. wenn jemand den Vertragsgegenstand dringend benötigt oder wenn dessen Erlangung seinem dringlichen Wunsche entspricht, darüber hinweggesehen wird, daß Schmiergelder versprochen worden sind. Das Vorliegen eines solchen Ausnahmefalles hat indessen das Berufungsgericht nicht rechtlich einwandfrei festgestellt. Der Vorderrichter hat sich nicht davon überzeugen können, daß die Klägerin und A. unter den besonderen für erwiesen erachteten Umständen vom Vertragsschluß Abstand genommen hätten, wenn ihnen das Zuwendungsversprechen an H. und seine Verschweigung bekannt gewesen wären. Danach scheint auch das angefochtene Urteil anzunehmen, daß der Regel nach niemand Verträge mit einer Person abschließen wird, die, wie er weiß, dem Angestellten der Gegenpartei ein Schmiergeld zugesagt hat. Spricht aber hierfür die Lebenserfahrung, so hätte sich der Vorderrichter zum mindesten die Frage vorlegen müssen, ob sich nicht die Beweislast umkehrt, ob also nicht die Beklagten beweisen müssen, einmal, daß besondere, eine abweichende Beurteilung rechtfertigende Umstände vorliegen, ferner aber, daß die Klägerin und A. bei Kenntnis dieser Umstände die Verträge gleichwohl abgeschlossen hätten, und zwar zu denselben Bedingungen. An der Prüfung dieser Beweislastfrage fehlt es.

Im übrigen halten aber die Gründe, welche das Berufungsgericht dafür anführt, daß der ursächliche Zusammenhang zwischen der Täuschung des H. und dem Abschluß der Verträge zu verneinen sei — und nur auf die besonderen Umstände ist die Entscheidung gestützt —, auch der rechtlichen Nachprüfung nicht stand. Diese Gründe sind im wesentlichen folgende. Wohl der Hauptgrund ist der, daß der Beklagte „vorwiegend" nur die Beschleunigung des formellen Vertragsschlusses durch die Zuwendung habe erreichen wollen. Man muß also als Ansicht des Vorderrichters unterstellen, daß der Beklagte daneben noch einen anderen Zweck verfolgt hat, nämlich den, die Klägerin und A. erst zur Eingehung der Verträge überhaupt zu bewegen. Die Richtigkeit dieser Auffassung ergibt sich daraus, daß das angefochtene Urteil in anderem Zusammenhang darlegt, das Zuwendungsversprechen sei wahrscheinlich schon vor dem Schreiben des H. an A. vom 23. Februar 1928 — durch das letzterer, wie unterstellt werden muß, erst zum Vertragsschluß bestimmt worden ist —, jedenfalls aber vor dem Abschluß der Abmachungen vom 1. März 1928 gegeben worden. Dann könnte eine Absicht des Beklagten, durch das Versprechen lediglich den Abschluß der formellen Verträge zu beschleunigen, nur unter der Voraussetzung festgestellt werden, daß der Beklagte die Überzeugung hatte, es werde unter allen Umständen zum Vertragsschluß kommen, der formelle Abschluß sei nur noch eine Frage der Zeit und das Zuwendungsversprechen an H. sei also nicht sowohl dazu bestimmt, auf den Entschluß der Klägerin und des A. zugunsten des Vertragsabschlusses überhaupt durch H. einzuwirken, sondern eben nur ihre Willensentschließung zu beschleunigen. Daß die Sachlage so gewesen wäre, ist mindestens nicht festgestellt. Nebenbei sei bemerkt, daß objektiv auch dann eine unzulässige Willensbeeinflussung im Sinne des § 123 BGB. vorgelegen hätte, wenn es sich nur um die Beschleunigung der Willensentschließung der Käufer und Besteller gehandelt haben sollte, und daß ein Betrag von 1800 oder 2200 RM immerhin eine ganz ansehnliche Zuwendung für die bloße Herbeiführung eines beschleunigten Vertragsschlusses darstellen würde. Ferner verweist der Vorderrichter darauf: es sei nicht erwiesen, daß sich die dem H. zugesagte Provision nach der Höhe des Kaufpreises habe richten sollen. Er hält also allem Anschein nach die Behauptung des Beklagten für richtig, daß die Höhe der dem H. versprochenen Provision vom Beklagten nach seinem Ermessen bestimmt werden sollte. Dann aber lag die nach der Annahme des Vorderrichters demnächst möglicherweise verwirklichte Gefahr nahe, daß zum mindesten H. annehmen würde, der Beklagte werde ihm eine um so höhere Gratifikation gewähren, je günstiger für die Beklagten die Vertragsbedingungen seien, die H. bei der Klägerin und A. durchsetze. Weshalb gerade der Beklagte N. — ein Architekt, der, wie nach dem Akteninhalt angenommen werden kann, ein bedeutendes Geschäft betreibt und bei dem man unbedenklich Erfahrungen im Provisionsverkehr voraussetzen darf — jene naheliegende Gefahr nicht erkannt haben soll, ist ohne nähere Darlegung nicht einzusehen. Aus den gleichen Gründen wird man davon ausgehen dürfen, daß dem Beklagten die Bestrebungen in Handel und Gewerbe, das Schmiergelderunwesen im Geschäftsverkehr auszurotten, sehr wohl bekannt waren, Bestrebungen, die durchaus berechtigt sind und zu den scharfen Strafbestimmungen in § 12 UnlWG. geführt haben (Rosenthal UnlWG. Note 1 zu § 12). Es kommt aber hierauf nicht einmal an. Die Unlauterkeit des Verhaltens des verklagten Ehemanns und sein Verstoß gegen die Grundsätze des redlichen Geschäftsverkehrs liegt schon allein darin, daß er sich an H. als den „einflußreichen" Vertrauten des A. herangemacht, ihm für ein Tätigwerden in seinem Interesse Geld versprochen und ihn dadurch in die Gefahr gebracht hat, seiner Vertragspflicht, lediglich die Belange seines Auftraggebers wahrzunehmen, untreu zu werden. Dadurch hat der Beklagte zwar nicht, wie dargelegt, gegen § 12 Abs. 1 UnlWG., wohl aber gegen den dieser Vorschrift zugrunde liegenden Rechtsgedanken verstoßen und ferner den H. erst veranlaßt, die Rolle zu spielen, die der Vorderrichter mit Recht als verwerflich bezeichnet. Auf der anderen Seite hat der Berufungsrichter bei Prüfung der Frage des ursächlichen Zusammenhangs den sehr wesentlichen Umstand nicht erkennbar berücksichtigt, daß es sich bei dem Kaufvertrag nicht nur um ein bedeutendes Geschäft gehandelt hat, sondern daß mit diesem Vertrag auch noch ein Ausbauvertrag mit einem Gegenstand von 25000 RM. verbunden war, ein Vertrag also, den der Besteller nur mit einem Unternehmer zu schließen pflegt, dem er besonderes Vertrauen entgegenbringt.

Endlich bedarf noch der Prüfung die Frage, ob sich H. bewußt war, daß die Klägerin und A. die Verträge mit den Beklagten, wenn auch nur möglicherweise (RGZ. Bd. 96 S. 346), nicht schließen würden, wenn ihnen das Schmiergeldversprechen bekannt wäre.

Was weiter den Tatbestand des § 123 Abs. 2 Satz 1 BGB. auf seiten des verklagten Ehemanns anlangt, so könnte der Wortlaut dieser Vorschrift im Zusammenhang mit Abs. 1 das. zu der Annahme verleiten, es genüge, wenn der Anfechtungsgegner die — arglistige — Täuschung des Dritten gekannt habe oder sie hätte kennen müssen; es sei dagegen nicht erforderlich, daß er auch die ursächliche Wirkung der Täuschung auf die Abgabe der Erklärung durch den Anfechtenden kannte oder kennen mußte. Eine solche Auslegung würde indessen am Wortlaut des § 123 BGB. haften und dem Sinn des Abs. 2 Satz 1 das. nicht gerecht werden. Ebenso wie im Falle des Abs. 1 der Täuschende selbst die Ursächlichkeit der Täuschung für die Erklärung des Getäuschten erkannt oder wenigstens mit einer solchen Möglichkeit gerechnet haben muß, so muß auch im Falle des Abs. 2 Satz 1 der Empfänger der Erklärung wissen oder nur infolge Fahrlässigkeit nicht wissen, daß die Erklärung mit dem Willensmangel des § 123 Abs. 1 behaftet ist; das trifft aber nur dann zu, wenn die Täuschung des Dritten für die Erklärung bestimmend war (Planck BGB. Erl. III zu § 123). Hinsichtlich der Erkenntnis der Ursächlichkeit einen Unterschied zwischen dem Täuschenden und dem Erklärungsempfänger zu machen, fehlt es an jedem inneren Grunde. Worauf die, wie zuzugeben ist, nicht ganz klare Fassung des § 123 Abs. 2 Satz 1 beruht, die auch in anderer Beziehung zu Zweifeln Anlaß gegeben hat (vgl. RGZ. Bd. 58 S. 348; Mitteis in LZ. 1909 Sp. 634 und im Recht 1909 S. 667, anderseits Hellmann im Recht 1909 S. 589) und die deutlicher dahin lauten müßte:

> Hat ein Dritter die Täuschung verübt, so ist eine Erklärung, die einem anderen gegenüber abzugeben war, nur dann anfechtbar, wenn dieser die Täuschung und deren Ursächlichkeit für die Abgabe der Erklärung kannte oder kennen mußte

ist aus den gesetzgeberischen Vorarbeiten (Mugdan Materialien Bd. 1 S. 466, 467, 722, 723, 834, 965) nicht mit hinreichender Sicherheit zu entnehmen. Der erste Entwurf (§ 103) hatte das die Ursächlichkeit einschließende Wort „Betrug" statt „arglistiger Täuschung" und „Täuschung" gewählt. Die zweite Kommission (§ 98) hat diese

Ausdrücke an Stelle des Wortes „Betrug" eingefügt, um das Bedenken zu beseitigen, daß es sich um Betrug im Sinne des Strafrechts (§ 263 StGB.) handeln müsse. Den Antrag, in § 123 Abs. 2 Satz 1 des Gesetzes das Wort „Täuschung" durch „Anfechtungsgrund" zu ersetzen, hat die zweite Kommission aus nicht ersichtlichen Gründen abgelehnt.

Hiernach wird der Tatrichter zu erörtern haben, ob der Beklagte die arglistige Täuschung des H. und ihre Ursächlichkeit für den auf den Abschluß der Verträge gerichteten Willensentschluß des A. und der Klägerin gekannt hat oder beides hätte kennen müssen. Sollte der Beklagte die arglistige Täuschung gekannt haben oder hätte er sie kennen müssen, so wird zu prüfen sein, ob sich etwa die Kenntnis von der Ursächlichkeit aus seinen Briefen vom 10. September und 9. Oktober 1928 folgern läßt.

Darüber, ob der verklagte Ehemann R. hätte erkennen müssen, daß H. der Klägerin und dem A. das Zuwendungsversprechen arglistig verschwiegen hatte, spricht sich das angefochtene Urteil nicht aus. In dieser Beziehung könnte in Betracht kommen, daß dem Schmiergeldvertrag die Abmachung, daß er vor dem Geschäftsherrn des Empfängers geheimgehalten werden soll, stillschweigend innezuwohnen pflegt; denn sobald der Geschäftsherr davon erfährt, daß sein Angestellter von der Gegenseite eine Zuwendung erhält, wird eine Beeinflussung des Geschäftsherrn durch den Angestellten zugunsten des Vertragsschlusses in der Regel ausgeschlossen, der mit dem Abschluß des Schmiergeldvertrags verfolgte Zweck also unerreichbar sein. Ob das Berufungsgericht die Frage der Kenntnis des Beklagten von der arglistigen Verschweigung des Provisionsversprechens durch H. geprüft hat, ist dem Urteil nicht mit Sicherheit zu entnehmen. Sollte etwa diese Frage durch die Deutung verneint werden, welche der Vorderrichter dem Schlußsatze des Schreibens des Beklagten an H. vom 10. September 1928 gegeben hat, so wäre hierzu folgendes zu bemerken. In jenem Schlußsatz ersucht der Beklagte den H. um Vorschläge, was er dem G. sagen solle, wenn dieser ihn wiederum fragen würde, ob und wieviel Geld dem H. gegeben worden sei. Der Beweggrund des Beklagten zu diesem bedenklich anmutenden Ersuchen ist nach Ansicht des Berufungsrichters der gewesen, daß der Beklagte den — aus den Diensten der Klägerin und des A. bereits entlassenen — H. nicht hat bloßstellen und schädigen wollen. Ob diese Ansicht richtig ist oder ob die Annahme näher liegen möchte, daß der Beklagte im Einvernehmen mit H. einen Weg hat ermitteln wollen, der auch ihn selbst vor ideellem und materiellem Schaden bewahren sollte, ist in der Revisionsinstanz nicht zu erörtern. Jedenfalls ergibt sich auch vom Standpunkt des Vorderrichters aus so viel, daß der Ehemann N. dem G. nicht die volle Wahrheit sagen wollte, da er sonst seinen Zweck, den H. nicht bloßzustellen, nicht wohl hätte erreichen können. Mit den Geboten der Wahrhaftigkeit steht eine solche Absicht nicht im Einklang. Wenn der Berufungsrichter, um den Beklagten auch in diesem Punkte zu rechtfertigen, jenes Ersuchen „zwanglos" damit erklären will, der Ehemann N. sei erst durch das Nachforschen des G. auf die Bedeutung aufmerksam geworden, welche die Klägerin und A. einem etwaigen Zuwendungsversprechen an H. beigelegt hätten, so ist ohne nähere Darlegung nicht ersichtlich, wie der Ehemann N. bezüglich des Provisionsversprechens für seine Person ein reines Gewissen haben konnte, für H. aber bei Bekanntwerden eben jenes Versprechens eine Bloßstellung befürchten zu müssen glaubte. War das Provisionsversprechen nach der Überzeugung des Beklagten unbedenklich, so hätte es nahegelegen, daß dieser dem G. schon auf dessen erste Frage den Sachverhalt wahrheitsgemäß mitgeteilt und nicht erst abgewartet hätte, bis die Klägerin in den Besitz der Briefe des Beklagten gelangte, die das Berufungsgericht in anderem Zusammenhang als ihn „bloßstellend" bezeichnet.

Daß die Bestechung von Angestellten unter Umständen auch nach § 826 BGB. und vielleicht auch nach § 823 Abs. 2 BGB., § 263 StGB. schadensersatzpflichtig machen kann, verkennt das Berufungsgericht nicht, es verneint aber die Anwendbarkeit dieser Vorschriften deshalb, weil der Klägerin kein Schaden entstanden sei. Zu diesem sachlichrechtlich zutreffenden, aber verfahrensrechtlich vielleicht bedenklichen Klagabweisungsgrund Stellung zu nehmen, sieht das Revisionsgericht zur Zeit keinen Anlaß. Fehl geht die Revisionsrüge, daß der Berufungsrichter das Vorliegen einer Vermögensbeschädigung auch für die Anfechtung nach § 123 BGB. als Voraussetzung angesehen habe. Die Urteilsgründe ergeben vielmehr mit aller Klarheit, daß der Berufungsrichter zutreffend annimmt, § 123 BGB. bezwecke den Schutz der Willensfreiheit (RGRKomm. Erl. 1 zu § 123), und daß er lediglich auf unzulässige Willensbeeinflussung abstellt.

Die Frage der Nichtigkeit der Verträge gemäß § 138 Abs. 1 BGB. hat das Berufungsgericht bisher nur unzureichend geprüft. Diese Frage ist nicht schon deshalb zu verneinen, weil die Klägerin mit Rücksicht auf den angeblichen Grundstückswert von 165000 RM. keinen Vermögensschaden erlitten hat, wie dies das angefochtene Urteil annimmt. Die Sittenwidrigkeit der Verträge kann sich vielmehr je nach Umständen daraus ergeben, daß etwa das Zuwendungsversprechen an H. einen Einfluß auf ihre Gestaltung ausgeübt hat (RGUrt. im Recht 1923 Nr. 853 nebst Nachweisen, ferner RGUrt. vom 9. Mai 1925 V 471/24 sowie RGZ. Bd. 130 S. 142). Dies wäre z. B. dann der Fall, wenn der verklagte Ehemann N. den Betrag, den er dem H. zugewendet hat, auf die Vertragspreise aufgeschlagen oder die ihm nach dem Ausbauvertrag obliegenden Arbeiten entsprechend minderwertig ausgeführt haben sollte. Auch in diesen Fällen ließe sich eine auf dem Zusammenwirken des Beklagten und des H. beruhende sittenwidrige Schädigung der Klägerin annehmen, die zur Anwendung des § 138 Abs. 1 führen könnte. Da jedoch der Sachverhalt nach dieser Richtung noch völlig ungeklärt ist, besteht für das Revisionsgericht zur näheren Erörterung der Anwendbarkeit dieser Vorschrift kein Anlaß ....

---

7. 1. Kann im Zwangsversteigerungsverfahren der Anordnungs- oder der Beitrittsbeschluß zur näheren Bezeichnung des Anspruchs, wegen dessen das Verfahren betrieben wird, auf den Vollstreckungstitel Bezug nehmen?

2. Handelt der Zwangsversteigerungsrichter fahrlässig, wenn er nicht beachtet, daß der Beitrittsbeschluß durch eine darin enthaltene Bezugnahme auf den Vollstreckungstitel ergänzt wird?

ZVG. §§ 15, 16, 26, 41, 44.

III. Zivilsenat. Urt. v. 2. Oktober 1931 i. S. Preuß. Staat (Bekl.) w. Th. (Kl.). III 383/30.

I. Landgericht Hildesheim.
II. Oberlandesgericht Celle.

Durch Beschlüsse des Amtsgerichts F. war die Zwangsverwaltung und die Zwangsversteigerung des Grundbesitzes der Ehefrau Sp.

angeordnet worden. Am 27. Januar 1926 beantragte der durch den jetzt klagenden Rechtsanwalt vertretene Landwirt Sch. ebenfalls die Zwangsversteigerung der Sp.schen Grundstücke wegen einer Forderung von 5590 RM. nebst Zinsen und Kosten. Er nahm hierbei Bezug auf seinen zu den Zwangsverwaltungsakten überreichten Antrag vom 25. Januar 1926. Diesem Antrag war ein Vollstreckungsbefehl beigefügt gewesen, der die Eheleute Sp. zur Zahlung von 5590 RM. und außerdem die Ehefrau Sp. zur Duldung der Zwangsvollstreckung in ihren Grundbesitz aus einer eingetragenen Gesamthypothek verurteilte. Das Amtsgericht F. ließ durch Beschluß vom 29. Januar 1926 den Beitritt des Landwirts Sch. zu dem bereits angeordneten Zwangsversteigerungsverfahren wegen des ihm zustehenden Anspruchs im Betrage von 5590 RM. Hauptforderung nebst Zinsen und Kosten auf Grund des Vollstreckungsbefehls des Amtsgerichts G. vom 5./19. Januar 1926 zu. Später traten noch weitere Gläubiger wegen persönlicher Forderungen bei. Versteigerungstermin wurde auf den 25. Juni 1926 anberaumt. In der Mitteilung des Gerichts vom 14. Juni 1926 über die betreibenden Gläubiger wurde bei dem Gläubiger Sch. der Zusatz gemacht, daß seine Eintragung im Grundbuch nicht bekannt sei. Im Versteigerungstermin ergab sich, daß Sch. bei der Aufstellung des geringsten Gebots nur als persönlicher Gläubiger berücksichtigt war. Sämtliche auf dem Grundbesitz ruhenden eingetragenen Rechte einschließlich der dem Sch. zustehenden Gesamthypothek waren als bestehenbleibend aufgenommen. Der Kläger erklärte als Vertreter des Sch., daß er die Zwangsversteigerung nicht nur als persönlicher Gläubiger, sondern auch aus der für die Forderung bestellten Hypothek betreiben wolle, weil der Schuldtitel auch dinglich erlassen sei, und beantragte, das geringste Gebot so aufzustellen, daß die Hypothek maßgebend sei. Der Antrag wurde zurückgewiesen. Der Termin endete mit einstweiliger Einstellung des Verfahrens, da keine Gebote abgegeben wurden. Gegen den Zurückweisungsbeschluß legte der Kläger Beschwerde ein mit dem Erfolg, daß das Beschwerdegericht das Versteigerungsgericht anwies, den Beitritt des Sch. als aus seinem dinglichen Recht erfolgt zu behandeln. Der Antrag, die Kosten der Staatskasse aufzuerlegen, wurde zurückgewiesen, da nicht ersichtlich sei, daß die Erfolglosigkeit der Zwangsversteigerung auf die Erlassung des aufgehobenen Beschlusses zurückzuführen sei; ein Verschulden des Richters sei nicht festzustellen.

Das Versteigerungsgericht setzte daraufhin einen neuen Versteigerungstermin an. In einem von Frau Sp. gegen Sch. anhängig gemachten Rechtsstreit war am 23. Juni 1926 die einstweilige Einstellung der von Sch. betriebenen Zwangsvollstreckung angeordnet worden, falls Frau Sp. eine Sicherheit von 1000 RM. leiste. Nachdem diese Sicherheit geleistet war, wurde auf Grund des Einstellungsantrags vom 2. November 1926 das Zwangsversteigerungsverfahren einstweilen eingestellt. Erst am 13. Oktober 1928 kam es schließlich zur Versteigerung; der endgültige Verteilungstermin fand am 3. Mai 1929 statt.

Der Gläubiger Sch. will dadurch, daß nicht bereits am 25. Juni 1926 die Versteigerung durchgeführt werden konnte, Schaden erlitten haben und macht hierfür den verklagten Preußischen Staat verantwortlich, weil der Versteigerungsrichter schuldhaft seine Amtspflicht verletzt habe. Er hat einen Teilbetrag seines Schadensersatzanspruchs an den Kläger abgetreten, den dieser in Höhe von 300 RM. eingeklagt hat. Der Beklagte hält ein Verschulden des Versteigerungsrichters nicht für vorliegend, meint hilfsweise, daß ein solches für einen etwaigen Schaden des Rechtsvorgängers des Klägers, den jedenfalls eigenes Verschulden treffe, nicht ursächlich gewesen sei, und bestreitet endlich, daß der Rechtsvorgänger einen Schaden erlitten habe.

Das Landgericht hat die Klage abgewiesen. Auf die Berufung des Klägers hat das Oberlandesgericht den Klaganspruch dem Grunde nach für gerechtfertigt erklärt. Auf die Revision des Beklagten wurde dieser Anspruch auf die Hälfte der Klagforderung beschränkt.

Gründe:

Das Landgericht ist lediglich von der Frage ausgegangen, ob dem Versteigerungsrichter bei Erlaß des Beitrittsbeschlusses eine Amtspflichtverletzung untergelaufen sei, und hat die Klage, selbst bei Unterstellung einer Fahrlässigkeit des Richters, abgewiesen, weil der Vormann des Klägers, der Gläubiger Sch., es schuldhaft unterlassen habe, durch den Gebrauch eines Rechtsmittels, sei es durch Beschwerde gegen den Beitrittsbeschluß, sei es durch Antrag auf dessen Berichtigung, den Schaden abzuwenden (§ 839 Abs. 3 BGB.). Der Berufungsrichter hat im Gegensatz hierzu angenommen, daß der Zulassungsbeschluß des Versteigerungsrichters vom 29. Januar 1926 mit Rücksicht auf die in ihm enthaltene Bezugnahme auf den

Vollstreckungstitel den Beitritt des Gläubigers Sch. auch für die dingliche Vollstreckung der Forderung angeordnet habe. Er hat demgemäß ein Verschulden des Versteigerungsrichters darin erblickt, daß dieser bei Berechnung des geringsten Gebots nach § 44 ZVG. diesen Umstand unberücksichtigt gelassen und die Berechnung so vorgenommen habe, als sei der Beitritt des Gläubigers nur wegen einer persönlichen Forderung erfolgt.

Die Revision rügt in erster Reihe, es sei nicht beachtet, daß der Gläubiger Sch. die Zwangsversteigerung bloß wegen seines persönlichen Anspruchs begehrt habe, indem er nur einen Zahlungsanspruch, nicht einen Anspruch auf Duldung der Zwangsvollstreckung in das Grundstück geltend gemacht habe. Die Bezugnahme auf den vollstreckbaren Zahlungsbefehl habe hieran nichts geändert. Es sei der Entschließung des Sch. vorbehalten gewesen, inwieweit er den Zahlungsbefehl habe ausnutzen wollen. Dementsprechend habe der Zulassungsbeschluß gleichfalls nur auf den persönlichen Anspruch bezogen werden können.

Die Rüge ist nicht begründet. Entscheidend muß allerdings sein, wie der die Zulassung des Beitritts anordnende Beschluß vom 29. Januar 1926 aufzufassen war. Denn unter dem in § 44 ZVG. genannten „Anspruch des Gläubigers" kann bei Abweichung des Beschlusses vom Versteigerungsantrag nicht der im Antrag genannte Anspruch verstanden werden, sondern nur der Anspruch, wegen dessen durch Gerichtsbeschluß die Versteigerung angeordnet worden ist. Lediglich die gerichtliche Anordnung, welche die Durchsetzung des zur Vollstreckung gestellten Anspruchs im Wege der staatlichen Macht ermöglicht, kann für das weitere Verfahren maßgebend sein. Dies ergibt sich klar aus § 26 ZVG., der im ersten Halbsatz von der Anordnung der Zwangsversteigerung wegen eines Anspruchs aus einem eingetragenen Recht ausgeht. Diese Vorschrift ist dem § 17 Abs. 2 des preußischen Zwangsversteigerungsgesetzes vom 13. Juli 1883 (GS. S. 131) nachgebildet, worin die „Verhaftung" durch Beschlagnahme für eine bestimmte Forderung in völlig eindeutiger Weise zum Ausdruck gebracht worden war (vgl. Denkschrift zum Entwurf des Bundesrats, Reichstagsdrucks. 9. Legislatur-Periode IV. Session 1895/97 Nr. 607 S. 2842 und 2844).

Über Form und Inhalt des Beitrittsbeschlusses bestimmt allerdings das Gesetz nichts Näheres, ebensowenig wie es über den die Einleitung des Verfahrens anordnenden Zwangsversteigerungsbeschluß (§ 15 ZVG.) nähere Vorschriften enthält. Auch die Motive zum Entwurf I des Zwangsversteigerungsgesetzes (S. 121 zu § 25) lassen Angaben über den Inhalt des Anordnungs- oder Beitrittsbeschlusses vermissen. Sie ergeben, daß die Vorschrift des § 15 ZVG. an den § 755 Abs. 2 ZPO. a. F. angelehnt ist, der ebenfalls ohne nähere Angaben bloß bestimmte, daß die Zwangsversteigerung vom Gericht auf Antrag angeordnet werde. Ebensowenig enthielt das preußische Zwangsversteigerungsgesetz vom 13. Juli 1883 im § 16 nähere Angaben (vgl. ferner Denkschrift a. a. O. S. 2840). Es kann daher nur aus § 16 ZVG. sinngemäß entnommen werden, daß der Beschluß auch die dort für den Antrag vorgeschriebenen Angaben zu enthalten hat. Der Beschluß wird also außer der Benennung des Grundstücks und des Eigentümers (Schuldners) den Anspruch und auch den vollstreckbaren Titel zu bezeichnen haben, aus dem die Zwangsversteigerung betrieben wird. Es fragt sich somit, da in dem schon erwähnten Beschluß vom 29. Januar 1926 der dingliche Anspruch nicht erwähnt wird, und es nur heißt: „wegen des dem Antragsteller zustehenden Anspruchs im Betrage usw.", ob diese Angaben durch den Zusatz: „auf Grund des vollstreckbaren Zahlungsbefehls des Amtsgerichts usw." hinsichtlich der Bezeichnung des Anspruchs dahin ergänzt worden sind, daß der Beitritt wegen des im Zahlungsbefehl ebenfalls enthaltenen dinglichen Anspruchs aus der dort genannten Gesamthypothek zugelassen wurde.

Der Berufungsrichter hat dies angenommen. Rechtliche Bedenken bestehen hiergegen nicht. Wie sich aus der verschiedenen Wirkung der Zulassung der Zwangsvollstreckung wegen der persönlichen und der dinglichen Forderung (RGZ. Bd. 76 S. 116) und auch unmittelbar aus § 26 ZVG. ergibt, muß zwar an sich zwischen Anordnung der Versteigerung (oder Zulassung des Beitritts) aus einer persönlichen Forderung und derjenigen wegen eines Anspruchs aus einem eingetragenen Recht streng unterschieden werden. Es wird deshalb erforderlich sein, daß immerhin der Beschluß den Anspruch, aus dem die Zwangsversteigerung erfolgen soll, zweifelsfrei erkennen läßt. Damit ist aber nicht gesagt, daß der Beschluß stets mit ausdrücklichen Worten den Anspruch als einen dinglichen aus einem eingetragenen Recht bezeichnen muß.

Es muß genügen, daß der im Beschluß in Bezug genommene Titel auf einen Anspruch aus einem eingetragenen Recht lautet. Denn es ist für den Schuldner, dem der Beschluß nach gesetzlicher Vorschrift zuzustellen ist (§§ 8, 22 Abs. 1 ZVG.), und für den betreibenden Gläubiger aus dem Beschluß in Verbindung mit dem ihnen bekannten Titel ohne weiteres ersichtlich, aus welchem Anspruch die Versteigerung angeordnet oder der Beitritt zugelassen wurde. Eine Zustellung an die übrigen Beteiligten ist, im Gegensatz zur Zustellung der Terminsbestimmung (§ 41 Abs. 1 ZVG.), nicht gesetzlich vorgeschrieben. Sie sollen deshalb die Benachrichtigung gemäß § 41 Abs. 2 ZVG. erhalten (Motive zum Entwurf I S. 159 zu § 54; § 47 Abs. 2 preuß. ZVG.). Ihre Interessen können daher für die Frage der Zulässigkeit der Verweisung auf den Titel außer Betracht gelassen werden. Auch im Schrifttum ist es für die Erfordernisse des Versteigerungsantrags (§ 16 ZVG.) überwiegend als genügend angesehen worden, daß die Bezeichnung des Anspruchs durch eine ergänzende Verweisung auf den vollstreckbaren Titel ersetzt wird (Erläuterungsbücher zum ZVG. von Jaeckel-Güthe §§ 15, 16 Anm. 10 und von Fischer-Schäfer §§ 15, 16 Anm. 3). Die abweichende Ansicht von Wenz-Wagner (§ 16 Anm. 4), die darauf hinweisen, daß die Titel nicht dauernd bei den Akten bleiben, berücksichtigt nicht, daß durch die ergänzende Verweisung der überreichte Titel selbst zum Bestandteil des Antrags gemacht wird und daher ohne Anfertigung einer beglaubigten Abschrift nicht aus den Akten zurückzugeben sein wird.

Der Wortlaut des § 16 ZVG. in Verbindung mit der Entstehungsgeschichte spricht gleichfalls dafür, daß die ergänzende Verweisung zulässig sein muß. § 16 ZVG. enthält keine Mußvorschrift in der sonst üblichen gesetzlichen Ausdrucksweise. Er lautet, obschon seine Erfordernisse in der Hauptsache dem § 13 Nr. 1 und 2 preuß. ZVG. entlehnt sind (Motive zum Entwurf I S. 125), im Gegensatz zu dieser Mußvorschrift nur dahin: „Der Antrag soll bezeichnen . . .“ Auch die Motive zu § 28 des Entwurfs I (S. 124/125) besagen, daß es sich zwar im Gegensatz zu dem keine Angaben enthaltenden § 755 Abs. 2 ZPO. a. F. empfehle, im Interesse der Deutlichkeit und der leichten Handhabung des Gesetzes sowie im Hinblick auf die große Bedeutung der Anordnung für den Schuldner gewisse formelle Erfordernisse aufzustellen, daß es sich aber anderseits um keine erschöpfende Bestimmung handle und nur der Ordnung halber klargestellt werden solle, daß der Antrag die aufgeführten Erfordernisse unter allen Umständen zu enthalten habe, um nicht zurückgewiesen zu werden; von einer Nichtigkeit des Verfahrens könne bloß um deswillen, weil es ordnungsgemäß auf mangelhaften Antrag angeordnet worden sei, keine Rede sein. Auch die Denkschrift (a. a. O. S. 2840) betont den Charakter als Ordnungsvorschrift. Es handelt sich somit nur um eine solche in dem Sinne, daß sie den Versteigerungsrichter berechtigt, einen nicht vollständigen Antrag zurückzuweisen oder den Antragsteller zur Ergänzung aufzufordern. Es ist daher sowohl nach dem Wortlaut als auch nach Sinn und Zweck und nach der Entstehungsgeschichte des Gesetzes zulässig, daß der Antrag und auch der Anordnungs- oder Beitrittsbeschluß zur Ergänzung auf den Schuldtitel Bezug nimmt.

Diese Grundsätze müssen aber ebenso in einem Falle wie dem vorliegenden Anwendung finden, wo der Titel sowohl den persönlichen als auch den dinglichen Anspruch umfaßt. Denn ausschlaggebend muß der wirtschaftliche Zweck des Verfahrens sein. Der Gläubiger beantragt die Zwangsversteigerung, damit er in möglichst weitgehendem Maße wegen des ihm zustehenden Anspruchs befriedigt wird. Diesem Zweck dienen Anordnungs- und Beitrittsbeschluß. Umfaßt somit der Titel den persönlichen und auch den dinglichen Anspruch, so kann es bei objektiver und wirtschaftlicher Betrachtungsweise nicht zweifelhaft sein, daß der Gläubiger die Zwangsversteigerung, abgesehen von der persönlichen Forderung, auch wegen des eingetragenen dinglichen Rechts betreiben will. Dies muß namentlich gelten in Zeiten der Wirtschaftsnot, in denen wegen der geringen Bietlust Angebote auf mehrfach oder erheblich belastete Grundstücke bei Übernahme aller Belastungen in das geringste Gebot kaum zu erwarten sind. Falls etwa der Gläubiger aus besonderen Gründen die Betreibung nur wegen der persönlichen Forderung wünscht, so kann man von ihm erwarten, daß er dies besonders hervorhebe. Irgendein Grund, anzunehmen, daß nur wegen der persönlichen Forderung vollstreckt werden solle, war nicht ersichtlich und bestand nicht.

Der Berufungsrichter hat auch nicht, wie die Revision weiter rügt, den § 286 ZPO. verletzt, indem er von der beantragten Einholung des Gutachtens eines Versteigerungsrichters über die Üblichkeit der ausdrücklichen Bezeichnung der Natur der zugrunde liegenden Forderung im Beitrittsbeschluß absah. Mit Recht erachtet der Berufungsrichter eine solche Übung als unwesentlich für die gebotene Auslegung des einmal erlassenen Beschlusses. Beim Fehlen einer ausdrücklichen Vorschrift kam es nur auf die ergänzende Auslegung des Gesetzes an, nicht auf Meinungen, die sich etwa über ein nach dem Gesetz einzuhaltendes Verfahren gebildet hatten. Mit Recht hebt das Urteil hervor, daß nicht entscheidend ist, was zweckmäßig in den Beschluß aufgenommen worden wäre, sondern ob ein dem Gesetzeszweck entsprechender Inhalt des Beschlusses erkennbar war.

Der Vorderrichter bejaht weiter ein Verschulden des Versteigerungsrichters. Er erblickt die Amtspflichtverletzung darin, daß der Richter bei Aufstellung des geringsten Gebots im Versteigerungstermin den Beschluß nicht im vorstehenden Sinne ausgelegt hat. Die Revision rügt, daß hierin eine Überspannung des an die Sorgfaltspflicht des Versteigerungsrichters zu legenden Maßstabs liege. Sie meint, daß dem Richter eine anderweitige Auslegung gegenüber dem Wortlaut des Versteigerungsantrags und des Beitrittsbeschlusses nicht zum Verschulden habe gereichen können. Seine Auslegung sei zum mindesten möglich gewesen. Auch das Landgericht habe den Beschluß dahin verstanden, und die Beschwerdekammer habe gleichfalls ein Verschulden verneint.

Die Rüge ist unbegründet. Im Hinblick auf den geschilderten Zweck des Versteigerungsverfahrens mußte der Versteigerungsrichter schon in Vorbereitung des Zwangsversteigerungstermins sorgfältig prüfen, wegen welcher Ansprüche das Verfahren betrieben wurde. Bei der durch die Wichtigkeit dieser Aufgabe gebotenen Aufmerksamkeit konnte ihm hierbei nicht entgehen, daß der Gläubiger Sch. als Gläubiger der eingetragenen Gesamthypothek vermerkt war. Dieser Umstand mußte daher die Prüfung nahelegen, wegen welches Anspruchs Sch. das Verfahren betrieb. Bei der hierfür gebotenen Nachforschung mußte dem Richter dann auffallen, daß der Titel auch auf den dinglichen Anspruch lautete. Es ist deshalb dem Berufungsrichter in der Annahme beizutreten, die vorbereitende Mitteilung gemäß § 41 Abs. 2 ZVG. sei unrichtig und fehlsam gewesen. Aber selbst wenn der Richter infolge der unterlassenen Hervorhebung im Antrag und der fehlenden näheren Bezeichnung im Beitrittsbeschluß der Meinung sein mochte, die Versteigerung werde nur aus dem persönlichen Anspruch betrieben, so konnte er diese Meinung angesichts des vom Kläger im Versteigerungstermin erhobenen Einspruchs und des ausdrücklichen Hinweises auf Titel und Zweck des auf ihn gestützten Antrags ohne Verstoß gegen die ihm obliegende Sorgfaltspflicht nicht aufrechterhalten. Beim Fehlen bestimmter gesetzlicher Erfordernisse für den Inhalt des Beschlusses mußte sich ihm die Erkenntnis aufdrängen, daß der Beschluß seinen Inhalt durch den darin erwähnten Titel erhielt, zumal da es doch für den Gläubiger, wenn er einen Titel auf dingliche „Verhaftung" besaß, keinen vernünftigen Sinn hatte, allein wegen der persönlichen Forderung die doch unter den Zeitverhältnissen dann recht aussichtslos erscheinende Zwangsversteigerung zu betreiben. Er wurde auch nicht dadurch entschuldigt, daß der Kläger gegen die Mitteilung aus § 41 Abs. 2 ZVG. keinen Widerspruch erhoben hatte. Denn diese Unterlassung hatte keinerlei Rechtswirkung; es war insbesondere keine Zeit, einen neuen Beitrittsbeschluß zu erwirken. Höchstens konnte eine Klarstellung oder Berichtigung des Beschlusses nach § 319 ZPO. erfolgen. Dies konnte aber im Termin selbst geschehen und geschah auch zweckmäßig im Termin, in dem eine Aussprache möglich war. Der Richter konnte sich somit nach dem Einspruch des Klägers den gegen die Berechnung des geringsten Gebots sprechenden Bedenken nicht verschließen und er verletzte seine Amtspflicht gegenüber dem Gläubiger, wenn er den Beitrittsbeschluß nicht so verstand, wie er nach Sinn und Zweck des Versteigerungsantrags und des ganzen Verfahrens allein verstanden werden konnte. Die gebotene Nachprüfung der zur Verfügung stehenden Hilfsmittel mußte ihn zu der Ansicht führen, daß auch für den zugrunde liegenden Antrag die Bezugnahme auf den Titel als zulässig zu erachten war. Auf die Rechtsmeinung des Landgerichts in seinem Beschwerdebeschluß kann es demgegenüber nicht ankommen, da ein Verschulden des Versteigerungsrichters ohne jede nähere Begründung verneint worden ist. Die Ablehnung der anderweitigen Berechnung des geringsten Gebots enthielt somit eine Amtspflichtverletzung des Richters. Sie verpflichtet daher den Beklagten zum Ersatz des dem Vormann des Klägers hieraus erwachsenden Schadens (Art. 131 RVerf., § 839 BGB.). Eine Anwendung des § 839 Abs. 3 BGB. entfällt, da schon der im Termin erlassene zurückweisende Beschluß die Ursache zu dem Schadenseintritt setzte. Der Kläger hat im übrigen auch mit Erfolg Beschwerde eingelegt. Eine Beschwerde gegen den Zulassungsbeschluß, die das Landgericht vermißt und worauf die Revision hinweist, kam nicht in Frage, da dieser Beschluß ja im Sinne der Zulassung der Versteigerung auch aus dem dinglichen Recht auszulegen war.

Die Revision rügt weiterhin vergeblich, daß der Berufungsrichter das Vorbringen des Beklagten nicht beachtet habe, wonach der Grundstückseigentümer bei anderem Ausgang des Versteigerungstermins Maßnahmen zur einstweiligen Einstellung der Zwangsvollstreckung ergriffen hätte. Nach dem unstreitigen Sachverhalt war die Durchführung der am 23. Juni 1926 erlassenen einstweiligen Verfügung an der nicht rechtzeitigen Vollziehung und Hinterlegung der angeordneten Sicherheitsleistung von 1000 RM. gescheitert. Die Annahme konnte daher — insbesondere auch nach dem eigenen Vortrag des Beklagten — als begründet erscheinen, daß die Durchführung der einstweiligen Verfügung, die später erst am 19. November 1926 wiederholt wurde, dem Schuldner bis zur Verkündung des Zuschlags nicht möglich gewesen wäre. Nach diesem Zeitpunkt konnte sie aber nicht mehr zur Versagung des Zuschlags führen (§ 83 Nr. 5, § 100 Abs. 1 ZVG.). Der Berufungsrichter brauchte somit bei Prüfung des ursächlichen Zusammenhangs auf Grund des ihm in § 287 ZPO. eingeräumten freien Ermessens auf diesen Punkt nicht besonders einzugehen....

(Nach Zurückweisung einer Prozeßrüge heißt es weiter:)

Auch die übrigen Feststellungen des Berufungsrichters über den ursächlichen Zusammenhang, die sämtlich ihre Grundlage im tatrichterlichen Ermessen nach § 287 ZPO. finden, unterliegen keinerlei rechtlichen Bedenken.

Nur die Rüge, daß der Berufungsrichter den Einwand des mitwirkenden Verschuldens nicht ausreichend gewürdigt habe, mußte teilweise Erfolg haben. Der Berufungsrichter hat die Frage des mitwirkenden Verschuldens unter dem Gesichtspunkt geprüft, daß der Kläger nach Empfang der Benachrichtigung auf Grund des § 41 Abs. 2 ZVG. keine anderen Schritte ergriffen habe. Hierin kann allerdings — wie schon betont — kein Verschulden gefunden werden. Dagegen trifft den Kläger ein erhebliches Mitverschulden dadurch, daß er den Antrag vom 27. Januar 1926 mangelhaft gefaßt und hierdurch die vorhandene, der Auslegung bedürftige Fassung des Beitrittsbeschlusses vom 29. Januar 1926 und damit das Versehen des Zwangsversteigerungsrichters mitverschuldet hat (§ 254 BGB.). Zwar war, wie ausgeführt, an sich im Antrag die Bezugnahme auf den Titel zur näheren Bezeichnung des Anspruchs zulässig. Im vorliegenden Falle lag aber dem für die Zwangsversteigerungsakten bestimmten Antrag der Titel selbst nicht bei; vielmehr nahm dieser Antrag erst wieder auf den zu den Zwangsverwaltungsakten beigefügten Titel Bezug. Der Kläger mußte somit, da die Zulassung des Beitritts zum Zwangsverwaltungsverfahren schon geprüft sein konnte, damit rechnen, daß möglicherweise kein erneuter Einblick in den Titel vorgenommen werde. Er hätte daher jede Veranlassung gehabt, den Anspruch, wegen dessen er nunmehr auch die Versteigerung beantragte, genau im einzelnen zu bezeichnen. Dies muß umsomehr gelten, als auch der Antrag zum Zwangsverwaltungsverfahren eine zum mindesten recht undeutliche Verweisung auf den Titel enthielt. Der Titel wurde nur als überreicht erwähnt. Es blieb also unklar, ob damit bloß dem Erfordernis des § 16 ZVG. Genüge geschehen sollte, den Titel zu bezeichnen und beizufügen, oder ob die Beifügung und der Hinweis auf den Titel auch zur Ergänzung des Antrags hinsichtlich des Anspruchs geschah. Wenngleich nach Sinn und Zweck der Versteigerung das letztere anzunehmen ist (wovon auch der Berufungsrichter ausgeht), so war doch die Bezugnahme recht unklar, und dieser Umstand stellt ebenfalls ein nicht unerhebliches Mitverschulden dar, das sich in jedem Falle der Kläger selbst entgegenhalten lassen muß. Das angefochtene Urteil verletzt somit insoweit den § 254 BGB. Es bedarf jedoch nicht der Zurückverweisung, weil der Tatbestand völlig klar liegt und daher das Revisionsgericht selbst in der Lage ist, die Verteilung des Schadens in Abwägung des beiderseitigen Verschuldens vorzunehmen. Nach den gesamten Umständen erschien es angemessen, das Verschulden beider Teile gleich zu bewerten und den Schaden entsprechend, d. h. zur Hälfte, zu verteilen.

8. 1. Nach welchem örtlichen Recht ist die Vertretungsmacht eines ausländischen Agenten zu beurteilen?

2. Anwendbarkeit des deutschen Börsengesetzes auf Börsentermingeschäfte, die im Ausland zu erfüllen sind.

3. Unter welchen Voraussetzungen muß der Geschäftsherr die Kenntnis seines Agenten von einer für den Geschäftsabschluß wesentlichen Tatsache gegen sich gelten lassen?

BörsG. § 61. BGB. § 166.

I. Zivilsenat. Urt. v. 14. Oktober 1931 i. S. 1. L. & Co. Inc., 2. R. (Kl.) w. Baumwollspinnerei K. (Bekl.). I 10/31.

I. Landgericht Bremen, Kammer für Handelssachen.
II. Oberlandesgericht Hamburg.

Die Kläger haben durch Vermittlung ihres Agenten H. mit den Direktoren der Beklagten einen auf den Namen der Beklagten lautenden Vertrag über Baumwolle abgeschlossen. Der wesentliche Inhalt ist folgender: Es werden Januar/Februar 1924 2600 Ballen Baumwolle auf Julitermin New York zu näher festgelegten Bedingungen gekauft; die Käufer sollen entweder Effektivware nach vorher besonders getroffener Vereinbarung über Qualität, Quantität, Verschiffung usw. abnehmen, oder sie sollen „den Kontrakt transferieren" können „auf entferntere Positionen nach Ihrem Belieben oder nach Ihrer Bequemlichkeit", oder endlich soll jederzeit „der Ausschluß des Vertrages erfolgen" können. Die Kläger haben die 2600 Ballen in New York Ende Februar 1928 „ausschließen" lassen. Mit der Klage fordern sie den ihnen angeblich zustehenden Saldo von 163309,44 amer. Dollar nebst Zinsen.

Die Beklagte hat entgegnet, es handle sich um Spielgeschäfte, doch solle der Spieleinwand nicht erhoben werden. Sie hat dann eine Reihe anderer Einwendungen geltend gemacht.

Die Kläger haben erwidert, der Vertrag, welcher der Klage zugrunde liege, habe keine Spiel- oder Differenzgeschäfte zum Gegenstand, sondern sei ein sog. Konversionsvertrag, der, wie die beigebrachten Gutachten bewiesen, überall im Handel als Effektivgeschäft gelte, wie ja auch in erster Linie effektive Lieferung vorgesehen gewesen sei. Jedenfalls habe der Vertrag wirtschaftlichen

Zwecken dienen sollen, nämlich dem Schutz der Käufer gegen Risiken aus anderen (Effektiv-) Geschäften. Auf keinen Fall hätten ihre gesetzlichen Vertreter Kenntnis davon gehabt, daß die Beklagte nur um die Differenz spielen wolle. Die Kenntnis ihres Agenten H. brauchten sie nicht gegen sich gelten zu lassen, weil er mit den Direktoren der Beklagten zu ihrem (der Kläger) Nachteil zusammengewirkt habe.

Die Beklagte hat das bestritten.

Landgericht und Oberlandesgericht wiesen die Klage ab. Die Revision der Kläger führte zur Aufhebung und Zurückverweisung.

Gründe:

Das Berufungsgericht hat festgestellt, daß die Direktoren der Beklagten beim Abschluß des der Klage zugrunde liegenden Geschäfts nicht die Absicht gehabt hätten, ein Effektivgeschäft oder ein wirtschaftlich berechtigtes Hedgegeschäft zu machen, sondern daß bei ihnen lediglich Spielabsicht bestanden habe und daß der Agent der Kläger, H., hiervon unterrichtet gewesen sei. Es könne zwar als richtig unterstellt werden, daß die sog. Konversionsverträge, wie hier einer vorliege, in der Regel wirtschaftlich berechtigten Zwecken dienten, sei es daß sie zur effektiven Lieferung führten, sei es daß sie als Hedgegeschäfte gegen Garnverkäufe abgeschlossen würden; daher sei auch anzunehmen, daß die Kläger die Spielabsicht der Vertragsgegner nicht ohne weiteres aus der Vertragsform hätten entnehmen können. Dagegen könne nicht anerkannt werden, daß Konversionsverträge nicht zum Zwecke des Spiels geschlossen werden könnten; gerade der vorliegende Fall beweise das Gegenteil. Der Vorderrichter läßt weiterhin unentschieden, ob die Kläger selbst in der Person ihrer gesetzlichen Vertreter bei Vertragsschluß oder später die Spielabsicht der Beklagten aus den gesamten Umständen erkannt haben oder hätten erkennen müssen. Er führt aus, die Kläger müßten grundsätzlich die vorhandene positive Kenntnis ihres Agenten H. von der Spielabsicht der Vertragsgegnerin gegen sich gelten lassen, derart, daß Klaglosigkeit des Vertrags eingetreten sei. Insoweit befindet sich der Berufungsrichter in Übereinstimmung mit den vom erkennenden Senat in den Sachen I 272/28 und I 109/30[1]) ausgesprochenen Grundsätzen.

[1]) Abgedruckt in SeuffArch. Bd. 83 Nr. 153 (Urt. vom 23. März 1929) und Bd. 85 Nr. 5 (Urt. vom 4. Oktober 1930). D. R.

Die Revision hat gebeten, diese Grundsätze in zweifacher Beziehung nachzuprüfen. Einmal insoweit, als sie besagen, daß über den Umfang der Vertretungsmacht eines Agenten das Recht des Ortes entscheidet, an dem der Verkehr des Agenten mit dem Dritten stattgefunden hat, in diesem Falle also das deutsche Recht; sodann für die Frage, ob die Vorschriften des deutschen Börsengesetzes über Börsentermingeschäfte auf den vorliegenden Fall Anwendung finden können. In ersterer Beziehung wurde ausgeführt, daß es sich um ein Kommissionsgeschäft handle, die Parteien hätten sich den Regeln der New Yorker Börse unterworfen und den Preis in ausländischer Währung vereinbart; lasse das unbedenklich auf Unterstellung des Rechtsverhältnisses unter amerikanisches Recht schließen, dann hätte auch die Frage, ob und inwieweit die Kläger Erklärungen ihres Agenten gegen sich gelten lassen müßten, nach amerikanischem Rechte beantwortet werden müssen. Diese Ausführungen bieten keinen Anlaß, von der ständigen Rechtsprechung des Reichsgerichts abzugehen, die sich in Übereinstimmung mit dem Schrifttum befindet (RGZ. Bd. 38 S. 194, 196, Bd. 51 S. 147, 149; JW. 1910 S. 181 Nr. 2; Staub-Bondi HGB. § 85 Anm. 6; Goldschmitt Handkommentar zum HGB. § 86 Anm. 4). Der Umstand, daß die Parteien ihre rechtlichen Beziehungen zum Teil dem fremden Recht haben unterwerfen wollen, würde noch nichts dafür besagen, daß dies auch in dem fraglichen Punkte geschehen sollte, für welchen, da es sich um den Rechtsverkehr im Inland handelt, nach dem zu vermutenden vernünftigen Willen der Beteiligten nur das inländische Recht in Frage kommt.

Zur Geltung der Vorschriften des deutschen Börsengesetzes über Börsentermingeschäfte haben die Kläger ausgeführt, es werde nicht verkannt, daß nach § 61 BörsG. dessen § 58 anwendbar sei, selbst wenn die Geschäfte im Ausland geschlossen oder dort zu erfüllen seien. Es sei aber zu fragen, ob § 61, wenigstens im Verhältnis zwischen Deutschland und den Vereinigten Staaten von Amerika, noch in Geltung sei. Die Kläger haben auf das Urteil des Deutsch-Englischen Gemischten Schiedsgerichtshofs vom 17. Februar 1922 (JW. 1922 S. 753 Nr. 1) und auf den Handels- und Freundschaftsvertrag zwischen Deutschland und den Vereinigten Staaten von Amerika vom 8. Dezember 1923 (RGBl. 1925 II S. 795) hingewiesen. Artikel I dieses Handelsvertrags — so führten sie aus — bezwecke eine vollständige Gleichstellung der Angehörigen beider Staaten in geschäftlicher Hinsicht. Sie sollten alles tun können, was zur Ausübung irgendeines Rechts in geschäftlicher Hinsicht gehöre, und zwar unter den gleichen Bedingungen, wie die Angehörigen des Staates, in dem sie sich aufhielten. Dem Sinn des Vertrags widerspreche es, wenn der Differenzeinwand unzulässig sei bei Geschäften zwischen Kaufleuten, die an deutschen Börsen geschlossen würden, dagegen zulässig bleibe bei Geschäften zwischen Deutschen und Amerikanern, die an einer amerikanischen Börse zustande gekommen seien. Auch diese Ausführungen können zu keiner anderen Stellungnahme des Senats im vorliegenden Falle führen. Das Urteil des Deutsch-Englischen Schiedsgerichtshofs erkennt ausdrücklich an, daß an englischer Börse geschlossene Differenzgeschäfte zwischen Deutschen und Engländern in Deutschland nicht klagbar seien. Wenn der Schiedsgerichtshof diese Tatsache für seine Entscheidung nicht als maßgebend erklärt, so kann dieser Standpunkt umgekehrt für die deutschen Gerichte keine maßgebende Bedeutung beanspruchen. Der deutsch-amerikanische Handelsvertrag kommt für den vorliegenden Rechtsfall nicht in Betracht. Er ist im Jahre 1925 im Reichsgesetzblatt veröffentlicht worden und hat erst damit in Deutschland Gesetzeskraft erlangt. Der der Klage zugrunde liegende Vertrag war aber schon im Januar/Februar 1924 abgeschlossen worden. Wenn also wirklich § 61 BörsG. durch den Vertrag abgeändert worden sein sollte, so würde das für den Streitfall keine Rolle spielen.

Die Kläger haben ferner unter Bezugnahme auf Rechtsprechung und Schrifttum ausgeführt, daß sie die Kenntnis ihres Agenten in diesem Falle deshalb nicht gegen sich gelten zu lassen brauchten, weil der Vertragsgegner gewußt habe oder nicht im Zweifel darüber gewesen sein könne, daß das vom Agenten Erklärte dem Willen des Geschäftsherrn widerspreche. Die Beklagte habe erkennen müssen, daß auch die Entgegennahme eines ernstlich für sie abgeschlossenen Spielvertrags dem Willen der Amerikaner widersprochen hätte.

Die Kläger hatten sich nämlich hierfür in der im Tatbestand näher wiedergegebenen Weise auf den Zeugen He. bezogen. Der Berufungsrichter hatte diese Ausführungen zurückgewiesen mit folgender Begründung: Ein schlüssiger Beweis dafür, daß die Vollmacht des H. zur Entgegennahme von Differenzgeschäften ohne wirtschaftlichen Zweck in einer für die Beklagte erkennbaren Weise beschränkt gewesen, sei nicht angetreten. Schon früher seien durch Vermittlung des H. mit der Beklagten und anderen Spinnereien Verträge abgeschlossen worden, die keinen wirtschaftlichen Zwecken gedient hätten. Es werde häufig die Form eines Effektivgeschäfts gewählt, obwohl beide Vertragsteile ein Spielgeschäft wollten. Der etwaige Wunsch der Direktoren der Beklagten, nach außen hin nicht als Vertragsgegner in die Erscheinung zu treten, lasse daher weder einen zwingenden Schluß darauf zu, daß die Beklagte eine Vollmachtsbeschränkung des H. gekannt habe, noch darauf, daß die Kläger aus anderen Gründen als wegen der äußeren Form das Geschäft abgelehnt hätten. Im übrigen könne die Tatsache allein, daß eine den Spielcharakter verdeckende Vertragsgestaltung mit Wissen des Agenten erfolgt sei, nicht zur Anwendung der von den Klägern angerufenen Rechtsgedanken führen, weil diese Tatsache schon Voraussetzung dafür sei, daß es überhaupt auf die Kenntnis des Agenten ankomme.

Diese Erwägungen des Berufungsgerichts werden von der Revision mit Recht beanstandet. Zunächst ist zu bemerken, daß der Vorderrichter von einer Vollmacht des H. und von einer Vollmachtsbeschränkung (im Sinne von einschränkenden Weisungen des Geschäftsherrn) spricht, ohne aber festzustellen, daß H. Abschlußvollmacht gehabt hat, was von den Klägern bestritten wird. Indessen kommt es hierauf nicht entscheidend an, weil im wesentlichen die gleichen Grundsätze zur Anwendung kommen, wenn H. Vollmacht hatte und wenn er nur Vermittlungsagent war.

Die Regeln über den sog. Mißbrauch der Vollmacht (RGRKomm. § 166 Anm. 4 Abs. 4) beruhen auf dem Gedanken, daß zwar grundsätzlich für die Verbindlichkeit des Rechtsgeschäfts gegenüber dem Vollmachtgeber allein der Vollmachtsinhalt maßgebend ist — und das gleiche gilt für die Abmachungen des ohne Abschlußvollmacht ständig zum Vermittler bestellten Agenten —, daß davon aber eine Ausnahme zu machen ist, wenn zuungunsten des Geschäftsgegners die Grundsätze vom Handeln wider Treu und Glauben Platz greifen und damit dem Vollmachtgeber die Einrede der Arglist in die Hand gegeben wird. Das ist u. a. dann der Fall, wenn der Geschäftsgegner weiß oder sich sagen muß, daß der Abschluß des Geschäfts dem Interesse des Vollmachtgebers zuwiderlaufe und er den Abschluß keinesfalls beabsichtigt haben könne. Das Handeln wider Treu und Glauben liegt hier darin, daß der Geschäftsgegner unter Berufung auf die formelle Vertretungsmacht des Bevollmächtigten dem Machtgeber ein Geschäft aufzuzwingen sucht, von dem er weiß oder sich sagen muß, daß dieser es nicht gewollt hat, weil es dessen Interessen zuwiderläuft. Diese Grundsätze sind zum mindesten rechtsähnlich auch dann anzuwenden, wenn es sich nicht um Abreden handelt, die dem Interesse des Vollmachtgebers zuwiderlaufen, sondern um eine Tatsache, deren Kenntnis ihn vom Vertragsschluß abgehalten hätte. Weiß der Geschäftsgegner oder muß er sich wenigstens sagen, daß der Vollmachtgeber bei Kenntnis der Tatsache nicht abgeschlossen hätte, und rechnet er zugleich damit, daß jener die Kenntnis von seinem Bevollmächtigten nicht erlangen werde, so würde es Treu und Glauben widersprechen, wenn er sich später auf die Kenntnis des Bevollmächtigten oder des Agenten als dem Geschäftsherrn zurechenbar beriefe. Die Revision macht nun mit Recht geltend, daß die Kläger, entgegen der Auffassung des Berufungsgerichts, einen solchen Tatbestand schlüssig behauptet haben. (Wird näher ausgeführt.)

Die Beklagte hat das Bedenken erhoben, wennschon die Kläger die Kenntnis des H. von der Spielabsicht nicht gegen sich gelten zu lassen brauchten, so könne dies nur dahin führen, daß der ganze zugrunde liegende Vertrag als nicht geschlossen zu gelten habe, sodaß auch in diesem Falle die Klage abgewiesen werden müsse. Das Bedenken ist unbegründet. Zwar ist es im allgemeinen richtig, daß der Geschäftsherr, wenn er das abgeschlossene Geschäft wegen Mißbrauchs der Vollmacht nicht gegen sich gelten lassen will, nicht an dessen Stelle ein anderes setzen kann, das seinem Willen und seinen Interessen entsprochen hätte. Das Geschäft wird vielmehr hinfällig. Hier liegt aber der Fall besonders. Der Vertrag, wie er vorliegt, ist von beiden Parteien so gewollt. Es bestand lediglich bei der Beklagten die Absicht, ihn zu Spielzwecken zu benutzen. Diese Absicht sollte aber — wenn die Behauptungen der Kläger als richtig unterstellt werden — nicht zu deren Kenntnis gelangen. Die Beklagte wollte also ebenso, wie die Kläger, nicht etwa ein klagloses, sondern ein klagbares Geschäft abschließen. Es liegt daher nicht so, daß die Kläger, wenn sie die Kenntnis des H. von der Spielabsicht nicht gegen sich gelten lassen wollen, ein anderes Geschäft an die Stelle dessen setzen würden, das die Beklagte abschließen wollte. Deshalb würden gegen das Bestehenbleiben des Vertrags als klagbaren Geschäfts keine Bedenken bestehen.

9. Zur rechtlichen Natur der Banküberweisung.

BGB. §§ 328, 329.

IX. Zivilsenat. Urt. v. 14. Oktober 1931 i. S. A. als Verwalter im Konkurse des Kaufmanns R. (Kl.) w. B. Bank (Bekl.). IX 241/31.

I. Landgericht Kiel.
II. Oberlandesgericht daselbst.

Über das Vermögen des Kaufmanns R. in K., alleinigen Inhabers der Firmen F. R. in K. und J. B. in St., wurde am 28. Juni 1929 das Konkursverfahren eröffnet. Zum Konkursverwalter wurde der Kläger bestellt. Vor Eröffnung des Konkurses hatte das Amtsgericht zur Sicherung der Masse unter dem 26. Juni 1929 ein allgemeines Veräußerungsverbot nach § 106 KO. erlassen. Der Beschluß wurde dem Schuldner und der Beklagten, bei welcher der Schuldner ein Bankkonto hatte, am 27. Juni 1929 zugestellt.

Der Kläger behauptet, die Beklagte habe diesem Veräußerungsverbot zuwidergehandelt; denn sie habe einen am 28. Juni 1929 für Rechnung des R. von der Firma L. T. AG. bei ihr eingegangenen Betrag von 25000 RM. der Konkursmasse nur in Höhe von 15000 RM. zur Verfügung gestellt und den Rest von 10000 RM. entsprechend einer Anordnung des Gemeinschuldners angeblich auf dem Konto der Witwe B. verbucht. Der Kläger verlangt deshalb von ihr mit der Klage Zahlung von 10000 RM. nebst Zinsen. Das Landgericht hat die Beklagte nach dem Klagantrag verurteilt, das Oberlandesgericht hat die Klage abgewiesen. Die Revision des Klägers blieb erfolglos.

Gründe:

Das Berufungsgericht würdigt den Sachverhalt dahin:

Der Kläger stütze seinen Anspruch auf einen Vertrag, der zwischen der Firma L. T. und der Beklagten zugunsten des R. geschlossen worden sei. Unstreitig habe nämlich die Firma L. T. der Beklagten durch ein am 26. Juni 1929 bei ihr eingegangenes Schreiben vom 25. Juni mitgeteilt, sie habe durch die Spar- und Kreditbank in St. der Beklagten 25000 RM. zugunsten des Kontos des R. überwiesen. Hierin habe ein Vertragsantrag des Inhalts gelegen, daß sich die Beklagte gegen Überweisung von 25000 RM. der Firma L. T. gegenüber verpflichten solle, den überwiesenen Betrag an R. oder an eine andere von ihm bezeichnete Person auszuzahlen. Dieses Vertragsangebot habe die Beklagte durch eine schlüssige Handlung, nämlich dadurch angenommen, daß ihr Bevollmächtigter den Eingangsbogen Nr. 2 am 27. Juni 1929 mittags auf der Reichsbank entgegengenommen habe. Aus dem so zustande gekommenen Vertrag habe R. unmittelbar Rechte erwerben sollen. Denn die Firma L. T. sei Schuldnerin des R. gewesen und habe sich von ihrer Schuld befreien wollen. R. habe jedoch schon Anfang Juni 1929, als der Vertrag zwischen der Firma L. T. und der Beklagten noch nicht geschlossen gewesen sei, aber in bestimmter Aussicht gestanden habe, einen Teilbetrag von 10000 RM. von der erwarteten Überweisung an seine Schwester, die Witwe B., abgetreten. Hierzu sei er berechtigt gewesen; denn die Abtretung zukünftiger, noch nicht entstandener Forderungen, auch solcher aus einem zukünftigen Vertrag zugunsten des Abtretenden, sei rechtlich möglich.

Die Annahme, daß die Abtretung an die Witwe B. bereits Anfang Juni 1929 erfolgt sei, begründet das Berufungsgericht folgendermaßen:

R. habe durch Vertrag vom 16. Mai 1929 der Firma L. T. sein in St. betriebenes Geschäft für 25000 RM. verkauft. Als Bevollmächtigter der Witwe B. habe er auch die Grundstücke in St., die der Frau B. als Vorerbin ihres verstorbenen Mannes gehörten, durch notariellen Vertrag vom 16./17. Mai 1929 für den Preis von 90000 RM. an dieselbe Firma veräußert. Ein Schwager der Witwe B., der Justizrat B., sei aber der Ansicht gewesen, R. habe die Grundstücke um 10000 RM. zu billig verkauft und habe deshalb darauf gedrungen, daß ein Teil der Kaufpreisforderung von 25000 RM. für das Geschäft von R. an die Witwe B. abgetreten werde. Um hierüber zu verhandeln, sei R. Ende Mai 1929 zu Justizrat B. gefahren. Auf dieser Reise habe ihn ein anderer Schwager der Witwe B., namens M., begleitet. M. sei Handlungsbevollmächtigter der Beklagten gewesen und habe gewünscht, daß die von der Firma L. T. zu zahlenden Gelder bei der Beklagten angelegt werden sollten.

Das Berufungsgericht läßt dahingestellt, ob M. Bevollmächtigter der Witwe B. gewesen sei, es gelangt aber zu der Überzeugung, M. habe bei der Regelung des entstandenen Streits ihre Rechte wahrgenommen und sei als ihr Vertreter aufgetreten. Justizrat B. habe bei den Verhandlungen die Abtretungsurkunde vom 2. Juni 1929 entworfen. In dem Entwurf sei gesagt, R. trete 10000 RM. von seiner Forderung von 25000 RM. gegen die Firma L. T. an die Witwe B. ab und weise diese Firma an, der Witwe B. Zahlung zu leisten. Mit dieser Abtretung habe sich R. einverstanden erklärt. Auf der Rückfahrt hätten R. und M. die Angelegenheit weiter besprochen. Sie seien sich dabei einig gewesen, daß die 25000 RM. bei der Beklagten angelegt werden sollten. R. habe dem Sinne nach zu M. gesagt, wenn die 25000 RM. von der Firma L. T. kämen, solle M. sie gleich trennen und 15000 RM. auf ein Treuhandkonto H. M., 10000 RM. auf ein Konto der Witwe B. buchen. Beide Konten hätten damals allerdings noch nicht bei der Beklagten bestanden; M. und R. seien aber über ihre Einrichtung einig gewesen. Auf das Konto der Witwe B. hätten die abgetretenen 10000 RM., auf das Treuhandkonto H. M. alle für R. eingehenden Gelder mit Ausnahme der streitigen 10000 RM. verbucht werden sollen. Von diesen Abmachungen habe denn auch M. alsbald nach seiner Rückkehr den Oberbuchhalter der Beklagten verständigt, der auf dem Schreiben der Firma L. T. vom 25. Juni 1929 entsprechende Vermerke gemacht habe. Der Vorderrichter läßt unentschieden, ob M. gleich nach seiner Rückkehr die Genehmigung der Witwe B. nachgesucht und erhalten habe; denn Frau B. habe auch noch nach der Konkurseröffnung die Abtretung genehmigen können. Diese Genehmigung sei spätestens dadurch erteilt worden, daß Frau B. ihre Unterschriftsproben für ihr bei der Beklagten mit den 10000 RM. neu eingerichtetes Konto gegeben habe. Die Genehmigung wirke auf den Zeitpunkt der Vornahme der Abtretung zurück, woraus sich ergebe, daß die fragliche Abtretung durch das Veräußerungsverbot nicht mehr habe beeinträchtigt werden können.

Die Revision rügt Verletzung des sachlichen Rechts, insbesondere der §§ 133, 157, 177, 328 BGB. sowie des § 106 KO. und des § 128 ZPO. Die Rügen sind indessen nicht begründet.

Nach den Feststellungen des Berufungsgerichts hatte R. verlangt, daß ihm die 25000 RM. von der Firma L. T. auf sein

Konto bei der Beklagten gezahlt werden sollten. Hätte die Firma L. T. infolgedessen die 25000 RM. in bar an die Beklagte für Rechnung des R. gezahlt, so läge in der Tat ein bloßes Erfüllungsgeschäft vor und für die Annahme eines Vertrags zugunsten eines Dritten würde kein Raum sein. Die Revision meint, das Berufungsgericht hätte die Überweisung der 25000 RM. ebenso als ein bloßes Erfüllungsgeschäft beurteilen müssen. Ihr kann aber hierin nicht gefolgt werden. Richtig ist allerdings, daß die Banküberweisung im Verkehr als Zahlungsmittel — als Verkehrsgeld — dient. Das rechtliche Wesen der Banküberweisung ist dadurch indessen ebensowenig gekennzeichnet wie das rechtliche Wesen des Wechsels durch die Bezeichnung als Papiergeld der Kaufleute. Rechtlich lag vielmehr in der Bezeichnung der Beklagten als der Bank, an welche die 25000 RM. überwiesen werden sollten, die Erklärung, R. werde statt baren Geldes die Begründung einer Forderung von 25000 RM. gegen die Beklagte an Erfüllungsstatt annehmen. Sache der Firma L. T. war es, sie ihm zu verschaffen. Die Begründung einer solchen Forderung ist rechtlich auf verschiedene Weise möglich. Regelmäßig wird sie dadurch begründet, daß die Bank den Betrag dem Kunden gutschreibt, zu dessen Gunsten überwiesen wird. In der Gutschrift liegt im Regelfalle die Abgabe eines vertragsmäßigen Schuldversprechens zugunsten des Kunden, der zufolge seiner Geschäftsverbindung mit der Bank von vornherein sein Einverständnis hiermit erklärt.

Die Gutschrift des überwiesenen Betrags zugunsten der Bank hingegen, die hier im Reichsbankgiroverkehr erfolgt ist, berührt zunächst nur das Deckungsverhältnis unter den beteiligten Banken. Nach der Feststellung des Berufungsgerichts stellte sie den Ersatz der Aufwendungen dar, den die Beklagte zu beanspruchen hatte, wenn sie sich weisungsgemäß dem Kunden gegenüber verpflichtete. Das Berufungsgericht konnte daher hier sehr wohl zur Annahme eines Vertrags zwischen der Firma L. T. und der Beklagten zugunsten des R. gelangen. Es konnte das Schreiben der Firma L. T. vom 25. Juni 1929 so auslegen und mit Rücksicht darauf, daß die Firma L. T. sich von einer Schuld befreien wollte, auch annehmen, daß R. aus der Überweisung ein unmittelbares Recht habe erwerben sollen (RGZ. Bd. 84 S. 354, Bd. 91 S. 119). Der Vertragsantrag konnte nach § 151 BGB. durch schlüssige

Handlungen angenommen werden, ohne daß es einer Erklärung der Annahme gegenüber der Firma L. T. bedurfte; denn deren im Schreiben vom 25. Juni 1929 geäußerte Bitte um Empfangsbestätigung brauchte das Berufungsgericht nicht als das Verlangen nach einer Erklärung der Annahme zu deuten.

Hierin liegt kein Widerspruch mit RGZ. Bd. 102 S. 65. Dort wird zwar verneint, daß durch den Überweisungsauftrag ein unmittelbarer Anspruch desjenigen, zu dessen Gunsten überwiesen werden soll, gegen die Bank auf Ausführung des Auftrags begründet werde, und zur Begründung dieser Ansicht wird auch auf § 329 BGB. verwiesen. Gleichzeitig wird aber dort auch anerkannt, daß unter besonderen Umständen auf einen anderen Parteiwillen geschlossen werden könne. Solche besonderen Umstände hat das Berufungsgericht festgestellt. Denn die Firma L. T. hatte sich nicht damit begnügt, ihre Bank, die Spar- und Kreditbank in St., mit der erforderlichen Weisung zu versehen, sondern sie war — ersichtlich um bei der Höhe des geschuldeten Betrags sicher zu gehen — an die ihr von ihrem Gläubiger bezeichnete Bank herangetreten und hatte ihr Weisung zugunsten ihres Gläubigers erteilt. Ein Verstoß gegen die §§ 328, 329 BGB. liegt also nicht vor. Ebensowenig aber auch ein solcher gegen § 128 ZPO.; denn es bedurfte keiner ausdrücklichen Behauptung der Rechtsfolge, die Beteiligten hätten einen Vertrag zugunsten eines Dritten abschließen wollen. Auch der Hinweis der Revision darauf, daß die Firma L. T. nicht habe wissen können, ob R. bei der Beklagten nicht etwa im Debet sei, spricht nicht gegen die Auffassung des Berufungsgerichts. Denn auch wenn er im Debet war, konnte die Absicht der Firma L. T. darauf gerichtet sein, daß sich die Beklagte ihm gegenüber zur Zahlung von 25000 RM. verpflichten solle. Das weitere Schicksal dieser Forderung, ob sie sofort oder später gegen das Debet aufgerechnet wurde, ging die Firma L. T. nichts an.

Beruht aber die Annahme des Berufungsgerichts, die Beklagte habe sich durch den Vertrag mit der Firma L. T. zugunsten des R. verpflichten sollen und R. habe aus diesem Vertrag ein unmittelbares Recht erworben, nicht auf Rechtsirrtum, so konnte R. diesen Anspruch, der hinlänglich bestimmt war, auch schon zu einer Zeit abtreten, als der Vertrag noch nicht abgeschlossen, sein Abschluß aber zu erwarten war. Mit dieser Abtretung schied der Anspruch im Falle seiner Entstehung dinglich aus dem Vermögen des R. aus (JW. 1913 S. 132 Nr. 8). Er konnte daher auch durch das Veräußerungsverbot nicht mehr betroffen werden. Denn die Beklagte hatte sich zufolge der damaligen Abtretung nicht dem R., sondern der Witwe B. gegenüber zu verpflichten. Nun unterstellt das Berufungsgericht allerdings, die Witwe B. habe den Abtretungsvertrag, der zwischen R. und M. — von letzterem als Vertreter der Witwe B. ohne Vertretungsmacht — Anfang Juni 1929 abgeschlossen worden sei, möglicherweise erst nach der Konkurseröffnung genehmigt. Indessen liegt in der Annahme des Vorderrichters, diese Genehmigung habe auf den Zeitpunkt der Vornahme der Abtretung zurückgewirkt, keine Verletzung des § 177 BGB. Die nach der Feststellung des angefochtenen Urteils von Frau B. gewollte Rückwirkung ergibt sich vielmehr aus § 184 Abs. 1 BGB.; denn eine anderweitige, die Rückwirkung ausschließende Bestimmung ist dem Sachverhalt, insbesondere dem § 106 KO., nicht zu entnehmen. Das Veräußerungsverbot berührte die Verfügungsbefugnis des R., nicht aber die Genehmigungsbefugnis der Frau B. Die Verfügungsbefugnis des R. stand jedoch nicht in Frage; denn verfügt hatte er schon Anfang Juni 1929, als er die Abtretung mit M. vereinbarte. Ebensowenig greift § 184 Abs. 2 BGB. zugunsten der Konkursmasse ein; denn der Sinn dieser Vorschrift ist der, daß der Genehmigende die rückwirkende Kraft der Genehmigung nicht dazu benutzen darf, Verfügungen unwirksam zu machen, die er selbst in der Zwischenzeit getroffen hat oder die gegen ihn im Wege der Zwangsvollstreckung oder der Arrestvollziehung oder durch den Konkursverwalter getroffen worden sind. Hier war aber die Genehmigende die Frau B., gegen die keine Verfügungen im Wege der Zwangsvollstreckung usw. ergangen waren; denn das Veräußerungsverbot richtete sich allein gegen R.

Gegenüber den weiteren Ausführungen der Revision ist zu bemerken, daß nach dem Zusammenhang der Feststellungen des Berufungsgerichts mit der Abtretung des Anspruchs aus der Überweisung (Vertrag der Firma L. T. mit der Beklagten zugunsten des R.) zugleich auch der Anspruch des R. auf Gutschrift gegen die Beklagte (Geschäftsbesorgungsvertrag zwischen ihr und R.) an Frau B. abgetreten sein sollte. Denn R. konnte nicht das erstere Recht der Frau B. abtreten, das letztere dagegen für sich behalten wollen. Daraus ergibt sich jedoch, daß die Entscheidung des Berufungsgerichts auch dann gerechtfertigt ist, wenn kein Vertrag zugunsten des R. zustande gekommen sein sollte. Die Revision scheint dies auch nicht zu verkennen; sie meint aber, eine solche Abtretung sei bisher nicht festgestellt. Diese Feststellung ist indessen dem Zusammenhang der Entscheidungsgründe des Berufungsgerichts zu entnehmen.

---

10. Zum Ausgleichsanspruch nach § 8 Abs. 2 der Aufwertungsnovelle vom 9. Juli 1927.

VI. Zivilsenat. Urt. v. 15. Oktober 1931 i. S. W. u. Gen. (Bekl.) w. H. (Kl.). VI 224/31.

I. Landgericht Weimar.
II. Oberlandesgericht Jena.

Der Kläger erwarb von der Rechtsvorgängerin der Beklagten durch notariellen Kaufvertrag vom 21. September 1925 ein Hausgrundstück in W. Auf den Kaufpreis von 40000 RM. wurden 2500 RM. bar gezahlt; für den Rest von 37500 RM. übernahm der Kläger Hypothekenschulden im gleichen Betrag. Auf dem Grundstück hatte eine Vorkriegs-Darlehenshypothek der Frankfurter Hypothekenbank von 39000 M. gelastet. Sie war zunächst, Anfang 1923, an die Stadtsparkasse in W. abgetreten, dann aber Ende 1923 ausgezahlt und am 17. April 1924 gelöscht worden. Nach Inkrafttreten des Aufwertungsgesetzes betrieb auch die ursprüngliche Gläubigerin, die Frankfurter Hypothekenbank, die Aufwertung kraft Rückwirkung. Als persönliche Schuldnerin nahm sie die Verkäuferin in Anspruch. Zugleich verlangte sie die dingliche Aufwertung gegen den Kläger. Die Aufwertungsstelle setzte zunächst die Aufwertung gegen beide auf 1400 GM. fest. Die sofortige Beschwerde des Klägers wurde zurückgewiesen. Auf die sofortige Beschwerde der Gläubigerin wurde die Aufwertung gegen die Verkäuferin und den Kläger auf 1900 GM. erhöht. Die Verkäuferin hatte sich insbesondere auf die Härtevorschriften in § 15 AufwG. berufen und damit insoweit Erfolg gehabt, als die Beschwerde der Gläubigerin, die eine Aufwertung auf 25%

mit 9730,73 GM. begehrte, im übrigen zurückgewiesen wurde. Nachdem inzwischen die Aufwertungsnovelle vom 9. Juli 1927 ergangen war, hob das Oberlandesgericht, das auf die weitere Beschwerde der Gläubigerin mit der Sache befaßt war, die Aufwertungsentscheidungen der Vorinstanzen auf, setzte das Verfahren gegen die persönliche Schuldnerin (gemäß § 4 Abs. 3 AufwNov.) aus und verwies die Sache im übrigen an die Aufwertungsstelle zurück. Diese entschied am 21. Februar 1928 nur über die dingliche Aufwertung und setzte sie auf 9730,73 GM. fest. Die sofortige Beschwerde des Klägers, mit der er nach §§ 15, 8 AufwG. eine niedrigere Aufwertung begehrte, blieb erfolglos, ebenso seine weitere Beschwerde. Auf Antrag der Gläubigerin wurde sodann der Aufwertungsbetrag nach §§ 4, 6 AufwNov. mit 9730,73 GM. als Grundschuld eingetragen.

Der Kläger verlangt im Rechtsstreit Erstattung der von ihm an die Gläubigerin für die Zeit vom 1. April 1926 bis Ende 1930 gezahlten Aufwertungszinsen mit insgesamt 1970,59 RM. Die Beklagten bestreiten ihre Erstattungspflicht. Sie bitten widerklagend um Feststellung dahin, daß der Kläger aus der Aufwertung der nunmehr als Grundschuld eingetragenen Hypothek keine Ansprüche gegen sie habe.

Das Landgericht wies die Klage ab und gab der Widerklage statt. Das Oberlandesgericht erkannte umgekehrt. Die Revision der Beklagten führte zur Aufhebung und Zurückverweisung.

Gründe:

Rechtlich zutreffend nimmt allerdings das Berufungsgericht an, daß an sich die Beklagten nach §§ 434, 439 Abs. 2 BGB. dem Kläger zur Beseitigung der von diesem im Kaufvertrag nicht übernommenen dinglichen Aufwertungsbelastung verpflichtet sind. Nicht zu beanstanden ist auch seine Darlegung, daß den Beklagten aus etwaiger Inanspruchnahme mit einer persönlichen Aufwertungsforderung der Hypothekengläubigerin, die sich lediglich auf das Aufwertungsgesetz vom 16. Juli 1925 gründet, kein Ausgleichsanspruch (§ 242 BGB.) gegen den Kläger zustehen würde. Da der Kaufvertrag erst nach Inkrafttreten des Aufwertungsgesetzes, nämlich im September 1925, abgeschlossen ist, mußte die Verkäuferin, die Rechtsvorgängerin der Beklagten, mit der in diesem Gesetz angeordneten rückwirkenden Aufwertung rechnen. Die Folgen einer ihr in dieser Hinsicht bei Abschluß des Vertrags zur Last fallenden Unachtsamkeit können nicht nachträglich auf den Kläger abgewälzt werden (RGZ. Bd. 121 S. 56). Damit würde an sich nicht nur die Widerklage der Beklagten hinfällig, mit der ganz allgemein die Feststellung begehrt wird, daß dem Kläger keinerlei Ansprüche aus jener dinglichen Aufwertungsbelastung gegen die Beklagten zustehen, sondern es würde auch der Klaganspruch nach § 440 BGB. gerechtfertigt sein. Nicht berücksichtigt hat aber das Berufungsgericht, daß die dingliche Aufwertung, welche die Grundlage der Ansprüche des Klägers ist, nicht lediglich auf dem Aufwertungsgesetz vom 16. Juli 1925 beruht, sondern auch auf den Vorschriften der Aufwertungsnovelle vom 9. Juli 1927. Diese ist erst nach Vertragsschluß (21. September 1925) ergangen. Das Berufungsgericht hätte daher weiter prüfen müssen, ob etwa durch eine auf Grund der Vorschriften der Aufwertungsnovelle ergangene Festsetzung des Maßes der dinglichen Aufwertung eine solche Erschütterung der Grundlage des Kaufvertrags eingetreten ist (§ 242 BGB.), daß den Beklagten aus diesem Grunde die Beseitigung der dinglichen Aufwertungsbelastung zum mindesten teilweise nicht mehr zugemutet werden kann (RGZ. Bd. 132 S. 170). Eine solche rechtliche Möglichkeit ist in § 8 AufwNov. ausdrücklich vorgesehen.

Nach § 4 AufwG. bestimmte sich das Maß der dinglichen Aufwertung insofern nach der Höhe der Aufwertung der persönlichen Forderung, als das dingliche Recht nicht höher aufgewertet werden konnte als die persönliche Forderung. Insoweit waren mithin auch für die dingliche Aufwertung die das Maß der Aufwertung der persönlichen Forderung mit beeinflussenden Verhältnisse des persönlichen Schuldners von Bedeutung. Hierin ist durch §§ 4 flg. AufwNov. eine Änderung eingetreten. Dem Gläubiger ist die Möglichkeit eröffnet, eine höhere Aufwertung des dinglichen Rechts lediglich auf Grund der Verhältnisse des dinglichen Schuldners zu erwirken. Macht er von diesem Recht Gebrauch, so erlischt mit der Eintragung der nach diesen Vorschriften zulässigen Grundschuld (Zusatzgrundschuld) in Höhe des eingetragenen Aufwertungsbetrags die persönliche Forderung (§ 4 Abs. 2, § 5, § 6 AufwNov.). In § 8 Abs. 1 das. ist im Anschluß hieran bestimmt, daß sich eine etwaige Verpflichtung des persönlichen Schuldners gegenüber dem Eigentümer (dinglichen Schuldner), die aufgewertete Hypothek zu beseitigen, grundsätzlich auch auf die nach §§ 4 bis 6 AufwNov. eingetragenen Grundschulden erstreckt.

§ 8 Abs. 2 trägt jedoch der Möglichkeit Rechnung, daß diese Beseitigungspflicht des persönlichen Schuldners infolge der Vorschriften der Novelle einen größeren Umfang hat, als es bei Anwendung lediglich der Vorschriften des Aufwertungsgesetzes der Fall wäre (Mügel Aufwertungsrecht 5. Aufl. Erl. 27 zu § 4 S. 435, 436). Deshalb bestimmt § 8 Abs. 2 AufwNov., daß bei Beurteilung der Frage, inwieweit der persönliche Schuldner im Einzelfalle nach Treu und Glauben von der Verpflichtung zur Beseitigung des dinglichen Rechts befreit ist, auch die Umstände zu berücksichtigen sind, die der Schuldner mangels einer Umwandlung der Hypothek in eine Grundschuld zur Begründung eines Antrags auf Festsetzung einer geringeren Aufwertung der persönlichen Forderung hätte geltend machen können. Zur Prüfung des Sachverhalts nach dieser Richtung war das Berufungsgericht schon deshalb genötigt, weil hier keine Festsetzung der Aufwertung der persönlichen Forderung mehr stattgefunden hat, sondern das Verfahren gegen die persönliche Schuldnerin ausgesetzt und nach der auf Grund der §§ 4 bis 6 AufwNov. durchgeführten Erledigung der dinglichen Aufwertung nicht weiter betrieben wurde. Auf die hieraus sich ergebende Rechtslage hatten die Beklagten zudem unter Anführung von Tatsachen für die Abwägung nach § 242 BGB. ausdrücklich hingewiesen. Da dieses gesamte Vorbringen nicht gewürdigt worden ist, muß das angefochtene Urteil aufgehoben werden.

---

11. Zum Begriff des typischen Vertrags.

ZPO. § 549.

VIII. Zivilsenat. Urt. v. 19. Oktober 1931 i. S. St. (Bekl.) w. Deutsche Bank & Disconto-Gesellschaft (Kl.). VIII 159/31.

I. Landgericht Dresden.
II. Oberlandesgericht daselbst.

Der Beklagte hat gegenüber der Klägerin schriftlich eine Bürgschaft übernommen. Deswegen verklagt, hat er den geltend gemachten Anspruch nach Grund und Betrag bestritten. Der Anspruch ist aber im ersten Rechtszug dem Grunde nach festgestellt worden. Der Beklagte hat vergeblich Berufung eingelegt. Auch seine Revision ist zurückgewiesen worden.

Gründe:

... Die Revision des Beklagten verlangt, daß das Revisionsgericht seiner rechtlichen Beurteilung nicht die Vertragsauslegung des Berufungsgerichts zugrunde lege, sondern sich selbst einer solchen unterziehe; denn es handle sich um eine Urkunde typischen Inhalts, die nach der reichsgerichtlichen Rechtsprechung in der Revisionsinstanz nachprüfbar sei (RGZ. Bd. 111 S. 278). Diese Annahme trifft nicht zu. Sie beruht darauf, daß die Klägerin dem Berufungsgericht vorgetragen hat, ein von ihr vorgewiesenes Formblatt sei das allgemein übliche und, wie der Zusammenhang ergibt, von ihr der Fassung der Bürgschaftsurkunde zugrunde gelegt worden. Da aber der Beklagte seinerseits vorgetragen hat, die Urkunde sei ihm lediglich vorgelegt und dann ohne Erläuterung und Verhandlung unterschrieben worden, so wurde das Formblatt, das nach der Urteilsfeststellung einem Formularbuch entnommen ist und nicht etwa allgemeinen Bankbedingungen, die vielleicht revisibel sein könnten (RGZ. Bd. 84 S. 1 flg.), beim Vertragsschluß nicht übereinstimmend von beiden Parteien der Vertragsfassung zugrunde gelegt, sondern nur einseitig von der Klägerin benutzt. Das reicht aber nicht aus, ihm die Eigenschaft einer revisiblen Norm zu verschaffen. Darum kann es sich, falls nicht eine anderweitige Verkehrssitte oder ein entsprechender Handelsgebrauch vorliegt (was hier nicht erhellt), nur dann handeln, wenn der Vertragsgegner weiß oder doch bei Vertragsabschluß davon unterrichtet wird, daß er sich durch den Abschluß gewissen Bestimmungen unterwirft, diese also zur Vertragsnorm macht, die als allgemeine Norm festgestellt sind und in gleichem Sinne eine Vielheit anderer bereits bestehender oder künftiger Vertragsverhältnisse beherrschen oder beherrschen werden. Von diesem in RGZ. Bd. 81 S. 119 ausgesprochenen Grundsatz ist auch die spätere Rechtsprechung nicht abgewichen (RGZ. Bd. 83 S. 322, Bd. 106 S. 122, 123, Bd. 115 S. 126).

---

12. 1. Wann beginnt bei einem formnichtigen, jedoch nach § 313 Satz 2 BGB. geheilten Grundstückskaufvertrag der Lauf der Verjährungsfrist nach § 477 BGB.?

2. Ist es für die Rechte des Käufers von Bedeutung, wenn er die zur Heilung erforderliche Eintragung im Grundbuch im Laufe

des Rechtsstreits erwirkt, in dem er nach §§ 459 flg. BGB. Rechte wegen Fehlens zugesicherter Eigenschaften geltend macht?

3. Muß der Käufer den Vorbehalt nach § 464 BGB. auch bei seiner Eintragung als Eigentümer erklären?

4. Darf der Käufer, der nur einen Teil der Schadensersatzforderung nach § 463 BGB. geltend macht, das Grundstück wegen seiner weitergehenden Forderung zurückbehalten?

BGB. §§ 273, 313, 459, 460, 463, 464, 477.

VI. Zivilsenat. Urt. v. 22. Oktober 1931 i. S. Fr. u. Gen. (Kl.) w. J. (Bekl.). VI 183/31.

I. Landgericht I Berlin.
II. Kammergericht daselbst.

Die Kläger verkauften an den Beklagten durch notariell beurkundeten Vertrag vom 6. Mai 1929 ein Hausgrundstück in B., als dessen Eigentümer sie je zur Hälfte im Grundbuch eingetragen standen, zum Preise von 201000 RM. Das Grundstück wurde verkauft „ohne jede Gewähr für eine bestimmte Größe, Güte und Beschaffenheit, wie es steht und liegt". Jedoch versicherten die Kläger, „daß ihnen nicht bekannt ist, daß das Grundstück mit Schwamm oder verborgenen Fehlern oder Mängeln behaftet ist". Die Auflassung erfolgte gleichzeitig. Die Eintragung des Beklagten als Eigentümer wurde von diesem aber erst im Laufe des Rechtsstreits, am 19. Mai 1930, herbeigeführt. Die Übergabe fand vereinbarungsgemäß am 1. Juni 1929 statt. Vorher hatte der Beklagte die — neben der Übernahme von 155000 RM. eingetragenen Hypothekenschulden vereinbarte — Zahlung von 40000 RM. bewirkt. Mit der Klage fordern die Kläger Zahlung des Restkaufpreises von 6000 RM., der nach dem Vertrag spätestens am 1. Juli 1929 fällig war, sowie Erstattung von Auslagen für Lasten und Abgaben des Grundstücks, die nach dem Vertrag vom Beklagten zu tragen sind, mit insgesamt 3848,23 RM. Demgemäß verlangen sie insgesamt 9848,23 RM., und zwar 4924,11 RM. nebst Zinsen für jeden der beiden Kläger. Der Beklagte begehrt im Wege der Widerklage Verurteilung der Kläger zur gesamtschuldnerischen Zahlung von 10010,75 RM. nebst Zinsen. Er hat von der Klagforderung, und zwar von dem Erstattungsanspruch der Kläger, an sich zunächst nur einen Betrag von 28,10 RM. bestritten, im übrigen aber geltend gemacht, daß ihm weit höhere Forderungen gegen die Kläger zuständen. Er stützt sich dabei auf die Behauptung, die Kläger hätten ihm bei den Vertragsverhandlungen an Hand einer Aufstellung zugesichert, die Friedensmieten des Grundstücks betrügen insgesamt 26327,50 M., die Jetztmieten 32162 RM., das Grundstück werfe einen jährlichen Überschuß von 6537 RM. ab. Demgemäß habe man — so trug der Beklagte weiter vor — den Kaufpreis auf der Grundlage vereinbart, daß er das $7^3/_4$fache der Friedensmiete nach Abzug eines Betrags von 3000 RM. ausmache. Die Kläger hätten ihn jedoch mit diesen Angaben arglistig getäuscht. In Wirklichkeit sei der Gesamtbetrag der Friedensmiete nur 23370,50 M., der der Jetztmiete nur 27808,70 RM., und statt eines Überschusses ergebe sich ein jährlicher Zuschuß von etwa 5000 RM. Der Beklagte hat demgemäß einen Minderwert des Grundstücks auf der vertragsmäßigen Grundlage mit mindestens 19830,88 RM. errechnet und diesen Betrag im ersten Rechtszug durch Aufrechnung und Widerklage als Schadensersatz gefordert. Die Kläger haben die behauptete Zusicherung und insbesondere jede arglistige Täuschung bestritten. Sie haben ferner geltend gemacht, der Beklagte könne schon deswegen keine Ansprüche erheben, weil er die etwa vorliegenden — jedenfalls nur geringfügigen — Abweichungen am Tag nach Vertragsschluß aus den ihm vorgelegten Mietverträgen erkannt und dennoch die 40000 RM. gezahlt, auch die Übergabe entgegengenommen habe.

Der erste Richter hat den Betrag von 28,10 RM. aberkannt, im übrigen aber den Beklagten der Klage gemäß — jedoch ohne Zinsen — verurteilt und die Widerklage abgewiesen. Er nimmt zwar an, daß die Aufstellung über die Friedensmieten entsprechend der Behauptung des Beklagten Grundlage für die Berechnung und Vereinbarung des Kaufpreises und auch falsch gewesen sei, hält indessen nicht für bewiesen, daß die Kläger die Unrichtigkeit der Aufstellung gekannt haben. Das Kammergericht dagegen hat die Klage im vollen Umfang abgewiesen und die Kläger zur Widerklage verurteilt, jedoch mit einem Abstrich an den Zinsen. Die Revision der Kläger blieb erfolglos.

Gründe:

Das Berufungsgericht kommt auf Grund der landgerichtlichen Beweisaufnahme zu dem Ergebnis, daß dem Beklagten nach § 463

BGB. das Recht zustehe, infolge Fehlens einer zugesicherten Eigenschaft Schadensersatz wegen Nichterfüllung zu verlangen. Es hält für erwiesen, daß beide Kläger dem Beklagten die aus der besonderen Mietenaufstellung ersichtliche Höhe der Friedensmieten zugesichert haben, daß aber der Gesamtbetrag dieser Friedensmieten nicht unerheblich hinter der zugesicherten Höhe zurückbleibt. Bei dieser Zusicherung handelt es sich nach seiner Feststellung um eine vertragliche Abmachung der Parteien, die nur versehentlich nicht in die Urkunde aufgenommen worden sei, nach dem Willen der Parteien aber trotz der Vertragsbestimmung über den Ausschluß der Gewährleistungspflicht der Kläger habe gelten sollen. Die verfahrensrechtlichen Angriffe, welche die Revision hiergegen erhebt, sind unbegründet. (Wird näher dargelegt.) Demnach kann es nicht beanstandet werden, wenn das Berufungsgericht bei seiner rechtlichen Beurteilung von jener Feststellung ausgeht; sie ist somit auch bei der Nachprüfung des Revisionsgerichts zugrunde zu legen (§ 561 Abs. 2 ZPO.).

Die Annahme des Vorderrichters, daß die vertraglich zugesicherte Höhe der Friedensmiete eines Hausgrundstücks, zumal bei einem Mietshaus, zu den Eigenschaften der Kaufsache im Sinne der Gewährleistungsvorschriften in §§ 459 flg. BGB. gehöre, ist rechtlich zutreffend (RGRKomm. Erl. 4 I c zu § 459), und daran wird vom Reichsgericht in ständiger Rechtsprechung festgehalten (RGZ. Bd. 132 S. 76/78; RGUrt. vom 13. Juli 1931 VI 222/31). Nicht zu beanstanden ist auch die weitere Annahme des Berufungsgerichts, daß der zunächst infolge unrichtiger Beurkundung der Parteiabreden im Hinblick auf § 313 Satz 1 BGB. nichtige Vertrag nach Satz 2 das. durch nachfolgende Auflassung und Eintragung gültig geworden sei und daß damit auch die nicht beurkundete Zusicherung Rechtswirksamkeit erlangt habe. Hierzu ist aber noch folgendes zu bemerken. Zwar wurde die Auflassung im Anschluß an den Kaufvertrag in einheitlicher Urkunde erklärt, somit in einem Zeitpunkt, in dem nach der Feststellung des Berufungsgerichts noch kein Streit über den Inhalt der Abmachungen bestand, die Parteien vielmehr noch an der nicht beurkundeten Abmachung festhielten. Die Auflassung, die von der Nichtigkeit des schuldrechtlichen Vertrags nicht mitumfaßt wird (RGZ. Bd. 104 S. 102 und S. 296; RGUrt. vom 26. September 1923 V 797/22, vom 5. Dezember 1923 V 546/22), war demnach als Heilungsunterlage tauglich (RGZ. Bd. 109 S. 351). Aber die Eintragung auf Grund dieser Auflassung wurde erst am 19. Mai 1930, mithin im Laufe des Rechtsstreits bewirkt, kurz vor Erlaß des landgerichtlichen Urteils. Erst mit diesem Zeitpunkt wurde der Vertrag gültig, und zwar ohne rückwirkende Kraft (RGZ. Bd. 75 S. 114). Bis dahin war daher weder für die Kläger ein Vertragsanspruch auf Erfüllung gegeben, noch auch für den Beklagten ein Anspruch auf Gewährleistung (RGZ. Bd. 71 S. 432/433; JW. 1906 S. 161 Nr. 3). Beide Ansprüche entstanden vielmehr erst mit der Eintragung am 19. Mai 1930. Erst mit diesem Zeitpunkt begann somit auch die Verjährungsfrist des § 477 BGB. zu laufen (RGRKomm. Erl. 6 zu § 313, Erl. 2 zu § 198; RGZ. Bd. 75 S. 114). Schon hiernach erweist sich die Zurückweisung der von den Klägern nach § 477 BGB. gegenüber dem Schadensersatzanspruch erhobenen Verjährungseinrede im Ergebnis als richtig. Denn der Schadensersatzanspruch nach § 463 BGB. wäre spätestens in der Schlußverhandlung vom 14. Januar 1931, also vor Ablauf der nach vorstehender Darlegung erst mit dem 19. Mai 1930 beginnenden einjährigen Frist des § 477 Abs. 1 BGB. geltend gemacht worden, falls man entgegen den Ausführungen des Berufungsgerichts eine frühere Geltendmachung dieses Anspruchs oder eine ihr nach § 477 Abs. 3 BGB. in der Wirkung gleichstehende Geltendmachung eines der anderen Gewährleistungsansprüche (Wandlung oder Minderung) zu verneinen hätte. Schon damit fallen die Angriffe der Revision zur Ablehnung der Verjährungseinrede. Sie sind aber auch darüber hinaus unbegründet. Die Ausführung des Vorderrichters, daß die Voraussetzungen des § 477 Abs. 3 BGB. schon vor Ablauf der nach seiner Annahme bereits mit der Übergabe am 1. Juni 1929 in Lauf gesetzten Verjährungsfrist erfüllt gewesen seien, wäre bei Ausschaltung der aus § 313 Satz 2 BGB. sich ergebenden Änderung zutreffend. Denn es kann kein Zweifel sein, daß der Beklagte spätestens in der Verhandlung vom 9. April 1930 seine Ansprüche nicht nur auf Verschulden der Kläger beim Vertragsschluß, sondern hilfsweise nacheinander auch auf Minderung und auf Schadensersatz wegen Nichterfüllung gestützt hat. Außerdem unterliegt der Schadensersatzanspruch, dessen Grundlage die Mängelhaftung bildet und der aus Verschulden beim Vertragsschluß abgeleitet wird, ebenfalls der Verjährung nach § 477 BGB. (RGZ. Bd. 129 S. 280).

Unbegründet ist auch die weitere Rüge, es fehle an einer Feststellung darüber, inwieweit die Zusicherung nicht erfüllt sei. Richtig ist allerdings, daß das angefochtene Urteil keine ausdrückliche zahlenmäßige Feststellung nach dieser Richtung enthält. Das kann aber der Revision jedenfalls insoweit nicht zum Erfolg verhelfen, als es sich grundsätzlich um die Frage handelt, ob dem Beklagten Schadensersatz wegen Fehlens einer zugesicherten Eigenschaft zusteht. Nur mit dieser Frage befaßt sich der Berufungsrichter, wenn er die Darlegung der Kläger, es handle sich bloß um „unerhebliche" Abweichungen von der besonderen Aufstellung, als unzutreffend zurückweist. Er hat richtig erkannt, daß der Ausschluß der Gewährshaftung für unerhebliche Wertminderung nach § 459 Abs. 1 Satz 2 BGB. nicht Platz greift beim Fehlen vertraglich zugesicherter Eigenschaften, mithin bei der Beurteilung der Voraussetzungen des Schadensersatzes nach § 463 das. Daher prüft er in diesem Zusammenhang nur, ob die Abweichungen der wahren Höhe der Friedensmieten von der zugesicherten Höhe zahlenmäßig derartig sind, daß die Voraussetzung des „Fehlens" der zugesicherten Eigenschaft überhaupt gegeben sein kann. Wenn das Berufungsgericht diese Frage — unter Zugrundelegung des Vertragswillens der Parteien — auch für den Fall bejaht, daß eine Abweichung bei einer bestimmten einzelnen Miete, nämlich derjenigen der Firma L. & F., nicht vorliegen würde, so kann dem aus Rechtsgründen nicht entgegengetreten werden. Die Zubilligung eines Schadensersatzanspruchs nach § 463 ist daher insoweit nicht zu beanstanden.

Die Revision rügt weiterhin Verletzung des § 464 BGB., jedoch ebenfalls mit Unrecht. Das Berufungsgericht stellt fest, daß der Beklagte weder vor noch bei Vertragsschluß noch auch bei der Übergabe vom 1. Juni 1929 die Abweichungen in bezug auf die Höhe der Friedensmieten gekannt habe. Ein Vorbehalt nach § 464 kommt danach rechtlich nicht in Frage; denn unter der Annahme der Kaufsache im Sinne dieser Vorschrift ist lediglich die Übergabe oder die Auflassung zu verstehen, gegebenenfalls beides. Die Nichtkenntnis des Beklagten sogar bei beiden Maßnahmen stellt das Berufungsgericht ausdrücklich fest, sodaß auch eine Feststellung vorliegt für den etwa als maßgebend anzusehenden zeitlich früheren Rechtsakt, hier also für die Auflassung, die in einheitlicher Urkunde mit dem Kaufabschluß erklärt worden ist. Abzulehnen ist die Meinung der Revision, die Notwendigkeit eines Vorbehalts nach § 464 müsse auch auf den Zeitpunkt der nachfolgenden Eintragung abgestellt werden (den das

Berufungsgericht in diesem Zusammenhang irrigerweise auf den 19. Mai 1929 annimmt, wie die Revision zutreffend hervorhebt). Denn diese rein behördliche Maßnahme wird auch nicht dadurch zu einer Annahme der Sache im Sinne jener Vorschrift, daß sie auf Antrag der Beteiligten vorgenommen wird. Die Annahme ist vielmehr schon vorher durch die Tätigkeit der Beteiligten vollzogen, sei es durch die Übergabe, sei es durch die Erklärung der Auflassung. Eine andere rechtliche Beurteilung der Frage des Vorbehalts kann hier auch nicht dadurch begründet sein, daß die Eintragung vom Beklagten erwirkt worden ist, obwohl der Rechtsstreit bereits längere Zeit schwebte und in erster Reihe das Fehlen der hier streitigen zugesicherten Eigenschaft zum Gegenstand hatte. Die Eintragung ist vom Beklagten nur deswegen noch erwirkt worden, weil er sich erst dadurch nach § 313 Satz 2 BGB. die Möglichkeit schaffen konnte und wollte, Gewährleistungsansprüche, mithin vertragsmäßige Ansprüche zu erheben, die ihm, wie schon erörtert, bis zur Bewirkung der Eintragung mangels eines wirksamen schuldrechtlichen Vertrags nicht zustanden. Eine derartige Maßnahme, die erst die rechtliche Grundlage für bereits geltend gemachte Ansprüche schaffen sollte, kann unter diesen Umständen dem Beklagten auch nicht unter dem Gesichtspunkt von Treu und Glauben verboten sein. Nach dieser Richtung haben übrigens die Kläger weder in den Vorinstanzen noch mit der Revision etwas vorgebracht. Daß eine fahrlässige Unkenntnis im Sinne des § 460 Satz 2 BGB. unbeachtlich ist gegenüber Gewährleistungsansprüchen, die auf Grund Fehlens zugesicherter Eigenschaften erhoben werden, hat das Berufungsgericht ebenfalls zutreffend angenommen.

Demgemäß handelt es sich schließlich nur noch darum, ob die Art der Berechnung des Schadensersatzes durch das Berufungsgericht zu beanstanden ist. In dieser Hinsicht hatte der Beklagte seinen Anspruch anfänglich in der Weise begründet, daß er den Unterschied zwischen dem Verkaufspreis — der nach seiner Darstellung das $7^3/_4$fache des Gesamtbetrags der Friedensmieten gemäß der besonderen Aufstellung der Kläger nach Abzug von 3000 RM. ausmachte — als vertragsmäßig zugesichertem Wert und dem in gleicher Weise unter Einsetzung der von ihm behaupteten wahren Höhe der Friedensmieten berechneten Wert als seinen Schaden in Gestalt eines Minderwerts des Grundstücks in Höhe von 19830,88 RM. geltend machte. Dagegen hat er in der Berufungsinstanz erklärt, er sehe den Vertrag völlig als nicht erfüllt an, lehne daher Erfüllung ab und fordere Rückgabe seiner Leistungen, indem er gleichzeitig zur Rückgabe des Grundstücks bereit sei. Er hat auf dieser Grundlage zunächst 19830,88 RM. als Teilbetrag gefordert, jedoch fernerhin erklärt, wegen seines weitergehenden Schadens behalte er das Grundstück einstweilen noch zurück. Demgegenüber haben die Kläger eingewendet, diese Art der Geltendmachung des Schadens sei unzulässig, außerdem stelle sie zur Widerklage eine unzulässige Klagänderung dar; hilfsweise begehrten sie ihre Verurteilung nur Zug um Zug gegen Herausgabe des Grundstücks. Soweit das Berufungsgericht das Vorliegen einer Klagänderung verneint hat, erhebt die Revision keine Rüge; eine Anfechtung wäre auch nach § 270 ZPO. ausgeschlossen. Daß im Rahmen des § 463 BGB. mit der Forderung von Schadensersatz wegen Nichterfüllung auch eine dem Betrag des bereits gezahlten Kaufpreisteils gleichkommende Summe begehrt werden kann, nimmt der Vorderrichter zutreffend an (RGZ. Bd. 50 S. 188). Es entspricht sodann auch der Rechtslage, wenn das Berufungsgericht den Beklagten für befugt hält, ohne Nachweis eines Interesses den Kaufvertrag wegen Fehlens der zugesicherten Eigenschaft schlechthin als nicht erfüllt anzusehen und demgemäß unter Ablehnung der Annahme der Kaufsache einen der bewirkten Zahlung gleichkommenden Betrag als Teil des Schadensersatzes wegen Nichterfüllung zu fordern (RGZ. Bd. 66 S. 279; RGRKomm. Erl. 4 zu § 463; die Entscheidung RGZ. Bd. 127 S. 248 steht nicht entgegen).

Die Angriffe, welche die Revision in dieser Hinsicht erhebt, sind sonach nicht begründet. Eine Änderung der Beurteilung ergibt sich auch in diesem Zusammenhang nicht daraus, daß der Beklagte noch im Laufe des Rechtsstreits seine Eintragung als Eigentümer herbeigeführt hat. Die Revision bringt insoweit nichts vor. Wie bereits erörtert, galt diese Maßnahme des Beklagten der Schaffung der erforderlichen rechtlichen Unterlage für die Geltendmachung vertragsmäßiger Gewährleistungsansprüche, insbesondere auch eines solchen aus § 463. Aus seinem gesamten Verhalten ergab sich dabei jedoch deutlich, daß er sich mit der Erwirkung der Eintragung keines Rechts begeben wollte. Aus der erwähnten Maßnahme kann daher im Hinblick auf seine Rechte aus § 463 kein Rechtsverlust abgeleitet werden, weder an sich noch für die Gestaltung dieser Rechte im einzelnen (RGZ. Bd. 98 S. 231). Daß der Schaden des Beklagten nach § 463 den zur Aufrechnung und Widerklage verstellten Betrag von 19830,88 RM. nicht nur erreicht, sondern sogar erheblich übersteigt, hat das Berufungsgericht offensichtlich auf der Grundlage festgestellt, daß der Beklagte den weit höheren Betrag von 40000 RM. gezahlt habe und an sich zurückverlangen könne, daß aber im übrigen die Kläger in dieser Hinsicht keine zahlenmäßige Bemängelung vorgebracht hätten. Ein Rechtsirrtum tritt dabei nicht hervor; die Revision macht auch einen solchen nicht geltend.

Sie beanstandet aber die Ablehnung des Begehrens der Kläger, daß sie nur Zug um Zug gegen Herausgabe des Grundstücks verurteilt würden. Auch diese Rüge ist indessen nicht begründet. Das Berufungsgericht führt dazu aus, der Beklagte habe mit Recht die Herausgabe des Grundstücks von der Befriedigung seiner weitergehenden erheblichen Schadensersatzansprüche abhängig gemacht. Die Revision meint, dies sei unzulässig, denn es gebe kein Zurückbehaltungsrecht gegenüber einem Zurückbehaltungsrecht. Die Begründung des Berufungsgerichts ist ersichtlich auf die Erwägung abgestellt, nach den besonderen Umständen des Falles, namentlich auch nach dem Verhalten der Kläger beim Vertragsschluß, entspreche es der Billigkeit, daß der Beklagte vorab den mit der Widerklage geltend gemachten Teilbetrag seines Schadens ersetzt bekomme, daß ihm aber wegen seines erheblich höheren Schadensrestes eine Sicherung in Gestalt der einstweiligen Zurückbehaltung des Grundstücks verbleibe. In dieser Anwendung des § 273 BGB. auf die Ansprüche der Parteien (vgl. auch § 320 Abs. 2 BGB.), wie sie sich nunmehr nach § 463 BGB. gestaltet haben, ist ein Rechtsirrtum nicht erkennbar. Auch die gesamtschuldnerische Verurteilung der Kläger zur Widerklage ist im Hinblick auf § 427 BGB. nicht zu beanstanden.

---

13. 1. Ist eine durch Konkurseröffnung aufgelöste Gesellschaft mbH. nach Beendigung des Konkursverfahrens durch Ausschüttung der Masse noch parteifähig?

2. Kann der Konkursverwalter über eine unübertragbar auf den Betrieb des Gemeinschuldners gestellte Lizenz dadurch verfügen, daß er den Lizenzvertrag im Einverständnis mit dem Lizenzgeber aufhebt?

ZPO. §§ 50, 56, 851 Abs. 2, § 857. GmbHG. § 60 Nr. 4, § 70. KO. §§ 1, 17, 19.

VIII. Zivilsenat. Urt. v. 26. Oktober 1931 i. S. Firma W. G. GmbH. i. Liqu. (Kl.) w. Firma St. & R. AG. (Bekl.). VIII 117/31.

I. Landgericht Cottbus.
II. Kammergericht Berlin.

Die Beklagte war Inhaberin eines Reichspatents, das eine Vorrichtung zur Herstellung von Drahtgewebeziegeln schützt. In der Zeit vor 1926 ließ die Klägerin, damals noch nicht in Liquidation, in ihrem Betrieb in Sch. drei Maschinen zur Herstellung von Drahtgewebeziegeln arbeiten. Die Beklagte hielt dadurch ihr Patent für verletzt und verfolgte ihre Rechte gegenüber der jetzigen Klägerin und deren damaligem Geschäftsführer V. im Wege der Klage und der einstweiligen Verfügung. Am 24. März 1926 kam es zu einem Vergleich, den die Beklagte mit der durch V. vertretenen Klägerin und mit V. persönlich schloß. Im § 2 dieses Vergleichs erteilt die Beklagte der Klägerin, „um die Stillegung der Fabrik in Sch. zu verhindern", eine nicht übertragbare Lizenz auf ihr Patent. § 3 bestimmt eine Lizenzgebühr von 10 RPfg. für jeden Quadratmeter Drahtziegelgewebe, den die Klägerin vom 24. März 1926 an liefert. Nach § 4 soll die Klägerin auch nach Ablauf des Patents noch 5 Jahre lang eine (geringere) Lizenzgebühr für jeden gelieferten Quadratmeter Drahtziegelgewebe zahlen. Im § 6 wird der Klägerin zugestanden, sie dürfe für die Zeit bis 5 Jahre nach Ablauf des Patents Gewebeziegel nach einem umgrenzten nord- und westdeutschen Gebiet, aber nur dahin liefern. Sodann heißt es dort weiter:

> Nach diesen den W.G.Werken vorbehaltenen Gebieten dürfen andererseits während der Dauer des Vertrags, also bis zum Ablauf von 5 Jahren nach Erlöschen des Patents, weder von der Firma St. & R. noch von den M.D.Werken noch von der St.Verkaufsgesellschaft GmbH. Drahtziegel geliefert werden. Die Firma St. & R. steht dafür ein, daß auch die anderen genannten Firmen innerhalb dieser Zeit Drahtziegelgewebe nach dem den W.G.-Werken vorbehaltenen Gebiet nicht liefern.

§ 7 schafft Bindungen für die Klägerin an Preis- und Lieferungsbedingungen der St.Verkaufsgesellschaft.

§ 9 lautet:

Die W.G.Werke arbeiten zur Zeit mit drei betriebsfertigen Drahtziegelpressen. Weitere Drahtziegelpressen dürfen von den W.G.Werken während der Dauer des Vertrags weder selbst angefertigt noch von dritter Seite bezogen werden. Dagegen erklärt sich die Firma St. & R. bereit, bei Bestellung komplette neue Webstühle mit Drahtziegelpressen zu liefern oder ein Werk namhaft zu machen, von dem sie diese Maschinen beziehen dürfen.

§ 11 räumt der Beklagten Kontrollrechte über die maschinelle Einrichtung der Klägerin ein. § 14 setzt für Überschreitung der Belieferungsgebiete gegenüber beiden Teilen Vertragsstrafen fest.

Bald nach diesem Vergleichsabschluß, nämlich im Mai 1926, fiel die Klägerin in Konkurs. Die Beklagte erwarb vom Konkursverwalter die vorhandenen drei Drahtgewebeziegelmaschinen käuflich. Das Konkursverfahren wurde durch Ausschüttung von 11,74% Dividende beendet. Nach Aufhebung des Konkurses erwirkten die Gesellschafter der Klägerin die Eintragung der Gesellschaft als Liquidationsgesellschaft und bestellten Liquidatoren, um Rechte aus der Lizenz des Vergleichs geltend zu machen. Insbesondere verlangte die Klägerin von der Beklagten Erfüllung des Vergleichs nach dessen § 9 durch Lieferung von drei betriebsfertigen Drahtgewebeziegelmaschinen Zug um Zug gegen Zahlung des Kaufpreises, gleichzeitig mit dem Erbieten, der Beklagten den im Konkursverfahren an der angemeldeten Kostenforderung erlittenen Schaden zu ersetzen.

Das Landgericht wies die Klage ab. In der Berufungsinstanz beantragte die Klägerin Feststellung dahin, daß sie zur Ausübung der in dem Vergleich für sie begründeten Rechte noch befugt und daß daher die Beklagte verpflichtet sei, die von der Klägerin bestellten drei betriebsfertigen Drahtziegelpressen neuester Konstruktion nebst den dazu gehörigen Webstühlen Zug um Zug gegen Zahlung des Listenpreises zu liefern oder ihr ein Werk namhaft zu machen, von dem sie diese Maschinen beziehen dürfe. Hilfsweise bat sie, die Beklagte Zug um Zug gegen Zahlung des Listenpreises zur Lieferung von drei Drahtziegelpressen zu verurteilen.

Das Kammergericht wies die Berufung der Klägerin zurück. Ihre Revision blieb gleichfalls erfolglos.

Gründe:

Die Klägerin ist aus einem nach Ausschüttung der Masse gemäß § 163 KO. aufgehobenen Konkursverfahren hervorgegangen. Dieser Hergang führt zu der nach § 56 ZPO. von Amts wegen anzustellenden Erwägung, ob sie parteifähig ist. Der Berufungsrichter nimmt in Übereinstimmung mit der Rechtsprechung des Reichsgerichts an, die Rechtspersönlichkeit einer aufgelösten Kapitalgesellschaft bestehe unter der Voraussetzung fort, daß noch verteilbares Vermögen vorhanden sei (RGZ. Bd. 41 S. 95, Bd. 59 S. 325, Bd. 92 S. 77; RGUrt. vom 9. April 1927 I 304/26; Bayer. Zeitschr. f. Rechtspfl. 1930 S. 392). Auch für den hier vorliegenden Fall der nach § 60 Nr. 4 GmbHG. eingetretenen Auflösung macht der Berufungsrichter mit Recht keine grundsätzliche Ausnahme (RGZ. Bd. 115 S. 237; ebenso Brodmann GmbHG. § 63 Anm. 3b und § 7 Anm. 2 sowie Scholz in der Zeitschr. f. Handelsr. Bd. 93 S. 116). Nur steht hier gerade zur Untersuchung, ob der Vermögensteil, den (allein) die Klägerin über den Konkurs hinaus gerettet zu haben meint, noch in ihrer Hand besteht. Aus dieser Lage ist nicht herzuleiten, daß von der Entscheidung über das Bestehen des streitigen Anspruchs im Rechtsstreit die Rechts- und Parteifähigkeit der Klägerin abhängig sei und daß sich demnach, falls das Bestehen der Lizenz samt Nebenrechten verneint wird, der von Anfang an vorhandene Mangel der Parteifähigkeit herausstelle. Für den rechtlichen Fortbestand der Gesellschaft in Liquidation muß es vielmehr im Geiste der vorbezeichneten Rechtsprechung genügen, daß die Klägerin die streitigen Rechte ernstlich in Anspruch nimmt. Es kann insbesondere nicht im Sinne des Prozeßgesetzes (§ 50 ZPO.) liegen, daß die — auch zur Entscheidung über die Parteifähigkeit notwendige — Sachprüfung, wenn das Recht nicht besteht, nur zu einem Prozeßurteil und nicht zur sachlichen Erledigung des Streitstoffs führen darf.

Ist danach die Parteifähigkeit der Klägerin nicht zu beanstanden, so möchten Bedenken sachlichrechtlicher Art (nicht aber in Ansehung der Rechtsfähigkeit, der Handlungsfähigkeit oder der gesetzlichen Vertretung) gegen die Verfolgung der hier streitigen Ansprüche wegen des Umstands in Frage kommen, daß deren Durchsetzung, die Lieferung der Maschinen — zur Erzeugung —, nicht wohl andere als werbende Zwecke verfolgen kann, mag auch der Erlös in erster

Reihe zur teilweisen Tilgung der im Konkurse nicht befriedigten Forderungen bestimmt sein. Ob dem die Vorschriften der §§ 70 flg. GmbHG. entgegenstehen, insbesondere angesichts des Umstands, daß für den Fall der Klägerin jedenfalls § 60 Nr. 4 das. die Fortsetzung der Gesellschaft nicht zuläßt, kann indes dahinstehen. Denn die Revision scheitert daran, daß die von der Klägerin verfolgten Rechte nicht bestehen.

Insoweit ist mit dem Berufungsrichter der aus § 9 des Vergleichs geltend gemachte Anspruch auf Lieferung von drei Drahtziegelpressen als ein vom Lizenzrecht ausstrahlender, zu einer selbständigen rechtlichen Behandlung nicht geeigneter Anspruch anzusehen. Entscheidend ist also, ob das in den §§ 2 flg. des Vertrags gestaltete Lizenzrecht trotz der Vorgänge im Konkurs bestehen geblieben ist. Der Berufungsrichter wendet auf das hier streitige Lizenzrecht die Regeln des Pachtvertrags und demnach den § 19 KO. an. Er meint, im Verhalten des Konkursverwalters in bezug auf den Lizenzvertrag liege dessen fristlose Kündigung, und zwar insbesondere in der Aufgabe der Fabrikationsräume, im Verkauf der vorhandenen Maschinen an die Beklagte und schließlich darin, daß der Verwalter auch der Beklagten gegenüber ständig die Auffassung kundgegeben habe, eine Vertragserfüllung komme nicht mehr in Frage. Mit dieser fristlosen Kündigung habe sich die Beklagte, die von vornherein die Ansicht vertreten habe, eine Fortführung des Betriebs sei ausgeschlossen, mindestens durch den Ankauf der Maschinen stillschweigend einverstanden erklärt. Die tatsächliche Feststellung der einverständlichen Aufhebung des Lizenzvertrags ist der Kern dieser Erwägung. Ein Recht des Konkursverwalters zur fristlosen Kündigung ist aus § 19 KO. nicht herzuleiten; es unterliegt aber keinem Bedenken, daß der Konkursverwalter da, wo ihn das Gesetz zur einseitigen Lösung von Vertragsbeziehungen des Gemeinschuldners durch Kündigung ermächtigt (wie in den Fällen der §§ 19 und 22 KO.), eine Aufhebung auch mit dem Vertragsgegner vereinbaren kann. Die Revision teilt den Standpunkt des Berufungsrichters insoweit, als auch sie in Übereinstimmung mit vielfacher Behandlung von Lizenzverträgen in der Rechtsprechung des Reichsgerichts (RGZ. Bd. 54 S. 272, Bd. 75 S. 400, Bd. 90 S. 162, Bd. 116 S. 78, Bd. 122 S. 70) grundsätzlich die Anwendung der für Pachtverhältnisse gegebenen Regeln für zutreffend hält. Sie macht aber geltend, daß es sich hier um Berechtigungen handle, die nach dem Vertrag unübertragbar und deshalb der Verfügung des Konkursverwalters entzogen seien. Der Berufungsrichter trägt diesem Einwand dadurch Rechnung, daß er auf § 851 Abs. 2, § 857 ZPO. verweist. Fehl geht die Entgegnung der Revision, die entsprechende Anwendung des § 851 Abs. 2 a. a. O. scheitere daran, daß es sich um eine Betriebslizenz handle, der Betrieb als solcher jedoch nicht pfändbar sei. Der Betrieb ist indes das (wirtschaftlich gedachte) Subjekt der Lizenz, nicht aber, worauf es nach § 851 Abs. 2 ankommen würde, der kraft des Lizenzrechts „geschuldete" Gegenstand. Die Bezugnahme des Berufungsrichters auf die erwähnten Vorschriften ist trotzdem nicht ohne Bedenken. Nach seiner Vertragsauslegung sollte für die Klägerin eine örtlich (und wohl auch sachlich) beschränkte, aber in dieser Umgrenzung ausschließliche Lizenz als unübertragbar begründet werden. Die Lizenz, namentlich die ausschließliche, deren absoluten (dinglichen) Charakter die Rechtsprechung des Reichsgerichts anerkennt[1]), ist ein von den Vertragsparteien im ganzen gewillkürter Ausschnitt aus den Befugnissen (Vorteilen), welche die Ausnutzung des Patentrechts gewährt. Es geht deshalb kaum an, die Unübertragbarkeit der Lizenz, die eine von den Seiten des Ausschnitts ist, so anzusehen wie die einem seiner Art nach übertragbaren Recht im Einzelfall durch Parteiabrede beigelegte Unübertragbarkeit im Sinne von § 399 BGB., vgl. auch § 851 Abs. 2 ZPO. Indes trifft die Erörterung der Revision mit dem Berufungsurteil nicht den entscheidenden Punkt, wenn nach der beiden gemeinsamen Anschauung die Regeln des Pachtvertrags anzuwenden sind. Die grundsätzliche Unübertragbarkeit und die daraus folgende Unpfändbarkeit gilt allgemein für das aus dem Pachtvertrag entspringende Nutzungsrecht des Pächters (RGZ. Bd. 70 S. 229; Stein-Jonas ZPO. § 857 IV Abs. 2; Jaeger KO. § 19 Anm. 1). Es mag zunächst dahinstehen, ob nach der Grundregel des § 1 KO. daraus folgen würde, daß dem Konkursverwalter ein Eingriff in den Pachtvertrag versagt ist. Für den Fall der Miete und der Pacht, ebenso wie für den insoweit gleichartigen Fall des Dienstvertrags in § 22 KO., liegt jedenfalls eine gesetzliche

[1]) Vgl. RGZ. Bd. 57 S. 38, Bd. 75 S. 400, Bd. 76 S. 235, Bd. 83 S. 93; ferner Kisch Handb. d. Patentr. § 49 IV S. 221; A. Seligsohn PatG. § 6 Nr. 5 u. 6; Pietzcker PatG. § 6 Anm. 31; Isay PatG. § 6 Anm. 10flg. D. E.

Sonderregelung vor, die außer Zweifel stellt, daß dem Konkursverwalter die Verfügung auch über das unübertragbare, also unpfändbare Pächterrecht in dem Sinne zusteht, daß er es im Zusammenhang des Gesamtvertrags aufgeben kann. Eben dieser Zusammenhang mit den vom Pächter als laufender Gegenwert der Nutzung zu gewährenden und ohne weiteres auf der Konkursmasse lastenden Leistungen ist es, der den Gesetzgeber, wiederum wie im Fall des § 22 KO., dazu geführt hat, die Entscheidung über Fortsetzung oder Aufhebung des Rechtsverhältnisses in die Hand des Konkursverwalters zu legen (vgl. Jaeger a. a. O.). Daraus folgt vom Standpunkt der Revision und des Berufungsrichters aus (daß diese Lizenz Rechtspacht sei) ohne weiteres die Befugnis des Konkursverwalters zur Verfügung über das Lizenzrecht und seine Ausstrahlungen. Nun ist allerdings nicht zu verkennen, daß — wie erwähnt — die Vertragsauslegung des Berufungsrichters die Annahme nahe legt, der Vergleich habe eine ausschließliche Lizenz („Lizenz" im weiteren Sinne), ein absolutes, wenn auch in verschiedenen Richtungen beschränktes Recht der lizenznehmenden Klägerin begründen wollen. Berücksichtigt man weiter, daß die Lizenz die ganze Geltungsdauer des Patentrechts und 5 Jahre darüber hinaus umfassen sollte, sodaß die Patentnutzung in dem abgegrenzten Teil nie wieder an den Lizenzgeber heimgefallen wäre, so können erhebliche Zweifel entstehen, ob die für den Pachtvertrag geltende Regel des § 19 KO. der Lage des Falles gerecht wird. Die Rechtsprechung des Reichsgerichts lehnt es in Übereinstimmung mit dem Schrifttum ab, den Lizenzvertrag so weitgehend und fest in den Pachtvertrag einzuordnen, daß dessen Regeln unter allen Umständen, insbesondere auch auf die ausschließlichen Lizenzen Anwendung finden müßten (RGZ. Bd. 75 S. 400, Bd. 90 S. 162, Bd. 122 S. 70; Seligsohn a. a. O. § 6 Anm. 6; Isay a. a. O. § 6 Anm. 6; gegen Annahme von Pacht Pietzcker a. a. O. § 6 Anm. 16 zu c; Kisch a. a. O. § 49 II 1). Trotz der hervorgehobenen Zweifelspunkte überwiegen aber für das vorliegende Verhältnis doch die der Pacht entsprechenden Merkmale. Nicht nur fällt ins Gewicht, daß ein (anteilsmäßig gestaltetes) laufendes Nutzungsentgelt bestimmt ist und im § 7 des Vergleichs Bindungen an die Preis- und Lieferungsbedingungen der ersten Nutzer festgelegt sind, die ebenso wie das Kontrollrecht des § 11 kein gesellschaftliches (RGZ. Bd. 126

S. 65), sondern ein fortdauerndes Abhängigkeits-Verhältnis vom Quellenrecht zum Ausdruck bringen. Auch die Erzielung der Rechtsfrüchte bleibt in dauernder Abhängigkeit vom Recht und vom Betrieb des Lizenzgebers, der nach dem im Mittelpunkt des Streits stehenden § 9 den Ersatz der Maschinen liefern soll und als einzige Bezugsquelle erlaubt ist. Schließlich lag bei der anteilsmäßigen Bestimmung der Lizenzgebühr eine weitere laufende Gegenverpflichtung der Klägerin in der nach Treu und Glauben anzunehmenden Ausführungspflicht (M. Seligsohn in der Festgabe für Kohler S. 290; Kisch a. a. O. § 49 II 4c).

Ließe sich aus diesen Erwägungen die Anwendung von § 19 KO. auf die zu beurteilenden Verhältnisse rechtfertigen, so führt zu demselben Ergebnis entscheidend ein anderer in der Sache liegender Gesichtspunkt. Wie auch die Revision den Feststellungen des Berufungsrichters entnimmt, handelt es sich um eine Betriebslizenz, deren Konkurs-Fremdheit sich aus nichts anderem ergeben soll als daraus, daß sie untrennbar an den Betrieb geknüpft ist. Stein-Jonas ZPO. § 857 Anm. II 4 Abs. 3 weisen für die Unpfändbarkeit der Betriebslizenz darauf hin, daß der Betrieb selbst nicht der Zwangsvollstreckung unterliege. Auch die Rechtsprechung des Reichsgerichts erkennt an, daß nach deutschem Verfahrensrecht der Betrieb als solcher, als rechtliche Gesamtheit, der Zwangsvollstreckung nicht zugänglich sei (RGZ. Bd. 75 S. 226, Bd. 95 S. 235). Aber es zeigt sich, daß die Gleichsetzung von pfändungsfreien und konkursfreien Gegenständen nach § 1 Abs. 1 KO. auch abgesehen von den dort gemachten Ausnahmen gerade in diesem Punkt nicht unverbrüchlich ist. Denn in § 117 Abs. 2 und in § 134 Nr. 1 KO. wird (den Notwendigkeiten und der allgemeinen Übung gemäß) ohne weiteres unterstellt, daß der Konkursverwalter (mit der vorgeschriebenen Genehmigung) das Geschäft des Gemeinschuldners (sein Unternehmen, seinen Betrieb) im ganzen veräußern kann. Kommt es nicht zur Veräußerung, so ist es doch eine für den Zweck des Konkurses nach § 117 a. a. O. grundlegende Aufgabe des Konkursverwalters, das Geschäft zu verwerten, soweit erforderlich durch Betriebsabbau. Es kann nicht angenommen werden, daß dabei seiner Verfügung ein Recht entzogen sein sollte, das nur um des Betriebs willen, nicht zugunsten des Inhabers selbst besteht. Sicherlich kann nicht von einer Verfügung über das Recht durch Übertragung die Rede sein, weil die Begrenzung des Rechts dem entgegensteht. Dessen Verwertung beim Betriebsabbau, seine entgeltliche Aufgabe, namentlich gegen Fortfall der damit verbundenen auf der Konkursmasse lastenden Pflichten, kann aber dem Verwalter nach den Zwecken des Verfahrens um so weniger verwehrt sein, als die Vollendung des Betriebsabbaus, der Untergang des Betriebs, von selbst auch den des Rechts nach sich zieht. Im übrigen ist es im vorliegenden Fall auch zur Auflösung des Betriebs und darüber hinaus zur Auflösung seines Inhabers, der juristischen Person, gekommen; dabei blieb nur ein kleiner Rest zurück: eben die Lizenz.

Wäre aber auch das Recht nicht an den Betrieb als solchen, sondern an die Rechtsperson der Klägerin gebunden worden, so würde nach dem Sinn einer solchen Bindung, die eine Rechtsgrenze enthält, die Annahme der Fortdauer des Rechts unannehmbar sein. Die Klägerin kann nicht gleichzeitig ihr eigenes Bestehen (ihre Rechtsperson) an nichts anderes als an eben dies Recht klammern und dessen Bestand wieder mit ihrem eigenen Fortbestehen begründen. Das Erlöschen eines subjektiv persönlichen Rechts durch Untergang des Subjekts ist eine wirtschaftlich bedeutende Rechtsaussicht für den damit Belasteten. Es geht nicht an, deren Verwirklichung durch solche Rechtsformungen hintanzuhalten. . . .

---

14. 1. Ist im Sinn von § 49a des Mieterschutzgesetzes nachfolgender Mietwucher möglich?

2. Zur Frage der Rückforderung überhobener Mietzinsbeträge.

PreistreibereiVo. vom 13. Juli 1923 § 4. Mieterschutzgesetz § 49a.

VIII. Zivilsenat. Urt. v. 2. November 1931 i. S. S. AG. (Bekl.) w. C. GmbH. (Kl.). VIII 136/31.

I. Landgericht Hamburg.
II. Oberlandesgericht daselbst.

Die klagende Gesellschaft mbH. hat durch Vertrag vom 8. Juli 1924 in dem ihr gehörenden „V.haus" in H. an die Beklagte einen Laden nebst Kellerraum für die Zeit vom 1. Juli 1924 bis zum 1. Juli 1930 mit weiterem Vormietrecht bis zum 1. Juli 1934 vermietet.

Die Miete wurde so gestaffelt, daß für das erste, vom 1. Juli 1924 an laufende Jahr ein Zins von 35000 GM. festgesetzt wurde, für jedes folgende Jahr dagegen ein um 3000 GM. höherer Betrag, sodaß für die Zeit vom 1. Juli 1929 bis 1. Juli 1930 50000 GM. gezahlt werden sollten. Nach § 2 des Mietvertrags sollte der Vermieter berechtigt sein, für den Fall, daß während der Vertragsdauer das Grundeigentum durch Mietsteuern oder durch andere das Grundeigentum über den damaligen Rahmen hinaus belastende Steuern in Anspruch genommen würde, den Mietpreis entsprechend zu erhöhen.

In H. ist die Grundsteuer über den Stand zur Zeit des Vertragsschlusses hinaus erhöht worden. Die Klägerin hat den auf die Mieträume entfallenden Betrag davon der Beklagten berechnet, und zwar in den Jahren 1926/27 7425 RM., 1927/28 10681 RM. und 1928/29 11125 RM., in der Folgezeit monatlich 927,08 RM. Im August 1929 hat die jetzige Beklagte Klage auf Rückzahlung der für Juli und August 1929 gezahlten Mietzinse zum Teilbetrag von je 1668,75 RM. erhoben, weil die Mietforderung nach dem Vertrag gegen § 49a des Mieterschutzgesetzes verstoße. Das Landgericht H. hat das in einem Urteil vom 12. November 1929 zum Teil anerkannt und die jetzige Klägerin zur Rückzahlung von 2062,50 RM. verurteilt auf Grund der Auffassung, daß sich die zulässige Monatsmiete mit dem Betrag von 4062,50 RM. begrenze. Dieses Urteil ist rechtskräftig geworden.

Mit der gegenwärtigen Klage hat die Klägerin unter einstweiliger Zugrundelegung der in jenem Urteil für berechtigt erklärten Mietforderung von monatlich 4062,50 RM. mit dem Vorbehalt weitergehender Ansprüche für die Zeit vom 1. Juli 1929 an einen Rest geltend gemacht, den sie auf 2325,73 RM. errechnet. Die Beklagte hat dagegen Rückzahlung der, wie sie meint, von ihr seit Vertragsbeginn bis zum 1. Juli 1930 überzahlten Beträge verlangt, indem sie, auch ihrerseits unter Vorbehalt weitergehender Rechte, von der Monatsmiete ausgeht, die das Landgericht H. im Vorstreit angesetzt hat. So ist sie zu einem Gesamtbetrag der Zuvielzahlung von 21640,25 RM. gekommen, dessen Zahlung sie widerklagend verlangt.

Das Landgericht hat die Klage abgewiesen und die Klägerin auf die Widerklage zur Zahlung von 17701,64 RM. nebst Zinsen verurteilt. Auf die nur von der Klägerin eingelegte Berufung hat das Oberlandesgericht die Widerklage gänzlich abgewiesen und der Klage entsprochen. Die Revision der Beklagten blieb erfolglos.

Gründe:

Der Berufungsrichter geht zutreffend davon aus, daß die Rechtslage für die vor dem 1. Juli 1926 liegende Zeit nach § 4 der Preistreiberei-Verordnung, für die spätere Zeit nach § 49a MSchG. zu beurteilen ist.

Die hervorragende und einzigartige Lage und Beschaffenheit des Ladens, die das angefochtene Urteil feststellt, schließt, wie das Berufungsgericht mit Recht annimmt, die Anwendung des § 4 PrTrVo. nicht aus. Auch zur Ausstellung der Waren und zur Anziehung des kaufenden Publikums ganz besonders geeignete Verkaufsstätten dienen dem täglichen Bedarf des breiten Geschäftslebens, nicht einem Luxusbedürfnis (RGSt. Bd. 62 S. 228 [232]), und fallen deshalb unter das Preistreibereirecht.

In der Rechtsprechung des Reichsgerichts ist zu der Vorschrift des § 4 PrTrVo. anerkannt, daß für die Beurteilung, ob ein übermäßiger Verdienst erzielt sei, in aller Regel die Spanne zwischen der dem Vermieter zugesagten Vergütung und seinen Gestehungskosten ins Auge zu fassen ist (RGSt. Bd. 61 S. 130, Bd. 62 S. 228, 235; RGZ. Bd. 120 S. 130, 134; RGUrt. vom 26. September 1929 VIII 227/29). Für die Frage, ob eine unangemessene Vergütung im Sinne von § 49a MSchG. versprochen, gefordert oder angenommen worden ist, legt die Rechtsprechung dem Maßstab des objektiven Nutzungswertes die größere Bedeutung bei, wenngleich die richterliche Freiheit, einen geeigneten Maßstab für die Angemessenheit zu finden, nicht durch Bindung an diesen und nur diesen Maßstab beschränkt ist (RGSt. Bd. 61 S. 130 [138/139], Bd. 62 S. 228 [240], Bd. 63 S. 415; WarnRspr. 1931 Nr. 26; RGUrteile vom 26. September 1929 VIII 227/29, vom 5. März 1931 VIII 438/30 und vom 3. Juni 1931 VIII 125/31). Die Forderung, daß die gesamten Verhältnisse zu berücksichtigen sind, und nicht nur ein Maßstab, stellt ebenso wie § 49a MSchG. auch der § 4 PrTrVo. auf. Dennoch liegt, wie die vorbezeichneten Urteile, insbesondere die drei erstgenannten Entscheidungen des 1. Strafsenats ausführen, eine Bindung darin, daß der Begriff des Verdienstes, auf den es nach § 4 PrTrVo. ankommen soll, eine Beachtung der Gestehungskosten unentbehrlich macht. (Folgt eine Erörterung zu § 4 PrTrVo.)

Die vom Berufungsrichter aufgestellte oder übernommene Gestehungskostenrechnung und ihre Vergleichung mit der zugesagten

Vergütung ist danach nicht geeignet darzutun, daß die Klägerin keinen übermäßigen Verdienst im Sinne des § 4 PrTrVo. gezogen habe. Damit ist aber nicht gesagt, daß unter Beachtung der in der reichsgerichtlichen Rechtsprechung über die Gestehungskosten aufgestellten Grundsätze und bei Mitberücksichtigung aller sonstigen Umstände das Vorhandensein eines übermäßigen Verdienstes schon erhelle.

Soweit es sich um die Anwendung von § 49a MSchG. handelt, wendet sich die Revision zunächst dagegen, daß der Berufungsrichter der Beklagten die Gefahr der eingetretenen Konjunkturverschlechterung und der Grundsteuererhöhung aufgebürdet hat. In Ansehung der Grundsteuer ist darauf hinzuweisen, daß nach der insoweit bindenden Rechtsfeststellung des Berufungsrichters die hamburgische Grundsteuer im Ergebnis den Mieter trifft, sodaß das Gesetz (nicht der Vertrag) den Mieter damit belastet. Im übrigen wurde die Frage aufgeworfen, ob im Sinne von § 49a MSchG. bei einem langfristigen Vertrag die Unangemessenheit des jeweils fälligen Mietzinses ausschließlich nach dem Inhalt des Vertrags und nach den Verhältnissen bei seinem Abschluß zu beurteilen ist oder ob eine im Zeitpunkt des Abschlusses nach § 49a nicht zu beanstandende Mietzinsvereinbarung bei späterer Änderung der maßgebenden Verhältnisse, insbesondere der Wirtschaftskonjunktur, dem Verbot dieser Vorschrift verfallen kann.

Zu dieser im Schrifttum viel erörterten Frage (des nachfolgenden Wuchers) liegt eine abschließende Stellungnahme der Zivilsenate des Reichsgerichts, insbesondere des erkennenden Senats, noch nicht vor. Eine solche ergibt sich auch nicht aus dem Urteil vom 3. Juni 1931 VIII 125/31, das zwar die Beachtung des Vertragszeitpunkts als Regel aufgestellt, aber unentschieden läßt, ob unter gewissen Voraussetzungen ein späteres, im Lauf des Vertragsverhältnisses erfolgendes Fordern oder Annehmen eine Zuwiderhandlung gegen § 49a MSchG. enthalten könne.

Für das Preistreibereirecht haben der 2., der 3., der 4. und der 5. Strafsenat anerkannt, daß Verstöße auch im Fordern der Erfüllung von Verträgen liegen können, die im Abschluß nicht zu beanstanden waren, sei es, daß sich der subjektive Tatbestand erst dann einstellt oder auch die Vergütung erst dann unangemessen wird (RGSt. Bd. 50 S. 229, Bd. 51 S. 425, Bd. 52 S. 174, Bd. 57 S. 84; LZ. 1919 S. 1070). Der 1. Strafsenat, der sich mit Alsberg ablehnend gegen diese Rechtsprechung verhalten hatte (Recht 1918 Nr. 628, 1920

Nr. 2939), hat später den nachfolgenden Wucher bei der Zinsnahme anerkannt (RGSt. Bd. 58 S. 321 [328] und Bd. 60 S. 130). Die Vorschrift des § 49a MSchG. haben die Strafsenate auf die nach dem 1. Juli 1926 verfolgten unangemessenen Mietzinsforderungen auch da angewandt, wo der Vertragsschluß vor dem 1. Juli 1926 lag; sie haben also insoweit das dem Vertragsschluß nachfolgende Fordern und Annehmen einer unangemessenen Miete als Straftat im Sinne von § 49a MSchG. angesehen (RGSt. Bd. 62 S. 1 und 228 sowie Urteil vom 1. April 1927 1 D 283/29). In den diesen Urteilen zugrunde liegenden Fällen lag ein Fortsetzungs-Zusammenhang mit der im Abschluß gegen § 4 PrTrVo. verstoßenden Tat vor. Im Urteil vom 28. März 1930 1 D 1241/29 („Deutsches Mietrecht" 1930 S. 985) war dagegen der Mietvertrag, wie die Schlußerörterungen ergeben, vor dem 1. Juli 1926 geschlossen, und die Strafkammer hatte — unbeanstandet — für die vor diesem Tage liegende Mietzeit einen übermäßigen Gewinn nicht festzustellen vermocht. Das Urteil des 1. Strafsenats billigt es trotzdem, daß die Strafkammer für die Zeit nach dem 1. Juli 1926 das Fordern des (vertraglichen) Mietzinses als fahrlässigen Raumwucher angesehen und (ausschließlich) nach § 49a MSchG. bestraft hat. Das Urteil vom 28. Oktober 1929 3 D 810/29 bringt den gleichen Standpunkt zum Ausdruck, ohne indes nach Lage des Falles aus diesem Gesichtspunkt zu entscheiden.

Zur Abgrenzung des § 4 PrTrVo. von § 49a MSchG. hat der III. Zivilsenat des Reichsgerichts seit dem Urteil RGZ. Bd. 120 S. 130 die Rechtsprechung der Strafsenate übernommen. In der Begründung des Urteils RGZ. Bd. 122 S. 183 betont er besonders, daß unter den Verstößen gegen § 49a MSchG. nur die eine Begehungsform des Sichversprechenlassens auf die — in jener Sache vor dem 1. Juli 1926 liegende — Zeit des Vertragsschlusses verweise, das Fordern und Annehmen einer zu hohen Vergütung nach dem 1. Juli 1926 aber unter das in dieser Zeit geltende Verbot des § 49a MSchG. falle. Vollends nimmt das Urteil vom 23. Oktober 1928 III 63/28 (zur Frage der zeitlichen Geltung des § 49a MSchG. für die vor dem 1. Juli 1926 abgeschlossenen Verträge) in aller Schärfe den Standpunkt ein, ohne Rücksicht auf den Zeitpunkt des Vertragsschlusses und die damalige Rechtslage erfülle das Fordern eines unangemessenen Mietzinses in dessen jeweiliger Fälligkeit die Voraussetzung des § 49a MSchG. Zu der Frage, ob das auch für den Fall gilt, daß der Mietzins zur Zeit des Vertragsschlusses angemessen war, ist damit noch nicht unmittelbar Stellung genommen. Es bleibt immerhin offen, daß die Frage der Angemessenheit nach dem Zeitpunkt des Vertragsschlusses zu beurteilen sein könnte. Nur so viel ist also in Übereinstimmung mit der vorangegangenen Rechtsprechung eindeutig ausgesprochen, daß neben dem Abschluß auch das dem Vertrag nachfolgende Fordern und Annehmen Begehungshandlung ist und von den Folgen des § 49a MSchG. betroffen wird.

Gegen die schlichte Betonung des Fälligkeitsstandpunkts spricht offenbar der Charakter der Vorschrift als einer wucherrechtlichen. Es enthielte eine weitgehende Anforderung und Beeinträchtigung für den Vermieter, der den Vertrag gewissenhaft geschlossen hat, wenn er bei der Vertragserfüllung ständig die Entwicklung der allgemeinen Verhältnisse und aller der Umstände beachten müßte, die nach der Rechtsprechung für die Frage der Unangemessenheit des Mietzinses bedeutsam sein können. Trotz festen Vertrags hätte er einen unsicheren, geradezu gleitenden Mietzinsanspruch, während die Zinsen der Grundpfandrechte und andere ihm obliegende Lasten nicht die gleiche Beweglichkeit haben. Im Falle aufsteigender Konjunktur fehlt ihm der ausgleichende Anspruch auf Besserstellung.

Diese Erwägungen können aber nicht so weit führen, entgegen den von der Rechtsprechung im Preistreibereirecht entwickelten Gesichtspunkten schlechthin und in jeder Beziehung nur auf den Zeitpunkt des Vertrags zu sehen. Nach dem Willen des Gesetzgebers handelte es sich auch bei der Schaffung des § 49a MSchG. um mehr als eine bloß „reprobierende" Strafvorschrift. Nach der Gesetzesgeschichte (vgl. RGSt. Bd. 61 S. 130 und insbesondere Reichstagsverh. Anl. Bd. 409 Nr. 2371 S. 30, Anl. Bd. 421 Nr. 3906 S. 86, StenBer. Bd. 390 S. 7621) sollte der Einfluß des Preistreiberei-Strafrechts auf die Mietzinsbildung im Ergebnis gewahrt bleiben. Diesen Zwecken entspricht es aber nicht, wenn man die jeweils bestehenden wirtschaftlichen Verhältnisse aus der Berücksichtigung vollkommen ausschaltet und bei langfristigen Verträgen lediglich die Ordnungsmäßigkeit der Mietzinsbildung in weit zurückliegenden Zeiten und Wirtschaftsverhältnissen beachtet.

Festzuhalten ist vielmehr daran, daß § 49a MSchG. eine selbständige Verantwortung auch auf das dem Vertragsschluß nachfolgende Fordern und Annehmen einer zu beanstandenden Miete legt.

Daraus folgt zunächst, daß bei einer schon zur Zeit des Vertragsabschlusses wucherischen Miete auch deren Aufrechterhaltung das Gesetz verletzt, und für die im bürgerlichen Recht zu ziehende Folgerung ergibt sich, daß zur Ausgleichung des Verstoßes als Maßstab der Angemessenheit nicht nur die zur Zeit des Abschlusses vorhanden gewesenen oder von den Parteien erwarteten Verhältnisse, sondern die gesamten Verhältnisse der Begehungszeit heranzuziehen sind.

Soweit es sich aber um einen im Ursprung ordnungsmäßigen Vertrag und um einen Fall handelt, in dem der Mietzins nur durch die nachträgliche Veränderung der Verhältnisse übermäßig wurde, ist die Rechtslage anders. Zwar ist auch hier bei Erhebung des Wuchereinwands Gegenstand der richterlichen Erörterung der gesamte Begehungstatbestand nach § 49a MSchG., sowohl der Abschluß wie auch die Erfüllungshandlungen. Aber in aller Regel wird der ordnungsgemäß abgeschlossene Vertrag alle folgenden Mietforderungen decken, sodaß der Vermieter nicht verpflichtet ist, bei jeder Mietzahlung die Angemessenheit seines Anspruchs zu prüfen.

Denn in gewissem und zwar in erheblichem Maße hat jede Vertragspartei eines langfristigen Mietvertrags die Gefahr der Konjunkturänderung mit dem weitgespannten Abschluß übernommen, wie das Reichsgericht für das Aufwertungsrecht mehrfach betont hat (Urt. vom 2. Februar 1926 III 205/25 und vom 7. März 1929 VIII 32/29). Hat der Mieter Mietzahlungen zugesagt, welche beide Parteien nach den die Miethöhe bestimmenden Verhältnissen des Vertragsschlusses verständigerweise als für die Zukunft angemessen ansehen durften, so kann der in seiner Erwartung getäuschte Mieter in der Regel nicht mehr davon absehen, daß er die Vertragsaussicht gehabt und daß der Vermieter die auch für ihn erhebliche Gefahr einer gegenteiligen Entwicklung getragen hat (vgl. Stern Mieterschutzgesetz 10. Aufl. § 49a IV 4g S. 458). Diese Verhältnisse des Abschlusses gehören vorweg in die Gesamtheit der nach § 49a zu berücksichtigenden Umstände.

Eine solche Gefahrtragung ist aber nicht schlechthin unbegrenzt, ganz besonders nicht im Sinne eines Gesetzes, das, wie das Preistreibereirecht und § 49a MSchG., privatrechtliche Verhältnisse im Zusammenhang der Gemeinwirtschaft betrachtet und regelt. Auch wo das Reichsgericht den nachfolgenden Zinswucher anerkannt hat (RGSt. Bd. 58 S. 321 und 327, Bd. 60 S. 130), ist der Umstand in die

Waagschale gefallen, daß der Kreditnehmer bei einer zur Zeit des Abschlusses berechtigten Zinshöhe grundsätzlich die Gefahr der Entwicklung trug. Demnach hat der 1. Strafsenat zutreffend angenommen, es sei im Sinne der Preistreiberei-Verordnung Unrecht, wenn der nach den Verhältnissen um die Zeit der Festigung der Mark entsprechend der Verlustgefahr bemessene Tageszins monatelang auch nach wesentlicher Minderung dieser Gefahr aufrechterhalten wurde. Der Grundgedanke dieser Entscheidungen fordert auch für den § 49a MSchG. Beachtung. Er ist nicht in dem Sinne anzuwenden, daß eine wesentliche und nicht voraussehbare Änderung der beim Vertragsschluß bestehenden Verhältnisse, z. B. der Verfall einer Gegend, eines Wirtschaftszweigs oder der Niedergang der Gesamtwirtschaft, für sich allein zum Anspruch auf Ermäßigung des Mietzinses genügen würde. Das käme auf die Anerkennung des Einwands der veränderten Umstände heraus, die nicht auf dem Weg einer Wuchervorschrift in das Recht eingeführt werden darf. Es kann aber doch in Ausnahmefällen so liegen, daß ein Vermieter angesichts der grundlegenden Änderung der Verhältnisse zu Lasten des Mieters und der gleichzeitig auf dem Mietmarkt eingetretenen allgemeinen Senkung der Mieten auf seinen Vertragsrechten nicht bestehen kann, ohne die vertragliche Gefahrübernahme des Mieters unbillig auszunützen. Das mag unter den Voraussetzungen des soeben Gesagten etwa dann der Fall sein, wenn die Lasten des Vermieters, deren Bestehen beim Abschluß des Mietvertrags einen wesentlichen Einfluß auf die Bildung des Mietzinses ausgeübt hat, ohne ersetzende Belastung eine wesentliche Erleichterung erfahren haben oder wenn bei langfristigen Verträgen eine Miete ansteigend gerade in dem Gedanken gestaffelt war, daß der Vermieter an dem vorausgesetzten Gedeihen des Geschäfts teilhaben sollte. Ist in derartigen besonderen Fällen, zu deren näherer Umgrenzung die Lage des gegenwärtigen Falles keinen Anlaß gibt, dem für seine Mietforderung nach dem Gesetz grundsätzlich verantwortlichen Vermieter die Berufung auf den ihn regelmäßig deckenden ordentlichen Vertrag zu verwehren, so wäre auch da, wie in den Fällen des ursprünglich und dauernd fehlerhaften Vertrags, die Frage der Angemessenheit zu prüfen, und zwar unter Berücksichtigung der gegenwärtigen Verhältnisse des Mietmarktes (Nutzungswerte und andere Maßstäbe), aber auch in Beachtung der zwischenzeitlichen Entwicklung des gesamten Mietverhältnisses (bei

Staffelmieten unter Ansetzung des Durchschnittsbetrags). Nur wenn sich bei Beachtung aller dieser Umstände, insbesondere auch der Gefahrtragung des Mieters in den berechtigten Grenzen, ein Mißverhältnis ergibt, kann die Anwendung des § 49a MSchG. im Sinne der Verpönung des nachfolgenden Wuchers in Frage kommen.

Für den vorliegenden Fall ist es rechtlich nicht zu beanstanden, wenn der Berufungsrichter die gegen das Erwarten der Parteien eingetretene Verschlechterung der geschäftlichen und steuerlichen Verhältnisse nach dem Vertragsschluß zu Lasten der Klägerin für § 49a MSchG. nicht veranschlagt und sich auf den Standpunkt stellt, die Tragung dieser von der Beklagten übernommenen Gefahren werde ihr durch diese Vorschrift nicht abgenommen. (Wird näher ausgeführt.) Somit ist die Mietzinsberechnung, die der Berufungsrichter gebilligt hat, aus dem Gesichtspunkt des § 49a und damit für die Zeit nach dem 1. Juli 1926 nicht zu bemängeln. Dagegen fehlt es für die unter der Herrschaft der Preistreiberei-Verordnung stehende frühere Zeit noch an einer hinreichenden Klärung der zulässigen Verdienstbemessung.

Auch insoweit braucht indes das angefochtene Urteil nicht aufgehoben zu werden. Jene Zeitspanne betrifft nur den Anspruch der Widerklage, mit der die Beklagte Rückzahlung auch der bis zum 1. Juli 1926 nach ihrer Meinung überhobenen Beträge fordert. Der Berufungsrichter hält die Rückforderung auch für diese Zeit unter dem Gesichtspunkt des § 817 Satz 1 BGB. für grundsätzlich zulässig und verneint, daß dem Rückforderungsanspruch ein Einwand aus dem Gesichtspunkt von Treu und Glauben entgegengestellt werden könne, weil die wucherrechtlichen Vorschriften den Bewucherten gerade gegen die Folgen seiner eigenen Willenshandlungen hätten schützen sollen. Da ferner auch der Erfüllungsakt gegen das Gesetz verstoße, könne die Annahme der Zahlung keinen Einwand begründen. Ob die Voraussetzungen des § 817 Satz 1 BGB. (vgl. RGZ. Bd. 105 S. 272, Bd. 131 S. 41; WarnRspr. 1922 Nr. 82) von der Beklagten schlüssig behauptet worden sind, kann unerörtert bleiben. Die Erwägungen des Berufungsrichters zum Einwand eines durch die Nachforderung verübten Verstoßes gegen Treu und Glauben mögen zutreffen, soweit es sich um die Zeit nach dem 1. Juli 1926 handelt (vgl. § 49 MSchG.). Für die in der vorangehenden Zeit abgewickelten Ansprüche ist die Rechtslage anders. Die in der Preistreiberei-Verordnung enthaltene Verkehrsregelung ist überholt; das öffentliche Interesse, das ihre Vorschriften veranlaßte, besteht nicht mehr, soweit ihr das sie ablösende Gesetz nicht gefolgt ist. Nach der insoweit zutreffenden Stellungnahme des Berufungsrichters sind die Zahlungen aus der Zeit vor dem 1. Juli 1926 nach dem seit jenem Tage geltenden Gesetz nicht zu mißbilligen. Die Beklagte hat damals keinen Einwand erhoben und auch nachher nicht bis zu ihrem Schreiben vom 8. Januar 1928, worin sie auch nur gegen die um jene Zeit fällig werdenden Zahlungen Vorstellungen erhob. Die nach Auffassung der Beklagten geleisteten Überzahlungen vor dem 1. Juli 1926 sind, gemessen an den Verhältnissen der Parteien, geringfügig.

Unter diesen gesamten Umständen steht es mit Treu und Glauben nicht im Einklang, wenn die Beklagte mit der im Sommer 1930 erhobenen Widerklage die mindestens vier Jahre hindurch zwischen den Parteien einverständlich und ohne Druck vollzogene Geschäftsabwicklung angreift.

---

15. Ist die Vorschrift in § 7 des preußischen Disziplinargesetzes vom 21. Juli 1852, daß die Verurteilung eines Beamten zu einer Freiheitsstrafe von längerer als einjähriger Dauer den Verlust des von ihm bekleideten Amtes von selbst nach sich zieht, mit der Reichsverfassung vereinbar?

RVerf. Art. 129.

III. Zivilsenat. Urt. v. 3. November 1931 i. S. M. (Kl.) w. Landesschulkasse (Bekl.). III 396/30.

I. Landgericht I Berlin.
II. Kammergericht daselbst.

Der Kläger war preußischer Volksschullehrer. Er wurde wegen Sittlichkeitsverbrechens nach § 176 Nr. 3 StGB. in Tateinheit mit einem solchen im Sinne des § 174 Nr. 1 das. in drei Fällen zu einer Gefängnisstrafe von einem Jahr drei Monaten verurteilt. Die Preußische Unterrichtsverwaltung ist der Auffassung, daß der Kläger gemäß § 7 des preußischen Disziplinargesetzes vom 21. Juli 1852 (GS. S. 465) mit dieser Verurteilung ohne weiteres seines Amtes verlustig gegangen sei, und zahlt ihm deshalb seit dem 1. Dezember 1922 kein Gehalt mehr. Der Kläger hält dagegen den genannten § 7 für unvereinbar mit dem Reichsrecht, insbesondere mit der Reichsverfassung und dem Strafgesetzbuch, und verlangt Weitergewährung seiner Dienstbezüge. Er hat gegen die Landesschulkasse auf Gehaltszahlung geklagt. Die Vorinstanzen haben die Klage abgewiesen. Die Revision des Klägers führte zur Aufhebung und Zurückverweisung.

Gründe:

Die von den Vorinstanzen ausgesprochene Klagabweisung kann nicht gebilligt werden, da der § 7 DiszG., auf den sie gestützt wird, mit der Reichsverfassung unvereinbar ist.

Dieser § 7 bestimmt folgendes:

Ist von dem gewöhnlichen Strafrichter auf eine Freiheitsstrafe von längerer als einjähriger Dauer, auf eine schwerere Strafe, auf Verlust der bürgerlichen Ehre, auf zeitige Untersagung der Ausübung der bürgerlichen Ehrenrechte, auf immerwährende oder zeitige Unfähigkeit zu öffentlichen Ämtern oder auf Stellung unter Polizeiaufsicht erkannt, so zieht das Straferkenntnis den Verlust des Amtes von selbst nach sich, ohne daß darauf besonders erkannt wird.

Der ursprüngliche Wortlaut der Vorschrift ist nicht geändert worden, wenngleich die von ihm aufgeführten Strafarten seit Erlassung des Strafgesetzbuchs mit dem geltenden Recht nicht mehr im Einklang stehen. Doch kommt es darauf für den vorliegenden Fall nicht weiter an, da dieser nur eine Prüfung der Frage erfordert, ob noch jetzt die Verurteilung eines Beamten zu einer Freiheitsstrafe von längerer als einjähriger Dauer den Verlust des von ihm bekleideten Amtes von selbst bewirkt. Die Frage ist zu verneinen, und zwar, ohne daß der Rechtszustand vor Erlassung der Reichsverfassung einer Erörterung bedürfte, auf Grund von Art. 129 Abs. 2 RVerf. Diese Vorschrift besagt:

Die Beamten können nur unter den gesetzlich bestimmten Voraussetzungen und Formen vorläufig ihres Amtes enthoben, einstweilen oder endgültig in den Ruhestand oder in ein anderes Amt mit geringerem Gehalt versetzt werden.

Die Vorschrift enthält, wie der erkennende Senat bereits in RGZ. Bd. 108 S. 170 ausgesprochen hat, unmittelbar geltendes Recht. Inhaltlich gehört sie nicht dem allgemeinen Strafrecht, sondern dem Beamtenrecht an, sodaß sie die Vorschriften des Strafgesetzbuchs über den Verlust öffentlicher Ämter unberührt läßt. Zu bemerken ist auch, daß sie unter der endgültigen Versetzung in den Ruhestand nicht bloß den mit Ruhegehalt verbundenen Übertritt in den Ruhestand, sondern ebenso die Entlassung ohne Ruhegehalt versteht. Art. 79 Abs. 1 PrVerf.:

> Die Staatsbeamten können wider ihren Willen nur unter den gesetzlich vorgeschriebenen Voraussetzungen und Formen entlassen, einstweilig oder endgültig in den Ruhestand oder in ein anderes Amt mit geringerem Gehalte versetzt werden

enthält keine Erweiterung, sondern nur eine Verdeutlichung der reichsverfassungsrechtlichen Vorschrift. Wollte man hier eine sachliche Abweichung annehmen, so wäre das übrigens für den vorliegenden Fall ohne Bedeutung, da dann eben der sich sonst mit Art. 129 Abs. 2 RVerf. deckende Art. 79 Abs. 1 PrVerf. der Weitergeltung des § 7 DiszG. in seinem umstrittenen Teil entgegenstände.

Art. 129 Abs. 2 RVerf. schreibt vor, daß die Beamten nur unter den gesetzlich bestimmten Voraussetzungen und Formen ihres Amtes verlustig gehen können. Er verlangt also zugunsten der Beamten eine doppelte gesetzliche Ordnung, eine Ordnung der Voraussetzungen des Amtsverlustes und ebenso eine Ordnung seiner Formen. Die Formen können nur die sein, unter denen geprüft wird, ob die Voraussetzungen des Amtsverlustes vorliegen und unter denen bei Bejahung dieser Frage die vom Gesetz daran geknüpfte Folge ausgesprochen wird. Mit anderen Worten: die gesetzlich bestimmten Formen im Sinne von Art. 129 Abs. 2 RVerf. bilden das Verfahren, in dem die dort bezeichneten Maßnahmen ausgesprochen werden. Und da die Reichsverfassung Voraussetzungen und Formen fordert, so ergibt sich, daß nach ihr das disziplinarische Ausscheiden eines Beamten aus dem Dienste nur auf Grund eines gesetzlich bestimmten Verfahrens erfolgen darf, daß der Amtsverlust aus Gründen der Dienstzucht nicht mehr mit einem bestimmten Tatbestand in der Weise verbunden werden kann, daß er bei dessen Vorliegen ohne weiteres kraft Gesetzes eintritt. Das Verfahren kann ganz einfach gestaltet werden, soweit nicht die in diesem Zusammenhang keiner näheren Erörterung bedürfende Vorschrift des Abs. 3 Satz 1 a. a. O. eingreift. So kann es z. B. bei der Versetzung in den einstweiligen Ruhestand genügen, daß die dazu vom Gesetz berufene Stelle sie ausspricht. Eine Form, ein Verfahren irgendwelcher Art ist durch das Gesetz aber geboten. Eine andere Auslegung der angeführten Verfassungsvorschrift ist mit ihrem klaren Wortlaut unvereinbar. Denn wenn es nach Art. 129 Abs. 2 RVerf. noch zulässig sein sollte, daß ein Beamter sein Amt ohne weiteres beim Vorliegen eines gewissen Sachverhalts verlöre, so würde es ausreichen, daß das Gesetz nur die Voraussetzungen des Amtsverlustes bestimmte. Die Reichsverfassung verlangt aber für das in der genannten Vorschrift geregelte Gebiet der Dienstzucht unzweideutig außerdem noch gesetzlich bestimmte Formen dafür.

Bei solcher Tragweite des Art. 129 Abs. 2 RVerf. steht § 7 DiszG. zu ihm in Widerspruch, soweit er bestimmt, daß, wenn vom gewöhnlichen Strafrichter auf eine Freiheitsstrafe von längerer als einjähriger Dauer erkannt ist, das Straferkenntnis den Verlust des Amtes von selbst nach sich zieht, ohne daß darauf besonders erkannt wird. Denn damit knüpft das Disziplinargesetz den Amtsverlust an einen bestimmten Tatbestand, an die Verurteilung des Beamten zu einer Freiheitsstrafe von gewisser Mindestdauer. Und das ist nach der Reichsverfassung nicht mehr statthaft. Man kann nicht etwa sagen, daß dem Erfordernis einer Form für die Amtsentsetzung durch das Strafverfahren genügt würde. Denn nicht die Straftat, sondern das Strafurteil ist es, das nach § 7 DiszG. den Amtsverlust zur Folge hat. Nur die Feststellung der für die Anwendung dieser Vorschrift rechtlich nicht in Betracht kommenden Straftat und die Verhängung der für sie gesetzlich gebotenen Strafe ist aber Gegenstand des Strafverfahrens. Das Strafurteil stellt nicht die gesetzliche Voraussetzung für den Amtsverlust fest, sondern bildet selbst diese Voraussetzung, schafft sie erst. Vor dem Eintritt der gesetzlichen Voraussetzung für den Amtsverlust ist überhaupt kein Verfahren denkbar, das bezweckt, sie festzustellen und aus ihr die gesetzliche Folge zu ziehen. Scheidet somit das Strafverfahren für die dienstrechtliche Beurteilung aus, so bestimmt die zur Erörterung stehende Vorschrift nur die Voraussetzung für den Amtsverlust. Es fehlt an einer Form für die Feststellung seiner Folgen. Deshalb muß sie als verfassungswidrig gekennzeichnet werden.

Daß Art. 129 Abs. 2 RVerf. die Amtsentsetzung in allen Fällen von einem vorhergehenden Verfahren abhängig machen, den disziplinarischen Amtsverlust kraft Gesetzes ausschließen will, erhellt auch aus dem Bericht des Verfassungsausschusses der Verfassunggebenden Deutschen Nationalversammlung. Der Regierungsentwurf der Reichsverfassung enthielt nur für die Richter gewisse, sie in ihrer Unabhängigkeit schützende Grundsätze (Art. 109 bis 112). Der Abgeordnete Spahn beantragte (Ausschußbericht im Aktenstück Nr. 391 S. 353) im Verfassungsausschuß, sie zu streichen und an ihrer Stelle (nach Art. 113 oder im Abschnitt über die Grundrechte) Vorschriften einzufügen, die für sämtliche Beamten gelten sollten. Die von ihm vorgeschlagenen Bestimmungen lauteten unter 2a Abs. 3 Satz 1 (a. a. O. S. 354) folgendermaßen:

Die Entfernung aus dem Amt kann, von gesetzlicher Anordnung abgesehen, wider den Willen des Beamten nur durch Richterspruch erfolgen.

Der Abgeordnete Spahn hat diesen Antrag später zurückgezogen (S. 363 a. a. O.), aber, wie aus seiner Bemerkung S. 354 a. a. O. unten entnommen werden kann, nur deshalb, weil bereits nach den Beschlüssen der Unterkommission über die Grundrechte in diese eine Bestimmung über Beamtenfragen aufgenommen werden sollte, sodaß es zweckmäßig sei, seinen Antrag der Unterkommission zur weiteren Beratung zu überlassen. Aus ihren Beschlüssen ist der Art. 129 RVerf. hervorgegangen (S. 381 flg., 507 flg. a. a. O.). Die Unterkommission hat nun, abweichend von dem ihr zweifellos bekannten Antrag des Abgeordneten Spahn, keinen Vorbehalt dahin gemacht, daß die Entfernung aus dem Amte auch kraft gesetzlicher Anordnung eintreten könne. Das kann nur in der Absicht geschehen sein, einen sich unmittelbar an einen gesetzlichen Tatbestand anschließenden disziplinarischen Amtsverlust nicht zuzulassen, woraus dann wiederum folgt, daß der Sinn der mehrfach genannten Verfassungsvorschrift der oben dargelegte ist.

Eine weitere Bestätigung des aus dem Wortlaut von Art. 129 Abs. 2 RVerf. hergeleiteten Ergebnisses ergibt die Heranziehung des bei Erlaß der Reichsverfassung für die Reichsbeamten geltenden Rechts. Das Reichsbeamtengesetz enthält keine dem § 7 DiszG. entsprechende Vorschrift. Im Entwurf des Reichsbeamtengesetzes

(Deutscher Reichstag 1872 Drucks. Nr. 9) war zwar als § 74 folgende Bestimmung vorgesehen:

Ist von dem gewöhnlichen Strafrichter auf eine Freiheitsstrafe von längerer als einjähriger Dauer, auf eine schwerere Strafe oder auf die Zulässigkeit von Polizeiaufsicht erkannt, so zieht das Straferkenntnis den Verlust des Amtes von selbst nach sich.

Sie wurde aber vom Reichstag gestrichen, und zwar, wie sich aus den Ausführungen des Berichterstatters in der Sitzung vom 4. Juni 1872 (StenBer. S. 699) ergibt, deshalb, weil sie in das Gebiet des Strafrechts hinübergreife, die Folgen der Strafe gegen die Absicht des Gesetzes verschärfe und sonach mit diesem in Widerspruch trete. Dem Art. 129 RVerf. liegt unverkennbar die Absicht zugrunde, gewisse rechtliche Sicherungen, welche die Reichsbeamten bereits genossen, auf alle Beamten im Reiche zu erstrecken und sie außerdem unter den Schutz des Art. 76 RVerf. zu stellen. Zu seiner Auslegung darf deshalb nicht bloß, sondern muß sogar auf das bisher geltende Reichsbeamtenrecht zurückgegriffen werden. Wenn dieses schon seit Erlaß des Reichsbeamtengesetzes einen im Anschluß an ein Strafurteil ohne weiteres kraft Gesetzes eintretenden disziplinarischen Amtsverlust nicht kennt, so liegt die Annahme mindestens sehr nahe, daß man diesen Grundsatz nunmehr als allgemein gültig hat aussprechen wollen.

Kein Gegengrund gegen diese Auslegung des Art. 129 Abs. 2 RVerf. kann daraus hergeleitet werden, daß die Sondervorschrift in Art. 104 Abs. 1 Satz 2 für die Richter der ordentlichen Gerichtsbarkeit bestimmt, sie könnten wider ihren Willen nur kraft richterlicher Entscheidung und nur aus den Gründen und unter den Formen, welche die Gesetze bestimmen, dauernd oder zeitweise ihres Amtes enthoben oder in eine andere Stelle oder in den Ruhestand versetzt werden. Den Gegensatz zur hier geforderten richterlichen Entscheidung bildet nicht das Gesetz, sondern die Entscheidung einer nicht richterlichen Dienststelle. Die Richter können ihres Amtes nur durch den Spruch von ihresgleichen entsetzt werden. Für andere Beamte dagegen kann die Entscheidung hierüber auch Verwaltungsinstanzen übertragen werden, wie z. B. nach § 41 preuß. DiszG. (eingeschränkt durch die Verordnung vom 18. Februar 1919, GS. S. 29) das Staatsministerium die Berufungsinstanz im Disziplinarverfahren gegen nichtrichterliche Beamte bildet. Nur in der

Einräumung dieser Sonderstellung für die Richter der ordentlichen Gerichtsbarkeit liegt die Bedeutung der in Art. 104, nicht in Art. 129 RVerf. sich findenden Worte „kraft richterlicher Entscheidung". Erwähnenswert ist aus Art. 104 noch der Abs. 2, wonach die vorläufige Amtsenthebung, die kraft Gesetzes eintritt, unberührt bleibt. Für sie soll es also genügen, daß das Gesetz ihre Gründe, ihre Voraussetzungen festlegt. Diese Einschränkung muß sinngemäß auch auf Art. 129 Abs. 2 übertragen werden, da die Rechtsgarantien für die ordentlichen Richter nach dem ersichtlichen Willen des Verfassungsgesetzgebers keinesfalls geringer sein sollen als die für die übrigen Beamten. So bleibt also nicht bloß § 44 des preuß. Richter-Disziplinargesetzes vom 7. Mai 1851 (GS. S. 218), sondern ebenso § 48 DiszG. weiterhin in Kraft.

Die übrigen Abweichungen des Art. 104 Abs. 1 Satz 2 vom Art. 129 RVerf. erklären sich durchweg daraus, daß ersterer dem § 8 GVG. wortgetreu nachgebildet ist. Aber auch die letztgenannte Verfassungsvorschrift zeigt in ihrer Fassung, daß ihr der genannte § 8 als Vorlage gedient hat. Es ist deshalb für ihre Auslegung von Belang, daß nirgends aus diesem § 8 hergeleitet worden ist, den Landesgesetzen sei es gestattet, gegen Richter eine disziplinarische Dienstentlassung ohne darauf lautendes Erkenntnis, gebunden lediglich an das Vorliegen eines bestimmten Tatbestands, eintreten zu lassen. Bestritten war nur im Anschluß an eine von der Reichstagskommission abgegebene Erklärung (Hahn Materialien zum GVG. Bd. 1 S. 753, 919), ob eine Altersgrenze für Richter vom Reichsrecht zugelassen werde und ob dem Landesrecht die Möglichkeit gewährt sei, beim Eintreten der Verschwägerung von Mitgliedern desselben Gerichts eines von ihnen zur Amtsniederlegung oder zur Duldung einer Versetzung zu zwingen. Dagegen ist die Weitergeltung von Vorschriften, die dem § 7 DiszG. entsprechen, für Richter, wie sie in Preußen in § 6 des Richter-Disziplinargesetzes vom 7. Mai 1851 enthalten ist, schon vor Erlaß der Reichsverfassung unter Geltung des § 8 GVG. nicht zu rechtfertigen versucht worden. Die Erläuterungsbücher zu den preußischen Disziplinargesetzen von Brand S. 415 und von Rheinbaben 2. Aufl. S. 434 stellen den § 6 a. a. O. zwar als geltendes Recht dar, aber ohne jede Begründung, insbesondere ohne Auseinandersetzung mit § 8 GVG.

Allerdings schließt Art. 129 Abs. 2 RVerf. nicht etwa jede Beendigung eines Beamtenverhältnisses kraft Gesetzes aus. Wie schon hervorgehoben, läßt er die strafrechtlichen Vorschriften unberührt. Auch Beschränkungen der grundsätzlich lebenslänglichen Beamtenanstellung durch Festsetzung einer Altersgrenze, durch den Vorbehalt der Kündigung oder des Widerrufs oder auf ähnliche Weise sind nach Art. 129 Abs. 1 Satz 1 unzweifelhaft zulässig (vgl. RGZ. Bd. 104 S. 65). Art. 129 Abs. 2 betrifft nur die Dienstzucht und untersagt für ihren Bereich — insofern eine Sonderregelung gegenüber Abs. 1 Satz 1 enthaltend — die Verhängung eines Amtsverlustes, der sich mit Eintritt eines bestimmten Tatbestands unmittelbar kraft Gesetzes vollzöge. Daß der Amtsverlust des § 7 DiszG. disziplinaren Charakter trägt und daher unter Abs. 2, nicht unter Abs. 1 Satz 1 des Art. 129 RVerf. fällt, liegt klar zutage. Er ist nichts anderes als eine Entlassung ohne Ruhegehalt, deren Einordnung in Art. 129 Abs. 2 RVerf. oder jedenfalls in Art. 79 Abs. 1 PrVerf. bereits oben dargelegt worden ist.

Der Grund, weshalb die Reichsverfassung keinen disziplinaren Amtsverlust unmittelbar kraft Gesetzes mehr zuläßt, sondern dafür stets ein Disziplinarverfahren fordert, liegt darin, daß nur so eine gerechte Abwägung des Einzelfalls möglich ist. Der disziplinare Amtsverlust soll nur eintreten, wenn der Beamte diese ihn auf das härteste treffende Folge seines Vergehens wirklich verdient hat. Dieses Ziel kann aber nicht durch eine absolute gesetzliche Norm, sondern nur durch eine alle Umstände berücksichtigende konkrete Einzelentscheidung erreicht werden. Sie mag allerdings bei Freiheitsstrafen von längerer als einjähriger Dauer nur selten den schuldigen Beamten im Dienst belassen. Bei Straftaten, wie sie dem Kläger zur Last fallen, mag das sogar nie der Fall sein. Die Prüfung und Entscheidung nach Lage des Einzelfalls ermöglicht es aber stets, dem Angeschuldigten seine Ruhegehaltsbezüge ganz oder teilweise zu belassen (vgl. § 16 Abs. 3 DiszG.), die ihm bei einem Amtsverlust kraft Gesetzes verloren gehen müßten. Diese schwerwiegende Folge unbedingt eintreten zu lassen, entspricht der heutigen Rechtsauffassung nicht mehr, die im Ruhegehalt des Beamten ein Entgelt für seine früher geleisteten Dienste sieht. Es kann überhaupt nicht geleugnet werden, daß § 7 DiszG. zur gegenwärtigen Entwicklung des Beamtenrechts nicht mehr paßt. Seine Beseitigung ist eine Verwirklichung neuzeitlicher Rechtsgedanken und entspricht deshalb in besonderem Maße dem Geist der Reichsverfassung. In diesem Zusammenhang ist auch auf Art. 129 Abs. 3 Satz 1 RVerf. hinzuweisen, der, wenngleich er nicht sofort geltendes Recht enthält, so doch grundsätzlich fordert, daß gegen jedes dienstliche Straferkenntnis die Möglichkeit eines Wiederaufnahmeverfahrens eröffnet werde. Die Verwirklichung dieser Forderung könnte wesentlich erschwert, ja sogar in weitem Umfang unmöglich gemacht werden, wenn der dienststrafweise eintretende Amtsverlust unter Abstandnahme von einer disziplinaren Entscheidung an bestimmte Tatbestände geknüpft werden dürfte. Auch diese Erwägung stützt das aus Art. 129 Abs. 2 RVerf. gewonnene Ergebnis und beweist gleichfalls, wie sehr es der Verwirklichung der beamtenrechtlichen Ziele der Reichsverfassung dient. Daß man sich bei ihrer Erlassung dieser Tragweite des Art. 129 nicht bewußt war, ist rechtlich unerheblich.

Die preußischen Disziplinarbehörden und -gerichte sehen den § 7 DiszG. allerdings noch als geltendes Recht an. Ihrer Auffassung vermag sich der Senat um so weniger anzuschließen, als sie, soweit ersichtlich, bisher die Einwirkung des Art. 129 RVerf. auf die streitige Vorschrift noch nicht näher erwogen haben. Der Beschluß des Disziplinarhofs für die nichtrichterlichen Beamten vom 2. Dezember 1929 (abgedr. PrBesBl. 1930 S. 31) versucht nur die strafrechtlichen Gesichtspunkte zu widerlegen, die den Senat in seinem einen Sonderfall behandelnden Urteil vom 23. März 1928 (RGZ. Bd. 120 S. 337) zur Nichtanwendung des § 7 DiszG. geführt haben. Sollten die preußischen Disziplinarinstanzen an der Fortgeltung der Vorschrift auch gegenüber der Reichsverfassung und der ihr im vorstehenden gegebenen Auslegung festhalten, so wäre übrigens von ihnen zu erwägen, ob ein das Disziplinarverfahren ausschließender vollständiger Amtsverlust angenommen werden kann, wenn durch das Urteil des ordentlichen Gerichts rechtskräftig mit Bindung auch für den Staat festgestellt ist, daß die Gehaltsansprüche des Beamten fortbestehen, das Beamtenverhältnis also in vermögensrechtlicher Hinsicht nicht gelöst ist.

---

16. Geht das nach § 647 BGB. begründete Pfandrecht des Unternehmers, der ein im Schiffsregister eingetragenes Schiff ausgebessert hat, dadurch unter, daß der Unternehmer das Schiff freiwillig an den Eigentümer herausgibt?

BGB. §§ 647, 1253 Abs. 1, § 1266.

I. Zivilsenat. Urt. v. 4. November 1931 i. S. F. (Bekl.) w. Firma C. W. (Kl.). I 41/31.

I. Landgericht Stettin.
II. Oberlandesgericht daselbst.

Die Klägerin hat im Frühjahr 1926 den im Schiffsregister des Amtsgerichts Stettin eingetragenen Doppelschraubendampfer „Westfalen" auf Grund eines Werkvertrags mit dem Eigentümer des Schiffes zum Umbauen in Besitz genommen. Der Umbau ist im Frühjahr und Sommer 1926 ausgeführt worden. Für ihre Ansprüche aus dem Werkvertrag ist die Klägerin vom Besteller und Eigentümer nur teilweise befriedigt worden. Sie hat das Schiff im Mai 1927 an diesen herausgegeben, macht jedoch wegen ihrer Ansprüche aus dem Werkvertrag ein Werkmeisterpfandrecht nach § 647 BGB. geltend.

Am 29. September 1926 war für den Beklagten ein vertragliches Pfandrecht zur Sicherung einer Darlehensforderung von 30000 RM. in das Schiffsregister eingetragen worden, wovon ihm nach Abtretung eines Teilbetrags von 15000 RM. an die Firma Sch. letztstellige 15000 RM. verblieben sind. Später, am 16. Februar 1928, ist der Dampfer im Wege der Zwangsversteigerung der Klägerin zugeschlagen worden.

Im Verteilungsverfahren hat die Klägerin Widerspruch dagegen erhoben, daß der Beklagte wegen seiner Forderung von 16258,93 RM., die durch das ins Schiffsregister eingetragene Pfandrecht gesichert war, vor ihr berücksichtigt werde; sie beanspruchte für ihre Forderung von 42865,79 RM. nebst Zinsen aus dem Werkvertrag den Vorrang auf Grund des gesetzlichen Pfandrechts aus § 647 BGB. Der streitige Betrag wurde hinterlegt. Die Klägerin hat die Widerspruchsklage aus §§ 115, 162 ZVG., § 878 ZPO. erhoben. Das Landgericht entsprach der Klage im wesentlichen, das Oberlandesgericht gab ihr im vollen Umfang statt und wies die Anschlußberufung des Beklagten zurück. Auf dessen Revision wurde die Klage abgewiesen.

Gründe:

Das Berufungsgericht hat die Verurteilung des Beklagten wie folgt begründet: Auf Grund des Werkvertrags zwischen der Klägerin und dem damaligen Eigentümer des Dampfers „Westfalen" sei das

Schiff zum Umbau und zur Ausbesserung gemäß § 647 BGB. in den Besitz der Klägerin gelangt. Mit der Besitzerlangung sei für die Klägerin ein gesetzliches Pfandrecht an dem Schiff für ihre Forderung aus dem Werkvertrag entstanden. Diese Pfandhaftung erstrecke sich auf die Forderung in ihrem jeweiligen Bestand, einschließlich der Zinsen und Vertragsstrafen, des Ersatzes von Verwendungen, des Schadensersatzes wegen Gläubigerverzugs sowie der Kosten der Rechtsverfolgung und Pfandverwertung (§§ 1210, 1257, 1266 BGB.). Für den Rang und Bestand dieses gesetzlichen Pfandrechts der Klägerin sei es unerheblich gewesen, daß sie im Mai 1927 den Besitz an dem Schiff freiwillig durch Herausgabe an den damaligen Eigentümer aufgegeben habe. Denn für den Fortbestand des gesetzlichen Pfandrechts an dem im Schiffsregister eingetragenen Schiff komme es nach §§ 1257, 1266 BGB. — entgegen der allgemeinen Regel des § 1253 das. — nicht auf die Fortdauer des Besitzes an (RGZ. Bd. 108 S. 163). Demgemäß umfasse das Pfandrecht auch solche Forderungen aus dem Werkvertrag, die noch nach Herausgabe des Schiffes an den damaligen Eigentümer auf Grund des Werkvertrags entstanden seien. Das so begründete Pfandrecht gehe im vollen Umfang und mit dem gleichen Rang dem am 29. September 1926 in das Schiffsregister eingetragenen vertraglichen Pfandrecht des Beklagten vor, und zwar auch dann, wenn der Beklagte zur Zeit dieser Eintragung in bezug auf das gesetzliche Pfandrecht der Klägerin im guten Glauben gewesen sein, also jenes gesetzliche Pfandrecht weder gekannt noch infolge grober Fahrlässigkeit nicht gekannt haben sollte.

Das Berufungsgericht bezieht sich für seine Annahme, daß das Werkmeisterpfandrecht der Klägerin bestehen geblieben sei, obgleich sie ihren Besitz an dem Schiff freiwillig durch Herausgabe an den damaligen Schiffseigentümer aufgegeben hatte, auf die Ausführungen des VI. (VII.) Zivilsenats des Reichsgerichts in der a. a. O. abgedruckten Entscheidung. Der jetzt erkennende Senat tritt den dortigen Erwägungen darin bei, daß auf das gesetzliche Pfandrecht des Werkunternehmers an einem im Schiffsregister eingetragenen Schiff grundsätzlich sowohl § 1257 BGB. (vgl. auch Planck-Brodmann BGB. § 1259 Anm. 2; Kommentar von RGRäten § 1266 Anm.; Pappenheim Handbuch des Seerechts Bd. 2 S. 204flg.) als auch die §§ 1260flg. BGB. — soweit es mit deren Inhalt vereinbar ist —

anwendbar sind (a. M. Planck-Brodmann a. a. O. § 1259 Anm. 2). Der Senat ist aber der Ansicht, daß trotzdem die Fassung des § 1266 BGB. die Anwendung von § 1253 das. auf das Werkmeisterpfandrecht am Schiff gestattet. Auf die Anfrage des I. Zivilsenats hat der VII. Zivilsenat (der bei Erlaß des Urteils in RGZ. Bd. 108 S. 163 die Bezeichnung als VI. Zivilsenat führte) erklärt, daß er an der Rechtsauffassung in RGZ. Bd. 108 S. 163 nicht mehr festhalte. Daher war die Einholung einer Entscheidung der Vereinigten Zivilsenate nach § 136 GVG. nicht erforderlich.

Die Bestimmung in § 1266 Satz 1 BGB., daß die Vorschriften der §§ 1205 bis 1257 insoweit keine Anwendung finden, „als sich daraus, daß der Pfandgläubiger nicht den Besitz des Schiffes erlangt, Abweichungen ergeben", hat nach ihrem Wortlaut, Sinn und Zweck nur solche Pfandrechte an den im Schiffsregister eingetragenen Schiffen im Auge, bei deren Begründung die Besitzerlangung des Pfandgläubigers an der Pfandsache keine Rolle spielt. Das sind in erster Reihe die vertraglichen Schiffspfandrechte nach §§ 1260flg. Dagegen ist § 1266 Satz 1 das. dann nicht anwendbar, wenn, wie beim Werkmeisterpfandrecht nach § 647 BGB., für die Entstehung des (gesetzlichen) Pfandrechts die Erlangung des Besitzes an der Pfandsache durch den Pfandgläubiger die unerläßliche Voraussetzung bildet. Mit Planck-Brodmann a. a. O. § 1259 Anm. 2 (vgl. auch ebenda § 1266 Anm. 1) ist anzunehmen, daß § 1266 die direkte (subsidiäre) Anwendbarkeit wie der Sätze des gemeinen Pfandrechts überhaupt, so auch des § 1257 BGB. als selbstverständlich voraussetzt (zu vgl. u. a. Kommentar von RGRäten § 1266 Anm.). Dieser Anwendbarkeit werden dann in § 1266 gewisse Schranken gezogen, aber nur für solche Tatbestände, wie sie beim gesetzlichen Pfandrecht des Werkmeisters nach § 647, das sich seinem Wesen nach ganz dem gemeinen Besitzpfandrecht anschließt, nicht verwirklicht sind. Mit anderen Worten: die im § 1266 vorgesehenen Einschränkungen der Anwendbarkeit von §§ 1205 bis 1257 BGB. beziehen sich nur auf solche „Abweichungen", die sich daraus ergeben, daß der Pfandgläubiger nicht den Besitz des Schiffes erlangt. Sie betreffen ausschließlich ein Schiffspfandrecht, das zu seiner Entstehung den Besitz des Schiffsgläubigers am Schiffe nicht erfordert. Da zur Begründung des Werkmeisterpfandrechts am Schiff gehört, daß der Werkmeister den Besitz des Schiffes erlangt, so spricht die Ausnahme-Vorschrift des § 1266 gerade für die Anwendung des § 1253 auf ein solches Werkmeisterpfandrecht (vgl. Löning in der Hans. GerichtsZtg. 1924, Beiblatt S. 111 flg.: „Die Rangverhältnisse an Schiffspfandrechten" S. 113 Anm. 22). Dabei ist zu beachten, daß § 1253 BGB. die Fortdauer des Pfandrechts an der Pfandsache nicht etwa schlechthin von der Dauer des Besitzes des Pfandgläubigers abhängig macht, sondern nur besagt, daß das Pfandrecht erlischt, wenn der Pfandgläubiger das Pfand dem Verpfänder oder dem Eigentümer zurückgibt, also den Pfandbesitz kraft eigenen Willens aufgibt und damit endgültig verliert (vgl. § 861 BGB.). Und entsprechend heißt es in den Motiven zum Entwurf eines Bürgerlichen Gesetzbuchs Bd. 3 S. 846 in den „Vorbemerkungen" zum Pfandrecht an Schiffen unter Nr. 4: daß es hinsichtlich der Vorschriften über das Schiffspfandrecht grundsätzlich bei den Normen des Faustpfandrechts auch in Ansehung des gesetzlichen Pfandrechts verbleiben solle.

Wenn die in § 754 HGB. und in § 102 BinnSchG. aufgeführten Schiffsgläubigerrechte nach § 755 HGB., § 103 BinnSchG. den Schiffsgläubigern (denen das Schiff nicht schon durch Verbodmung verpfändet ist, § 755 HGB.) ein gesetzliches Pfandrecht am Schiff nebst Zubehör gewähren — ein Pfandrecht, das den Besitz des Schiffes nicht erfordert —, so handelt es sich dabei um besondere, durch die Eigentümlichkeiten des Schiffahrtsbetriebs veranlaßte Einzelvorschriften. Mit solchen an sich nicht erkennbaren Schiffspfandrechten muß diesen Eigentümlichkeiten entsprechend der Verkehr rechnen. Dagegen ist ein Verkehrsbedürfnis dafür nicht ersichtlich, daß das Werkmeisterpfandrecht am Schiff noch bestehen bleibt, wenn der Werkmeister das Schiff freiwillig herausgegeben hat, sondern das Gegenteil ist der Fall (vgl. RGZ. Bd. 108 S. 166 letzter Absatz).

Somit ist das Werkmeisterpfandrecht der Klägerin dadurch erloschen, daß sie das Schiff an den damaligen Schiffseigentümer freiwillig herausgegeben hat. Sie kann für ihre Forderung aus dem Werkvertrag auf Grund von § 647 BGB. keinen Vorrang vor dem Schiffspfandrecht des Beklagten beanspruchen. Demnach ist die Widerspruchsklage gegen den gerichtlichen Verteilungsplan unbegründet und es war daher nach § 565 Abs. 3 Nr. 1 ZPO. in der Sache selbst zu erkennen.

17. 1. Gilt die Einschränkung, welche die Rückwirkung der Genehmigung nach § 184 Abs. 2 BGB. erleidet, auch für die Genehmigung des Vertragsgegners der Partei, von der oder gegen die (zwangsweise) inzwischen verfügt worden ist?

2. Über die Voraussetzungen der Vermögensübernahme im Sinne des § 419 BGB.

BGB. §§ 184, 419.

V. Zivilsenat. Urt. v. 4. November 1931 i. S. S. (Bekl.) w. A. Grundstücksgesellschaft mbH. (Kl.). V 62/31.

I. Landgericht II Berlin.
II. Kammergericht daselbst.

Der Beklagte erwirkte im Jahre 1927 gegen seinen Schuldner H. zwei vollstreckbare Urteile, auf Grund deren er sich am 6. November 1928 im Grundbuch eines dem Schuldner gehörigen Grundstücks zwei Sicherungshypotheken eintragen ließ. Die Klägerin, eine Gesellschaft mbH., die durch Auflassung vom 14. Mai und Eintragung vom 21. Juli 1929 das Eigentum dieses Grundstücks erworben hat, verlangt vom Beklagten die Löschung der Hypotheken, weil schon vor deren Eintragung auf Grund der Bewilligung des Schuldners ihr Anspruch auf Übertragung des Eigentums aus dem Kaufvertrag vom 14. Juni 1928 vorgemerkt worden war. Der Beklagte will diesen Vertrag und die Vormerkung aus mehreren Gründen nicht gelten lassen und hat im ersten Rechtsgang obgesiegt, ist aber im zweiten unterlegen. Seine Revision führte zur Aufhebung und Zurückverweisung.

Gründe:

1. Die drei Gesellschafter der klagenden Gesellschaft mbH., welche sie gründeten und ihre ersten Geschäftsführer wurden, haben den Kaufvertrag mit dem Schuldner für die Klägerin am Tage der Gesellschaftsgründung abgeschlossen. Am selben Tage wurde die Vormerkung bewilligt und bald darauf im Grundbuch vermerkt. Die Eintragung der Klägerin im Handelsregister ist erst am 16. September 1928 nachgefolgt. Das Berufungsgericht hält das für unerheblich, weil sich die bürgerlichrechtliche Gründergesellschaft, für welche die Wirkungen des Kaufs und der Vormerkung zunächst eingetreten seien, mit der Eintragung der Klägerin ins Handelsregister in deren

jetzige Rechtsform verwandelt habe. Aus dieser richtigen Erkenntnis folgt aber nicht, daß die von den Geschäftsführern der Gründungsgesellschaft abgeschlossenen Geschäfte unterschiedslos die Gesellschaft mbH. berechtigen und verpflichten. Der Zweck der mit der Gründung zwischen den Gründern entstehenden Gesellschaft erschöpft sich darin, die Gesellschaft mbH. zur Entstehung zu bringen. Dieser Zweck begrenzt auch den Umfang der Befugnis des Geschäftsführers der bürgerlichen Gesellschaft, Rechtsgeschäfte für die künftige Gesellschaft mbH. vorzunehmen. Bei deren Entstehung gehen also die Rechte und die Pflichten nur aus solchen Geschäften unabweislich auf sie über, die zur Entstehung der Gesellschaft mbH. erforderlich waren. Andere Verträge, welche die Geschäftsführer in der Zeit bis zur Eintragung der Gesellschaft mbH. in deren Namen abgeschlossen haben, brauchen zwar nicht erneuert zu werden, damit daraus Rechte und Pflichten der eingetragenen Gesellschaft hergeleitet werden können. Ihre Wirksamkeit für diese ist aber davon abhängig, daß der Geschäftsführer sie nach der Eintragung gemäß §§ 177 flg. BGB. genehmigt (RGZ. Bd. 83 S. 373, Bd. 105 S. 229). Bei der Beklagten handelt es sich um eine Grundstücksgesellschaft und wohl um eine solche, die auch auf den Erwerb und die Verwertung des Grundstücks gerichtet war, über dessen Belastung die Parteien streiten. Daraus folgt aber nicht, daß es bereits zur Entstehung der Gesellschaft notwendig war, in deren Namen das Grundstück zu kaufen. Das Berufungsgericht wird daher zunächst die Genehmigung feststellen müssen.

Die Klägerin hat in der notariellen Verhandlung vom 14. Mai 1929 mit dem Schuldner eine Änderung der im Kaufvertrag vom 14. Juni 1928 vorgesehenen Zahlungsbedingungen vereinbart und die Auflassung von ihm entgegengenommen. Hiermit will sie den Vertrag genehmigt haben. Die Revision ist der Ansicht, damals sei eine wirksame Genehmigung nicht mehr möglich gewesen. Sie beruft sich darauf, daß der Beklagte inzwischen die Sicherungshypotheken am Grundstück erworben habe, und hält die Rückwirkung der Genehmigung zum Nachteil dieser Verfügung für unvereinbar mit § 184 Abs. 2 BGB. Aber diese Vorschrift soll, wie die Motive (Bd. 1 S. 247) ergeben, nur verhindern, daß jemand eine von ihm oder mit Wirkung gegen ihn vorgenommene Verfügung außer Kraft setzt, indem er später eine ältere, unwirksam gebliebene Verfügung genehmigt. Der erste Halbsatz des Abs. 2 sagt denn auch unzweideutig, daß die Rückwirkung nicht die Verfügungen unwirksam mache, die der Genehmigende vor der Genehmigung getroffen habe. Der zweite Halbsatz bezweckt nur, die zwangsweise mit Wirkung gegen den Genehmigenden getroffenen Verfügungen seinen eigenen gleichzustellen. Seine Anwendung beschränkt sich also auf den Fall, daß der Genehmigende der Vollstreckungs-, Arrest- oder Gemeinschuldner ist, dessen Rechte zugunsten von Gläubigern veräußert oder belastet waren und zufolge der Genehmigung auf einen andern übergehen sollen. So hat der erkennende Senat schon in RGZ. Bd. 64 S. 217, wo zwei Pfändungsankündigungen gegen denselben Schuldner vorlagen und die erste mangels Vollmacht des Vertreters des Pfandgläubigers zunächst schwebend unwirksam geblieben war, die nach der zweiten Ankündigung erklärte Genehmigung des ersten Pfandgläubigers unter Ablehnung der Anwendung des § 184 Abs. 2 für geeignet erklärt, den Vorrang der ersten Pfändung zu begründen. Auch die Entscheidung des Oberlandesgerichts Königsberg in SeuffArch. Bd. 60 Nr. 1 sowie von Tuhr Allg. Teil Bd. IIa S. 245 und Staudinger Anm. 5 zu § 184 vertreten diese Ansicht. Enneccerus-Nipperdey Bd. 1 S. 631 Anm. 18 und Planck-Flad Anm. 1b zu § 184 befürworten freilich eine Ausdehnung des § 184 Abs. 2, auch seines ersten Halbsatzes, auf alle wohlerworbenen Rechte, mögen sie auf Verfügungen des Genehmigenden beruhen oder nicht. Sie würde aber nicht nur über den Wortlaut des Gesetzes hinausgehen, sondern auch Fälle einschließen, die einen andern Charakter haben als die unmittelbar gesetzlich geordneten. Der Genehmigende handelt arglistig, wenn er es unternimmt, seine oder aus seinem Recht von seinen Gläubigern getroffene Verfügungen durch die Genehmigung eines älteren Geschäfts zu Fall zu bringen. Für seinen Gegner beim älteren Vertrag gilt das nicht ohne weiteres und nicht einmal regelmäßig. Im vorliegenden Falle handelt es sich nicht um Rechte der Klägerin, die von den Verfügungen betroffen wurden, sondern um solche des Verkäufers. Er hat durch die Veräußerung des Grundstücks an die Klägerin und schon durch die Bewilligung der Vormerkung (RGZ. Bd. 118 S. 234) verfügt. Gegen ihn hat dann der Beklagte nach Eintragung der Vormerkung die Zwangsvollstreckung ins Grundstück vorgenommen. Die Genehmigung, deren die erste Verfügung zu ihrer Wirksamkeit bedurfte, war aber nicht von seiner Seite erforderlich, sondern von seiten seines Vertragsgegners, der Klägerin, und soll von ihr erteilt worden sein. Ihre Rückwirkung in die Zeit vor Entstehung der Sicherungshypotheken des Beklagten unterliegt also gegebenenfalls keinem rechtlichen Bedenken. ... (Es folgt die Prüfung der Gläubigeranfechtung.)

2. Der Beklagte beruft sich auf § 419 BGB. Das Urteil führt dagegen aus: Diese Haftung könne den dinglichen Anspruch nicht entkräften, sondern höchstens ein Zurückbehaltungsrecht des Beklagten rechtfertigen. Sie setze im übrigen voraus, daß ein Vermögen, d. h. ein Inbegriff von Sachgütern, übernommen worden sei; der Verkauf eines oder zweier nicht als Sachgesamtheit erkennbarer und nicht ersichtlich das ganze Vermögen des Veräußerers bildender Grundstücke genüge dazu nicht. Daß die Klägerin beim Abschluß der Kaufverträge gewußt habe, die verkauften Grundstücke seien das ganze Vermögen des Verkäufers, habe der Beklagte nicht behauptet. Die Revision bekämpft auch diese Auffassung. Sie hat darin Recht, daß der Einwand aus § 419 BGB. geeignet ist, zur Abweisung eines dinglichen Anspruchs von der eingeklagten Art zu führen, weil der Kläger nicht die Beseitigung der Zwangsvollstreckung in einen Gegenstand verlangen darf, den er sachlichrechtlich zur Zwangsvollstreckung bereitzustellen verpflichtet ist. Aus diesem Grunde hat das Reichsgericht bereits die Widerspruchsklage des § 771 ZPO. im Fall der Haftung aus § 419 für unbegründet erklärt (WarnRspr. 1912 Nr. 158). Die Ausführungen über die gesetzlichen Voraussetzungen der Haftung sind aber in dem entscheidenden Punkte frei von Rechtsirrtum. Das Vermögen, das übernommen wird, braucht freilich nicht gerade in einer Sachgesamtheit (universitas facti) zu bestehen und überhaupt nicht aus Sachen. Einen Vermögensinbegriff (universitas juris) müssen, wie der erkennende Senat im Urteil vom 15. Dezember 1928 (RGZ. Bd. 123 S. 54) bemerkt hat, die veräußerten Gegenstände in ihrer Zusammenfassung darstellen, damit ihre Übertragung die Rechtsfolgen des § 419 begründe. Es braucht aber nicht immer eine Mehrheit von Gegenständen vorhanden oder übertragen worden zu sein, um ein Vermögen im Sinne des § 419 BGB. zu bilden, wenngleich das die Regel sein wird. Daß nicht jeder Gegenstand deshalb, weil er das einzige Gut des Veräußerers ist, als ein Vermögen angesehen werden kann (etwa ein Kleidungs- oder Möbelstück, ein Haustier oder dergl.), versteht sich freilich von selbst, weil der

Begriff im Einklang mit der Verkehrsauffassung bestimmt werden muß (Bibergeil Schuldübernahme in Bd. 44 der „Rechtsfragen der Praxis" S. 14). Mit Bezug auf ein Hausgrundstück hat jedoch der erkennende Senat schon in einem gleichfalls am 15. Dezember 1928 erlassenen Urteil (SeuffArch. Bd. 83 Nr. 65) dargelegt, daß dessen Veräußerung — damals von der Mutter auf den Sohn — eine Vermögensübertragung im Sinne des § 419 sein könne, und an dieser mit der Verkehrsauffassung übereinstimmenden Beurteilung ist festzuhalten. Indessen genügt es nicht etwa allein, daß das Hausgrundstück tatsächlich das Vermögen des Veräußerers gewesen ist, um die Haftung des Erwerbers für die Schulden des Veräußerers nach sich zu ziehen. Das wäre eine unerträgliche Belastung des Verkehrs im allgemeinen und insbesondere des Grundstücksverkehrs, der danach ohne weitgehende Nachforschungen nach den persönlichen Verhältnissen des Verkäufers gefährlich sein würde. Zum Tatbestand des § 419 BGB. gehört vielmehr, mindestens bei der Übertragung einzelner Gegenstände, daß der Erwerber die Verhältnisse des Veräußerers kennt und daß nach diesen ihm bekannten Verhältnissen das ganze oder so gut wie das ganze Vermögen mit dem überlassenen Gegenstand auf ihn übergeht. Die Rechtsprechung des Reichsgerichts steht, soweit ersichtlich, einer solchen Beurteilung nicht entgegen. Das Urteil des III. Zivilsenats vom 12. Mai 1914 (RGZ. Bd. 85 S. 168), das vielfach — auch von der Revision — dafür angeführt wird, daß das Gesetz keine subjektiven Voraussetzungen aufstelle, hat nicht diesen Inhalt, abgesehen davon, daß es nicht die Übernahme eines einzelnen Gegenstands behandelt. Damals war nur zu entscheiden, ob es darauf ankomme, daß sich die Parteien in unrichtiger Schätzung der dem Veräußerer verbliebenen Gegenstände nicht bewußt gewesen sein sollten, ein Vermögen zu übergeben und zu empfangen. Das wurde mit dem Bemerken verneint, ein solches Erfordernis würde dem § 419 ebenso die praktische Bedeutung nehmen, wie wenn man auf den Willen zur Schuldübernahme abstellte. Damit wurde also nur für ausreichend erklärt, daß die dem Erwerber bekannten tatsächlichen Vermögensverhältnisse bei richtiger Würdigung die Übernahme des Vermögens des Veräußerers ergaben (vgl. auch RG. vom 5. September 1929, LZ. 1930 Sp. 1396). Eine weitergehende Abweichung von der früheren reichsgerichtlichen Rechtsprechung wäre für den III. Zivilsenat nicht ohne Anrufung der Vereinigten Zivilsenate möglich gewesen. Denn der II. Zivilsenat hatte in einer Entscheidung vom 11. November 1910 (RGZ. Bd. 76 S. 4) dargelegt, die Veräußerung einzelner Vermögensgegenstände durch Vertrag begründe die Haftung des § 419 nur dann, wenn die Parteien sich bewußt seien, daß sie das ganze Vermögen des Veräußerers ausmachten. Daß der III. Zivilsenat davon trotz der Fassung des Urteils vom 12. Mai 1914 nicht grundsätzlich abweichen wollte, zeigt sein Erkenntnis vom 30. Juni 1914 (WarnRspr. Nr. 282). Dort wird unter Bezugnahme auf das Urteil vom 12. Mai 1914 ausgeführt: es genüge nach § 419, daß die übertragenen Gegenstände tatsächlich das Vermögen des Veräußerers ausmachten, von einigen im Verhältnis zum Ganzen unbedeutenden Vermögensstücken abgesehen, und daß sich die Beteiligten dessen bewußt seien. Auch die Entscheidung des VI. Zivilsenats vom 30. Mai 1929 (WarnRspr. 1929 Nr. 174) will unter Bezugnahme auf RGZ. Bd. 85 S. 168 nur der Ansicht des damaligen Berufungsgerichts entgegentreten, daß die Haftung gesetzlich den Willen oder das Bewußtsein der Vermögensübernahme voraussetze. Sollte aber der Satz, die objektive Tatsache der Übertragung müsse genügen, wörtlich zu nehmen sein, so würde er eine abweichende Entscheidung des gegenwärtigen Falles doch nicht hindern, weil es sich dort nicht um die Übertragung einzelner Gegenstände gehandelt hat wie hier, wo aus den dargelegten Gründen jedenfalls die Vorstellung der Parteien von den Verhältnissen des Veräußerers zur Vermeidung unerträglicher Ergebnisse für wesentlich erachtet werden muß. Die Auffassung des angefochtenen Urteils bedarf hiernach nur insofern einer Richtigstellung, als der Vorderrichter die Kenntnis zur Zeit des Abschlusses des Kaufvertrags für maßgeblich hält und dabei nicht berücksichtigt, daß der Abschluß erst mit der Genehmigung der klagenden Gesellschaft zustande gekommen ist. Darauf kommt es aber nicht an, weil die Kenntnis auch für diesen Zeitpunkt bisher nicht behauptet worden ist. . . .

---

18. Kommt die Aufwertungsfreiheit des Bankiers dem Bürgen zugute?

AufwG. § 66. BGB. § 767.

VIII. Zivilsenat. Urt. v. 5. November 1931 i. S. Gemeinde F. (Kl.) w. Stadtgemeinde W. (Bekl.). VIII 227/31.

I. Landgericht Mainz.
II. Oberlandesgericht Darmstadt.

Die Klägerin gab in den Jahren 1919 und 1920 der W.er Kredit-Anstalt AG. drei Darlehen im Gesamtbetrag von 1000000 M., für welche die Beklagte selbstschuldnerische Bürgschaft übernommen hat. Die Klägerin begehrt Aufwertung ihrer Darlehensforderungen und hat hierfür die Beklagte als Bürgin in Anspruch genommen. Diese verweigert jede Zahlung; sie wendet ein, die Hauptschuldnerin sei ein Bankunternehmen im Sinne des § 66 AufwG. und genieße Aufwertungsfreiheit. Die Klage wurde in allen drei Rechtszügen abgewiesen.

Gründe:

Der Berufungsrichter nimmt an, die W.er Kreditanstalt sei ein Unternehmen im Sinne des § 66 AufwG., dessen Geschäftsbetrieb der Anschaffung und Darleihung von Geld diene. Er billigt infolgedessen die Auffassung des Landgerichts, daß die Klägerin von der Hauptschuldnerin keine Aufwertung verlangen könne. Sodann erwägt er, eine Bürgschaftsverpflichtung sei eine Nebenverpflichtung und als solche durch den Bestand einer Hauptschuld notwendig bedingt. Da im vorliegenden Falle wegen Versagung des Aufwertungsrechts gegenüber der Darlehensschuldnerin keine Hauptschuld bestehe, so hafte die Beklagte nicht.

Die Revision geht zutreffend davon aus, daß die die Aufwertungsfreiheit der Bankunternehmungen verordnende Vorschrift des § 66 AufwG. lediglich aus wirtschaftspolitischen Gründen im Interesse der Banken erlassen sei. Man glaubte eben bei Erlaß des Aufwertungsgesetzes, den Banken die Aufwertung der ihnen dargeliehenen Gelder nicht zumuten zu können, weil sie nach der Art ihres Geschäftsbetriebs (kurzfristige Ausleihung dieser Gelder) regelmäßig nicht in der Lage seien, ihrerseits Aufwertungsansprüche zu erheben. Auch besorgte man, daß die volkswirtschaftlich notwendige Ansammlung von Kapitalien in den Händen der Banken erschwert würde, wenn deren Vermögenslage durch unübersehbare Aufwertungsverbindlichkeiten an Übersichtlichkeit verlöre.

Auch die weitere Ausführung der Revision, das Gesetz habe deshalb in § 66 a. a. O. für die Banken ein besonderes persönliches Privileg geschaffen, steht mit der Rechtsprechung des Reichsgerichts im Einklang. Denn nach ihr kann sich bei einem Gesamtschuldverhältnis ein Nichtbankier nicht auf das seinem Mitschuldner als Bankier zustehende Privileg berufen (JW. 1930 S. 2948 Nr. 16). Mit der Folgerung aber, dann dürfe wegen Gleichheit des Grundes die Aufwertungsfreiheit auch nicht dem Bürgen zustatten kommen, beachtet die Revision nicht den rechtlich bedeutsamen Unterschied, der zwischen der Gesamtschuld und der Bürgschaft besteht. Die Gesamtschuld zerfällt nach dem Recht des Bürgerlichen Gesetzbuchs in so viele Verpflichtungen, als Mitschuldner vorhanden sind. Jede dieser Verpflichtungen kann ihr besonderes rechtliches Schicksal haben, soweit nicht die Zweckeinheit ein anderes erfordert. Nur die in den §§ 422 bis 424 BGB. bezeichneten Umstände wirken auch für die übrigen Schuldner. Die Aufwertungsfreiheit des Bankiers läßt sich nicht unter sie einordnen, sondern bewirkt nur, daß unter Umständen einer von den Mitschuldnern vollständig wegfällt, während die übrigen unverändert weiterhaften. Ganz im Gegensatz zur Gesamtschuld handelt es sich bei der Bürgschaft um eine Verpflichtung, die allerdings die Sicherung der Erfüllung der Hauptschuld selbständig zum Gegenstand hat, für die aber nach § 767 BGB. der jeweilige Bestand der Hauptverbindlichkeit maßgebend ist. Das rechtliche Schicksal der Hauptverbindlichkeit wirkt also bestimmend auf den Umfang der Bürgschaftsverpflichtung ein. Wird die Hauptschuld durch Verzug oder Verschulden des Hauptschuldners geändert, so ändert sich damit auch der Umfang der Bürgschaftsverpflichtung; dagegen wird der Bürge frei, wenn die Erfüllung der Hauptschuld durch Zufall unmöglich wird. Diese Abhängigkeit der Bürgschaft von der Hauptverbindlichkeit besteht, auch wenn sich der Bürge als Selbstschuldner verbürgt. Ein solcher Bürge tritt damit nicht in das Schuldverhältnis zwischen Gläubiger und Schuldner ein; er wird nicht Gesamtschuldner, sondern er verzichtet nur auf die Einrede der Vorausklage (RGZ. Bd. 65 S. 134 [139]). Würde er die Verbindlichkeit des Hauptschuldners neben diesem übernehmen, so läge keine Bürgschaft mehr vor.

Für die Aufwertungsfrage ist anerkannten Rechtens, daß der Bürge die auf Mark lautende Bürgschaftsschuld, die der Geldentwertung anheimgefallen ist, kraft der Einheit des Rechtsverhältnisses aufwerten muß. Er muß, wenn die Hauptforderung nach allgemeinen Vorschriften aufgewertet wird, nach diesen, und wenn die Hauptforderung auf Grund des Aufwertungsgesetzes aufgewertet wird, nach dessen Vorschriften aufwerten. Daraus ergibt sich als unabweisbare Folge, daß er nicht aufwerten muß, wenn die Hauptforderung kraft besonderer gesetzlicher Vorschriften nicht aufzuwerten ist, wie dies z. B. § 66 AufwG. bestimmt, und es kann sich nur fragen, ob etwa der Sicherungszweck der Bürgschaft dieser Folgerung entgegensteht und eine entsprechende Behandlung gebietet, wie solche in der erwähnten Entscheidung des V. Zivilsenats bei der Gesamtschuld angenommen wird.

Nicht entscheidend kann hierfür sprechen, daß im Verkehr zwischen Mitschuld und Bürgschaft nicht streng unterschieden wird und wirtschaftlich beide Haftungsformen ineinander fließen, sodaß vielfach der Zufall darüber entscheidet, ob jemand als Mitschuldner in das Schuldverhältnis eintritt oder sich als selbstschuldnerischer Bürge verpflichtet. Denn im Verkehrsleben ist dem einzelnen sehr wohl zuzumuten, daß er sich Klarheit verschaffe über die rechtlichen Unterschiede, die zwischen beiden Haftungsformen bestehen.

Geht man von dem wirtschaftlichen Zweck der Bürgschaft aus, den Gläubiger dagegen zu sichern, daß der Hauptschuldner nicht zahlen kann oder nicht zahlen will, so unterliegt es keinem Zweifel, daß der Bürge die Folgen des wirtschaftlichen Zusammenbruchs des Schuldners auf sich nehmen muß, auch wenn er damit nicht gerechnet hat; denn gerade für diesen Fall hat er die Bürgschaft übernommen. Aus dem wirtschaftlichen Zweck der Bürgschaft erklären sich daher die Vorschriften des § 193 KO. und des § 73 VerglO., die im Falle des Zwangsvergleichs die Rechte der Gläubiger gegen den Bürgen unberührt lassen. Daraus erklärt sich auch die Vorschrift des § 768 BGB., wonach sich der Bürge, wiewohl er die dem Hauptschuldner zustehenden Einreden geltend machen kann, nicht darauf berufen darf, daß der Erbe des Hauptschuldners für dessen Verbindlichkeit nur beschränkt hafte. Aus dem wirtschaftlichen Zweck der Bürgschaft erklärt sich endlich der in der Rechtsprechung des Reichsgerichts festgehaltene Satz, daß der wohlhabende Bürge unter Umständen höher aufwerten muß als der verarmte Hauptschuldner, damit der Gläubiger im Rahmen des § 242 BGB. zu seinem Rechte komme (WarnRspr. 1927 Nr. 106). In diesen Fällen tritt der Natur der Sache nach die akzessorische Natur der Bürgschaft (§§ 767, 768 BGB.) aus inneren Gründen hinter den Sicherungszweck zurück.

Die Rechtsprechung des Reichsgerichts hat aber stets betont, daß es sich hierbei um Ausnahmefälle handle. So wird in RGZ. Bd. 92 S. 123 anerkannt, daß der Fall des Zwangsvergleichs der entsprechenden Anwendung auf den Fall des die Konkursabwendung bezweckenden freiwilligen Vergleichs nicht zugänglich ist. Das Urteil RGZ. Bd. 93 S. 91 nimmt an, daß sich der Bürge auf eine dem Hauptschuldner als Kriegswirkung erteilte Zwangsstundung berufen kann. Umsomehr muß nach § 767 BGB. dem Bürgen die Vorschrift des § 66 AufwG. zugute kommen; denn hier wird der Hauptschuldner regelmäßig zahlungsfähig und durchaus imstande sein, die Hauptverbindlichkeit aufzuwerten; die Sicherheit der Hauptverbindlichkeit wird somit außer Zweifel stehen. Der Hinweis der Revision darauf, daß schließlich auch § 66 a. a. O. der Aufrechterhaltung der Zahlungsfähigkeit der Banken diene, greift auf volkswirtschaftliche Erwägungen zurück, die mit dem gekennzeichneten wirtschaftlichen Zweck der Bürgschaft nichts mehr zu tun haben. Es liegt also kein Grund vor, hier dem Sicherungszweck den Vortritt zu lassen und den Grundsatz der Abhängigkeit vom Schicksal der Hauptverbindlichkeit preiszugeben. Solche Gründe verdienten umsoweniger Anerkennung, als der Rückgriff des zahlenden Bürgen, soweit er auf Auftrag, Geschäftsführung ohne Auftrag oder auf ein ähnliches Rechtsverhältnis gestützt werden könnte, schwer zu vereinen wäre mit den Absichten, denen § 66 AufwG. dienen soll.

Ebensowenig vermöchte der vom Reichsfinanzhof in seinem Gutachten vom 21. November 1924 (JW. 1925 S. 1158 Nr. 1) vertretene Standpunkt, daß der freiwillig aufwertende Schuldner eine natürliche Verbindlichkeit erfülle, der Klägerin zum Sieg zu verhelfen. Denn das Berufungsgericht weist mit Recht darauf hin, daß sich auch die Beklagte auf den Mangel der Klagbarkeit der Hauptverbindlichkeit berufen könne. Es braucht deshalb nicht erörtert zu werden, ob die — im Schrifttum bekämpfte — Auffassung des Reichsfinanzhofs zu billigen ist.

---

19. Über Wirkung und Bedeutung einer teilweisen Zurücknahme der Berufung.

ZPO. § 515.

IX. Zivilsenat. Urt. v. 24. Oktober 1931 i. S. Frau W. (Kl.) w. G. (Bekl.). IX 228/31.

I. Landgericht Neiße.
II. Oberlandesgericht Breslau.

Die Klägerin ist am 6. Februar 1929 im Hause des Beklagten zu Fall gekommen. Sie nimmt den Beklagten auf Schadensersatz in Anspruch wegen Verletzung seiner Pflicht, für die Verkehrssicherheit im Hause zu sorgen.

Das Landgericht wies die Klage ab. Ein Armenrechtsgesuch der Klägerin wurde vom Berufungsgericht genehmigt, abgesehen von einem Betrag von 5 RM. für einen Arztschein; insoweit wurde das Gesuch zurückgewiesen. Einen Durchschlag des Beschlusses erhielt der Rechtsanwalt F., der sich für den Beklagten gemeldet hatte. Dem für die Klägerin bestimmten Rechtsanwalt J. wurde der Beschluß am letzten Tage der Berufungsfrist — am 16. Mai 1930 — fernmündlich mitgeteilt; er konnte daraufhin die Berufungsschrift noch am gleichen Tage bei Gericht einreichen. Erst am 17. Mai wurde der Beschluß dem Rechtsanwalt J. zugestellt. Da dieser über die Wirksamkeit der ersten Berufungseinlegung Zweifel hatte, wiederholte er sie am 20./22. Mai 1930 und stellte zugleich einen Antrag auf Wiedereinsetzung in den vorigen Stand gegen die Versäumung der Berufungsfrist. Dieser Schriftsatz enthielt auch einen Antrag zur Sache, und zwar dahin: gemäß dem Klagantrag den Beklagten zur Zahlung von 1005 RM. nebst Zinsen sowie eines vom Gericht festzusetzenden Schmerzensgelds zu verurteilen und festzustellen, daß er der Klägerin den ihr durch den Unfall entstandenen Schaden zu ersetzen habe. Da in den 1005 RM. auch die 5 RM. enthalten waren, deretwegen das Armenrechtsgesuch abgelehnt worden war, erging nunmehr die Aufforderung an die Klägerin, eine Prozeßgebühr von 1,50 RM. zu zahlen. Daraufhin zeigte Rechtsanwalt J. am 17. Juni 1930 an: mit der Berufung werde lediglich Verurteilung des Beklagten in Höhe von 1000 RM. nebst Zinsen beantragt, soweit die Berufung darüber hinausgehe, werde sie zurückgenommen; damit erledige sich die Aufforderung zur Zahlung des Gerichtskostenvorschusses. Der Beklagte bat insoweit, als die Klägerin mehr als 1000 RM. nebst Zinsen verlangt habe, um Verwerfung der Berufung als unzulässig; hilfsweise beantragte er, die Klägerin insoweit des Rechtsmittels für verlustig zu erklären. Im übrigen beantragte er Zurückweisung der Berufung.

Das Berufungsgericht änderte das landgerichtliche Urteil insoweit ab, als die Klägerin mit dem Anspruch auf Zahlung von 1000 RM. abgewiesen worden ist, und erklärte insoweit den Klaganspruch dem Grunde nach für gerechtfertigt. Im übrigen wurde die Klägerin der Berufung gegen das vorbezeichnete Urteil für verlustig erklärt. Ihre Revision führte zur Aufhebung und Zurückverweisung.

Gründe:

Der Berufungsrichter hält den Beklagten für schadensersatzpflichtig; er hat daher den bezifferten Klagantrag, abgesehen von den 5 RM., dem Grunde nach für gerechtfertigt erklärt. Im übrigen ist er der Meinung, die Berufung sei durch die Erklärung des Rechtsanwalts J. vom 17. Juni 1930 zurückgenommen, weil eine andere Auslegung jener klaren und in ihrer Bedeutung zweifelsfreien Erklärung nicht möglich sei. Es sei zwar anzunehmen, daß zwischen dem Inhalt der Erklärung und dem wahren Willen der Klägerin ein Widerspruch bestehe. Eine Anfechtung wegen Irrtums sei aber ausgeschlossen. Der Widerspruch sei dem Beklagten nicht erkennbar gewesen. Zweifellos habe die Erklärung die Bedeutung gehabt, die Berufung unter Verzicht auf das Rechtsmittel zurückzunehmen, sodaß sie auch nicht habe erneut eingelegt oder um den zurückgenommenen Teil des Anspruchs habe wieder erweitert werden können. Der Hilfsantrag mache lediglich Ansprüche geltend, die in dem durch die Berufungszurücknahme erledigten Teil des Hauptantrags mitenthalten seien.

Bei Entscheidung der Frage über den Umfang der Zurücknahme der Berufung und über ihre Bedeutung handelt es sich um die Auslegung einer Prozeßhandlung, die der freien Nachprüfung in der Revisionsinstanz unterliegt (RGZ. Bd. 86 S. 380). Dem Berufungsgericht muß nun zwar darin beigepflichtet werden, daß die Zurücknahme nur die Bedeutung gehabt haben kann, die Berufung werde zum Teil (nämlich wegen der 5 RM.) endgültig, insoweit also unter Verzicht auf das Rechtsmittel, zurückgenommen, und ebenso ist dem angefochtenen Urteil darin beizutreten, daß unter diesen Umständen eine erneute Berufung oder auch nur eine erneute Erweiterung des Anspruchs auf den Teil des Antrags nicht mehr statthaft ist, den die

Zurücknahme der Berufung betraf (RGZ. Bd. 96 S. 186; Beschl. vom 13. Juni 1930 IX B 5/30).

Nicht zu billigen ist dagegen die Meinung, die Berufung sei in weiterem Umfang als hinsichtlich der 5 RM. zurückgenommen worden, deretwegen das Armenrecht versagt worden war. Daß die Absicht der Klägerin nicht weiterging, hat schon das Berufungsgericht festgestellt. Diese Absicht ist aber auch dem Gericht und dem Beklagten gegenüber erkennbar zum Ausdruck gelangt; denn im Schriftsatz vom 17. Juni 1930 wird hervorgehoben, daß sich mit der Zurücknahme der Berufung die Aufforderung zur Zahlung des Gerichtskostenvorschusses erledige. Dem Gericht und dem Beklagten war bekannt, daß die Klägerin im Armenrecht klagte; dem Beklagten nicht nur deshalb, weil er schon der Erteilung des Armenrechts widersprochen und weil die Berufungsschrift auf das Armenrechtsgesuch verwiesen hatte, sondern auch deshalb, weil seinem Anwalt eine Abschrift des Armenrechtsbeschlusses zugegangen war. Daß aber ein Armenanwalt beim Fehlen jedes ersichtlichen Grundes nicht die Klage zurücknehmen könne und werde, soweit das Armenrecht bewilligt worden war, mußte auch der Beklagte annehmen. Er mußte daher aus dem Hinweis auf die Erledigung der Vorschußzahlung erkennen, daß die Zurücknahme der Berufung nur den Antrag wegen der 5 RM. betreffen konnte, für die das Armenrecht nicht bewilligt worden war, und daß sonach gerade nur der diesen Teil betreffende Antrag einer neuen Fassung bedurft hatte. Bei dem obwaltenden Tatbestand konnte die Berufungszurücknahme also auch vom Beklagten nur in dem ihr von der Klägerin beigelegten beschränkten Sinne verstanden werden. Daher ist die Berufung bloß insoweit zurückgenommen worden.

Für den Fall, daß der Empfänger einer prozessualen Willenserklärung die vorgekommene Unrichtigkeit zweifelsfrei erkennen muß, ist sogar eine nachträgliche Richtigstellung für zulässig zu erachten (RGZ. Bd. 81 S. 177, Bd. 105 S. 310).

---

20. 1. Fällt eine Wertsachenversicherung unter den Begriff der Transportversicherung und genügt demnach bei ihr zur Verwirkung der Versicherungsansprüche einfache Fahrlässigkeit?

2. Zur Frage der Verpflichtung des Versicherers, die Versicherungssumme zu verzinsen.

VVG. §§ 6, 11, 129, 134, 187. VAG. § 116 a. F. BGB. §§ 246, 291.

VII. Zivilsenat. Urt. v. 30. Oktober 1931 i. S. A. See-, Fluß- und Landtransportversicherungs-Gesellschaft (Bekl.) w. St. (Kl.). VII 73/31.

I. Landgericht Köln.
II. Oberlandesgericht daselbst.

Der Kläger hatte bei der Beklagten eine Reihe von Schmucksachen sowie Pelze gegen Verlust und Beschädigung auf Reisen und am Wohnort (innerhalb und außerhalb der Wohnung) versichert. Darunter befand sich ein Perlenhalsband, das mit 14400 RM. versichert war. Mit der Behauptung, seine Ehefrau habe dieses Halsband in New York in der Nacht vom 31. Dezember 1928 zum 1. Januar 1929 verloren, verlangt der Kläger Zahlung der darauf entfallenden Versicherungssumme und Erstattung der Kosten, die ihm durch Veröffentlichung des Verlustes in verschiedenen Zeitungen entstanden seien.

Das Landgericht verurteilte die Beklagte antragsgemäß, dem Kläger 14400 RM. und 34,84 $ zu zahlen, beide Beträge mit 10% Zinsen seit dem 1. Februar 1929. Die Berufung der Beklagten blieb erfolglos. Ihre Revision wurde mit der Maßgabe zurückgewiesen, daß sie an Zinsen nur 4% seit Klagzustellung zu zahlen habe.

Gründe:

Der Berufungsrichter stellt fest, daß das Perlenhalsband verloren gegangen sei, während Frau St. in der Silvesternacht 1928/29 nach dem Verlassen des Hotels Oliver Cromwell in New York das Schmuckstück getragen habe. Darin, daß sie es zur Silvesterfeier angelegt und an den in Frage kommenden Örtlichkeiten getragen habe, findet der Berufungsrichter keine Verletzung der im Art. 1 der Allgemeinen Versicherungs-Bedingungen der Beklagten geregelten Aufbewahrungs- und Behandlungspflicht. Der Pflicht zur Anzeige des Schadens nach Art. 5 AVB. habe der Kläger — so führt der Berufungsrichter weiter aus — genügt; ebenso der Aufklärungspflicht nach Art. 5 Abs. 1 Satz 2 das., wonach er die Weisungen der Beklagten habe befolgen müssen. Allerdings enthalte das als Schadensbericht sich darstellende Schreiben des Klägers vom 23. Januar 1929 nicht alle Einzelheiten darüber, wo sich seine Frau in der fraglichen Nacht aufgehalten habe. Darin könne aber keine vorsätzliche oder grobfahrlässige Verletzung der Aufklärungspflicht (einfache Fahrlässigkeit genüge nach § 6 Abs. 2 VVG. nicht) gefunden werden, abgesehen davon, daß keine Verletzung der Aufklärungspflicht nachgewiesen sei. Denn der Kläger habe die Mitteilung der einzelnen Örtlichkeiten für unwesentlich halten dürfen, zumal da am Tage der Erstattung des Schadensberichts bereits mehr als drei Wochen seit dem Verlust des Halsbandes verflossen gewesen seien, der Kläger auch von Köln aus seine Frau unverzüglich mit den erforderlichen Ermittlungen beauftragt habe. Nach Lage des Falles und nach der Erfahrung des täglichen Lebens hätte auch bei Mitteilung der Einzelheiten keine Aussicht auf Wiedererlangung des Schmuckstücks bestanden; dieser Meinung sei offensichtlich auch die Beklagte gewesen, da sie keine eigenen Nachforschungen veranstaltet habe und selbst bei Kenntnis weiterer Einzelheiten solche nicht veranstaltet haben würde.

Auch die dem Versicherungsnehmer im Art. 5 AVB. auferlegte Verpflichtung, alle zur Wiedererlangung erforderlichen Maßnahmen unverzüglich von selbst zu ergreifen, insbesondere polizeiliche Meldungen zu machen, sei weder vorsätzlich noch grobfahrlässig verletzt worden. Denn der Kläger habe, nachdem er dem Direktor der Beklagten den Verlust des Halsbandes unverzüglich, nämlich am 2. Januar 1929, mitgeteilt habe, noch am gleichen Tage seine Frau durch Kabeltelegramm beauftragt, den Verlust der Hoteldirektion schriftlich mitzuteilen und ihn unter Zusicherung einer Belohnung von 10% des Wertes in Zeitungen bekanntzugeben, auch weitere Nachforschungen anzustellen. Seine Frau habe dann den Verlust in verschiedenen Zeitungen veröffentlicht. Wenn in diesen Anzeigen nicht alle Räumlichkeiten aufgeführt worden seien, in denen sie damals geweilt habe, so sei das unerheblich, zumal da Frau St. weitere Nachforschungen angestellt und nicht nur die Polizei, sondern auch einen Detektiv mit der Ermittlung des Verlustes beauftragt habe. Auch der Frau falle daher keine grobe Fahrlässigkeit zur Last, abgesehen davon, daß der Kläger für ein sie etwa treffendes Verschulden nicht haftbar sei.

Hiernach und weil die Beklagte die Auslagen nicht bestritten habe und der Zinsanspruch aus Verzug gerechtfertigt sei, gelangt der Vorderrichter zur Zurückweisung der Berufung.

Die Revision der Beklagten ist nicht begründet.

Das Berufungsgericht lehnt es auf Grund tatsächlicher Erwägungen ab, eine Verletzung der dem Kläger obliegenden Pflicht zur sorgfältigen Aufbewahrung und Behandlung darin zu finden, daß seine Frau das Perlenhalsband zur Silvesterfeier in New York angelegt und an den in Frage kommenden Örtlichkeiten getragen habe. Die tatsächlichen Feststellungen können in der Revisionsinstanz nicht angegriffen werden. Eine Verletzung des Begriffs der Sorgfaltspflicht tritt nicht zutage. Die Revision beschwert sich zwar darüber, daß der Berufungsrichter nicht auf die unter Beweis gestellte Behauptung der Beklagten eingegangen sei, wonach es „in der Silvesternacht in New York toller zugehe als an den drei Karnevalstagen in Köln". Allein er stellt gerade darauf ab, daß auch im Tragen des Schmuckstücks zur Silvesterfeier keine Verletzung der Sorgfaltspflicht zu finden sei, und es kann nicht angenommen werden, daß er die erwähnte, in fünf Schriftsätzen vorgetragene Behauptung übersehen habe. Er hat vielmehr im Tragen des Halsbandes offensichtlich auch für den Fall keine Verletzung der im Art. 1 Abs. 2 AVB. dem Kläger auferlegten Pflicht gesehen, daß es in der Silvesternacht in New York „toller zugehen sollte" als beim Karneval in Köln.

Auch die Erwägungen, mit denen der Vorderrichter eine grobe Fahrlässigkeit des Klägers und seiner Frau in Beziehung auf die dem Versicherungsnehmer im Art. 5 AVB. auferlegte Schadensanzeige-, Aufklärungs- und Auskunftspflicht verneint, sind im wesentlichen tatsächlicher Natur. Ein Rechtsverstoß ist nirgends zu finden; der Begriff der groben Fahrlässigkeit ist nicht verkannt. Liegt aber nach den tatsächlichen Feststellungen keine grobe Fahrlässigkeit vor, dann kann auch nicht von einem vorsätzlichen Zuwiderhandeln die Rede sein.

Wenn das Berufungsgericht gemäß § 6 Abs. 2 VVG. eine einfache Fahrlässigkeit nicht für ausreichend hält, um eine Verwirkung des Versicherungsanspruchs nach Art. 5 AVB. zu begründen, so ist ihm auch hierin zu folgen. Art. 5 sagt zwar, eine Verletzung der dort vorgeschriebenen Anzeige- und Aufklärungspflicht berechtige die Beklagte zur Ablehnung der Schadensansprüche, „es sei denn, daß die Verletzung weder auf Vorsatz noch auf Fahrlässigkeit beruht". Danach würde schon einfache Fahrlässigkeit genügen, um die Ablehnung der Schadensansprüche zu rechtfertigen. Aber auf diese — mit § 6 Abs. 2 VVG. im Widerspruch stehende — Bedingung kann sich die Beklagte nach Abs. 3 das. nicht berufen, außer wenn die in Frage kommende Versicherung als Transportversicherung anzusehen wäre und demgemäß die Ausnahmevorschrift in § 187 Abs. 1 VVG. Platz griffe. Das ist jedoch nicht der Fall. Es handelt sich um eine sog. Wertsachenversicherung, bei der Juwelen und Pelzsachen gegen jeden Verlust und jede Beschädigung auf Reisen und am Wohnort (innerhalb und außerhalb der Wohnung) versichert sind. Eine solche Versicherung, mag sie auch, wie hier, von einer Transportversicherungsgesellschaft abgeschlossen worden sein, hat — anders als die sog. Valorenversicherung (vgl. Manes Versicherungslexikon S. 1669) — ihrem Wesen nach nichts mit der Transportversicherung zu tun. Bei dieser trägt der Versicherer alle Gefahren, die durch die Beförderung der versicherten Güter verursacht werden, sofern sie während der Dauer der versicherten Reise auftreten (§§ 129, 134 VVG.). Es handelt sich beim „Transport" um die Bewegung von Gegenständen, die mit dem Zweck eines bestimmten Erfolgs vorgenommen wird, nämlich mit dem Zweck, den Gegenstand der Beförderung von einem Ort zum andern zu verbringen. Von einem Transport kann man nicht sprechen, wenn die Gegenstände am Körper ihres Inhabers auf Reisen mitgeführt werden, sei es zum Zweck des Zurschautragens, wie es bei Juwelen und anderen Schmucksachen der Fall ist, sei es zur Erwärmung, wie bei Pelzsachen. Bei der Transportversicherung wird der Versicherungsnehmer gegen die Gefahr geschützt, der die versicherten Sachen ausgesetzt sind, während sie sich zur Beförderung in den Händen des Frachtführers, des Schiffers, des Eisenbahnunternehmers befinden, also während eines Zeitraums, wo sich der Versicherungsnehmer ihres Besitzes und ihrer Innehabung entschlagen muß und mithin selbst regelmäßig keine Aufsicht und Kontrolle über die mit dem Transport betrauten Personen und über die Sachen ausüben kann (so Hagen Versicherungsrecht in Ehrenbergs Handbuch des Handelsrechts Bd. VIII 2. Abt. S. 213). Bei der Wertsachenversicherung der hier in Frage kommenden Art wird aber der Versicherungsnehmer gegen diejenige Gefahr geschützt, der die versicherten Sachen ausgesetzt sind, während sie von ihrem Besitzer bestimmungsgemäß getragen oder unter seiner Obhut aufbewahrt werden. Hier entschlägt sich der Versicherungsnehmer nicht der Innehabung der versicherten Sachen; er behält sie unter seiner Aufsicht, auch wenn er eine Reise antritt und die Sachen dabei mit sich führt. Bei der Wertsachenversicherung tritt der Gesichtspunkt der Beförderung auch dann zurück, wenn sich die Versicherung, wie hier, nicht bloß auf das Getragenwerden und die Aufbewahrung am Wohnort des Versicherungsnehmers, sondern zugleich auf die Mitnahme bei Reisen erstreckt. Auch wenn die versicherten Sachen von ihrem Besitzer auf Reisen mitgenommen werden, ist ihre Beförderung nicht Selbstzweck, sondern nur eine Folge davon, daß ihr Träger eine Reise unternimmt und während der Reise oder am Bestimmungsort die Sachen tragen will.

Das Reichsaufsichtsamt für Privatversicherung bejaht allerdings die Frage, ob die Juwelen- und Pelzsachenversicherung als Transportversicherung anzusehen sei, und das Schrifttum ist ihm hierbei gefolgt (Veröffentlichungen des Aufsichtsamtes 1912 S. 136, 1916 S. 109; zustimmend Manes Versicherungswesen 3. Aufl. Bd. 2 S. 272; ders. im Versicherungslexikon S. 833; Koenige-Petersen Privatversicherungsgesetz S. 806; Bruck Versicherungsvertragsgesetz S. 477). Bei Beantwortung der Frage durch das Aufsichtsamt handelt es sich aber lediglich darum, ob die Juwelen- und Pelzsachenversicherung der Aufsicht nach dem Versicherungsaufsichtsgesetz unterliegt oder gemäß § 116 VAG. a. F. ebenso wie die Transportversicherung aufsichtsfrei ist. Für den Geltungsbereich des Versicherungsvertragsgesetzes vermag der erkennende Senat aus den dargelegten Gründen der Ansicht des Aufsichtsamtes nicht zu folgen. Auch der Reichsfinanzhof hat im Urteil vom 27. Februar 1925 (RFH. Bd. 15 S. 326) einer Juwelen- und Pelzsachenversicherung der hier fraglichen Art den Charakter einer Transportversicherung abgesprochen, wenigstens in steuerrechtlicher Beziehung.

Fällt sonach die in Rede stehende Versicherung nicht unter den Begriff der Transportversicherung, so konnte die Beklagte die Vorschrift des § 6 Abs. 2 VVG. nicht wegbedingen. Sie wäre also zur Ablehnung der Schadensersatzansprüche wegen Verletzung der Bestimmungen im Art. 5 AVB. nur dann berechtigt, wenn diese Verletzung auf Vorsatz oder grober Fahrlässigkeit beruhte. Das verneint aber der Berufungsrichter ohne Rechtsirrtum.

Hiernach ist die Revision in der Hauptsache unbegründet.

Was die Entscheidung über die Zinsen anlangt, so kann sich zwar die Beklagte im Hinblick auf § 11 VVG. nicht auf Art. 5 Abs. 5 AVB. berufen, wonach die Fälligkeit des Versicherungsanspruchs erst mit der Rechtskraft des Urteils eintreten soll und daher erst von da an

Zinsen gefordert werden können. Rechtsirrtümlich hat aber der Berufungsrichter dem Kläger 10% Zinsen seit dem 1. Februar 1929 zugesprochen. Denn der Zinsanspruch steht dem Kläger erst von der später bewirkten Klagzustellung an zu, und nur in der gesetzlichen Höhe von 4% (§§ 246, 291 BGB.). Einen früheren Verzug der Beklagten und einen höheren Verzugsschaden hat der Kläger nicht behauptet, geschweige denn nachgewiesen.

---

21. Zum Begriff der Verzeihung nach § 1570 BGB.

VII. Zivilsenat. Urt. v. 6. November 1931 i. S. Ehem. S. (Bekl.) w. Ehefr. S. (Kl.). VII 112/31.

I. Landgericht Eisenach.
II. Oberlandesgericht Jena.

Das Landgericht hat auf die Klage die Ehe der Parteien nach § 1568 BGB. geschieden, weil der Beklagte im Januar und April 1928 die Klägerin mißhandelt habe, und hat die Widerklage abgewiesen. Die Berufung des Beklagten blieb erfolglos. Seine Revision führte zur Aufhebung und Zurückverweisung.

Gründe:

Nach den insoweit übereinstimmenden Angaben der Parteien stellt der Vorderrichter fest, daß sie in der ersten Hälfte des Juni 1928 — mindestens vom 4. bis 12. dieses Monats — ihre eheliche Gemeinschaft wieder aufgenommen und miteinander geschlechtlich verkehrt haben. Jedoch lehnt er den vom Beklagten daraus hergeleiteten Einwand der Verzeihung ab, indem er, der Darstellung der Klägerin folgend, in jenem Verhalten der Streitteile nur einen gescheiterten Versuch der Aussöhnung sieht.

Die Revision rügt Verletzung des § 1570 BGB. Mit Recht macht sie geltend, daß die Auffassung des Berufungsgerichts dem Wesen der Ehe und dem Rechtsbegriff der Verzeihung zuwiderlaufe. Wenn die Ehegatten nach den vorgekommenen Ehewidrigkeiten sich wieder zur ehelichen Lebensgemeinschaft zusammenfanden und im Verlauf von mindestens einer Woche wiederholt Geschlechtsverkehr miteinander pflegten, so kann darin bei richtiger Auffassung der sittlichen Grundlagen der Ehe nur ein Verhalten gesehen werden, durch das jeder von ihnen kundgab, daß er die Ehe nicht mehr als zerrüttet empfinde. Insbesondere hat dadurch die Klägerin gezeigt, daß sie den vorangegangenen ehewidrigen Handlungen des Beklagten keine ehezerrüttende Bedeutung mehr beimaß und daß diese für ihr persönliches Empfinden der Fortsetzung des ehelichen Zusammenlebens nicht mehr im Wege standen. Das mußte zur Folge haben, daß ihr von ihrem persönlichen Standpunkt aus das Festhalten am ehelichen Verhältnis auch weiterhin zuzumuten war. Diese Auffassung vom Wesen der Verzeihung hat das Reichsgericht stets vertreten (RGZ. Bd. 96 S. 269 und dort angeführte frühere Entscheidungen, Bd. 123 S. 237 und sonst). Zwar braucht die Ausübung des geschlechtlichen Verkehrs nicht jedesmal als Betätigung des Verzeihungswillens aufgefaßt zu werden; doch wird, wenn zwischen den Ehegatten einträchtiges Zusammenleben mit regelmäßigem Geschlechtsverkehr stattfindet, dem nur in besonderen Ausnahmefällen die Bedeutung einer Verzeihung abgesprochen werden können (JW. 1919 S. 573 Nr. 8). Dafür, daß hier die Sachlage als Ausnahmefall zu beurteilen wäre, ergeben die Feststellungen des Oberlandesgerichts nichts.

Sollte sich etwa die Klägerin bei Wiederherstellung der ehelichen Gemeinschaft insgeheim vorgenommen haben, daß sie ihr Verhalten nicht als Verzeihung gelten lassen wolle, so wäre einem solchen Vorbehalt keine Bedeutung beizulegen (JW. 1901 S. 386 Sp. 2, 1905 S. 371 Nr. 12, 1906 S. 752 Nr. 25; RGUrteile vom 11. Januar 1912 IV 216/11 und vom 26. April 1919 V 371/18). Dies würde sogar dann gelten, wenn sie dem Beklagten ausdrücklich erklärt hätte, sie wolle ihm trotz des von ihr beobachteten Verhaltens nicht verzeihen (RGZ. Bd. 96 S. 268; RGUrt. vom 22. November 1920 VI 412/20). Denn das Verhalten eines Ehegatten, der ein einträchtiges, mit geschlechtlicher Beiwohnung verbundenes Zusammenleben mit dem anderen Ehegatten wiederherstellt, müßte — wie es in RGZ. Bd. 96 S. 270 ausgedrückt ist — als eine aller guten Sitte hohnsprechende Herabwürdigung des anderen Ehegatten erscheinen, wenn darin keine auf Fortsetzung der Ehe abzielende Verzeihung zu finden wäre.

Allerdings ist der Versuch einer Aussöhnung zwischen Eheleuten rechtlich durchaus denkbar (vgl. RGRKomm. Anm. 3 a. E. zu § 1570 BGB.). Dementsprechend hat der IV. Zivilsenat im Urteil vom 16. November 1922 IV 144/22 ausgesprochen, der Versuch eines weiteren äußeren Zusammenlebens sei noch keine Verzeihung; er hat jedoch dabei ausdrücklich hervorgehoben, daß sich in dem damals zu beurteilenden Falle die Klägerin nicht zu mehr als einem bloß äußeren Zusammenleben bereit erklärt habe, dem insbesondere die geschlechtliche Gemeinschaft fehlen sollte. Hier liegen aber die Dinge insofern ganz anders, als die Parteien bei Wiederherstellung ihrer ehelichen Lebensgemeinschaft alsbald auch den Geschlechtsverkehr wieder begonnen haben. Dieses Verhalten geht über einen Versöhnungsversuch weit hinaus und kann nur als vollendete Verzeihung gewertet werden. Die Frage, ob die Wiederaufnahme des Zusammenlebens eine dauernde Wiederbefestigung des ehelichen Verhältnisses zur Folge hatte, muß bei Prüfung der Voraussetzungen des § 1570 BGB. völlig ausscheiden. Denn es wird stets mehr oder weniger ungewiß sein, ob das mit einer Verzeihung erstrebte Ziel, den weiteren gedeihlichen Fortbestand der Ehe zu sichern, wirklich erreicht wird.

Muß hiernach angenommen werden, daß die Klägerin dem Beklagten Anfang Juni 1928 verziehen hat, so ist entgegen der Auffassung des Berufungsrichters zu verneinen, daß sie ihre Scheidungsklage noch auf die dem Beklagten zur Last gelegten Mißhandlungen vom 9. Januar und 16. April 1928 gründen könne. Die Klägerin würde nur noch berechtigt sein, diese Mißhandlungen gemäß § 1573 BGB. zur Unterstützung einer auf andere Tatsachen gegründeten Scheidungsklage geltend zu machen. . . .

---

22. Wird der die Zwangsvollstreckung betreibende Gläubiger rechtlos bereichert, wenn der Gerichtsvollzieher an ihn irrigerweise einen Geldbetrag abführt, den der Vollstreckungsschuldner an den Gerichtsvollzieher zur Abwendung der von einem anderen Gläubiger betriebenen Vollstreckung gezahlt hat?

BGB. § 812. ZPO. §§ 753, 757.

III. Zivilsenat. Urt. v. 6. November 1931 i. S. Preuß. Staat (Kl.) w. Sch. (Bekl.). III 390/30.

I. Landgericht Marburg.
II. Oberlandesgericht Kassel.

Der Beklagte war im Jahre 1926 als Gerichtsvollzieher tätig. Im Auftrag der Firma O. pfändete er im März 1926 bei deren Schuldnerin, der Firma Sp. Vor dem Versteigerungstermin zahlte die Schuldnerin zur Abwendung der weiteren Zwangsvollstreckung an den Beklagten für die Firma O. 400 RM. Der Beklagte quittierte auch über diesen Betrag. Die Firma O. hat die 400 RM. jedoch nicht erhalten. Das Geld ist nämlich aus dem Büro des Beklagten an eine andere Gläubigerin der Schuldnerin, die Firma M., gesandt worden, die ebenfalls die Zwangsvollstreckung gegen die Firma Sp. betrieb. Die Firma M. behielt 197,95 RM. (den Betrag ihrer Forderung) und sandte die überschießenden 202,05 RM. an den Beklagten zurück, der aber auch diesen Betrag nicht an die Firma O. abführte. Letztere hat gegen den jetzt klagenden Preußischen Staat aus dem Gesichtspunkt der Amtshaftung ein Urteil auf Zahlung von 400 RM. nebst Zinsen erstritten. Der Kläger hat diesen Betrag und 266,25 RM. Prozeßkosten gezahlt und will mit der Klage Rückgriff gegen den verklagten Gerichtsvollzieher nehmen.

Das Landgericht hat der Klage stattgegeben. Das Oberlandesgericht hat die Klage in Höhe von 197,95 RM. (d. i. in Höhe des endgültig der Firma M. verbliebenen Betrags) abgewiesen und im übrigen die Berufung des Beklagten zurückgewiesen. Gegen dieses Urteil hat der Kläger Revision und der Beklagte Anschlußrevision eingelegt. Das Rechtsmittel des Beklagten führte zur Aufhebung und Zurückverweisung. Die Revision des Klägers wurde zurückgewiesen.

Aus den Gründen:

I. Zur Revision des Klägers.

In Höhe von 197,95 RM. hat das Berufungsgericht die Klage abgewiesen, weil die Firma O. in dieser Höhe auf andere Weise Ersatz zu erlangen vermöge, insoweit also ihr Anspruch aus Art. 131 RVerf. gegen den Kläger und damit auch der Rückgriffsanspruch des Klägers gegen den Beklagten entfalle. Der Beklagte habe nämlich die von der Schuldnerin für die Firma O. gezahlten 400 RM. vertretungsweise für die Gläubigerin angenommen und mithin Eigentum daran für die Firma O. erworben. Indem er diesen der Firma O. gehörigen Betrag an die Firma M. habe gelangen lassen, die nicht Gläubigerin der Firma O., sondern nur Gläubigerin der Firma Sp. war, sei die Firma M. auf Kosten der Firma O. bereichert worden und der

Firma O. stünden in Höhe der 197,95 RM., welche die Firma M. zur Deckung ihrer Forderung behalten habe, Ansprüche aus rechtloser Bereicherung zu.

Von der Revision wird diese Erwägung mit Unrecht bemängelt; ihr ist im Ergebnis beizutreten. Die Revision meint, der Beklagte habe in dem irrigen Glauben, die von ihm für die Firma O. vereinnahmten 400 RM. dazu verwenden zu dürfen, der Firma M. mit der Abführung der 400 RM. das gewähren wollen, was sie (die Firma M.) von der Firma Sp. zu fordern gehabt habe, und er habe daher, soweit die letztere Forderung tatsächlich reichte, also in Höhe von 197,95 RM., die Forderung der Firma M. getilgt, sodaß diese nicht gegenüber der Firma O. bereichert, sondern wegen ihrer Forderung an die Firma Sp. befriedigt worden sei. Mit diesen Ausführungen verkennt die Revision die Bedeutung der vom verklagten Gerichtsvollzieher vorgenommenen Zahlung. Der Gerichtsvollzieher zahlt an den betreibenden Gläubiger kraft seines Amtes, nicht als Vertreter des Schuldners. Er will nicht dessen Schuld tilgen, sondern nur seinen Auftrag erfüllen, indem er den bei der Zwangsvollstreckung vereinnahmten Betrag an seinen Auftraggeber abführt. Nur dieser Auftrag, nicht aber die Forderung des Gläubigers an den Vollstreckungsschuldner bildet den Rechtsgrund seiner Zahlung. Irrt er sich in der Person dessen, dem der Betrag zukommt, so mangelt es also an einem die Zahlung rechtfertigenden Grunde und der Empfänger (hier die Firma M.) wird rechtlos bereichert. Da der Gerichtsvollzieher die 400 RM. nicht aus seinem Vermögen gezahlt hat, sondern aus Mitteln der Firma O., für die er nach der auch insoweit zutreffenden Auffassung des Berufungsgerichts das von der Firma Sp. zur Abwendung der Vollstreckung an ihn gesandte Geld vereinnahmt hatte (vgl. §§ 753, 757 ZPO.), so ist die Firma M. in Höhe der ihr verbliebenen 197,95 RM. auf Kosten der Firma O. rechtlos bereichert, und die Firma O. konnte und mußte sich in dieser Höhe an die Firma M. halten, bevor sie nach § 839 BGB., Art. 131 RVerf. den jetzt klagenden Staat haftbar machen durfte (§ 839 Abs. 1 Satz 2 BGB.).

II. (Folgen Ausführungen zur Anschlußrevision des Beklagten.)

23. Über die Voraussetzungen des Zurückbehaltungsrechts nach § 273 Abs. 1 BGB.

VI. Zivilsenat. Urt. v. 9. November 1931 i. S. U. AG. (Bekl.) w. Ehel. R. (Kl.). VI 268/31.

I. Landgericht I Berlin.
II. Kammergericht daselbst.

Der klagende Ehemann war als Eigentümer des Hauses C.straße 19, die klagende Ehefrau als Eigentümerin des Hauses C.straße 18 in B. im Grundbuch eingetragen. Am 30. September 1922 bot ein jedes von ihnen, und zwar die klagende Ehefrau unter Beitritt ihres Ehemanns, sein Hausgrundstück in notarieller Urkunde der Beklagten zum Preise von 515000 M. an; der bar zu zahlende Teil des Kaufpreises sollte Zug um Zug gegen Erteilung der Auflassung entrichtet werden. Die Kläger erklärten sich in den Urkunden bis zum 31. Dezember 1922 an ihr Kaufangebot gebunden.

In notariell beglaubigter Urkunde vom 13. November 1922 erteilten beide Kläger, und zwar wiederum die klagende Ehefrau unter Beitritt ihres Ehemanns, dem Rechtsanwalt C. unwiderrufliche Vollmacht zum Verkauf ihrer Grundstücke, insbesondere zum Abschluß des notariellen Kaufvertrags mit dem Erwerber, zur Erklärung der Auflassung und zur Bewilligung der Eintragung des neuen Erwerbers ins Grundbuch.

Durch notarielle Verträge vom 7. und 9. Dezember 1922 verkaufte Rechtsanwalt C. die Grundstücke auf Grund der erwähnten Vollmachten an die Beklagte für je 515000 M., nachdem bereits alsbald nach Unterzeichnung der Vollmachten der bar zu entrichtende Kaufpreis an die Kläger ausgezahlt worden war; gleichzeitig ließ er die Grundstücke an die Beklagte auf, die am 16. Februar und 14. Juli 1923 als Eigentümerin eingetragen wurde.

Nachdem am 22. Mai 1928 auf beiden Grundstücken ein Widerspruch gegen die Richtigkeit der Eintragung der Beklagten zugunsten der Kläger eingetragen worden war, erhoben diese mit der Begründung, daß die dem Rechtsanwalt C. erteilten Vollmachten der nach § 313 BGB. erforderlichen Form ermangelt hätten, Klage auf Herausgabe der Grundstücke und auf Einwilligung in die Berichtigung des Grundbuchs dahin, daß sie wieder als Eigentümer eingetragen würden. Die Klage hatte in allen drei Rechtszügen Erfolg; die Revision der Beklagten wurde durch Urteil des Reichsgerichts vom 10. März 1930 zurückgewiesen. Zuvor war am 8. März 1930 dem Antrag der Beklagten entsprechend auf dem Grundstück C.str. 18 eine Eigentümergrundschuld von 10000 RM. und auf dem Grundstück C.straße 19 eine solche von 5000 RM. eingetragen worden. Am 26. Mai 1930 wurden die Kläger auf Grund der gegen die Beklagte erwirkten Urteile wieder als Eigentümer der Grundstücke eingetragen.

Nunmehr erhoben die Kläger Klage auf Verurteilung der Beklagten zur Einwilligung in die Löschung der zu ihren Gunsten eingetragenen Eigentümergrundschulden von 10000 und 5000 RM. Die Beklagte bestritt nicht ihre Verpflichtung, die Löschung der Grundschulden zu bewilligen, machte aber ein Zurückbehaltungsrecht in folgender Richtung geltend: Sie habe am 13. November 1922 den bar zu entrichtenden Teil des Kaufpreises mit 990000 M. ausgezahlt. Die Kläger müßten ihr diesen Betrag aufgewertet zurückzahlen. Außerdem seien die Kläger um die durch Nichtannahme der Kaufangebote vom 30. September 1922 ihnen zugeflossenen Vermögensvorteile ungerechtfertigt bereichert. Die Annahmeerklärung auf die Kaufangebote sei nämlich unterblieben, weil beide Teile in den Verträgen vom 7. und 9. Dezember 1922 in Verbindung mit den dem Rechtsanwalt C. am 13. November 1922 erteilten Vollmachten die Annahme der Kaufangebote erblickt hätten. Die Beklagte bezifferte ihre Ansprüche auf 25000 RM., stellte aber die Festsetzung der Höhe des Betrags in das Ermessen des Gerichts.

Beide Vorinstanzen erkannten nach dem Klagantrag. Die Revision der Beklagten war ohne Erfolg.

Gründe:

Streitig ist nur, ob der Beklagten ein Zurückbehaltungsrecht gegenüber dem von ihr nicht bestrittenen Klaganspruch zusteht. Das Berufungsgericht hat die Zulässigkeit der Geltendmachung des Zurückbehaltungsrechts verneint, und zwar in erster Linie deshalb, weil es angenommen hat, daß die beiderseitigen Ansprüche nicht auf demselben rechtlichen Verhältnis im Sinne des § 273 BGB. beruhten. In einer Hilfserwägung hat es die Geltendmachung des Zurückbehaltungsrechts weiterhin auch deshalb für nicht zulässig erklärt, weil die Beklagte gegen Treu und Glauben gehandelt habe, als sie sich drei Tage vor der endgültigen Entscheidung des über das Eigentum an den Grundstücken schwebenden Rechtsstreits trotz des eingetragenen Widerspruchs die Grundschulden eintragen ließ, und daß es deshalb auch gegen Treu und Glauben verstoße, wenn die Beklagte die Grundschulden zurückbehalten wolle, die sie in Kenntnis des Widerspruchs und in Erwartung eines für sie ungünstigen Prozeßausgangs bestellt habe. Schließlich hat das Berufungsgericht noch ausgeführt, daß der Beklagten außer dem Anspruch auf Rückzahlung des bar gezahlten Kaufpreises aus dem Gesichtspunkt der ungerechtfertigten Bereicherung keine weitere Forderung zustehe, wegen deren das Zurückbehaltungsrecht ausgeübt werden könnte, daß es aber mit Treu und Glauben nicht vereinbar sei, wenn die Beklagte gegenüber dem Anspruch der Kläger auf Löschung der Grundschulden in Höhe von 15000 RM. ein Zurückbehaltungsrecht wegen eines Bereicherungsanspruchs ausüben wolle, der ihr in Ansehung des gezahlten Kaufpreises nur in Höhe von einigen hundert Reichsmark zustehe.

Die Revision der Beklagten muß schon am ersten Entscheidungsgrund des Berufungsrichters scheitern. Wie er zutreffend ausführt, kommt es bei dem Erfordernis des § 273 Abs. 1 BGB., daß Verpflichtung und Anspruch auf demselben Rechtsverhältnis beruhen müssen, nicht darauf an, daß Forderung und Gegenforderung aus einem einheitlichen Rechtsgeschäft entsprungen sind; es genügt vielmehr, daß sie aus Rechtsgeschäften hervorgegangen sind, die in einem natürlichen, wirtschaftlichen Zusammenhang stehen, der es als gegen Treu und Glauben verstoßend erscheinen läßt, wenn der eine Anspruch ohne Rücksicht auf den andern geltend gemacht wird (RGZ. Bd. 57 S. 5, Bd. 68 S. 33, Bd. 72 S. 103, Bd. 78 S. 336, Bd. 83 S. 268). Ein solcher innerer, natürlicher, wirtschaftlicher Zusammenhang zwischen den Rechtsgeschäften, aus denen einerseits der Anspruch der Kläger hervorgegangen ist, anderseits die Beklagte ihre Gegenansprüche herleitet, besteht im vorliegenden Falle nicht. Der Anspruch der Kläger hat, wie auch das Berufungsgericht richtig hervorhebt, seine Rechtsgrundlage in der Tatsache, daß die Beklagte als Nichteigentümerin durch die Eintragung der Eigentümergrundschulden über die Grundstücke zu ihren Gunsten verfügt hat und daß diese Verfügungen mit Rücksicht auf den eingetragenen Widerspruch nach § 892 BGB. den Klägern gegenüber nicht wirksam geworden sind. Die Kläger können deshalb auf Grund des § 894 das. die Berichtigung des Grundbuchs von der Beklagten als Grundschuldgläubigerin verlangen. Diese leitet ihren Gegenanspruch daraus her, daß sie im Vertrauen auf die Rechtsgültigkeit der dem Rechtsanwalt C. von den Klägern erteilten unwiderruflichen Veräußerungsvollmachten den Kaufpreis für die Grundstücke gezahlt hat, aber wegen Rechtsungültigkeit der Vollmachten nicht Eigentümerin der Grundstücke geworden ist und daß sie im Vertrauen auf die gemäß den Vollmachten geschlossenen Veräußerungsgeschäfte eine Annahme der Kaufangebote vom 30. September 1922 unterlassen hat. Der im Wege des Zurückbehaltungsrechts geltend gemachte Anspruch stützt sich hiernach auf eine angebliche Bereicherung der Kläger, die ihre unmittelbare Grundlage in der Nichtigkeit der Veräußerungsgeschäfte hat, während der Berichtigungsanspruch der Kläger darauf beruht, daß die Beklagte durch eine den Klägern gegenüber unwirksame Verfügung über die Grundstücke als Berechtigte im Grundbuch eingetragen worden ist. Allerdings verkennt das Berufungsgericht nicht, daß auch diese Unwirksamkeit der Verfügung schließlich ihren Grund darin hat, daß die Beklagte infolge der Nichtigkeit der Veräußerungsgeschäfte nicht Eigentümerin der Grundstücke geworden ist. Das genügt aber nicht, um beide Ansprüche als auf demselben rechtlichen Verhältnis beruhend anzusehen. Es besteht zwischen den Tatbeständen, auf die sich die beiden Ansprüche gründen, kein derartiger innerer, natürlicher, wirtschaftlicher Zusammenhang, daß man annehmen müßte, der Berichtigungsanspruch der Kläger dürfe nach Treu und Glauben nicht ohne Berücksichtigung des Gegenanspruchs geltend gemacht und durchgeführt werden. Im Gegenteil muß — wie auch das Berufungsgericht in einer Hilfserwägung ausgeführt hat, die aber gerade für die Frage der Zulässigkeit des Zurückbehaltungsrechts nach § 273 Abs. 1 BGB. überhaupt wesentlich ist — die Berücksichtigung des von der Beklagten verfolgten Anspruchs gegenüber dem Berichtigungsanspruch der Kläger im vorliegenden Falle sogar als Treu und Glauben widersprechend bezeichnet werden. Die Beklagte wird nicht etwa deshalb in Anspruch genommen, weil sie im Vertrauen auf die Rechtsgültigkeit der Veräußerungsgeschäfte Verfügungen vorgenommen hat, sondern als Inhaberin von Rechten, die sie angesichts des gegen die Richtigkeit der Eigentumseintragung bestehenden Widerspruchs erworben hat. Durch die Eintragung dieses Widerspruchs waren die Kläger als wirkliche Eigentümer der Grundstücke gegen jede sie benachteiligende Verfügung des eingetragenen Nichteigentümers über die Grundstücke geschützt. Es käme aber einer benachteiligenden Wirkung der nach dem Gesetz im Verhältnis zu den Klägern unwirksamen Verfügung gleich, wenn die Beklagte in der Lage sein sollte, gegenüber dem Anspruch der Kläger auf Beseitigung der für sie unwirksamen Eintragung ein Zurückbehaltungsrecht geltend zu machen. Hiergegen kann die Erwägung der Revision nicht Platz greifen, daß die Beklagte in der Lage gewesen wäre, gegenüber dem von den Klägern im Vorprozeß erhobenen Anspruch das Zurückbehaltungsrecht auszuüben. Wenn auch bei dem von den Klägern damals verfolgten Anspruch der zur Ausübung des Zurückbehaltungsrechts erforderliche Zusammenhang mit dem Gegenanspruch vorhanden gewesen sein mag, die Beklagte es aber unterlassen hat, damals das Zurückbehaltungsrecht geltend zu machen, so kann dies doch nicht dazu führen, nunmehr einem anderen Anspruch gegenüber, bei dem der erforderliche Zusammenhang mit dem Gegenanspruch fehlt, die Ausübung des Zurückbehaltungsrechts zuzulassen.

---

24. Wie ist die Bestimmung in den Allgemeinen Versicherungs-Bedingungen einer Lebensversicherungsgesellschaft auszulegen, daß die Leistungspflicht der Gesellschaft mit der Zahlung der ersten Prämie beginne, „vorausgesetzt, daß der Versicherte seit der ärztlichen Untersuchung bezw. der Antragstellung nicht erheblich erkrankte“?

VVG. § 159.

VII. Zivilsenat. Urt. v. 10. November 1931 i. S. Witwe Sch. (Kl.) w. D. R. Lebensversicherungs-AG. (Bekl.). VII 88/31.

I. Landgericht Hamburg.
II. Oberlandesgericht daselbst.

Der Ehemann der Klägerin hatte auf Grund seines Antrags vom 9. November 1927 und einer ärztlichen Untersuchung vom 10. November 1927, bei der wie üblich ein Fragebogen ausgefüllt wurde, mit der Beklagten einen Lebensversicherungsvertrag über 15000 RM. zugunsten der Klägerin abgeschlossen. Die erste Prämie hatte er bei Fälligkeit am 15. Februar 1928 gezahlt. Am 6. Mai 1929 ist er an Magenkrebs gestorben. Die Klägerin verlangt Auszahlung der Versicherungssumme. Die Beklagte wendet ein, daß sie den Vertrag wegen arglistiger Täuschung angefochten habe, ferner daß sie wegen Verletzung der Anzeigepflicht von ihm zurückgetreten sei, endlich daß sie von der Verpflichtung zur Leistung gemäß § 1 Nr. 2 ihrer Allgemeinen Versicherungs-Bedingungen (AVB.) frei sei, weil der Verstorbene nach Stellung des Antrags und vor Zahlung der ersten Prämie erheblich erkrankt sei. Die angeführte Bestimmung lautet:

Die Leistungspflicht der Gesellschaft aus der Versicherung beginnt mit der Zahlung des ersten Beitrages, vorausgesetzt, daß der Versicherte ... seit der ärztlichen Untersuchung bezw. der Antragstellung nicht erheblich erkrankte ...

Das Landgericht hat der Klage stattgegeben, das Oberlandesgericht hat sie abgewiesen. Die Revision der Klägerin führte zur Aufhebung und Zurückverweisung.

Gründe:

Das Berufungsgericht hat festgestellt, der Ehemann Sch. sei schon vor der Antragstellung vom 9. November 1927 an Krebs erkrankt gewesen und die Beschwerden, über die er Ende Februar und Anfang März 1928 gegenüber den Ärzten Dr. M. und Dr. B. geklagt habe, seien spätestens im November 1927 aufgetreten und Erscheinungen der Krebskrankheit gewesen, an der Sch. dann gestorben sei. Diese Beschwerden, von denen noch nicht feststehe, ob sie vor der Antragstellung oder erst nachher aufgetreten seien, bildeten die einzige Tatsache, durch welche die Krebserkrankung bis zur ersten Prämienzahlung vom 15. Februar 1928 in die Erscheinung getreten sei. Insbesondere lasse sich ein Zusammenhang mit der Krebskrankheit weder bei einer Erkrankung vom Jahre 1924 feststellen, die samt ähnlichen Beschwerden, wie den im Jahre 1928 den Ärzten geklagten, vielleicht doch nur auf einen Bandwurm zurückzuführen gewesen sei, noch auch bei einer nach Weihnachten 1927 aufgetretenen „akuten Magenentzündung“, die schließlich auch bloß auf einem verdorbenen Magen beruht haben könne.

(Es folgen Ausführungen, mit denen das Berufungsgericht die Vertragsanfechtung wegen arglistiger Täuschung und den Rücktritt wegen Verletzung der Anzeigepflicht ablehnt, abgesehen von dem Falle, daß die erwähnten Beschwerden schon vor der Antragstellung wieder aufgetreten seien. Das Urteil fährt dann fort:) Dagegen würde nach der Annahme des Berufungsrichters dann, wenn diese Beschwerden schon vor der Antragstellung wieder aufgetreten waren, dem verstorbenen Sch. bei Beantwortung verschiedener Punkte des Fragebogens, besonders bei der Erklärung, daß er sich zur Zeit vollkommen gesund fühle, Arglist zur Last fallen; denn dann habe ihm die Bedenklichkeit des Wiedereintritts der Beschwerden nicht verborgen bleiben können, wegen deren er sich bereits 1924 an einen Spezialarzt gewendet habe; dann habe er seine Antworten so wie geschehen offenbar in der Absicht gegeben, Schwierigkeiten beim Abschluß des Versicherungsvertrags zu vermeiden.

Zur Berufung der Beklagten auf § 1 Nr. 2 AVB. führt der Vorderrichter aus: Diese Bestimmung sei dahin auszulegen, daß innerhalb des dort angegebenen Zeitraums die Krankheit in die Erscheinung getreten sein müsse, während dem bloßen Auftreten einer Krankheit im medizinischen Sinne, ohne daß sie nach außen erkennbar geworden sei, keine Bedeutung zukomme. Anderseits scheide § 1 Nr. 2 aus, wenn die Krankheit schon in der Zeit vor der Antragstellung offenbar geworden sei. Denn maßgebend sei die Einschätzung der vom Versicherer übernommenen Gefahr auf Grund der im allgemeinen verwertbaren Erkenntnisquellen, wie ja auch die vertrauensärztliche Beurteilung im wesentlichen auf den Angaben des Versicherungsnehmers über seinen Gesundheitszustand und auf der — üblicherweise nur allgemeineren — Untersuchung beruhe. Die Bestimmung des § 1 Nr. 2 diene dazu, eine unerwartete Erhöhung des Risikos innerhalb des angegebenen Zeitraums zu vermeiden. Unerwartet sei aber eine solche Erhöhung dann, wenn in der fraglichen Zeit eine bei der Untersuchung zwar bereits bestehende, aber nicht erkannte und vielleicht auch nicht erkennbare Krankheit in die Erscheinung trete; damit verliere die auf der ärztlichen Untersuchung beruhende Einschätzung der Gefahr ihre Grundlage. Für die Anwendung der Bestimmung sei also entscheidend, ob die Beschwerden beim Verstorbenen schon vor dem 9. November 1927 oder erst nachher eingetreten seien. Das Berufungsgericht hat aber den Zeitpunkt des Wiedereinsetzens der Beschwerden — abgesehen von der schon erwähnten Feststellung, daß sie spätestens im November 1927 wieder aufgetreten seien — schließlich doch dahingestellt gelassen, weil bei einem Wiedereintritt vor dem 9. November 1927 die von der Beklagten erklärte Anfechtung des Vertrags wegen Arglist, im andern Fall aber ihre Berufung auf § 1 Nr. 2 AVB. gerechtfertigt sei.

Die Revision bezweifelt die Rechtsgültigkeit dieser Bestimmung, da sie mit den im Reichsgesetz über den Versicherungsvertrag enthaltenen Vorschriften über die Anzeigepflicht im Widerspruch stehe. Sie wendet sich weiter gegen die vom Berufungsgericht ihr gegebene Auslegung und führt aus, der Eintritt der Krankheit als solcher sei ausschlaggebend, nicht aber der Zeitpunkt, in dem diese in die Erscheinung getreten sei. Endlich beanstandet die Revision, daß das Berufungsgericht den Zeitpunkt des Wiederauftretens der Beschwerden dahingestellt gelassen habe, weil nicht nur die beiden von ihm angenommenen Möglichkeiten in Frage kämen, sondern möglicherweise auch im Falle des früheren Eintritts der Beschwerden kein arglistiges Verhalten des Verstorbenen anzunehmen sei.

Die Rechtsgültigkeit des § 1 Nr. 2 AVB. kann auf sich beruhen, wenn die Bestimmung im Sinne der Revision ausgelegt werden muß. Das ist aber der Fall. Die Auslegung des Berufungsgerichts ist, da sich die gesamten Allgemeinen Versicherungs-Bedingungen der Beklagten als typische Vertragsbestimmungen darstellen, entsprechend der ständigen Rechtsprechung des Reichsgerichts vom Revisionsgericht frei nachzuprüfen. Der erkennende Senat hat sich schon im Urteil vom 26. Februar 1929 VII 470/28 mit einer fast gleichlautenden Bestimmung, nämlich der folgenden befaßt: „Die Leistungspflicht der Gesellschaft aus der Versicherung beginnt mit der Zahlung des ersten Beitrags, der etwaigen staatlichen Gebühren und der geschäftsplanmäßigen Aufnahmegebühr, vorausgesetzt, daß der Versicherte zu diesem Zeitpunkt noch lebt und bis dahin weder erheblich erkrankt noch erheblich verletzt war." Der Senat hat damals unter Billigung der Ansicht der Vorinstanz diese Bestimmung dahin ausgelegt, daß die nachträgliche erhebliche Erkrankung nach der

Stellung des Versicherungsantrags neu eingetreten sein müsse, daß es aber nicht genüge, wenn eine schon vorher verborgen vorhanden gewesene Krankheit erst nachträglich erkennbar geworden sei. An dieser Auffassung ist festzuhalten. Zweifellos stellt die Bestimmung nach ihrem Wortlaut und ihrem offenbaren Sinn auf die objektive Sachlage ab; davon geht auch das Berufungsgericht aus. Auf Grund des Vertragsschlusses wäre der Versicherer an sich gebunden, vom Zustandekommen des Vertrags an Versicherungsschutz zu gewähren, auch wenn unmittelbar nachher und noch vor Zahlung der ersten Prämie eine erhebliche, vielleicht sogar sehr gefährliche Krankheit einträte; denn auch ein solcher Fall fiele an sich unter das übernommene Risiko. Daß die Beklagte für einen derartigen Fall, wo arglistige Herbeiführung des Vertragsschlusses oder Verletzung der Anzeigepflicht nicht mehr in Frage kommen kann, ihre Leistungspflicht ausschließen wollte, ist im § 1 Nr. 2 AVB. genügend deutlich zum Ausdruck gekommen, und es ist auch genügend klar gesagt, daß diese Regelung auf die Zeit von der Antragstellung bis zum Vertragsschluß erstreckt werden sollte. Anders liegt es jedoch, wenn die Krankheit vor der Antragstellung schon vorhanden, aber noch nicht in die Erscheinung getreten war. Für diese Zeit ist an sich vom Gesetz vorgesehen, daß sich der Versicherer durch Anfechtung des Vertrags wegen arglistiger Täuschung oder durch Rücktritt wegen schuldhafter Verletzung der Anzeigepflicht von der Verpflichtung zur Leistung befreien kann. Das gleiche gilt auch noch für die Zeit bis zum Vertragsschluß, weil die Anzeigepflicht so lange fortdauert, wie aus der Fassung des § 16 Abs. 1 VVG. („bei der Schließung des Vertrags") zu entnehmen ist (vgl. Bruck VVG. 6. Aufl. § 16 Anm. 1 und 10), und weil auch arglistiges Verschweigen einer erst nach der Antragstellung bekannt gewordenen Tatsache bis zum schließlichen Zustandekommen des Vertrags möglich ist. Für beide Rechtsbehelfe ist aber ein mehr oder weniger starkes Verschulden des Versicherungsnehmers Erfordernis. Wenn diese günstigere Rechtslage des Versicherungsnehmers durch eine von der subjektiven Seite ganz absehende Bestimmung, wie es § 1 Nr. 2 AVB. ist, zum Vorteil des Versicherers geändert werden sollte, dann mußte der Umfang dieser Änderung klar zum Ausdruck gebracht werden. Mag die Beklagte ein Interesse am Ausschluß ihrer Leistungspflicht auch für den Fall gehabt haben, daß die erhebliche Krankheit zuvor schon verborgen bestand und erst in der Zeit zwischen Antragstellung und erster Prämienzahlung erkennbar wurde (unter dem vom Berufungsgericht hervorgehobenen Gesichtspunkt der Risikoeinschätzung und der nachträglichen unerwarteten Erhöhung des Risikos), so kann doch nicht anerkannt werden, daß § 1 Nr. 2 dies unter Nichtbeachtung der gegenteiligen Interessen des Versicherungsnehmers ausspreche. Die Bestimmung stellt auf ein „Erkranken" ab. Das ist aber der Eintritt einer neuen, vorher nicht vorhanden gewesenen, nicht dagegen das Erkennbarwerden einer alten, längst bestehenden Krankheit. Auch wenn man den Begriff „Erkrankung" eng faßt und darunter nicht schon jede den Grund zur Erkrankung legende Beeinflussung des menschlichen Organismus versteht, so hatte Sch. doch schon zur Zeit der Antragstellung als „erkrankt" zu gelten; er litt nach der Feststellung des Berufungsgerichts schon damals an Krebs. Die Beklagte kann sich danach nicht auf § 1 Nr. 2 AVB. berufen.

Nach dem Gesagten kann das Urteil nicht aufrechterhalten werden, ohne daß noch auf die Frage der Rechtsgültigkeit der umstrittenen Vertragsbestimmung einzugehen wäre. Denn mag auch die Annahme einer arglistigen Täuschung für den Fall, daß die Beschwerden bereits vor dem 9. November 1927 (oder richtiger: vor dem 10. November 1927 als dem Tag der Beantwortung der Fragen im Fragebogen) bei Sch. wieder aufgetreten waren, als im wesentlichen auf tatsächlichem Gebiet liegend rechtlich nicht zu beanstanden sein, so fehlt es eben noch an der Feststellung, daß sich die Beschwerden schon vor diesem Zeitpunkt wieder gezeigt haben. Dies hat das Berufungsgericht bewußt unentschieden gelassen.

Gegebenenfalls wird diese Tatsache noch zu klären sein. Anderseits wird aber der Berufungsrichter unter Berücksichtigung des noch festzustellenden Zeitpunkts des Vertragsschlusses neben der Frage der Anfechtung erneut die Frage der Verletzung der Anzeigepflicht zu prüfen haben. . . .

---

25. 1. Kann eine Kaufpreisforderung, die in eine Darlehensforderung umgeschaffen worden ist, für die Zeit vom Tag des Kaufabschlusses bis zum Tag des Abschlusses des Novationsvertrags aufgewertet werden?

2. Kann man eine Hingabe an Erfüllungsstatt darin finden, daß zur Tilgung der Kaufpreisschuld eine Darlehensforderung des Verkäufers gegenüber dem Käufer begründet wird?

BGB. §§ 242, 364, 365, 607 Abs. 2.

VI. Zivilsenat. Urt. v. 12. November 1931 i. S. S. u. Gen. (Kl.) w. Gemeinde V. (Bekl.). VI 246/31.

I. Landgericht Oldenburg.
II. Oberlandesgericht daselbst.

Im Sommer 1918 verkauften die Kläger ihr Gut A. an die verklagte Landgemeinde für den am 1. April 1920 zahlbaren Kaufpreis von 120000 M. Auflassung und Eigentumseintragung der Beklagten sind erfolgt. Am 16. März 1920 zahlte die Beklagte 70000 M. in bar; am selben Tage stellte sie eine Schuldurkunde aus, wonach ihr Gemeinderat am 3. Februar 1920 die Aufnahme einer Anleihe von 100000 M. zur Deckung der Anschaffungskosten von Inventar für das Gut A. beschlossen hatte und die Beklagte anerkannte, daß die Zweitklägerin ein Darlehen von 50000 M. an die Gemeinde ausgezahlt habe. Am 1. April 1920 quittierte die Erstklägerin über den Empfang des Kaufpreises von 120000 M. Im März 1923 zahlte die Beklagte den Darlehensbetrag von 50000 M.

Die Kläger verlangen nunmehr Aufwertung des gesamten Kaufpreises von 120000 M. Den Aufwertungsbetrag berechnen sie auf 75456 GM.; sie machen hiervon aber mit der Klage nur 50000 RM. geltend. Die Beklagte bestreitet den Anspruch nach Grund und Höhe. Insbesondere wendet sie ein, daß die Kaufpreisforderung in Höhe von 50000 M. in eine Darlehensforderung umgeschaffen worden sei, die den Vorschriften des Anleiheablösungsgesetzes vom 16. Juli 1925 unterfalle.

Das Landgericht hat die Beklagte, unter Abweisung der Klage im übrigen, zur Zahlung von 33000 RM. verurteilt. Dagegen hat das Oberlandesgericht die Beklagte auf die nur von ihr eingelegte Berufung zur Zahlung von 20000 RM. verurteilt, im übrigen aber die Berufung zurückgewiesen und die Klage in Höhe weiterer 13000 RM. abgewiesen.

Auf die Revisionen beider Parteien wurde das Urteil aufgehoben und die Sache an das Berufungsgericht zurückverwiesen.

Aus den Gründen:

... Die Revision der Beklagten entnimmt ihre hauptsächlichste Beschwerde aus der Beurteilung, die das Berufungsgericht dem in eine Darlehensforderung umgewandelten Teile der Kaufpreisforderung in Höhe von 50000 M. hat zuteil werden lassen. Das angefochtene Urteil geht an sich ohne nachweisbaren Rechtsirrtum davon aus, daß die Parteien am 16. März 1920 nicht nur eine Vereinbarung nach § 607 Abs. 2 BGB. in Ansehung dieser Teilforderung getroffen, sondern diese Forderung in eine Darlehensforderung umgeschaffen haben. Da jedoch die Absicht der Parteien, durch die Begründung der Darlehensverpflichtung die Kaufpreisforderung völlig zu tilgen, durch die Novation ebensowenig erreicht worden sei, wie sie durch eine Barzahlung erreicht worden wäre, und da einer Novation keine stärkere Rechtswirkung zukommen könne als der Zahlung selbst, so sei die Begründung der Darlehensverpflichtung für die Aufwertungsfrage ebenso zu behandeln wie eine Barzahlung. Deswegen wertet der Vorderrichter diese 50000 M. nur für die Zeit vom Abschluß des Kaufvertrags an bis zum Tag der Ausstellung des Schuldscheins auf. Danach hat er mit Recht keine Aufwertung der Darlehensforderung vorgenommen, wie gegenüber der Revision der Kläger betont werden mag. Denn es handelt sich unzweifelhaft um ein Schuldscheindarlehen im Sinne der § 30 Abs. 3, § 40 Abs. 3 AnlAblG., und diesem Gesetz ist eine Aufwertung kraft Rückwirkung fremd. Wohl aber ist es trotzdem rechtlich nicht zu beanstanden, wenn der Vorderrichter dem Umstand, daß die Kläger in dem im März 1923 empfangenen Markbetrag von 50000 M. ein äußerst geringfügiges Entgelt erhalten haben, bei Bemessung der Aufwertung des Barkaufpreises von 70000 M. Rechnung getragen hat. Dagegen kann die Aufwertung der 50000 M. für die Zeit von Mitte August 1918 (Tag des Angebots, vgl. RGZ. Bd. 115 S. 6 u. 13) bis zum 16. März 1920 rechtlich nicht gebilligt werden. Denn im Gegensatz zur Zahlung in entwerteter Valuta, die unvollständig ist und daher das Schuldverhältnis nicht zum Erlöschen bringt, führt die Novation, indem sie ein neues Schuldverhältnis an die Stelle des alten setzt, den Untergang des letzteren dergestalt herbei, daß keiner der Beteiligten mehr auf das alte Schuldverhältnis zurückgreifen kann; Vorzugsrechte des Gläubigers fallen ebenso weg wie Einreden des Schuldners. Daher kann dem Gläubiger nicht gestattet werden, Aufwertung seiner untergegangenen Kaufpreisforderung zu begehren. Es wäre übrigens denkbar, daß die Parteien nicht sowohl eine Umschaffung der Kaufpreisforderung in eine Darlehensforderung vereinbart als vielmehr ein Rechtsgeschäft vorgenommen haben, das als Annahme an Erfüllungsstatt (§ 365 BGB.) zu beurteilen wäre. Der Vorgang könnte etwa so gewesen sein, daß die Darlehensschuldverschreibung vom 16. März 1920 im Einverständnis der Parteien den Klägern wie ein Anleihestück zur Tilgung ihrer Restkaufpreisforderung ausgehändigt wurde. Ob aber der bisherige Vortrag der Parteien zur Prüfung dieser Frage Anlaß gab, kann zweifelhaft sein. Die erneute Verhandlung vor dem Berufungsgericht wird den Parteien Gelegenheit geben, etwaige Anführungen über die Vorgänge zu machen, die zur Ausstellung des Schuldscheins geführt haben. Eine Annahme an Erfüllungsstatt wäre für die Aufwertung ebenso zu behandeln wie eine Zahlung (RGZ. Bd. 132 S. 45). Dann wäre also eine Aufwertung der Kaufpreisteilforderung von 50000 M. bis zum 16. März 1920 rechtlich möglich. . . .

---

26. Über die rechtliche Tragweite der Vollstreckungsklausel und über die Voraussetzungen ihrer Erteilung und ihrer Beseitigung. Beweislast.

ZPO. §§ 726, 732, 768.

VI. Zivilsenat. Urt. v. 12. November 1931 i. S. Frau K. (Bekl.) w. E. (Kl.). VI 225/31.

I. Landgericht Köln.
II. Oberlandesgericht daselbst.

Der Kläger kaufte von der Beklagten gemäß notariell beurkundetem Kaufvertrag vom 30. März 1928 ein Hausgrundstück zum Preise von 80000 GM. Ein Betrag von 2500 GM. wurde bar gezahlt; 57500 GM. sollten durch Übernahme von Hypothekenschulden berichtigt werden; der Rest von 20000 GM. wurde gestundet und sollte durch Eintragung einer Hypothek auf dem Grundstück sichergestellt werden. Besitz, Nutzungen, Lasten und Gefahr sollten am 1. April 1928 auf den Kläger übergehen. Der Restkaufpreis von 20000 GM. war vom 1. April 1928 an mit 8% jährlich zu verzinsen;

die Zinsen sollten am 1. Oktober 1928 und am 1. April 1929, von da an vierteljährlich gezahlt werden. Es wurde jedoch weiter vereinbart, daß die Miete, welche die Beklagte für die erst zum 30. September 1928 zu räumenden Teile des Grundstücks zu zahlen habe, dadurch als beglichen gelten solle, daß der Kläger bis zu diesem Zeitpunkt keine Zinsen für die Restforderung von 20000 GM. zu bezahlen habe. Alle Kosten einschließlich Grunderwerbsteuer nebst Zuschlägen hatte der Kläger zu tragen. Ferner hatte der Kläger vom 1. April 1929 an jährlich 2000 GM. auf den Restkaufpreis abzutragen, die jedoch unter bestimmten Voraussetzungen weiter gestundet sein sollten. Nach dem Vertrag konnte der ganze Restkaufpreis mit Zinsen u. a. bei Zahlungsverzug von mehr als zwei Wochen ohne Inverzugsetzung sofort verlangt werden. Der Kläger unterwarf sich persönlich und dinglich der sofortigen, auch gegen den jeweiligen Eigentümer des mit der Hypothek belasteten Grundstücks zulässigen Zwangsvollstreckung aus der Urkunde, bewilligte auch die Erteilung vollstreckbarer Auszüge aus der Urkunde an die Gläubiger.

Die Beklagte ließ sich am 16. April 1929 eine vollstreckbare Ausfertigung der Urkunde zum Zweck der Zwangsvollstreckung „für Kapital und Zinsen" erteilen mit der Begründung, daß der Kläger mit den Zinsen länger als zwei Wochen im Rückstand, der Restkaufpreis mit Zinsen daher sofort zu zahlen sei. Mit der Anfang Mai 1929 zugestellten Klage begehrt der Kläger ein Urteil dahin, daß die Zwangsvollstreckung, die von der Beklagten betrieben werde, „zur Zeit" unzulässig sei. Er macht ferner Schadensersatzansprüche aus einzelnen Vollstreckungsmaßnahmen der Beklagten geltend. Zur Begründung weist er darauf hin, daß eine Zinszahlung bis Ende September 1928 durch den Vertrag selbst ausgeschlossen sei, die am 1. April 1929 erstmals fälligen Zinsen aber rechtzeitig gezahlt worden seien. Die Beklagte beruft sich darauf, daß nach besonderer nachträglicher Abmachung infolge vorzeitiger Räumung des Grundstücks Zinsen ab 1. Juli 1928 bereits am 1. Oktober 1928 zu zahlen gewesen seien. Sie behauptet ferner, die Zahlungen des Klägers seien nach diesem Zeitpunkt nicht auf die Zinsen geleistet worden, sondern auf andere Schulden des Klägers, insbesondere gegenüber ihrem Sohne. In zweiter Instanz hat sie noch geltend gemacht, daß inzwischen das Restkaufgeld fällig geworden sei, auch infolge Verzugs des Klägers mit weiteren Zins- und Abtragungsraten.

Die Vordergerichte haben die Schadensersatzforderung abgewiesen, im übrigen aber dem Klagantrag entsprochen. Die Revision der Beklagten führte zur Aufhebung und Zurückverweisung.

Gründe:

Der Berufungsrichter prüft nur die Frage, ob die Fälligkeit der ganzen Restkaufpreisforderung nebst Zinsen bis zur Erwirkung der Vollstreckungsklausel vom 16. April 1929 infolge Verzugs des Klägers mit einer vertragsmäßig zu leistenden Zinszahlung eingetreten sei. Er verneint die Frage und kommt danach in Übereinstimmung mit dem Landgericht zu dem Urteilsausspruch, daß „die von der Beklagten betriebene Zwangsvollstreckung zur Zeit unzulässig" sei. Ob der Kläger im Laufe des Rechtsstreits erneut in Verzug gekommen sei, erachtet der Vorderrichter für unerheblich. Denn — so führt er aus — zur Entscheidung stehe lediglich die Rechtswirksamkeit der Vollstreckungsklausel vom 16. April 1929. Diese auf spätere etwaige Verzugsfälle auszudehnen, gehe nicht an, da sonst eine Vollstreckungsklausel für alle Zukunft wirksam bleiben würde, während ihre Zulässigkeit von Fall zu Fall zu prüfen sei. Eine Vollstreckungsklausel „auf Vorrat" kenne die Zivilprozeßordnung nicht. Somit sei dem Antrag des Klägers gemäß die Unzulässigkeit der Vollstreckungsklausel auszusprechen. Diese Erwägungen werden von der Revision mit Recht beanstandet. Sie verstoßen in mehrfacher Hinsicht gegen gesetzliche Vorschriften.

Der Ausspruch, eine Vollstreckungsklausel „auf Vorrat" kenne die Zivilprozeßordnung nicht, ist in dieser allgemeinen Fassung rechtsirrig, zum mindesten mißverständlich. Die Vollstreckungsklausel (§ 725 ZPO.) hat grundsätzlich für den Regelfall nur die Bedeutung eines für den Beginn der Zwangsvollstreckung erforderlichen besonderen Zeugnisses über die Vollstreckbarkeit der Entscheidung (so regelmäßig nach § 724 ZPO.; Ausnahmen u. a. in § 795a für den Kostenfestsetzungsbeschluß, in § 796 für den Vollstreckungsbefehl, in § 929 für den Arrest. Vgl. RGZ. Bd. 41 S. 373, Bd. 50 S. 372, Bd. 64 S. 178, Bd. 129 S. 168). Ist die Vollstreckungsklausel einmal erteilt, so ermächtigt sie zur Vornahme von Vollstreckungshandlungen im Rahmen des vollstreckbaren Anspruchs nach Wahl des Gläubigers in bezug auf den Umfang und auch den Zeitpunkt der Maßnahme. Es bleibt dem Vollstreckungsschuldner überlassen, die Vollstreckung mit den in § 732 und in §§ 767, 768 ZPO. gegebenen Rechtsbehelfen zu beseitigen oder zu verhindern. Das gleiche gilt grundsätzlich auch für die Fälle, wo zwar nach §§ 726 bis 729 ZPO. die Erteilung der Vollstreckungsklausel vom Nachweis bestimmter Voraussetzungen abhängig, die Vollstreckungsklausel aber tatsächlich erteilt ist. Auch für eine Urkunde nach § 794 Abs. 1 Nr. 5 ZPO., um die es sich hier handelt, gilt nach §§ 795, 797 das. nichts anderes. In diesem Sinne wird also die Vollstreckungsklausel nicht für einzelne Vollstreckungshandlungen, sondern stets „auf Vorrat" erteilt. Das Berufungsgericht scheint allerdings — was indessen keineswegs mit Sicherheit zu erkennen ist — nicht diese Seite der Sache im Auge gehabt, sondern seine Entscheidung auf die Besonderheiten abgestellt zu haben, die sich aus § 726 Abs. 1 ZPO. für die Bedeutung und den Umfang der Vollstreckungsklausel im einzelnen Fall ergeben können. Aber auch insoweit ist das Urteil nicht frei von Rechtsfehlern.

Nach § 726 Abs. 1 a. a. O. darf von Urteilen, deren Vollstreckung nach ihrem Inhalt von dem durch den Gläubiger zu beweisenden Eintritt einer anderen Tatsache als einer ihm obliegenden Sicherheitsleistung abhängt, nur dann eine vollstreckbare Ausfertigung erteilt werden, wenn der Beweis durch öffentliche oder öffentlich beglaubigte Urkunden geführt wird. Im Rahmen dieser Vorschrift kann es vorkommen, daß die Vollstreckbarkeit, schon das Entstehen der Forderung, ganz oder teilweise, nach- oder auch nebeneinander, von mehreren Tatsachen — Kündigung, Verstoß gegen Versicherungspflicht, Verstoß gegen ein Konkurrenzverbot u. dgl. — abhängig ist. In solchen Fällen wurde allerdings ausgesprochen, daß die erst nach Erteilung der Vollstreckungsklausel eingetretene, bei ihrer Erteilung fälschlich angenommene Fälligkeit die Erteilung nicht nachträglich wirksam mache, die Vollstreckungsklausel vielmehr unwirksam bleibe (RGZ. Bd. 41 S. 373, Bd. 81 S. 299). Ferner ist nicht unzweifelhaft, ob eine auf Grund Eintritts einer bestimmten Tatsache erteilte Vollstreckungsklausel gegenüber der Klage des Vollstreckungsschuldners aus § 768 ZPO. im Falle sachlichrechtlicher Ausräumung dieser Tatsache gleichwohl aufrecht erhalten werden kann durch den dem Prozeßgericht zu erbringenden Nachweis einer im Urteil oder in der Urkunde ebenfalls vorgesehenen anderen Tatsache, welche die Vollstreckung zum gleichen Anspruch zuläßt (RGZ. Bd. 81 S. 299). Das Berufungsgericht will seine Entscheidung anscheinend auf solche Erwägungen abstellen. Dieser Inbegriff von Fragen kann aber unerörtert bleiben. Denn für die Anwendbarkeit des § 726 Abs. 1 ZPO. ist hier überhaupt kein Raum. Die Fälligkeit des Kapitals und damit insoweit die Vollstreckbarkeit ist nach dem Inhalt der Urkunde, auf den es ankommt, bei Zahlungsverzug von mehr als zwei Wochen gegeben, aber ausgeschlossen bei pünktlicher Zahlung. Nach der in Rechtsprechung und Schrifttum herrschenden Meinung (WarnRspr. 1913 Nr. 222 mit weiteren Nachweisen; Stein-Jonas ZPO. 14. Aufl. Erl. II 2 zu § 726) ist es bei solchen Verfallklauseln nicht Sache des Gläubigers, die Fälligkeit nachzuweisen, sondern umgekehrt Sache des Schuldners, die rechtzeitige Erfüllung derjenigen Verpflichtungen darzutun, an deren Nichterfüllung nach Urteil oder Vertragsurkunde weitere Rechtsfolgen geknüpft sind. Demnach ist auch in solchen Fällen die Erteilung der Vollstreckungsklausel nicht an einen vom Gläubiger zu erbringenden Nachweis gebunden, sondern ohne dies jederzeit möglich (RGZ. Bd. 41 S. 223, Bd. 50 S. 365, Bd. 65 S. 372; WarnRspr. 1911 Nr. 107). Daraus folgt aber, daß unter diesen Umständen der Vollstreckungsschuldner, wenn er die Vollstreckbarkeit nach § 768 ZPO. im Wege der Klage angreift, darlegen und beweisen muß, daß eine Vollstreckung nach den zur Zeit der Schlußverhandlung gegebenen Umständen sachlichrechtlich unzulässig sei (RGZ. Bd. 82 S. 35). Daraus ergibt sich weiter, daß sich das Berufungsgericht grundsätzlich auch mit dieser Frage hätte befassen müssen. Daß hier Umstände vorlagen, die nach der Besonderheit des Falles eine andere Beurteilung rechtfertigen könnten, läßt sich aus dem angefochtenen Urteil nicht erkennen.

Solche besonderen Umstände könnten in einer Beschränkung liegen, die im Klagantrag zum Ausdruck gekommen ist. Anscheinend nimmt das Berufungsgericht an, eine derartige Beschränkung liege in dem Verlangen, daß die Unzulässigkeit der Zwangsvollstreckung nur „zur Zeit" ausgesprochen werden und daß auch diese Unzulässigkeit sich nur auf bestimmte Vollstreckungshandlungen (die von der Beklagten „betriebene" Zwangsvollstreckung) beziehen solle. Es ist auch möglich, daß der Berufungsrichter den der Fassung des Klagantrags entsprechenden Urteilsausspruch des Landgerichts, den er sich durch Zurückweisung der Berufung der Beklagten zu eigen gemacht hat, in dieser Weise verstanden wissen will. Die Revision weist aber mit Recht darauf hin, daß die zeitliche Beziehung dem Wortlaut nach mangels weiterer Merkmale nur für den Zeitpunkt der Schlußverhandlung vor dem Berufungsgericht gelten kann, in dem Sinne, daß die Vollstreckung aus der Vertragsurkunde jetzt schlechthin unzulässig ist, ohne daß sich erkennen läßt, wann und wie die Beschränkung ihr Ende erreicht. Durch einen solchen Urteilsausspruch ist die Beklagte auch dann und gerade dann beschwert, wenn das Berufungsgericht etwa nur ganz bestimmte Forderungen der Beklagten schlechthin oder bloß mit zeitlicher Beschränkung für nicht vollstreckbar, oder wenn es bestimmte Vollstreckungshandlungen der Beklagten für unzulässig erklären wollte. Nach der Vertragsurkunde wurden laufend Zinsforderungen und Tilgungsforderungen kalendermäßig fällig, und zwar auch nach dem 1. April 1929. Auf alle diese Forderungsteile erstreckt sich ebenfalls die Unterwerfung des Klägers unter die sofortige Zwangsvollstreckung aus der Vertragsurkunde. Daß diese Teile von der am 16. April 1929 erteilten, an sich sowohl nach der Vertragsurkunde (vgl. dazu im übrigen RGZ. Bd. 129 S. 168/171) wie nach dem Ausgeführten auch gesetzlich ohne einen Nachweis der Beklagten aus § 726 Abs. 1 ZPO. jederzeit erwirkbaren Vollstreckungsklausel nicht mitumfaßt werden, stellt der Berufungsrichter nicht fest; jedenfalls wird es in der Urteilsformel nicht als Einschränkung der Verurteilung der Beklagten zum Ausdruck gebracht. Nach allen diesen Richtungen muß aber die Urteilsformel selbst volle Klarheit schaffen.

Das leitet über zu der weiteren Frage, ob der Klaganspruch noch begründet sein kann, falls er sich nur auf bestimmte, in der Vergangenheit liegende Vollstreckungshandlungen der Beklagten beziehen sollte. Die Vollstreckungsklausel als solche kann der Kläger nach dem Gesagten nicht schon dadurch gemäß § 768 ZPO. beseitigen, daß er die Nichtfälligkeit des ganzen Kapitals zum 16. April 1929 nachweist. Ob er an der Feststellung einer etwa überholten zeitlich und inhaltlich beschränkten Unzulässigkeit der Zwangsvollstreckung noch Interesse hat, wird sich nach den Umständen richten, insbesondere voraussichtlich nach dem Stande der Vollstreckungsmaßnahmen der Beklagten. In dieser Hinsicht hat das Berufungsgericht bisher nichts festgestellt. Es ist auch noch nicht geklärt, ob und inwieweit etwa der Klaganspruch, soweit nicht Schadensersatz begehrt wird, nur auf § 768 oder zugleich auf § 767 ZPO. oder — was an sich nach RGZ. Bd. 41 S. 373, Bd. 100 S. 98 und 123 nicht unzulässig wäre — auch auf § 256 das. gestützt ist. Das Revisionsgericht kann nach dieser Richtung mangels Feststellung der tatsächlichen Unterlagen noch keine Entscheidung treffen. Jedoch kann hierzu schon jetzt folgendes gesagt werden: Die Klage aus § 768 ZPO. ist bereits dann möglich, wenn und solange in der Hand des Gläubigers eine sachlich unzulässige Vollstreckungsklausel ist, aus der noch eine Vollstreckung vorgenommen werden kann. Denn schon dieser Umstand genügt für das Vorliegen einer Bedrohung, welcher der Schuldner jederzeit entgegenzutreten befugt ist (RGZ. Bd. 41 S. 373; WarnRspr. 1915 Nr. 159). Die Klage aus § 767 ZPO. setzt nicht unbedingt die Erteilung einer Vollstreckungsklausel voraus, sondern kann schon vorher und unabhängig davon zulässig sein (RGZ. Bd. 45 S. 344). Das gleiche gilt für die negative Feststellungsklage.

Das Urteil des Berufungsgerichts muß somit in vollem Umfang aufgehoben werden. Im übrigen ist noch folgendes zu bemerken:

Das Berufungsgericht hat es abgelehnt, eine etwa nach Abschluß des Vertrags getroffene Vereinbarung der Parteien, daß der Kläger entgegen der Urkunde schon vom 1. Juli 1928 an Zinsen zu zahlen habe, der Beurteilung zugrunde zu legen. Das entspricht der Rechtslage. Denn nur nach dem Inhalt der Vertragsurkunde selbst ist der Umfang des in ihr niedergelegten vollstreckbaren Anspruchs zu beurteilen; andere Abmachungen können nur berücksichtigt werden, wenn die durch sie begründeten neuen Forderungen ebenfalls durch eine Unterwerfung des Schuldners unter die sofortige Zwangsvollstreckung aus der Urkunde gedeckt werden (RGZ. Bd. 72 S. 22). (Es folgt die Erörterung verfahrensrechtlicher Revisionsangriffe.)

---

27. 1. Sind im öffentlichen Recht stillschweigende Willenserklärungen zulässig?

2. Gilt der in den §§ 134 und 138 Abs. 1 BGB. zum Ausdruck gelangte Rechtsgedanke auch im öffentlichen Recht?

3. Ist ein Vorgesetzter stets verpflichtet, die zu seiner Kenntnis gelangende Straftat eines ihm unterstellten Beamten der Strafverfolgungsbehörde anzuzeigen? Besteht eine solche Verpflichtung für ihn wenigstens dann, wenn er zugleich Leiter der örtlichen Polizei ist?

4. Zur Anfechtbarkeit öffentlichrechtlicher Willenserklärungen wegen widerrechtlicher Drohung.

5. Wird die Fürsorgepflicht, die der Behörde ihren Beamten gegenüber obliegt, dadurch verletzt, daß der Vorgesetzte einen Beamten unter Hinweis auf eine von diesem begangene Straftat veranlaßt, seine Entlassung unter Verzicht auf alle Ansprüche zu beantragen, ohne daß ihm vor seiner Entschließung eine ausreichende Überlegungsfrist gelassen wird?

III. Zivilsenat. Urt. v. 13. November 1931 i. S. Stadtgemeinde H. (Bekl.) w. Hu. (Kl.). III 374/30.

I. Landgericht Hannover.
II. Oberlandesgericht Celle.

Der Kläger stand seit dem 1. November 1913 im Dienste der verklagten Stadtgemeinde. Seit 1927 wurde er in der Buchhalterei der Grundstücksgesellschaft beschäftigt, einer Gesellschaft mbH., an der die Stadt beteiligt ist. Im September 1928 geriet er in den Verdacht, Mietszahlungen in Höhe von 92 RM., die er unbefugt in Empfang genommen hatte, unterschlagen und auf den darüber ausgestellten Quittungen den Namen des Kassierers gefälscht zu haben. Der von dem Vorfall am 28. September 1928 in Kenntnis gesetzte Oberbürgermeister der Beklagten ließ den Kläger alsbald herbeiholen, setzte ihm die gegen ihn bestehenden Verdachtsgründe auseinander und legte ihm schließlich ein Schriftstück folgenden Wortlauts vor:

H., den 28. September 1928.

Ich, der unterzeichnete Stadtsekretär Hu., beantrage hierdurch, mich sofort aus dem Dienste der Stadt H. zu entlassen mit der Maßgabe, daß ich noch bis zum 1. November 1928 Gehalt beziehe. Abgesehen von diesem Gehalt verzichte ich auf alle Ansprüche, die aus meinem Beamtenverhältnis entstanden sind oder noch entstehen können.

Auf seine Bitte erhielt der Kläger eine Bedenkzeit von einer Viertelstunde bewilligt. Als er nach Ablauf dieser Zeit nicht wieder erschien, ordnete der Oberbürgermeister sofortige Mitteilung an die Polizeibehörde an. Der Bürodirektor rief dann von seinem Amtszimmer den Polizeikommissar telephonisch herbei. Bevor dieser aber erschien, kam der Kläger in das Amtszimmer des Bürodirektors und bat diesen, er möge sich beim Oberbürgermeister dafür einsetzen, daß die Bedenkfrist bis zum nächsten Morgen verlängert werde. Der Bürodirektor erklärte ihm jedoch, das habe keinen Zweck; er habe auch, da die vorgesehene Bedenkfrist abgelaufen sei, der Polizei Mitteilung gemacht, damit diese den Sachverhalt feststelle. In diesem Augenblicke betrat der Polizeikommissar das Zimmer. Bei seinem Erscheinen erklärte der Kläger, er wolle die Urkunde unterschreiben, und unterschrieb sie auch. Der Bürodirektor erklärte darauf dem Polizeikommissar, die Angelegenheit sei vorläufig erledigt. Am gleichen Tage noch erhielt der Kläger das folgende, von zwei Magistratsmitgliedern unterzeichnete Schreiben:

> Ihren Antrag vom heutigen Tage, wonach Sie aus dem Dienst der Stadt H. auszuscheiden beantragen und, abgesehen von einem Monatsgehalt, auf alle Ansprüche verzichten, welche aus Ihrem Beamtenverhältnis entstanden sind und noch entstehen könnten, nehmen wir hierdurch an.

Am nächsten Tag genehmigte der Magistrat durch besonderen Beschluß das sofortige Ausscheiden des Klägers.

Nachdem sich schon die Ehefrau des Klägers durch Schreiben vom 19. Oktober 1928 beschwerdeführend an den Regierungspräsidenten gewendet hatte, forderte der Kläger selbst durch Schreiben seines Prozeßbevollmächtigten an den Magistrat der Beklagten vom 17. November 1928 Zahlung seines Novembergehalts, indem er seinen Entlassungsantrag wegen widerrechtlicher Drohung durch den Oberbürgermeister anfocht. Als die Beklagte nicht zahlte, beantragte der Kläger gegen sie am 4. Dezember 1928 den Erlaß einer einstweiligen Verfügung auf Zahlung seines Gehalts für November und Dezember. Der Antrag wurde abgewiesen. Am 23. Dezember 1928 erstattete der Magistrat gegen den Kläger Strafanzeige bei der Staatsanwaltschaft. Das Strafverfahren endete mit rechtskräftiger Verurteilung des Klägers zu einer Gesamtstrafe von sechs Wochen Gefängnis wegen Unterschlagung in Tateinheit mit schwerer Urkundenfälschung.

Nunmehr verlangt der Kläger im Prozeßwege Zahlung seines Gehalts vom 1. November 1928 ab. Er behauptet, der Gehaltsverzicht eines Beamten sei überhaupt unwirksam. Jedenfalls habe er seine Erklärung vom 28. September 1928 mit Recht angefochten, da er zu ihr durch die widerrechtliche Drohung des Oberbürgermeisters bestimmt worden sei, ihn bei der Polizei anzuzeigen. Der

Verzichtsvertrag sei auch nichtig, weil er die Unterdrückung einer Strafanzeige bezweckt habe, zu deren Erstattung der Oberbürgermeister, zumal als Verwalter der Polizei, verpflichtet gewesen sei. Durch die spätere Erstattung der Strafanzeige gegen den Kläger habe die Beklagte dann auch noch vertragswidrig gehandelt und ihm damit das Recht verschafft, seine Erklärung zu kondizieren. Sollte die Beklagte von vornherein beabsichtigt haben, ihn trotz des Abkommens bei der Polizei anzuzeigen, so greife die Anfechtung wegen arglistiger Täuschung durch.

Die Beklagte bestreitet in jeder Hinsicht die vom Kläger geltend gemachte Unwirksamkeit seiner Entlassung. Insbesondere leugnet sie, daß dem Kläger bei seiner Unterredung mit dem Oberbürgermeister von diesem irgendwie gedroht worden sei. Eine solche Drohung würde aber auch nicht widerrechtlich gewesen sein. Der Oberbürgermeister sei berechtigt gewesen, ohne Einleitung eines Disziplinarverfahrens auf dem von ihm eingeschlagenen Wege das Verhältnis der Stadt zum Kläger so schnell wie möglich zu klären. Er habe nur als oberstes Verwaltungsorgan der Stadt, nicht als Polizeiorgan gehandelt. Das spätere Verhalten des Klägers selbst habe dann die nachträgliche Strafanzeige gegen ihn veranlaßt.

Das Landgericht hat die Klage abgewiesen, das Oberlandesgericht dagegen hat ihr stattgegeben. Die Revision der Beklagten führte zur Aufhebung und Zurückverweisung.

Gründe:

Unstreitig hat der Oberbürgermeister der Beklagten am 28. September 1928 dem Kläger die gegen ihn vorliegenden Verdachtsgründe auseinandergesetzt und ihm dann die Urkunde mit dem Entlassungsantrag und der Erklärung des Verzichts auf alle Beamtenrechte vorgelegt. Nach Auffassung des Berufungsgerichts lag in diesem Vorgehen des Oberbürgermeisters das Angebot an den Kläger, falls dieser das Schriftstück unterschreibe, werde er, der Oberbürgermeister, von einer weiteren Untersuchung, jedenfalls von einer Strafanzeige bei der Staatsanwaltschaft absehen. Dieses Angebot habe der Kläger durch das Unterschreiben der Urkunde angenommen. Damit sei ein Abkommen getroffen worden, durch das sich der Oberbürgermeister zur Unterlassung einer Strafanzeige gegen den Kläger verpflichtet habe.

Diese Deutung der Verhandlungen zwischen den Beteiligten liegt im wesentlichen auf tatsächlichem Gebiet. Indessen lassen sich gegen sie rechtliche Bedenken geltend machen, von denen nicht ersichtlich ist, ob der Vorderrichter sie hinreichend beachtet hat. Er hat, worauf noch in anderem Zusammenhang zurückzukommen sein wird, den vorliegenden Fall nach den Vorschriften des Bürgerlichen Gesetzbuchs entschieden, ohne ihre Anwendbarkeit näher zu prüfen, während dazu der Umstand alle Veranlassung geboten hätte, daß die Beziehungen des Klägers zur Beklagten, in deren Dienst er als Beamter stand, lediglich öffentlichrechtlicher Natur waren. So ist das Abkommen, dessen Abschluß das Berufungsgericht annehmen zu können geglaubt hat, ebenfalls nach den Grundsätzen des öffentlichen Rechts zu beurteilen. Im öffentlichen Recht sind stillschweigende Willenserklärungen zwar denkbar und zulässig. Immerhin sind sie dort seltener als im täglichen Geschäftsverkehr. Insbesondere erfolgt die Regelung der Beziehungen zwischen den Beamten und ihrer vorgesetzten Dienstbehörde, wenn überhaupt, so doch nur in seltenen Fällen durch auslegungsbedürftige Erklärungen. Hier muß regelmäßig für die Willenserklärungen nicht bloß des Beamten (vgl. dazu RGZ. Bd. 96 S. 304), sondern auch der Behörde Klarheit und Bestimmtheit erfordert werden. Eine ausdrückliche Erklärung, durch die er sich verpflichtete, keine Strafanzeige gegen den Kläger zu erstatten, hat der Oberbürgermeister nicht abgegeben. Ob er diese Verpflichtung stillschweigend übernommen hat, bedurfte besonders sorgfältiger Erwägung, und zwar umsomehr, als das Eingehen einer rechtlichen Bindung solchen Inhalts sicherlich etwas Ungewöhnliches ist. Nach der — allerdings, wie späterhin darzulegen, nicht zu billigenden — Ansicht des Berufungsgerichts stellte sie sogar eine Pflichtwidrigkeit des Oberbürgermeisters dar. Sehr wohl denkbar ist, daß sich der Kläger beim Unterschreiben der ihm vorgelegten Erklärung mit der tatsächlichen, an Gewißheit grenzenden Wahrscheinlichkeit begnügt hat, die Stadt werde nach seinem Ausscheiden kein Interesse an seiner Strafverfolgung mehr haben und deshalb von einer Strafanzeige absehen, sodaß er auf eine rechtliche Verpflichtung zur Nichtanzeige keinen Wert zu legen brauchte.

Die Annahme einer vom Oberbürgermeister vertraglich übernommenen Verpflichtung, den Kläger mit Strafanzeige zu verschonen, bildet die Grundlage für die Beurteilung des Streitfalls durch das Berufungsgericht. Ist sie, wie aus dem bisher Gesagten erhellt, nicht völlig haltbar, so fehlt schon deshalb den weiteren rechtlichen Ausführungen des Vorderrichters der sichere Boden. Aber auch sonst können sie durchweg nicht gebilligt werden.

Das Oberlandesgericht erklärt das nach seiner Auffassung dem Entlassungsantrag des Klägers zugrunde liegende Abkommen für nichtig und für anfechtbar.

I. Die Nichtigkeit stützt es auf § 134 und § 138 Abs. 1 BGB., da die Vereinbarung zwischen dem Oberbürgermeister und dem Kläger sowohl gegen ein gesetzliches Verbot wie gegen die guten Sitten verstoße. Schon eingangs ist betont worden, daß eine solche unmittelbare Anwendung von Vorschriften des bürgerlichen Rechts auf öffentlichrechtliche Verhältnisse, wie sie hier zur Entscheidung stehen, nicht angängig ist. Es kann sich nur fragen, inwieweit solche Vorschriften allgemeine Rechtsgedanken zum Ausdruck bringen, die, wenngleich sie nur im Privatrecht einen positiven gesetzlichen Niederschlag gefunden haben, doch auch für das öffentliche Recht Geltung zu beanspruchen haben. Diese Frage muß allerdings für die genannten beiden Vorschriften des Bürgerlichen Gesetzbuchs bejaht werden. Willenserklärungen, die einem gesetzlichen Verbot oder den guten Sitten zuwiderlaufen, können auch im öffentlichen Recht keine Anerkennung beanspruchen. Dabei kann an dieser Stelle unerörtert bleiben, wie ein Verwaltungsakt, der einen solchen Verstoß enthält, in seiner rechtlichen Wirkung zu beurteilen ist. Jedenfalls sind öffentlichrechtliche Willenserklärungen von Privatpersonen, die unsittlichen oder verbotswidrigen Charakter tragen, nichtig. Dasselbe gilt von behördlichen Willenserklärungen, die nicht Verwaltungsakte sind. Deshalb würde, wenngleich an sich Vereinbarungen zwischen Behörde und Beamtem über dessen Ausscheiden aus dem Dienst rechtlich zulässig sind, auch das fragliche Abkommen nichtig sein, wenn ihm der Mangel der Gesetzwidrigkeit oder Unsittlichkeit anhaftete. Das muß jedoch im Gegensatz zum Vorderrichter verneint werden.

1. Die Verfehlungen des Klägers waren nicht bloß disziplinarisch zu ahnden. Er hat Unterschlagung und schwere Urkundenfälschung, also strafbare Handlungen begangen. Das Berufungsgericht meint nun, die Beamtenpflichten des Oberbürgermeisters hätten es erfordert, daß er als Spitze der städtischen Verwaltung entweder die Strafanzeige erstattete oder aber den Sachverhalt untersuchen ließ.

Wenn er statt dessen mit dem Kläger das fragliche Abkommen geschlossen und sich darin zur Unterlassung der Anzeige verpflichtet habe, so stelle dies eine Verletzung seiner Beamtenpflichten dar, die das Abkommen, wenn nicht nach § 134, so doch nach § 138 Abs. 1 BGB. nichtig mache.

Die Pflicht des Oberbürgermeisters als Dienstvorgesetzten des Klägers, dessen strafrechtliche Verfolgung zu veranlassen, hat der Vorderrichter nicht etwa auf Grund besonderer, nicht revisibler Vorschriften des hannoverschen Rechts angenommen, sondern er hat sie ersichtlich aus allgemeinen Grundsätzen des preußischen Rechts abgeleitet. Nach diesem bestand sie jedoch nicht. Es ist keineswegs Aufgabe jeder Behörde und jedes Beamten, zu seiner Kenntnis gelangende strafbare Handlungen anzuzeigen. Eine solche Verpflichtung liegt dem Vorgesetzten auch dann nicht ob, wenn es sich um Straftaten eines ihm untergebenen Beamten handelt. Welche Schritte er tun will, wenn er von einer solchen erfährt, hängt von seinem pflichtmäßigen Ermessen ab. Zuweilen wird schon das von ihm zu wahrende Interesse seiner Verwaltung eine Nichtanzeige als geboten erscheinen lassen. Aber auch eine billige Rücksichtnahme auf die Belange des schuldigen Beamten ist nicht immer ausgeschlossen und kann den Vorgesetzten unter Umständen veranlassen, von einer Anzeige abzusehen, ohne daß ihm das als Pflichtverletzung ausgelegt werden müßte.

Die vom Berufungsgericht durch Hinweis auf eine Entscheidung des Preußischen Oberverwaltungsgerichts vom 24. September 1909 (angeführt bei von Rheinbaben Die preußischen Disziplinargesetze 2. Aufl. S. 102 Fußnote 1) berührte Streitfrage betrifft lediglich die Anzeigepflicht der Disziplinarbehörden. § 4 Abs. 2 des preußischen Disziplinargesetzes vom 21. Juli 1852 (GS. S. 465) bestimmt, daß, wenn im Laufe eines Disziplinarverfahrens wegen der nämlichen Tatsachen eine gerichtliche Untersuchung gegen den Angeschuldigten eröffnet wird, das Disziplinarverfahren bis zur rechtskräftigen Erledigung des gerichtlichen Verfahrens ausgesetzt werden muß (ebenso § 77 Abs. 2 RBG.). Es ist nun die Frage aufgeworfen worden, ob, wenn im Laufe eines Disziplinarverfahrens der Verdacht einer strafbaren Handlung des angeschuldigten Beamten auftaucht, die Disziplinarbehörde der Strafverfolgungsbehörde Anzeige erstatten muß, um dem Strafverfahren seinen vom Gesetz gewollten Vorrang vor dem Disziplinarverfahren zu wahren. Die Frage wird verschieden beantwortet. Eine Stellungnahme dazu ist hier aber nicht erforderlich; denn jedenfalls kann aus dem § 4 a. a. O. (und ebenso für das Reichsrecht aus § 77 a. a. O.) eine Mitteilungspflicht, wenn überhaupt, so doch nur dann hergeleitet werden, wenn ein Disziplinarverfahren eingeleitet ist oder eingeleitet werden soll, und ferner nur für die Disziplinarbehörde, nicht für jeden Dienstvorgesetzten des Beamten, der sich strafbar gemacht haben soll. An beiden Voraussetzungen gebricht es im vorliegenden Fall. Die Einleitung eines Disziplinarverfahrens gegen den Kläger kam damals überhaupt noch nicht in Frage. Außerdem war die für ihn zuständige Disziplinarbehörde nicht der Oberbürgermeister, sondern der Regierungspräsident (§ 20 des Zuständigkeitsgesetzes vom 1. August 1883, GS. S. 237). Ersterem lag also in seiner Eigenschaft als Leiter der Verwaltungsgeschäfte der Stadt (§ 74 Abs. 3 der Revidierten hannoverschen Städteordnung vom 24. Juni 1858, Hann.GS. S. 141) keine Pflicht zur Strafanzeige ob.

Das Oberlandesgericht spricht in diesem Zusammenhang auch noch von der Pflicht des Oberbürgermeisters, das Verhalten des Klägers untersuchen zu lassen. Eine Pflicht dieses Inhalts kann indessen noch weniger anerkannt werden als die zur Strafanzeige. Jedenfalls hat diese Untersuchungspflicht auch wohl nach Ansicht des Vorderrichters keine selbständige Bedeutung. Ihre Verletzung allein kann daher den Bestand des zwischen dem Oberbürgermeister und dem Kläger etwa getroffenen Abkommens nicht beeinträchtigen.

2. Die Verpflichtung des Oberbürgermeisters, die Verfehlungen des Klägers der Staatsanwaltschaft mitzuteilen, entnimmt das Berufungsgericht außer seiner Vorgesetzteneigenschaft weiter noch seiner Eigenschaft als Leiter der Polizei in H. Als solcher habe er, so meint der Vorderrichter, nach § 163 StPO. die ihm amtlich mitgeteilten strafbaren Handlungen des Klägers erforschen müssen. Diese Beurteilung des Sachverhalts läßt indessen eine hinreichende Trennung der verschiedenen Amtsaufgaben vermissen, die dem Oberbürgermeister der Beklagten oblagen. Er stand an der Spitze der städtischen Verwaltung, aber auch, wie der Berufungsrichter an Hand der nicht revisiblen hannoverschen Städteordnung darlegt, an der Spitze der Polizeiverwaltung. Beide Stellungen vereinigten sich in seiner Person. Gleichwohl sind sie für die rechtliche Betrachtung

zu trennen, ganz ebenso wie z. B. in der Entscheidung RGSt. Bd. 63 S. 167 unterschieden worden ist zwischen der Stellung eines Amtsrichters als Richter und als Justizverwaltungsbeamter. Nicht jede Pflicht, die dem Oberbürgermeister als Leiter der Polizei oblag, traf ihn auch als obersten Vorgesetzten der städtischen Beamten. Und umgekehrt brauchte er nicht jede Mitteilung, die ihm in Verwaltungsgeschäften der Stadt gemacht wurde, schon ohne weiteres unter polizeilichen Gesichtspunkten zu behandeln. Seinem pflichtmäßigem Ermessen war es überlassen, wie er sich im einen Amtskreis durch den anderen beeinflussen lassen wollte. Die gegenteilige Ansicht des Vorderrichters widerspricht der herrschenden Verwaltungsübung, führt auch zu unannehmbaren Ergebnissen. Von ihr aus müßte im vorliegenden Fall dem Oberbürgermeister — von der inneren Tatseite abgesehen — sogar der Vorwurf gemacht werden, ein nach § 346 StGB. strafbares Verbrechen begangen zu haben.

Ist es danach geboten, zwischen den beiden Aufgabenkreisen des Oberbürgermeisters zu unterscheiden, so könnte seine Stellung als Leiter der Polizei nur dann für die Beurteilung seines Verhaltens dem Kläger gegenüber von Belang sein, wenn er in dieser Eigenschaft mit letzterem verhandelt hätte. Dafür bietet aber der unstreitige Sachverhalt keinen Anhalt. Nur um die Stadtverwaltung, deren Leiter er war, baldmöglichst von einem unwürdigen Beamten zu befreien, hat er den Kläger zu sich kommen lassen und ihm nahegelegt, freiwillig aus dem städtischen Dienst zu scheiden.

3. Hilfsweise erörtert das Berufungsgericht, wie das Verfahren des Oberbürgermeisters dann zu beurteilen wäre, wenn er durch die ihm vom Bürodirektor und vom Stadtkämmerer gemachten Mitteilungen von der Schuld des Klägers nicht voll überzeugt worden sei, sondern noch Zweifel an ihr gehabt habe. Es meint, der Oberbürgermeister habe dann gegen die Treu- und Beamtenfürsorgepflicht, die der Beklagten dem Kläger gegenüber obgelegen habe, und damit auch gegen die guten Sitten verstoßen. Er habe dann das Interesse des Klägers an Klarstellung der Angelegenheit nicht hinreichend berücksichtigt. Er habe nicht ohne weitere Feststellungen vom Kläger das Ausscheiden aus dem Amte verlangen dürfen, noch dazu unter Drohung mit einer polizeilichen Untersuchung. Hierzu ist an dieser Stelle nur zu bemerken, daß, wenn der Oberbürgermeister schuldhaft die Fürsorgepflicht außer acht gelassen

haben sollte, deren Erfüllung der Kläger von der Stadt fordern durfte, hieraus für ihn ein Schadensersatzanspruch erwachsen sein mag, auf den am Schluß des Urteils noch eingegangen werden soll. Den guten Sitten hat der Oberbürgermeister aber nicht schon dadurch zuwidergehandelt, daß er bei Abwägung der beiderseitigen Belange fehlgegriffen haben sollte. Das Interesse der Stadt an Reinhaltung ihres Beamtenkörpers, an baldiger Schaffung klarer Verhältnisse hat er nicht bloß höher bewertet als das Interesse des Staates an der Bestrafung des Klägers, sondern auch als dessen Interesse daran, daß ihm längere Zeit zur ruhigen Überlegung über die von ihm zu fassenden Entschlüsse gelassen werde. Es mag sein, daß der Kläger daraus einen Vorwurf gegen den Oberbürgermeister herleiten kann. In einer solchen — vielleicht irrigen — Bewertung der verschiedenen beachtlichen Gesichtspunkte durch diesen liegt aber noch keine Sittenwidrigkeit, welche die nach Annahme des Vorderrichters getroffene Abmachung in ihrer Gültigkeit beeinträchtigen würde.

4. Das Berufungsgericht legt dann weiter noch dar, bei der engen zeitlichen und wirtschaftlichen Verbindung des schuldrechtlichen Abkommens, das durch das Unterschreiben der vorgelegten Urkunde zustandegekommen sei, mit dem Entlassungsantrag und der Verzichtserklärung habe die Nichtigkeit des Abkommens auch diese Erklärungen getroffen, gleichgültig ob die Nichtigkeit des Abkommens auf § 134 oder auf § 138 Abs. 1 BGB. beruhe. Ob auch gegen diese Auffassung des Vorderrichters Einwendungen zu erheben sind, kann dahingestellt bleiben. Denn nach dem bisher Gesagten kommt eine Nichtigkeit der nach Annahme des Berufungsgerichts den weiteren Erklärungen des Klägers und des Magistrats zugrunde liegenden Abmachung weder wegen Verbotswidrigkeit noch wegen Unsittlichkeit in Frage.

II. In zweiter Reihe legt der Vorderrichter dar, das zwischen dem Oberbürgermeister und dem Kläger getroffene Abkommen, dessen Entlassungsantrag und Verzichtserklärung seien, wenn nicht von vornherein nichtig, so doch mindestens nachträglich infolge der — auf widerrechtliche Drohung gestützten — Anfechtung des Klägers nichtig geworden. Auch hier ist zunächst die vom Vorderrichter nicht aufgeworfene Frage zu beantworten, ob öffentlichrechtliche Willenserklärungen von Privatpersonen der Anfechtung wegen widerrechtlicher Drohung unterliegen. Dies ist unbedenklich zu bejahen. Jedoch ist eine rechtlich einwandfreie Feststellung solcher Drohung im Berufungsurteil nicht getroffen worden.

Zunächst führt das angefochtene Urteil aus: Darin, daß der Oberbürgermeister dem Kläger die schweren gegen diesen vorliegenden Verdachtsgründe auseinandergesetzt und dann von ihm verlangt habe, er solle die vorgelegte Urkunde unterschreiben, und zwar sofort oder doch nach Ablauf einer Bedenkzeit von einer Viertelstunde, habe schon von selbst die Androhung gelegen, daß der Sachverhalt untersucht und zur Anzeige gebracht werden würde, wenn der Kläger nicht unterschriebe. Das sei auch dann anzunehmen, wenn weder ausdrücklich noch andeutungsweise von einer Strafanzeige oder von einer Benachrichtigung der Polizei gesprochen worden sei. Hiernach ist damit zu rechnen, daß der Oberbürgermeister dem Kläger überhaupt keine Strafanzeige in Aussicht gestellt hat, weder ausdrücklich noch auch stillschweigend. Er soll ja nicht einmal „andeutungsweise" davon gesprochen haben. Eine Drohung kann aber nur durch irgendeine Willensäußerung des Drohenden zum Ausdruck gelangen. Sie ist hier also für den Oberbürgermeister, dessen Drohung der Kläger nachgegeben haben soll, bisher nicht festgestellt worden. Es bleibt, worauf die Revision mit Recht hinweist, die Möglichkeit offen, daß die objektive Sachlage den Kläger dazu bestimmt hat, den Entlassungsantrag zu unterschreiben. Er konnte nach allgemeiner Lebenserfahrung nichts anderes erwarten, als daß ihn die Stadtverwaltung bei der Staatsanwaltschaft anzeigen werde. Anderseits durfte er, worauf bereits an anderer Stelle hingewiesen worden ist, mit größter Wahrscheinlichkeit damit rechnen, daß diese Anzeige bei seinem Ausscheiden aus dem Dienste unterbleiben werde, da dann jedes Interesse der Stadt an seiner Bestrafung wegfiel. War ihm das ohne weiteres bewußt, so bedurfte es keines irgendwie gearteten Hinweises des Oberbürgermeisters mehr. Die für beide Teile durchaus klare objektive Sachlage leitete die Entschlüsse des Klägers. Dann ist er auf Grund eigener Überlegung dazu gelangt, sein Amt niederzulegen, um ein Strafverfahren zu vermeiden, das aller Voraussicht nach ebenfalls den Amtsverlust für ihn im Gefolge gehabt haben würde (vgl. RGUrt. vom 20. Januar 1913 VI 366/12, abgedr. WarnRspr. 1913 Nr. 186).

Nach Ablauf der ihm gesetzten Bedenkzeit von einer Viertelstunde ist der Kläger nicht nochmals beim Oberbürgermeister, sondern nur beim Bürodirektor erschienen, um eine Verlängerung der ihm gesetzten

Frist zu erwirken. In dessen Antwort, der Polizei sei auf Anweisung des Oberbürgermeisters bereits Mitteilung gemacht worden, sieht das Berufungsgericht eine weitere Drohung, jedoch zu Unrecht. Denn die Eröffnung des Bürodirektors an den Kläger betraf, worauf die Revision ebenfalls mit Recht Wert legt, eine schon vollzogene Tatsache, stellte dem Kläger nicht etwa erst die künftige Verwirklichung eines Übels durch die Stadtverwaltung in Aussicht. Das Erscheinen des Polizeikommissars, bei dessen Anblick sich der Kläger zur Unterschrift entschloß, ist nach der Darstellung der Beklagten nur zufällig mit der Anwesenheit des Klägers beim Bürodirektor zusammengefallen. Daß das Erscheinen des Polizeibeamten vom Oberbürgermeister veranlaßt worden sei, um auf den Kläger einen Druck auszuüben, ist bisher nicht festgestellt worden. Dagegen spricht, daß der Oberbürgermeister den Polizeikommissar erst hat herbeirufen lassen, als die dem Kläger gesetzte Bedenkzeit abgelaufen war, als er wahrscheinlich nicht mehr damit rechnete, der Kläger werde noch freiwillig erscheinen.

Demnach genügt auch zu diesem Teil die Begründung des Berufungsurteils nicht, um die getroffene Entscheidung zu rechtfertigen, sodaß die Aufhebung des angefochtenen Urteils und die Zurückverweisung der Sache an die Vorinstanz geboten ist.

Bei der erneuten Verhandlung der Sache wird insbesondere zu prüfen sein, ob der Oberbürgermeister, auch wenn er weder gegen ein gesetzliches Verbot noch gegen die guten Sitten verstoßen hat und wenn ihm ferner keine widerrechtliche Drohung zur Last fällt, gleichwohl bei Herbeiführung des Ausscheidens des Klägers die schon in anderem Zusammenhang erwähnte Fürsorgepflicht schuldhaft verletzt hat, welche die Stadt ihren Beamten schuldig ist. Bei aller ihm obliegenden Wahrung der städtischen Interessen durfte er doch an den Belangen des Klägers nicht völlig vorbeigehen (vgl. Urteil des Senats vom 1. Juli 1930 III 353/29, abgedr. Gruch. Bd. 71 Nr. 70 S. 618 und ZBR. Bd. 3 Nr. 25 S. 163). Es kann in Frage kommen, ob eine so kurze Bemessung der Überlegungsfrist für die vom Kläger zu treffende außerordentlich wichtige Entschließung noch gebilligt werden kann. Allerdings würde eine solche Verletzung der Fürsorgepflicht die Entlassung des Klägers an sich nicht berühren, sondern nur eine Schadensersatzpflicht der Stadt begründen. Ihre Pflicht zur Gehaltszahlung würde sich beschränken auf die Zeit, während deren der Kläger noch Gehalt bezogen hätte, falls er den Entlassungsantrag nicht gestellt hätte. Er würde dann voraussichtlich sein Amt im Wege eines Disziplinarverfahrens verloren haben. Dieser Zeitpunkt wäre zu ermitteln und danach die Verurteilung der Beklagten zu begrenzen. Auch eine etwa durch Suspension des Klägers eingetretene Minderung des Gehalts des Klägers wäre ebenso zu berücksichtigen wie auf der anderen Seite die Möglichkeit, daß ihm bei seiner strafweisen Dienstentlassung ein Teil seines Ruhegehalts belassen worden wäre (§ 16 Abs. 3 DiszG.).

---

28. 1. Kann der auf Ausgleichung in Anspruch Genommene unter Umständen seinerseits einen Ausgleichsanspruch gegen seinen Abkäufer geltend machen?

2. Ist das Bestehen eines weiteren Ausgleichsanspruchs bei der Beurteilung des vom ersten Ausgleichsgläubiger erhobenen Ausgleichsanspruchs zu berücksichtigen?

BGB. § 242.

VI. Zivilsenat. Urt. v. 16. November 1931 i. S. R. (Kl.) w. N. (Bekl.). VI 298/31.

I. Landgericht Gleiwitz.
II. Oberlandesgericht Breslau.

Am 9. November 1921 verkaufte die Ehefrau des Klägers ihr Grundstück in B. an den Kaufmann Gu. zum Preise von 225000 M., wovon 125000 M. bar gezahlt und die restlichen 100000 M. gegen hypothekarische Sicherstellung gestundet wurden. Die Hypothek wurde am 21. April 1922 eingetragen. Am 8. Juli 1922 verkaufte Gu. das Grundstück für 300000 M. an die Witwe Gl., welche die Hypothek der Ehefrau des Klägers in Anrechnung auf den Kaufpreis übernahm. Am 8. August 1922 verkaufte Frau Gl. das Grundstück weiter an den Kaufmann S. für 350000 M. und verpflichtete sich in dem Vertrag, sämtliche in Abteilung III eingetragenen Lasten löschen zu lassen. Am 2. Oktober 1922 zahlte sie der Ehefrau des Klägers deren Restkaufgeldhypothek aus, die dann auf Grund der löschungsfähigen Quittung vom 25./26. September 1922 am 21. November 1922 gelöscht wurde. Am letzteren Tage wurde S. als Eigentümer eingetragen. Dieser veräußerte das Grundstück Anfang 1924 an den Beklagten, auf den es nach der Auflassung vom 11. Februar 1924 am 26. März 1924 umgeschrieben wurde.

Die Ehefrau des Klägers meldete ihren Aufwertungsanspruch rechtzeitig an und verlangte Aufwertung in Höhe von 600%. Am 21. Februar 1928 schlossen sie und Frau Gl. zu Protokoll der Aufwertungsstelle einen Vergleich dahin, daß die Schuldnerin zur Abgeltung aller Ansprüche der Gläubigerin auf Aufwertung der gelöschten Hypothekenforderung ihre Ansprüche auf Schadloshaltung gegen ihre Nachfolger im Eigentum des Grundstücks an die Gläubigerin abtrat. Gleichzeitig verzichtete die Gläubigerin auf Aufwertungsansprüche gegen Gu., und die Schuldnerin erkannte an, daß sie persönliche Schuldnerin der ehemals hypothekarisch gesicherten Forderung geworden sei. Des weiteren behauptet der Kläger unter Vorlegung einer privatschriftlichen Urkunde vom 21. Oktober 1928, daß S. seinen Ausgleichsanspruch an die Ehefrau des Klägers abgetreten habe.

Diese abgetretenen Ausgleichsansprüche macht nunmehr der Kläger geltend; er verlangt Verurteilung des Beklagten zur Zahlung von 9000 RM. nebst Zinsen. Zur Begründung trägt er vor: die Aufwertungsforderung seiner Frau belaufe sich auf 13140 GM.; Frau Gl. habe mit Verlust verkauft; S. habe zwar bei der Veräußerung des Grundstücks an den Beklagten 6879 GM. verdient, er könne aber vom Beklagten, der einen Kaufpreis von nur 9000 GM. gezahlt habe, mit Rücksicht auf den Gegenwartswert des Grundstücks von 80000 RM. einen Ausgleich in Höhe von 9000 RM. verlangen. Der Beklagte ist der Meinung, daß er schon aus Rechtsgründen nicht zur Ausgleichung verpflichtet sei; denn den S. treffe keine Aufwertungspflicht der Frau des Klägers gegenüber, sondern allenfalls nur eine Ausgleichspflicht gegenüber der Frau Gl.

Das Landgericht erklärte den Klaganspruch dem Grunde nach für gerechtfertigt. Das Oberlandesgericht dagegen wies die Klage ab.

Die Revision des Klägers führte zur Aufhebung und Zurückverweisung.

Gründe:

Rechtlich bedenkenfrei führt das Berufungsgericht zunächst aus, daß der Aufwertungsanspruch der Ehefrau des Klägers im Höchstfalle 13227 GM. betragen könne, daß die Schuldnerin dieses Anspruchs spätestens seit dem 21. Februar 1928 Frau Gl. an Stelle des Gu. sei und daß der Frau Gl. ein Ausgleichsanspruch gegen S. zustehe. Dagegen verneint der Vorderrichter unter Berufung auf RGZ. Bd. 129 S. 276 und auf das Urteil des erkennenden Senats in JW. 1930 S. 818 Nr. 17 (vgl. dazu übrigens den rechtsähnlich liegenden Fall WarnRspr. 1930 Nr. 45) grundsätzlich das Bestehen eines Ausgleichsanspruchs des S. gegen den Beklagten. Denn die Leistungspflicht des S. beruhe lediglich darauf, daß die Geschäftsgrundlage des Kaufvertrags, durch den er das Grundstück von Frau Gl. erworben habe, nicht aber darauf, daß die Geschäftsgrundlage des Vertrags, durch den er das Grundstück an den Beklagten verkauft habe, durch das Aufwertungsgesetz erschüttert worden sei; zwischen der Verpflichtung des S., den Vertrag dem Beklagten gegenüber zu erfüllen, und der durch das Aufwertungsgesetz geschaffenen Aufwertungspflicht der Frau Gl. bestehe keine Abhängigkeit. Von diesem Standpunkt aus hat das angefochtene Urteil mit Recht die Fragen offen gelassen, ob S. den Ausgleichsanspruch an die Frau des Klägers abgetreten hat und ob die tatsächlichen und die sonstigen rechtlichen Voraussetzungen eines Ausgleichsanspruchs des S. gegen den Beklagten gegeben wären. Für die Revisionsinstanz handelt es sich daher nur um die Prüfung, ob die rechtsgrundsätzliche Erwägung des Berufungsrichters zutrifft. Dies ist nicht der Fall.

Die Zubilligung des Ausgleichsanspruchs durch die reichsgerichtliche Rechtsprechung (RGZ. Bd. 132 S. 344 nebst Nachweisen) beruht auf dem Grundgedanken, daß das Festhalten an einem Vertrag mit der Vorschrift des § 242 BGB. dann unvereinbar ist, wenn durch ein unvorhersehbares Eingreifen der Gesetzgebung die Geschäftsgrundlage des Vertrags, nämlich das von den Vertragsparteien vorausgesetzte Gleichwertigkeitsverhältnis von Leistung und Gegenleistung, erheblich erschüttert worden ist. Nun hat hier die Grundlage des zwischen Frau Gl. und S. geschlossenen Vertrags infolge der Erlassung des Aufwertungsgesetzes und der Aufwertungsnovelle insofern eine starke Erschütterung erfahren, als die Ehefrau des Klägers einen im Verhältnis zu dem von Frau Gl. erzielten Gewinn hohen Aufwertungsanspruch gegen Frau Gl. geltend machen kann und dieser daher das Recht zusteht, den S. auf Ausgleichung in Anspruch zu nehmen. Ebenderselbe Gesetzgebungsakt ist es dann aber, der auch die Geschäftsgrundlage des zwischen S. und dem

Beklagten geschlossenen Vertrags in Mitleidenschaft zieht oder wenigstens ziehen kann, nämlich dann, wenn S. verpflichtet ist, als Ausgleich an Frau Gl. einen so hohen Betrag zu zahlen, daß ihm von dem vom Beklagten gezahlten Kaufpreis nur noch ein im Verhältnis zu dem vom Beklagten erzielten Gewinn geringfügiger Vorteil übrig bleibt, oder wenn er gar einen Verlust erleidet. Die Rechtslage bezüglich der Erschütterung der Geschäftsgrundlage durch einen Eingriff der Gesetzgebung ist also bei diesen beiden Kaufverträgen die gleiche, und es erscheint daher angezeigt, die beiden Verträge in Ansehung des Ausgleichsanspruchs gleich zu beurteilen. Insbesondere würde die Erwägung, daß der Vertrag des S. mit dem Beklagten ein anderer sei als der Vertrag Gl.-S. und daß zwischen den Verträgen keine Abhängigkeit bestehe, in gleicher Weise schon auf den Kaufvertrag Gu.-Gl. in Verbindung mit dem Schuldübernahmevertrag der Ehefrau des Klägers mit Frau Gl. im Verhältnis zum Kaufvertrag Gl.-S. zutreffen.

Vergeblich beruft sich der Vorderrichter auf das Urteil RGZ. Bd. 129 S. 276. Dort ist, wie bereits in RGZ. Bd. 132 S. 344 betont, lediglich ausgesprochen, daß bei einer Kette von Veräußerungsgeschäften die Frage, ob die Geschäftsgrundlage erschüttert sei, für jeden Vertrag besonders geprüft werden müsse. Daß das Urteil im Bd. 129 nicht die Tragweite haben konnte, die ihm der Vorderrichter beimißt, ergab sich schon aus dem Urteil RGZ. Bd. 130 S. 115. Denn es wäre kaum verständlich gewesen, weshalb hier insbesondere die Frage der Abtretbarkeit des Ausgleichsanspruchs an den Ausgleichsberechtigten der Erörterung hätte unterzogen werden sollen, wenn die Möglichkeit des Bestehens eines Ausgleichsanspruchs des ersten Ausgleichspflichtigen gegen seinen Abkäufer gar nicht bestehen könnte. Im übrigen hat sich der erkennende Senat bereits in den dem jetzt angefochtenen Berufungsurteil nachfolgenden Entscheidungen RGZ. Bd. 132 S. 50flg. und vom 2. März 1931 VI 450/30 ausdrücklich in dem hier vertretenen Sinn ausgesprochen. Eines Eingehens auf das einen anders gearteten Fall betreffende Urteil JW. 1930 S. 818 Nr. 17 bedarf es nicht.

Zu dem Hinweis des Berufungsgerichts auf den Satz des Urteils RGZ. Bd. 128 S. 367, daß in Fällen der Weiterveräußerung der Regel nach der Betrag des erzielten Reingewinns des Ausgleichspflichtigen die äußerste Grenze des Ausgleichsbeitrags bilden werde, mag bemerkt werden: eine Ausnahme von dieser Regel kann dann Platz greifen, wenn dem ersten Ausgleichsverpflichteten ein Ausgleichsanspruch gegen seinen Abkäufer zusteht. Die Gründe, die zur Bejahung der Frage geführt haben, ob bei der Entscheidung über Einwendungen des Schuldners aus § 15 Nr. 2 AufwG. die etwaigen Ausgleichsansprüche des Schuldners gegen den Grundstückserwerber zu berücksichtigen sind (RGZ. Bd. 119 S. 133, Bd. 121 S. 330), müssen, da die Rechtslage die gleiche ist, entsprechend angewendet werden, wenn dem Ausgleichspflichtigen ein Ausgleichsanspruch gegen seinen Abkäufer zusteht.

---

29. Kommt es wegen des Ausschlusses der Verantwortlichkeit einer öffentlichen Körperschaft für die Beamten, die ausschließlich auf den Bezug von Gebühren angewiesen sind, darauf an, ob die Gebühren aus der öffentlichen Kasse oder unmittelbar von den Beteiligten zu zahlen sind?

Preuß. Staatshaftungsgesetz v. 1. August 1909 § 1 Abs. 3, § 4.

III. Zivilsenat. Urt. v. 20. November 1931 i. S. Preuß. Staat (Kl.) w. Gemeinde Sch. (Bekl.). III 18/31.

I. Landgericht Verden.
II. Oberlandesgericht Celle.

Der Arbeiter W. war von der verklagten preußischen Landgemeinde als Vollziehungsbeamter angestellt. Er erhielt kein Gehalt, sondern bezog lediglich Gebühren für die Ausführung der Vollziehungsaufträge. Von eingezogenen Staatssteuern hat er den Betrag von 551,71 RM. unterschlagen. Der klagende Staat fordert den Ersatz dieses Betrags von der Beklagten. Er wurde in den Vorinstanzen abgewiesen. Seine Revision blieb ohne Erfolg.

Gründe:

Art. 131 RVerf. hat die grundsätzliche Haftung der öffentlichen Körperschaften für Amtspflichtverletzungen ihrer Beamten eingeführt, im Abs. 2 aber die nähere Regelung der zuständigen Landesgesetzgebung überlassen. Diese Regelung ist in Preußen durch das auf Grund des Art. 77 EG. z. BGB. ergangene Gesetz vom 1. August 1909 (GS. S. 691) erfolgt. § 1 Abs. 3 in Verb. mit § 4 dieses Gesetzes hat die Verantwortlichkeit der öffentlichen Körperschaften ausgeschlossen „bei Beamten, die ausschließlich auf den Bezug von Gebühren angewiesen sind, sowie bei solchen Amtshandlungen anderer Beamten, für welche die Beamten eine besondere Vergütung durch Gebühren von den Beteiligten zu beziehen haben". Der Streit der Parteien geht nun darum, ob der Vollziehungsbeamte der Beklagten, W., unter die erste der beiden von der Haftung der öffentlichen Körperschaften ausgenommenen Beamtengruppen fällt. Der Kläger vertritt die Ansicht, daß der Begriff der Gebühren bei beiden ausgenommenen Beamtengruppen derselbe sei und nur solche Gebühren umfasse, welche der Beamte nicht aus der Kasse der öffentlichen Körperschaft, in deren Diensten er stehe, sondern unmittelbar von den an der Amtshandlung beteiligten Personen zu beziehen habe; der Unterschied zwischen den beiden ausgenommenen Beamtengruppen bestehe deshalb darin, daß die eine Gruppe lediglich Gebühren von den Beteiligten, die andere daneben auch noch Gehalt von der öffentlichen Körperschaft beziehe. Die Beklagte meint dagegen, das Gesetz unterscheide zwischen solchen Beamten, die ausschließlich auf den Bezug von Gebühren angewiesen seien, gleichgültig ob sich der Gebührenanspruch des Beamten gegen die an der Amtshandlung Beteiligten oder gegen die öffentliche Körperschaft richte, und solchen Beamten, die neben Gebühren auch Gehalt bezögen; es nehme von der Haftung der öffentlichen Körperschaft jene schlechthin, diese aber nur für solche Amtshandlungen aus, für welche sie die besondere Vergütung durch eine Gebühr unmittelbar von den Beteiligten zu beziehen hätten.

Der Wortlaut des Gesetzes spricht für die Auffassung der Beklagten. Denn bei der ersten Gruppe der ausgenommenen Beamten ist von Gebühren ohne näheren Zusatz die Rede, bei der zweiten dagegen von Gebühren, die der Beamte als besondere Vergütung „von den Beteiligten" zu beziehen hat. Sollte der Gesetzgeber bei der ersten Gruppe der Beamten, die ausschließlich auf den Bezug von Gebühren angewiesen sind, ebenfalls nur solche Gebühren im Auge gehabt haben, die der Beamte von den Beteiligten unmittelbar zu beziehen hat, so könnte schon fraglich sein, ob eine solche Absicht überhaupt genügenden Ausdruck im Gesetz gefunden hätte und ob ihre Berücksichtigung nicht schon dadurch ausgeschlossen wäre, daß der klare Gesetzeswortlaut entgegenstände.

Doch auch die Entstehung des Gesetzes läßt keinen Zweifel daran, daß die Auffassung der Beklagten die richtige ist. In der Regierungsvorlage hatte der Absatz 3 des § 1 wie folgt gelautet: „Die Verantwortlichkeit des Staates ist ausgeschlossen bei solchen Amtshandlungen, für welche der Beamte Gebühren lediglich von den Beteiligten zu beziehen hat." Bei derartigen Amtshandlungen — so führte die Begründung (Drucks. Nr. 32 des AbgHauses 21. Legislaturperiode II. Sess. 1908/09 S. 11) aus — hätten die Beteiligten meist die Wahl, an welchen Beamten sie sich wenden wollten. Auch überwiege dabei im allgemeinen ihr Privatinteresse. Deshalb solle die Ausnahme nur Platz greifen, wenn der Beamte, wie vor allem der Notar, die Gebühr von den Beteiligten unmittelbar für sich zu beziehen habe, und sie umfasse nicht die Fälle, wo er zwar auf Gebühren angewiesen sei, diese aber aus der Staatskasse erhalte, wie das namentlich bei den Gerichtsvollziehern der Fall sei. In der Kommission des Abgeordnetenhauses wurden dazu zwei Abänderungsanträge gestellt. Der erste enthielt keine sachliche Änderung, sondern sollte den Gedanken des Entwurfs nur noch schärfer ausdrücken. Er wurde zurückgezogen zugunsten des zweiten Antrags. Dieser bezweckte eine sachliche Änderung, und ihm entspricht die Fassung des Gesetzes. Die Beratung des Antrags führte zur Erörterung der Stellung der Fleischbeschauer, die damals die Gebühren, auf die sie allein angewiesen waren, in manchen Orten unmittelbar von den Beteiligten, in anderen dagegen aus der öffentlichen Kasse bezogen. Für sie führte ein Kommissar des Justizministeriums folgendes aus: Die Ungleichheit der Rechtslage bei den verschiedenen Arten dieser Beamten werde durch die vorgeschlagene (und dann angenommene) Fassung des Gesetzes beseitigt, da es nach ihr bei Beamten, die ausschließlich auf den Bezug von Gebühren angewiesen seien, keinen Unterschied machen solle, ob der Beamte die Gebühren unmittelbar von den Beteiligten oder aus einer öffentlichen Kasse zu beziehen habe. Die Staatsregierung sehe hierin eine Verbesserung des Entwurfs. Denn bei den lediglich auf Gebühren angewiesenen Beamten rechtfertige sich die Ausschließung der Staatshaftung allgemein dadurch, daß diese Beamten namentlich in bezug auf die Aufsicht in einem wesentlich lockerern Verhältnis zum Staat usw. ständen als die besoldeten Beamten (KommBer. des AbgHauses Drucks. a. a. O. Nr. 354 A S. 4 u. 7). Hier ist mit aller Deutlichkeit die mit der beantragten Änderung der Regierungsvorlage verfolgte Absicht zum Ausdruck gebracht, sämtliche ausschließlich auf Gebühren angewiesenen Beamten ohne Rücksicht darauf, wem gegenüber der Gebührenanspruch besteht, von der Haftung der öffentlichen Körperschaft auszunehmen. Dafür ist als Grund, der auf alle nur auf Gebühren angewiesenen Beamten zutrifft, angegeben worden, daß solche Beamte in einem lockereren Verhältnis zur öffentlichen Körperschaft ständen als diejenigen, die auch oder nur ein festes Gehalt bezögen.

Bei den Beratungen der Kommission des Herrenhauses sind dann zwar Bedenken geäußert worden, ob gerade die städtischen Vollziehungsbeamten unter die Haftung der Städte fielen, weil sie Gebühren bezögen, und der Regierungskommissar hat die Haftung der Städte gerade daraus hergeleitet, daß diese Beamten die Gebühren nicht unmittelbar von den Beteiligten, sondern aus der öffentlichen Kasse bezögen. Dabei ging man aber, wie der Kommissionsbericht ergibt, davon aus, daß der städtische Vollziehungsbeamte neben den Gebühren auch Gehalt beziehe. Bei einem solchen Vollziehungsbeamten konnte allerdings das durch den Regierungskommissar dann beseitigte Bedenken entstehen, ob er nicht für die Amtshandlungen, für die er Gebühren erhält, aus der Haftung der Stadt herausfalle (KommBer. des Herrenhauses 1908/09 Drucks. Nr. 139 S. 4 Abs. 2 und 18flg.). Der im Dienste der Beklagten stehende Vollziehungsbeamte W. ist aber nicht mit Gehalt angestellt, sondern ausschließlich auf Gebühren angewiesen. Daß er aus der Haftung der Beklagten herausfällt, weil er zu der im § 1 Abs. 3 von der Haftung ausgenommenen ersten Beamtengruppe gehört, kann demnach nicht zweifelhaft sein. Bei ihm ist es gleichgültig und kann daher unerörtert bleiben, ob er die Gebühren aus der öffentlichen Kasse oder unmittelbar von den Beteiligten zu beanspruchen hat.

---

30. Fällt unter die Belastungsbeschränkung gemäß § 77 des Reichsversorgungsgesetzes auch die Vormerkung einer Bauhypothek nach §§ 648, 885 BGB.?

V. Zivilsenat. Beschl. v. 21. November 1931 in einer Münchener Grundbuchsache. V B 23/31.

I. Amtsgericht (Grundbuchamt) München.
II. Landgericht München I.

Der Sachverhalt und die Entscheidung ergeben sich aus den

Gründen:

Der Gläubiger und Beschwerdeführer hat gegen den Schuldner und Beschwerdegegner eine einstweilige Verfügung des Amtsgerichts München vom 10. Juni 1931 erwirkt, wodurch in Anwendung der §§ 648, 885 BGB. die Vormerkung des Anspruchs auf eine Sicherungshypothek für eine Restbauforderung des Gläubigers von 5329,33 RM. auf dem Baugrundstück des Schuldners an nächstoffener Stelle angeordnet wurde. Das Grundbuchamt München und auf Beschwerde des Gläubigers das Landgericht I daselbst haben jedoch die Eintragung der Vormerkung abgelehnt, weil in Abt. II des Grundbuchs seit dem 18. Juli 1930 eine Verfügungsbeschränkung gemäß § 77 des Reichsversorgungsgesetzes (Fassung vom 22. Dezember 1927, RGBl. I S. 515) eingetragen und die hiernach zur Eintragung der Vormerkung erforderliche Genehmigung des Hauptversorgungsamtes Bayern nicht nachgewiesen sei. Der hiergegen gerichteten weiteren Beschwerde des Gläubigers möchte das Bayerische Oberste Landesgericht abhelfen; es sieht sich aber hieran gehindert durch die ebenfalls auf weitere Beschwerde ergangene Entscheidung des Kammergerichts vom 30. Januar 1930 (1 X 818/29, abgedr. JFG. Bd. 7 S. 389) und hat die Sache deshalb nach § 79 Abs. 2 GBO. dem Reichsgericht zur Entscheidung vorgelegt.

Die Voraussetzungen der Zuständigkeit des Reichsgerichts sind gegeben. Auch in dem Falle des Kammergerichts handelte es sich um die Frage, ob Vormerkungen zur Sicherung des Anspruchs auf eine Bauforderungshypothek (§§ 648, 885 BGB.) unter die Belastungsbeschränkung des § 77 RVersorgG. fallen. Das Kammergericht hat in bejahendem Sinne entschieden und dem ist beizutreten. In Übereinstimmung mit dem Kammergericht und im Einklang mit der Rechtsprechung des Reichsgerichts (RGZ. Bd. 113 S. 403, Bd. 118 S. 230 [234], Bd. 129 S. 184, Bd. 132 S. 419) erkennt zwar das Bayerische Oberste Landesgericht die Anspruchsvormerkung als eine Belastung des Grundstücks im weiteren Sinne an. Es glaubt aber, für Vormerkungen aus § 648 BGB. zugunsten solcher Personen, die für das zu bebauende Grundstück des Versorgungsempfängers

Leistungen gemacht und Arbeiten verrichtet haben, eine besondere Rechtsstellung in Anspruch nehmen zu sollen. Aus dem Zweckgedanken der §§ 77, 78 RVersorgG., daß nämlich die „bestimmungsgemäße" Verwendung des dem Versorgungsberechtigten zum Erwerb oder zur wirtschaftlichen Stärkung eigenen Grundbesitzes (§ 72 das.) ausgezahlten Abfindungskapitals habe gesichert werden sollen, leitet das Bayerische Oberste Landesgericht her, daß die Vormerkung einer Sicherungshypothek für den Baumeister, der den Hausbau für einen früheren Angehörigen der deutschen Wehrmacht ausgeführt habe, nicht in den Rahmen jener Handlungen fallen könne, gegen welche die §§ 77, 78 a. a. O. sichern wollten. Denn die Arbeits- und Auslagenleistung des Baumeisters habe ja zur bestimmungsgemäßen Verwendung des Kapitals mitgedient, und der Bauhandwerker dürfe nicht eine wirtschaftliche Einbuße gleichsam zur Strafe dafür erleiden, daß er gerade zur richtigen Verwendung des Kapitals mitgewirkt habe.

Hiergegen ist zunächst zu sagen, daß die vom Bayerischen Obersten Landesgericht beabsichtigte Rechtsprechung eine Ausnahme von der nach § 77 RVersorgG. angeordneten und eingetragenen Belastungsbeschränkung anerkennen würde, für die es im Wortlaut des Gesetzes selbst an der Grundlage fehlt. Daß an sich die dort zugelassene Beschränkung auch Belastungen betrifft, die im Zwangsweg, wie hier kraft einstweiliger Verfügung, gegen den Eigentümer durchgeführt werden sollen (vgl. für Zwangshypotheken RGZ. Bd. 105 S. 77), will offensichtlich auch das Oberste Landesgericht nicht in Abrede stellen. Die von ihm vorgeschlagene Ausnahme findet aber auch im Zweck und in der Begründung der Vorschrift des § 77 RVersorgG. keine genügende Rechtfertigung. In der Form einer nicht nur den Schutz *bestimmter* Personen, etwa des Reichsfiskus, bezweckenden, sondern das *allgemeine* Interesse wahrenden und deshalb entgegenstehende Verfügungen allgemein unzulässig machenden Beschränkung (vgl. darüber RGZ. Bd. 105 S. 71; KGJ. Bd. 52 S. 126) hat das Reichsversorgungsgesetz der zuständigen Behörde (dem Hauptversorgungsamt) die Handhabe zur Erfüllung ihrer Aufgabe gegeben, den Grundbesitz in der Hand des Versorgungsberechtigten zu erhalten. Jedoch wird auch dann, wenn die Anordnung, wie im vorliegenden Falle, nach § 77 Satz 2 erlassen und nach Satz 3 das. durch Eintragung im Grundbuch wirksam geworden ist, dadurch die Sicherung von Baugläubigern des Versorgungsberechtigten im Wege der §§ 648, 885 BGB. keineswegs grundsätzlich ausgeschlossen. Sie wird nur an das Erfordernis der Eintragungsgenehmigung derjenigen Behörde gebunden, die über die Erfüllung des gesetzlichen Zweckes möglichster Erhaltung des Grundbesitzes in der Hand des Versorgungsberechtigten zu wachen hat. Daß von der hiernach im Einzelfall erforderlichen Prüfung durch die zuständige Behörde zugunsten der Bauhandwerker-Forderungen eine (allgemeine) Ausnahme zugelassen werden sollte, kann weder dem Zweck noch der Begründung des Gesetzes entnommen werden. Wenn das Oberste Landesgericht darauf hinweist, daß doch gerade der Bauhandwerker zur richtigen Verwendung des Kapitals mitgewirkt und daß die Arbeits- und Auslagenleistung des Baumeisters zur bestimmungsmäßigen Verwendung des Kapitals mitgedient habe, so trifft dies augenscheinlich nicht zu bei dem Teil ihrer Forderungen, der noch jetzt der dinglichen Sicherung bedarf, also aus dem Abfindungskapital keine Befriedigung gefunden hat. Es läßt sich sehr wohl der Fall denken, daß die nach § 77 RVersorgG. zuständige Behörde ihre Genehmigung zur Eintragung einer Belastung zugunsten von Baumeistern oder Bauhandwerkern in Beachtung des Gesetzeszweckes gerade deshalb versagt, weil durch eine den wirtschaftlichen Verhältnissen des Versorgungsberechtigten nicht entsprechende Art der Bauausführung die Erhaltung des Besitzes in seiner Hand schon während der Sperrfrist gefährdet wird. Wenn weiter der vom Obersten Landesgericht angezogene Aufsatz von Bezzel (BayZ. 1930 S. 317) unter rechtspolitischem Gesichtspunkt auf die Gefahr aufmerksam macht, daß der Eigentümer die Genehmigung des Hauptversorgungsamts zugunsten bestimmter Gläubiger und zum Schaden anderer erschleiche, so ist dem entgegenzuhalten, daß es nicht Aufgabe der Rechtsprechung ist, in die den Hauptversorgungsämtern vom Gesetz anvertraute Prüfung durch Anerkennung allgemeiner Befreiungen vom Genehmigungserfordernis einzugreifen, wie es auch sachlich gerechtfertigt erscheint, daß die Entscheidung im Einzelfall einer den Verhältnissen nahestehenden Behörde vorbehalten bleibt. Zwischen Vormerkung und endgültiger Belastung aber etwa dahin zu unterscheiden, daß die Eintragung der Vormerkung ohne Genehmigung zugelassen werde, die endgültige Eintragung der Bauhypothek dagegen dennoch dem Genehmigungserfordernis unterworfen bleibe, hat das Kammergericht mit Grund abgelehnt im Hinblick auf die

Rechtsnatur der Vormerkung als einer die endgültige Belastung vorbereitenden, schon mit dinglichen Sicherungswirkungen ausgestatteten und deshalb wegen der durch sie begründeten Erwartungen mehr oder minder der Entschließungsfreiheit der Versorgungsbehörde vorgreifenden Eintragung.

Hiernach war die Beschwerde zurückzuweisen.

---

31. 1. Kann sich jemand, der die Schuld einer Bank übernimmt, auf die Vorschrift des § 66 Abs. 1 AufwG. berufen, wenn auf ihn selbst die Voraussetzungen dieser Vorschrift nicht zutreffen und die Schuldübernahme vor Inkrafttreten des Aufwertungsgesetzes wirksam geworden ist?

2. Kann die Genehmigung der Schuldübernahme auf einen Zeitpunkt zurückwirken, in dem die Übernahme dem Gläubiger noch nicht mitgeteilt war?

AufwG. § 66. BGB. §§ 184, 185, 415, 416.

V. Zivilsenat. Urt. v. 21. November 1931 i. S. Sch. (Kl.) w. Frau H. (Bekl.). V 185/31.

I. Landgericht III Berlin.
II. Kammergericht daselbst.

Auf einem Grundstück der B.er Mittelstandsbank haftete seit dem Jahre 1911 eine Hypothek für ein der Eigentümerin von der Beklagten gewährtes Darlehen von 40000 M. Im Jahre 1918 erwarb der Kläger das Grundstück von der Mittelstandsbank. Im Kaufvertrag vom 15. Februar 1918 übernahm er u. a. die Hypothek der Beklagten als Allein- und Selbstschuldner. Nachdem er die Hypothek am 4. Januar 1923 an die Beklagte in Papiermark zurückgezahlt hatte, wurde sie am 17. Juli 1923 im Grundbuch gelöscht. Die Beklagte nahm als persönlichen und dinglichen Aufwertungsschuldner den Kläger in Anspruch.

Die Mittelstandsbank, die inzwischen in Liquidation getreten und auch bereits im Genossenschaftsregister gelöscht worden war, setzte das Liquidationsverfahren fort, nachdem sich herausgestellt hatte, daß sie noch aufwertbare Hypotheken besaß. Im Laufe dieses Verfahrens machte sie mit Schreiben vom 8. Dezember 1927 der Beklagten gemäß § 416 BGB. davon Mitteilung, daß sie das Grundstück am 15. Februar 1918 an den Kläger verkauft und daß dieser die Hypothek der Beklagten als Allein- und Selbstschuldner übernommen habe. Auf dieses Schreiben hat die Beklagte innerhalb der sechsmonatigen Frist des § 416 keine Erklärung abgegeben.

Der Kläger hat die Feststellung beantragt, daß die gelöschte Hypothek von 40000 M. und die ihr zugrunde liegende Forderung nicht der Aufwertung unterliege. Er beruft sich darauf, daß die gegen die Mittelstandsbank gerichtete Darlehensforderung der Beklagten nach § 66 AufwG. nicht aufwertbar sei, und daß eine wirksame Übernahme der Schuld durch ihn vor Inkrafttreten des Aufwertungsgesetzes nicht stattgefunden habe. Die Beklagte hat Widerklage erhoben mit dem Antrag, festzustellen, daß die gelöschte Darlehenshypothek von 40000 M. für sie nach dem Aufwertungsgesetz aufzuwerten sei. Sie führt aus: Das Aufwertungsverbot des § 66 AufwG. gelte nur für bankmäßig hereingenommene Gelder, nicht aber dann, wenn es sich, wie hier, um einen Anspruch gegen eine Bank aus einem Rechtsgeschäft handle, das nicht Gegenstand des eigentlichen Bankbetriebs gewesen sei. Jedenfalls sei durch die mit rückwirkender Kraft erklärte Genehmigung der Schuldübernahme die Schuldverbindlichkeit der Mittelstandsbank erloschen und noch vor Inkrafttreten des Aufwertungsgesetzes die Haftung des Klägers als Darlehensschuldners begründet worden.

Die Vorinstanzen gaben unter Abweisung der Klage der Widerklage statt. Die Revision des Klägers blieb ohne Erfolg.

Gründe:

Ohne Rechtsirrtum nimmt der Berufungsrichter an, daß sich die Mittelstandsbank gegenüber einem Aufwertungsverlangen der Beklagten auf § 66 AufwG. berufen könnte. Da es sich jedoch hierbei um eine Ausnahmevorschrift handelt, die nur zugunsten des Bankgewerbes erlassen ist, so versagt ihr Schutz dann, wenn vor Inkrafttreten des Aufwertungsgesetzes infolge Schuldübernahme an die Stelle der Bank ein anderer Schuldner getreten ist, auf den die Voraussetzungen der Vorschrift nicht zutreffen. Mit Recht hat daher der Berufungsrichter die Entscheidung des Rechtsstreits von der Frage abhängig gemacht, in welchem Zeitpunkt die im Kaufvertrag vom

15. Februar 1918 zwischen der Mittelstandsbank und dem Kläger vereinbarte Schuldübernahme wirksam geworden ist. Nach § 415 Abs. 1 BGB. hängt die Wirksamkeit einer von einem Dritten mit dem Schuldner vereinbarten Schuldübernahme von der Genehmigung des Gläubigers ab, die erst erfolgen kann, wenn der Schuldner oder der Übernehmer dem Gläubiger die Schuldübernahme mitgeteilt hat. Nach § 416 das. ist bei der Übernahme einer Hypothekenschuld durch den Erwerber eines Grundstücks die Genehmigung des Gläubigers unter den dort näher bestimmten Voraussetzungen als erteilt anzusehen. Der Berufungsrichter wendet auf die Genehmigung die Vorschrift des § 184 BGB. dahin an, daß infolge der Rückwirkung der Genehmigung die Schuldübernahme im vorliegenden Falle als bereits zur Zeit des Abschlusses des Vertrags vom 15. Februar 1918 wirksam geworden anzusehen sei. Die von der Revision hiergegen erhobenen Angriffe sind nicht begründet.

Nach der herrschenden und in der Rechtsprechung des Reichsgerichts anerkannten Ansicht stellt der Schuldübernahmevertrag des § 415 BGB. eine Verfügung des Schuldners über das Recht des Gläubigers dar, sodaß es sich bei der dort vorgesehenen Genehmigung des Gläubigers um eine solche im Sinne des § 185 Abs. 2 handelt. So ist denn auch die Genehmigung nicht erforderlich, wenn der Gläubiger schon vor der Schuldübernahme seine Zustimmung zu dieser erklärt hatte (WarnRspr. 1911 Nr. 262). Demgemäß muß § 184 BGB. auf die Genehmigung Anwendung finden (RGZ. Bd. 120 S. 153).

Wenn die Revision ausführt, die Genehmigung könne eine Rückwirkung höchstens auf den Zeitpunkt der Mitteilung der Schuldübernahme an den Gläubiger äußern, so kann auch dem nicht beigetreten werden. Es ist zwar richtig, daß die Rückwirkung nur auf einen Zeitpunkt zurückgehen kann, in dem das genehmigte Rechtsgeschäft abgeschlossen vorlag (Urt. vom 15. Juni 1929 V 117/28, AufwRspr. 1929 S. 882). Allein die Mitteilung an den Gläubiger ist kein rechtsgeschäftlicher Bestandteil der Schuldübernahme, sondern lediglich eine gesetzliche Voraussetzung für die Zulässigkeit der Genehmigung des Gläubigers. Wird die Genehmigung in zulässiger Weise erteilt, so wirkt sie auf den Zeitpunkt zurück, in dem der Schuldübernahmevertrag zwischen dem ursprünglichen Schuldner und dem Übernehmer abgeschlossen wurde. Daß dies der Standpunkt des Gesetzes ist, folgt aus der Fassung des § 415 Abs. 2 Satz 1: „Wird die

Genehmigung verweigert, so gilt die Schuldübernahme als nicht erfolgt." Ob die Genehmigung ausdrücklich oder stillschweigend erklärt wird, ist für die Frage der Rückwirkung belanglos. Es kann daher auch für eine nach § 416 als erteilt anzusehende Genehmigung nichts anderes gelten. Im übrigen liegt eine Genehmigungserklärung der Beklagten schon darin, daß sie in diesem Rechtsstreit den Kläger aus der Schuldübernahme in Anspruch nimmt, sodaß es auf die Sondervorschrift des § 416 gar nicht ankommt (RGZ. Bd. 63 S. 42, Bd. 107 S. 216).

---

32. 1. Inwieweit steht dem Anspruch des früheren Gläubigers aus § 17 AufwG. ein vom neuen Gläubiger mit dem Schuldner innerhalb der gesetzlichen Rückwirkungszeit geschlossener Aufwertungsvergleich entgegen?

2. Genügt es im Falle des § 67 Abs. 2 Satz 2 Halbsatz 2 AufwG., daß die Aufwertung zugunsten der Teilungsmasse des früheren Gläubigers erfolgt?

AufwG. §§ 17, 67.

V. Zivilsenat. Urt. v. 25. November 1931 i. S. Verein. B.er u. Pr. LebensversAG. (Kl.) w. Frau Fr. u. Gen. (Bekl.). V 260/30.

I. Landgericht I Berlin.
II. Kammergericht daselbst.

Die Klägerin verlangt als frühere Gläubigerin von Vorkriegshypotheken zu insgesamt 330000 M. von den verklagten Eigentümern die dingliche Aufwertung kraft Rückwirkung zugunsten ihres Aufwertungsstocks. Ihre Klage auf Feststellung des Anspruchsgrundes, welcher der Treuhänder zustimmt, ist in der ersten Instanz durchgedrungen, in der zweiten abgewiesen worden.

Die Klägerin hatte die Hypotheken am 29. Juni 1923 gegen Zahlung von 3630000 M. (= 109,90 GM. nach der Tabelle des Aufwertungsgesetzes) an den Ehemann der Beklagten St. abgetreten. Mit diesem haben sich dann die Beklagten, die bald darauf das Grundstück kauften und im November desselben Jahres als Eigentümer zu gleichen Anteilen eingetragen wurden, gemäß seinem Schreiben vom 28. Dezember 1923 auf die Ablösung der Hypotheken gegen Zahlung von 2475 Rentenmark geeinigt. Am 12. Januar 1924 hat der Ehemann St. auch löschungsfähige Quittung ausgestellt. Die Beklagten wenden ein, damit sei ein Aufwertungsvergleich zustande gekommen, und dieser stehe auch dem Anspruch der Klägerin entgegen, weil der Ehemann St. dabei als Kaufmann im Betrieb seines Handelsgewerbes tätig geworden sei ... und mehr als den ihm sonst gesetzlich zustehenden Aufwertungsbetrag erhalten habe. Die Klägerin bestreitet, daß St. Kaufmann gewesen sei, daß er die Vereinbarung im Betrieb seines Handelsgewerbes abgeschlossen habe und daß die Vergleichssumme gezahlt sei. Sie sieht in dem Abkommen jedenfalls keinen Aufwertungsvergleich und hält nicht für entscheidend, daß sich St. dadurch mehr als den ihm gesetzlich zustehenden Aufwertungsbetrag ausbedungen habe. Das Landgericht hat zugunsten der Klägerin erkannt, weil St., wie sich aus seinen Beziehungen zu den Beklagten ergebe, nicht im Betrieb seines Handelsgewerbes abgeschlossen habe. Das Kammergericht hat die Klage abgewiesen. Es nimmt einen Aufwertungsvergleich an und meint, dieser schließe auch die Klägerin von der Aufwertung aus, weil er dem Gläubiger St. mehr als den ihm gesetzlich zustehenden Aufwertungsbetrag gewähre; darauf, ob die Vergleichssumme gezahlt worden sei, komme es nicht an, die Zahlung sei auch gegenüber der Quittung ohne Unterlage bestritten worden.

Die Revision der Klägerin führte zur Wiederherstellung des ersten Urteils.

Gründe:

(Zunächst werden die Bedenken der Revision gegen die Annahme eines Aufwertungsvergleichs für unbegründet erklärt. Dann heißt es weiter:) Ebenso durfte das Urteil den Streit über die Zahlung der Vergleichssumme unerörtert lassen, weil das Gesetz nur auf den Abschluß und nicht auf die Erfüllung des Vergleichs abstellt. Nicht beizutreten ist aber der Auffassung des Berufungsgerichts, der Anspruch der Klägerin werde durch den Inhalt des von ihrem Nachmann abgeschlossenen Aufwertungsvergleichs ausgeschlossen.

§ 67 AufwG. teilt die Vergleiche ein in solche, die in der gesetzlichen Rückwirkungszeit, und in solche, die außerhalb dieser Zeit zustande gekommen sind. Während die Vergleiche der zweiten Gruppe unberührt bleiben, stehen erstere — mit Ausnahme gewisser Kaufmannsvergleiche — der Aufwertung nach den Vorschriften des Aufwertungsgesetzes nicht entgegen. Zu diesen Vorschriften gehören die §§ 14, 15, 17. Daraus ergibt sich, daß auch der durch § 17 begründete Aufwertungsanspruch des früheren Gläubigers nicht an einem in der Rückwirkungszeit geschlossenen Vergleich scheitert. Nach ihrem Inhalt — nach dem Verhältnis zwischen Vergleichssumme und Aufwertungsbeträgen — werden die Vergleiche im § 67 nicht unterschieden. Die Rechtsansicht, auf der die angefochtene Entscheidung beruht, hat also den Wortlaut des Gesetzes ohne Zweifel gegen sich. Sie wird aber auch nicht durch den Grund und den Zweck des Gesetzes unterstützt.

Die Regel, daß die in der Rückwirkungszeit geschlossenen Vergleiche der Aufwertung nicht entgegenstehen, ist eine Folgerung aus dem Grundsatz der rückwirkenden Aufwertung und eine der Vorschriften, die der Verwirklichung dieses Grundsatzes dienen. Sie beruht darauf, daß auch die in den Vergleichen jener Zeit festgesetzten Leistungen vom Standpunkt des Aufwertungsgesetzes im allgemeinen von unerträglicher Geringfügigkeit gewesen sind. Wie die Erfahrung lehrt, hat der Schuldner damals, als die Aufwertung noch nicht gesetzlich anerkannt und geordnet, nach den Erklärungen der Regierungsvertreter auch nicht beabsichtigt war und als anderseits die Mark ihren Wert fast vollständig verloren hatte, selbst dann, wenn er einen Aufwertungsvergleich einging, zu wenig gewährt, als daß man die Sache damit für erledigt ansehen konnte. Diese Erfahrung trifft auch dann zu, wenn im Falle der Übertragung der Hypothek der Gläubiger, der sich verglich, damit soviel oder mehr erhalten hat, als *ihm* das Aufwertungsgesetz für den Teil der Forderung zugesprochen hat, den es *ihm* beließ. Maßgebend ist, daß der Schuldner regelmäßig nicht genug bewilligt hat, um auch den nach dem Aufwertungsgesetz dem *früheren* Gläubiger gebührenden Aufwertungsbetrag angemessen abzugelten. Da das Aufwertungsgesetz dem früheren Gläubiger ebenfalls einen Aufwertungsanspruch gewährte, konnte die Frage, bei welchen Aufwertungsvergleichen man es bewenden lassen durfte, nur unter Berücksichtigung des früheren Gläubigers beantwortet werden. Mögen also auch in Fällen der vorliegenden Art die *Vergleichsparteien* mit dem Ergebnis zufrieden sein und keinen Grund haben, eine abweichende gesetzliche Regelung der Aufwertung zu fordern, so folgt daraus doch nicht, daß die Bestimmung, wonach der Vergleich der Aufwertung nach den Vorschriften des Aufwertungsgesetzes nicht entgegenstehen soll, zum Nachteil des früheren Gläubigers außer Kraft gesetzt werden muß.

Die Entscheidung hat, wie kaum gesagt zu werden braucht, nichts mit der seit dem Urteil RGZ. Bd. 116 S. 184 feststehenden Rechtsprechung zu tun, daß ein Aufwertungsvergleich, der nach § 67 unberührt bleibt, die Entstehung des dem früheren Gläubiger in § 17 zugedachten Aufwertungsrechts ausschließt. Dort wird nur aus dem Rechtssatz, daß ein außerhalb der Rückwirkungszeit geschlossener Vergleich unberührt bleibt (§ 67 Abs. 1), die Folgerung gezogen, er müsse die seinem Inhalt entsprechende Rechtswirkung auch gegen den Vormann der Vergleichspartei bewähren. Hier handelt es sich dagegen um die Anwendung der Rechtsregel, daß der Vergleich der Rückwirkungszeit die Aufwertung nicht hindert (§ 67 Abs. 2).

Auch die Urteile des erkennenden Senats vom 2. Juni 1926 und 10. November 1928 (RGZ. Bd. 114 S. 49 und Bd. 122 S. 240), auf die sich die Vorentscheidung beruft, vermögen diese nicht zu rechtfertigen. Dort forderten Aufwertungsschuldner, die sich in der Rückwirkungszeit verglichen hatten, ihre Vergleichsleistungen zurück, weil sie die Vergleiche auf Grund des § 67 Abs. 2 AufwG. nicht mehr gelten ließen und den Gläubiger auf die gesetzlichen Ansprüche verwiesen. Sie sind unterlegen, weil als Sinn des Gesetzes nur der Schutz des Gläubigers erkannt wurde. Daß der Vergleich nicht der gesetzlichen Aufwertung entgegensteht, bedeutet, wie damals ausgeführt wurde: der Gläubiger habe das Recht erhalten, trotz des Vergleichs die Aufwertung nach den Vorschriften des Aufwertungsgesetzes zu fordern. Es bedeutet aber nicht, daß der Aufwertungsvergleich kraft Gesetzes seinen Rechtsgrund verloren, also nicht, daß der Schuldner damit das Recht gewonnen habe, seine auf Grund des Vergleichs bewirkten Zahlungen zurückzufordern. Der Schuldner ist vielmehr darauf beschränkt, solche Zahlungen gemäß §§ 18, 78 AufwG. auf die gesetzlichen Leistungen anzurechnen, sofern der Gläubiger diese verlangt. Nun findet sich freilich im Urteil RGZ. Bd. 122 S. 240 der Satz: die Vorschrift erstrebe lediglich den Schutz des Gläubigers, der sich unter dem Druck der Geldentwertung auf einen Vergleich eingelassen habe, wonach er weniger bekomme als auf Grund des später in Kraft getretenen Aufwertungsgesetzes. Aber damit ist dort der Gläubigerschutz nur in einen Gegensatz zum Schuldnerschutz gestellt worden. Eine Übertragung der Hypothek hatte gar nicht stattgefunden, sondern nur der Schuldner stand dem alten Gläubiger gegenüber, mit dem er sich verglichen hatte. Auf ihn paßte, was damals gesagt wurde. Wenn man den Satz dagegen aus seinem Zusammenhang nimmt und daraus für den Fall der Gläubigermehrheit auf das Gegenteil schließt, so beweist er zuviel. Dann müßte dem früheren Gläubiger die Aufwertung selbst dann versagt werden, wenn sich der spätere in der Rückwirkungszeit in der Tat weniger als den ihm selbst nachher durch das Aufwertungsgesetz zugebilligten Betrag ausbedungen hätte; denn der frühere Gläubiger hat sich überhaupt nicht zu dem Vergleich herbeigelassen, also auch nicht unter dem Druck der Geldentwertung.

Das praktische Ergebnis, zu dem die hier abgelehnte Rechtsansicht führt, steht ihr ebenfalls entgegen. Tatsächlich läuft sie nach der Erfahrung des Lebens für den Fall des Vergleichs auf eine Versagung des Aufwertungsanspruchs gegenüber dem früheren Gläubiger, der Regel nach dem Altgläubiger, hinaus. Es wird kaum je vorgekommen sein, daß sich ein Gläubiger, der eine Hypothek nach dem 15. Juni 1922 entgeltlich erworben hatte, im Aufwertungsvergleich mit weniger als 25% des Erwerbspreises begnügt hat. Dieser hatte regelmäßig einen sehr geringen Goldwert. Wer eine Hypothek von 100000 M. etwa am 1. Oktober 1922 zum Nennbetrag erwarb, zahlte damit 213 GM. und wird sich um die Wende des Jahres 1923, als — nach dem Bekanntwerden der Entscheidung des erkennenden Senats vom 28. November 1923 (RGZ. Bd. 107 S. 78) und während der Vorbereitung der Dritten Steuernotverordnung — die Aufwertungsvergleiche geschlossen wurden, gewiß nicht auf einen geringeren Aufwertungsbetrag als 53,25 GM. verglichen haben. Hatte er die Hypothek schon am 15. Juni 1922 erworben und demgemäß 1370 GM. gezahlt (der günstigste Fall), dann müßte er in einen Vergleich zu weniger als 342,50 GM. gewilligt haben, damit der frühere Gläubiger noch die Aufwertung verlangen könnte. Diese Möglichkeit wäre jedenfalls um so geringer, je weniger der frühere Gläubiger für seine Hypothek erhalten hat, weil dann auch der gesetzliche Aufwertungsbetrag des späteren Gläubigers entsprechend geringer ist. Unannehmbar ist auch die Tragweite, die damit winzige Unterschiede in der Höhe der Vergleichssumme gewinnen würden. Der frühere Gläubiger erhielte, um beim letzten Beispiel zu bleiben, 25000 GM, wenn die Vergleichssumme irgendwie hinter dem Betrag von 53,25 GM. oder 342,50 GM. zurückbliebe, sonst gar nichts.

Die Rechtsansicht der Vorentscheidungen widerspricht auch dem Urteil des VII. Zivilsenats vom 24. Juni 1927 (RGZ. Bd. 117 S. 306). Damals war es eine Vorfrage, ob der frühere Gläubiger die Aufwertung verlangen dürfe. Sie wurde auf Grund des § 67 Abs. 2 bejaht, obgleich sich sein Nachmann, dem er die Hypothek am 3. Mai 1923 entgeltlich abgetreten hatte, bei dem im Januar 1924 mit dem Eigentümer geschlossenen Aufwertungsvergleich offensichtlich viel mehr als den ihm zustehenden Aufwertungsbetrag ausbedungen hatte und obwohl sich die Urteilsgründe mit diesem Mehrbetrag befassen. Die Begründung jenes Erkenntnisses unterstützt das Ergebnis durch die Entscheidung eines anderen Punktes. Sie spricht dem Schuldner nämlich das Recht zu, die auf Grund des Vergleichs mit dem späteren Gläubiger bewirkten Leistungen dem früheren Gläubiger auch in der Höhe anzurechnen, wie sie den gesetzlichen Aufwertungsbetrag übersteigen. Diese — unbedenkliche — Auslegung des § 18 schneidet den sonst möglichen Einwand ab, daß der Schuldner beeinträchtigt werde, wenn er neben der Vergleichsleistung an den späteren Gläubiger dem früheren die gesetzliche Aufwertung gewähren müsse (vgl. die Schriften zum Aufwertungsgesetz von: Rademacher-Philipp S. 71; Levis S. 59; Abraham S. 179; Neukirch S. 500; Nadler DStZ. 1926 Sp. 356/7; sowie OLG. Frankfurt a. M. in AufwRspr. 1926 S. 396). Auch der erkennende Senat hat in einem gleichliegenden Falle dem früheren Gläubiger trotz des vom späteren Inhaber der Hypothek in der Rückwirkungszeit abgeschlossenen Aufwertungsvergleichs den Aufwertungsanspruch zuerkannt, freilich ohne diese Entscheidung damals zu begründen, weil der Punkt von keiner Seite in Zweifel gezogen worden war (Urt. v. 31. Mai 1930, AufwRspr. 1930 S. 525). Dagegen hat allerdings der VII. Zivilsenat im Urteil vom 1. März 1929 (RGZ. Bd. 123 S. 341) einen anderen Standpunkt eingenommen. Der Entscheidung der Vereinigten Zivilsenate bedarf es indessen nicht, weil der VII. Zivilsenat, nachdem die Einholung einer Plenarentscheidung beschlossen worden war, erklärt hat, er halte an der im Bd. 123 ausgesprochenen Ansicht nicht mehr fest. Soweit sich das Schrifttum mit dieser Frage beschäftigt, teilt es die hier vertretene Auffassung (vgl. die Erläuterungswerke zum AufwG. von: Schlegelberger Anm. 8 zu

§ 17; Quassowski § 67 Bem. V 2; Kempner-Pinner S. 59; ferner Neukirch in JW. 1929 S. 1392 Anm. zu Nr. 25). Wenn viele andere Schriftsteller die Rechtsfrage nicht erörtern, so liegt dies daran, daß sie dem früheren Gläubiger grundsätzlich eine vom Nachmann unabhängige Stellung zusprechen.

Das angefochtene Urteil, das auf der gegenteiligen Rechtsauffassung beruht, muß hiernach aufgehoben werden. Das Revisionsgericht ist auch in der Lage, in der Sache selbst zu erkennen, weil sie zur Endentscheidung reif ist. Der Streit der Parteien darüber, ob der Vertragsgegner der Beklagten den Aufwertungsvergleich als Kaufmann im Betrieb seines Handelsgewerbes abgeschlossen hat, bedarf keiner Entscheidung. Dieser Umstand steht, wie der Senat schon in dem erwähnten Urteil vom 31. Mai 1930 dargelegt hat, dem Aufwertungsrecht des früheren Gläubigers nicht entgegen, wenn bei ihm, wie es hier der Fall ist, die Aufwertung zugunsten einer Teilungsmasse erfolgt.

---

33. Ist eine ausländische Urkunde stempelpflichtig, wenn von einer im Ausland notariell beglaubigten Abschrift der Urkunde in Preußen Gebrauch gemacht wird?

Preuß. Stempelsteuergesetz vom 27. Oktober 1924 §§ 2, 16 Abs. 1 zu c, Tarifstelle 19.

VII. Zivilsenat. Urt. v. 3. November 1931 i. S. H. (Kl.) w. Preuß. Staat (Bekl.). VII 15/31.

I. Landgericht I Berlin.
II. Kammergericht daselbst.

Die Frage wurde bejaht aus folgenden, den Sachverhalt ergebenden

Gründen:

Der niederländische Notar hat eine Generalvollmacht beurkundet, damit der Kläger bei Generalversammlungen inländischer Aktiengesellschaften und bei Anträgen an das Grundbuchamt Berlin-Mitte als Bevollmächtigter für seinen Vollmachtgeber in Preußen tätig werde; er hat also ein Geschäft beurkundet, das auch in Preußen befindliche Gegenstände betraf. Demnach ist die Urkunde an sich stempelpflichtig (§ 2 StStG.). Da aber bei ihrer Errichtung kein Inländer beteiligt war, so hat die Stempelpflichtigkeit zur Voraussetzung, daß von der Urkunde im Inland Gebrauch gemacht worden ist (§ 16 Abs. 1 zu c StStG.). Das Gesetz unterscheidet nicht zwischen unmittelbarem und mittelbarem Gebrauch der Urkunde, also fällt auch der mittelbare Gebrauch unter das Gebrauchmachen im Sinne dieser Vorschrift. Der Kläger hat in Preußen dreimal Abschriften der ausländischen Urkunde verwendet, die der niederländische Notar beglaubigt hatte; mithin hat er nach dem Sprachgebrauch des Gesetzes von der ausländischen Urkunde Gebrauch gemacht. Daher ist mit Recht der Stempel nach der Tarifst. 19 StStG. erhoben worden...

---

34. Zur Anfechtung stillschweigend abgegebener Erklärungen wegen Irrtums.

BGB. § 119.

VIII. Zivilsenat. Urt. v. 5. November 1931 i. S. C. u. P. Bank (Kl.) w. J. (Bekl.). VIII 344/31.

I. Landgericht Essen.
II. Oberlandesgericht Hamm.

Die Klägerin kaufte zur Erweiterung ihres Bankbetriebs in G. von den Erben N. durch Vertrag vom 27. Dezember 1920/10. Januar 1921 ein ihrem Gebäude benachbartes Haus. Der Beklagte, dessen Ehefrau zu diesen Erben gehört, hatte dort eine Apotheke inne. Im Zusammenhang mit den Kaufverhandlungen vereinbarten die Parteien, daß der Beklagte nach Fertigstellung des notwendigen Umbaues seine Apotheke und Wohnung in das der Klägerin damals schon gehörige Bankgebäude verlegen solle. Nach vollendetem Umbau, im April 1925, bezog der Beklagte diese Räume als Mieter.

In der Zwischenzeit hatten die Parteien nach vorangegangenen Streitigkeiten am 8. Januar 1923 „betreffs Verlegung der Apotheke und Wohnung" einen Vergleich geschlossen, der eine Grundmiete von insgesamt 5000 M. „unter Hinzutreten der gesetzlichen Zuschläge" für Apotheke und Wohnung festsetzt und gleichzeitig die Mietzeit auf 30 Jahre bestimmt. Nach dem Einzug des Beklagten wurde zwischen den Parteien schriftlich die monatliche Nachtragszahlung der Miete vereinbart und am 6. Mai 1925 fernmündlich verabredet: die Klägerin solle dem Beklagten ein besonderes Mietkonto eröffnen. Ein Schreiben der Klägerin an den Beklagten vom 7. Mai 1925 bestätigt diese Abreden und fährt dann fort:

> Wir haben Sie daher auf Grund einer Jahresmiete von M. 5000 für Aprilmiete mit M. 416,70, Wert 30./4. 25, auf Mietkonto belastet und gleichzeitig für M. 416,70, Wert 30./4. 25, zu Lasten Ihrer laufenden Rechnung und zum Ausgleich des Mietkontos erkannt.

In der Folge, und zwar bis September 1929, entrichtete der Beklagte ständig monatlich auf diesem Wege den soeben bezeichneten Mietsatz, ohne daß die Klägerin Einwendungen erhob. Zuerst durch Schreiben vom 14. September 1929 begehrte die Klägerin Nachzahlungen, da zur Jahresmiete die gesetzlichen Zuschläge kämen. Mit der im Dezember 1929 erhobenen Klage verlangte sie die Zahlung eines Betrags von 3275 RM. mit zweifacher Begründung. In erster Reihe solle der Betrag als Nachzahlung für die Zeit vom 1. Oktober bis zum 31. Dezember 1929 gelten, und zwar aus dem Gesichtspunkt, daß die am 13. Januar 1923 getroffene Zinsabrede durch das Ende der Inflation hinfällig geworden sei und deshalb eine neue Festsetzung erfolgen müsse. Angemessen sei zum mindesten ein Jahresbetrag von 18100 RM., also für das Vierteljahr eine Nachzahlung in Höhe des Klaganspruchs. Schlimmstenfalls sei der Antrag dadurch gerechtfertigt, daß der etwa bis dahin zugrunde gelegte Betrag von 5000 RM. mindestens als Friedensmiete anzusehen sei, zu der die gesetzlichen Zuschläge entrichtet werden müßten. Das mache für die Zeit vom 1. Juli 1926 bis zum 31. Dezember 1929 wiederum 3275 RM. aus.

Beide Vorinstanzen wiesen die Klage ab. Auch die Revision der Klägerin blieb erfolglos.

Gründe:

Zu Unrecht sieht die Revision Widersprüche in dem angefochtenen Urteil. Der Gedankengang, aus dem heraus der Berufungsrichter zu der Annahme kommt, die Miete sei für die ganze Vertragszeit auf 5000 RM. fest vereinbart worden, ist im wesentlichen einheitlich und klar. In dem Brief vom 7. Mai 1925, der im Eingang nur die Art (Zahlungsweg und Fälligkeit) der Zinsentrichtung regelt, ist im Schlußteil der Betrag der monatlichen Miete ausgeworfen. Darin und in der vorhergehenden, mindestens aber in der nachfolgenden Zustimmung des Beklagten sieht der Berufungsrichter eine Vereinbarung auch über die Höhe der Miete. Es liegt ihm aber fern, allein schon in dem genannten Schreiben (in Verbindung mit der Zustimmung des Beklagten) eine Abmachung über die Miete für die ganze Vertragszeit zu finden. Diese Folgerung zieht er vielmehr als eine durch Treu und Glauben nach der Verkehrsauffassung gebotene erst daraus, daß sich an dieses Schreiben, das den Mietzinsverkehr zwischen den Parteien einleitete, eine fast $4^1/_2$ Jahre über die Änderungen der gesetzlichen Miete und die Lockerung der Zwangswirtschaft hinaus dauernde gleichmäßige monatliche Mietzinszahlung und -Annahme angeschlossen hat, die nicht nur in der Art, sondern auch im Betrag der Zahlung jenem Schreiben entsprach. (Diese Auffassung des Berufungsgerichts wird näher erörtert und nicht beanstandet. Dann fährt das Urteil fort:)

Auch zur Frage der Irrtumsanfechtung ist der Revision nicht beizutreten. Den Irrtum über den Inhalt der Erklärung sieht sie im Einklang mit der Stellungnahme der Klägerin in den Vorinstanzen darin, daß diese zwar bei den einzelnen monatlichen Abrechnungen mit der Bemessung des Mietzinses für jene Zeiträume einverstanden gewesen sei, nicht aber mit einer entsprechenden Mietzinsregelung für die ganze Dauer des Vertrags. Nach dieser grundlegenden Auffassung muß von vornherein der in der Hilfsbegründung liegende Angriff gegen die vor dem September 1929 liegenden Mietabrechnungen scheitern. Im übrigen richtet sich die Anfechtung gegen die vom Berufungsrichter im wesentlichen aus schlüssigen Handlungen der Klägerin entnommene Vertragserklärung. Die Rechtsprechung des Reichsgerichts erkennt die Anfechtbarkeit wegen Irrtums über den Inhalt der Erklärung auch gegenüber stillschweigend abgegebenen Willenserklärungen als möglich an (RGZ. Bd. 103 S. 401; RGR-Komm. § 119 Anm. 1, im Grundsatz auch RGZ. Bd. 129 S. 347). Der Berufungsrichter läßt jedoch die Anfechtung hier nicht wirken, weil es sich um einen Irrtum der Vertreter der Klägerin nicht über den Inhalt der Erklärung, sondern über deren Rechtsfolgen handle. Die Revision tritt dem mit Unrecht entgegen. Die Rechtsprechung des Reichsgerichts hält den Irrtum über Rechtsfolgen nur dann für einen Fall des § 119 BGB., wenn infolge der Verkennung seiner rechtlichen Bedeutung ein Rechtsgeschäft erklärt worden ist, das eine von der gewollten wesentlich verschiedene Rechtswirkung erzeugt, nicht aber dann, wenn ein irrtumsfrei erklärtes und gewolltes Geschäft außer der erstrebten Wirkung noch andere nicht erkannte und nicht gewollte Nebenfolgen hervorbringt (RGZ. Bd. 88 S. 278, Bd. 89 S. 33, Bd. 98 S. 136; Urt. vom 28. September 1917 VII 123/17). Der zweite Fall ist der hier vorliegende. Aus der großen Kette der durch das Schreiben vom 7. Mai 1925 eingeleiteten gleichgerichteten Zahlungen und Abrechnungen ist es nicht das einzelne Glied, das in sich den Geschäftsschluß verkörpert. Der Berufungsrichter entnimmt ihn vielmehr nach Treu und Glauben aus dem jahrelang dauernden Gesamtvorgang. Jedes Einzelgeschäft erzeugt hier neben der ihm eigenen Wirkung, die Mietzinsabrechnung unter Zugrundelegung eines bestimmten Mietzinssatzes für jede Spanne zu erledigen, als Nebenfolge für das gesamte Mietverhältnis den Anschein eines entsprechenden Rechtsstandes, der sich im Fortlaufen der Kette immer weiter verstärkt und schließlich zur Annahme eines Vertrags nach § 157 BGB. führt. Solche Folgerungen, die das Recht vielfach aus einer langen Vertragsübung zieht, haben keine unmittelbare Beziehung zu dem einzelnen Rechtsgeschäft und der diesem eigenen Wirkung.

---

35. Wem gebührt das Recht zur Übertragung eines Werkes auf Vorrichtungen für Instrumente, die der mechanischen Wiedergabe für das Gehör dienen, wenn die urheberrechtlichen Befugnisse veräußert worden sind, bevor dieses Recht durch Gesetz ausdrücklich geregelt worden war?

LitUrhG. §§ 8, 11, 12 Abs. 2 Nr. 5, § 14 Nr. 4, §§ 22, 63a; VerlG. § 2 Abs. 2 Nr. 4; Schlußprotokoll Nr. 3 zur BernÜb. v. 9. Sept. 1886; RevBernÜb. v. 13. Nov. 1908 Art. 13; BGB. §§ 133, 157.

I. Zivilsenat. Urt. v. 14. November 1931 i. S. Genossenschaft Deutscher Tonsetzer (Bekl.) w. Anstalt für mechan.-musikal. Rechte, „Ammre" (Kl.). I 9/31.

I. Landgericht I Berlin.
II. Kammergericht daselbst.

Beide Parteien befassen sich mit der Verwertung musikalischer Urheberrechte durch Übertragung von Tonwerken auf Instrumente, die sie mechanisch wiedergeben. Und zwar betreibt die Beklagte die Verwertung in der Weise, daß sie sich durch Verträge mit Tonsetzern solche Rechte zu jenem Zweck übertragen läßt. Die Klägerin dagegen läßt sich von Tonsetzern, Textdichtern und Verlegern „unwiderrufliche ausschließliche Vollmacht zur Ausnutzung aller ihrer Rechte bei jetzt bekannten oder noch zu erfindenden mechanischen Musikinstrumenten aller Art (Sprechmaschinen, mechanischen Klavieren, Orchestrions) und aller ihrer kinematographischen Rechte" erteilen; die Vollmachten geben ihr die Befugnis, die Rechte der Machtgeber für Vergangenheit und Zukunft in jeder Beziehung auszunutzen, sie auch gerichtlich und außergerichtlich im Namen der Machtgeber geltend zu machen.

Der vorliegende Rechtsstreit betrifft dreizehn Musikstücke (beim 3., 10. und 11. einschließlich des Textes). Die Klägerin verlangt die Feststellung, daß die Beklagte nicht befugt sei, Rechte zur Wiedergabe dieser Stücke auf Schallplatten oder Notenrollen im Inlande zu vergeben. Sie stützt ihren Anspruch auf Verträge, welche die Tonsetzer mit Musikverlegern geschlossen haben, und auf Vollmachten, die diese Verleger oder deren Rechtsnachfolger ihr erteilt haben. Im einzelnen handelt es sich um folgende (nach der Reihenfolge des Klagantrags aufgezählte) Werke ....

1. Karl H., „Am Chiemsee", Musikalienhandlung Gebr. H. in L. und Z., Verlagsschein vom 14. Dezember 1891.
2. Franz von B., „Blumengeflüster", Musikalienverleger M. L. in H., Urheberrechtsübertragung vom 9. Dezember 1893.
3. Eugen H., „Lenz", Text von Felix Dahn „Die Finken schlagen, der Lenz ist da!" Vertrag mit der H.schen Kunst- und Verlagshandlung in M. vom 1. August 1894 über das Musikstück; Vertrag des Dichters mit B. & H. in L. vom 29. November 1897 über den Text.
4. Franz von B., „Konzert-Polka", Hofmusikalienhandlung B. & B. in B.; Vertrag vom 16. Juli 1896.
5. Franz von B., „Frühlingseinzug", Marsch, Hofmusikalienhandlung B. & B. in B., Vertrag vom 15. Februar 1897.
6. Julius L., „Die Ehrenwache", Musikverlag P. F. in B., Urheberrechtsübertragung vom 17. Februar 1902.

7. Sigfried K.-E., „Vier Klavierstücke", Musikalienhandlung F. H. in L., Vertrag vom 27. Oktober 1903.
8. Sigfried K.-E., „Des Helden Siegesgesang", Musikalienhandlung Gebr. H. & Co. in L. u. Z., Abtretung des Urheberrechts vom 16. Februar 1905.
9. Gustav L., „Valse romantique", C. F. K. in L., Abtretung des Urheberrechts vom 15. Oktober 1906.
10. Richard T., „Am Brünnele", Musikalien-Verlagshandlung C. C. in L., Abtretung des Urheberrechts vom 23. September 1902. Frau Marie G., die Erbin des Textdichters J. G., ist Mitglied der klagenden Gesellschaft.
11. Engelbert H., Märchenspiel „Hänsel und Gretel", Musikalien-Verlagshandlung B. Sch. in M., Vertrag vom 17. Februar 1894. Die Textdichterin Adelheid W. ist ebenfalls Mitglied der klagenden Firma.
12. Karl U., „Sine cura"-Walzer, Musikalienhandlung H. Sch. in B., Verlagsschein vom 6. Januar 1892.
13. Hans H., „Drei Wanderer", H.scher Verlag in M., Verlagskontrakt vom 26. Oktober 1896.

Die Beklagte bestreitet, daß durch die Verträge, auf welche sich die Klägerin beruft, die Befugnis zu mechanisch-musikalischer Wiedergabe mitübertragen worden sei. Ihre Auffassung geht dahin, jene Befugnis sei erst später durch die Gesetzgebung neu begründet worden und in der Person der Urheber, nicht der Erwerber, entstanden.

Das Landgericht gab der Klage größtenteils statt, wies sie im übrigen aber ab. Gegen seine Entscheidung legten beide Parteien Berufung ein. Das Kammergericht erkannte ganz nach dem Klagantrag, und zwar in der Fassung: „Der Beklagten steht das Recht nicht zu, Rechte auf Wiedergabe nachstehender Stücke auf Schallplatten oder auf Notenrollen im Inlande zu vergeben" (es folgen die 13 oben genannten Stücke). Die Revision der Beklagten hatte keinen Erfolg.

Gründe:

I. Wie in anderen Streitfällen, so müssen auch hier die Grundsätze angewandt werden, zu denen sich die Rechtsprechung bei der Verfilmung und der Rundfunksendung bekannt hat (RGZ. Bd. 118 S. 282 [„Musikantenmädel"], Bd. 123 S. 312 [Wilhelm Busch]). Allerdings werden gerade die durch Gesetz vom 22. Mai 1910 dem

Urheberrechtsgesetze vom 19. Juni 1901 eingefügten neuen Vorschriften (§ 12 Abs. 2 Nr. 5 und 6, § 14 Nr. 4 und 5) von dem Gedanken beherrscht, daß in Zweifelsfällen anzunehmen ist, eine Befugnis sei beim Urheber verblieben (RGZ. Bd. 118 S. 285, Bd. 123 S. 319, Bd. 128 S. 103flg., Bd. 130 S. 206). Die ihrem Wesen nach ausschließliche Befugnis des Urhebers (LitUrhG. § 11) strebt in ihrer Anwendung auf das Verkehrsleben danach, daß tunlichst überall, wo aus einem Geisteswerke geldwerter Gewinn gezogen werden kann, dem Urheber ermöglicht werden soll, daran teilzunehmen (RGZ. Bd. 128 S. 113). Unbeschadet solcher Grundsätze können jedoch urheberrechtliche Befugnisse — sei es ihrem Stoffe, sei es nur der Ausübung nach — in verschiedenem Umfang übertragen werden (LitUrhG. § 8). Für den Umfang, in dem der Berechtigte sich ihrer entäußert, wird jeweils der Zweck erheblich sein, dem das Rechtsgeschäft dienen soll. Wie er anderswo längst als beachtlich anerkannt wird, so darf er bei Geschäften, deren Gegenstand urheberrechtliche Befugnisse sind, nicht als unwichtig beiseite gelassen werden (RGZ. Bd. 123 S. 317/8). Der Parteiwille kann sich auf den gesamten jetzigen und künftig etwa noch erwachsenden Inhalt des Urheberrechts erstrecken, auch solcher Befugnisse, die zur Zeit weder voraussehbar noch näher bestimmbar sind. Gleiches galt bereits in den 1890er Jahren, in denen mehrere der hier auszulegenden Verträge (Nr. 1 bis 5, 11 bis 13) geschlossen worden sind. Ein Vertrag hätte also schon damals mit dem Inhalt eingegangen werden können, daß er das Recht zur Verfilmung oder zur Sendung durch Rundfunk (oder zu beiden) mitübertrug, obwohl man sich diese Arten der Ausnutzung, weil völlig unbekannt, vielleicht noch nicht vorzustellen vermochte. Nur hätte, wenn ein so weitgehendes Ergebnis der Rechtsübertragung gewollt war, der Wille deutlich genug kundgetan werden müssen (RGZ. Bd. 123 S. 318).

Diese Auslegungsgrundsätze hat der Berufungsrichter nicht außer acht gelassen. Er untersucht jedoch — was zulässig war —, ob die dreizehn Verträge nach Bezeichnung, Fassung, Entstehungszeit und Umständen zum Teil (nach Gruppen) eine gleiche Auslegung und rechtliche Behandlung forderten. Dabei knüpft er an die bereits vom Landgericht vorgenommene eingehende Prüfung an, „inwieweit aus jedem einzelnen Vertrage nach seinem Wortlaut und Sinn die Übertragung auch des Rechts auf Wiedergabe durch mechanische

Musikinstrumente zu entnehmen war oder nicht." Diese Einzelprüfung des Landgerichts erklärt er insoweit für grundsätzlich richtig, als es sich um zwei Gruppen von Verträgen handelt: „Die Verträge über die Stücke Nr. 1, 12 und 13 des Klagantrags enthalten im wesentlichen nur Übertragungen des Verlagsrechts, während alle anderen Verträge die Übertragung des Urheberrechts zum Gegenstande haben." Zutreffend bemerkt das Berufungsgericht: „Jede dieser Gruppen erfordert eine selbständige Prüfung, ob nach der rechtlichen Natur und dem Umfange des übertragenen Rechtes auch das Recht der Wiedergabe durch mechanische Musikinstrumente, insbesondere durch Schallplatten und durch Notenrollen, als mitübertragen gelten kann." Es erwägt weiter: „Ob über diese Einteilung hinaus noch weitere Unterschiede je nach dem Wortlaute der einzelnen Urheberrechts- und Verlagsrechts-Übertragungen zu machen sind, hängt davon ab, welche Wirkung einer Übertragung des Urheberrechts oder des Verlagsrechts als solcher bereits innewohnt. Es bedarf deshalb zunächst einer getrennten Erörterung der vorbezeichneten Gruppen." Ferner zieht es bei dieser Untersuchung der Vertragswirkungen in Betracht, welcher Rechtszustand zur Zeit der einzelnen Übertragungsverträge vorhanden gewesen und inwieweit er durch die spätere Gesetzgebung für die bereits geschaffenen Vertragsverhältnisse beeinflußt worden sei. Dies alles gibt keinen Anlaß zu rechtlichen Bedenken. Der Zweck der Verträge, die begleitenden Umstände und der daraus — in Verbindung mit dem Wortlaute — zu entnehmende Parteiwille sind keineswegs unberücksichtigt geblieben. Denn das Berufungsurteil hebt eigens hervor: „Anderseits ist auch der jeweilige Stand der Technik und die jeweilig bestehende Möglichkeit wirtschaftlicher Verwertung der verschiedenen mechanischen Musikinstrumente bei der Auslegung der Verträge sowohl wie der einschlägigen Gesetzesbestimmungen zu berücksichtigen." Damit wird gekennzeichnet, daß die Entwicklung der Mittel mechanischer Wiedergabe von Musik, ihre wirtschaftliche Ausnutzbarkeit und also der vermutlich von den Beteiligten erstrebte Vertragszweck für die Auslegung wesentlich sind. Welchen Anhalt sie für die Ermittlung des übereinstimmenden Parteiwillens gewähren, ergibt sich bei jedem einzelnen Vertrage nur nach seinem Wortlaut und nach den besonderen Umständen seines Abschlusses. Die sämtlichen allgemeinen Erörterungen, welche das Berufungsgericht vorausschickt, setzen deshalb für die aus ihnen gezogenen rechtlichen Folgen voraus, daß sich bei der späteren Untersuchung des einzelnen Vertrags herausstelle, er sei auf umfassende Übertragung urheberrechtlicher Befugnisse gerichtet. Das aber ist der Fall. So erledigen sich die Bedenken, welche darin gefunden werden können, daß das Berufungsurteil gewisse gemeinschaftliche Ergebnisse für alle Verträge (oder Verträge einer Gruppe) vorweg zu gewinnen sucht, die mit voller Sicherheit nur an Hand des einzelnen Vertrags zu begründen sind.

1. Bei der Schilderung des um die Mitte des 19. Jahrhunderts anhebenden Entwicklungsganges der Technik mechanischer Musikinstrumente erwähnt das Berufungsurteil als besonders wichtig das Orchestrion (1851). Sodann Ariston und Herophon mit ihren Verbesserungen (1860 bis 1890), Manopan und Clariophon; diese vier verwendeten zur Wiedergabe der Musikstücke Scheiben, die durchlöchert oder mit Vertiefungen versehen waren. Klavierautomaten und mechanische Klaviere erreichten schon 1887 durch ein Patent einen erhöhten Grad von Vollkommenheit. Sie entwickelten sich zu dem deutschen Phonola und dem amerikanischen Pianola. Das Pianola war im Jahre 1901 bekannt, seine Vorführung vor der Reichstagskommission veranlaßte die Aufnahme der üblicherweise nach ihm benannten Klausel in das Gesetz (LitUrhG. § 22 Satz 2). Der Phonograph war im Jahre 1878 von Edison erfunden worden, 1887 wurde zum erstenmal ein Musikstück auf eine Schallplatte gebracht.

Angesichts dieser technisch bedeutsamen Entwicklungsstufen hält der Berufungsrichter für erwähnenswert, daß beim Abschlusse des ältesten der dreizehn Verträge (Nr. 1: 14. Dezember 1891) die mechanischen Musikinstrumente schon eine längere Geschichte hinter sich hatten. Doch setzt er alsbald hinzu: „Einen größeren Umfang hat die Wiedergabe von Musikstücken auf Schallplatten ... nicht vor dem Jahre 1898 angenommen, in das die Gründung der Deutschen Grammophon-GmbH. fällt; aus dieser entstand dann im Jahre 1900 die Deutsche Grammophon-AG." Briefen aus dem Zeitraum von 1897 bis 1900 entnimmt er, daß die Übertragung von Musikstücken auf mechanische Musikinstrumente in den letzten Jahren des 19. Jahrhunderts eine erhöhte wirtschaftliche Bedeutung gewann. Indessen schließt er aus weiterem (hier nicht mit abgedrucktem) Tatsachenstoff, daß die mechanischen Musikinstrumente schon vorher in

Fachkreisen ernste Beachtung gefunden hatten. Diese Feststellung umfaßt, wie der Zusammenhang ergibt, auch die Jahre, in denen die frühesten der dreizehn Übertragungsverträge geschlossen wurden.

2. Das Berufungsgericht verfolgt dann die Wandlungen der Gesetzgebung während der Zeitspanne, in der die Verträge geschlossen worden sind.

a) Dem Urheberrechtsgesetze vom 11. Juni 1870 (BGBl. S. 339) waren die mechanischen Musikinstrumente noch unbekannt. Erfunden hatte man solche zwar schon, aber sie blieben, weil technisch unvollkommen, vorläufig ohne wirtschaftliche Bedeutung. Erst durch Nr. 3 des Schlußprotokolls zur Berner Übereinkunft vom 9. September 1886 (RGBl. 1887 S. 493) wurden sie in die Gesetzgebung eingeführt; und zwar wurde die Wiedergabe von Musikstücken durch mechanische Instrumente freigegeben. Das Urhebergesetz vom 19. Juni 1901 (RGBl. S. 227) gab im § 22 (Satz 1) die Vervielfältigung frei, „wenn ein erschienenes Werk der Tonkunst auf solche Scheiben, Platten, Walzen, Bänder und ähnliche Bestandteile von Instrumenten übertragen wird, welche zur mechanischen Wiedergabe von Musikstücken dienen." Es dehnte die Anwendung dieser Vorschrift (im Satze 2 des § 22) ausdrücklich auf auswechselbare Bestandteile aus; dabei machte es nur die Ausnahme: „sofern sie (die auswechselbaren Bestandteile) nicht für Instrumente verwendbar sind, durch die das Werk hinsichtlich der Stärke und Dauer des Tones und hinsichtlich des Zeitmaßes nach Art eines persönlichen Vortrags wiedergegeben werden kann" (Pianola-Klausel).

b) Die Revidierte Berner Übereinkunft vom 13. November 1908 (RGBl. 1910 S. 965), im Deutschen Reich in Kraft getreten am 9. September 1910, gab im Art. 13 Abs. 1 den Urhebern von Werken der Tonkunst die ausschließliche Befugnis, 1. die Übertragung dieser Werke auf Instrumente, welche zu deren mechanischer Wiedergabe dienen, und 2. die öffentliche Aufführung der nämlichen Werke mittels dieser Instrumente zu gestatten. Dementsprechend wurde durch Gesetz vom 22. Mai 1910 (RGBl. S. 793), das mit der Revidierten Berner Übereinkunft zugleich in Kraft trat, das Gesetz vom 19. Juni 1901 geändert: Durch § 12 Abs. 2 Nr. 5 wurden die ausschließlichen Befugnisse des Urhebers erstreckt auf „die Übertragung des Werkes auf Vorrichtungen für Instrumente, die der mechanischen Wiedergabe für das Gehör dienen, insbesondere auf auswechselbare

Scheiben, Platten, Walzen, Bänder und sonstige Zubehörstücke solcher Instrumente". Der § 14 Nr. 4 bestimmte, daß im Falle der Übertragung des Urheberrechts, soweit nicht ein anderes vereinbart ist, dem Urheber seine ausschließlichen Befugnisse für die Benutzung des Werkes zum Zwecke der mechanischen Wiedergabe für das Gehör verbleiben. Der § 22 führte die Zwangslizenz ein für Fälle, in denen der Urheber eines Werkes der Tonkunst einem anderen gestattet, das Werk zum Zwecke der mechanischen Wiedergabe (§ 12 Abs. 2 Nr. 5) gewerbsmäßig zu vervielfältigen.

II. A. Das Berufungsurteil wendet sich nach der Darstellung dieses Werdeganges zu der Frage: „Wird durch eine Übertragung des Urheberrechts das Recht der Wiedergabe auf Schallplatten und Notenrollen mit übertragen?" Es beantwortet sie aber nicht etwa nur auf Grund des jeweiligen Standes der Gesetzgebung, sondern berücksichtigt eingehend die allmählich fortschreitende Technik und ihre Ausnutzung; diese sind wiederum für den Vertragszweck und also für die Ermittlung des Parteiwillens wesentlich.

1. Das Gesetz vom 11. Juni 1870, unter dessen Herrschaft die Urheberrechtsübertragungen Nr. 2, 3, 4, 5 und 11 sowie die Verlagsrechtsbegründungen Nr. 1, 12 und 13 stattfanden, enthielt keine besondere Vorschrift über mechanische Wiedergabe für das Gehör. Es kannte bloß den Begriff der mechanischen Vervielfältigung (§§ 1, 4, 45), nannte sie allgemein „Nachdruck" (§§ 4, 5, 18, 20, 46), gestattete diesen nur mit Genehmigung des Berechtigten (§§ 4, 5, 6, 46) und gab dem Urheber ausschließlich das Recht, ein Schriftwerk auf mechanischem Wege zu vervielfältigen (§§ 1, 43, 45). Die Gesetzesauslegung aber verstand unter Vervielfältigung auf mechanischem Wege „die Herstellung mittels eines Vorgangs, durch den eine Vielheit von Exemplaren gleichzeitig oder doch derartig nacheinander hergestellt werden kann, daß vermöge einer der Herstellung einer Mehrheit vorarbeitenden Vorrichtung bei den ferneren Exemplaren nicht der ganze Vorgang von Anfang an wiederholt zu werden braucht" (RGZ. Bd. 22 S. 178). Sie erstreckte den Begriff auch auf solche Formen, die das geistige Erzeugnis durch Vermittlung eines andern Sinnes als des Auges zugänglich machen (RGZ. Bd. 27 S. 64/5). Die Rechtsprechung erklärte demgemäß die Übertragung musikalischer Kompositionen auf auswechselbare Vorrichtungen, die gesondert verkäuflich sind und abwechselnd in das Spielwerk ein-

gesetzt werden können, für Nachdruck (RGZ. Bd. 22 S. 174 für das Herophon; Bd. 27 S. 60 für das Clariophon; RGSt. Bd. 32 S. 41 für das Polyphon). Das Berufungsgericht führt im Anschluß an diese Rechtsprechung aus: Das gleiche wie für die durchlochten Pappscheiben des Herophons und die mit Vertiefungen gestanzten Blechmäntel des Clariophons müsse auch für Schallplatten und Notenrollen gelten. Für Notenrollen sei es zweifellos. Denn das technische Mittel, Töne erklingen zu lassen, sei das gleiche wie bei den durchlochten Pappscheiben des Herophons; auch die Notenrollen seien ja durchlochte Papier- oder Pappstreifen, dazu bestimmt, mittels Auflegens auf einen Tonkörper ein Musikstück zu Gehör zu bringen. Die Schallplatte unterscheide sich allerdings wesentlich von dieser Vervielfältigungsart. Denn ihre Inbetriebsetzung auf dem Tonkörper (des Grammophons oder ähnlicher Geräte) bringe nicht das Musikstück als solches in seiner rein geistigen Aufzeichnung zu Gehör, sondern gebe eine Aufführung des Musikstücks wieder. (Durch Umsetzung der ursprünglichen Schallwellen in elektrische Schwankungen werden die Töne auf die Platte übertragen, und die Einzeichnungen in diese werden bei der Vorführung des Musikstücks durch eine Membran wieder in akustische Schwingungen umgewandelt.) Eine grundsätzliche Verschiedenheit liege darin jedoch nicht. Denn auch die Schallplatte gehöre, wie beim Herophon die Pappscheibe und beim Clariophon der Blechmantel, zu den Mitteln, welche die Komposition in vielen auf mechanischem Wege leicht herstellbaren und leicht vertreibbaren Exemplaren sinnlich dauernd darstellten und es so ermöglichten, sie jederzeit wiederzugeben. Bei der Schallplatte handle es sich also ebenfalls um eine durch mechanische Vervielfältigung bewirkte Übertragung des Musikstücks auf ein mechanisches Musikinstrument, um „Nachdruck" im Sinne der §§ 4 und 45 des Gesetzes vom 11. Juni 1870. Das Berufungsurteil folgert: Wenn unter der Herrschaft dieses Gesetzes das Urheberrecht in seiner Gesamtheit übertragen wurde, so umfaßte die Übertragung auch das Recht der Wiedergabe des Musikstücks auf Schallplatten und auf Notenrollen. „Diese Wiedergabe war, mochte auch zur Zeit des Abschlusses der in den Zeitabschnitt fallenden Verträge (1891 bis 1897) die wirtschaftliche Bedeutung dieser Art mechanischer Musikinstrumente noch geringfügig sein, keine umwälzende und ungeahnte Veränderung der sachlichen Grundlagen für Verträge, die der Mitteilung von Musikwerken dienen; sie war kein neues Mittel, das seiner Wirkung nach zu einer bisher unbekannten, neuartigen Gattung gehört, wie das Reichsgericht das von der Verbreitung durch den Rundfunk und für die Verfilmung eines Tonwerkes angenommen hat."

Diese Beurteilung liegt zum Teil auf technischem Gebiet und gehört insoweit der Tatsachenwürdigung an; offenbare Irrtümer, die auch das Revisionsgericht beachten müßte, sind in ihr nicht enthalten. Gegen Rechtsgrundsätze verstößt sie nicht. Mit Recht berücksichtigt das Kammergericht, daß schon vor dem ältesten der dreizehn Verträge (dem vom 14. Dezember 1891) die mechanische Wiedergabe für das Gehör, wenngleich mit vorläufig noch etwas unvollkommenen Mitteln, dem Verkehr kein völlig gleichgültiger, unwichtiger Gegenstand war und wiederholt den Anlaß zu Rechtsstreitigkeiten gegeben hatte, die in Fachkreisen aufmerksam verfolgt wurden. Die reichsgerichtlichen Urteile über Herophon und Clariophon von 1888 und 1891 waren vor dem Abschlusse der Verträge ergangen. Das Berufungsgericht zieht, wie schon erwähnt wurde, sein Ergebnis unter der Voraussetzung, daß der Vertrag das gesamte Urheberrecht übertrage; ferner macht es ausdrücklich den Vorbehalt, daß sich in den einzelnen Verträgen keine Beschränkung finde.

2. Sodann befaßt sich das Berufungsurteil mit der — aus Rücksichten auf die Schweizer Spielwerkindustrie hervorgegangenen — Nr. 3 des Schlußprotokolls zur Berner Übereinkunft vom 9. September 1886. Danach wurde die Wiedergabe von Tonwerken auf mechanischen Musikinstrumenten außerhalb des urheberrechtlichen Schutzes gestellt. Die Nr. 3 sagt:

> Es besteht Einverständnis darüber, daß die Fabrikation und der Verkauf von Instrumenten, welche zur mechanischen Wiedergabe von Musikstücken dienen, die aus geschützten Werken entnommen sind, nicht als den Tatbestand der musikalischen Nachbildung darstellend angesehen werden sollen.

Nach eingehender Prüfung der in Schrifttum und Rechtsprechung darüber vertretenen Auffassungen gelangt das Berufungsgericht zu dem Ergebnis, daß jene — auch im Deutschen Reiche Gesetz gewordene — Nr. 3 des Berner Schlußprotokolls für die Wiedergabe von Musikstücken auf Schallplatten oder Notenrollen ohne Bedeutung ist. Die Rechtsprechung des Reichsgerichts hat ständig, auch nach den Erörterungen auf der Pariser Konferenz von 1896, angenommen:

Die Nr. 3 des Schlußprotokolls bezieht sich nur auf solche mechanische Musikinstrumente, bei denen der Tonkörper und die Vorrichtung, die ihn zum Erklingen bringt, miteinander fest verbunden sind; auf solche, deren Notenblätter oder entsprechende Vorrichtungen auswechselbar sind, bezieht sie sich nicht (RGZ. Bd. 22 S. 181/3, Bd. 27 S. 68; RGSt. Bd. 32 S. 44/5). Unter den freigegebenen Instrumenten, welche „zur mechanischen Wiedergabe von Musikstücken dienen", sind nur Gegenstände zu verstehen, bei denen der Tonkörper und eine ihn zum Klingen bringende, der wiedergegebenen Komposition entsprechende Mechanik derartig miteinander verbunden sind, daß lediglich das zusammengefügte Ganze das Musikwerk darstellt und den Gegenstand des Vertriebes bildet (RGZ. Bd. 22 S. 183). Die erneute Prüfung gibt keinen Grund, von der bisher in der Rechtsprechung vertretenen Meinung abzugehen. Dem Berufungsgericht ist deshalb darin beizustimmen: die mechanischen Musikinstrumente, welche Musikstücke durch Einfügung auswechselbarer Bestandteile, wie Scheiben, Platten, Walzen, Bänder, zu Gehör bringen, sind auch nach dem Zustande der Gesetzgebung, den das Berner Schlußprotokoll schuf, nicht freigegeben; Vervielfältigung durch Übertragung der Musikstücks auf jene auswechselbaren Bestandteile und somit auch auf Schallplatten oder Notenrollen erfüllte nach wie vor den Tatbestand des Nachdrucks im Sinne der §§ 4, 45 des Gesetzes vom 11. Juni 1870.

Auf Grund belgischer und spanischer Urteile (abgedr. im Droit d'auteur 1904 S. 93, 1906 S. 45, 1907 S. 76, 1917 S. 91) hat die Beklagte die Frage zur Erörterung gestellt, ob das durch die Berner Übereinkunft geschaffene zwischenstaatliche Recht gegenüber den Gesetzgebungen der Verbandsstaaten auch für die eigenen Angehörigen des gesetzgebenden Landes (hier des Deutschen Reiches) zwingende Kraft zu beanspruchen habe. Mit Recht läßt das Kammergericht diese Frage dahingestellt, indem es gleich der bisherigen Rechtsprechung annimmt, daß die vom Reichsgericht (und übereinstimmend damit im vorliegenden Berufungsurteil) vertretene Rechtsauffassung dem richtig ausgelegten Berner Schlußprotokoll nicht widerspricht.

3. Das Urheberrechtsgesetz vom 19. Juni 1901 gab (§ 22 Satz 1 und 2) die Vervielfältigung durch Übertragung des Tonkunstwerks auf auswechselbare Bestandteile mechanischer Musikinstrumente frei. Davon machte die Pianola-Klausel (§ 22 Satz 2: „sofern sie nicht" usw.)

eine Ausnahme für „Instrumente, durch die das Werk hinsichtlich der Stärke und Dauer des Tones und hinsichtlich des Zeitmaßes nach Art eines persönlichen Vortrags wiedergegeben werden kann"; gegen diese Wiedergabe gewährte sie dem Urheber Schutz. Eine Reihe angesehener Schriftsteller vertrat die Ansicht, daß diese Ausnahmebestimmung auf den Phonographen und das Grammophon zu erstrecken sei. Die Rechtsprechung aber hat sich, auf die Vorgeschichte des Gesetzes bezugnehmend, dieser Auslegung nicht angeschlossen, weil beim Phonographen und beim Grammophon alles Persönliche ausgeschaltet, in der Vorführung beider nur das Mechanische wirksam sei (RGZ. Bd. 71 S. 127). Dem tritt das Berufungsgericht bei und gewinnt so das Ergebnis: „Unter der Herrschaft des Gesetzes vom 19. Juni 1901 war (bevor es i. J. 1910 geändert wurde) die Vervielfältigung und Verbreitung von Musikstücken auf Schallplatten freigegeben. Von den Notenrollen gilt das gleiche, insoweit sie nicht für Instrumente bestimmt sind, die unter die Pianolaklausel fallen...." Soweit dem Urheber vermöge dieser Klausel ein Schutzbereich verblieb, konnte er also auch die Befugnis zur Wiedergabe durch mechanische Musikinstrumente auf andere übertragen; davon abgesehen war die mechanische Wiedergabe frei, der Urheber gegen sie schutzlos.

4. Das Gesetz vom 22. Mai 1910 stellte den Schutz der Urheber gegen jede Übertragung auf mechanische Musikinstrumente wieder her (LitUrhG. § 12 Abs. 2 Nr. 5, § 14 Nr. 4). Doch wurde der Schutz nicht wiedereingeführt für solche Werke der Tonkunst, die bereits vor dem 1. Mai 1909 im Inland erlaubterweise für Vorrichtungen zur mechanischen Wiedergabe benutzt worden waren (§ 63a). Nach den vom Kammergericht bestätigten Feststellungen des Landgerichts ist diese Voraussetzung bei den Musikstücken gegeben, die unter Nr. 2, 5 und 6 des Klagantrags genannt sind. Die nämliche vom Landgericht für das Stück Nr. 3 getroffene Feststellung schränkt das Kammergericht dahin ein, daß sie sich nur auf die Wiedergabe der Musik bezieht, selbst wenn die Vorrichtungen zu deren Wiedergabe in Verbindung mit dem Texte benutzt worden sein sollten.

An den Stücken 2, 5, 6 und an der Musik des Stückes 3 also konnten, nachdem sie einmal gemeinfrei geworden waren, durch das Gesetz vom 22. Mai 1910 keine Übertragungsbefugnisse für mechanische Musikinstrumente wiederaufleben. Doch ist auf die Rechtsfolgen aus § 63a LitUrhG. an anderer Stelle (II B 3) nochmals einzugehen.

An den Stücken 1, 4, 7 bis 13 lebten die Rechte der Übertragung auf mechanische Musikinstrumente, welche der ursprüngliche § 22 des Urheberrechtsgesetzes vom 19. Juni 1901 beseitigt hatte, durch das Gesetz vom 22. Mai 1910 wieder auf. Und zwar wuchsen sie, wie das Berufungsurteil unter Hinweis auf die Nichtrückwirkung des § 14 Nr. 4 LitUrhG. bemerkt, demjenigen an, dem beim Inkrafttreten des Gesetzes vom 22. Mai 1910 das gesamte Urheberrecht zustand. Die so gezogene Folgerung gilt in dieser Fassung selbstverständlich nur für den vorliegenden Rechtsstreit, der darüber geführt wird, ob (und inwieweit) die dreizehn Verträge das ganze Urheberrecht einschließlich der Befugnis zur Wiedergabe durch mechanische Musikinstrumente auf die Erwerber übertragen haben; und die endgültige Antwort nach dem Umfang des Rechtserwerbs kann nicht schon bei der allgemeinen Prüfung der Rechtsgrundlagen, sondern erst bei der Untersuchung jedes einzelnen Vertrags, also seines Wortlauts und Inhalts, seiner Umstände und Bedingnisse, erteilt werden.

B. Nach den vorausgeschickten Darlegungen des Entwicklungsganges in Technik und Gesetzgebung beurteilt das Berufungsgericht die Lage dahin:

1. Das Recht der Übertragung auf mechanische Musikinstrumente ist bei denjenigen Stücken, die schon vor dem Inkrafttreten des Gesetzes vom 19. Juni 1901 (also vor dem 1. Januar 1902) an Musikverleger überlassen worden waren, in der Hand dieser Erwerber wieder aufgelebt, sofern durch den Vertrag das gesamte Urheberrecht an sie gelangt ist. Im Berufungsurteil werden als Verträge aus der Zeit vor 1902 die über die Stücke 1 bis 5 und 11 bis 13 genannt. Hiervon sind die über die Stücke 1, 12 und 13 „Verlagsverträge"; auf sie muß noch (unter II C) eingegangen werden. Um Überlassung „des Urheberrechts" handelt es sich bei den Stücken 2 bis 5 und 11; wie bereits hervorgehoben, sind aber die Stücke 2, 3 und 5 durch erlaubte mechanische Wiedergabe vor dem 1. Mai 1909 gemeinfrei geworden. (Vgl. jedoch B 3.)

2. Für die in den Jahren 1902 bis 1909 — unter der Herrschaft des noch ungeänderten Urheberrechtsgesetzes von 1901 — geschlossenen Verträge (Nr. 6 bis 10) nimmt das Berufungsgericht ebenfalls

an: die durch das Gesetz von 1910 neu geschaffene urheberrechtliche Befugnis sei in der Hand dessen aufgelebt, bei dem sich zur Zeit ihrer Neuentstehung das gesamte Urheberrecht befand; also in der Hand des Musikverlegers, wenn dieser das ganze Urheberrecht erworben hatte. Bei dem, wie zu A erwähnt, gemeinfrei gewordenen Stück Nr. 6 konnte eine solche Befugnis nicht wiederaufleben; indessen ist auch hier — vgl. B 3 — zu prüfen, ob daraus Folgen für den Urteilsspruch entstehen. Das Berufungsgericht erwägt zur näheren Begründung: Es habe sich keineswegs um eine neuartige Befugnis gehandelt. Deshalb könne nicht angenommen werden, daß die Urheber bei der Veräußerung des gesamten Urheberrechts einen Vorbehalt nach dieser Richtung gemacht hätten, wenn sie zur Zeit der Veräußerung mit der Möglichkeit gerechnet hätten, dieser Schutz, der früher schon einmal bestanden hatte, könne wiederaufleben. „Mit der Übertragung des gesamten Urheberrechtes hatten sie sich auch solcher Befugnisse entäußert, die dem Urheberrecht an sich eigen waren und lediglich infolge einer gegenwärtigen Vorschrift des gesetzlichen Schutzes entbehrten." Diese Ausführung enthält keinen Rechtsirrtum. Übertragung des Werkes auf Vorrichtungen zur mechanischen Wiedergabe fürs Gehör war, wie unter II A 1 erwähnt, schon in den 1890er Jahren nichts Neuartiges mehr; sie war es vollends nicht in den Jahren 1902 bis 1909, in denen die Instrumente für mechanische Musik bereits zu stärkerer geschäftlicher Ausnutzung gelangt waren, der Urheber jedoch des Schutzes seiner Musikwerke gegen mechanische Wiedergabe, von der Pianolaklausel abgesehen, entbehrte. Das Berufungsgericht verstößt nicht gegen Auslegungsregeln oder sonstige Rechtsgrundsätze, wenn es bei Verträgen aus jener Zeit, die auf Übertragung des ganzen Urheberrechts gehen, annimmt: In diesen Befugniskreis gehörte nach dem Willen der Beteiligten beim damaligen Stande der technischen und wirtschaftlichen Entwicklung die mechanische Wiedergabe — für den Fall, daß das Gesetz sie künftig dem Urheber schütze — ohne weiteres mit hinein; die Vertragsparteien hätten sie, wenn ihrer eigens gedacht worden wäre, nicht dem Urheber vorbehalten.

3. Wie schon zu II A 4 erwähnt, sind, soweit durch erlaubte inländische Benutzung vor dem 1. Mai 1909 „Gemeinfreiheit" eingetreten ist (§ 63a LitUrhG.), also an den Musikstücken 2, 3, 5 und 6, keine urheberrechtlichen Befugnisse wiederaufgelebt; auch für die

Klägerin und die Beklagte nicht. Für gemeinfreie Werke hat die Beklagte wie jedermann das Recht, Schallplatten und Notenrollen herzustellen, soweit nicht (bei Notenrollen) Schutz durch die Pianolaklausel besteht. Streitgegenstand aber ist, wie das Kammergericht, hierin unbeanstandet von der Revision, das Parteivorbringen auslegt, nur die Frage: Besitzt die Beklagte von den Tonsetzern erworbene ausschließliche Rechte zur Wiedergabe der Musikstücke auf Schallplatten oder Notenrollen, und zwar Rechte, die sie selbst wieder als veräußerliche Befugnisse an Fabrikanten weiterübertragen kann? An gemeinfreien Werken hat die Beklagte keine solchen Rechte; denn jeder Fabrikant darf diese Werke, auch ohne vorher abgeleitete Rechte erworben zu haben, auf mechanische Musikinstrumente übertragen. Das Kammergericht hat in dieser Beziehung den Sinn des Klagbegehrens durch entsprechende Fassung der Urteilsformel klargestellt.

Für alle auf Übertragung des Urheberrechts gerichteten Verträge (Nr. 2 bis 11 des Klagantrags) gelangt so der Vorderrichter zu der Feststellung, daß die Beklagte nicht befugt sei, Rechte der in Rede stehenden Art an den streitigen Musikstücken zu vergeben. Dieses Ergebnis zieht er allgemein, gleichviel ob die Verträge, auf welche die Klägerin ihr stärkeres Recht gründet, unter der Herrschaft des Gesetzes vom 11. Juni 1870 und des Berner Schlußprotokolls oder unter der Herrschaft des Urheberrechtsgesetzes vom 19. Juni 1901 geschlossen worden sind. Bei der „Feststellung" macht er jedoch den Vorbehalt, daß sich aus den einzelnen Vertragstexten Besonderheiten ergeben können. Und namentlich setzt, wie erwähnt, diese aus technischer, wirtschaftlicher und gesetzlicher Entwicklung gezogene rechtliche Folgerung für jeden einzelnen Vertrag voraus, daß er das gesamte Urheberrecht an dem betreffenden Werk auf den Erwerber übertrage.

C. Den Verträgen, die nach ihrem Wortlaut nur Verlagsrecht übertragen (Nr. 1, 12, 13 des Klagantrags), widmet der Berufungsrichter ebenfalls eine Erörterung, die das ihnen Gemeinsame vorwegnimmt.

1. In einem geschichtlichen Rückblick erinnert er daran, daß der Drucker- und Verlegerschutz älter als der eigentliche Urheberschutz ist, das Urheberrecht sich als Ausläufer des Verlagsrechtes entwickelt hat. Er weist darauf hin, daß das Gesetz über das Verlagsrecht vom 19. Juni 1901 (RGBl. S. 217) kein wesentlich neues Recht schaffen,

sondern nur das bereits in der Übung des Buchhandels ausgebildete und befestigte Gewohnheitsrecht aufzeichnen sollte.

2. An diese Entwicklung anknüpfend betont er, daß das Verlagsrecht von vornherein gegenüber dem Urheberrecht in wirtschaftlicher Beziehung das stärkere gewesen sei: es habe grundsätzlich die gesamte wirtschaftliche Ausbeute umschlossen, den Verleger zum Herrn der wirtschaftlichen Werte gemacht. Die seit 1901 einsetzende verlagsrechtliche Gesetzgebung sei allerdings bemüht gewesen, entsprechend der engen Beziehung zwischen Urheber- und Verlagsrecht die diesen Rechten eigenen Begriffe, besonders den der Vervielfältigung, einheitlich zu begrenzen; eine Vergleichung der beiden Gesetze vom 19. Juni 1901, namentlich nach den Änderungen vom 22. Mai 1910, erweise das (LitUrhG. §§ 11, 12, VerlagsG. §§ 1, 2). Für den früheren Rechtszustand aber müsse der Begriff der Vervielfältigung weit gefaßt werden. Wie man unter der Herrschaft des Urheberrechtsgesetzes vom 11. Juni 1870 die Übertragung auf mechanische Musikinstrumente als mechanische Vervielfältigung im urheberrechtlichen Sinn und somit als Nachdruck anerkannt habe, so müsse in den gewohnheitsrechtlich umfassend entwickelten Rechtsbegriff der verlagsmäßigen Vervielfältigung die Befugnis mit einbezogen werden, Musikstücke auf mechanische Instrumente zu übertragen. Durch Schriftwechsel aus den Jahren 1889 bis 1900 findet das Berufungsgericht bestätigt, daß der Verkehr in jenem Zeitabschnitt dem Verlagsrechte große Stärke zu verleihen pflegte. Die drei Verträge, auf die es hier ankommt (Nr. 1, 12 und 13), gehören den Jahren 1891, 1892 und 1896 an. So gelangt das Berufungsurteil zu der auf Beobachtung der Verkehrsgepflogenheit gegründeten Folgerung: Wenn vor dem Inkrafttreten des Verlagsgesetzes vom 19. Juni 1901 das Verlagsrecht an einem Werke der Tonkunst übertragen wurde, so erlangte der Verleger auch das Recht der Vervielfältigung und Verbreitung auf Schallplatten oder Notenrollen, es sei denn, daß aus den Einzelbestimmungen des Verlagsvertrags eine Beschränkung des Verlegerrechtes nach dieser Richtung zu entnehmen wäre. Diese Annahme ist für die drei Verträge, um die es sich hier handelt, durch tatsächliche Grundlagen genügend unterstützt und läßt insoweit keinen Verstoß gegen Rechtsregeln erkennen. Ob sie so allgemein haltbar wäre, wie das Berufungsgericht sie für die Zeit vor dem Inkrafttreten des Verlagsrechtsgesetzes vom 19. Juni 1901 aufstellt, kann

unerörtert bleiben. Bedenken dawider wären namentlich deshalb zu erheben, weil schon das preußische Gesetz vom 11. Juni 1837 den Gedanken echten Urheberschutzes zugrunde legte und so — verglichen mit dem Allgemeinen Landrecht — darauf ausging, die Stellung des Urhebers im Verhältnis zum Verleger zu heben und zu stärken. Gleichwohl ist, wie die Einzelprüfung (nachstehend zu III A 2) zeigt, bei den Verträgen über die Stücke 1, 12 und 13 die Feststellung nicht zu beanstanden, daß sie dem Verleger die Befugnis der Vervielfältigung und Verbreitung in weitestem Umfang übertragen haben. Zutreffend ist, was das Berufungsurteil über die Wirkungen der späteren Gesetzgebung sagt: Das Verlagsgesetz vom 19. Juni 1901 erwähnte in seiner anfänglichen Fassung die mechanischen Musikinstrumente nicht; dies entsprach der urheberrechtlichen Gesetzgebung, die zunächst (LitUrhG. vom 19. Juni 1901 § 22) den Schutz des Urhebers gegen Übertragungen seiner Werke auf mechanische Musikinstrumente beseitigt hatte. Durch Gesetz vom 22. Mai 1910 wurde dem § 2 Abs. 2 des Verlagsgesetzes die Nr. 4 eingefügt, wonach für die Benutzung des Werkes zum Zwecke der mechanischen Wiedergabe für das Gehör dem Verfasser die Befugnis zur Vervielfältigung und Verbreitung verbleibt. Wie dieser Schutz zugunsten derer wiederauflebte, die beim Inkrafttreten des Änderungsgesetzes Inhaber des Urheberrechts waren, so erwachten die Rechte der Wiedergabe auf mechanischen Musikinstrumenten auch für diejenigen wieder zum Leben, die solche Rechte durch Verlagsvertrag vor dem 1. Januar 1902 (dem Geltungsbeginn der Gesetze vom 19. Juni 1901) erworben hatten.

Danach stellt das Berufungsgericht für die auf Übertragung des Verlagsrechts gerichteten Verträge allgemein fest: Sie haben das Recht zur Wiedergabe der streitigen Musikstücke auf Schallplatten oder Notenrollen im Inland an die Vollmachtgeber der Klägerin übertragen, soweit sie nicht im einzelnen einschränkende Bestimmungen enthalten. Fehlt es an solchen Einschränkungen, so stehen der Beklagten aus den Übereinkünften, die sie mit den Tonsetzern oder deren Erben getroffen hat, keine derartigen Rechte an den Musikstücken zu. Diese der Untersuchung der einzelnen Verträge (Nr. 1, 12, 13 des Klagantrags) zugrunde gelegte Erörterung weist in der Anwendung auf diese drei Verträge keinen Rechtsirrtum auf. Ob sie sich in der grundsätzlichen Allgemeinheit aufrechthalten ließe, mit der sie ihre Folgerungen zieht, braucht nicht untersucht zu werden.

III. Bei der Prüfung der einzelnen Verträge und den daraus gezogenen Schlußergebnissen sind keine Rechtsgrundsätze verletzt.

A. Soweit Tonwerke (ohne den Text dazu) in Betracht kommen, unterscheidet das Berufungsurteil auch bei der Einzeluntersuchung die Verträge mit Urheberrechts-Übertragung und die mit Begründung eines Verlagsrechts. Bei allen gelangt es zu dem Ergebnis, daß der Vertrag die Befugnis zur mechanischen Wiedergabe mitübertragen hat.

1. Um Übertragung des Urheberrechts handelt es sich nach ausdrücklicher Überschrift oder sonstiger Wortfassung bei Nr. 2 bis 11 des Klagantrags.

a) (Nr. 2:) Durch den Vertrag vom 9. Dezember 1893 hat der Tonsetzer Franz von B. unter der Überschrift „Urheberrechtsübertragung" an seinem Tonwerke (für Orchester) „Blumengeflüster" dem Verleger „für sich, seine Erben oder Rechtsnachfolger das ausschließliche und unbeschränkte Verlags-, Vertriebs- und Aufführungsrecht, mit einem Worte das gesamte Urheberrecht im weitesten Sinne, für alle Länder und Staaten der Erde und für immerwährende Zeiten, im Original sowohl als auch für alle beliebigen Bearbeitungen überlassen". Er hat ferner erklärt, daß er „alle Vorteile, welche aus etwa mit Ländern oder Staaten in Zukunft noch abzuschließenden internationalen Literarkonventionen oder Handelsverträgen erwachsen dürften, ohne weiteres und ausdrücklich . . . übertrage und in bezug auf Honorar ein für allemal und vollständig befriedigt worden" sei. Ohne Rechtsirrtum sieht das Berufungsgericht in dem so gefaßten Vertrag eine Übertragung des gesamten Urheberrechts in weitestem Umfang unter Mitüberlassung des Rechtes zur Wiedergabe auf mechanischen Musikinstrumenten.

b) (Nr. 3:) Der Tonsetzer Eugen H. hat in der Urkunde vom 1. August 1894 an seinem „Lenz" dem Verleger ebenfalls „das ausschließliche und unbeschränkte Verlags-, Vertriebs- und Aufführungsrecht, mit einem Worte das gesamte Urheberrecht im weitesten Sinne, für alle Länder und Staaten der Erde und für immerwährende Zeiten im Original sowohl als auch für alle beliebigen Bearbeitungen überlassen". Auch dieser Vertrag enthält die Klausel, daß alle Vorteile, die aus etwaigen künftigen internationalen Abkommen oder Handelsverträgen erwachsen, dem Verleger zukommen sollen. Am Schlusse hat jedoch der Tonsetzer den Zusatz gemacht, daß er sich „für

Bearbeitungen jeder Art seine besondere Zustimmung vorbehalte". Das Berufungsgericht beurteilt diesen Vertrag, ebenso wie den Nr. 2, als Übertragung des gesamten Urheberrechts in weitestem Umfang unter Mitüberlassung des Rechtes zur Wiedergabe auf mechanischen Musikinstrumenten. Der Vorbehalt am Schlusse gebe keinen Anlaß zu einer anderen Beurteilung; denn in der Übertragung des Werkes auf Schallplatten oder Notenrollen sei keine „Bearbeitung" zu sehen. Dem ist beizustimmen, auch für den Vorbehalt über die Bearbeitungen. Die jetzige Fassung des Urheberrechtsgesetzes vom 19. Juni 1901 behandelt allerdings die Übertragung eines Werkes auf Vorrichtungen für Instrumente, die der mechanischen Wiedergabe für das Gehör dienen, als Beispiel einer Bearbeitung (§ 12 Abs. 1, Abs. 2 Nr. 5). Dieses erst im Jahre 1910 eingefügte Beispiel aber läßt sich nicht ohne weiteres auf die Auslegung eines Vertrags von 1894 anwenden. Das zur Zeit des Vertragsabschlusses geltende Gesetz vom 11. Juni 1870 nannte (§ 46) als Beispiele von Bearbeitungen musikalischer Kompositionen: Auszüge aus ihnen und Arrangements für einzelne oder mehrere Instrumente oder Stimmen. Das Gesetz vom 19. Juni 1901 in seiner ursprünglichen Gestalt wich (im § 12 Abs. 2 Nr. 4) davon inhaltlich kaum ab, indem es als Bearbeitungen aufführte: Herstellung von Auszügen aus Werken der Tonkunst sowie von Einrichtungen solcher Werke für einzelne oder mehrere Instrumente oder Stimmen. Es ist nicht anzunehmen, daß der Vertrag von 1894 den Kreis der Bearbeitungen erheblich habe ausdehnen und die mechanische Musik habe einschließen wollen. Denn auf solche Weise wäre die sehr umfassende Übertragung sämtlicher Urheberbefugnisse alsbald in einem Zusatze wiederum stark eingeschränkt worden; eine Maßnahme, die sich mit dem Gesamtinhalt des Vertrags nicht im Einklang befände. Benutzung des Musikstücks für Vorrichtungen zur mechanischen Wiedergabe ist daher nicht unter die Bearbeitungen im Sinne des Vertrags von 1894 zu rechnen.

c) (Nr. 4, 5, 6:) Die Tonsetzer Franz von B. und Julius L. haben durch die Verträge von 1896, 1897 und 1902 gleichfalls in umfassender Weise Urheberrecht auf die Verleger übertragen. Der L.sche Vertrag ist auch „Urheberrechtsübertragung" überschrieben. In allen drei Verträgen heißt es, daß den Verlegern für sich, ihre Erben und Rechtsnachfolger das ausschließliche und unbeschränkte

Verlags-, Vertriebs- und Aufführungsrecht, überhaupt das gesamte Urheberrecht im weitesten Sinne, für alle Länder und Staaten der Erde und für immerwährende Zeiten im Original sowohl als auch für alle beliebigen Bearbeitungen überlassen wird. Eine Klausel, welche den Verlegern die aus künftigen Abkommen sich ergebenden Vorteile sichert, schließt sich an. Ein Vorbehalt (etwa für Bearbeitungen, wie bei Nr. 3) ist nicht gemacht. Das Berufungsgericht nimmt ohne Rechtsirrtum für sämtliche drei Verträge eine so umfassende Übertragung des Urheberrechtes an, daß die Mitübertragung des Rechtes zur Wiedergabe auf mechanischen Musikinstrumenten einbegriffen sei.

d) (Nr. 7, 8:) Der Tonsetzer Sigfried K.-E. hat in der Urkunde von 1903 an „Vier Klavierstücken" dem Verleger „das ausschließliche und unbeschränkte Urheberrecht mit allen demselben zustehenden Befugnissen als: Vervielfältigungs-, Vertriebs- und Aufführungsrecht" sowie die ihm „als Urheber zustehenden ausschließlichen Befugnisse und sonstigen Rechte" . . . . . „für alle Zeiten und demgemäß für alle Auflagen, ohne alle Einschränkung in betreff der Zahl und der Größe derselben, sowie auch für alle Veröffentlichungsarten, überhaupt das Recht der ausschließlichen und unbeschränkten Verfügung" über das Werk verkauft; hinzugefügt ist noch, daß gesetzliche Verlängerungen der Schutzfrist und Erweiterungen des Schutzgebiets durch internationale Verträge dem Verleger zustatten kommen sollen. Derselbe Tonsetzer hat 1905 über sein Werk „Des Helden Siegesgesang" mit einem Verleger einen Vertrag geschlossen, der die Überschrift „Abtretung des Urheberrechts" trägt. Er überläßt darin dem Verleger „das unbeschränkte und übertragbare Urheberrecht mit der Befugnis der ausschließlichen Vervielfältigung und gewerbsmäßigen Verbreitung für alle Zeiten, für alle Auflagen und für alle Länder . . ., kurz mit allen Rechten, die das Gesetz dem Urheber eines solchen Werkes einräumt und vorbehält, auch in Zukunft einräumen oder vorbehalten wird". Die letzten Worte besagen sogar ausdrücklich, daß ein durch künftige Gesetzgebung wiederauflebendes Recht (wie es das der Übertragung auf mechanische Musikinstrumente war) als mitübertragen gelten soll. Das Berufungsgericht bemerkt, daß beide Verträge unbeschränkte Übertragungen des Urheberrechts enthalten; beide also einschließlich der Befugnis zur mechanischen Wiedergabe. Darin liegt kein Rechtsirrtum.

e) (Nr. 9:) Der Tonsetzer Gustav L. hat in der Urkunde vom Jahre 1906, die mit „Abtretung des Urheberrechts" überschrieben ist, seine „Valse romantique" dem Verleger überlassen. Auch hier ist von „unbeschränktem und übertragbarem Urheberrecht" die Rede, und zwar in denselben Wendungen wie in K.-E.s Vertrag (Nr. 8). Mit Recht sagt das Berufungsurteil, daß zu einer Einschränkung der Urheberrechtsübertragung kein Anlaß bestehe (also das gesamte Urheberrecht übertragen), die Befugnis mechanischer Wiedergabe somit inbegriffen sei.

f) (Nr. 10:) Der Tonsetzer Richard T. hat in der Urkunde von 1902, die mit „Abtretung des Urheberrechts" überschrieben ist, an seinem Werk „Am Brünnele" dem Verleger „das gesamte ungeteilte und übertragbare Urheberrecht (Verlags-, Vervielfältigungs-, Vertriebs- und Aufführungsrecht) mit allen daran haftenden gegenwärtigen und zukünftigen Rechten, insbesondere auch die Bearbeitung für alle Instrumente, Stimmen usw. für alle Länder und für alle Zeiten abgetreten". Zutreffend beurteilt das Berufungsgericht den Vertrag dahin, daß er die Befugnis mechanischer Wiedergabe mitumfaßt.

g) (Nr. 11:) Im Vertrag von 1894, den der Tonsetzer Engelbert H. über sein Märchenspiel „Hänsel und Gretel" geschlossen hat, heißt es: „Herr H. überträgt das ausschließliche und unbeschränkte Eigentum an dem Verlags- und Aufführungsrecht für alle Länder. Demzufolge treten die Herren B. Sch.s Söhne in den Genuß sämtlicher Rechte des Urhebers und sind mit Ausschluß eines jeden anderen befugt, das genannte Werk, in welcher Gestalt und Ausgabe es sei, zu stechen, zu drucken, zu veröffentlichen, zu verkaufen und verkaufen zu lassen, und dies während der ganzen Dauer der dem Urheber, seinen Erben oder Rechtsnachfolgern durch die bestehenden oder zukünftigen Gesetze aller Länder zugestandenen Privilegien." Daneben wird das Recht jeder beliebigen Bearbeitung, für welches Instrument es auch sein möge, dem Verleger überlassen. Ohne Rechtsirrtum beurteilt das Kammergericht auch diesen Vertrag dahin, daß er das gesamte Urheberrecht uneingeschränkt übertragen habe, einschließlich der Befugnis zur mechanischen Wiedergabe.

2. Die unter Nr. 1, 12 und 13 des Klagantrags aufgeführten Verträge bezeichnen sich in der Überschrift als „Verlagsschein" (1, 12), „Verlagskontrakt" (13), somit als Bestellung von Verlagsrecht.

a) (Nr. 1:) Im Vertrag des Tonsetzers Karl H. von 1891 heißt es, daß die Verlagshandlung, „für sich selbst oder ihre Rechtsnachfolger das alleinige und ausschließliche Verlagsrecht für alle Länder und Zeiten und für alle Auflagen erworben und erhalten hat". „Demgemäß ist nur die Verlagshandlung allein berechtigt, die Komposition im Original oder Arrangement zu drucken, herauszugeben, zu vertreiben oder verkaufen und vertreiben zu lassen."

b) (Nr. 12:) Im Vertrag von 1892 bescheinigt der Tonsetzer Karl U., daß die Verlegerin an seinem Walzer „für sich und ihre Rechtsnachfolger das alleinige rechtmäßige unbeschränkte und ausschließliche Verlagseigentum und Vertriebsrecht .... zu beliebigen Auflagen und für alle Länder und Zeiten ...." von ihm erworben und erhalten hat.

c) (Nr. 13:) Im Vertrag von 1896 „übergibt" der Tonsetzer Hans H. dem Verlag „das allein rechtmäßige ausschließende und unbeschränkte Verlagsrecht an den von ihm komponierten Liedern mit allen aus solchem Verlagsrechte gegenwärtig und künftig fließenden Rechten, namentlich dem Rechte der Vervielfältigung, Veröffentlichung und des Vertriebes der Originalwerke und deren Bearbeitungen für alle Ausgaben zu beliebigen Auflagen in beliebiger Höhe für alle Länder (auch einschließlich des Rechtes zu öffentlichen Aufführungen dieser Werke)."

(Zu a—c:) Das Berufungsgericht beurteilt alle drei Verlagsverträge dahin: Einschränkungen der Verlagsrechtsübertragung seien aus ihnen nicht ersichtlich; es bewende daher bei dem aus der allgemeinen Betrachtung gewonnenen Ergebnis, wonach die Befugnis zur Wiedergabe auf mechanischen Musikinstrumenten dem Verleger mitübertragen sei. Diese Würdigung enthält in der Auslegung der drei Verträge keinen Rechtsirrtum. Wenn auch die vom Berufungsgericht vorausgeschickten allgemeinen Erwägungen über die vorherrschende Stärke des Verlagsrechts erheblich eingeschränkt werden müßten, so verbliebe doch als ausreichender Entscheidungsgrund: In einer Zeit, der bereits Instrumente zur mechanischen Wiedergabe von Musikstücken nebst den darüber geführten Prozessen bekannt waren, rechtfertigt eine so weit gefaßte Überlassung der Befugnisse zur Vervielfältigung und Verbreitung den Schluß: die Übertragung auf jene Instrumente sollte einbegriffen sein.

(Zu III A 1 und 2:) Zusammenfassend bemerkt das Berufungsurteil für alle dreizehn Verträge, daß es die Überzeugung gewonnen habe: Auch abgesehen vom Wortlaut der einzelnen Verträge seien die Tonsetzer bei derartigen Vereinbarungen offensichtlich gewillt gewesen, das Urheberrecht an ihren Werken durch die Übertragungen an die Verleger wirtschaftlich in vollem Umfange nutzbar zu machen. „Enthalten Verträge dieser Art keinen ausdrücklichen Vorbehalt nach irgendeiner Richtung, so muß angenommen werden, daß die Urheber beim Vertragsabschluß die weitestgehende wirtschaftliche Ausnutzung des Urheberrechts durch entgeltliche Veräußerung aller irgendwie verwertbaren Rechte angestrebt haben, und daß es nicht in ihrem Willen gelegen hat, einzelne Verwertungsmöglichkeiten sich selbst zu erhalten." Das Berufungsgericht erwägt auch die Entgeltfrage und bemerkt darüber: Aus der Bemessung der Honorare seien keine Schlüsse auf eine andere Willensrichtung zu ziehen. Für die Bemessung des Entgelts kämen als zusammenwirkend viele Umstände verschiedener Wesensart in Betracht; sie gestatteten nicht ohne weiteres bestimmte Schlüsse, etwa dahin, daß aus anscheinend niedriger Vergütung auf eingeschränkte Rechtsübertragung geschlossen werden könne. Diese Erwägungen, zum Teil der Tatsachenwürdigung angehörig, enthalten keinen Verstoß gegen Rechtsgrundsätze. Bei allen dreizehn Verträgen würde sich also das Ergebnis der Beurteilung auch dann nicht anders gestalten, wenn das Berufungsgericht, ohne allgemeine Erörterungen voranzuschicken, mit der Auslegung der einzelnen Verträge begonnen hätte. Weder die §§ 133, 157 BGB. noch die Vorschriften des Urheberrechts- oder des Verlagsrechtsgesetzes sind verletzt.

B. Für drei der streitigen Musikstücke (Nr. 3, 10 und 11) erstreckt sich das Feststellungsverlangen der Klägerin zugleich auf die zu den Stücken gehörigen Texte. Das Berufungsurteil führt rechtlich zutreffend aus, daß hier die Rechtslage von vornherein für die Klägerin günstiger sei: Gemeinfreiheit im Sinne des § 22 LitUrhG. vom 19. Juni 1901 hat für die Texte nicht bestanden. Also hat der Schutz des auf die Klägerin übertragenen Urheberrechts unverändert fortgewährt, und ihr Anspruch, festzustellen, daß der Beklagten für den Text kein Recht der Wiedergabe auf Schallplatten zustehe, ist gerechtfertigt. Wiedergabe des Werkes auf Notenrollen mit Text kommt technisch nicht in Betracht. Die Revision greift insoweit die Entscheidung nicht an.

36. Zur Frage, ob die Bestellung einer zweiten Höchstbetragshypothek den Gläubiger nur wegen des Mehrbetrags seiner Gesamtforderung oder zugleich bedingt auch wegen des Ausfalls sichert, den er bei der älteren Höchstbetragshypothek erleidet.

BGB. § 1190.

V. Zivilsenat. Urt. v. 21. November 1931 i. S. Allg. Deutsche Creditanstalt (Kl.) w. Schl. als Verwalter im Konkurse G. u. Gen. (Bekl.). V 187/31.

I. Landgericht Plauen.
II. Oberlandesgericht Dresden.

Für die Klägerin haftete auf mehreren Grundstücken des Grundbuchs von P. eine Höchstbetragshypothek von 60000 RM. als Gesamthypothek zur Sicherung ihrer Forderung aus der Geschäftsverbindung mit der offenen Handelsgesellschaft Aug. G., deren Gesellschafter die Kaufleute Georg G. und Lothar G. waren. Als Eigentümer des einen Grundstücks sind die offene Handelsgesellschaft zur Hälfte, die beiden Gesellschafter zu je 1/4, als Eigentümerin der übrigen Grundstücke ist die offene Handelsgesellschaft eingetragen.

Die beiden Gesellschafter sind ferner zu je 1/6 Miteigentümer anderer Grundstücke der Grundbücher von P. und C. Am 8. November 1928 wurde der Klägerin die Eintragung einer weiteren Höchstbetrags-Gesamthypothek von 110000 GM. bewilligt, und zwar sowohl auf den schon mit der Vorhypothek von 60000 RM. belasteten Grundstücken wie auch auf dem Bruchteilseigentum der beiden Gesellschafter an den erwähnten weiteren Grundstücken. In der Eintragungsbewilligung für diese Nachhypothek heißt es, daß die Hypothek zur Sicherung der Ansprüche der Klägerin dienen solle, soweit „sie nicht bereits durch die Gesamtsicherungs-Höchsthypothek von 60000 RM. gesichert" seien. Im Eintragungsvermerk des Grundbuchamts lautete die Fassung auf 110000 GM. Höchstbetragshypothek für die Klägerin „wegen ihrer in der Eintragungsbewilligung bezeichneten Ansprüche, soweit diese die durch die Gesamtsicherungshypothek zum Höchstbetrage von 60000 RM. gesicherten Ansprüche übersteigen."

Über das Vermögen der offenen Handelsgesellschaft und das der beiden Gesellschafter ist Konkurs eröffnet. Zwischen dem verklagten Konkursverwalter und der Klägerin ist streitig geworden, ob die Nachhypothek von 110000 GM. auch den Ausfall sichere, den die Klägerin etwa bei der Vorhypothek erleide. Die Klägerin klagte deshalb auf Feststellung, daß die Sicherungshöchstbetragshypothek von 110000 GM. zum Zuge komme mit demjenigen Betrag der Gesamtforderung der Klägerin, der nach Befriedigung aus den der Hypothek von 60000 RM. verhafteten Grundstücken verbleibe. Ihre Klage wurde in allen Instanzen abgewiesen.

Gründe:

Der Streit der Parteien betrifft die Frage, ob die zweite Höchstbetragsgesamthypothek von 110000 GM. nur für einen über die 60000 RM. der Vorhypothek hinausgehenden Mehrbetrag der Gesamtforderung der Klägerin bestellt ist (RGZ. Bd. 118 S. 162) oder ob sie die Klägerin zugleich bedingt auch wegen des Ausfalls sichert, den diese im Fall einer Zwangsversteigerung der für die Vorhypothek haftenden Grundstücke bei der letzteren erleidet (RGZ. Bd. 70 S. 245 [248], Bd. 122 S. 327). Die Vorinstanzen haben gegen die Klägerin im Sinn einer reinen Mehrbetragssicherung entschieden. Dem ist beizutreten.

Gegen die Zulässigkeit der Feststellungsklage ergibt sich kein Bedenken. Für die Klägerin hängt die Entschließung darüber, wie weit sie im Falle der Zwangsversteigerung bei Ausbietung der Vorhypothek zu gehen habe, von der Frage ab, ob sie wegen eines etwaigen Ausfalls die auf weiteren Grundstücken haftende Nachhypothek in Anspruch nehmen kann. Ihr rechtliches Interesse an der alsbaldigen Feststellung des streitigen Rechtsverhältnisses ist damit dargetan.

Nach § 1190 BGB. kann eine Hypothek in der Weise bestellt werden, daß nur der Höchstbetrag, bis zu dem das Grundstück haften soll, bestimmt, im übrigen die Feststellung der Forderung vorbehalten wird. Es besteht Einigkeit darüber, daß auf diese Weise nicht nur eine einzelne bestimmte Forderung, sondern auch eine zunächst unbestimmte Mehrheit von solchen, ein ganzer Forderungskreis dinglich gesichert werden kann. Wird streitig, welche Forderungen unter die Sicherung fallen, so muß die Entscheidung dem Eintragungsvermerk in Verbindung mit der ihm zugrunde liegenden Eintragungsbewilligung entnommen werden. Im vorliegenden Falle stimmen nun, wie aus der Wiedergabe im Tatbestand ersichtlich ist, die Eintragungsbewilligung und der Eintragungsvermerk in ihrem den Umfang der

Haftung betreffenden Wortlaut nicht genau überein. Von der Fassung der Eintragungsbewilligung ist das Grundbuchamt bei der Eintragung im Anschluß an die Rechtsprechung (KG. im JFG. Bd. 1 S. 490; OLG. Dresden das. Bd. 4 S. 422; ObLG. München ebendort Bd. 5 S. 370) dahin abgewichen, daß es an Stelle von

„soweit sie (die Ansprüche) nicht bereits gesichert sind"

gesagt hat:

„soweit sie die (durch die Vorhypothek) gesicherten Ansprüche übersteigen."

Diese Abweichung ist indessen nur gering und äußerlich, nicht von sachlicher Bedeutung, und so ist sie offenbar auch vom Grundbuchrichter, der sonst nicht ohne Rückfrage abgewichen wäre, und von den Beteiligten angesehen worden, die sie hingenommen haben. Denn in beiden Fassungen wird von den schon „gesicherten" Ansprüchen gesprochen und durch Bezugnahme auf sie der Umfang der neuen Belastung bestimmt. Über die Bedeutung des Wortes „gesichert" werden nunmehr von den Parteien gegensätzliche Auffassungen vertreten, deren Unterschied die Klägerin zutreffend dahin gekennzeichnet hat, daß es darauf ankomme, ob man das Wort Sichern „intentional", d. h. im Sinne „beabsichtigter" Sicherung, oder „effektiv", nämlich im Sinne „erreichter" Sicherung verstehe. Es läßt aber nicht nur keinen Rechtsirrtum erkennen, sondern entspricht auch der Auffassung des Revisionsgerichts, wenn die Instanzgerichte unter den gegebenen Umständen das Wort „gesichert" in jenem ersten Sinne, im Absichts- und nicht im Erfolgssinne, ausgelegt haben, wie in dem Ausdruck „sicherstellen" deutlicher hervortritt. Stände hier der Gebrauch des Wortes bei Bestellung der ersten Hypothek (Vorhypothek von 60000 RM.) in Frage, so könnte seine Anwendung im Hinblick auf den Sicherungszweck, also im vorschauenden Sinne, im Sinne der erst erstrebten und erhofften Sicherung (Absichts- oder Zwecksinn), kaum einem Zweifel unterliegen (vgl. auch den Gebrauch in den Wörtern „Sicherungsübereignung, Sicherungsabtretung"). Im vorliegenden Falle handelt es sich freilich um die Anwendung des Wortes im Rückblick auf eine durch die Bestellung der ersten Hypothek schon gegebene Sicherung („soweit nicht bereits gesichert", „soweit sie die gesicherten Ansprüche übersteigen"). Dies zwingt aber keineswegs dazu, das Wort in einem anderen als dem Absichtssinn, nämlich im Erfolgssinn der verwirklichten Sicherung zu verstehen, wie ihn das Wort „decken" wiedergibt. In der Rechtssprache ist vielmehr der Gebrauch des Wortes „sichern" im Sinne der durch das Mittel der Sicherung (Pfand, Bürge usw.) zur Verfügung gestellten, aber noch nicht bis zur Befriedigung durchgeführten Forderungsverstärkung überwiegend und vorherrschend.

Die Klägerin beansprucht die Nachhypothek in einer doppelten Bedeutung: zunächst als bedingte Ausfallsicherungshypothek wegen der Forderungen, für die in erster Linie die Vorhypothek haften soll, und zweitens als unbedingte Mehrbetragshypothek für den über 60000 RM. hinausgehenden Betrag ihrer Forderung aus dem Kreditverhältnis. Es kann dahingestellt bleiben, ob eine solche Zusammenfassung einer bedingten und einer unbedingten Sicherung in einer einheitlichen Eintragung als mit dem Erfordernis der Klarheit des Grundbuchs und mit dem das Grundbuchrecht beherrschenden Spezialitätsgrundsatz noch vereinbar und daher als zulässig überhaupt anerkannt werden könnte. Keinesfalls kann den Vorinstanzen entgegengetreten werden, wenn sie in der Eintragungsbewilligung und im Eintragungsvermerk, wie sie hier vorliegen, keine bedingte Ausfallsicherung mit Beziehung auf die Vorhypothek ausgedrückt finden, beide vielmehr nur im Sinne einer bloßen Mehrbetragssicherung auslegen. In der Fassung des Eintragungsvermerks hat diese Bedeutung durch den Gebrauch des Wortes „übersteigen" höchstens noch eine schärfere Ausprägung erhalten. Wenn die Revision demgegenüber erneut den von der Klägerin verfolgten wirtschaftlichen Zweck in den Vordergrund rückt, so ist ihr entgegenzuhalten, daß der einseitige Zweck eines Vertragsbeteiligten, falls er wirklich als schon bei Vertragsschluß verfolgt festzustellen wäre, doch nur dann Berücksichtigung verlangen könnte, wenn er auch zum Vertragswillen beider Teile erhoben worden wäre und in den rechtsbegründenden Urkunden Ausdruck gefunden hätte. Das haben aber beide Vorinstanzen ohne Rechtsverstoß verneint. Dabei ist zweierlei nicht ohne Gewicht. Als Ausfallsicherung konnte die Nachhypothek für die Klägerin nur auf den für die Vorhypothek noch nicht haftenden Grundstücken in Frage kommen. Unstreitig ist ferner in der Urkunde über die Unterwerfung unter die sofortige Zwangsvollstreckung diese Unterwerfung in Ansehung der Nachhypothek und der für sie verpfändeten Grundstücke nur wegen des (über 60000 RM. hinausgehenden) „Restbetrags" der Gesamtschuld bis zum Höchstbetrag von

110000 RM. bewilligt, also auch hier zwischen den beiden Teilbeträgen oder Teilkreisen des Schuldverhältnisses streng geschieden worden. Wenn die Revision schließlich für ihren Standpunkt das Urteil des erkennenden Senats vom 29. November 1930 (RGZ. Bd. 131 S. 16) heranziehen zu können glaubt und ausführt, es bestehe nach dieser Entscheidung für die Klägerin die Möglichkeit, eine Forderung, die sie zunächst der Vorhypothek unterstellt habe, nachdem sie bei dieser keine Deckung gefunden, in die Sicherung durch die Nachhypothek einzubeziehen und hier erneut geltend zu machen, so hat sie jenes Erkenntnis mißverstanden. Denn dort wurde zwar für den — auch tatsächlich anders gestalteten — Fall der Bestellung mehrerer Höchstbetragshypotheken auf verschiedenen Grundstücken für denselben Forderungsgesamtkreis dem Gläubiger ein gewisses Verfügungsrecht darüber eingeräumt, für welche der einzelnen, an sich unter die Sicherung fallenden Forderungen er die Haftung des einzelnen Grundstücks in Anspruch nehmen wolle. Es wurde jedoch (S. 23 a. a. O.) ausdrücklich die Folgerung abgelehnt, daß etwa eine der zu sichernden Einzelforderungen durch mehrere Einzelhypotheken habe gesichert sein sollen; vielmehr wurde als Wille der Beteiligten angenommen, daß jede einzelne Forderung nur durch eine einzige Hypothek gesichert werde, und zwar durch die vom Gläubiger seinerzeit zu bestimmende. Im Streitfall aber will die Klägerin Teilbeträge ihrer Gesamtforderung nacheinander durch mehrere Einzelhypotheken gesichert erhalten, ohne daß die hierfür notwendige, im Falle des Urteils RGZ. Bd. 131 S. 16 gar nicht zur Erörterung gelangte Voraussetzung einer Ausfallsicherung gegeben wäre (vgl. auch Güthe-Triebel GBO. Vorbem. vor § 13 Anm. 54 Abs. 2, Bd. 1 S. 238).

---

37. Wann beginnt die Pfändbarkeit eines Anspruchs auf Schlußentschädigung wegen Gewaltschadens nach dem Reichsgesetz zur endgültigen Regelung der Liquidations- und Gewaltschäden (Kriegsschädenschlußgesetz) vom 30. März 1928 (RGBl. I S. 120)?

VII. Zivilsenat. Urt. v. 30. Oktober 1931 i. S. Firma B. u. Gen. (Bekl.) w. D. O. AG. (Kl.). VII 116/31.

I. Landgericht Kiel.

Der Kaufmann H. war bei Ausbruch des Weltkriegs in Moskau beruflich tätig. Er wurde als Reichsdeutscher gezwungen, unter Zurücklassung eines großen Teils seines Vermögens Rußland zu verlassen. Das Reichsentschädigungsamt hat am 14. Mai 1929 seinen Anspruch auf Entschädigung nach dem Kriegsschädenschlußgesetz vom 30. März 1928 in Höhe eines Grundbetrags von 60000 RM. anerkannt. Die Klägerin hatte am 19. April und 16. Mai 1928 auf Grund mehrerer Urteile gegen H. dessen Anspruch gegen den Reichsfiskus, vertreten durch das Reichsentschädigungsamt, auf Auszahlung einer Entschädigung auf Grund des Kriegsschädenschlußgesetzes und früherer Gesetze in Höhe von 8200 RM. und 30000 RM. nebst Zinsen und Kosten pfänden und sich zur Einziehung überweisen lassen. Die Beschlüsse sind dem Reichsentschädigungsamt am 23. April und 21. Mai 1928 zugestellt worden. Die drei verklagten Firmen hatten schon im Jahre 1927 Pfändungen gegen H. ausgebracht. In das Reichsschuldbuch sind die Forderung des H. und die Rechte der Klägerin ohne Zusatz, die Rechte der Beklagten als Beschränkungsvermerke eingetragen worden.

Die Klägerin meint, die Pfändungen der Beklagten seien unwirksam, weil zur Zeit ihrer Vornahme keine Forderung des H. gegen das Deutsche Reich bestanden habe. Die Beklagten entgegnen, es habe sich mindestens um eine der Pfändung unterliegende *zukünftige* Forderung oder um eine pfändbare *Anwartschaft* gehandelt. Die Klägerin hat beim Landgericht ein Urteil erstritten, welches feststellt, daß ihre Pfandrechte denen der Beklagten vorgehen. Die von den Beklagten unmittelbar eingelegte Revision wurde zurückgewiesen.

Gründe:

Die Klägerin ist zur Erhebung der Feststellungsklage befugt, weil ihre Pfändung wirksam ist und sie demnach ein Pfandrecht an der Forderung des H. gegen das Deutsche Reich auf Auszahlung der Schlußentschädigung nach dem Kriegsschädenschlußgesetz vom 30. März 1928 erworben hat. Es mag auf sich beruhen, ob der *Anspruch* des Geschädigten schon mit dem Inkrafttreten dieses Gesetzes oder erst mit der Festsetzung der Schlußentschädigung entstanden ist. Denn abgesehen von den Art. 5 bis 8 der Durchführungsverordnung vom

7. Juni 1928 (RGBl. I S. 159), die eine Pfändbarkeit des Anspruchs vor der Festsetzung voraussetzen, jedoch als Durchführungsbestimmungen die Pfändbarkeit nicht festsetzen können, ergibt sich aus dem Zusammenhang des Gesetzes, vor allem aus dem Wortlaut des § 14, daß die Übertragbarkeit des Anspruchs und damit auch seine Pfändbarkeit spätestens mit dem Inkrafttreten des Gesetzes beginnen sollte.

Das Landgericht hat aber auch weiter mit Recht angenommen, die Pfändungen der Beklagten seien unwirksam. Denn erst mit dem Inkrafttreten des Kriegsschädenschlußgesetzes entstand ein — wenn auch vielleicht nur zukünftiger — Anspruch des Geschädigten; vorher bestand auch keine pfändbare Anwartschaft. Die jetzt fast einhellige Rechtsprechung (RGZ. Bd. 55 S. 334, Bd. 58 S. 72, Bd. 67 S. 166, Bd. 92 S. 238, Bd. 98 S. 320, bezüglich der Pfändung RGZ. Bd. 74 S. 78, Bd. 82 S. 227 und DJZ. 1904 Sp. 698) und überwiegend auch das Schrifttum (Enneccerus BGB. Bd. 2 § 302 II 2 bei Anm. 12; Oertmann BGB. 5. Aufl. Anm. 1g γ zu § 399 BGB. und dortige weitere Nachweisungen) nehmen zwar an, eine zukünftige Forderung könne abgetreten und also auch gepfändet werden (a. A. Stein-Jonas Anm. I 1a zu § 829 ZPO.), sofern sie bestimmt oder bestimmbar sei — ein Erfordernis, das selbstverständlich ist, weil sich sonst überhaupt nicht feststellen läßt, welche Forderung in Betracht kommen sollte; es handelte sich dabei aber immer um Forderungen, deren Entstehung auf dem Boden des zur Zeit der Abtretung oder der Pfändung geltenden Rechts als möglich erschien. Es fehlte also dort immer nur ein Teil des Tatbestands, an dessen Vorhandensein die Rechtsordnung eine in der Zukunft mögliche Forderung knüpfte. An der Rechtsgrundlage für die Möglichkeit der künftigen Entstehung einer Forderung darf es aber niemals fehlen. Es mag dahingestellt bleiben, ob die Pfändung eines Anspruchs auf Ersatz von Liquidationsschäden auf Grund des Kriegsschädenschlußgesetzes vor dessen Inkrafttreten zulässig war; denn diese Ansprüche und die Ansprüche auf Ersatz von sog. Gewaltschäden (Schäden infolge Verdrängung aus den abgetretenen Gebieten, infolge des Kriegs in den Kolonien oder infolge von Maßnahmen der feindlichen Mächte gegen Deutsche im Ausland) ruhen auf völlig verschiedenen Rechtsgrundlagen, wenn sie auch öfter in denselben Verordnungen oder Gesetzen geregelt wurden.

Die Liquidationsschäden waren schon nach Art. 297i des Versailler Vertrags vom Deutschen Reich zu ersetzen, und dieser Vertrag wurde am 16. Juli 1919 (RGBl. S. 687) zum deutschen Reichsgesetz erklärt, das sogar der Reichsverfassung vorgeht. Die Ersatzpflicht wurde dann nochmals in §§ 6, 8 des Reichsgesetzes vom 31. August 1919 (RGBl. S. 1527) ausgesprochen. Das Reichsentlastungsgesetz vom 4. Juni 1923 (RGBl. I S. 305) beschränkt zwar den Ersatz der Liquidationsschäden, sagt aber in § 1 ausdrücklich: „... vorbehaltlich anderweiter Regelung nach Wiederherstellung der Leistungsfähigkeit des Reiches". Die Kriegsschäden-Verordnung vom 28. Oktober 1923 (RGBl. I S. 1015), das am 20. November 1923 neugefaßte Liquidationsschädengesetz (RGBl. I S. 1148), die Richtlinien über die Gewährung von Nachentschädigungen für Liquidations- und Gewaltschäden vom 25. März 1925 (RMinBl. S. 245) und das Kriegsschädenschlußgesetz, soweit davon Liquidationsschäden betroffen werden, bauen sich also auf den früheren Gesetzen und auf dem gesetzlichen Besserungsschein des Reichsentlastungsgesetzes auf.

Für Gewaltschäden ist dagegen keine allgemeine Verbindlichkeit zum Ersatz ausgesprochen worden, und auch der Besserungsschein des Entlastungsgesetzes bezieht sich nicht auf sie. Die Entwicklung dieses Anspruchs ist völlig anders. Nachdem ehemals die größten deutschen Bundesstaaten, Preußen und Österreich, ersteres durch die Kabinettsorder vom 4. Dezember 1831 (Pr.GS. S. 255), letzteres durch § 1044 des Allgemeinen Bürgerlichen Gesetzbuchs, jeden Anspruch auf Ersatz von Kriegsschäden ausgeschlossen hatten, hat das neue Deutsche Reich nach dem Kriege gegen Frankreich 1870/71 unter Ablehnung jedes weiteren Rechtsanspruchs am 14. Juni 1871 drei Gesetze erlassen, die sich mit Entschädigungen befassen (RGBl. 1871 S. 247, 249, 253). Das erste gab Ersatz für Schäden infolge von Beschießung oder Brandlegung an Mobilien und Immobilien; das zweite gewährte Ersatz für Schiffe und Ladungen, die von Frankreich nicht zurückgegeben worden waren; das dritte ließ Auslandsdeutschen gewisse Beihilfen zukommen, wobei die Motive ausdrücklich den Gedanken ablehnten, daß das Gesetz einen Rechtsanspruch gebe (vgl. Heilfron Die rechtliche Behandlung der Kriegsschäden Band 2 S. 299). Dann bestimmte § 35 des Kriegsleistungsgesetzes vom 13. Juni 1873 (RGBl. S. 129), daß für alle durch den Krieg verursachten Beschädigungen an beweglichem und unbeweglichem Eigentum, welche nach den Vorschriften dieses Gesetzes nicht oder nicht hinreichend entschädigt würden, „der Umfang und die Höhe der etwa zu gewährenden Entschädigung" und das Verfahren bei Feststellung derselben durch jedesmaliges Spezialgesetz des Reichs bestimmt" werde. Hier wurde also ausdrücklich eine Schadensersatzpflicht abgelehnt und auf Sondergesetze verwiesen, deren Erlassung aber auch keineswegs versprochen wurde. Es wird zwar die Meinung vertreten, während des Weltkriegs habe sich der Rechtssatz herausgebildet, daß der Staat zum Ersatz der Kriegsschäden verpflichtet sei (Heilfron a. a. O. S. 445/446); aber dieser Rechtssatz gab keine unmittelbaren Ansprüche gegen das Reich, er sollte nur ein Leitsatz für den Gesetzgeber sein (Heilfron a. a. O. S. 444). Wegen der Schäden, welche Deutsche im Ausland aus Anlaß des Kriegs erlitten hatten — hierbei mag abgesehen werden von der Gesetzgebung über die Wiederherstellung Ostpreußens und den Wiederaufbau der Flotte — ergingen zunächst die Richtlinien der Reichsregierung vom 15. November 1919 (Reichsanz. 1919 Nr. 267), die nur Beihilfen und Unterstützungen gewährten. Die amtliche Begründung dazu stellt ausdrücklich jeden Rechtsanspruch in Abrede (Königsberger und Henrychowski Auslandsschäden 1921 S. 21). Am 28. Juli 1921 ergingen dann drei Gesetze über die Verdrängungsschäden, die Kolonialschäden und die Auslandsschäden (RGBl. S. 1021, 1031, 1038). Dort wurde kein voller Schadensersatz gewährt, sondern nur ein Anspruch auf Ersatz nach Maßgabe jener Gesetze. Für die Auslandsschäden war im allgemeinen der Friedenswert zu ersetzen (§ 3), unter Umständen mit einem Zuschlag, der zur Ersatzbeschaffung erforderlich war (§ 4). Der Anspruch war vererblich und mit Zustimmung der vom Wiederaufbau-Minister bezeichneten Stelle übertragbar und verpfändbar (§ 15); er war auch grundsätzlich pfändbar, wie sich aus § 15 Abs. 2 ergibt. Das Gesetz vom 30. November 1922 (RGBl. I S. 888) hat daran nichts geändert. Die drei Gesetze vom 10. Juli 1923 (RGBl. I S. 591) über dieselben Schäden brachten gleichfalls keine sachliche Änderung. Für Auslandsschäden wurde dort der Ersatz auf das Zehnfache des Friedenswertes erhöht (§ 4) und die Veräußerlichkeit wurde unbeschränkt anerkannt (§ 31). Die Gewaltschädenverordnung vom 28. Oktober 1923 (RGBl. I S. 1018) faßte alle drei Schadensarten zusammen und setzte die Entschädigung auf

2/1000 des Friedenswertes in Goldmark fest (§ 7). Während die Gesetze von 1921 und von 1923 Rechtsansprüche gewährten, wurden durch die bereits erwähnten Nachentschädigungs-Richtlinien vom 25. März 1925 die Beträge erhöht, ein Rechtsanspruch darauf aber ausdrücklich verneint (§ 16 Abs. 2 das.). Als die an die Feindmächte zu zahlende Kriegsentschädigung durch den Dawesplan geregelt worden war, versuchte das Deutsche Reich die Entschädigungen für die Liquidationsschäden in die Beträge dieses Planes einzurechnen; das Haager Schiedsgericht lehnte aber am 8. Januar 1927 diesen Standpunkt ab. Da es sich hierbei nicht um den Ersatz für Gewaltschäden handelte, kann man daraus, entgegen der in der Rechtslehre vertretenen Meinung, für diese Schäden keine Schlüsse ziehen. Am 8. August 1927 wurde dann der Regierungsentwurf des Gesetzes zur endgültigen Regelung der Liquidations- und Gewaltschäden (Kriegsschädenschlußgesetzes) veröffentlicht, dem am 30. März 1928 die Erlassung des Gesetzes folgte.

Vor diesem Gesetz war also wegen Gewaltschäden nur in den Gesetzen von 1921 und 1923 ein Rechtsanspruch gegeben, er beschränkte sich aber auf Ersatzansprüche in ganz bestimmter Höhe; die Gesetze legten in keiner Weise den Grund zu einem Anspruch auf weitere Entschädigung, ja sie stellten einen solchen Anspruch noch nicht einmal in Aussicht, wie es etwa bei den Liquidationsschäden durch das Reichsentlastungsgesetz geschehen war. Man mag das Schlußgesetz als ein Abrechnungsgesetz bezeichnen, dann aber nicht in dem Sinne, daß es einen schon vorher gespannten Rahmen durch weitere Abrechnung ausfüllte, sondern nur in dem Sinne, daß es einen vorher rechtlich begrenzten Rahmen weiter spannte und auf der Grundlage der früheren Gesetze einen neuen Anspruch gab. Daß eine Übertragung und also auch eine Pfändung des Anspruchs nach Erlassung des Gesetzes zulässig sein sollte, ergibt sich — wie schon erwähnt — aus § 14 das., der von der Gewährung einer erhöhten Stammentschädigung und eines Zuschlags nach der Übertragung spricht, also eine Übertragung vor der Festsetzung voraussetzt und damit für zulässig erklärt. Für die Zulässigkeit oder Unzulässigkeit einer Übertragung vor Inkrafttreten des Gesetzes ergibt sich aber aus diesem nichts. Es fehlt also eine gesetzliche Vorschrift über die Übertragbarkeit vor Inkrafttreten des Gesetzes. Da sich alle früheren Gesetze auf bestimmte Beträge beschränkten, bestand mithin, soweit das Kriegsschädenschlußgesetz neue Beträge festsetzte, vor seinem Inkrafttreten höchstens eine Hoffnung der Geschädigten auf weitere Entschädigung; ein Rechtsboden für einen dahingehenden Anspruch war aber nicht gegeben. Unter diesen Umständen kann von der Pfändbarkeit eines zukünftigen Anspruchs vor Inkrafttreten jenes Gesetzes keine Rede sein, da für einen zukünftigen Anspruch jede Rechtsgrundlage fehlt.

Vor dem Inkrafttreten des Kriegsschädenschlußgesetzes bestand aber auch keine Anwartschaft, die etwa hätte gepfändet werden können (so Blumenthal in JW. 1928 S. 1967). Auch eine Anwartschaft kann nur auf dem Boden des objektiven Rechts erwachsen, und ein solcher Boden war eben hier nicht vorhanden.

---

38. Kann der Eigentümer eines Felsenhangs als Störer belangt werden, wenn Gestein, das infolge von Verwitterung abbröckelt, auf ein Nachbargrundstück fällt?

BGB. § 1004.

V. Zivilsenat. Urt. v. 4. November 1931 i. S. Deutsche Reichsbahn-Gesellschaft (Kl.) w. Stadtgemeinde O. (Bekl.). V 204/31.

I. Landgericht Wiesbaden.
II. Oberlandesgericht Frankfurt a. M.

Bei dem um 1860 ausgeführten Bau der Eisenbahnlinie W.-N. wurden zwischen km 95,3 und 95,8 sowie zwischen km 94,8 und 94,9 der jetzigen Linie die bis dahin zum Flußbett der Lahn allmählich abfallenden Böschungen, die nur für einen längs der Lahn hinführenden Weg, den sog. Ahlerweg, Platz ließen, so weit abgetragen, daß nunmehr auch für die Gleisanlagen Platz geschaffen wurde. Diese wurden an die Flußseite gelegt, der Ahlerweg wurde an die Bergseite gerückt. Durch die Abtragung entstanden felsige Steilabfälle, die unmittelbar an den neuen Ahlerweg anstießen. Die von diesem und von den Steilabfällen eingenommenen Grundflächen standen und verblieben im Eigentum der verklagten Gemeinde. Der Bahnkörper ging in das Eigentum der Preußischen Eisenbahnverwaltung über und steht jetzt im Eigentum der Klägerin. Von den Felswänden lösen sich infolge von Erosionsvorgängen (Verwitterung) mitunter kleinere und auch größere Steine und stürzen teils auf den Ahlerweg, teils auf den Bahnkörper, wo sie dann den Eisenbahnbetrieb gefährden. Die Klägerin erblickt darin eine Störung ihres Eigentums im Sinne des § 1004 BGB. und verlangt von der Beklagten, sie habe eine solche Störung, die durch das Herabfallen von Steinen auf den Bahnkörper an den bezeichneten Stellen verursacht wird, zu unterlassen und Einrichtungen zu treffen, die sie in Zukunft verhüten. Die Klägerin ist der Ansicht, die Beklagte sei in ihrer Eigenschaft als Eigentümerin des Felsgeländes zu den verlangten Maßnahmen verpflichtet; denn der Eigentümer eines Grundstücks müsse Einwirkungen, die von diesem auf ein Nachbargrundstück ausgingen, auch beim Fehlen irgendwelchen Verschuldens verhindern, wenn er die Möglichkeit dazu habe. Die Beklagte meint, sie könne nicht als Störer gemäß § 1004 BGB. angesehen werden. Sie habe seinerzeit nur geduldet und dulden müssen, daß die Bahnlinie gebaut und ihr Grundeigentum so wie geschehen umgestaltet worden sei. Die Rechtsvorgängerin der Klägerin, die preußische Eisenbahnverwaltung, habe die Steilabfälle ohne Zutun, ja sogar gegen die ausdrücklichen Warnungen der Beklagten angelegt und damit selbst die Quelle der Störungen geschaffen. Die Lockerung und das Abstürzen des verwitterten Gesteins werde durch den Bahnbetrieb, insbesondere durch das Befahren der Strecke mit Schnellzügen, mit schweren Lokomotiven und Güterzügen hervorgerufen oder doch gefördert. Unter diesen Umständen sei die Beklagte nicht verpflichtet, Maßnahmen zur Vermeidung jener Störungen zu treffen.

Das Landgericht gab der Klage statt; das Oberlandesgericht wies sie ab. Die Revision der Klägerin hatte keinen Erfolg.

Gründe:

Das Berufungsgericht meint, grundsätzlich habe der Eigentümer eines Grundstücks, von dem Beeinträchtigungen eines Nachbargrundstücks ausgehen, schon in dieser seiner Eigenschaft als Störer im Sinne von § 1004 BGB. zu gelten, ohne daß ihm ein Verschulden nachgewiesen zu sein brauche; die bloße Tatsache der Beeinträchtigung genüge im allgemeinen, um dem Gestörten ein Recht auf deren Beseitigung zu verschaffen. Von Bedeutung aber sei es, ob eine vom Eigentümer geschaffene Anlage (§ 908 BGB.)

die Ursache der Beeinträchtigung bilde, oder ob nur ein reines Unterlassen oder „auch sonst keine handelnde Tätigkeit" des Eigentümers des störenden Grundstücks vorliege und die Ursache der Beeinträchtigung bilde. Im ersteren Fall könne wohl eine Verantwortlichkeit der Beklagten in Frage kommen. Ein solcher Fall liege aber hier nicht vor; denn die Beklagte habe seinerzeit nur die Errichtung der Bahnanlage durch die Rechtsvorgängerin der Klägerin geduldet und dulden müssen. Vom Standpunkt der Beklagten stelle die von ihrem Eigentum ausgehende Beeinträchtigung des Eigentums der Klägerin ein reines Naturereignis dar. Störungen solcher Art abzuwehren, sei ein Eigentümer aber nur dann verpflichtet, wenn er sie bei billiger Rücksichtnahme auf die Interessen des beeinträchtigten Nachbars hätte verhüten können. Eine solche Rücksichtnahme durch Treffen von Abwehrmaßregeln könne aber im vorliegenden Falle der Beklagten nicht zugemutet werden. Denn die Erosionsvorgänge würden durch die — wenn auch an sich sachgemäß ausgeführte — Schaffung der Bahnanlage besonders begünstigt: die allmählich herabfallenden Felsteile hätten infolge der Abtragungen ihre Stütze verloren und die Befahrung der Strecke mit Schnellzügen, schweren Lokomotiven und schweren Güterzügen führe zu Erschütterungen der Steilabfälle und zur Lockerung des Gesteins. Demgegenüber wiederholt die Revision zunächst unter Hinweis auf die Rechtsprechung des Reichsgerichts, insbesondere auf RGZ. Bd. 92 S. 363 und Bd. 97 S. 26 sowie JRdsch. 1926 Nr. 1692, im wesentlichen die schon in den Vorinstanzen gemachten Ausführungen, daß nämlich auch ein rein passives Verhalten des Eigentümers des störenden Grundstücks den Tatbestand des § 1004 BGB. erfüllen könne und daß eine Störung auch schon in der bloßen Aufrechterhaltung eines das Eigentum eines anderen störenden Zustands liege. Ergebe sich die Störung aus einer Einwirkung von Naturkräften auf ein Grundstück, so genüge es, daß dessen Eigentümer die Möglichkeit habe, die Störung zu beseitigen, von dieser Möglichkeit aber bewußt keinen Gebrauch mache.

Die Revision ist nicht begründet.

Wenn § 1004 BGB. dem in seinem Eigentum Beeinträchtigten einen Anspruch gegen den Störer gibt, so kann daraus nicht, wie es das Berufungsgericht zugunsten der Klägerin tut, der allgemeine Rechtsgrundsatz abgeleitet werden, daß der Eigentümer des Grundstücks, von dem die Beeinträchtigung ausgeht, schon allein deshalb, weil er Eigentümer ist, der Klage aus § 1004 BGB. unterliege. Daß jemand Störer im Sinne dieser Vorschrift ist, kann nur dann angenommen werden, wenn die Beeinträchtigung des fremden Eigentums auf seinen Willen zurückzuführen ist, d. h. wenn ein ursächlicher Zusammenhang mit seiner Willensbetätigung vorhanden ist. Dieser Zusammenhang braucht kein unmittelbarer zu sein. Er wird auch durch Handlungen eines Dritten nicht unterbrochen, und zwar auch dann nicht, wenn dieser aus eigenem Antrieb und selbstverantwortlich handelt, sofern nur seine Handlungsweise durch den „Störer" ermöglicht worden ist und der „Störer" die rechtliche Möglichkeit hat, den Dritten an der Störungshandlung zu hindern. So kann der Eigentümer eines Grundstücks für Störungshandlungen seines Mieters verantwortlich gemacht werden, wenn er sein Grundstück dem Mieter mit der Erlaubnis zu jenen Handlungen überlassen hat oder wenn er es unterläßt, den Mieter von dem nach dem Mietvertrag unerlaubten, fremdes Eigentum beeinträchtigenden Gebrauch der Mietsache abzuhalten (so schon RGZ. Bd. 47 S. 162). Auch für Beeinträchtigungen fremden Eigentums, die unmittelbar durch Einwirkung von Naturkräften auf ein Grundstück verursacht werden, kann dessen Eigentümer nach § 1004 BGB. haften, wenn die Vorbedingungen für diese Wirkung der Naturkräfte durch ihn oder auch durch einen früheren Eigentümer geschaffen oder auch nur mitgeschaffen worden sind, insbesondere wenn durch die Tätigkeit des „Störers" ein Zustand hergestellt worden ist, der, wenn auch nur mitwirkend, das schädigende Einwirken der Naturkräfte ermöglicht hat.

Das ist besonders dann der Fall, wenn Anlagen errichtet worden sind, von denen unter dem Spiel der Naturkräfte Beeinträchtigungen fremden Eigentums ausgehen, so etwa in den Fällen Gruch. Bd. 54 S. 156; SeuffArch. Bd. 60 Nr. 55; RGZ. Bd. 51 S. 408, wo Teile künstlicher Aufschüttungen unter dem Einfluß der Witterung auf Nachbargrundstücke abgerutscht waren, oder im Fall JW. 1910 S. 654 Nr. 13, wo sich in einem künstlich angelegten Teich Frösche angesiedelt hatten, durch deren überlautes Quaken Eigentümer von Nachbargrundstücken gestört wurden. Ein Fall dieser Art liegt aber hier nicht vor. Der Zustand der Felshänge, der das Herabstürzen von gelockerten Steinen auf den Bahnkörper ermöglicht, ist zwar durch Menschenhand und sogar zu einer Zeit geschaffen worden, als die

Beklagte schon Eigentümerin des Geländes war. Aber das ist ohne jedes Zutun der Beklagten geschehen, nämlich durch die Rechtsvorgängerin der Klägerin, die auf Grund ihres Enteignungsrechts das Eigentum der Beklagten zum Bahnbau herangezogen und nach ihrem Willen umgestaltet hat. Es fehlt jeder Zusammenhang zwischen dem gegenwärtigen Zustand der Parzellen und einer Willensbetätigung der Beklagten. Deren Rechtslage kann deshalb nicht anders sein, als wenn die Steilhänge von der Natur geschaffen worden wären. Es fragt sich also, ob die Beklagte nur deshalb, weil die Parzellen ihr gehören, verpflichtet ist, Vorkehrungen zu treffen, die es verhindern, daß unter der Einwirkung von Naturkräften von jenen Parzellen Beeinträchtigungen der Nachbargrundstücke, insbesondere des der Klägerin gehörigen Bahnkörpers, ausgehen.

Nach allgemeinen Rechtsgrundsätzen ist eine bloße Unterlassung nur dann rechtswidrig, wenn eine Rechtspflicht zum Handeln besteht. Zu Unrecht beruft sich die Revision auf die Urteile RGZ. Bd. 92 S. 363 und Bd. 97 S. 26 dafür, daß der Eigentümer schlechthin dann als Störer nach § 1004 BGB. zu gelten habe, wenn er Beeinträchtigungen, die von seinem Grundstück ausgehen, nicht hindert, obwohl er dazu in der Lage ist. In der erstgenannten Entscheidung, die keinen Anspruch aus § 1004, sondern einen Schadensersatzanspruch aus § 823 BGB. betraf, lag der Fall so, daß der Eigentümer eines zum Betrieb einer Kaffee- und Bierwirtschaft erbauten Hauses dadurch, daß er es einem andern zur Ausübung des Wirtschaftsbetriebs überließ, einen allgemeinen Verkehr auf dem Grundstück eröffnet hatte und deshalb nach § 823 BGB. neben dem Bewirtschafter die Pflicht hatte, für Verkehrssicherheit des Grundstücks zu sorgen. Die zweite Entscheidung betraf den Fall, daß der Eigentümer eines Grundstücks auf diesem einen Flugplatz eingerichtet hatte und Fliegerschüler ausbilden ließ. Die von diesen verübten Störungen des Eigentums benachbarter Grundstücke waren auf den Willen des Flugplatzeigentümers zurückzuführen. Wohl aber hat das Reichsgericht in dem vom Berufungsgericht angeführten Urteil RGZ. Bd. 52 S. 373 aus § 836 BGB. den allgemeinen Grundsatz hergeleitet, daß der Eigentümer für Beschädigung eines andern durch seine Sachen insoweit aufzukommen hat, als er die Beschädigung bei billiger Rücksichtnahme auf die Interessen des andern hätte verhüten müssen, und es hat für das Recht des Bürgerlichen Gesetzbuchs den römisch-rechtlichen Satz abgelehnt, daß der Eigentümer einer Sache völlig in seinem Recht sei, wenn er sich um Gefahren, die andern durch die Sache drohen, gar nicht kümmere. Daraus würde folgen, daß der Eigentümer in demselben Umfang auch Störungen fremden Eigentums verhindern müsse und nach § 1004 BGB. zu Abwehrmaßnahmen angehalten werden könne. Aus der genannten Entscheidung ergibt sich nicht mit Sicherheit, ob nicht der morsche Baum, der durch sein Umfallen das Nachbargrundstück beschädigt hatte, vom Eigentümer früher an jener Stelle angepflanzt und in der Folgezeit genutzt worden war, in welchem Fall auch die Beeinträchtigung des Nachbargrundstücks durch das Umfallen des Baums mit auf den Willen seines Eigentümers zurückzuführen gewesen wäre. Aber auch wenn man den dort ausgesprochenen Satz in seiner Allgemeinheit gelten läßt und den Eigentümer eines Grundstücks in den bezeichneten Grenzen aus dem Gesichtspunkt verkehrsüblicher nachbarlicher Rücksichtnahme kraft seines bloßen Eigentums für verpflichtet hält, zur Abwehr von Beeinträchtigungen anderer tätig zu werden, die sich bei dem von Natur gegebenen oder doch ohne den Willen des Eigentümers hergestellten Zustand des Grundstücks aus Einwirkungen von Naturkräften ergeben, so kann man doch im vorliegenden Fall nicht die Beklagte für verpflichtet erachten, die von der Klage geforderten Vorkehrungen zu treffen. Es ginge weit über die Anforderungen billiger nachbarlicher Rücksichtnahme auf die Klägerin hinaus, wenn man der Beklagten ansinnen wollte, auf ihre Kosten Gefahren abzuwehren, die ihren Ausgangspunkt einmal in einem Zustand des Grundstücks der Beklagten haben, der ohne deren Zutun von der Rechtsvorgängerin der Klägerin herbeigeführt worden ist, und sodann in der Art und Weise, wie die Klägerin ihr eigenes Grundstück benutzt. Die Feststellung des Berufungsgerichts, daß der Eisenbahnbetrieb das Lockerwerden und Herabfallen von Steinen befördere, ist rein tatsächlicher Art und ohne die von der Revision gerügte Verletzung der richterlichen Fragepflicht getroffen. Es kann dahingestellt bleiben, ob sich die Beklagte etwa einem dritten Nachbarn gegenüber, der durch den bestehenden Zustand beeinträchtigt wird, darauf nicht berufen könnte, daß dieser Zustand gegen oder doch ohne ihren Willen geschaffen worden sei. Der Klägerin gegenüber muß ihr aber dieser Einwand gestattet sein, wenn nicht die von der Beklagten zu fordernde Rücksichtnahme jedes billige Maß überschreiten soll.

39. 1. Zur rechtlichen Natur der Grundsätze über den Beweis des ersten Anscheins.

2. Inwieweit kann bei einem auf das Durchgehen eines Pferdegespanns zurückzuführenden Unfall von einem typischen Geschehensablauf die Rede sein?

RVerf. Art. 131. BGB. § 839. ZPO. § 286.

IX. Zivilsenat. Urt. v. 7. November 1931 i. S. Deutsches Reich (Bekl.) w. B. (Kl.). IX 327/31.

I. Landgericht Königsberg.
II. Oberlandesgericht daselbst.

Am 20. April 1929 gegen 8 Uhr morgens wurde der Kläger auf der von P. nach G. führenden Chaussee von einem durchgehenden Gespann einer Fahrabteilung der Reichswehr vom Fahrrad geworfen und verletzt. Er nimmt das Deutsche Reich als Tierhalter sowie wegen Dienstpflichtverletzung der beteiligten Reichswehrangehörigen bei Ausübung der ihnen anvertrauten öffentlichen Gewalt auf Zahlung von 2655 RM. (für entgangenen Arbeitsverdienst und Schmerzensgeld) sowie auf Feststellung in Anspruch, daß ihm der Beklagte allen durch den Unfall entstandenen Schaden zu ersetzen habe. Der Beklagte bestreitet jede Haftung.

Das Landgericht hat durch Teilurteil den Beklagten zur Zahlung von 100 RM. Schmerzensgeld verurteilt und dem Feststellungsantrag entsprochen. Der Beklagte hat gegen das seine Berufung zurückweisende oberlandesgerichtliche Urteil Revision eingelegt. Diese führte zur Aufhebung und Zurückverweisung.

Gründe:

Das Berufungsgericht verneint die Haftung des Beklagten aus § 833 BGB., weil der Nachweis erbracht sei, daß der Beklagte als Tierhalter bei Beaufsichtigung der Pferde die im Verkehr erforderliche Sorgfalt beobachtet habe. Dagegen bejaht es die Haftung des Beklagten aus Art. 131 RVerf. auf Grund folgender Erwägungen: Am 20. April 1929 vormittags habe auf der Straße von P. nach G. eine Fahrübung von Fahrzeugen der 3. Eskadron der 1. Fahrabteilung im Zuge stattgefunden, die von dem Leutnant K. geleitet worden sei und an der 6 bis 8 Fahrzeuge teilgenommen hätten. Kurz vor dem Unfall sei „Halt" befohlen worden. Zu diesem Zwecke seien die Fahrzeuge in der Richtung nach P. scharf rechts an die Seite der Chaussee gefahren. Das letzte Fahrzeug sei das des Obergefreiten S. gewesen. S. habe die Bremse des Wagens so weit angezogen, bis er einen Widerstand verspürte; er sei dann abgestiegen, habe die Pferdeleine durch den Leinenring an der linken Seite des linken Pferdes gezogen, habe das Gespann untersucht, dem vorgesetzten Unteroffizier Meldung gemacht und sei dann zwischen sein Gespann und das vor ihm stehende getreten. Dabei habe er etwa einen halben Schritt vor dem rechten Pferd seines Gespanns gestanden. Dieses Pferd sei das unruhigere von beiden gewesen. Der Begleitmann habe sich nicht beim Fahrzeug befunden. Der Obergefreite R. habe mit dem von ihm geführten Kolonnenwagen der Kolonne nicht folgen können, sondern sei noch etwa 100 m hinter ihr gewesen, als die Kolonne bereits gehalten habe. Er habe sie dann eingeholt und sei zur weiteren Gewöhnung seiner Pferde an ihr vorbeigefahren, weil er die Pferde gerade im Gang gehabt habe. Dann sei er umgekehrt, um sich an das Ende der Kolonne anzuschließen. Dies sei ihm jedoch nicht gelungen; denn seine Pferde seien etwa 8 m vor dem Gespann des S. erneut stehengeblieben. R. habe auf alle Weise versucht, sie vorwärts zu bringen. Nachdem er dies anfangs durch nachgebende Zügelhilfe und durch Zurufen versucht gehabt, habe er schließlich die Peitsche gebraucht. Die zweite Peitschenhilfe habe er durch einen kräftigen Schlag gegeben, ohne indessen mit der Peitsche zu knallen; er habe die Hilfe vielmehr vorschriftsmäßig mit ausgestrecktem Arm gegeben. Trotzdem habe der Peitschenschlag ein schwirrendes Geräusch und beim Aufschlagen auf Pferd und Geschirr einen klatschenden Laut gegeben. Sein rechtes Pferd sei darauf angesprungen, während das linke noch stehengeblieben sei. Dadurch habe sich das Fahrzeug schräg in der Richtung auf das Gespann des S. gestellt. Die Pferde des letzteren seien unruhig geworden. S. habe den rechten Zügel des rechten Pferdes (Handpferdes) erfaßt. Er habe jedoch das Gespann nicht mehr zu halten vermocht. Dieses sei nach links herausgebrochen und habe kurz Kehrt gemacht in der Richtung nach G. S. habe zuerst die Zügel noch festgehalten, sie dann aber losgelassen, um nicht gegen die an der Straße stehenden Bäume gequetscht zu werden. Er habe noch versucht, um den Wagen herumzulaufen, um von der anderen Seite die Pferde zu fassen; dies sei ihm jedoch nicht mehr gelungen, weil er sie nicht habe einholen können. Auch die bei der Übung anwesenden Unteroffiziere B. u. G., die sofort ihre Pferde bestiegen hätten und dem Gespann nachgeritten seien, hätten es nicht zum Stehen bringen können. Infolgedessen sei der auf dem Rad fahrende Kläger von dem Gespann zu Boden geworfen worden.

Das Berufungsgericht erblickt die erste Ursache für den Unfall im Verhalten des Gespanns des R.; denn nur dadurch, daß dieses Fahrzeug noch in Bewegung gewesen sei, als die Kolonne bereits Halt gemacht habe, sei das Durchgehen der Pferde des S. veranlaßt worden. Das Berufungsgericht nimmt jedoch an, daß den R. hieran kein Verschulden treffe. Denn er habe, da er seine Pferde gerade im Zuge gehabt habe, im Interesse der Übung die Kolonne überholen und dann zurückfahren dürfen, um sich an sie anzuschließen. Auch sein weiteres Verhalten, insbesondere die Art und Weise, wie er sein stehengebliebenes Fahrzeug vorwärtszubringen versucht habe, sei ordnungsgemäß gewesen. Auch dem S. könne keine Verletzung dienstlicher Vorschriften nachgewiesen werden. Er habe ordnungsmäßig gebremst, die Leine vorschriftsmäßig befestigt und während des Haltens in unmittelbarer Nähe des Gespanns gestanden. Der Berufungsrichter bezweifelt jedoch, ob S. damit alles getan habe, wozu er nach Lage des Falles als sorgfältiger Fahrer verpflichtet gewesen sei, insbesondere, ob er nicht in der Lage gewesen wäre, so rechtzeitig an seine Pferde heranzutreten und sie durch Klopfen und Zuspruch zu beruhigen, daß ein Durchgehen vermieden worden wäre. Regelmäßig sei — so erwägt das Berufungsgericht — eine solche Beruhigung und Ablenkung durchaus möglich. Die Beweisaufnahme habe insoweit keine völlige Klarheit ergeben, sodaß in dieser Richtung keine einwandfreien Feststellungen getroffen werden könnten. Bei solcher Sachlage gewinne die Frage der Beweislast entscheidende Bedeutung. An sich sei bei einer auf Art. 131 RVerf. gestützten Schadensersatzklage der Kläger in vollem Umfang beweispflichtig. In der Rechtsprechung habe sich jedoch der Grundsatz des Beweises auf erste Sicht herausgebildet, der unter bestimmten Voraussetzungen zu einer Umkehrung der Beweislast führe und den Gegner zur Entlastung nötige. Liege nämlich ein bestimmter Sachverhalt vor, der nach der Erfahrung des Lebens den Schluß rechtfertige, daß die Ereignisse sich so abgespielt haben müßten, wie die eine Partei es vortrage, so müsse der Gegner, der einen vom gewöhnlichen

Gang der Ereignisse abweichenden Geschehensablauf behaupte, diesen beweisen. Dieser Grundsatz werde freilich nicht schon dann ohne weiteres Platz greifen, wenn der Kläger eine gewisse Wahrscheinlichkeit für seine Darstellung erbracht habe, sondern man werde verlangen müssen, daß es sich um einen typischen Geschehensablauf handle, der nach allgemeinen Erfahrungstatsachen bestimmte Schlußfolgerungen zulasse.

Das Berufungsgericht trägt kein Bedenken, diesen Grundsatz hier anzuwenden; denn nach der Erfahrung des Lebens spreche unter den dargelegten Umständen eine Vermutung dafür, daß das Durchgehen der Pferde vermieden worden wäre, wenn der Fahrer die erforderliche Aufmerksamkeit beobachtet und die nötige Entschlußkraft aufgebracht hätte. Nach dem gewöhnlichen Verlauf der Dinge sei nicht erklärlich, daß S. nicht mehr in der Lage gewesen sein solle, die Herrschaft über sein Gespann zu behalten. Wohl könnten außergewöhnliche und vor allem plötzliche Ereignisse, z. B. Geschoßeinschläge und Fliegerangriffe, mit so unmittelbarer Wucht auf Pferde einwirken, daß diese schlechterdings nicht mehr zu halten seien. Ein so plötzliches mit elementarer Wucht hereinbrechendes Ereignis habe hier aber nicht vorgelegen. S. habe nur einen oder einen halben Schritt von seinen Pferden entfernt gestanden. Das Fahrzeug des R. habe bereits einen gewissen Zeitraum auf der anderen Seite der Straße gehalten. R. habe sich eine Zeitlang mit seinen Pferden abgemüht und erst der letzte Peitschenhieb habe eines von ihnen aufspringen lassen. Erst dieses Ereignis habe eine ernstliche Beunruhigung der Pferde des S. geschaffen. Nach dem gewöhnlichen Lauf der Dinge hätten sich die Ereignisse folgendermaßen abspielen müssen: Der an Stelle des S. stehende Fahrer hätte die Schwierigkeiten des Gespanns des R. wahrnehmen müssen. Er hätte als aufmerksamer Fahrer zum mindesten in dem Augenblick, als R. zur Peitsche gegriffen, sich sagen müssen, daß sich die Unruhe dieses Gespanns auf seine eigenen Pferde, deren lebhaftes Temperament ihm als Pferdepfleger bekannt gewesen sei, übertragen könne und daß insbesondere die bevorstehenden Peitschenschläge sein eigenes Gespann erheblich beunruhigen könnten. Diese Annahme habe für ihn um so näher gelegen, als auch seine Pferde das Gespann des R. bemerkt und durch Spitzen der Ohren oder auf sonstige Weise ihre Aufmerksamkeit und die drohende Beunruhigung zum Ausdruck gebracht haben müßten. Schon in diesem Augenblick hätte er als sorgsamer Fahrer an seine Pferde herantreten und versuchen sollen, sie durch Klopfen und Zusprechen ruhig zu halten. Dann hätte der Peitschenschlag des R. und das Vorspringen seines einen Pferdes nicht so stark auf die Tiere einwirken und nicht ihr Durchgehen zur Folge haben können. Der ungewöhnliche Ablauf, daß es dem S. nicht gelungen sei, seine Pferde zu halten, lasse sich auf erste Sicht nur so erklären, daß S. zu spät eingegriffen habe. Diese Unterlassung, möge sie nun auf mangelnde Aufmerksamkeit oder auf unzureichende Entschlußkraft zurückzuführen sein, sei ihm als Verschulden anzurechnen.

Das Urteil fährt dann fort: Es liege nahe, aus diesen Erwägungen heraus ein Verschulden des S. positiv festzustellen. Jedoch schließe die aus der Erfahrung des Lebens gewonnene Vermutung nicht aus, daß der Geschehensablauf im einzelnen Falle ein anderer sei, und auch im vorliegenden Falle sei die Möglichkeit vorhanden, daß S. das Durchgehen der Pferde nicht habe verhindern können. Wenn demnach der Sachverhalt nicht ausreiche, um ein Verschulden des S. zweifelfrei zu bejahen, so begründe doch der typische Ablauf der Ereignisse eine gegen den Beklagten streitende Vermutung. Die Zweifel, ob S. in jeder Hinsicht richtig gehandelt habe, müßten demnach zu Lasten des Beklagten gehen. Etwaige besondere Umstände, die dem Verschulden des S. entgegenständen, habe der Beklagte nicht anzuführen vermocht. Er hafte also nach Art. 131 RVerf. für die Dienstverletzung des S.

Die Revision rügt Verletzung des § 839 BGB. und der §§ 139, 286 ZPO.

Die Darlegungen des angefochtenen Urteils legen die Besorgnis nahe, daß der Berufungsrichter die Grundsätze verkannt hat, die für den Beweis des ersten Anscheins gelten. Schon der Ausgangspunkt des Berufungsgerichts, es handle sich beim Beweis des ersten Anscheins um eine Verteilung der Beweislast, trifft nicht zu. Unter Verteilung der Beweislast stellt man sich Rechtssätze vor, welche die Beweislast der einen oder der anderen Partei auferlegen. Es trifft auch nicht zu, daß die vom Berufungsgericht herangezogenen Erfahrungssätze und der von ihm unterstellte typische Geschehensablauf eine Vermutung in dem Sinne begründeten, daß nun der andere Teil die Vermutung widerlegen müßte, sondern der Beweis des ersten Anscheins gehört lediglich dem Gebiet der richterlichen Beweiswürdigung an. Durch ihn kann der Tatrichter unter Umständen genötigt sein, aus einem Gesamtsachverhalt Schlüsse zuungunsten einer Partei zu ziehen, die vornehmlich auf dem Gebiet des Ursachenzusammenhangs und des Verschuldens liegen werden. Diese Schlüsse, wiewohl sie auf tatsächlichen Vermutungen beruhen, dürfen aber nicht selbst Vermutungen sein, sondern sie müssen den Ausdruck der tatrichterlichen Überzeugung darstellen. Denn der Beweis des ersten Anscheins kann sich nicht mit einer Wahrscheinlichkeit begnügen; auch er muß zu einer richterlichen Feststellung führen. Sache der Partei, zu deren Ungunsten der Beweis des ersten Anscheins ausschlägt, ist es dann, einen Sachverhalt aufzuweisen, der die richterliche Überzeugung zwar nicht umkehrt, wohl aber zu erschüttern geeignet ist. Schon wenn letzteres der Fall ist, fällt der Beweis des ersten Anscheins zusammen und ist die durch ihn begünstigte Partei genötigt, die Beweisführung von neuem zu übernehmen (RGZ. Bd. 84 S. 385, Bd. 120 S. 264, Bd. 127 S. 28, Bd. 130 S. 357). Diesen Grundsätzen entspricht es nicht, wenn der Berufungsrichter einerseits ausführt, die Beweisaufnahme lasse es nicht zu, daß einwandfreie Feststellungen getroffen würden, anderseits aber es ablehnt, ein Verschulden des Obergefreiten S. positiv festzustellen. Schon aus diesem Grunde mußte das Urteil aufgehoben und die Sache zurückverwiesen werden.

Begründet ist aber auch der weitere Revisionsangriff, das Berufungsgericht habe das Wesen eines typischen Geschehensablaufs verkannt. Allerdings soll nicht in Abrede gestellt werden, daß man bei Unfällen, die im Durchgehen eines Pferdegespanns ihre Ursache haben, für den ursächlichen Zusammenhang wie auch für das Verschulden einen typischen Geschehensablauf annehmen kann. Nachdem hier jedoch die Einzelheiten des Geschehensablaufs festgestellt waren, hing die weitere tatsächliche Beurteilung sowohl des ursächlichen Zusammenhangs als auch der Verschuldensfrage allein von den konkreten Umständen ab, zu denen der Berufungsrichter kraft seiner Überzeugung abschließend Stellung zu nehmen hatte. Das angefochtene Urteil stellt nun fest, S. habe die Zügel ergriffen, die Pferde jedoch nicht mehr halten können. Der Vorderrichter meint aber, es wäre ihm gelungen, die Pferde durch Klopfen und Zuspruch zu halten, wenn er dies rechtzeitig unternommen hätte.

Die Revision bezweifelt das; sie vermißt bestimmte Zeitangaben. Auch hierin kann ihr nicht Unrecht gegeben werden. Das Berufungsgericht wird daher bei der erneuten Erörterung gegebenenfalls auf die Zeitdauer der Ereignisse sein besonderes Augenmerk zu richten haben.

Eine Nachprüfung in der Richtung, ob das Urteil etwa aus § 833 BGB. aufrechtzuerhalten sei, hatte beim Fehlen eines die Revisionssumme überschreitenden Beschwerdegegenstandes nicht stattzufinden. Bei der erneuten Erörterung wird aber das Berufungsgericht auch darüber zu befinden haben, ob und inwieweit die §§ 545a, 1542 RVO. der Sachbefugnis des Klägers entgegenstehen.

---

40. Wird die Gültigkeit der Bürgschaft für eine Kaufpreisschuld durch unrichtige Beurkundung des Kaufpreises und durch die Formnichtigkeit des Kaufvertrags berührt? Wirkung der nachträglichen Heilung des Formmangels für die Bürgschaft.

BGB. §§ 160 bis 162, § 313 Satz 2, § 765 Abs. 2, §§ 873, 925.

VIII. Zivilsenat. Urt. v. 23. November 1931 i. S. F. (Bekl.) w. B. und Gen. (Kl.). VIII 252/31.

I. Landgericht III Berlin.
II. Kammergericht daselbst.

Die Eheleute B. verkauften im Herbst 1926 ihr in M. gelegenes Grundstück an den Kaufmann H. In einer privatschriftlichen Urkunde vom 22. September 1926 bescheinigte der Ehemann B., vom Käufer als Vorauszahlung auf den geschuldeten Kaufpreis insgesamt 12200 RM. erhalten zu haben, sodaß ein Kaufpreisrest von 18000 RM. verbleibe. Am 11. Oktober 1926 ließen die Vertragsparteien den Kauf vom Notar beurkunden; dabei gaben sie den Kaufpreis auf 18000 GM. an. In derselben Urkunde, in der auch die Auflassung des Grundstücks erklärt wurde, übernahm der Beklagte den Verkäufern gegenüber für die Zahlung des Kaufgelds nebst Zinsen selbstschuldnerische Bürgschaft. Auf Grund der Auflassung wurde der Käufer als Eigentümer des Grundstücks im Grundbuch eingetragen. Die Ehefrau B. wurde von den beiden Klägern (ihrem Mann und dem Diplomingenieur Viktor B.) je zur Hälfte beerbt.

Mit der Klage nahmen die Kläger den Beklagten als Bürgen für die ihnen zustehende Hälfte der Kaufpreisforderung gegen H. auf Zahlung von 9000 RM. in Anspruch. In beiden Vorinstanzen wurde der Beklagte antragsgemäß verurteilt. Seine Revision blieb erfolglos.

Gründe:

Das Berufungsgericht geht zutreffend von der Nichtigkeit des Kaufvertrags aus. Da eine wesentliche Vertragsabrede, die über die Höhe des Kaufpreises, anders beurkundet worden ist, als sie in Wirklichkeit vereinbart war, so hatte diese unrichtige Beurkundung, wie in der Rechtsprechung des Reichsgerichts feststeht (RGRKomm. § 313 Anm. 2 Abs. 3 S. 499 nebst Nachweisungen), die Nichtigkeit des gesamten Veräußerungsvertrags zur Folge. Die unrichtige Beurkundung des Kaufpreises schloß aber nicht aus, daß die Nichtigkeit des von den Vertragsparteien wirklich gewollten mündlichen Kaufvertrags durch Auflassung und Eintragung gemäß § 313 Satz 2 BGB. geheilt wurde. Ohne Rechtsirrtum konnte der Vorderrichter annehmen, daß die Vertragsparteien bezweckt hätten, mit dem beurkundeten Vertrag die mündliche Vereinbarung zu verdecken, welche die richtige Kaufpreisabrede enthielt. Daß dies die Auffassung des Berufungsgerichts war, ergibt sich deutlich aus seiner Feststellung, die Heilung habe sich auf sämtliche in dem zunächst nichtigen Vertrag getroffenen Vereinbarungen erstreckt; also auch auf die unmittelbar vorher erwähnte Abrede über den (richtigen) Kaufpreis. Wenn das Urteil im Anschluß hieran davon spricht, daß durch die Auflassung und die Eintragung des Käufers im Grundbuch der notarielle Vertrag vollinhaltlich wirksam geworden sei, so kann es sich nach dem Zusammenhang nur um eine offenbar ungenaue Ausdrucksweise handeln, zumal da in demselben Satze vom „Gesamtvertrag" die Rede ist, von dem die Bürgschaftsübernahme einen Teil bilde. Sollte aber die mündliche Vereinbarung nach dem Willen der Parteien im Zeitpunkt der Auflassung fortgelten, so wurde sie nach der ständigen Rechtsprechung des Reichsgerichts von der Heilung erfaßt, auch wenn der beurkundete Vertrag nicht die richtige Kaufpreisabrede enthielt.

Bei dieser Sachlage ist ferner die Annahme des Berufungsgerichts nicht zu bemängeln, daß mit Rücksicht auf die Heilung der Formungültigkeit auch die vom Beklagten erklärte selbstschuldnerische Bürgschaft für die Erfüllung der vereinbarten Kaufpreisforderung rechtsverbindlich übernommen sei. Die Bürgschaftserklärung unterlag als solche nicht dem Formzwang des § 313 BGB. Stand die Bürgschaftsübernahme auch im inneren und äußeren Zusammenhang mit dem Abschluß des Veräußerungsvertrags, so erstreckte sich doch keinesfalls die rechtliche Notwendigkeit der gerichtlichen oder notariellen Beurkundung, wie sie für die Grundstücksveräußerung vorgeschrieben ist, und die Folge der Formnichtigkeit, die sich für den schuldrechtlichen Veräußerungsvertrag aus dem Mangel dieser Form ergab, auf die Verpflichtungserklärung des Bürgen, der am Veräußerungsgeschäft selbst nicht unmittelbar beteiligt war. Vielmehr beschränkt sich der gesetzliche Beurkundungszwang und die Formnichtigkeit auf die Grundstücksveräußerung selbst, d. h. auf alle Vereinbarungen, die unter den Hauptbeteiligten über Leistung und Gegenleistung getroffen wurden und somit einen Bestandteil des auf die Veräußerung gerichteten Vertrags bildeten (RGUrt. vom 24. September 1912 II 188/12 WarnRspr. 1912 Nr. 419 und die dort bezeichneten Entscheidungen). Die Bürgschaftsschuld des Beklagten, die sich nur auf die Verpflichtungen des Käufers H., besonders die zur Zahlung des Kaufpreises, nicht aber auch auf die Verbindlichkeit der Verkäufer aus dem Kaufvertrag bezog, war also zu keiner Zeit formnichtig; vielmehr hing ihre Gültigkeit kraft ihrer Eigenschaft als einer zur Hauptschuld hinzutretenden (akzessorischen) Verbindlichkeit nur davon ab, daß die Hauptschuld (Verpflichtung des Käufers zur Zahlung des Kaufpreises) rechtlich begründet war oder demnächst — gleichviel wann und wie — Rechtsbestand erlangte. Im vorliegenden Falle ist die Bürgschaftsverpflichtung in derselben Urkunde übernommen worden, in der auch die Auflassung formgültig erklärt wurde (§§ 873, 925 BGB.). Die Rechtsverbindlichkeit der Vertragsverpflichtung, auf die sich die Bürgschaft des Beklagten bezog, war also nur noch von der — danach tatsächlich vollzogenen — Eintragung der Rechtsänderung im Grundbuch abhängig (§ 313 Satz 2 BGB.). Die so eingetretene Heilung der Formungültigkeit des Veräußerungsgeschäfts wirkte allerdings nicht auf den Zeitpunkt der formungültigen Vertragsabrede zurück; vielmehr ist sie der Bestätigung eines nichtigen Vertrags gleichzusetzen mit der Wirkung, daß der Kaufvertrag erst von den Heilungstatsachen an, nicht rückwärts gültig wurde (RGZ. Bd. 75 S. 114, Bd. 115 S. 6, 12, Bd. 130 S. 248, 253). Angesichts der hier vorliegenden regelrechten, durch Parteistreit nicht gestörten Abwicklung des Kauf- und Veräußerungsgeschäfts ist dies aber ohne rechtliche Bedeutung, weil es — wie schon hervorgehoben — für das Wirksamwerden der Bürgschaft nur darauf ankommt, daß, nicht aber wann die Heilung eingetreten ist.

War demnach zur Zeit der Beurkundung des Veräußerungsvertrags die Rechtsgültigkeit des auf Bezahlung des Kaufpreises gerichteten Anspruchs auch noch in der Schwebe, so ist doch nicht einzusehen, weshalb die Verpflichtung des Beklagten, für die Erfüllung der Verbindlichkeit des Käufers einzustehen, der Rechtswirksamkeit entbehren sollte. Die Bürgschaftsverpflichtung ist abhängig vom Bestehen einer Hauptschuld, mit der sie steht und fällt (RGZ. Bd. 71 S. 56, 59; RGUrt. vom 7. Dezember 1916 VI 252/16 WarnRspr. 1917 Nr. 241). Sie ist hinfällig, wenn die Hauptschuld, für die der Bürge einstehen soll, unheilbar nichtig ist. Wenn indessen, wie im vorliegenden Fall, zur Zeit der Bürgschaftsübernahme die Verbindlichkeit des Hauptschuldners im Werden begriffen, mit ihrem demnächstigen Wirksamwerden aber zu rechnen ist, und wenn die Wirksamkeit dann auch tatsächlich eintritt, so kann beim Mangel eines entgegenstehenden Parteiwillens oder beim Fehlen von Willensmängeln die Gültigkeit der Bürgschaftsverpflichtung für die dergestalt bedingte Verbindlichkeit aus dem Hauptgeschäft nicht in Frage gestellt werden. Als der Beklagte die Bürgschaftsverpflichtung erklärte, war für die Verkäufer schon ein (bedingter) Anspruch auf Zahlung des noch ausstehenden Kaufgelds entstanden, der für sie einen Vermögensbestandteil und damit eine genügende Grundlage der Bürgschaft bildete (§ 765 Abs. 2 BGB.). Den schon vor Eintritt der Bedingung (Eintragung in das Grundbuch) bestehenden Befugnissen der bedingt berechtigten Verkäufer stand die Gebundenheit des bedingt verpflichteten Käufers gegenüber (§§ 160 bis 162 BGB.), und die Auflassung hatte dingliche Rechte und Pflichten der Parteien gegeneinander begründet. Dem Vorbringen des Beklagten brauchte der Berufungsrichter angesichts des sonst feststehenden Sachverhalts kein rechtliches Bedenken gegen die Gültigkeit der Bürgschaftsübernahme zu entnehmen. Aus dem insoweit unbestrittenen Parteivorbringen ergab sich, daß der Beklagte für die bedingte Kaufgeldschuld des Käufers einstehen wollte. Die Ernstlichkeit seines Bürgschaftswillens steht nicht in Frage und über die — feststehende, auch vom Schwebezustand unbeeinflußte — Höhe der Schuld, für welche der Beklagte die bürgschaftliche Haftung übernahm, konnte unter den Beteiligten kein Zweifel bestehen. Die Heilung der Formnichtigkeit des Kaufgeschäfts bewirkte, daß der Kauf mit dem mündlich vereinbarten Kaufpreis von 30200 RM. gültig wurde. Auf den Kaufpreis war jedoch schon vor der Auflassung eine Anzahlung von 12200 RM. geleistet worden, sodaß zur Zeit der Bürgschaftsübernahme nur noch der überschießende Betrag von 18000 RM. geschuldet wurde, auf den die Bürgschaftsleistung auch ausdrücklich beschränkt worden ist. Es kann also nicht zweifelhaft sein — und das nimmt auch der Berufungsrichter an —, daß sich die Bürgschaftsverpflichtung des Beklagten auf eben diesen geminderten Kaufpreis beschränkte. Hat der Beklagte den Schwarzkauf gekannt, so ist er sachlich nicht beschwert. Wäre das Gegenteil der Fall, so hätte er unter Bezeichnung der Umstände, die für seine Entschließung bestimmend gewesen sein könnten, den für ihn bestehenden Unterschied darlegen und ein etwaiges Anfechtungsrecht geltend machen und begründen müssen. Das hat er nicht getan. Demnach sind alle Voraussetzungen einer rechtswirksamen Bürgschaftsübernahme erfüllt, und damit ist die Verurteilung des Beklagten gerechtfertigt.

---

41. Zur Frage der Zulässigkeit des Rechtswegs im Falle des § 6 Abs. 2 des preußischen Stempelsteuergesetzes.

Preuß. Stempelsteuergesetz vom 27. Oktober 1924 § 6 Abs. 2, §§ 25, 26.

VII. Zivilsenat. Urt. v. 27. November 1931 i. S. Preuß. Staat (Bekl.) w. U. F. AG. (Kl.). VII 142/31.

I. Landgericht I Berlin.
II. Kammergericht daselbst.

Die Klägerin schloß am 30. Januar 1925 mit der Tr. Aktiengesellschaft einen Lizenzvertrag. Sie erhielt die Alleinlizenz für Deutschland an gewissen Schutzrechten für den „sprechenden Bildfilm" auf die Dauer von zunächst 15 Jahren. Als Gegenleistung hatte sie 10% ihrer Bruttoeinnahmen aus der Verwertung der sprechenden Bildfilme durch Vorführung oder Verleihung zu entrichten. Für den

Fall, daß die Lizenzgebühren in den einzelnen Jahren die in § 9 des Vertrags bestimmten Mindestgrenzen nicht erreichten, sollte die Klägerin befugt sein, sich durch Nachzahlung der fehlenden Summen innerhalb 21 Tagen die Alleinlizenz für das begonnene Lizenzjahr zu sichern; wenn sie diese Möglichkeit versäumen würde, sollte ihr nur noch eine einfache Lizenz zustehen. Schon im ersten Vertragsjahr blieb die Lizenzgebühr hinter der Mindestgrenze zurück; die zur Erhaltung der Alleinlizenz erforderliche Nachzahlung wurde nicht geleistet. Im November 1927 wurde der Vertrag aufgelöst.

Das Finanzamt hat für den Vertrag einen Stempel von 17550 RM. erfordert. Eine von der Klägerin erhobene Klage auf Feststellung, daß sie nicht verpflichtet sei, diesen Betrag zu zahlen, ist rechtskräftig abgewiesen worden. Später sind von der Stempelforderung 12550 RM. niedergeschlagen und 1000 RM. von der Klägerin gezahlt worden, während ihr der Rest gestundet wurde.

Die Klägerin behauptet, es seien nur 90,46 RM. Lizenzgebühren während der Vertragsdauer gezahlt worden, und verlangt mit der Klage Erstattung von 999,50 RM. Die Vorinstanzen haben diesem Begehren stattgegeben. Auf die Revision des Beklagten hat das Reichsgericht die Klage abgewiesen.

Gründe:

Die Klägerin stützt die Rückforderung des von ihr gezahlten Stempelbetrags auf § 6 Abs. 2 StStG. Danach wird die Stempelsteuer dann, wenn einem der Vertragschließenden ein Wahlrecht oder die Befugnis eingeräumt ist, innerhalb bestimmter Grenzen den Umfang der Leistung zu bestimmen, nach dem höchstmöglichen Wert des Gegenstands des Geschäfts berechnet. Ist aber die Leistung nicht bis zu den bestimmten Grenzen erfolgt, so wird nach Ausführung des Geschäfts die gezahlte Stempelsteuer bis auf den der wirklichen Leistung entsprechenden Betrag erstattet.

Die von Amts wegen zu prüfende Frage, ob für den Klaganspruch der Rechtsweg zulässig ist, muß im Gegensatz zum Berufungsurteil verneint werden.

Nach § 26 StStG. ist der Rechtsweg zulässig „in Beziehung auf die Verpflichtung zur Entrichtung einer Stempelabgabe". Diese Vorschrift, die eine Ausnahme von dem Grundsatz des preußischen Abgabenrechts bedeutet, daß der Rechtsweg im allgemeinen unzulässig ist (RGZ. Bd. 121 S. 276), ist für die Frage der Zulässigkeit des Rechtswegs in preußischen Stempelsteuersachen allein maßgebend. Aus dem Umstand, daß in anderen Vorschriften des Stempelsteuergesetzes dem Staat die Pflicht zur Erstattung gezahlter Stempelbeträge auferlegt ist, kann weder auf die Zulässigkeit noch auf die Unzulässigkeit des Rechtswegs in den so geregelten Fällen geschlossen werden. So enthält § 25 StStG., der in weitem Umfang die Erstattung anordnet, im Abs. 1 zu a zumeist Fälle, wo auch der Rechtsweg zulässig ist, während Abs. 1 zu c Fälle behandelt, bei denen der Rechtsweg ausgeschlossen ist (RGZ. Bd. 83 S. 194). Der Umstand, daß § 6 Abs. 2 StStG. die Erstattung des Stempels anordnet, ist also für die hier zu treffende Entscheidung ohne Belang. Ausschlaggebend ist vielmehr die Entscheidung der Frage, ob der Streit der Parteien die Verpflichtung der Klägerin zur Entrichtung der vom Finanzamt erforderten Stempelsteuer betrifft, ob diese Verpflichtung also dadurch berührt wurde, daß sich aus der Ausübung des von der Klägerin behaupteten Wahlrechts eine Vertragsleistung von geringerem Werte als dem der Stempelberechnung zugrunde liegenden ergab. Diese Frage ist zu verneinen. Die Ausnahmevorschrift des § 26 StStG., deren Mehrdeutigkeit nicht zu verkennen ist, erträgt keine ausdehnende Auslegung, sondern muß in engem Anschluß an den Wortlaut verstanden werden. Sie hat nur solche Fälle im Auge, in denen es sich darum handelt, ob nach den zur Zeit der Einforderung, Zahlung oder Beitreibung des Stempels vorhandenen Voraussetzungen eine Verpflichtung zu seiner Entrichtung bestand (RGZ. Bd. 60 S. 350). Darüber ist für den streitigen Anspruch auf die im Vorprozeß erhobene Feststellungsklage entschieden worden. Steht dagegen, wie im vorliegenden Falle, im Streit, ob durch nachträglich eingetretene Umstände das Recht des Fiskus zum Behalten der auf Grund einer bestehenden Verpflichtung gezahlten Beträge in Frage gestellt wird, so sind die Voraussetzungen des § 26 nicht gegeben.

---

42. Wie unterscheiden sich der Ausgleichsanspruch und der dasselbe Ziel verfolgende, auf ergänzender Vertragsauslegung beruhende Anspruch?

BGB. §§ 133, 157, 242.

VI. Zivilsenat. Urt. v. 30. November 1931 i. S. Deutsche V.-Versicherung (Kl.) w. de Tr. GmbH. (Bekl.). VI 344/31.

I. Landgericht I Berlin.
II. Kammergericht daselbst.

Die Beklagte erwarb 1925 ein Hausgrundstück lastenfrei von den Eheleuten K., nachdem diese die Vorkriegshypotheken der Klägerin im Jahre 1923 zurückgezahlt und zur Löschung gebracht hatten. Die Klägerin meldete wegen ihrer früheren Hypotheken Aufwertung der persönlichen Forderungen gegen die Eheleute K. an, die nicht widersprachen. Sie macht mit der Klage den von ihr gepfändeten Ausgleichsanspruch geltend, welchen die Eheleute K. gegen die Beklagte erheben könnten. Die Klage wurde in allen drei Rechtszügen abgewiesen.

Aus den Gründen:

... Unbegründet ist der Angriff der Revision, das Berufungsgericht habe das Vorbringen der Klägerin darüber nicht beachtet, was die Vertragsparteien vereinbart haben würden, wenn sie die spätere Einwirkung der rückwirkenden Aufwertung und ihr Maß gekannt und berücksichtigt hätten. Falls die Revision meinen sollte, daß es sich auch bei diesem Vorbringen um die Grundlagen eines Anspruchs aus § 242 BGB. handle, wäre dies rechtsirrig. Es kommt vielmehr insoweit ein aus — ergänzender — Vertragsauslegung (§§ 133, 157 BGB.) herzuleitender Vertragsanspruch in Betracht. Ein solcher Anspruch ist rechtlich jedoch nicht wesensgleich mit dem in der Rechtsprechung des Reichsgerichts nur aus § 242 BGB. und nicht aus Vertragsauslegung abgeleiteten Ausgleichsanspruch. Jeder von ihnen stellt einen rechtlich selbständigen Klagegrund dar (vgl. RGUrt. in AufwRspr. 1931 Nr. 156 A); beide Ansprüche schließen sich auch gegenseitig aus. Sie können nur hilfsweise nebeneinander erhoben werden. Das wäre hier von ausschlaggebender Bedeutung, selbst wenn die Klägerin — was aber nicht zutrifft — ihren Anspruch auch auf ergänzende Vertragsauslegung gestützt hätte. Denn die Klägerin ist nicht unmittelbare Vertragsgegnerin und Gläubigerin der Beklagten, sondern macht ihre Rechte lediglich im Rahmen ihres Pfändungspfandrechts geltend; der Gegenstand dieses Pfändungspfandrechts ist aber nach ihrer eigenen Darstellung ausschließlich der auf § 242 BGB. gestützte Ausgleichsanspruch der Verkäufer Eheleute K. Sollte dagegen die Revision glauben, derartige Erwägungen, wie sie bei der ergänzenden Vertragsauslegung anzustellen wären, müßten auch bei der Prüfung einer ausdrücklich als Ausgleichsanspruch erhobenen Klagforderung angestellt werden, so könnte ihr, jedenfalls in dieser Allgemeinheit, nicht zugestimmt werden. Es mag denkbar sein, daß im einzelnen Falle das mittels ergänzender Vertragsauslegung gewonnene Ergebnis mit dem auf dem Wege des Ausgleichsanspruchs zu erzielenden übereinstimmen oder ihm nahekommen würde, daß insbesondere in einem solchen Falle auch der ergänzte Vertragswille mit auf dem den Ausgleichsanspruch beherrschenden Grundsatz des § 242 BGB. aufgebaut wäre. Das läßt sich aber, entgegen der Annahme der Revision, nicht dahin verallgemeinern: die Erfüllung der dem Richter bei der Entscheidung über einen Ausgleichsanspruch obliegenden Aufgabe setze stets voraus, daß er sich auch über den etwa durch ergänzende Vertragsauslegung erkennbaren mutmaßlichen Willen der Parteien Rechenschaft ablege. Denn einmal ist der Ausgleichsanspruch der Hauptsache nach nicht von subjektiven Erwägungen der Parteien abhängig, sondern nach objektiven Merkmalen zu beurteilen, zum andern aber betrifft er nicht einen nach dem Willen der Vertragsparteien begründeten Anspruch, sondern eine Mehrleistungspflicht des Ausgleichsschuldners gegenüber den vertraglich festgelegten Leistungen (RGUrt. in AufwRspr. 1931 Nr. 21 mit weiteren Nachweisen). . . .

---

43. Kann der Eigentümer eines unbebauten Grundbesitzes von der Stadtgemeinde die Übernahme des ganzen Besitzes verlangen, wenn der überwiegende Teil durch einen Fluchtlinienplan zur Freifläche erklärt ist?

Preuß. Fluchtliniengesetz vom 2. Juli 1875 § 13. Notverordnung vom 5. Juni 1931 (RGBl. I S. 279) Teil 6 Kapitel III.

V. Zivilsenat. Urt. v. 5. Dezember 1931 i. S. F. (Kl.) w. Stadtgemeinde D. (Bekl.). V 206/31.

I. Landgericht Düsseldorf.
II. Oberlandesgericht daselbst.

Der Kläger ist Eigentümer eines aus 32 rechtlich selbständigen Parzellen bestehenden, räumlich zusammenhängenden, unbebauten Grundbesitzes in D. Am 7. September 1926 hat die Beklagte einen Fluchtlinienplan förmlich festgestellt, offengelegt und bekannt gemacht. Durch den Plan sind 28 Parzellen des Klägers zur Freifläche (Erholungs- und Kinderspielplatz) erklärt worden. Zwei weitere Parzellen sind teilweise der Freifläche zugeschlagen, teilweise als Vorgartengelände vorgesehen. Die letzten beiden Parzellen sind von dem Plan nicht berührt. Der Kläger verlangt, gestützt auf § 13 Abs. 3 in Verb. mit Abs. 1 Nr. 3 FlLG., von der Beklagten die Übernahme seines ganzen Grundbesitzes und klagt auf Einleitung des Entschädigungs-Feststellungsverfahrens, hilfsweise auch des Enteignungsverfahrens. Seine Klage ist in allen Rechtszügen abgewiesen worden.

Gründe:

Das Berufungsgericht lehnt die Anwendung des § 13 Abs. 1 Nr. 3 FlLG. ab, weil bei dem gegebenen Tatbestand die gesetzliche Voraussetzung nicht erfüllt sei, daß die Fluchtlinie einer neu anzulegenden Straße den Grundbesitz des Klägers treffe. Es stellt fest, daß im Fluchtlinienplan vom 7. September 1926 keine neue Straße vorgesehen ist. Das genügt zur Verneinung der Anwendbarkeit der bezeichneten Vorschrift. Dort wird mit klaren Worten verlangt, daß im Fluchtlinienplan die Fluchtlinie einer neuen Straße festgestellt ist. Ob die Ansicht des Klägers zutrifft, daß später zwischen den als Vorgärten vorgesehenen Parzellenteilen und dem zur Freifläche erklärten Gelände doch noch eine neue Straße angelegt werden müßte, oder ob die vom Berufungsgericht gebilligte, von der Revision angegriffene Meinung der Beklagten richtig ist, daß dort keine neue Straße nötig sei, kann auf sich beruhen. Solange nicht die Fluchtlinie einer neuen Straße planmäßig festgestellt ist, scheidet § 13 Abs. 1 Nr. 3 FlLG. aus.

Die Revision vertritt aber die Ansicht, daß in dieser Vorschrift das Wort „Straße" nicht eng auszulegen, sondern weit auszudehnen sei. Sie meint insbesondere, daß nach dem Gesetzeszweck und nach den Grundsätzen der Gesetzesanalogie auch die im Fluchtlinienplan festgestellte Neuanlegung eines Platzes durch Erklärung zur Freifläche der Vorschrift zu unterstellen sei. Der Berufungsrichter lehnt diese Ansicht ab. Er weist zutreffend darauf hin, daß sich die Rechtsprechung des Reichsgerichts (RGZ. Bd. 34 S. 250, Bd. 76 S. 160; RGUrt. vom 9. Februar 1917 VII 387/16) schon vor der Änderung des Fluchtliniengesetzes durch das Wohnungsgesetz vom 28. März 1918 (PrGS. S. 23) gegen die von der Revision vertretene erweiternde Auslegung der Ausnahmevorschrift des § 13 Abs. 1 Nr. 3 FlLG. ausgesprochen hat. Diese Rechtsprechung ist im Schrifttum gebilligt worden (Luther Enteignungsgesetz und Fluchtliniengesetz 2. Aufl. S. 366 Anm. 12; Saran Fluchtliniengesetz 2. Aufl. S. 298 Anm. 8d; v. Strauß und Torney = Saß Fluchtliniengesetz 6. Aufl. S. 190). Sie zu verlassen, gibt die Gesetzesänderung vom Jahre 1918 keinen Anlaß. Mit Recht hebt das Berufungsgericht hervor, daß das Gesetz von 1918 die Vorschriften im § 13 Abs. 1 Nr. 3 und Abs. 3 FlLG. überhaupt nicht geändert, sondern sich darauf beschränkt hat, im Abs. 1 Nr. 1 und im Abs. 2 den dort schon im alten Gesetzestext neben den Straßen erwähnten Plätzen den Klammerzusatz „auch Gartenanlagen, Spiel- und Erholungsplätzen" zu geben. Wenn es daraus folgert, daß der Gesetzgeber den Abs. 1 Nr. 3 nach wie vor nur auf Straßen und nicht auf Plätze angewendet wissen wollte, so ist darin kein Rechtsirrtum zu erblicken. Die Entstehungsgeschichte des Gesetzes vom 28. März 1918 bietet keinen Anhalt für die Auffassung der Revision. Der Regierungsentwurf und seine Begründung (Drucks. des Hauses der Abgeordneten 1916/18 Bd. 4 S. 2371, 2377) ergeben nichts für den Willen des Gesetzgebers, in stillschweigender Erweiterung der äußerlich bestehenbleibenden Fassung des § 13 Abs. 1 Nr. 3 FlLG. auch bei dieser Vorschrift Plätze (Freiflächen) den Straßen gleichzustellen. In den Kommissionsberatungen ist die vom Regierungsentwurf vorgeschlagene Änderung des § 13 Abs. 1 Nr. 1 und Abs. 2 ohne Erörterung angenommen worden (Drucks. des Hauses der Abgeordneten Bd. 6 S. 3622, 4004). Niemand hat also, soweit ersichtlich, daran gedacht, den Geltungsbereich des § 13 Abs. 1 Nr. 3 im Sinne der Ansicht der Revision auszudehnen. Bei einer Freiflächenplanung kann daher der betroffene Eigentümer nur über die — im vorliegenden Einzelfall nicht in Betracht kommende — Nr. 1, nicht über die Nr. 3 des Abs. 1 zur Beschreitung des im Abs. 3 vorgesehenen Weges gelangen.

Die Revision glaubt schließlich in der Notverordnung vom 5. Juni 1931 Teil 6 Kapitel III § 3 eine Stütze für den Klaganspruch zu finden. Auch damit kann sie indessen keinen Erfolg haben. Sie geht in ihren Ausführungen stillschweigend von der Rechtsgültigkeit der in der Notverordnung enthaltenen Vorschriften aus und meint, deren Anwendung in der Revisionsinstanz stehe auch der Umstand nicht entgegen, daß die Verordnung erst in der Zeit zwischen der letzten mündlichen Verhandlung vor dem Berufungsgericht und der Verkündung des Berufungsurteils ergangen sei. Ob und inwieweit sich gegen diese Auffassung Bedenken erheben lassen, bedarf hier keiner Erörterung. Denn der Kläger kann auch von diesem Standpunkt aus mit der Revision schon deshalb nicht durchdringen, weil der Entschädigungsanspruch aus der Notverordnung wesensverschieden ist von dem auf § 13 Abs. 3 FlLG. gestützten Klaganspruch. Der Anspruch aus der Notverordnung geht, wie die Revision nicht verkennt, seinem materiellen Rechtsgehalt nach zurück auf den in der Rechtsprechung des Reichsgerichts (RGZ. Bd. 128 S. 18, Bd. 132 S. 69) anerkannten Anspruch aus Art. 153 RVerf., den die Notverordnung im Interesse des Städtebaues einschränken soll (Meyer in DJZ. 1931 Sp. 1166 und in JW. 1931 S. 2215). Nun hat aber der Kläger, wie er selbst betont und wie das Berufungsurteil folgerichtig feststellt, einen aus der verfassungsmäßigen Garantie des Eigentums fließenden Entschädigungsanspruch bis zum Ende des Berufungsverfahrens absichtlich nicht verfolgt. Als neuen Anspruch darf er ihn in der Revisionsinstanz nicht mehr in den Rechtsstreit einführen. Diesem Versuch stehen die zwingenden Vorschriften des Prozeßrechts (§§ 559, 561 ZPO.) im Wege. Auf eine nähere Prüfung des neu erhobenen Anspruchs, bei der übrigens der Abs. 6 des § 3 NotVo. a. a. O. nicht zu übersehen wäre, kann daher nicht eingegangen werden.

---

44. Kann der Eigentümer eines in Preußen gelegenen Grundstücks wegen dessen Entwertung durch ein vom Reichswehrfiskus in der Nachbarschaft angelegtes Minenlager Schadensersatz vom Deutschen Reiche verlangen?

BGB. § 907. Preuß. ALR. Einl. § 75.

V. Zivilsenat. Urt. v. 9. Dezember 1931 i. S. K. (Kl.) w. Deutsches Reich (Bekl.). V 228/31.

I. Landgericht I Berlin.
II. Kammergericht daselbst.

Der Kläger ist Eigentümer eines Bauerngutes. Sein Grundstück grenzt an ein dem verklagten Deutschen Reich gehöriges, in den Jahren 1869 bis 1873 erbautes Befestigungswerk, das später als solches aufgegeben wurde und von 1893 an lange Zeit dem Kläger verpachtet war. Der Beklagte hat neuerdings nach Beendigung der Pacht das Werk zum Minenlager ausgebaut und benutzt es als solches. Der Kläger behauptet, sein Grundstück sei durch die mit dem Minenlager verbundene Explosionsgefahr entwertet. Er verlangt dafür vom Beklagten Schadensersatz. Die Klage wurde in allen Rechtszügen abgewiesen.

Gründe:

Der Berufungsrichter stellt, gestützt auf das Gutachten des Sachverständigen V., tatsächlich fest, daß von dem Minenlager des Beklagten weder mit Sicherheit noch mit höchster Wahrscheinlichkeit eine unzulässige Einwirkung auf das Grundstück des Klägers vorauszusehen sei, sondern daß höchstens die ziemlich entfernt liegende Möglichkeit einer solchen Einwirkung bestehe und eine darauf begründete Besorgnis des Klägers als berechtigt anerkannt werden möge. Auf Grund dieser Feststellung lehnt er in Übereinstimmung mit der Rechtsprechung des Reichsgerichts (RGRKomm. Anm. 5 zu § 907) die Anwendung des § 907 Abs. 1 Satz 1 BGB. ab.

Die Revision greift dieses Ergebnis zunächst mit einer Prozeßrüge aus §§ 286, 287 ZPO. an. Sie meint, das Berufungsgericht habe rechtsirrig die vom Kläger beantragte nochmalige Vernehmung des Gutachters V. oder eines anderen Sachverständigen abgelehnt. Der Angriff ist unberechtigt. (Wird näher ausgeführt.) Das Revisionsgericht ist daher prozeßrechtlich gebunden an die vom Berufungsgericht aus dem Gutachten des Sachverständigen V. hergeleitete Feststellung des Grades der Gefahr, die dem Kläger und seinem Grundstück von dem Minenlager her droht. Im übrigen weist das angefochtene Urteil aber auch mit Recht darauf hin, daß selbst der Privatgutachter des Klägers, S., keine dem § 907 Abs. 1 Satz 1 BGB. genügende Gefahr darzulegen vermocht hat. Soweit dieser Gutachter nicht den nach dem objektiven Maßstab allgemeiner Lebenserfahrung ermittelten Grad der Gefahr, sondern die subjektive Ansicht der Nachbarn des

Lagers über den Grad der Gefahr für entscheidend hält, ist er in einem Rechtsirrtum befangen. Im Hinblick auf das Ergebnis der Beweisaufnahme, nämlich auf die Feststellung, daß das Minenlager keine Anlage ist, von der erfahrungsgemäß mit Sicherheit oder doch mit einem der Sicherheit gleichstehenden Maße von Wahrscheinlichkeit eine unzulässige Einwirkung auf das Eigentum des Klägers vorauszusehen ist, brauchte das Berufungsgericht die Frage der Beweislast in Ansehung des Grades der Gefahr auch unter dem rechtlichen Gesichtspunkt des Beweises nach dem ersten Anschein nicht zu erörtern.

Die Revision rügt weiter eine Verletzung des § 75 Einl. z. ALR. Das Berufungsgericht versagt dem Kläger einen Anspruch aus dieser Vorschrift mit folgender Begründung: Nur dann komme das Gesetz zur Anwendung, wenn der von der Maßnahme des Staats in seinem Privateigentum betroffene Bürger über die allgemeinen gesetzlichen Schranken des Eigentums hinaus dem Wohle des gemeinen Wesens ein Opfer zu bringen genötigt werde. Da sich der Kläger die Anlage des Beklagten nach § 907 BGB. gefallen lassen müsse, stehe er nicht unter dem Schutz des § 75 a. a. O. Die Revision hält diese Auslegung des § 75 für zu eng und meint, seine Anwendung sei schon deshalb geboten, weil durch die zum Wohle des gemeinen Wesens errichtete Anlage des Beklagten das Nachbargrundstück des Klägers nach der Verkehrsanschauung erheblich an Wert verloren habe.

Auch mit diesem Angriff dringt die Revision nicht durch. Sie überspannt die Tragweite des § 75 a. a. O. Es ist nicht richtig und in der Rechtsprechung des Reichsgerichts wiederholt abgelehnt worden, das Anwendungsgebiet der erwähnten Vorschrift im Sinne der Revision auszudehnen. Auch der Staat kann grundsätzlich sein Privateigentum nach Belieben nutzen (§ 903 BGB.) und innerhalb der gesetzlichen Schranken des Eigentums auf seinem Grund und Boden auch solche Anlagen errichten, die dem Nachbargrundstück und dessen Verkehrswert abträglich werden. Hält sich die Anlage nur in den Grenzen der erlaubten Benutzung des fiskalischen Eigentums und muß sie deshalb der Nachbar nach den allgemeinen Eigentumsvorschriften sich gefallen lassen, so kann bei ihm von einem Opfer an besonderen Rechten und Vorteilen, das einen Entschädigungsanspruch aus § 75 auszulösen geeignet wäre, nicht die Rede sein (RGUrt. vom 5. Mai 1900 V 57/00; RGZ. Bd. 64 S. 24, Bd. 103 S. 426). Da der Kläger nach den nachbarrechtlichen Vorschriften des Bürgerlichen Gesetzbuchs das Minenlager dulden muß, kann er auch keinen Entschädigungsanspruch aus § 75 a. a. O. herleiten.

Die Tatsache, daß der Kläger gegen die durch einen staatlichen Hoheitsakt verfügte Einrichtung des Minenlagers keinen Einspruch erheben konnte, würde ihm nach allgemeinen Rechtsgrundsätzen (RGRKomm. Bd. 3 S. 204 Anm. 1) nur dann einen Schadensersatzanspruch geben, wenn an sich die Voraussetzungen für den Beseitigungsanspruch des § 907 Abs. 1 Satz 1 BGB. vorlägen und bloß die Durchführung dieses Anspruchs am öffentlichen Interesse scheitern würde. So liegt der Fall aber nicht. Da der Tatbestand des § 907 Abs. 1 Satz 1 ohnehin nicht erfüllt ist — § 906 scheidet nach dem Vorbringen des Klägers gleichfalls aus —, kommt hier auch kein ersatzweise für den Beseitigungsanspruch eintretender Entschädigungsanspruch in Betracht.

---

45. 1. Kann der Konkursverwalter für die Konkursmasse Eigentümergrundschulden des Gemeinschuldners in Anspruch nehmen, die aus früheren Hypotheken dadurch entstanden sind, daß der Hypothekengläubiger aus einem von ihm mit Anspruch auf die erste Stelle gewährten neuen Hypothekendarlehen die vorgehenden Hypotheken abgelöst hatte, ohne daß es bis zur Konkurseröffnung zu deren Löschung gekommen war?

2. Kann der Konkursverwalter in solchem Falle gegen die vom Hypothekengläubiger wegen seiner Darlehensforderung erwirkte Pfändung der Eigentümergrundschulden vorgehen?

BGB. § 1163. KO. §§ 3, 221.

V. Zivilsenat. Urt. v. 2. Dezember 1931 i. S. M. als Verwalter im Konkurs über den Nachlaß Kr. (Kl.) w. Ostpreuß. General-Landschaftsdirektion (Bekl.). V 132/31.

I. Landgericht Königsberg i. Pr.
II. Oberlandesgericht daselbst.

Auf dem Gute Tr., das seit 1914 den Erben des Rittergutsbesitzers Kr. in ungeteilter Erbengemeinschaft gehörte, hafteten für die Beklagte Pfandbriefhypotheken aus Darlehen von 259800 M. und 3150 Zentnern Roggen. Im Jahre 1925 nahmen die Erben bei der Beklagten ein neues Pfandbriefdarlehen von 165500 GM. auf, mit dem die alten Hypotheken beseitigt werden sollten. Die Beklagte hat abredegemäß für Rechnung des Gegenwertes der neuen Hypothek die den alten Hypotheken entsprechenden Pfandbriefe angeschafft, über diese Hypotheken löschungsfähig quittiert und die Löschungsurkunden samt dem Löschungsantrag des Bevollmächtigten der Miteigentümer dem Grundbuchamt zur Löschung eingereicht. Es ist aber nicht zur Löschung gekommen, weil jener Bevollmächtigte den Löschungsantrag zurücknahm. Nunmehr hat die Beklagte wegen ihrer Ansprüche aus der neuen Hypothek die durch Rückzahlung der alten Hypotheken entstandenen Eigentümergrundschulden gepfändet und sich zur Einziehung überwiesen; die Pfändung ist im Grundbuch vermerkt; die Hypothekenbriefe sind im Besitz der Beklagten verblieben. Am 29. Oktober 1929 wurde über den Kr.schen Nachlaß Konkurs eröffnet. Der klagende Konkursverwalter verlangt auf Grund des § 221 KO. die Feststellung, daß der Beklagten aus der Pfändung der Eigentümergrundschulden kein Anspruch auf abgesonderte Befriedigung aus der Konkursmasse zustehe. Das Berufungsgericht hat die Klage abgewiesen. Die Revision des Klägers blieb erfolglos.

Gründe:

Der Kläger nimmt die alten Hypotheken der Beklagten als Eigentümergrundschulden für die Nachlaßkonkursmasse in Anspruch. Nun kann nach § 221 KO. im Nachlaßkonkurs auf Grund einer gegen den Nachlaß — wenn auch vor der Konkurseröffnung — vorgenommenen Zwangsvollstreckungsmaßregel keine abgesonderte Befriedigung verlangt werden. Deshalb hält der Kläger die von der Beklagten ausgebrachte Pfändung der Grundschulden für unwirksam. Das Berufungsgericht ist der Ansicht, es liege eine Zwangsvollstreckung nicht in den Nachlaß, sondern in das Vermögen der Erben vor; diese hätten die Beklagte befriedigt und dadurch selbst die Grundschulden erworben. Ebenso seien die Forderungen, deretwegen die Beklagte vollstrecke, gegen die Erben als die Nehmer des neuen Hypothekendarlehens gerichtet. Die Revision läßt diese Begründung nicht gelten.

Sie meint, es handle sich bei Aufnahme der neuen und bei der damit verbundenen Tilgung der alten Darlehensschuld um die Verwaltung des Nachlasses durch die als Beauftragte anzusehenden Erben; diese hätten die Beklagte mit Mitteln des Nachlasses befriedigt und demgemäß die Grundschulden für den Nachlaß erworben. Für ihr Privatvermögen etwas zu erwerben, sei angesichts der Fortsetzung der Erbengemeinschaft und der erweislichen Trennung des Nachlasses von ihm nicht ihre Absicht gewesen; auf den Erwerbswillen komme es aber an.

Der Revision ist zuzugeben, daß die Begründung des angefochtenen Urteils insoweit den Fall tatsächlich und rechtlich nicht erschöpft. Diese stützt sich nur auf den äußeren Umstand, daß das neue Hypothekendarlehen, mit dessen Hilfe die alten Hypothekenschulden getilgt wurden und auf dem auch die später von der Beklagten vollstreckte Forderung beruht, von den Erben aufgenommen worden ist. Nicht beachtet wurde dagegen, daß die Erben das Geschäft, wirtschaftlich betrachtet, zur Verwaltung des Nachlasses vorgenommen haben, daß es also, nachdem dieser durch den Konkurs wieder von ihrem Vermögen getrennt worden war, als für Rechnung des Nachlasses abgeschlossen gilt (§ 1978 BGB.). Hiernach konnte das Berufungsgericht die Zugehörigkeit der infolge des Geschäfts (wenngleich nicht unmittelbar durch dieses) auf die Erben übergegangenen Grundschulden zum Sondervermögen der Erben, das jetzt Nachlaßkonkursmasse geworden ist, nicht ohne eine weitere Prüfung der Rechtslage verneinen.

Über die allgemeine Frage, ob ein Ersatzerwerb der Erben, den diese keinesfalls behalten könnten, unmittelbar Bestandteil des Nachlasses und der Konkursmasse wird, gehen die Ansichten auseinander, ohne daß bisher die Rechtsprechung des Reichsgerichts eine Klärung gebracht hätte. Der Entscheidung dieser Frage bedarf es hier nicht, weil dadurch in dem für die Revision günstigen Falle nur ein Bedenken gegen den Klaganspruch beseitigt würde. Den Kern des Streits der Parteien bildet vielmehr die Frage, ob die Klage mit dem Abkommen vereinbar ist, das der Vertreter der Erben mit der Beklagten getroffen hat. Das neue Landschafts-Hypothekendarlehen, das die Beklagte den Erben in Höhe von 165500 GM. gab, sollte abredegemäß an die Stelle der alten, auf Mark und Roggen lautenden Hypothekendarlehen treten, die der Beklagten bis dahin am Grundstück der Erben zustanden. Die Beklagte sollte sich insoweit aus dem neuen Darlehen selber befriedigen und dann sollten die alten Hypotheken gelöscht werden. Demgemäß bewilligte die Beklagte nach Anschaffung der erforderlichen alten Pfandbriefe die Löschung der alten Hypotheken und der langjährige Bevollmächtigte der Erben, durch den sie das Darlehen aufnahmen, beantragte die Löschung, wenn er auch den Antrag später zurücknahm, angeblich wegen Meinungsverschiedenheiten mit den Machtgebern. Alle diese Anführungen der Beklagten sind unbestritten geblieben. Der Kläger hat in zweiter Instanz nur behauptet, der Bevollmächtigte der Erben habe nicht versprochen, von den Eigentümergrundschulden keinen Gebrauch zu machen. Eines solchen besonderen Versprechens bedurfte es aber bei dem sonstigen Inhalt des Geschäfts nicht. Jeder Gebrauch der Eigentümergrundschulden verbot sich von selbst, wenn die alten Hypotheken nach der Vereinbarung der Vertragsparteien zu löschen waren. Die Beklagte ist nun der Ansicht, daß diese Vereinbarung auch den Kläger binde. Sie erhebt deshalb gegen die Klage die Einrede der Arglist. Dagegen meint der Kläger, er dürfe die Beklagte wegen ihres Anspruchs auf Löschung als Konkursgläubigerin behandeln und die Eigentümergrundschulden zur Masse ziehen.

Dieser Streit ist zugunsten der Beklagten zu entscheiden. Daß eine Vereinbarung der hier vorliegenden Art, wodurch der Eigentümer einem Hypothekengläubiger gegenüber auf eine vorhandene oder künftig entstehende Eigentümergrundschuld verzichtet, für die Vertragsparteien verbindlich ist und insbesondere bei der Zwangsversteigerung zugunsten des Versprechensempfängers wirkt, ist anerkannten Rechtens. Das Reichsgericht hat aber in ständiger Übung auch angenommen, daß der Konkursverwalter die Vereinbarung gelten lassen müsse und die Eigentümergrundschuld zur Vermeidung der Arglisteinrede und einer Masseschuld aus § 59 KO. nicht zur Masse ziehen dürfe, sondern sie auf Verlangen des Vertragsgegners zu löschen habe. Dabei wurde erwogen: die Vereinbarung trage im wesentlichen die Erfüllung bereits in sich, der Verzicht wirke unmittelbar auf das Recht ein und belasse dem Gemeinschuldner nur eine formale Stellung; so wenig wie er dürfe der Verwalter seiner Masse diese Stellung mißbrauchen, da er kein Dritter sei, sondern das Vermögen mit den daran haftenden Beschränkungen übernehme. Diese Rechtsprechung ergibt sich namentlich aus den Urteilen RGZ. Bd. 19 S. 59, Bd. 52 S. 5; JW. 1900 S. 525 Nr. 17, 1908 S. 200 Nr. 15; WarnRspr. 1908 Nr. 237; SeuffArch. Bd. 61 Nr. 176; LZ. 1907 Sp. 353 Nr. 8 u. Sp. 834 Nr. 6.

Durch die Entscheidungen RGZ. Bd. 77 S. 106, WarnRspr. 1908 Nr. 272, LZ. 1910 Sp. 223 Nr. 2 sollte sie, wie dort betont, nicht angetastet werden und sie wurde, soweit bekannt, auch späterhin nicht aufgegeben. Im Schrifttum wird sie allerdings stark angefochten; vgl. Strecker im Recht 1913 S. 154 (mit Angabe älterer Literatur); Erläuterungswerke von Planck-Strecker 4. Aufl. Anm. 6i zu § 1163 BGB.; Staudinger 9. Aufl. Anm. 1h zu § 1179 BGB.; RGRKomm. 6. Aufl. Anm. 5 zu § 1179 BGB.; Jäger KO. 6. Aufl. Anm. 30 zu § 6; ferner Enneccerus-Wolff § 146 Anm. 16. Diese Schriftsteller machen geltend, daß der Verzicht die dingliche Rechtslage nicht zu ändern vermöge, und glauben daraus den entgegengesetzten Schluß ziehen zu müssen. Dagegen sind Turnau-Foerster Liegenschaftsrecht Bd. 1 S. 972 Anm. 10 zu § 1179 BGB.; Warneyer BGB. 2. Aufl. Bd. 2 S. 431 bei Ziff. VII; Bleyer KO. 3. Aufl. Anm. 1a zu § 24; Mentzel KO. 3. Aufl. Anm. 5 zu § 1 (S. 17) dem Reichsgericht beigetreten. Der gegenwärtige Rechtsstreit nötigt aber nicht, die gegen die Rechtsprechung erhobenen Bedenken zu erörtern. Denn mindestens die besondere Lage des Falles rechtfertigt es, den Konkursverwalter hier, ebenso wie in den früheren Entscheidungen, auf die Rechtsstellung des Gemeinschuldners zu beschränken. Die Erben haben das Versprechen, die alten Hypotheken löschen zu lassen, nicht einem beliebigen Hypothekengläubiger gegeben, sondern im Rahmen der weiteren Vereinbarung, die sie mit der Beklagten über die Hergabe und Verwendung des neuen Hypothekendarlehens trafen. Danach übernahm es die Beklagte, die alten Hypothekenforderungen für die Erben mit Mitteln zu tilgen, die sie ihnen zu diesem Zweck zur Verfügung stellte. Sie selbst verschaffte ihnen also auf jene Zusage die Grundschulden, und zwar nur zu dem Zwecke, damit sie im Anschluß an diesen Rechtsübergang zum Besten der Beklagten gelöscht würden. Die Grundschulden, welche die Beklagte den Erben verschaffte, waren ihnen hiernach anvertraut wie fremdes Gut, worüber sie gemäß der Weisung der Beklagten nur zu deren Vorteil durch Löschung verfügen durften. Dieser Fall kann keineswegs auf dieselbe Stufe gestellt werden mit den persönlichen Verpflichtungen des Gemeinschuldners zur Zahlung, Lieferung oder Leistung, deren Erfüllung sein Vermögen infolge der Konkurseröffnung nur zu gleichen Anteilen dienen darf. Es handelt sich nicht darum, daß aus der Konkursmasse etwas weggegeben werden soll, dessen Verschaffung der

Gemeinschuldner dem Gläubiger zugesagt hatte, sondern darum, zu verhindern, daß ein Gegenstand, der auf den Gemeinschuldner nur übergegangen war, um aus seinem Vermögen sofort wieder ausgeschieden zu werden, dem entgegen darin verbleibe. Wenn sich der Fall auch vom Treuhandverhältnis unterscheidet, weil die Grundschuld nicht selbst auf die Beklagte zurückübertragen, sondern nur aufgegeben werden sollte, sodaß es allein ihr Rang war, den die Beklagte mit ihrer neuen Hypothek einnehmen konnte, so betrifft der Unterschied doch nichts, worauf es bei der hier zu treffenden Entscheidung ankommt. Hat die Beklagte ein Recht, der Verwertung der Grundschulden für die Masse zu widersprechen, so ist die Klage unbegründet als unzulässiger Versuch, die Grundschulden zum Vorteil der Masse und zum Nachteil der Beklagten geltend zu machen. Keinen Einfluß kann der Umstand haben, daß die Beklagte die Grundschulden vorsorglich gepfändet hat und daß sich die Klage dagegen richtet. Gegenstände, die — wie dargelegt — aus der Masse auszuscheiden sind, werden von der Vorschrift des § 221 KO. überhaupt nicht betroffen. Die Klage ist auch nicht etwa damit begründet worden, daß die Beklagte mit Hilfe der Pfändung mehr aus dem zur Masse gehörigen Grundstück erlangen könnte als durch die Löschung der Grundschulden.

---

46. Zur Frage der Aufwertung kraft Rückwirkung bei Einlageforderungen auf Aktien.

HGB. §§ 211, 221. Zweite Durchführungsverordnung zur Goldbilanzverordnung § 26. BGB. § 242. AufwG. § 63.

II. Zivilsenat. Urt. v. 4. Dezember 1931 i. S. Sch. als Verwalter im Konkurs der U. Versicherungs-AG. (Kl.) w. D. Ll. Versicherungs-AG. (Bekl.). II 135/31.

I. Landgericht I Berlin, Kammer für Handelssachen.
II. Kammergericht daselbst.

Die gemeinschuldnerische Aktiengesellschaft ist am 26. Januar 1921 mit einem Grundkapital von einer Million Mark gegründet worden, das am 28. April 1921 um 2 Millionen und am 20. Dezember 1922 um weitere 3 Millionen Mark erhöht wurde. Sowohl auf das ursprüngliche wie auf das erhöhte Grundkapital wurden nur 25% eingezahlt, 75% blieben rückständig. In der Generalversammlung vom 12. Oktober 1923 wurde u. a. beschlossen, von dem für das — mit dem Kalenderjahr zusammenfallende — Geschäftsjahr 1922 festgesetzten Reingewinn von 20580365 M. neben gewissen Ausschüttungen an die Aktionäre 4½ Millionen M. zur Auffüllung des noch ausstehenden Grundkapitals zu verwenden. Demgemäß verfuhr man auch. Bei der am 20. Juli 1925 beschlossenen Goldmarkumstellung wurde das Grundkapital von 6 Millionen M. auf 120000 GM., der Nennbetrag der Aktien von 1000 M. auf 20 GM. umgestellt. Dabei ging man davon aus, daß Grundkapital und Aktien voll eingezahlt seien. Dementsprechend enthielt auch die Goldmark-Eröffnungsbilanz nichts von Einzahlungsrückständen auf Aktien. Im Februar 1929 geriet die Aktiengesellschaft in Konkurs. Der zum Konkursverwalter bestellte Kläger trat am 18. März 1930 an die Beklagte mit Nachzahlungsansprüchen auf deren Besitz an Aktien der Gemeinschuldnerin heran; die Beklagte ließ sich jedoch auf nichts ein. Anfang Mai 1930 erhob er gegen sie Klage auf Zahlung von 14010 RM. nebst Zinsen. Er vertritt den Standpunkt, daß weder die Papiermark- noch die Goldmarkaktien der Gemeinschuldnerin voll eingezahlt seien. Die 4½ Millionen M. seien am 12. Oktober 1923 ein offenbares wirtschaftliches Nichts gewesen. Ihre Verrechnung auf die Einzahlungsrückstände habe deshalb keinesfalls schuldtilgend zum Nennbetrag gewirkt; Verzicht oder Erlaß seien rechtlich unmöglich. Daran habe die Goldmarkumstellung nichts geändert. Nach der sog. Quotentheorie hätten vielmehr die Goldmarkaktien als nur mit 25% eingezahlt zu gelten; demnach sei auf eine Aktie von 20 RM. eine Nachzahlung von 15 RM. zu leisten. Die Beklagte sei Inhaberin von 934 Aktien und schulde deshalb 934 × 15 = 14010 RM.; außerdem habe sie Vermögen und Schulden der Internationalen L. Versicherungs-Aktiengesellschaft und damit weitere 3944 Aktien der Gemeinschuldnerin übernommen, auf denen dieselbe Einzahlungspflicht ruhe. Im übrigen sei der Klaganspruch auch nach den Grundsätzen der Aufwertung kraft Rückwirkung gerechtfertigt. Die Beklagte wandte insbesondere Verwirkung ein.

Beide Vordergerichte wiesen die Klage ab. Die Revision des Klägers war erfolglos.

Gründe:

Der Berufungsrichter weist die Klage aus zwei Gründen ab. Einmal ist er der Meinung, die Gesellschaft habe im Oktober 1923 von den Aktionären zum Zweck der Volleinzahlung des Grundkapitals nicht mehr verlangen können als den Papiermark-Nennbetrag der restlichen Einlageforderungen, weil sonst das Grundkapital den festgesetzten Nennbetrag überstiegen oder aus den überschießenden Summen ein Reservefonds hätte gebildet werden müssen, zu dessen Schaffung die Aktionäre nach § 211 HGB. nicht verpflichtet gewesen seien. Überdies habe die Aktiengesellschaft dadurch, daß die Gewinnansprüche der Aktionäre für das Jahr 1922 auf die Einlagerückstände verrechnet worden seien, dem inneren Wert nach sogar mehr empfangen, als ihr durch Barzahlung zugeflossen wäre. Denn — so fährt das Urteil fort — die zur Volleinzahlung verwendeten $4^1/_2$ Millionen M. seien Geschäftsgewinn des Jahres 1922 gewesen, hätten also einen wesentlich höheren inneren Wert gehabt als etwaige Barzahlungen vom Oktober 1923.

Mit Grund greift die Revision diese Erwägungen als rechtsirrtümlich an. Der Vorderrichter beruft sich für seine Auffassung, daß die jetzt streitigen Ansprüche schon an § 211 HGB. scheitern müßten, zu Unrecht auf das Urteil des erkennenden Senats RGZ. Bd. 119 S. 170. Dort ist im Gegenteil ausgeführt, § 211 a. a. O. habe für Zahlungen aus einer Zeit, zu der die Mark aufgehört hatte, Wertmesser zu sein, an sich nur die Bedeutung, daß die geschuldete und demgemäß zu zahlende Einlage auf übernommene Aktien dem Werte nach den Ausgabekurs nicht übersteigen dürfe. Im übrigen handelte es sich damals um einen Sonderfall, nämlich darum, ob Einzahlungen, die nach Abschluß des Gründungsvertrags einer Aktiengesellschaft, jedoch vor deren Eintragung ins Handelsregister auf das in Aussicht genommene Aktienkapital gemacht worden waren, trotz der zwischen Abschluß des Gründungsvertrags und Zahlung weiter fortgeschrittenen Geldentwertung noch als Vollzahlungen gelten konnten. Der Senat hat dies bejaht, weil die Teilnehmer an der Gründungsgesellschaft trotz der weiteren Geldentwertung an dem anfänglich vorgesehenen Grundkapital festgehalten und von einer Erhöhung vor Eintragung der Gesellschaft Abstand genommen hätten und weil deshalb das Verhältnis nach dem Parteiwillen so aufgefaßt werden müsse, wie wenn die Einlageverpflichtung erst im

Zeitpunkt der Zahlung begründet worden wäre. Daß dies der tragende Grund des Urteils im Bd. 119 war, ist schon in RGZ. Bd. 124 S. 264 (269) dargelegt. Daß § 211 HGB. der Geltendmachung von Geldentwertungsansprüchen für die Einlageforderungen auf Aktien an sich nicht entgegensteht, wird, wie schon hervorgehoben, in der Entscheidung im Bd. 119 ausdrücklich betont, ebenso aber auch im Urteil des erkennenden Senats RGZ. Bd. 119 S. 220 (224); auf dem gleichen Rechtsboden stehen die Urteile RGZ. Bd. 120 S. 363, Bd. 122 S. 339; JW. 1930 S. 2941 Nr. 11a. Von der dort vertretenen Auffassung abzugehen, besteht kein Anlaß. Damit fällt ohne weiteres der erste Entscheidungsgrund des Vorderrichters.

Ebensowenig stichhaltig ist aber sein weiterer Entscheidungsgrund, daß den jetzt erhobenen Ansprüchen die Umstellungsbeschlüsse vom 20. Juli 1925 im Wege stünden. Damals sei, so erwägt der Vorderrichter, nach § 2 der Goldbilanzverordnung das Reinvermögen der Aktiengesellschaft neu in Reichsmark festzustellen und die Angleichung an das satzungsmäßige Grundkapital dadurch herbeizuführen gewesen, daß der Betrag des Eigenkapitals entsprechend herabgesetzt worden sei. Durch den Umstellungsbeschluß sei also eine neue Rechtsgrundlage für die Verpflichtung der Aktionäre geschaffen worden, die ein Zurückgehen auf den früheren Rechtszustand ausschließe, solange der Umstellungsbeschluß zu Recht bestehe. Hierbei wird indessen die rechtliche Bedeutung der Goldmarkumstellung verkannt und auch § 221 HGB. sowie § 26 der Zweiten Durchführungsverordnung zur Goldbilanzverordnung außer acht gelassen. Der erkennende Senat hat schon in dem erwähnten, eine Gesellschaft mbH. betreffenden Urteil RGZ. Bd. 124 S. 264 (272/273) mit eingehender Begründung dargelegt, daß auch eine wirksam erfolgte Goldmarkumstellung, bei der die Aufwertung rückständiger Einlagen auf Geschäftsanteil nicht berücksichtigt wurde, die spätere Geltendmachung von Aufwertungsansprüchen nicht hindert; ebenso RGZ. Bd. 131 S. 318. Insoweit ist die Rechtslage bei der Aktiengesellschaft nicht anders. Damit wird auch der zweite Entscheidungsgrund des Vorderrichters hinfällig. Dessen weitere Erwägung, wonach der Umstand, daß sich die Verrechnung der Einlageforderungen gegen die Gewinnansprüche der Aktionäre hinterher als für die Gesellschaftsgläubiger nachteilig erwiesen habe, unerheblich sein soll, beruht wiederum nur auf der fehlsamen Meinung, als ob § 211 HGB. der Berücksichtigung der Geldentwertung bei Einlagerückständen auf Aktien im Wege stehe.

Das angefochtene Urteil kann demnach mit der bisherigen Begründung nicht aufrechterhalten werden. Es fragt sich indessen, ob ihm nicht wenigstens im Ergebnis beizutreten ist. Der Sachverhalt läßt nicht ersehen, ob die Beklagte bezüglich der 934 Aktien — sei es überhaupt oder zu einem Teil davon — Erstaktionärin war oder ob sie diese Aktien zur Zeit der Verrechnung mit dem Dividendenanspruch schon besessen oder erst hinterher erworben hat. Auch darüber fehlt jede Feststellung, wie es sich insoweit mit den weiteren 3944 Aktien verhält, die sie von der Internationalen L.Versicherungs-Aktiengesellschaft übernommen haben soll. Es ist ferner nicht ersichtlich, ob etwa die Aktienurkunden den Volleinzahlungs-Vermerk tragen und beim Erwerb durch die Beklagte schon getragen haben. Wäre letzteres der Fall und wäre die Beklagte bei abgeleitetem Erwerb wegen der Volleinzahlung gutgläubig gewesen, so könnte sie deswegen allerdings nicht in Anspruch genommen werden, selbst wenn Nachzahlungsansprüche der Aktiengesellschaft beständen (Flechtheim im Bankarchiv Bd. 30 S. 194flg.). Allein in dieser Hinsicht mangelt es nicht nur an jeder tatsächlichen Feststellung, sondern auch an allen Parteibehauptungen. Käme es darauf an, so müßte zur Klarstellung des Sachverhalts zurückverwiesen werden.

Die Frage der Verwirkung hat der Berufungsrichter unentschieden gelassen, während das Landgericht gerade aus diesem Gesichtspunkt zur Klagabweisung gelangt ist. Daran muß in der Tat die Klage auf alle Fälle scheitern.

Der angebliche Tilgungsvorgang durch die von der Gesellschaft aus erfolgte Verrechnung ihrer Einlageforderungen mit einem Teil der Gewinnansprüche der Aktionäre für 1922 fällt in die Zeit von Mitte Oktober 1923. Sieht man zunächst von der Vorschrift des § 221 HGB. ab, so hätte eine Bereinigung der Einlageschulden der Aktionäre durch Verrechnung mit ihren Gegenansprüchen nur dann ohne weiteres schuldtilgend (zum Nennbetrag) wirken können, wenn in dem Zeitpunkt, zu dem nach § 389 BGB. die Forderungen auf Grund der vollzogenen Aufrechnung als erloschen gelten, der Grundsatz „Mark gleich Mark" noch anzuerkennen gewesen wäre. Als Zeitpunkt des Erlöschens der Ansprüche durch Aufrechnung kann aber naturgemäß frühestens die Zeit in Betracht kommen, zu der die zeitlich jüngste Forderung oder Gegenforderung entstanden ist. Das war bei den Gewinnverteilungsansprüchen der 12. Oktober 1923; denn dieser Anspruch ist als Gläubigerrecht der Aktionäre erst mit dem Bilanzfeststellungs- und Gewinnverteilungs-Beschluß der Generalversammlung erwachsen. Stichtag für die Ermittlung seines Goldmarkwerts muß deshalb der 12. Oktober 1923 sein. Daran ändert der Umstand nichts, daß es sich um einen Dividendenanspruch für das Geschäftsjahr 1922 handelt. Die gegenteilige Ansicht des Berufungsgerichts ist rechtsirrig; sie beruht auf einer Verkennung der §§ 213, 215, 260 HGB. Für die weitere Beurteilung ist demnach davon auszugehen, daß sich der Goldwert der Dividendenansprüche nach dem Stande vom 12. Oktober 1923 bemißt. Daß aber für jene Zeit der Grundsatz „Mark gleich Mark" nicht mehr anzuerkennen ist, bedarf keiner weiteren Ausführung. Nun stammten aber auch die Einlageforderungen der Gesellschaft aus der Zeit der Geldentwertung. Als Stichtag für die Ermittlung ihres Goldmarkwertes muß der Tag der Eintragung der betreffenden Generalversammlungs-Beschlüsse gelten; denn erst damit konnten sie rechtliche Wirkung und bindende Kraft für die Aktionäre erlangen. Welches diese Daten sind, läßt sich aus dem bisher vorgetragenen Sachverhalt nicht mit Sicherheit entnehmen; denn es ist nicht ersichtlich, ob der 26. Januar 1921, der 28. April 1921 und der 20. Dezember 1922 die Tage der maßgeblichen Generalversammlungs-Beschlüsse oder die der Eintragung ins Handelsregister sind. Daß aber auch am 26. Januar 1921, am 28. April 1921 und am 20. Dezember 1922 die Geldentwertung sehr weit fortgeschritten und der innere Wert der Mark nur noch klein, im Dezember 1922 nur noch ganz geringfügig war, bedarf ebenfalls keiner besonderen Darlegung, und dasselbe gilt von der Erwägung, daß die Einlageforderungen aus jener Zeit an sich ihrem inneren Wert nach immerhin noch ein Vielfaches des inneren Wertes der vom 12. Oktober 1923 stammenden Dividendenansprüche der Aktionäre ausmachten. Daraus folgt, daß eben wegen dieses verschiedenen inneren Wertes der beiden nach den Grundsätzen der freien Aufwertung aufzuwertenden Ansprüche und Gegenansprüche eine Aufrechnung zum Nennbetrag grundsätzlich ebensowenig angängig ist, wie damals eine Barzahlung schlechthin schuldtilgend in Höhe des Nennbetrags gewirkt hätte. Daran ist um so weniger zu zweifeln, als der Tilgungsvorgang selbst nach dem 15. August 1922 liegt. Es braucht deshalb hier nicht abschließend Stellung genommen zu werden zu der Frage, ob es sich bei der Aktienzeichnung und beim sonstigen Aktienerwerb um Geschäfte des täglichen Wirtschaftslebens oder des kaufmännischen Güterumsatzes im Sinne der Entscheidung des erkennenden Senats RGZ. Bd. 115 S. 201 handelt (vgl. auch Flechtheim im Bankarchiv Bd. 30 S. 194flg., namentlich 197/198).

Neben diesen allgemeinen Erwägungen dürfen aber die besonderen aktienrechtlichen Vorschriften nicht außer Betracht bleiben. Sie können, wie schon dargelegt, unter Umständen ergeben, daß die Beklagte mit ihren Aktien (sei es überhaupt oder nur zu einem bestimmten Teil, nämlich in Ansehung des nicht durch Zeichnung, sondern im Wege des gutgläubigen Erwerbs aus zweiter Hand erlangten Aktienbesitzes) nicht zur Nachzahlung herangezogen werden kann. Anderseits spielen Vorschriften des Aktienrechts gerade auch zur Frage der Verwirkung eine besondere Rolle. Nach § 221 HGB. können die Aktionäre und ihre Rechtsvorgänger von den in §§ 211, 220 das. bezeichneten Leistungen nicht befreit werden. Sie können ferner gegen diese Leistungen eine Forderung an die Gesellschaft nicht aufrechnen. Zu diesen Leistungsverpflichtungen der Aktionäre gegenüber der Gesellschaft gehört in erster Linie die Einlageschuld auf Aktien und als solche hier die Verbindlichkeit der Aktionäre in Höhe der noch ausstehenden 75% ihrer Einlagen auf übernommene Aktien. Nach der zwingenden Vorschrift des § 221 konnten mithin die Aktionäre jedenfalls nicht einseitig gegen die Einlageforderungen aufrechnen; eine solche Aufrechnung wäre schlechthin unzulässig und damit rechtlich unbeachtlich. Das würde bedeuten, daß die Einlageansprüche rechtlich noch als offene Ansprüche zu behandeln wären. Ob dann für den Verwirkungsgedanken überhaupt Raum wäre, ist zum mindesten zweifelhaft. Nun erkennt aber auch die Rechtsprechung dieses Senats an, daß § 221 HGB. grundsätzlich der Aufrechnung durch die Gesellschaft nicht im Wege steht (RGZ. Bd. 72 S. 267, Bd. 85 S. 351; JW. 1901 S. 755 Nr. 15). Darum handelt es sich hier. Die Zulässigkeit der Aufrechnung hängt jedoch, wie allgemein anerkannt ist, davon ab, daß die Gegenforderung der Aktionäre gegen die Gesellschaft vollwertig ist. Dieses Erfordernis wird des näheren dahin umschrieben, daß es hieran fehle, wenn die Gesellschaft entweder überschuldet oder zahlungsunfähig sei, wobei es ausschließlich auf den objektiven Sachverhalt ankomme. Um mangelnde Vollwertigkeit der Gesellschaftsschuld wegen einer schon im Oktober 1923 vorhanden gewesenen Überschuldung oder Zahlungsunfähigkeit der Gesellschaft handelt es sich hier freilich nicht. Der Kläger selbst hat keine dahingehende Behauptung aufgestellt. Wohl aber war die Schuld der Gesellschaft aus dem Beschluß über die Dividendenverteilung um deswillen nicht vollwertig, weil sie wegen der Geldentwertung ihrem inneren Wert nach hinter dem Wert der Einlageforderung zurückblieb, sodaß die Gesellschaft — wie wenigstens für die Revisionsinstanz unterstellt werden muß — hinsichtlich der Aktienausgabe vom Januar und April 1921 einen Anspruch auf teilweise Ausgleichung der Geldwertminderung in der Form eines Aufwertungsanspruchs hatte, der nichts anderes ist als der ursprüngliche Anspruch selbst und der deshalb ebenfalls dem Schutze des § 221 HGB. unterliegt. Zweifelhaft ist allerdings, ob auch wegen der Einzahlungsansprüche aus der Kapitalerhöhung vom Dezember 1922 im Hinblick auf ihren an sich schon äußerst geringfügigen inneren Wert Aufwertung verlangt werden könnte.

Die grundsätzliche Frage, die sich hier erhebt, ist nun die, ob wegen der mangelnden Vollwertigkeit der Ansprüche der Aktionäre gegenüber ihren Einlageschulden auf die Aktien die damals erklärte Aufrechnung rechtlich überhaupt nicht zu beachten, mit anderen Worten, ob die Sache so zu behandeln ist, wie wenn nicht gezahlt oder aufgerechnet worden wäre, die Ansprüche der Gesellschaft vielmehr offen geblieben wären, oder ob der vorliegende Tatbestand bei der rechtlichen Betrachtung im Rahmen der freien Aufwertung nicht anders beurteilt werden kann, als wenn die Gesellschaft, statt aufzurechnen, die $4^1/_2$ Millionen M. den Aktionären ausgezahlt und von ihnen sofort wieder zur Tilgung der Einlagerückstände auf Aktien zurückerhalten hätte. In der Tat muß aber nach den Grundsätzen über die freie Aufwertung und besonders nach dem dieses ganze Gebiet beherrschenden Gesichtspunkt von Treu und Glauben Zahlung und Aufrechnung auch hier nach Zulässigkeit und Wirkungen gleich behandelt werden. Denn unter allen Umständen handelt es sich um den Ausgleich der Geldentwertung und damit, wie der erkennende Senat schon wiederholt dargelegt hat, um einen Fall der freien Aufwertung, und zwar um einen solchen der Aufwertung kraft Rückwirkung. Die Gesellschaft hat sich durch die vorgenommene Verrechnung der Einlagerückstände mit dem Gewinnanteil der Aktionäre ebenso für voll befriedigt erklärt, wie sie es im Fall der Zahlung des Nennbetrags getan hätte, und hat dieser Auffassung bei Aufstellung der Goldmark-Eröffnungsbilanz und bei der Gestaltung der Goldmarkumstellung stillschweigend dadurch weiteren Ausdruck verliehen, daß Ansprüchen wegen der Einzahlungen in der Geldentwertungszeit nirgends irgendwie Rechnung getragen, sondern von der Volleinzahlung der Aktien in der Papiermarkzeit ausgegangen und danach verfahren wurde. Der Kläger selbst hat ferner nicht behaupten können, daß die Gemeinschuldnerin bis zum März 1930 in irgendeiner Form ihren Aktionären gegenüber etwas von Aufwertungsansprüchen wegen der in der Papiermarkzeit auf die Aktien bewirkten Leistungen habe verlauten lassen. Der Sachverhalt war also in der Tat der, daß vom Oktober 1923 bis zum März 1930 das Rechtsverhältnis bezüglich der Einlagezahlungen restlos abgewickelt zu sein schien.

Die weitere grundsätzliche Frage, ob auch gegenüber Aufwertungsansprüchen aus Forderungen der hier erörterten Art der Einwand der sog. Verwirkung erhoben werden kann, ist ohne weiteres zu bejahen. Gewiß wäre die Rechtslage anders, wenn sich der Rechtsgedanke der Verwirkung auf die Annahme eines stillschweigenden Verzichts des Gläubigers gründete. Dann ließe sich unter Bezugnahme auf § 221 HGB. sagen, daß, wie ein ausdrücklicher Verzicht der Gesellschaft unmöglich gewesen wäre, so auch ein stillschweigender Verzicht gegenüber der aktienrechtlichen Sondervorschrift des § 221 nicht in Betracht käme. Allein der Untergang des Aufwertungsanspruchs kraft Verwirkung steht als Erlöschungsgrund selbständig und unabhängig neben dem des Verzichts; er ist allein aus § 242 BGB. herzuleiten und greift durch, wenn der Gläubiger die Aufwertungsansprüche so spät erhebt, daß ihre Geltendmachung als mit Treu und Glauben unvereinbar erscheint. Zwischen der Generalversammlung vom 12. Oktober 1923 und dem Versuch der Wiederaufrollung des scheinbar vollständig abgewickelten Einlage-Schuldverhältnisses liegen rund $6\frac{1}{2}$ Jahre. Erst im Frühjahr 1930 hat der Kläger Aufwertungsansprüche gegen die Aktionäre geltend gemacht. In der Goldmark-Eröffnungsbilanz und in den späteren Jahresbilanzen der Gesellschaft ist nirgends auf solche auch nur möglicherweise bestehende Ansprüche hingewiesen worden. Es kann keine Rede davon sein, daß derartige Ansprüche für die Gläubiger der Gesellschaft in bezug auf die

Zahlungsfähigkeit und Kreditwürdigkeit der Gemeinschuldnerin noch irgendwie hätten von Bedeutung sein können, zumal da es sich ohnehin um Ansprüche aus der Geldentwertungszeit handelte, die von vornherein ihrem inneren Wert nach nur noch kleine und kleinste Bruchteile einer Friedensmark darstellten. Gaben oder beließen aber etwaige Gläubiger gerade wegen der Möglichkeit des Bestehens solcher Ansprüche der Gemeinschuldnerin Kredite, ohne die Bedingung daran zu knüpfen, daß die Gesellschaft die zur Wahrung und Erhaltung dieser Ansprüche geeigneten Schritte zu unternehmen habe, so war dies ihre Sache und kann keinen Grund abgeben, die Verwirkung der Aufwertungsansprüche der Gesellschaft abzulehnen. Ein solcher Grund läßt sich auch nicht daraus herleiten, daß die Beklagte Großaktionärin der Gemeinschuldnerin war und als solche Einfluß auf die Verwaltung und deren Zusammensetzung hatte. Der Kläger kann selbst nicht behaupten, daß man etwa auf Betreiben der Beklagten von der rechtzeitigen Aufrollung der Aufwertungsfrage gegenüber den Aktionären Abstand genommen habe. Außerdem muß in Betracht gezogen werden, daß der Goldwert der Ausgabe vom Dezember 1922 ohnehin niedrig war und daß es schon deswegen von vornherein äußerst zweifelhaft sein mußte, ob nicht eben die Geringfügigkeit des bestenfalls auf die einzelne Aktie kommenden Nachzahlungsbetrags der Wiederaufrollung der Einzahlungsverhältnisse dieser Emission nach § 242 BGB. im Wege stand. Der innere Wert der Emission vom Januar und April 1921 war allerdings ungleich höher, aber immer auch nur ein Bruchteil der Friedensmark (nach dem Dollar gerechnet etwa $^1/_{10}$ bis $^1/_{15}$). Davon war ein Viertel seinerzeit bar eingezahlt worden. Nach den vom erkennenden Senat gerade auch für rückständige Einlagen auf Aktien von Versicherungsgesellschaften z. B. in RGZ. Bd. 120 S. 363 (373) aufgestellten Grundsätzen hätte keinesfalls volle Aufwertung des Restes verlangt werden können; wegen der für alle Aktionäre gleichmäßig zu bemessenden Höhe der Aufwertung hätte man vielmehr ganz erheblich unter den Höchstbetrag, d. h. unter den so oder so ermittelten Goldwert der restlichen Einlageforderung heruntergehen müssen (RGZ. Bd. 120 S. 371, Bd. 122 S. 349; JW. 1930 S. 2941 Nr. 11a). Der auf die einzelne Aktie entfallende und im ganzen für die Aktiengesellschaft herauszuholende Betrag war dann nicht so hoch, daß sich nicht mit Grund die Frage aufwerfen ließe, ob nicht die rechtzeitige Geltendmachung von Aufwertungsansprüchen wegen der damit notwendig verbundenen Beunruhigung in Aktionär- und anderen Kreisen dem Gedeihen der Gesellschaft schließlich abträglicher war als ein etwaiger Untergang des Anspruchs durch Zeitablauf.

Demnach greift der Einwand der Verwirkung durch.

---

47. Wird durch Erhebung eines Schadensersatzanspruchs wegen arglistigen Verschweigens eines Fehlers der Kaufsache die Verjährung des auf denselben Fehler gestützten Preisminderungsanspruchs unterbrochen?

BGB. §§ 463, 477, 639.

VI. Zivilsenat. Urt. v. 7. Dezember 1931 i. S. Preuß. Staat (Kl.) w. K. u. Gen. (Bekl.). VI 259/31.

I. Landgericht Nordhausen.
II. Oberlandesgericht Naumburg a. S.

Das Reichsgericht hat die Frage, im Gegensatz zum Berufungsgericht, bejaht aus folgenden

Gründen:

Der § 477 Abs. 3 BGB. schreibt vor:

Die Hemmung oder Unterbrechung der Verjährung eines der im Abs. 1 bezeichneten Ansprüche bewirkt auch die Hemmung oder Unterbrechung der Verjährung der anderen Ansprüche.

Daß zu den im Abs. 1 bezeichneten Ansprüchen diejenigen auf Wandlung, Minderung und Schadensersatz wegen Mangels einer zugesicherten Eigenschaft gehören, kann keinem Zweifel unterliegen. Die Frage kann nur die sein, ob der Abs. 3 unter den im Abs. 1 bezeichneten Ansprüchen auch den Anspruch aus arglistigem Verschweigen eines Mangels verstanden wissen will. Das ist zu bejahen. Denn einmal ist auch der letztere Anspruch im Abs. 1 erwähnt, wenngleich nur in einem Nebensatze. Ferner ist kein Grund ersichtlich, weshalb gerade die Geltendmachung des Anspruchs aus arglistigem Verschweigen, den der Gesetzgeber noch insofern vor den drei anderen begünstigt, als er ihn der regelmäßigen Verjährungsfrist von 30 Jahren (§ 195 BGB.) unterwirft, die Unterbrechung der für die drei anderen Ansprüche bestimmten kurzen

Verjährungsfristen nicht sollte herbeiführen können. Kaum der Hervorhebung bedarf, daß die Geltendmachung des Anspruchs aus arglistigem Verschweigen nach Ablauf der für die drei anderen festgesetzten kurzen Verjährungsfristen nicht zu einem Wiederaufleben dieser bereits infolge der Verjährung mit der Einrede aus § 222 Abs. 1 BGB. behafteten Ansprüche führen kann. Endlich ergibt sich die Richtigkeit der hier vertretenen Auffassung auch aus der Entstehungsgeschichte des § 477 Abs. 3, welche den Grund klarlegt, dem diese Vorschrift ihre Einführung verdankt. Sowohl im I. Entwurf (§ 397) wie auch im II. Entwurf (§ 413) fehlte es an einer entsprechenden Vorschrift, und auch die II. Kommission fand bei Beratung dieser Paragraphen zunächst keinen Anlaß zu einer Änderung. Als man dann aber die den Werkvertrag behandelnden §§ 570, 571 des I. Entwurfs (§§ 575, 576 des II. Entwurfs, §§ 637 bis 639 BGB.) in der II. Kommission beriet, wurde der Antrag auf Einfügung einer dem § 477 Abs. 3 BGB. und dem § 639 Abs. 1 das. entsprechenden Vorschrift mit folgender Begründung gestellt: Finde der Besteller des Werkes einen Mangel, so ständen ihm formell die verschiedenen Ansprüche auf Wandlung, Minderung oder Schadensersatz zu Gebote; mache er nun zunächst einen davon geltend, so laufe er die Gefahr, daß, wenn etwa die Klage aus formellen Gründen abgewiesen werde, die übrigen auf jenem Mangel beruhenden Ansprüche verjährt seien. Um dem zu begegnen, solle die Hemmung oder Unterbrechung der Verjährung eines jener Ansprüche auch die Hemmung oder Unterbrechung der anderen bewirken. Diese Vorschrift sei auch auf den Kaufvertrag auszudehnen (Mugdan Materialien Bd. II S. 923). Die Kommission trat dem Antrag aus folgenden Gründen bei: Der Vorschlag sei geeignet, ein praktisches Bedürfnis zu befriedigen, und er sei auch innerlich gerechtfertigt, da es sich im Grunde bei den formell verschiedenen Ansprüchen auf Wandlung usw. doch nur um verschiedene dem Berechtigten zur Wahl gestellte Mittel zur Durchführung seines Rechts handle. Eine Erstreckung des Grundsatzes auf den Kauf sei angezeigt; es sei nicht billig, den Käufer schlechter zu behandeln als den Besteller, und ihn zu zwingen, entweder seine Ansprüche im Rechtsstreit zu häufen oder sich alsbald wegen des einen oder des anderen Anspruchs schlüssig zu machen (Mugdan a. a. O.). Hiernach hat die Kommission keinen Unterschied gemacht zwischen den auf Zusicherung einer fehlenden Eigenschaft der Kaufsache und den auf arglistige Verschweigung eines Mangels gestützten Schadensersatzansprüchen. Beide Ansprüche stehen im Gegenteil nach § 463 BGB. einander insofern gleich, als sie nicht neben dem Verlangen von Wandlung oder Minderung (§ 462 das.), sondern nur statt dieser Ansprüche geltend gemacht werden können. Der gesetzgeberische Grund, der zur Einführung des § 477 Abs. 3 (§ 639 Abs. 1) BGB. Anlaß gegeben hat, daß nämlich die Ansprüche in einem sich gegenseitig ausschließenden Verhältnis zueinander stehen, trifft also auf beide Ansprüche in gleicher Weise zu. Die vom Berufungsgericht angezogene Entscheidung RGZ. Bd. 93 S. 158 (vgl. RGRKomm. Erl. 4 zu § 477; Staudinger BGB. Erl. 7b zu § 477) steht nicht entgegen. Denn sie behandelt einen Fall, wo der Berechtigte in der Lage war, mit einer Wandlungsklage einen Schadensersatzanspruch zu verbinden, während hier der Kläger im Hinblick auf § 463 Satz 2 BGB. nicht die Möglichkeit hatte, neben der (rechtzeitig erhobenen) Schadensersatzklage wegen arglistigen Verschweigens gleichzeitig auch Minderung zu verlangen.

Hiernach ist der (nach Ablauf der Frist des § 477 Abs. 1 geltend gemachte) Minderungsanspruch des Klägers nicht verjährt.

---

48. Muß der Dolmetscher das Protokoll in der fremden Sprache selbst vortragen, oder genügt es, wenn er es durch einen anderen in der fremden Sprache vortragen läßt und den Vortrag überwacht?

FGG. § 179. BGB. §§ 125, 313.

VI. Zivilsenat. Urt. v. 10. Dezember 1931 i. S. Ch. (Kl.) w. W. (Bekl.). VI 426/31.

I. Landgericht Ratibor.
II. Oberlandesgericht Breslau.

Der Kläger schloß mit seiner todkranken Tochter, der Ehefrau des Beklagten, am 15. Juli 1925 zu Protokoll des herbeigeholten Notars H. einen Gutsüberlassungsvertrag, worin er ihr seinen Bauernhof für 12000 RM. verkaufte und sich ein Altenteil vorbehielt. Da der Kläger erklärte, daß er nur der polnischen Sprache mächtig sei, zog der Notar die Krankenschwester Albertine Sch., gen. Schwester Leonilla, als Dolmetscherin hinzu. Am Schlusse des Protokolls wurde bemerkt, daß es den Vertragschließenden vorgelesen, darauf durch den Dolmetscher in polnischer Sprache vorgetragen, demnächst von ihnen genehmigt und eigenhändig unterschrieben worden sei. Die Tochter des Klägers starb, später auch ihr Kind; beide wurden durch den Beklagten beerbt. Dieser ging eine zweite Ehe ein. Zur Auflassung ist es bisher nicht gekommen.

Der Kläger klagt auf Feststellung der Nichtigkeit des Vertrags. Er machte geltend, daß ihm zur Zeit des Vertragsschlusses die Geschäftsfähigkeit gefehlt habe, daß er zum Abschluß durch widerrechtliche Drohung des Beklagten bestimmt und seine Erklärung von ihm angefochten, der Vertrag auch später wieder aufgehoben worden sei. Ferner berief er sich auf Nichtigkeit des Vertrags wegen Verstoßes gegen die guten Sitten sowie wegen Formmangels. In dieser Hinsicht behauptete er, das Protokoll sei nicht von der Schwester Leonilla, sondern vom Bürovorsteher des Notars in polnischer Sprache vorgetragen worden. Der Beklagte bestritt das alles.

Das Landgericht hielt den Formfehler für bewiesen und gab aus diesem Grunde der Klage statt. Das Berufungsgericht wies sie ab. Die Revision des Klägers führte zur Wiederherstellung des ersten Urteils.

Gründe:

Das Berufungsgericht erörtert zunächst die übrigen Klagegründe, hält keinen für tatsächlich begründet und sieht als entscheidend an, ob der Vertrag gegen die Formvorschrift des § 179 FGG. verstoßen habe. Hierzu stellt es fest, daß die Schwester Leonilla den Kaufvertrag weder selbst wörtlich übersetzt noch dem Inhalt nach in polnischer Sprache vorgetragen habe. Die Schwester Leonilla hat als Zeugin bekundet, sie könne wohl polnisch, aber nicht sehr viel, sie habe den Vertragsinhalt in der polnischen Übersetzung des Bürovorstehers nicht verstanden. Spätere Beweiserhebungen haben der Frage gegolten, in welchem Maße die Schwester Leonilla die polnische Sprache beherrsche. Das Berufungsgericht hält nun zwar die Beobachtung der Vorschriften des § 179 Abs. 1 bis 4 FGG., wenn überhaupt ein Dolmetscher zugezogen werde (Abs. 5), für wesentlich, glaubt aber, trotz seiner tatsächlichen Feststellung den Vertrag nicht für nichtig erklären zu können, weil die Möglichkeit bestehe, daß die Schwester Leonilla sich des Bürovorstehers als eines Werkzeugs bedient habe, indem sie ihn habe übersetzen lassen und die Richtigkeit der Übersetzung überwacht habe. Das Berufungsgericht meint, daß ein solches Verfahren dem Gesetze genügt haben würde und daß der Kläger gegenüber der notariellen Urkunde beweisen müsse, es sei nicht so verfahren worden, daß er aber diesen Beweis nicht geführt habe.

Von den prozessualen Bedenken, welche die Revision gegen die Annahme des Berufungsgerichts erhebt, daß möglicherweise so verfahren worden sei, kann abgesehen werden, und ebenso von der Frage, ob die Vermutung des § 418 ZPO. noch anwendbar ist. Denn schon darin muß der Revision beigetreten werden, daß ein solches Verfahren, wie es das Berufungsgericht hier unterstellt, dem Gesetze nicht genügt hätte.

Nach § 179 Abs. 2 FGG. muß das Protokoll dem der deutschen Sprache nicht mächtigen Beteiligten durch den Dolmetscher oder, wenn ein Dolmetscher nicht zugezogen worden ist, durch den Richter oder den Notar in der fremden Sprache vorgetragen werden und die Feststellung enthalten, daß dies geschehen ist. Weder der Wortlaut noch die Entstehungsgeschichte der Vorschrift (Drucks. des Bundesrats Session von 1897 Nr. 100 S. 59, Drucks. des Reichstags 9. Legislaturperiode V. Session 1897/98 Nr. 21 S. 90, Bericht der VI. Kommission Drucks. Nr. 109 S. 70flg.) bieten den geringsten Anhalt dafür, daß dabei an etwas anderes gedacht worden sein könnte als an einen eigenen Vortrag des Dolmetschers oder des Richters oder Notars. Ebensowenig läßt sich mit dem Berufungsgericht der Abs. 5 des § 179, wonach die Wirksamkeit der Beurkundung von der Zuziehung eines Dolmetschers nicht abhängig ist, für eine „weite" Auslegung der vorangehenden Vorschriften verwenden. Diese von der Reichstagskommission eingefügte Vorschrift beruht nach dem Kommissionsbericht (S. 69flg.) auf dem Gedanken, daß die oft streitige Frage, ob die Zuziehung eines Dolmetschers geboten sei — wofür nach der damaligen Fassung die Erklärung eines Beteiligten noch nicht ausreichte — nicht zu Angriffen gegen die Wirksamkeit der Urkunde benutzt werden dürfe. Nirgends ist aber der Gedanke hervorgetreten, daß bei Zuziehung eines Dolmetschers die für diesen Fall gegebenen Vorschriften lässig gehandhabt werden dürften; dagegen spricht schon die gewählte „Muß"-Form (vgl. KG. im Jahrb. Bd. 21 A S. 12; Schlegelberger FGG. § 179 Anm. 3). Nun ist es aber offenbar etwas anderes, ob der Dolmetscher selbst vorträgt oder ob er einen anderen vortragen läßt und diesen nur überwacht; dabei können ihm Übersetzungsfehler leicht entgehen, sei es durch Unaufmerksamkeit, sei es durch Mangel eigener Sprachbeherrschung, wie er hier nach der Aussage der Schwester Leonilla vorgelegen hat. Dem Berufungsgericht kann daher auch nicht zugegeben werden, daß ein solches Verfahren dem, was das Gesetz vorschreibt, gleichwertig sei. Da nach der getroffenen Feststellung die zwingende Vorschrift des § 179 Abs. 2 FGG. nicht beobachtet worden ist, so ergibt sich daraus die Nichtigkeit des Vertrags (§§ 125, 313 BGB.), und es bedarf keiner Untersuchung, ob noch ein anderer von den geltend gemachten Klagegründen zutrifft ....

49. Kann auf dem Wege ergänzender Testamentsauslegung in der Einsetzung der namentlich genannten Ehefrau zur alleinigen Erbin die Einsetzung oder Ersatzberufung der Frau gefunden werden, mit der sich der Erblasser nach dem Tode der im Testament Genannten verheiratet hat?

BGB. §§ 133, 2067 flg.

IV. Zivilsenat. Urt. v. 10. Dezember 1931 i. S. Sch. u. Gen. (Kl.) w. Frau K. (Bekl.). IV 261/31.

I. Landgericht II Berlin.
II. Kammergericht daselbst.

Die Kläger sind die Geschwister des im Jahre 1926 in B. kinderlos gestorbenen Expedienten Karl K. Die Beklagte, Anna geb. G., ist seine Witwe aus seiner dritten Ehe. In zweiter Ehe war er mit Marie geb. H. verheiratet. Während dieser Ehe, die durch den Tod der Frau aufgelöst wurde, hat er das in seinem Nachlaß vorgefundene Testament vom 1. April 1923 errichtet. Es lautet:

Ich ... bestimme hiermit, daß mein gesamter Nachlaß, bestehend in meinem Hause ..., meine gesamte Wirtschaft sowie Barvermögen meiner Frau Marie K. geb. H. geb. den 6. Mai 1864 zu A. Kreis L. als alleiniger Erbin gehört. Meine erste Frau sowie meine Kinder aus erster Ehe sind verstorben. Meine Schwester und Brüder sowie Neffen und Nichten haben keinen Anspruch auf meine Hinterlassenschaft. Dieses mein letzter Wille ist von mir eigenhändig geschrieben und unterschrieben und soll nach meinem Tode Rechtskraft erhalten.

Die Kläger sind der Ansicht, das Testament sei dadurch, daß die als Erbin eingesetzte Frau Marie K. vor dem Erblasser gestorben ist, in vollem Umfang unwirksam geworden; sie seien deshalb neben der Beklagten gesetzliche Miterben. Die Beklagte macht dagegen geltend: Die testamentarische Ausschließung der Geschwister und Geschwisterkinder des Erblassers sei trotz der Unwirksamkeit der Erbeinsetzung der zweiten Ehefrau wirksam geblieben; sie sei deshalb Alleinerbin. Der Erblasser habe stets erklärt, daß das alte Testament bestehen bleiben solle, bis das neue Testament, in dem er sie und ihre Tochter zur Erbin habe einsetzen wollen, errichtet sei, und daß die Geschwister nichts, sie (die Beklagte) vielmehr alles erben solle.

Die Klage richtet sich auf Feststellung des Miterbrechts der Kläger. Das Landgericht erkannte nach dem Klagantrag, das Kammergericht wies die Klage ab. Die Revision der Kläger führte zur Aufhebung und Zurückverweisung.

Aus den Gründen:

Die Entscheidung des Berufungsgerichts beruht auf folgenden Erwägungen: Der Erblasser habe in seinem Testament vom 1. April 1923 dem Wortlaut nach seine zweite Ehefrau als alleinige Erbin eingesetzt. Ob er damit lediglich eine Verfügung zugunsten seiner zweiten Ehefrau oder eine Verfügung zugunsten seiner jeweiligen Ehefrau, also auch der Beklagten, habe treffen wollen, sei gemäß § 133 BGB. durch Auslegung zu erforschen. Danach komme es entsprechend den in RGZ. Bd. 99 S. 82 entwickelten Gesichtspunkten darauf an, ob der Erblasser, wenn er den Fall des Vorversterbens seiner zweiten Frau und seine Wiederverheiratung mit der Beklagten vorausbedacht haben würde, zur Zeit der Testamentserrichtung das Einrücken der neuen Frau gewollt hätte. Das sei zu bejahen. Wenn ein kinderloser Ehemann seine Frau als Erbin einsetze und dabei seine Geschwister übergehe oder von der Erbfolge ausschließe, so könne der Sinn seiner Verfügung nach der Lebenserfahrung nur der sein, vor allem die Ehefrau sicherzustellen. Diese Absicht stelle der Erblasser auf seinen Tod ab. Er wolle also seine ihn überlebende Ehefrau gegen den Zugriff der Verwandten auf seinen Nachlaß schützen. Hätte K. die Möglichkeit in Betracht gezogen, daß die zur Zeit der Testamentserrichtung lebende Ehefrau vor ihm sterben und daß eine andere Frau seine Lebensgefährtin bis zu seinem Tode sein werde, so würde er unbedenklich diese als seine alleinige Erbin eingesetzt haben. Es sei Sache der Kläger gewesen, diese aus der Lebenserfahrung sich ergebende Vermutung zu widerlegen. Das sei ihnen nicht gelungen. Im Gegenteil zeige die Beweisaufnahme, daß der Erblasser den Erbeintritt der dritten Ehefrau an Stelle der zweiten für selbstverständlich gehalten habe.

Das Berufungsgericht sieht hiernach die Beklagte als die alleinige Testamentserbin an. Daß sie dies sei, hatte die Beklagte in den Vorinstanzen selbst nicht behauptet. Sie hatte sich auf das Testament nur dafür berufen, daß es die Geschwister und Geschwisterkinder des Erblassers von der gesetzlichen Erbfolge ausschließe (§ 1938 BGB.) und damit zur Folge habe, daß sie als gesetzliche Erbin die ganze Erbschaft erhalte (§ 1931 Abs. 2 BGB.). Diese Auffassung schloß indessen noch nicht aus, daß das Berufungsgericht aus dem Testament eine Erbeinsetzung der Beklagten entnahm. Denn bei der Auslegung eines Testaments ist der Richter, wie vom Reichsgericht schon oft anerkannt, nicht an die Auffassung der einen oder der anderen Partei gebunden. Die Auslegung des Berufungsgerichts ist jedoch aus folgenden Gründen zu beanstanden:

Hat der Erblasser seine Verwandten oder nächsten Verwandten, seine Haus- oder Geschäftsangestellten oder dergl. ohne nähere Bezeichnung bedacht und ist im Kreise dieser Personen in der Zeit zwischen Testamentserrichtung und Erbfall ein Wechsel eingetreten, so fragt es sich allerdings, nach welchem dieser beiden Zeitpunkte sich die Bedachten und ihr Anteil an der Zuwendung bestimmen. Das Bürgerliche Gesetzbuch gibt für diese Fälle in den §§ 2067 und 2071 Auslegungsregeln, wonach im Zweifel die Zeit des Erbfalls maßgebend ist. Bei Zuwendungen an die „Verwandten" usw. eines anderen kann freie Auslegung zu dem gleichen Ergebnis führen (RG. in Gruch. Bd. 50 S. 386). Für den Fall, daß der Erblasser einen seiner Abkömmlinge bedacht hat und daß dieser nach der Errichtung des Testaments wegfällt, gibt § 2069 BGB. eine Auslegungsregel des Inhalts, daß der Erblasser stillschweigend eine Ersatzberufung zugunsten derjenigen Abkömmlinge des Bedachten erklärt habe, welche bei der gesetzlichen Erbfolge an dessen Stelle berufen wären. Auch wenn eine nicht zu den Abkömmlingen des Erblassers gehörige Person, insbesondere ein anderer naher Angehöriger bedacht ist, kann in der Einsetzung dieser Person ein — wenngleich unvollkommener — Anhalt gefunden werden für einen unter Berücksichtigung von Umständen außerhalb des Testaments festzustellenden weitergehenden, auf die Ersatzberufung der Abkömmlinge des Bedachten gerichteten Willen des Erblassers (WarnRspr. 1911 Nr. 335; Gruch. Bd. 61 S. 324; SeuffArch. Bd. 75 Nr. 37). Im Wege der ergänzenden Testamentsauslegung kann selbst dann eine solche stillschweigende Ersatzberufung angenommen werden, wenn der Erblasser bei der Testamentserrichtung an die Möglichkeit des Wegfalls des Eingesetzten nicht gedacht hat (RGZ. Bd. 99 S. 82 betr. die Erbeinsetzung eines Geschwisterkindes; RGUrt. vom 9. Februar 1928 IV 260/27 in HRR. 1928 Nr. 959 betr. die Erbeinsetzung eines Stiefkindes). Über das Wesen der ergänzenden Testamentsauslegung ist in der ersten der beiden zuletzt angeführten Entscheidungen (S. 85) gesagt: Da die letztwillige Verfügung nicht vor dem Erbfall wirksam werde, könnten in der Zwischenzeit nicht nur beim Gegenstand der Zuwendung, sondern auch beim Personenkreis der Bedachten Änderungen vorkommen. Das Gesetz gebe für einzelne solcher Fälle Auslegungsregeln. In den durch diese Regeln gewiesenen Richtungen sei auch in anderen Fällen sachlicher oder persönlicher Veränderung durch Auslegung zu ermitteln, was nach der Willenseinstellung des Erblassers zur Zeit, da die Verfügung von ihm getroffen worden, als von ihm gewollt anzusehen sei, sofern er vorausschauend das spätere Ereignis in Betracht gezogen hätte. Bei der so begründeten ergänzenden Testamentsauslegung handelt es sich nicht mehr darum, daß der (erwiesenermaßen oder auch nur mutmaßlich) wirkliche Wille des Erblassers zur Geltung gebracht werde, sondern um die Berücksichtigung eines unwirklichen (sog. irrealen oder hypothetischen) Willens, eines Willens, der vermutlich wirklich wäre, w e n n der Erblasser bei der Testamentserrichtung die künftige Entwicklung wenigstens als möglich vorausgesehen hätte. Eine derartige Willensergänzung kann nur vorgenommen werden, wenn die für die Zeit der Testamentserrichtung an Hand des Testaments, gegebenenfalls unter Zuhilfenahme von Umständen außerhalb des Testaments oder der allgemeinen Lebenserfahrung festzustellende Willensrichtung des Erblassers dafür eine genügende Grundlage bietet. Das Berufungsgericht, das auf RGZ. Bd. 99 S. 82 Bezug nimmt, gelangt nur dadurch zu einer äußerlichen Anschließung an diese Entscheidung, daß es den Erfahrungssatz aufstellt, ein kinderloser Ehemann, der unter Übergehung oder Ausschließung seiner Geschwister seine namentlich genannte Frau als Alleinerbin einsetze, würde, wenn er die Möglichkeit des Vorablebens der eingesetzten und seiner Wiederverheiratung mit einer ihn überlebenden anderen Frau bedacht hätte, diese Frau als seine alleinige Erbin eingesetzt haben. Ein solcher Erfahrungssatz kann aber nicht anerkannt werden.

Daß ein Erblasser (so, wie man wohl zugunsten der jeweiligen Haus- oder Geschäftsangestellten oder zugunsten der Verwandten, die jeweils zu den gesetzlichen Erben gehören, eine letztwillige Verfügung trifft) seine jeweilige Ehefrau als Erbin einsetzen oder bei der Einsetzung der benannten Ehefrau für den Fall ihres vorzeitigen Todes und seiner Wiederverheiratung seine künftige Ehefrau als Ersatzerbin berufen sollte, wird kaum jemals vorkommen oder vorgekommen sein. Dem erkennenden Senat und seinen Mitgliedern, die zum Teil seit langen Jahren mit Testamenten befaßt sind, ist jedenfalls noch kein Testament vorgekommen, das so lautete oder bei dem streitig gewesen wäre, ob es so gemeint sein könnte. Sollte einem Erblasser, der so, wie K. es getan hat, zu testieren beabsichtigte, unwahrscheinlicherweise einmal vorgehalten werden, ob er nicht auch den Fall, daß er seine Frau überleben und sich dann wieder verheiraten könnte, in Betracht ziehen und für diesen Fall seine künftige Ehefrau als Erbin einsetzen wolle, so würde er, wenn er dem Gedanken überhaupt nachginge, sicherlich etwa erwidern, daß er sich seine Entschließung hierüber vorbehalten müßte, bis er wüßte, mit wem und unter welchen Umständen er sich wieder verheiraten würde. Davon, daß es Aufgabe der Kläger wäre, eine aus der Lebenserfahrung für die Erbeinsetzung der Beklagten sprechende Vermutung zu widerlegen, kann hiernach keine Rede sein.

Welches Willens der Erblasser, nachdem seine im Testament genannte Ehefrau gestorben war, in der Zeit seiner bevorstehenden Wiederverheiratung mit der Beklagten und nach dieser Wiederverheiratung über seine Beerbung gewesen ist, hat keine Bedeutung für die vom Berufungsgericht aufgeworfene und bejahte Frage, ob das Testament eine Erbeinsetzung der Beklagten enthalte. Für diese Frage ist es auch unerheblich, ob der Erblasser in der damaligen Zeit die Meinung geäußert hat, daß durch sein Testament seine Geschwister und Geschwisterkinder dauernd von seiner Beerbung ausgeschlossen seien; unerheblich selbst dann, wenn diese späteren Meinungsäußerungen für den zur Zeit der Testamentserrichtung gewollten Sinn und für die Tragweite des die Geschwister und Geschwisterkinder betreffenden Testamentssatzes Beweiswert haben sollten. Auf das Ergebnis des im Berufungsurteil erwähnten Zeugenbeweises, den das Landgericht zur Feststellung der Bedeutung jenes Testamentssatzes erhoben hat, kommt es hiernach in diesem Zusammenhang nicht an.

Somit ist die im Berufungsurteil ausgesprochene Willensergänzung als unzulässig abzulehnen. Demjenigen Willen des Erblassers, welcher im Testament einen ganz unzweideutigen Ausdruck gefunden hat, läuft die Annahme einer Erbeinsetzung der Beklagten geradezu zuwider.

Aus diesen Gründen unterliegt das Berufungsurteil der Aufhebung. Die Sache muß an das Berufungsgericht zurückverwiesen werden, damit es dazu Stellung nehme, ob die Beklagte infolge testamentarischer Ausschließung der Geschwister und Geschwisterkinder von der gesetzlichen Erbfolge *gesetzliche* Alleinerbin geworden ist. Die Entscheidung über diese vom Landgericht verneinte, vom Berufungsgericht noch nicht geprüfte Frage hängt in erster Linie davon ab, ob der Erblasser mit dem Satze im Testament, wonach seine „Schwester und Brüder" (sollte wohl heißen seine Schwestern und sein Bruder) keinen Anspruch auf seine Hinterlassenschaft „haben", überhaupt eine *Verfügung* treffen und nicht vielleicht nur, wie er im vorhergehenden Satz eine berichtende Begründung für die Berufung seiner Frau zur alleinigen Erbin gibt, eine erläuternde Folgerung aus dieser Erbeinsetzung ziehen wollte. Nur wenn die Niederlegung einer Verfügung in dem Satze zu bejahen ist, fragt es sich weiter, ob die infolge des Vorversterbens der eingesetzten Erbin eingetretene Unwirksamkeit der Erbeinsetzung die Unwirksamkeit der Erbausschließung der Geschwister und Geschwisterkinder zur Folge hat. Dies trifft nach § 2085 BGB. bloß dann zu, wenn anzunehmen ist, daß der Erblasser die zweite Verfügung ohne die unwirksame Einsetzung nicht getroffen hätte. Es muß zunächst dem Berufungsgericht überlassen werden, unter beiden Gesichtspunkten den Sach- und Streitstand, die bereits erhobenen Beweise und die noch unerledigten Beweisanträge zu würdigen.

50. Zur Rückwirkung der Genehmigung.

BGB. § 184.

V. Zivilsenat. Urt. v. 16. Dezember 1931 i. S. Frau H. (Kl.) w. Emil M. (Bekl.). V 164/31.

I. Landgericht I Berlin.
II. Kammergericht daselbst.

Die Klägerin begehrt vom Beklagten die Bewilligung der Löschung einer auf ihrem Hausgrundstück für ihn eingetragenen Grundschuld von 10000 RM., die sie, als von einem Unbefugten bestellt, nicht als wirksam gelten lassen will. Nachdem das frühere, der Klage stattgebende Berufungsurteil vom erkennenden Senat aufgehoben worden war, hat das Berufungsgericht die Klage nunmehr abgewiesen. Die neue, jetzt von der Klägerin eingelegte Revision führte wiederum zur Aufhebung und Zurückverweisung. Auf den Abdruck des früheren Revisionsurteils in RGZ. Bd. 131 S. 64 wird Bezug genommen.

Gründe:

Der Begründung des früheren Revisionsurteils folgend nimmt das Berufungsgericht nunmehr an, daß der Grundschuldbestellung vom 3./12. Juni 1924 der Schutz des öffentlichen Glaubens des Grundbuchs nach § 892 BGB. nicht schon aus dem Grunde versagt werden konnte, weil infolge der wirtschaftlichen Beherrschung des Grundstücks durch Eugen M. Personengleichheit auf der Besteller- und der Empfängerseite bestanden habe. Demnach prüft der Berufungsrichter zunächst für den Juni 1924 — da ein Widerspruch gegen die Richtigkeit der Eigentümereintragung damals noch nicht im Grundbuch vermerkt war — mit Recht, ob etwa der erwerbenden Grundstücksgesellschaft in der Person ihres alleinigen Gesellschafters und Geschäftsführers Eugen M. zur Zeit des Erwerbs der Grundschuld die Unrichtigkeit des Grundbuchs bekannt gewesen sei. Aus tatsächlichen Gründen gelangt er dazu, dies deshalb zu verneinen, weil erst im Sommer 1925 die Versuche eingesetzt hätten, aus einem Schwarzvertrag in Verbindung mit dem preußischen Grundstücksverkehrsgesetz das Ergebnis herzuleiten, daß das Eigentum an dem verkauften Grundstück trotz Auflassung und Umschreibung im Grundbuch beim Veräußerer verblieben sei. Diese Annahme ist freilich nicht haltbar; denn am 8. Juli 1925 hat schon das Reichsgericht in einer noch im Jahre 1924 bei ihm eingegangenen Revisionssache auf eine Klage entschieden, mit der die Nichtigkeit einer Grundstücksveräußerung wegen ungenehmigten Schwarzverkaufs geltend gemacht war, vgl. RGZ. Bd. 111 S. 239. Dennoch ist für den Juni 1924 die tatsächliche Schlußfeststellung des Berufungsgerichts aus Rechtsgründen nicht zu beanstanden, daß Eugen M. damals die Unrichtigkeit der Eigentumsumschreibung auf die Aktiengesellschaft T. als Schwarzkäuferin nicht erkannt habe, möge ihm auch die Tatsache des Schwarzkaufs bekannt gewesen sein. Die Revision hat insoweit lediglich um Nachprüfung gebeten.

Zutreffend führt das Berufungsgericht weiter aus, daß, wenn schon die Rechtsvorgängerin des Beklagten die Grundschuld kraft des öffentlichen Glaubens des Grundbuchs unanfechtbar erworben hatte, dem Beklagten die eigene Kenntnis der Unrichtigkeit des Grundbuchs nicht mehr schaden konnte, sodaß es, falls sich nicht von anderer Seite her Bedenken gegen die Gültigkeit des Vorerwerbs oder seines eigenen ergaben, keiner weiteren Prüfung nach jener Richtung bedurfte. Auch konnten unter dieser Voraussetzung Widersprüche gegen die Eintragung der Aktiengesellschaft T. als Eigentümerin, die zugunsten der Klägerin, jedoch erst nach dem Grundschulderwerb der Grundstücksgesellschaft, ins Grundbuch gelangt waren, den Abtretungserwerb des Beklagten nicht hindern, während unstreitig ein Widerspruch gegen den rechtlichen Bestand der Grundschuld selbst erst nach der Abtretung an den Beklagten eingetragen worden ist.

Die Klägerin hat aber die Wirksamkeit der Grundschuldbestellung vom Juni 1924 mit der Begründung angegriffen, daß die Vollmacht der Aktiengesellschaft T., auf Grund deren Eugen M. die Grundschuld bestellte, von vornherein ungültig gewesen oder doch vor der Grundschuldbestellung durch Widerruf hinfällig geworden sei. Diesen Angriffen hat der Berufungsrichter mit Recht nicht schon deshalb die Beachtung versagt, weil die Grundstücksgesellschaft gutgläubig erworben habe; denn der öffentliche Glaube des Grundbuchs erstreckt sich nicht auf die Vertretungsmacht eines Bevollmächtigten des eingetragenen Berechtigten. Er hat sich aber einer weiteren Erörterung der Vollmachtfrage aus dem Grunde für überhoben erachtet, weil etwaige Mängel der Vollmacht rückwirkend dadurch geheilt worden seien, daß in einem Vergleich zwischen der Aktiengesellschaft T. und Eugen M. vom 9. November 1927 das damals berechtigte Organ dieser Gesellschaft, ihr allein vertretungsberechtigter Liquidator, die Erteilung der Vollmacht an Eugen M. und das von diesem vermöge der Vollmacht vorgenommene Rechtsgeschäft der Grundschuldbestellung genehmigt habe. Hierin kann dem Vorderrichter nicht gefolgt werden.

Zwar war das Berufungsgericht an der Berücksichtigung einer Genehmigung vom November 1927 nicht etwa — nach § 565 Abs. 2 ZPO. — deshalb gehindert, weil im früheren Revisionsurteil für die Prüfung der Gutgläubigkeit der Grundstücksgesellschaft auf „die Zeit, als Eugen M. das Grundstück zu ihren Gunsten belastete", in dem Sinne abgestellt worden sei, daß es hierfür unter allen Umständen auf den Juni 1924 ankomme. Gemeint war damit immer nur, wie es auch das Berufungsgericht durch Eingehen auf die spätere Genehmigung richtig verstanden hat, die für die Frage einer wirksamen Belastung rechtlich maßgebende Zeit. In seinen Erörterungen über die Rückwirkung der aus dem Vergleich vom 9. November 1927 entnommenen Genehmigung hat sich nun das Berufungsgericht zunächst nur mit der Frage einer Genehmigung der Vollmacht des B. auf Eugen M. vom 20. Mai 1924 befaßt, indem es offenbar davon ausging, daß durch die Genehmigung dieser Vollmacht kraft ihrer Rückwirkung nach § 184 Abs. 1 BGB. auch der Mangel geheilt sei, der den auf Grund der Vollmacht getroffenen rechtsgeschäftlichen Verfügungen bisher anhaftete. An einer späteren Stelle der Begründung bezeichnet es aber auch die Verfügungen selbst, die Eugen M. auf Grund der Vollmacht getroffen habe, als durch den Vergleich vom 9. November 1927 genehmigt. Ob der Vorderrichter hierbei eine selbständige Genehmigung dieser Verfügungen oder nur die mittelbar durch die Genehmigung der Vollmacht eintretende Wirkung im Auge hatte, ist seinen Ausführungen nicht mit voller Deutlichkeit zu entnehmen. Jedenfalls fehlt es an einer näheren Darlegung darüber, woraus das Berufungsgericht neben der Genehmigung der Vollmacht noch eine besondere Genehmigung der streitigen Grundschuldbestellung vom 3./12. Juni 1924, als im Vergleich zum Ausdruck gelangt, folgert. Das kann aber dahingestellt bleiben, und es bedarf zur Zeit auch keines Eingehens auf rechtliche

Bedenken, die bezüglich entsprechender Anwendung des § 184 Abs. 1 BGB. auf eine Vollmachterteilung als einseitiges Rechtsgeschäft aus §§ 180, 177 BGB. hergeleitet werden könnten, zumal dann, wenn ein Widerruf der ohne Vertretungsmacht erteilten Vollmacht in der Zeit zwischen Erteilung und Genehmigung in Frage kam, der nur eine Wiederherstellung der erloschenen Vollmacht als möglich erscheinen lassen könnte.

Denn der Wirksamkeit einer durch die Aktiengesellschaft T. erst am 9. November 1927 erklärten Genehmigung würden im vorliegenden Falle die von der Klägerin schon mit der Klage geltend gemachten Widersprüche entgegenstehen, die bereits am 14. Juli und 27. August 1925 gegen das Eigentum der Aktiengesellschaft T. im Grundbuch eingetragen worden sein sollen. Das Berufungsgericht ist auf diese Widerspruchseintragungen nicht eingegangen, offenbar weil es sie gegenüber der Rückwirkungsvorschrift des § 184 Abs. 1 BGB. für unerheblich hielt, da auch in der Erwirkung eines Widerspruchs durch einstweilige Verfügung keine im Zwangswege gegen den Verfügungsberechtigten getroffene Verfügung im Sinne des § 184 Abs. 2 zu erblicken sei. Hierbei würde jedoch die Bedeutung der Vorschrift des § 184 Abs. 1 überspannt sein, indem in den Bereich der Wirkungen einer Genehmigung auch die Heilung von Mängeln der Voraussetzungen ihrer Wirksamkeit einbezogen wird. Wenn § 184 Abs. 1 einer nachträglichen Zustimmung (Genehmigung) Rückwirkung zuschreibt auf den Zeitpunkt der Vornahme des genehmigten Rechtsgeschäfts, so ist dabei doch unerläßliche Voraussetzung, daß eine wirksame Genehmigung vorliegt, d. h. eine Genehmigung dessen, der durch seine Zustimmung dem bisher noch bestehenden Mangel des Rechtsgeschäfts abzuhelfen die rechtliche Macht besitzt, und es kann die Frage, ob er diese Macht besitzt, nicht beantwortet werden auf Grund einer Vorschrift, die nur die rechtlichen Folgen einer wirksamen Genehmigung regelt, jene also voraussetzt. Nun wird allerdings im Grundbuchverkehr kraft Gesetzes (§ 892 BGB.) zugunsten des gutgläubigen rechtsgeschäftlichen Erwerbers von der rechtlichen Verfügungsmacht — und daher auch von der Genehmigungsmacht nach §§ 184 flg. — dessen ausgegangen, der im Grundbuch als Berechtigter eingetragen ist. Aber da es sich hier um eine Voraussetzung für die Berechtigung und für die Wirksamkeit der Genehmigung, nicht um die Folge und Wirkung einer schon als berechtigt und wirksam feststehenden Genehmigung handelt, so kann für die Frage, ob die Voraussetzungen des Gutgläubigkeitsschutzes vorliegen, nicht der Zeitpunkt der Vornahme des Rechtsgeschäfts, den § 184 Abs. 1 im Auge hat, sondern nur der Zeitpunkt der Genehmigung selbst maßgebend sein als derjenige, nach dem sich ihre Berechtigung und Wirksamkeit zu bestimmen hat. Dies ist vielfach verkannt worden, und man hat daher dem § 184 Abs. 1 eine Tragweite beigemessen, die ihm nicht zukommt (vgl. Planck-Strecker 5. Aufl. § 892 Erl. II 2cα Abs. 4 S. 277, Erl. II 2dε Abs. 5 S. 281 mit Nachw.; dagegen Raape ArchZivPrax. Bd. 121 S. 289flg.; D. Cohn JRsch. 1927 S. 343). Allerdings hat sich auf den abweichenden Standpunkt auch das Urteil des erkennenden Senats vom 14. Oktober 1908 (RGZ. Bd. 69 S. 263) gestellt, das von den Vertretern der Gegenmeinung meist ohne nähere Erörterung angezogen wird. Es handelte sich dort um einen dem vorliegenden ähnlichen Fall, indem eine von einem Vertreter ohne Vertretungsmacht erklärte Abtretung einer nichtigen Hypothek von dem eingetragenen Gläubiger durch dessen befugten gesetzlichen Vertreter erst genehmigt wurde, nachdem ein Widerspruch gegen die Richtigkeit des Grundbuchs in Ansehung der Hypothek für den Grundstückseigentümer eingetragen worden war. Die Entscheidung erging zugunsten des vom Eigentümer auf Löschungsbewilligung verklagten Zessionars der Hypothek, weil ihm zwar nicht mehr zur Zeit der Genehmigung, wohl aber im Zeitpunkt der Abtretung in Ansehung des Rechts seiner (demnächst wegen Geistesschwäche entmündigten) Zedentin der öffentliche Glaube des Grundbuchs zur Seite gestanden habe und weil nach § 184 Abs. 1 der Zeitpunkt der Abtretung maßgebend sei, nachdem den Mangel der Vertretungsbefugnis des damaligen Bevollmächtigten der Zedentin die spätere Genehmigung des ihr bestellten Vormunds (und des Vormundschaftsgerichts) rückwirkend geheilt habe. Wenn nun dort in diesem Zusammenhang gesagt ist, dem verklagten Zessionar sei nach dem Gesetze „in allen rechtlichen Beziehungen die Rechtsstellung zuzuweisen, die er eingenommen hätte, wenn der Übertragungsakt von vornherein rechtswirksam gewesen wäre", so kann das in dieser Allgemeinheit nicht aufrecht erhalten werden. Die Rückwirkung der Genehmigung kann sich nicht auf deren eigene Voraussetzungen erstrecken; die Wirkung eines rechtlichen

Ereignisses kann begrifflich nicht so weit gehen, daß sie erst die Voraussetzungen schüfe, von denen die rechtliche Wirksamkeit des Ereignisses und damit auch sie selbst abhängt. Dem steht auch nicht entgegen, daß die Eintragung eines Widerspruchs im Grundbuch keine Verfügung darstellt. Denn § 184 Abs. 2 BGB. kommt nicht in Betracht. Bei dieser Vorschrift handelt es sich um mehrere Verfügungen des wirklich Berechtigten, deren Widerstreit zuungunsten der Rückwirkung gelöst wird. Hier steht dagegen der Gegensatz der Verfügung eines Scheinberechtigten zum Recht des wirklichen Rechtsinhabers in Frage, und die Genehmigung des Scheinberechtigten kann nicht kraft des öffentlichen Glaubens des Grundbuchs zur Wirksamkeit und insbesondere nicht zu rückwirkender Kraft gelangen, wenn die Grundlage ihrer Wirksamkeit, der öffentliche Glaube des Grundbuchs, zur Zeit ihres Inslebentretens infolge der Eintragung eines Widerspruchs nicht mehr bestand.

Im vorliegenden Falle war die Aktiengesellschaft T., wie jetzt unstreitig ist, nicht Eigentümerin des Grundstücks und besaß daher nicht die rechtliche Macht, das Grundstück mit einer Grundschuld zu belasten. Als Nicht-Verfügungsberechtigte konnte sie auch nicht eine von einem Vertreter ohne Vertretungsmacht vorgenommene Belastung im Sinne des § 184 Abs. 1 wirksam genehmigen; die Frage nach den Wirkungen einer solchen Genehmigung aber konnte erst von Bedeutung werden, wenn die Genehmigung selbst in ihrer Wirksamkeit feststand. Allerdings konnte zugunsten des rechtsgeschäftlichen Erwerbers eines Rechts am Grundstück der Mangel der Verfügungsbefugnis durch den öffentlichen Glauben des Grundbuchs ergänzt werden. War aber die das Grundstück belastende Verfügung zunächst von einem Vertreter ohne Vertretungsmacht ausgegangen und wurde dieser Mangel der Begründung der Grundschuld erst nachträglich durch die Genehmigung des Vertretenen ergänzt, so mußte der öffentliche Glaube des Grundbuchs noch im Augenblick der Genehmigung wirksam sein. Denn er erst ersetzte das, was der Genehmigung des Nichtberechtigten fehlte, um wirksam zu werden und insbesondere die Rückwirkung gemäß § 184 Abs. 1 überhaupt äußern zu können. Er selbst steht außerhalb des Bereichs dieser Rückwirkung. Kam es hiernach darauf an, ob der durch Eugen M. vertretenen Grundstücksgesellschaft noch zur Zeit der Genehmigung der Grundschuldbestellung durch den Vergleich vom 9. November 1927 der öffentliche

Glaube des Grundbuchs zur Seite stand, so hatte das Berufungsgericht die Kenntnis des Eugen M. von der Unrichtigkeit des Grundbuchs nach dem Zeitpunkt der Genehmigung zu beurteilen und namentlich die etwa seit dem 14. Juli und 27. August 1925 gegen das Eigentum der Aktiengesellschaft T. und damit auch gegen ihre Verfügungs- und Genehmigungsmacht eingetragenen Widersprüche zu beachten, die nach § 892 BGB. einen gutgläubigen Erwerb der Grundschuld ausschlossen. Dieses Ergebnis läßt sich auch nicht dadurch vermeiden, daß man die Grundschuldbestellung als unmittelbaren Gegenstand der Genehmigung beiseiteschiebt, um auf dem Wege über die Genehmigung der Vollmacht zur rückwirkenden Heilung des Mangels der Grundschuldeinräumung zu gelangen. Denn mochte auch die Aktiengesellschaft T. noch am 9. November 1927 zur Genehmigung einer (noch nicht erloschenen) Vollmacht des B. auf Eugen M. in der Lage sein, so stand doch diese Vollmachterteilung nicht unter dem öffentlichen Glauben des Grundbuchs. Solche Genehmigung konnte wohl den Mangel der Vertretungsmacht heilen, nicht aber den der sachlichen Verfügungsbefugnis; diesem Mangel war vielmehr nur durch einen zur Zeit der Genehmigung noch fortbestehenden öffentlichen Glauben des Grundbuchs abzuhelfen.

Mit seiner bisherigen Begründung ließ sich hiernach das Berufungsurteil nicht aufrecht erhalten. Kommt es auf die Genehmigung der Grundschuldbestellung durch den Vergleich vom 9. November 1927 nicht an, so erübrigt sich auch, jedenfalls zur Zeit, eine Nachprüfung der Beurteilung, die das Berufungsgericht den gegen die Beachtlichkeit dieses Vergleichs gerichteten weiteren Angriffen der Klägerin hat zuteil werden lassen. Der Berufungsrichter wird zutreffendenfalls die Wirksamkeit des Erwerbs der Grundschuld durch die Grundstücksgesellschaft unabhängig von einer Genehmigung durch den Vergleich vom 9. November 1927 zu untersuchen haben. Er wird dazu den bisher offen gelassenen Fragen nähertreten müssen, ob B., der dem Eugen M. die Vollmacht vom 20. Mai 1924 als „alleiniger Vorstand der Aktiengesellschaft für Treuhandinteressen, jetzt Aktiengesellschaft für Treuhandinteressen Zweigniederlassung B." erteilte, dabei als befugter Vertreter dieser Gesellschaft (Aktiengesellschaft T.) handelte (vgl. über die Vertretung der Zweigniederlassung einer Aktiengesellschaft Staub-Pinner HGB. Anm. 9 zu § 201,

Anm. 12 zu § 235) und ob die Vollmacht bei Bestellung der streitigen Grundschuld noch bestand oder etwa widerrufen war und mit welcher Wirkung, ob Eugen M. der Beschränkung des § 181 BGB. unterlag usw.

Einer Prüfung und Entscheidung dieser Fragen würde es freilich nicht bedürfen, wenn der Beklagte seinerseits die Grundschuld von der Grundstücksgesellschaft unabhängig von deren Erwerb kraft des öffentlichen Glaubens des Grundbuchs zu eigen erworben hätte. Aber auch diese Frage der Gutgläubigkeit des Beklagten bei seinem Erwerb durch Abtretung seitens der im Grundbuch als Gläubigerin eingetragenen Grundstücksgesellschaft hat das Berufungsgericht bisher offengelassen. Insoweit ist zu den bisherigen Ausführungen des Berufungsurteils nur zu bemerken, daß es auf Rechtsirrtum beruht, wenn der Vorderrichter annimmt, der Beklagte könne sich bei Unwirksamkeit der Vollmacht des B. auf Eugen M. weder auf einen gutgläubigen Erwerb seiner Rechtsvorgängerin noch auf eigenen gutgläubigen Erwerb berufen. Dieser Satz ist nur in seinem ersten Teil richtig. Der (gutgläubige) Erwerb der Grundstücksgesellschaft von der Aktiengesellschaft T. durch B.-Eugen M. war von deren Vertretungsmacht abhängig; dagegen wurde der Erwerb des Beklagten von der Grundstücksgesellschaft, wenn er in Ansehung des Gläubigerrechts der Grundstücksgesellschaft gutgläubig im Sinne des § 892 BGB. war, durch einen ihm nicht bekannten Mangel des Erwerbs seiner Rechtsvorgängerin nicht mehr berührt. Was endlich die Behauptung der Klägerin anlangt, die Grundstücksgesellschaft habe die Grundschuld nur zum Schein an den Beklagten abgetreten, so ist die Erwägung des Berufungsgerichts nicht zwingend, daß Eugen M. sein Ziel, bei dem drohenden Verlust des Grundstücks noch möglichst viel für sich zu retten, durch eine nach § 117 BGB. nichtige Scheinabtretung nicht hätte erreichen können. Denn wer sich auf ein Scheingeschäft einläßt, kann dies auch in der Hoffnung tun, daß er des Scheins nicht überführt werden und daher trotz der Nichtigkeit des Geschäfts die sich nach dem äußeren Schein ergebenden Vorteile genießen werde.

51. Kann der in Anspruch genommene Wechselschuldner der Klage des durch Vollindossament legitimierten Regreßnehmers den Einwand entgegensetzen, daß das Indossament auf einer fiduziarischen Inkassozession beruhe, die sich erledigt habe?

WO. Art. 82. BGB. § 398.

II. Zivilsenat. Urt. v. 4. Dezember 1931 i. S. W. Gu. und H. Gu. (Bekl.) w. Firma Ge. (Kl.). II 328/31.

I. Landgericht Köslin.
II. Oberlandesgericht Stettin.

Die Klägerin ist Inhaberin eines am 30. Juni 1930 fällig gewesenen, vom Zweitbeklagten H. Gu. (alleinigem Revisionskläger) ausgestellten und vom Erstbeklagten W. Gu. akzeptierten Wechsels über 10000 RM., der den Vermerk trägt „Zahlbar bei dem Bankhaus Joh. Kr. in K." und bei Verfall mangels Zahlung protestiert wurde. Mit der im Wechselprozeß erhobenen Klage verlangt die Klägerin gesamtschuldnerische Verurteilung der beiden Beklagten zur Zahlung der Wechselsumme nebst Zinsen und Kosten. Die Beklagten machen geltend, es fehle an einem wirksamen Wechselbegebungsvertrag zwischen der Klägerin und deren Vorindossanten R., auch stehe dem Klaganspruch die Einrede der Arglist entgegen. Der Revisionskläger wendet außerdem ein, der Domizilvermerk sei erst nachträglich ohne seine Genehmigung auf den Wechsel gesetzt worden.

Das Landgericht wies die Klage gegen den Zweitbeklagten durch Teilurteil ab. Das Oberlandesgericht verurteilte ihn nach dem Klagantrag. Seine Revision war erfolglos.

Aus den Gründen:

. . . Wenn die Revision auf die vom Zweitbeklagten in der Schlußverhandlung vor dem Berufungsgericht unter Eid gestellte Behauptung Bezug nimmt, daß die Klägerin auf Grund einer Vereinbarung der Gläubiger des R. vom 19. April 1930 den Klagewechsel zusammen mit anderen Wechseln nur als Treuhänderin zum Inkasso übertragen erhalten habe, so will sie damit auf der einen Seite begründen, daß die Klägerin die vom Zweitbeklagten behauptete Abredewidrigkeit des Domizils, das statt bei der Stadtbank in K. bei dem dortigen Bankhause Kr. gestellt worden sei, gegen sich gelten lassen müsse. Dieser Einwand würde zu seiner Schlüssigkeit indes voraussetzen, daß die Klägerin eben nur Inkassomandatarin ihres Vorindossanten wäre und daß danach Einwendungen, die gegen diesen beständen, auch ihr gegenüber durchgriffen. Nun ist aber nach dem Inhalt des angefochtenen Urteils jenes Mandat unstreitig widerrufen oder jedenfalls mit der Konkurseröffnung über das Vermögen des R. beendet worden, und der Zweitbeklagte leitet auf der anderen Seite gerade daraus den weiteren Einwand her, daß die Klägerin die Berechtigung zur Geltendmachung des Wechsels verloren habe. Er vertritt also insoweit den Standpunkt, daß die Klägerin nicht mehr Inkassomandatarin sei, sondern den Klagewechsel unbefugt für eigene Rechnung geltend mache. Dann entzieht er jedoch seiner Einrede, der Vorindossant der Klägerin habe ein vertragswidriges Domizil eingesetzt, selbst den Boden, weil diese Einrede einem durch Vollindossament ausgewiesenen und den Wechselanspruch aus eigenem Recht verfolgenden Wechselberechtigten nicht entgegengesetzt werden kann. Was aber den Einwand anlangt, das Treuhandverhältnis, auf Grund dessen die Klägerin den Wechsel erlangt habe, sei erledigt, so kommt es auf die insoweit erhobene Prozeßrüge, das Berufungsgericht habe zu Unrecht die Eideszuschiebung des Zweitbeklagten über die Vereinbarung vom 19. April 1930 als verspätet zurückgewiesen, um deswillen nicht an, weil diese Abmachung und der spätere Wegfall des dadurch begründeten Verhältnisses entgegen der Annahme des Berufungsgerichts keinen Einwand gegenüber dem Wechselrecht der Klägerin begründet. In bezug auf die fiduziarische Forderungsabtretung wird allerdings in der Rechtsprechung und im Schrifttum die freilich keineswegs unbestrittene Meinung vertreten, daß der Schuldner gegenüber dem die Forderung trotz Wegfalls des Einziehungsauftrags weiterverfolgenden Zessionar die Einrede der Arglist habe.[1]) Für das Gebiet des wechselrechtlichen Inkassoindossaments ist aber die bisher noch nicht entschiedene Frage jedenfalls zu verneinen, ob einem auf Grund eines Vollindossaments — nicht bloß eines Prokuraindossaments — Wechselberechtigten von einem früheren Wechselschuldner der Einwand entgegengesetzt werden kann,

[1]) RG. im Recht 1917 Nr. 1018; JW. 1903 Beil. S. 53; Lehmann bei Enneccerus BGB. Schuldverh. Bd. 2 S. 273. A. M. RGZ. Bd. 99 S. 143; Staudinger 9. Aufl. Anm. zu § 398 BGB.; Planck-Siber Anm. 1b α zu § 398 BGB. D. E.

daß dem Indossament eine fiduziarische Inkassozession seines Vormanns zugrunde liege und diese sich erledigt habe. Wo der Wechselgläubiger nicht wie ein offener Prokuraindossatar in fremdem Namen, sondern im eigenen Namen handelnd auftritt, wäre es mit der Natur des Wechsels als eines im Interesse seiner Verkehrsfähigkeit strengen Anforderungen in bezug auf Einreden zu unterwerfenden Wertpapiers und mit der gesetzlichen Aufgabe des Indossaments nicht zu vereinigen, wollte man aus dem der Übertragung des Wechsels zugrunde liegenden inneren schuldrechtlichen Verhältnis zwischen Indossanten und Indossatar und insbesondere aus dem Wegfall des treuhänderischen Auftrags dem Wechselschuldner das Recht geben, dem nach Wechselrecht formell und materiell als vollberechtigt ausgewiesenen Inkassoindossatar die Leistung zu verweigern. Eine derartige Einrede geht weder aus dem Wechselrecht selbst hervor, noch steht sie sonst dem Wechselschuldner gegen den Genannten unmittelbar zu, sondern sie ist dem Rechte des Inkassozedenten entnommen, also einem die Schuld des Wechselverpflichteten gar nicht berührenden Rechtsverhältnis des Klägers zu einem Dritten. Der Zweitbeklagte kann also nicht geltend machen, daß die Klägerin ihre treuhänderische Stellung verloren habe, weil ihre etwaige Verpflichtung, den Klagewechsel an R. zurückzugeben, ihr zunächst noch vorhandenes materielles Wechselrecht gar nicht berührt. Es ist sonach unschädlich, wenn der Berufungsrichter auf den angetretenen Eidesbeweis nicht eingegangen ist. Im übrigen hat er aber auch bedenkenfreie tatsächliche Feststellungen getroffen, die das verspätete Eidesvorbringen des Beklagten als auf grober Nachlässigkeit beruhend erscheinen lassen (§ 529 ZPO.).

---

52. Mindert sich dann, wenn mehrere einen Unfall verschuldet haben, wovon einer, ein Unternehmer, einer Unfall-Berufsgenossenschaft angeschlossen ist, der Rückgriffsanspruch der Berufsgenossenschaft nach § 1542 RVO. um denjenigen Betrag, den der Unternehmer zur Entschädigung beizutragen hätte?

RVO. §§ 898, 1542. HGB. § 736. BGB. § 426.

I. Zivilsenat. Urt. v. 12. Dezember 1931 i. S. The General Steam Navigation Comp. Ltd. (Bekl.) w. Elbeschiffahrts-Berufsgenossenschaft (Kl.). I 145/31.

I. Landgericht Hamburg, Kammer für Handelssachen.
II. Oberlandesgericht daselbst.

Am 7. Dezember 1927 stieß der Dampfer „Auk“, Eigentum der Beklagten, mit dem Schlepper „Joh. Körner III“, Eigentum der Firma E. K., auf der Elbe unweit der Einfahrt in den Altonaer Hafen zusammen. Infolge dieses Zusammenstoßes ist der Schlepper gesunken und sein Maschinist B. ertrunken.

Die Klägerin hat als Versicherungsträgerin im Sinne der Reichsversicherungsordnung an Stelle der Firma E. K. an die Witwe des Maschinisten Zahlungen geleistet, macht deswegen gegen die Beklagte gemäß § 1542 RVO. Ersatzansprüche geltend und hat Klage auf Zahlung und Feststellung erhoben. Sie behauptet, daß die Führung des Dampfers „Auk“ den Unfall verschuldet habe und daß daher die Witwe B. wegen des Todes ihres Mannes Ansprüche gegen die Beklagte erlangt habe, welche in Höhe der von der Klägerin an die Witwe geleisteten und noch zu leistenden Zahlungen auf die Klägerin übergegangen seien. Die Vordergerichte haben der Klage stattgegeben. Die Revision hatte teilweise Erfolg.

Aus den Gründen:

Die Annahme des Berufungsgerichts, daß der Tod des Maschinisten B. auf den von der Führung des „Auk“ — neben der Schlepperführung — mitverschuldeten Zusammenstoß zurückzuführen sei, ist tatsächlicher Natur und von der Revision nicht beanstandet worden. Dementsprechend ist mit dem Berufungsgericht anzunehmen, daß die Beklagte der Witwe B. nach § 736 Abs. 2 HGB., §§ 823, 840, 844 BGB. grundsätzlich haftpflichtig ist. Es fragt sich, ob hieran etwas durch die Vorschriften der §§ 898, 1542 RVO. geändert wird.

Durch § 898 RVO. ist die Haftung der Betriebsunternehmerin (und Eigentümerin des Schleppers), der Firma E. K., aus der fahrlässigen (mitverschuldeten) Herbeiführung des Unfalls gegenüber der Witwe des durch den Unfall zu Tode gekommenen Maschinisten B. ausgeschlossen. Anderseits ist nach § 1542 RVO. der Anspruch der Witwe B. auf Schadensersatz gegenüber anderen Schädigern, die bei der Entstehung des Unfalls fahrlässig mitgewirkt haben und nicht zu den an der Unfallversicherung beteiligten Unternehmern gehören, auf die klagende Berufsgenossenschaft insoweit übergegangen, als letztere der entschädigungsberechtigten Witwe B. auf Grund der Unfallversicherung Leistungen gewährt und noch zu gewähren hat.

Dies gilt jedoch insoweit nicht, als es sich um einen Anspruch gegen den Unternehmer selbst, hier die Firma E. K., handelt.

Diese Rechtslage äußert ihre Wirkung in doppelter Weise. Einmal tritt die Berufsgenossenschaft gegenüber den Ersatzpflichtigen, soweit sie nicht Unternehmer im Sinne der Reichsversicherungsordnung sind, als Rechtsnachfolgerin gemäß dem Umfang ihrer Leistungen in die Ansprüche der Entschädigungsberechtigten ein. Anderseits muß sie sich von etwaigen Mitschuldnern die Einwendungen entgegensetzen lassen, die gegen den Betriebsunternehmer hätten erhoben werden können, wenn dieser, wie es ohne die Versicherung seine Pflicht gewesen wäre, die Leistungen gemacht oder zu machen hätte. Denn im Verhältnis zum Unternehmer wirkt die Unfallversicherung ähnlich wie eine private Haftpflichtversicherung (s. auch Krohne-Sauerborn Handkommentar zur RVO. § 898 Anm. 1; RGZ. Bd. 74 S. 29). Soweit der Unternehmer aus Fahrlässigkeit den Entschädigungsberechtigten zu haften hätte, tritt für ihn kraft Gesetzes mit befreiender Wirkung die Berufsgenossenschaft ein. Durch diese gesetzliche Regelung werden aber die Rechte von Mitverpflichteten nicht beeinträchtigt. Sie können dadurch, daß die Berufsgenossenschaft die Schadensersatzpflicht des Unternehmers erfüllt oder noch zu erfüllen hat, nicht in weiterem Umfang haftbar werden, als sie es wären, wenn die Sonderregelung nach der Reichs-Unfallversicherung nicht bestände.

Nach § 736 Abs. 2 HGB. haften nun die Beklagte und die Firma E. K. für die durch den Unfall herbeigeführte Personenschädigung als Gesamtschuldner, und zwar im vorliegenden Falle derart, daß sie im Innenverhältnis zu gleichen Anteilen verpflichtet sind. Soweit ein Gesamtschuldner den Gläubiger befriedigt und von den übrigen Schuldnern Ausgleichung verlangen kann, geht die Forderung gegen die übrigen Schuldner auf ihn über. Sein Anspruch gegen die Mitgesamtschuldner ist also auf den Betrag der Ausgleichsforderung beschränkt.

Daraus ergibt sich folgendes: Da die Klägerin nicht nur als Rechtsnachfolgerin der entschädigungsberechtigten Witwe B. anzusehen, sondern zugleich als diejenige Rechtspersönlichkeit zu betrachten ist, welche die Firma E. K. von ihrer gesamtschuldnerischen Verbindlichkeit befreit hat und kraft Gesetzes befreien mußte, so hat sie gegenüber der Beklagten einen Anspruch nur in der Höhe, die um den Anteil gemindert ist, den an sich die Firma E. K. zur Entschädigung beizutragen hätte, also nur in Höhe von 50%. Auf ähnlichen Erwägungen beruhen die Urteile vom 21. April 1921 VI 34/21 und vom 9. Oktober 1924 IV 182/24, in denen ausgesprochen ist, daß dem Anspruch der Berufsgenossenschaft der Einwand des mitwirkenden Verschuldens aus § 254 BGB. entgegengesetzt werden kann.

Allerdings hat die Beklagte den Ausgleichungseinwand in den Vorinstanzen nicht erhoben. Das hindert aber nicht seine Berücksichtigung in der Revisionsinstanz, da sich der Anspruch der Klägerin von vornherein kraft Gesetzes um den auf die Firma E. K. als Gesamtschuldnerin entfallenden Anteil verringerte (RGZ. Bd. 79 S. 290).

---

53. Kann der Miterbe bei schon geteiltem Nachlaß noch einen Erbschaftskauf abschließen?

BGB. §§ 2033, 2371 flg. Preuß. Stempelsteuergesetz vom 16. März 1924 (GS. S. 139) Tarifstelle 32 Abs. 1 zu c.

VII. Zivilsenat. Urt. v. 15. Dezember 1931 i. S. Preuß. Staat (Bekl.) w. A. (Kl.). VII 217/31.

I. Landgericht I Berlin.
II. Kammergericht daselbst.

Am 7. Juni 1924 hat der Kläger mit seiner Schwester, der Frau K. geb. A. in Rom, unter Zustimmung ihres Ehemanns zu notariellem Protokoll einen Vertrag geschlossen, in dem es heißt:

§ 1.

Der Vater der Frau K. und des Herrn Fr. A. (Kläger), der am 28. Januar 1911 verstorbene Rentier A. A., hat in seinem ... Testament u. a. bestimmt, daß seine beiden Kinder seine Erben je zur Hälfte sein sollen, daß jedoch die von ihm ernannten Testamentsvollstrecker ein Drittel des Erbteils der beiden Kinder auch über den für die Teilung des Nachlasses bestimmten Zeitpunkt hinaus bis zum Tode des jüngsten seiner Erben verwalten sollen.

Als Testamentsvollstrecker ... sind zur Zeit im Amt ... Diese verwalten für Frau K. auf Grund der ihnen erteilten testamentarischen Bestimmungen

a) . . . Aktien der A. Aktiengesellschaft,

b) . . . Aktien der D. Bank in Berlin,

c) . . . Kommanditanteile der . . . Di.-Gesellschaft in Berlin.

Frau K. hat gegen die Testamentsvollstrecker beim Tode des Herrn Fr. A. einen Anspruch auf Ausantwortung der Aktien bezw., falls die Testamentsvollstrecker in der Zwischenzeit über die Aktien in irgendwelcher Weise verfügt haben, auf dasjenige, was für die Aktien von den Testamentsvollstreckern erhalten worden ist. Diesen Anspruch auf Ausantwortung des letzten Drittels ihres Erbteils und überhaupt alle und jede Rechte, die der Frau K. an dem Nachlasse ihres verstorbenen Vaters zustehen, d. h. den Erbanteil selbst, tritt sie hiermit für sich und ihre Erben gleichzeitig mit dem Anspruch auf Ausantwortung der für die Zeit vom 1. Januar 1924 auf dieses Drittel der Erbschaft entfallenden Jahresgewinnanteile oder Zinsen an Herrn Fr. A. mit allen testamentarischen Lasten und Beschränkungen ab.

Die Übertragung der vorbezeichneten Rechte erfolgt ohne jede Gewähr . . .

§ 2.

Als Entgelt für die Abtretung gewährt Herr Fr. A. der Frau K. . . . die Summe von . . . Mark . . .

§ 3.

Als weiteres Entgelt gewährt Herr Fr. A. der Frau K. eine jährliche Rente . . .

§ 9.

Für alle Streitigkeiten aus diesem Vertrage wird unter Ausschluß des Rechtswegs die Zuständigkeit eines Schiedsgerichts bestimmt . . .

Zu diesem Vertrage sind nach dem preußischen Stempelsteuergesetz vom 16. März 1924 10934 RM. Stempel verwendet worden, und zwar

nach Tarifst. 32 Abs. 1c (für einen Erbschaftskauf) . 9506,50 RM.,
nach Tarifst. 2 Abs. 1 (für eine Abtretung) . . . 1426,00 RM.,
nach Tarifst. 71 Abs. 1 (für die Schiedsgerichtsklausel) 1,50 RM.

Mit der Klage fordert der Kläger die 9506,50 RM. nebst Zinsen zurück. Das Landgericht wies die Klage ab, das Kammergericht gab ihr statt. Die Revision des Beklagten führte zur Aufhebung und Zurückverweisung.

Aus den Gründen:

Das Finanzamt hat den Kaufstempel nach Tarifst. 32 Abs. 1 zu c StStG. erfordert, weil der Vertrag vom 7. Juni 1924 einen Erbschaftskauf im Sinne der §§ 2371 flg. BGB. enthalte; Kaufgegenstand sei der bestimmte Teil des Erbanteils der Frau K., der von den Testamentsvollstreckern verwaltet werde. Das Berufungsgericht ist anderer Meinung, weil der Nachlaß des A. A. zur Zeit des Vertragschlusses unter die beiden Erben bereits vollständig aufgeteilt gewesen sei und deshalb ein Erbschaftskauf überhaupt nicht mehr habe stattfinden können. Die Revision meint zunächst, der Vertrag ergebe nichts dafür, daß der Nachlaß schon im März 1921 geteilt worden sei. Über den Zeitpunkt dieser angeblichen Nachlaßteilung hat sich der Berufungsrichter nicht geäußert. Er nimmt jedoch an, daß der gesamte Nachlaß schon unter die beiden Erben aufgeteilt war und jedem von ihnen zwei Dritteile ihres bei der Teilung vorhandenen Erbteils ausgehändigt waren, als der Vertrag geschlossen wurde. Daß auch das unter der Verwaltung der Testamentsvollstrecker verbleibende Drittel des Nachlasses schon unter die beiden Erben verteilt war, folgert der Berufungsrichter namentlich daraus, daß die in der Urkunde aufgeführten Aktien und Kommanditanteile nach der weiter darin enthaltenen Angabe für Frau K. verwaltet wurden, nicht für die beiden Erben. Diese Schlußfolgerung liegt auf tatrichterlichem Gebiete; sie ist möglich, daher muß sich die Revision bei ihr bescheiden.

Weiter wendet sich die Revision gegen den vom Berufungsgericht aufgestellten Rechtssatz, daß ein Miterbe keinen Erbschaftskauf mehr vornehmen könne, wenn der Nachlaß schon geteilt sei. Dieser Satz ist in der Tat nicht richtig. Der Erbschaftskauf ist ein schuldrechtliches Rechtsgeschäft, wodurch der Alleinerbe die ihm angefallene Erbschaft oder der Miterbe seinen Anteil am Nachlaß verkauft. Beide können auch einen Bruchteil der Erbschaft oder ihres Nachlaßanteils veräußern. Der Alleinerbe kann das schuldrechtliche Geschäft stets nur dadurch erfüllen, daß er die einzelnen zur Erbschaft gehörigen Sachen und Rechte oder, bei Verkauf eines Bruchteils der Erbschaft, Nachlaßgegenstände im Werte des verkauften Bruchteils nach den für diese Gegenstände geltenden besonderen Vorschriften auf den Käufer überträgt. Der Miterbe kann einen von ihm abgeschlossenen Erbschaftskauf ebenfalls in dieser Weise erfüllen, er kann aber nach

§ 2033 Abs. 1 BGB. auch mit dinglicher Wirkung über seinen Anteil am Nachlaß als solchen verfügen und demgemäß den verkauften ganzen Nachlaßteil oder den davon verkauften Bruchteil durch ein einheitliches dingliches Rechtsgeschäft auf den Käufer übertragen. Diese Art der Erfüllung ist unmöglich, wenn der Nachlaß bereits geteilt ist und der Miterbe keinen Anteil am — ungeteilten — Nachlaß mehr hat. In diesem Falle muß er das schuldrechtliche Geschäft des Erbschaftskaufs ebenso erfüllen, wie der Alleinerbe es immer nur tun kann. Die Teilung des Nachlasses nimmt also dem Miterben nur die Möglichkeit, einen Erbschaftskauf im Wege des § 2033 Abs. 1 BGB. zu erfüllen; sie hindert ihn aber nicht, einen Erbschaftskauf überhaupt abzuschließen.

Auf dem hiernach festzustellenden Rechtsirrtum beruht das angefochtene Urteil, wie sich schon aus den Ausführungen im Eingang ergibt. Das Berufungsgericht hält den Vertrag an sich für unklar und widerspruchsvoll, weil darin einerseits von bestimmten Nachlaßgegenständen, den Aktien und Kommanditanteilen, die Rede sei, anderseits aber auch von „allen und jeden Rechten, welche der Frau K. an dem Nachlaß ihres Vaters zustehen, d. h. von dem Erbanteil selbst". Die an sich von ihm für gegeben erachtete Möglichkeit, daß der Vertrag im Sinne eines Erbschaftskaufs gedeutet werden könne, lehnt der Vorderrichter deshalb ab, weil ein solcher nach Lage der Verhältnisse, wie sie sich durch die Nachlaßteilung gestaltet hätten, nicht mehr habe abgeschlossen werden können. Da dieser Satz, wie dargelegt, unrichtig ist, muß das angefochtene Urteil aufgehoben und die Sache an das Berufungsgericht zurückverwiesen werden. Dieses wird erneut an die Auslegung des Vertrags heranzutreten haben. . . .

---

54. Wie ist bei einer Hausverwalter-Vollmacht ohne Zeitangabe der Wert des Gegenstands zu bestimmen?

Preuß. Stempelsteuergesetz vom 27. Oktober 1924 § 6 und Tarifstelle 19.

VII. Zivilsenat. Urt. v. 18. Dezember 1931 i. S. Eheleute H. (Kl.) w. Preuß. Staat (Bekl.). VII 163/31.

I. Landgericht I Berlin.
II. Kammergericht daselbst.

Die klagenden Eheleute sind Eigentümer von vier in Groß-Berlin gelegenen Hausgrundstücken. Durch eine am 1. Dezember 1926 in Cöthen ausgestellte und notariell beglaubigte Vollmachtsurkunde erteilten sie dem Kaufmann St. in Berlin Vollmacht, „uns in allen Angelegenheiten, welche sich auf die Verwaltung unserer Häuser in Berlin beziehen, zu vertreten, so Mieten einzukassieren und darüber Quittung zu erteilen". Nachdem der Bevollmächtigte von der Urkunde in Berlin Gebrauch gemacht hatte, verlangte das Finanzamt Börse mit Schreiben vom 17. Mai 1930 die Entrichtung eines Stempels in Höhe von 845 RM. Dieser Betrag wurde auf Grund der Tarifstelle 19 Abs. 1 des preußischen Stempelsteuergesetzes vom 27. Oktober 1924 in Verb. mit § 6 Abs. 10 das. in der Weise errechnet, daß der auf 70405,44 RM. festgestellte jährliche Mietertrag der vier Häuser mit 12 vervielfacht wurde, weil der Bevollmächtigte zur Zeit der Ausstellung der Urkunde im Lebensalter zwischen 45 und 55 Jahren stand, und von dem Zwölffachen der Steuersatz von $^1/_{10}$% berechnet wurde.

Die Kläger halten nur die Einforderung des Feststempels von 1,50 RM. für gerechtfertigt, welchen Absatz 3 der Tarifstelle 19 für den Fall der Unschätzbarkeit des Gegenstandswertes der Vollmacht bestimmt. Mit der Klage verlangen sie die Feststellung, daß sie nicht verpflichtet seien, für die Vollmachtsurkunde vom 1. Dezember 1926 einen höheren Betrag als 1,50 RM. an Stempelsteuer zu entrichten. Der verklagte Staat erkannte an, daß die Urkunde nicht mehr als 211 RM. Landesstempel erfordere, indem er die Berechtigung des hilfsweise vorgebrachten Einwandes aus Tarifst. 19 Abs. 2 zu a StStG. einräumte und demgemäß den Steueranspruch auf ein Viertel ermäßigte; im übrigen beantragte er Abweisung der Klage.

Das Landgericht erkannte in vollem Umfang nach dem Klagantrag. Im zweiten Rechtszug waren nur noch 211 RM. (abzüglich 1,50 RM.) im Streit. Das Kammergericht wies insoweit die Klage ab. Die Revision der Kläger wurde zurückgewiesen.

Gründe:

Der Berufungsrichter verneint, daß Unschätzbarkeit im Sinne der Tarifst. 19 Abs. 3 StStG. vorliege. Gegenstand der Vollmacht seien nach ihrem Wortlaut alle Angelegenheiten, die sich auf die Verwaltung der Häuser bezögen, die Einziehung der Mieten und die Quittungserteilung über deren Zahlung, also die Ermächtigung zur Empfangnahme der Nutzungen und zur Quittungsleistung über deren Empfang. Für die Wertermittlung sei § 6 StStG. maßgebend, und zwar die Absätze 8, 9, 10 daselbst. Da die streitige Vollmacht zeitlich unbeschränkt sei, so müsse angenommen werden, daß sie auf Lebenszeit erteilt worden sei; ihre „Kündbarkeit" habe darauf keinen Einfluß.

Die Revision wendet sich zunächst gegen die Annahme, die Vollmacht sei als auf Lebenszeit des Bevollmächtigten erteilt anzusehen. Insoweit ist ihr beizupflichten. Nutzungen oder Leistungen auf Lebenszeit, wie sie § 6 Abs. 10 StStG. im Auge hat, können nur dann als bedungen gelten, wenn sich eine solche zeitliche Bemessung, die keinesfalls zu vermuten ist, aus der zu versteuernden Urkunde klar ergibt. Das ist schon aus dem allgemeinen Grundsatz des § 3 Abs. 1 StStG. zu folgern. Der Umstand allein, daß Rechte oder Pflichten nicht befristet sind, vermag noch nicht den Schluß zu rechtfertigen, daß sie die Eigenschaft lebenslänglicher Dauer haben sollten.

Ist hiernach die Anwendbarkeit des § 6 Abs. 10 StStG. abzulehnen, so ist damit doch für die Klage nichts gewonnen. Denn offensichtlich handelt es sich hier um Nutzungen und Leistungen von unbestimmter Dauer, wie sie im Absatz 9 das. vorgesehen sind. Eine zeitliche Bestimmung fehlt in der Urkunde, und das von der Revision hervorgehobene Merkmal der freien Widerruflichkeit der Vollmacht (§ 168 Satz 2 BGB.) verstärkt gerade den Charakter der zeitlichen Unbestimmtheit. Demnach ist nach § 6 Abs. 9 a. a. O. in der Regel das Zwölfeinhalbfache des einjährigen Betrags als Wert anzusehen. Von den dort vorgesehenen Ausnahmen schlägt hier keine ein. Abs. 10 a. a. O. kann, wie schon dargelegt, keine Anwendung finden und ebensowenig Abs. 11 das.; auch sind in der Vollmachtsurkunde keine Umstände angegeben, welche die gesetzliche längste Dauer begrenzen würden.

Die Revision führt mit Recht die neuere Rechtsprechung des erkennenden Senats an, wonach es für die Wertbemessung bei der Vollmacht darauf ankommt, welche Berechtigungen und welche Möglichkeiten des rechtlichen Handelns sie dem Bevollmächtigten verleiht (RGZ. Bd. 122 S. 145, Bd. 125 S. 90; JW. 1929 S. 368 Nr. 11). Fehl geht jedoch der Schluß der Revision, daß nach dieser Auffassung auf das der Vollmacht zugrunde liegende Rechtsverhältnis, hier also auf den zwischen den klagenden Eheleuten und dem Kaufmann St. geschlossenen Anstellungsvertrag, zurückzugehen und dessen Dauer festzustellen gewesen wäre. Aus der Vollmachtsurkunde erhellt nichts über diesen Vertrag, und nach § 3 Abs. 1 StStG. war er deshalb bei der Beurteilung der Stempelpflichtigkeit nicht zu berücksichtigen. Zu demselben Ergebnis führt auch die erwähnte Vorschrift des § 6 Abs. 9 das., wonach Umstände, welche die längste Dauer der Nutzungen oder Leistungen begrenzen, in der Urkunde selbst angegeben sein müssen. Welche Berechtigungen und welche Möglichkeiten des Handelns die streitige Vollmacht dem St. gewährte, ist also nur nach dem Inhalt der Urkunde zu ermessen, die — wie schon erörtert — keine zeitliche Bestimmung enthält. Dieser Grundsatz wird auch unbeachtet gelassen in den Ausführungen bei Wenz Kommentar zum StStG. Anm. 7 Abs. 2 zur Tarifst. 19 (S. 322), auf welche sich die Revision beruft. Die von Wenz für geboten erachtete Heranziehung des Hausverwalter-Vertrags ohne Rücksicht darauf, ob er in der Vollmachtsurkunde erwähnt ist, widerstreitet dem § 3 Abs. 1 sowie dem § 6 Abs. 9 StStG. Den Erwägungen, mit denen er auf diese Weise zu begründen versucht, daß bei unbestimmter Dauer des Hausverwalter-Vertrags die Vollmacht für den Verwalter zur Einziehung der Mieten einen unschätzbaren Wert habe, kann sonach nicht gefolgt werden.

Im übrigen hat der Senat bereits im Urteil vom 27. September 1927 (VII) VI 221/27 (JW. 1928 S. 504 Nr. 36) durch stillschweigende Billigung zu erkennen gegeben, daß er das damals vom Kammergericht eingeschlagene Verfahren gutheiße, wonach bei der Hausverwalter-Vollmacht als für die Stempelberechnung maßgebend die Höhe der Mietzinsbeträge zu gelten hat, deren Einkassierung durch den Bevollmächtigten in Frage kommt. An dieser Auffassung ist auch gegenüber den Angriffen der Revision festzuhalten. Zwar zieht der Bevollmächtigte nicht selbst jene Nutzungen, aber er ist durch die Vollmacht in die rechtliche Lage versetzt, für den Vollmachtgeber über die Nutzungen zu verfügen. Das genügt zur Anwendbarkeit der Absätze 8flg. des § 6 StStG. Demnach ist kein Grund gegeben, die Stellungnahme des Berufungsrichters zu beanstanden. Von seinem Ergebnis ist nur insoweit abzuweichen, als — wie gezeigt — nicht der 10., sondern der 9. Absatz des § 6 StStG. anzuwenden ist. Die Kläger sind aber nicht dadurch beschwert, daß ihnen der Beklagte nicht das Zwölfeinhalbfache, sondern nur das Zwölffache der jährlichen Mietzinsbeträge anrechnet (vgl. das Schreiben des Finanzamts vom 17. Mai 1930).

55. Kann eine sog. unechte Gesamtvertretung der Aktiengesellschaft eine Prokura erteilen und anmelden?

HGB. §§ 48, 53, 238, 232 Abs. 2.

II. Zivilsenat. Beschl. v. 22. Dezember 1931 in einer Handelsregistersache. II B 30/31.

I. Amtsgericht Bunzlau.
II. Landgericht Liegnitz, Kammer für Handelssachen.

Der Sachverhalt und die Entscheidung ergeben sich aus den

Gründen:

I. 1. Die Beschwerdeführerin, eine Aktiengesellschaft, hat mehrere ordentliche und stellvertretende Vorstandsmitglieder und wird für diesen Fall nach § 11 ihrer Satzung, soweit nicht einzelnen Vorstandsmitgliedern die Alleinvertretung anvertraut ist, entweder von zwei Vorstandsmitgliedern oder von einem Vorstandsmitglied und einem Prokuristen oder, falls die betreffende Prokuraerteilung dies ausdrücklich ausspricht, von zwei Prokuristen vertreten. Sie erteilte am 1. April 1930 durch ein stellvertretendes Vorstandsmitglied und einen Prokuristen eine weitere Prokura und meldete dies zum Handelsregister an. Der auf Grund von Art. VI § 2 des Entlastungsgesetzes vom 11. März 1921 (RGBl. S. 229) mit der Anmeldung befaßte Rechtspfleger des Amtsgerichts wies den Eintragungsantrag mit Kostenfolge zurück, weil nach § 238 HGB. ein Prokurist nicht dabei mitwirken könne. Hierfür wurde auch eine Gebühr angesetzt. Darauf erhob die Antragstellerin unter gleichzeitiger Einreichung einer von zwei Vorstandsmitgliedern gezeichneten Wiederholung der Prokuristen-Bestellung und -Anmeldung der Kosten halber „Beschwerde" gegen den zurückweisenden Beschluß und beantragte Niederschlagung der Kosten. Die Beschwerde vertritt die Anschauung, daß die Mitwirkung des Prokuristen gesetzlich statthaft gewesen sei. Die Prokura wurde auf Grund der weiteren Anmeldung eingetragen. Die Beschwerde wurde als Einwendung gegen die Entscheidung des Rechtspflegers nach § 3 Abs. 2 des Art. VI des Entlastungsgesetzes zurückgewiesen. Beschwerde hiergegen beim Landgericht war ohne Erfolg. Auf die weitere Beschwerde mit dem Antrag, den landgerichtlichen Beschluß aufzuheben und die Kosten niederzuschlagen, will das Kammergericht die Mitwirkung des Prokuristen als statthaft und wirksam anerkennen und danach der Beschwerde stattgeben. Es sieht sich jedoch hieran gehindert durch den Beschluß des Oberlandesgerichts Jena vom 5. August 1908 (KGJ. Bd. 37A S. 320), wonach die Vertretung der Aktiengesellschaft bei Bestellung und Anmeldung eines Prokuristen dem Vorstand vorbehalten ist.[1]) Daher hat das Kammergericht die Sache nach § 28 Abs. 2 FGG. dem Reichsgericht zur Entscheidung vorgelegt. Es nimmt an, daß trotz Erledigung der Hauptsache die Beschwerde und die weitere Beschwerde wegen Beeinträchtigung der Antragstellerin durch die Kosten der Zurückweisung des ersten Antrags zulässig seien (vgl. KGJ. Bd. 52A S. 1; so auch schon KGJ. Bd. 22A S. 3 = RJA. Bd. 2 S. 141, ferner BayObLG. in RJA. Bd. 17 S. 194).

2. Die Zulässigkeit einer solchen wegen der Kosten nach Erledigung der Hauptsache erhobenen Beschwerde und die Anwendbarkeit des § 28 Abs. 2 FGG. in dem nach diesem Gesetz (nicht nach der Zivilprozeßordnung) vor sich gehenden Beschwerdeverfahren ist — wiewohl die Gerichtskosten in Sachen der freiwilligen Gerichtsbarkeit nicht reichsrechtlich geregelt sind — anerkannt in den in Grundbuchsachen erlassenen Beschlüssen des V. Zivilsenats des Reichsgerichts vom 9. Dezember 1905 und 3. Juli 1909 (RGZ. Bd. 62 S. 140 = RJA. Bd. 6 S. 268; Bd. 71 S. 312). Der erkennende Senat tritt dieser Auffassung bei. Danach sind auch hier die Voraussetzungen dafür gegeben, daß das Reichsgericht über die weitere Beschwerde entscheidet.

II. In der Sache selbst billigt der Senat die nunmehrige Ansicht des Kammergerichts. Grundsätzlich ist zwischen der Bestellung und der Anmeldung des Prokuristen zu unterscheiden. Die Bestellung kann gesetzlich richtig erfolgt sein, die Anmeldung aber von einem Unberufenen ausgehen, und umgekehrt, wobei allerdings in der Anmeldung durch den Berechtigten regelmäßig auch die richtige Bestellung zu finden sein wird. Im vorliegenden Fall ist, wie die Urkunde über die erste Anmeldung ergibt, sowohl die Bestellung als auch die Anmeldung von einem stellvertretenden Vorstandsmitglied im Zusammenwirken mit einem Prokuristen ausgegangen, und es ist daher

[1]) Gleicher Ansicht Kammergericht in RJA. Bd. 17 S. 77; OLG. Hamburg in ROLG. Bd. 27 S. 352 = DNotVZ. 1914 S. 740; BayObLG. in LZ. 1914 Sp. 1398 Nr. 2. D. E.

für beide Akte zu prüfen, ob die Mitwirkung des Prokuristen statthaft war. Die Eintragung wäre auch dann zu versagen gewesen, wenn die Befugnis zur Mitwirkung bei der Anmeldung zu bejahen, diejenige zur Mitwirkung bei der Bestellung aber zu verneinen gewesen wäre (vgl. den Fall RGZ. Bd. 127 S. 153). Die Befugnis ist jedoch hier für beide Akte zu bejahen.

1. Über die Bestellung des Prokuristen einer Aktiengesellschaft enthält das Handelsgesetzbuch nur die Vorschrift des § 238. Sie bindet im Satz 1 den Vorstand nach innen an die Zustimmung des Aufsichtsrats, wenn nicht der Gesellschaftsvertrag oder ein Generalversammlungs-Beschluß ein anderes bestimmt. Hiermit bringt das Gesetz die Wichtigkeit zum Ausdruck, die es diesem Akt beilegt. Daneben verordnet es aber im Satz 2, daß diese Beschränkung Dritten gegenüber keine Wirkung hat, daß also nach außen der Vorstand allein einen Prokuristen wirksam bestellen kann. Entsprechend schreibt das Handelsgesetzbuch im § 116 Abs. 3 für die offene Handelsgesellschaft vor, daß es zur Bestellung eines Prokuristen der Zustimmung aller geschäftsführenden Gesellschafter bedarf, es sei denn, daß Gefahr im Verzug ist; dagegen bestimmt § 126 Abs. 1 und 2 das., daß sich die Vertretungsmacht der Gesellschafter auf alle gerichtlichen und außergerichtlichen Geschäfte und Rechtshandlungen einschließlich . . . der Erteilung einer Prokura erstreckt und daß eine Beschränkung des Umfangs der Vertretungsmacht Dritten gegenüber unwirksam ist. (Für die Kommanditgesellschaft und die Kommanditgesellschaft auf Aktien vgl. die Verweisungen in § 161 Abs. 2 und § 320 Abs. 2, 3 HGB.) Im übrigen besteht die allgemeine Vorschrift des § 48 HGB., daß die Prokura nur vom Inhaber des Handelsgeschäfts oder von seinem gesetzlichen Vertreter — der gegebenenfalls nach § 1822 Nr. 11 BGB. der Genehmigung des Vormundschaftsgerichts bedarf — und nur durch ausdrückliche Erklärung erteilt werden kann. Durch § 48 wird die Berechtigung eines Prokuristen zur Erteilung der Prokura an einen anderen ausgeschlossen, wie ihm auch durch § 52 Abs. 2 HGB. die Übertragung seiner Prokura auf einen anderen entzogen ist. Diese die Macht des Prokuristen für sich allein begrenzenden Vorschriften treffen jedoch nicht den vorliegenden Fall, daß gemäß gesetzlicher Zulassung (§ 232 Abs. 2 HGB.), sei es kraft einer Bestimmung im Gesellschaftsvertrag, sei es kraft der dem Aufsichtsrat im Vertrag übertragenen Ermächtigung, ein Prokurist gemeinsam mit einem Vor-

standsmitglied zur Vertretung der Aktiengesellschaft befugt ist. Diese sog. unechte Gesamtvertretung, die bei der offenen Handelsgesellschaft im § 125 Abs. 3 HGB. ihr Gegenstück hat, ist ihrem Wesen nach keine beschränkte Vertretung. Der Umfang dieser Vertretungsbefugnis richtet sich nicht nach der Macht des Prokuristen, sondern nach der Macht des Vorstandsmitglieds oder Gesellschafters. Die gegenteilige Meinung, die in der Denkschrift zur Reichstagsvorlage des Handelsgesetzbuchs von 1897 S. 99 bei der offenen Handelsgesellschaft ausgesprochen war, ist gegenüber der angeführten Gesetzesvorschrift über die Unbeschränkbarkeit der Vertretungsmacht des Gesellschafters unhaltbar, wie seinerzeit Staub sofort bemerkt hat. Dieser Unbeschränkbarkeit gegenüber wurde die Macht des Prokuristen gesetzlich auch sonst als erweiterungsfähig behandelt (§ 49 Abs. 2 HGB.). Der § 125 Abs. 3 steht unmittelbar vor dem § 126. Der Grundsatz der Unbeschränkbarkeit der Vertretungsmacht des Gesellschafters ist also auch für den zugelassenen Fall seiner Gesamtvertretung im Zusammenwirken mit einem Prokuristen aufgestellt. Das Gesetz deutet durch nichts an, daß die nach § 125 Abs. 3, § 232 Abs. 2 geschaffenen, verschiedenartig zusammengesetzten Gesamtvertretungen im Umfang der Vertretungsmacht einander nicht gleichstehen sollen. Es kann im Gegenteil darauf hingewiesen werden, daß die Gesamtvertreter nach § 125 Abs. 3 Satz 2, § 232 Abs. 2 Satz 3 HGB. für die Zulässigkeit der Ermächtigung zur alleinigen Vornahme bestimmter Geschäfte und für die sog. passive Vertretung (§ 125 Abs. 2, § 232 Abs. 1, je Satz 2, 3) sämtlich einander gleichgestellt sind. Aus der Gesamtheit der Vorschriften des Gesetzes läßt sich kein bestimmter Anhalt dafür gewinnen, daß die Bestellung von Prokuristen wegen der Beteiligung eines solchen aus dem Machtbereich solcher unechter Gesamtvertretungen ausgeschlossen sei. Wie die Denkschrift (S. 99, 150) ergibt, wurde diese Art von Vertretung, welche zahlreichen damals schon vorhandenen Vertrags- und Satzungsbestimmungen gleichen Inhalts Rechnung trug, um des Verkehrsbedürfnisses der Gesellschaften willen eingeführt. Es lassen sich nicht wenige Fälle denken, wo bei zeitweiligem oder dauerndem Wegfall allein- oder gesamtvertretungsberechtigter Gesellschafter oder Vorstandsmitglieder das Bedürfnis eintritt, für die Schaffung einer Aushilfe durch eine weitere Prokura auf eine solche unechte Gesamtvertretung zurückzugreifen. Der Gesetzgeber sieht selbst im inneren Verhältnis der Gesellschafter der offenen Handelsgesellschaft bei Gefahr im Verzug von dem Erfordernis der Zustimmung auch nur aller geschäftsführenden Gesellschafter ab, und für die Aktiengesellschaft hat er das Erfordernis der Mitwirkung aller Vorstandsmitglieder von vornherein gar nicht aufgestellt. Im Sinne des Handelsgesetzbuchs und seines § 48 Abs. 1 ist die Gesellschaft auch durch eine unechte Gesamtvertretung gesetzlich vertreten, wenngleich im Sinne anderer Gesetze, insbesondere der Zivilprozeßordnung, der mitwirkende Prokurist nicht „gesetzlicher Vertreter" wird (RGZ. Bd. 102 S. 328 [331]).

Daß es für die Eintragung ins Handelsregister nur auf das Vorliegen einer nach außen wirksamen Prokura ankommt, ist die herrschende Meinung. Dies nimmt jetzt auch das Kammergericht im Gegensatz zu seiner früheren Meinung (KGJ. Bd. 22A S. 111) an; vgl. JW. 1925 S. 268 Nr. 4.

2. Kann aber eine unechte Gesamtvertretung der Aktiengesellschaft einen Prokuristen bestellen, so muß sie auch befugt sein, diese Prokura-Erteilung zum Handelsregister anzumelden. Nur so genügt man dem praktischen Bedürfnis. Die Eintragung hat hierbei keine rechtserzeugende Kraft, sondern dient nur zur Herbeiführung der Publizitätswirkung nach § 15 HGB. Eine Sondervorschrift über die Anmeldung der Prokura gibt das Gesetz im zweiten Buch über die Handelsgesellschaften nicht. Es gilt daher die allgemeine Vorschrift des § 53 HGB., wonach der Inhaber des Handelsgeschäfts die Erteilung der Prokura zur Eintragung ins Handelsregister anzumelden hat, sowie die Bestimmung des § 48 Abs. 1, daß der gesetzliche Vertreter des Inhabers diesen vertritt. Bei der offenen Handelsgesellschaft sind Inhaber des Handelsgeschäfts alle Gesellschafter im Verein, gesetzliche Vertreter aber sind im Sinne dieser Vorschriften die vertretungsberechtigten Gesellschafter und bei der Aktiengesellschaft die Vorstandsmitglieder, die mangels einer das Handeln ihrer Gesamtheit anordnenden Vorschrift (Gegensatz die Sondervorschriften in §§ 108, 125 Abs. 4, §§ 143, 148, bei der Kommanditgesellschaft § 175, und in §§ 195, 201, 280, 284, 289, 291 HGB.) ja nur in der zur Vertretung allgemein erforderlichen Zusammensetzung zu handeln haben. Sie vertreten, wie schon gesagt, auch im Zusammenwirken mit einem Prokuristen die Gesellschaft gesetzlich im Sinne jener allgemeinen Vorschriften des Handelsgesetzbuchs über die Prokura. Man kann nicht annehmen, daß das Gesetz für die Anmeldung strengere An-

forderungen als für die Erteilung der Prokura aufstellen und die hier eingeführte Erleichterung durch die Anmeldevorschriften praktisch wieder hinfällig machen wollte. Aus der allgemeinen Vorschrift des § 12 HGB. für die Form der Anmeldung ist nichts darüber abzuleiten, wer auf die dort bezeichnete Weise zu handeln hat.

---

56. Ist ein Privattestament in Briefform gültig, das nicht mit dem Namen des Erklärenden, sondern mit Worten wie „Eure treue Mutter" unterzeichnet ist?

BGB. § 126 Abs. 1, § 2231 Nr. 2.

IV. Zivilsenat. Beschl. v. 2. November 1931 in der R.schen Nachlaßsache. IV B 30/31.

I. Amtsgericht Bremen.
II. Landgericht daselbst.

Die Frage ist verneint worden aus folgenden, den Sachverhalt ergebenden

Gründen:

Die verstorbene Frau R. geb. B. hat aus ihrer Ehe mit dem vorverstorbenen R. zwei Kinder, Friedrich und Beata verehelichte M., hinterlassen. In einem Schriftstück mit dem Datum Bremen, den 8. Januar 1930, beginnend mit den Worten „Mein letzter Wunsch. Lieber Fritz und liebe Ata!" und unterzeichnet mit den Worten „Eure treue Mutter", hat sie den Wunsch ausgesprochen, daß nach Deckung gewisser Ausgaben vom Rest des Nachlasses Fritz $^1/_3$ und Ata $^2/_3$ erhalten solle. Das Nachlaßgericht sah darin kein gültiges Testament, erteilte dem Friedrich R. auf Antrag einen Erbschein dahin, daß die Erblasserin von ihren beiden Kindern je zur Hälfte beerbt worden sei, und lehnte die von Frau M. beantragte Wiedereinziehung des Erbscheins ab, während das Landgericht auf die Beschwerde der Frau M. die Wiedereinziehung anordnete. Gegen diesen Beschluß richtet sich die weitere Beschwerde des Friedrich R., mit der die Wiederherstellung der amtsgerichtlichen Entscheidung beantragt wird.

Die weitere Beschwerde bekämpft die Rechtsauffassung des Landgerichts, wonach die Worte „Eure treue Mutter" als Unterschrift im Sinne des § 2231 Nr. 2 BGB. anzusehen seien. Die

Beschwerdegegnerin widerspricht und legt noch einen — zur Eröffnung des Testaments nicht mitüberreichten — Briefumschlag vor, in dem sich das Schriftstück vom 8. Januar 1930 befunden haben soll und das die Aufschrift trägt: „An Fritz und Alta R."

Das Oberlandesgericht Hamburg als Gericht der weiteren Beschwerde hat die Sache dem Reichsgericht zur Entscheidung vorgelegt. Der Vorlegungsbeschluß führt aus: Es handle sich um einen Brief, der dadurch, daß er an die beiden mit Namen bezeichneten Kinder gerichtet sei, in Verbindung mit der Unterschrift klar zum Ausdruck bringe, wer der Schreiber sei. Einen ähnlichen Standpunkt hätten die Oberlandesgerichte Braunschweig (ROLG. Bd. 16 S. 270) und Dresden (Sächs. Archiv f. Rechtspflege 1914 S. 348) eingenommen. Der Senat sei daher geneigt, im Anschluß an die Grundsätze, die das Reichsgericht in RGZ. Bd. 87 S. 109 für das nur mit dem Vornamen unterzeichnete Brieftestament aufgestellt habe, die Gültigkeit des vorliegenden Testaments zu bejahen, die weitere Beschwerde also zurückzuweisen; er sehe sich aber daran gehindert durch die Rechtsprechung des Kammergerichts, das Unterzeichnungen, welche keinen Namen enthielten, nicht als ausreichend ansehe (insbesondere KGJ. Bd. 51 A S. 77).

Die Voraussetzungen, unter denen nach § 28 FGG. das Reichsgericht zu entscheiden hat, sind gegeben. Die weitere Beschwerde ist zulässig und formgerecht erhoben. Sie ist auch begründet.

Die Erblasserin hat ihren „letzten Wunsch" in der Form eines Briefs an ihre beiden Kinder gerichtet, wenn der Brief auch nicht abgeschickt, sondern im Nachlaß gefunden worden ist. Inhalt und Fassung des Schriftstücks geben mindestens zu Zweifeln Anlaß, ob die Erblasserin wirklich eine die Erben bindende rechtsgeschäftliche Verfügung über ihren Nachlaß treffen oder nicht vielmehr den Kindern bloße Wünsche mitteilen wollte, deren Erfüllung diesen anheimgegeben sein sollte. Derartige Bedenken werden sich in der Regel dann ergeben, wenn der Schreiber, wie es beim Briefwechsel unter Verwandten üblich ist, das Schreiben nicht mit seiner Namensunterschrift, sondern, wie hier, lediglich mit einer dem Verwandtschaftsverhältnis entsprechenden Bezeichnung abschließt. Unter diesem rechtlichen Gesichtspunkt haben die Vorinstanzen das Schreiben der Erblasserin vom 8. Januar 1930 nicht geprüft. Die Frage kann indessen dahingestellt bleiben, da das Schreiben keine dem § 2231

Nr. 2 BGB. genügende Unterschrift aufweist und deshalb keinesfalls ein gültiges Testament darstellt.

Nach der angegebenen Vorschrift ist eigenhändige Unterschrift des Erblassers Formerfordernis des privatschriftlichen Testaments. Was unter einer solchen Unterschrift zu verstehen sei, entnimmt das Kammergericht insbesondere in dem erwähnten Beschluß dem § 126 Abs. 1 BGB., der für den Fall, daß für ein Rechtsgeschäft durch Gesetz schriftliche Form vorgeschrieben ist, Unterzeichnung der Urkunde durch eigenhändige Namensunterschrift oder durch öffentlich beglaubigtes Handzeichen erfordert und der hier, da § 2231 Nr. 2 die Unterzeichnung durch Handzeichen nicht zuläßt, nur insoweit in Betracht kommen kann, als er die eigenhändige Namensunterschrift verlangt. Diese Auffassung des Kammergerichts steht mit der Rechtsprechung des Reichsgerichts im Einklang. Der beschließende Senat hat die im Beschluß RGZ. Bd. 87 S. 109 wegen der Anwendbarkeit des § 126 Abs. 1 geäußerten Zweifel bereits im Urteil RGZ. Bd. 110 S. 166 aufgegeben. Wenn auch nicht ausnahmslos die Unterzeichnung mit dem vollen Vor- und Zunamen zu fordern ist, vielmehr insbesondere bei Testamenten in Briefform unter gewissen Voraussetzungen die Unterzeichnung mit dem Vornamen genügen wird (vgl. die in RGRKomm. Anm. 6 zu § 2231 BGB. angegebenen Entscheidungen des Reichsgerichts), so ist doch grundsätzlich an dem Erfordernis der Namensunterschrift in dem Sinne festzuhalten, daß Unterzeichnungen, die überhaupt keinen Teil des Namens enthalten, nicht mehr als Unterschrift im Sinne des § 2231 Nr. 2 gelten können. Schriftstücke, unter denen sich der Schreiber lediglich als „Euer Vater" oder, wie hier, als „Eure treue Mutter" bezeichnet, können hiernach nicht als gültige Testamente anerkannt werden.

Diese Ansicht wird auch im Schrifttum überwiegend vertreten (Planck Komm. Anm. II 3a zu § 2231; Kipp Erbrecht § 13 IV; Leonhard Komm. Anm. III C 1 zu § 2231; Strohal Erbrecht § 21a Nr. II 8; Jastrow in ZZP. Bd. 34 S. 502; Josef in ArchZivPrax. Bd. 100 S. 433; Kretzschmar Erbrecht § 18 II 3a; Cosack 6. Aufl. § 381 I 3 und jetzt auch RGRKomm. Anm. 6 zu § 2231; a. A. Dernburg Bürgerl. Recht Bd. V § 29 Anm. 12; Staudinger-Herzfelder Komm. Anm. V B Abs. 4 zu § 2231; Danz Auslegung S. 295 Anm. 3; Cosack-Mitteis Bd. II § 118 I 1). Herzfelder meint, wenn man für Testamente in Briefform die beim Briefwechsel unter nahen Verwandten und guten Bekannten übliche Art der Unterschrift mit dem Vornamen als ausreichend ansehe, sei es folgerichtig, auch Unterzeichnungen wie „Euer Vater" gelten zu lassen, sofern aus dem übrigen Inhalt des Testaments die Person des Unterzeichnenden klar erkennbar und der Brief ernstlich als Testament gewollt sei. Dem kann nicht beigetreten werden. Die Schlußfolgerung muß nach dem Gesagten daran scheitern, daß im letzteren Falle überhaupt keine Namensunterschrift vorliegt. Wenn Testamente in Briefform grundsätzlich anerkannt worden sind, so sind gewiß praktische Rücksichten maßgebend gewesen. Diese Rücksichten können aber unmöglich so weit führen, daß bei solchen Testamenten von dem Formerfordernis der Namensunterschrift völlig abgesehen wird. Übrigens hebt das Kammergericht in dem erwähnten Beschluß zutreffend hervor, daß auch nach dem Sprachgebrauch des praktischen Lebens unter Unterschrift die Namensunterschrift verstanden wird. Es kann daher regelmäßig damit gerechnet werden, daß derjenige, der in einem Brief wirklich eine rechtsverbindliche letztwillige Verfügung treffen will, die Namensunterschrift nicht verabsäumen wird.

Die erst in diesem Rechtszuge vorgebrachte Behauptung der Beschwerdegegnerin, das Schriftstück vom 8. Januar 1930 habe sich in dem vorgelegten Umschlag mit der bereits angegebenen Aufschrift befunden, kann nach § 27 FGG., § 561 ZPO. nicht berücksichtigt werden. Von dem hier entwickelten Standpunkt aus ist sie übrigens unerheblich.

---

57. 1. Ist die den Notaren durch das Zuwachssteuergesetz auferlegte Pflicht zur Mitteilung an die Steuerbehörden eine ihnen diesen gegenüber obliegende Amtspflicht im Sinne des § 839 BGB.?

2. Besteht die Mitteilungspflicht auch dann, wenn eine Stadtgemeinde eine selbständige Wertzuwachssteuerordnung eingeführt hat?

Zuwachssteuergesetz v. 14. Februar 1911 §§ 35, 38 Abs. 1 Nr. 3a, § 59. Gesetz über Änderungen im Finanzwesen v. 3. Juli 1913 § 1 Abs. 3 bis 5.

III. Zivilsenat. Urt. v. 3. November 1931 i. S. Stadt Berlin (Kl.) w. St. (Bekl.). III 130/31.

I. Landgericht I Berlin.

Im Jahre 1927 bot der Kaufmann R. aus Kairo den Gemüsehändlern Georg und Albert M. sein in Charlottenburg gelegenes Hausgrundstück zum Kauf an. Der Beklagte als Notar nahm darüber am 11. April 1927 eine Verhandlung zu Protokoll. Danach erschienen vor ihm R. und Georg M., dieser zugleich als Bevollmächtigter seines Bruders Albert. R. erklärte, er mache den beiden Brüdern das Angebot, mit ihnen folgenden Kaufvertrag abzuschließen, und halte sich an dieses Angebot gebunden, wenn es bis zum 1. April 1928 zu notariellem Protokoll angenommen werde. Es folgten dann in sechs Paragraphen die einzelnen Bestimmungen des abzuschließenden Kaufvertrags, von denen hier die nachstehenden bedeutsam sind. Nach § 2 sollten „die Käufer" die auf dem Grundstück lastenden Papiermarkhypotheken in Anrechnung auf den Kaufpreis übernehmen. Weiter sollten sie an den Verkäufer 67000 RM. zahlen und davon 40000 RM. auf sein Bankkonto derart überweisen, daß die Überweisung am 13. April 1927 eingehe; die restlichen 27000 RM. sollten auf das Konto des Verkäufers nach seiner Angabe, spätestens aber am 5. Mai 1927 überwiesen werden. § 3 bestimmte: „Die Übergabe erfolgt bis zum 1. Mai 1927; Nutzungen, Lasten, Abgaben und die Gefahr gelten als von diesem Zeitpunkte ab auf die Käufer übergegangen." § 5 legte den Käufern die Kosten der Verhandlung, der demnächstigen Annahmeerklärung, der Eintragung der Eigentumsänderung in das Grundbuch, der Eintragung einer Eigentümergrundschuld von 26550 RM., die Grunderwerbsteuern und die Wertzuwachssteuer auf. § 6 besagte: „Verkäufer trägt seinerseits die Kosten aller bis zum 1. Mai 1927 auszuführenden Reparaturen und eines Aufwertungsverfahrens, die gegnerischen Kosten bis zu 45 RM." Am Schluß der beurkundeten Verhandlung erklärte Georg M., daß er von dem Angebote selbst und gleichzeitig namens seines Bruders Albert Kenntnis nehme. Am 23. März 1928 erschienen die Brüder M. und der Rechtsanwalt S. als Bevollmächtigter des R. vor dem Beklagten. Die Brüder M. erklärten vor ihm zu Protokoll die Annahme des ihnen am 11. April 1927 gemachten Kaufangebots. Gleichzeitig wurde das Grundstück den Brüdern M. je zur Hälfte aufgelassen und die Eintragung des Eigentumsübergangs von dem Rechtsanwalt namens seines Vollmachtgebers bewilligt und von den

Brüdern M. beantragt. Am 28. März 1928 übersandte der verklagte Notar dem Bezirksamt Charlottenburg (Wertzuwachssteueramt) beglaubigte Abschriften der Urkunden vom 11. April 1927 und 23. März 1928.

Die klagende Stadtgemeinde ist der Ansicht, daß bereits der am 11. April 1927 beurkundete Rechtsvorgang nach §§ 2a, 2b der Wertzuwachssteuerordnung der Stadt Berlin vom 11. April/11. September 1924 steuerpflichtig gewesen sei. Der Beklagte habe daher innerhalb von 10 Tagen nach Aufnahme der ersten Verhandlung, also bis zum 21. April 1927, die Veräußerung des Grundstücks anzeigen müssen. Dadurch, daß er damit bis zum 28. März 1928 gewartet, habe er ihr gegenüber seine Amtspflicht fahrlässig verletzt und bewirkt, daß um die gleiche Zeitspanne — 11 Monate und 8 Tage — die Veranlagung zur Wertzuwachssteuer und deren Einziehung verzögert worden sei. Sie will infolgedessen geschädigt worden sein. Mindestens, so macht sie geltend, seien ihr von dem auf 25789,55 RM. festgesetzten Steuerbetrag für 11 Monate 8 Tage Stundungszinsen zu 5% = 1210,20 RM. entgangen. Die an dem Rechtsvorgang beteiligten Personen könnten dafür nicht in Anspruch genommen werden. Der Beklagte müsse daher diesen Schaden nach § 839 BGB. ersetzen. Demgemäß fordert sie vom Beklagten Zahlung von 1210,20 RM. nebst Zinsen. Dieser wandte u. a. ein: Zu der Anzeige an das Wertzuwachssteueramt sei er nur durch eine Anweisung des Preußischen Justizministers verpflichtet gewesen. Es handle sich dabei um eine bloß für den inneren Dienstbetrieb gegebene Vorschrift, deren Verletzung nur zu einem Einschreiten im Aufsichts- oder Disziplinarwege führen könne. Als eine zivilrechtliche Vorschrift, die ihm dem Wertzuwachssteueramt gegenüber eine Amtspflicht im Sinne des § 839 BGB. auferlege, könne die Anweisung des Ministers nicht angesehen werden.

Das Landgericht wies die Klage ab. Die von der Klägerin unmittelbar eingelegte Revision führte zur Aufhebung und Zurückverweisung.

Gründe:

Die Wertzuwachssteuerordnung der Stadt Berlin vom 11. April/11. September 1924, die den beim Grundstücksverkauf erzielten Wertzuwachs einer Steuer unterwirft, enthält folgende Bestimmungen:

§ 2: Die Steuerpflicht tritt ein: a) bei den zur Übertragung des Eigentums verpflichtenden Veräußerungsgeschäften mit dem Abschluß des Geschäfts; als Veräußerungsgeschäft gelten auch die im § 5 Abs. 4 des Grunderwerbsteuergesetzes aufgeführten Geschäfte, b) . . .

§ 2a: Steuerpflichtig ist auch ein Rechtsvorgang, der nicht unmittelbar den Übergang des Eigentums betrifft, aber ein Rechtsgeschäft zum Gegenstand hat, durch welches es einem anderen ermöglicht werden soll, über das Grundstück wie ein Eigentümer zu verfügen.

§ 2b: Die Besteuerung wird nicht dadurch ausgeschlossen, daß ein nach der Steuerordnung steuerpflichtiger Rechtsvorgang durch einen anderen verdeckt wird.

Auf Grund dieser Bestimmungen nimmt das Landgericht an, daß der vom Beklagten am 11. April 1927 beurkundete Rechtsvorgang steuerpflichtig gewesen sei. Insoweit ist das angefochtene Urteil der Nachprüfung durch das Revisionsgericht entzogen (§ 549 Abs. 1, § 562 ZPO.). Weiter nimmt der erste Richter an, daß der Beklagte nach dem Erlaß des Preußischen Ministers des Innern vom 28. Dezember 1921 den Rechtsvorgang bis zum 21. April 1927 dem Zuwachssteueramt habe anzeigen müssen. Richtig ist, daß der verklagte Notar die Anzeige hätte erstatten müssen; aber diese Verpflichtung beruhte nicht auf der erwähnten, gemeinsam mit dem Preußischen Finanzminister erlassenen Verfügung vom 28. Dezember 1921 (MinBl. für die preuß. inn. Verw. S. 423). Diese Verfügung wendet sich nicht an die Notare und konnte sich nicht an sie wenden, da die preußischen Notare als Staatsbeamte (Art. 81 PrFGG.) nicht der Dienstaufsicht des Ministers des Innern, sondern der des Justizministers unterstehen (Art. 91 flg. PrFGG.). Demgemäß hebt der Erlaß ausdrücklich hervor: „Der Preußische Justizminister wird eine entsprechende Weisung für die preußischen Gerichte erlassen und insbesondere auch veranlassen, daß die Notare usw. bereits vor Erlaß einer entsprechenden Ergänzung der AusfBest. zum Grunderwerbsteuerges. die Absendung der Veräußerungsanzeige nicht nur auf der Urschrift (§ 4 Abs. 2 AusfBest. zum GrStG.), sondern auf jeder Ausfertigung oder Abschrift der Urkunde vermerken." Abdruck des Erlasses wurde denn auch nur den Behörden und Beamten des Verwaltungsbereichs der Preußischen Minister der Finanzen und des Innern zugesandt, und in der die Übersendung anordnenden Verfügung wurde wiederum hervorgehoben, daß wegen der Gerichte und Notare der Justizminister das Erforderliche veranlassen werde.

Das Landgericht hat weiter übersehen, daß der Erlaß vom 28. Dezember 1921 die Mitteilungspflicht der Notare gegenüber den Zuwachssteuerämtern nicht erst hat schaffen, sondern nur eine Erleichterung hinsichtlich der jenen obliegenden Anzeigepflicht hat bringen wollen. Die Mitteilungspflicht bestand nämlich bereits; sie ist den Notaren durch § 38 Abs. 1 Nr. 3a des am 1. April 1911 in Kraft getretenen Zuwachssteuergesetzes vom 14. Februar 1911 (RGBl. S. 33) unmittelbar auferlegt worden. Die Ausführungsbestimmungen des Bundesrats vom 27. März 1911 (RZBl. S. 79) § 3 C, § 6 hatten für die hiernach den Notaren obliegenden Veräußerungsanzeigen an das zuständige Zuwachssteueramt ein bestimmtes Muster herausgegeben und vorgeschrieben, daß die Anzeigen innerhalb einer Frist von 10 Tagen nach der Beurkundung einzureichen seien. War auch die durch jenes Gesetz eingeführte Reichszuwachssteuer begrifflich eine Reichsabgabe, so war doch nach seinem § 35 für ihre Verwaltung und Erhebung der Bundesstaat zuständig, in dem sich das Grundstück befand. Die Landesregierungen hatten die für die Verwaltung der Steuer erforderlichen Zuwachssteuerämter und Oberbehörden zu bestimmen und konnten die Erhebung der Steuer anderen Stellen als den Zuwachssteuerämtern übertragen (§ 35 Abs. 2 des Ges., § 1 AusfBest.). In Ausführung dieser Bestimmungen hat Preußen durch das Ausführungsgesetz zum Reichszuwachssteuergesetz vom 14. Juli 1911 (GS. S. 95) §§ 1, 3 und durch die Ausführungsanweisung des Ministers des Innern und des Finanzministers vom 19. Mai 1911 (MinBl. für die preuß. inn. Verw. S. 189) A Nr. 1, 3 in Stadtgemeinden die Gemeindevorstände als städtische Zuwachssteuerämter bestellt und die Gemeindekassen mit der Erhebung der Steuer beauftragt. Vom Ertrag der Steuer sollten nach § 58 ZuwachssteuerG. 50% das Reich, 10% die Bundesstaaten als Entschädigung für die Verwaltung und Erhebung der Steuer und 40% die Gemeinden und Gemeindeverbände erhalten, in deren Bereich das veräußerte Grundstück sich befand. Die Gemeinden blieben berechtigt, mit Genehmigung der Landesregierung zu dem ihnen vom Ertrag der Reichssteuer zufließenden Anteil für ihre Rechnung in gewissem Umfang Zuschläge zu erheben (§ 59). Nur in beschränktem Umfang durfte also durch neue Satzung in Form von Zuschlägen zu dem Anteil an der Reichssteuer eine kommunale Wertzuwachssteuer bestimmt werden; die alten Landesgesetze und kommunalen Satzungen über die Wertzuwachssteuer behielten nur noch bis 1. April 1915 beschränkte Wirkung (§§ 60, 72). Durch das Gesetz über Änderungen im Finanzwesen vom 3. Juli 1913 (RGBl. S. 521) § 1 Abs. 3 verzichtete jedoch das Reich für alle nach dem 30. Juni 1913 eintretenden Fälle der Steuerpflicht auf die Erhebung des Reichsanteils an der Steuer; aber das Reichszuwachssteuergesetz wurde damit keineswegs aufgehoben, sondern für die Erhebung der Steuer in den Gemeinden (Gemeindeverbänden) und Bundesstaaten mit gewissen Maßgaben aufrechterhalten (das. Abs. 4). Es wurde also durch die formelle Aufrechterhaltung des Gesetzes die unmittelbare sofortige Weitererhebung der den Staaten und Gemeinden bisher zugeflossenen Anteile der Reichssteuer als Landes- und Gemeindesteuern ermöglicht. Freilich konnte nunmehr nach § 1 Abs. 5 des Gesetzes vom 3. Juli 1913 durch Landesgesetz oder nach Landesrecht durch ortsstatutarische Vorschrift auch eine andere Regelung der Besteuerung des Wertzuwachses getroffen werden. Ob durch letztere Bestimmung die volle Steuerhoheit der Bundesstaaten, Gemeinden und Gemeindeverbände auf dem Gebiete des Wertzuwachses wiederhergestellt werden sollte oder ob bei einer neuen Regelung der Wertzuwachssteuer durch Landesgesetz oder Steuerordnungen der Gemeinden die Grundlagen des Reichszuwachssteuergesetzes einzuhalten waren (vgl. darüber RGZ. Bd. 104 S. 29; RGSt. Bd. 65 S. 225, 227; Pr. OVG. Bd. 78 S. 98flg.), kann dahingestellt bleiben. Wesentlich ist hier nur, daß das Zuwachssteuergesetz durch das Gesetz vom 3. Juli 1913 der Form nach aufrechterhalten worden ist und daß daher die in seinem § 38 vorgeschriebene Mitteilungspflicht der Notare auch dann weiter fortbesteht, wenn die Gemeinden (Gemeindeverbände) dazu übergehen, eine selbständige Zuwachssteuerordnung einzuführen. An diesem Rechtszustand ist durch das Landessteuergesetz vom 30. März 1920 (RGBl. S. 402) § 1, § 2 Abs. 1 und durch die späteren Finanzausgleichsgesetze (vgl. RGSt. a. a. O. S. 226flg.) nichts geändert worden. Die Mitteilungspflicht der Notare beruht also unmittelbar auf dem Zuwachssteuergesetz und nicht auf jener Verfügung der Preußischen Minister vom 28. Dezember 1921.

Diese Verfügung steht übrigens auf dem gleichen Standpunkt. Nicht ein Zweifel über die Mitteilungspflicht hat sie veranlaßt, sondern es wurde durch sie nur eine Vereinfachung der Veräußerungs- und Übereignungsanzeigen zugelassen. Am 1. Oktober 1919 war nämlich das Grunderwerbsteuergesetz vom 12. September 1919 (RGBl. S. 1617) in Kraft getreten, das den Eigentumsübergang an Grundstücken einer Steuer unterwarf und im § 25 Abs. 1 Nr. 3 und den Ausführungsbestimmungen vom 14. Oktober 1919 (RZBl. S. 1177) die Notare zu Übergangsanzeigen an die Steuerstellen verpflichtet hatte. Nunmehr mußten also die preußischen Notare für jeden Steuerzweig — Zuwachs- und Grundsteuer — gesonderte, inhaltlich aber fast gleichlautende Veräußerungs- und Übereignungsanzeigen erstatten. Um insoweit eine Vereinfachung herbeizuführen, hatte sich der Reichsminister der Finanzen am 12. November 1921 damit einverstanden erklärt, daß die Preußischen Minister des Innern, der Finanzen und der Justiz gestatteten, daß die für die Grunderwerbsteuer vorgeschriebene Veräußerungsanzeige auch für die Zuwachssteuer verwandt und der Zuwachssteuerstelle lediglich eine Durchschrift oder ein Durchschlag der für die Grunderwerbsteuer zu erstattenden Anzeige übersandt werde (MinBl. für die preuß. inn. Verw. 1921 S. 423). Für Orte, in denen die Grunderwerb- und die Wertzuwachssteuerfälle durch die gleiche Steuerstelle oder von Behörden bearbeitet werden, die in einem und demselben Gebäude untergebracht sind, wurde sogar nachgelassen, daß beide Anzeigen in einem Umschlag der Grunderwerbsteuerstelle übersandt würden; letztere Stelle hatte die zweite Anzeige dann an die Zuwachssteuerstelle weiterzuleiten. Durch den Erlaß vom 28. Dezember 1921 wurde dann dieses Verfahren in Preußen den dem Verwaltungsbereich der beiden Minister unterstehenden Behörden und Beamten als zulässig bekannt gegeben und die „Bemerkung" hinzugefügt: „Bei dieser Gelegenheit weisen wir darauf hin, daß die im § 38 des Zuwachssteuerges. vom 14. Februar 1911 (RGBl. S. 33) vorgeschriebene Mitteilungspflicht auch dann weiter fortbesteht, wenn die Gemeinden (Gemeindeverbände) dazu übergehen, losgelöst von der Reichszuwachssteuer gemäß § 1 letzter Absatz des Finanzänderungsges. vom 3. Juli 1913 (RGBl. S. 521) eine selbständige Zuwachssteuerordnung einzuführen." Es wird also hier zutreffend nur auf die Weitergeltung der Bestimmungen über die Mitteilungspflicht aufmerksam gemacht.

Der Preußische Justizminister aber hat die Notare durch die Allg. Verfügungen vom 6. Februar 1922 (JMBl. S. 39) und vom 18. April 1922 (das. S. 127) und in der Folgezeit wiederholt an die ihnen obliegenden Mitteilungen erinnert. Daß auch solche Rechtsvorgänge anzeigepflichtig sind, wie sie der Beklagte als Notar am 11. April 1927 beurkundet hat, darauf hat der Minister in der Allg. Verfügung vom 24. Juli 1925 (JMBl. S. 267) hingewiesen. Diese Verfügung sagt:

> Es ist zu meiner Kenntnis gelangt, daß in zahlreichen Fällen die Beteiligten für die Veräußerung von Grundstücken eine der folgenden Formen wählen:
>
> a) A. trägt dem B. den Abschluß eines Kaufvertrags in einer Form an, der es dem Angebotsempfänger gestattet, wie ein Eigentümer über das Grundstück zu verfügen. So gehen die Nutzungen und Lasten des Grundstücks vom Tage der Angebotserklärung ab auf B. über, dergestalt, daß B. alle noch ausstehenden, das Grundstück betreffenden Verpflichtungen (insbesondere Steuern und Ausbesserungen) selbst zu tragen hat; eine Verrechnung über bereits gezogene Einnahmen findet nicht statt; alle künftigen Einnahmen und Ausgaben bis zur Entscheidung über die Annahme des Angebots gehen auf Rechnung des B. A. hält sich an das Angebot bis zu einem weit hinausgeschobenen Termin gebunden. B. leistet am Tage der Angebotserklärung eine Anzahlung und verpflichtet sich, die übrigen Kaufpreisraten in nahen Terminen zu entrichten.
>
> b) und c) . . .
>
> Es handelt sich in den Fällen zu a bis c um Fälle, deren Steuerpflicht nach §§ 3, 5, 6 des Grunderwerbsteuergesetzes bezw. nach § 5 der Reichsabgabenordnung — insbesondere unter Würdigung nicht beurkundeter Begleitumstände — in Frage kommt.

Zuletzt weist der Justizminister darauf hin, daß durch die Unterlassung der den Notaren nach § 1 C der Ausführungsbestimmungen zum Grunderwerbsteuergesetz obliegenden Mitteilungen an die Grunderwerbsteuerstellen bei den angeführten Tatbeständen den zuständigen Dienststellen in nicht unerheblichem Umfang die Möglichkeit sachgemäßer Nachprüfung entzogen werde. Im Hinblick hierauf und bei der großen Bedeutung, welche die vollständige steuerliche Erfassung der vorerwähnten Fälle für das Grunderwerbsteueraufkommen habe, werden die Notare erneut auf die sorgfältige Beobachtung der gesetzlichen Bestimmungen über ihre Mitteilungs- und Anzeigepflicht aufmerksam gemacht. Durch Allg. Verfügung vom 11. Mai 1926 (JMBl. S. 187) hat dann der Justizminister unter Anführung seiner früheren Verfügungen, darunter auch der vom 24. Juli 1925, an die den Gerichten und Notaren nach dem Grunderwerbsteuergesetz und dem Zuwachssteuergesetz obliegenden Mitteilungen an die Steuerbehörden erinnert und dabei betont, daß der Preußische Landkreistag die Schwierigkeiten zur Sprache gebracht habe, die sich für die Durchführung der Wertzuwachsbesteuerung daraus ergäben, daß die von den Gerichten und Notaren nach dem Grunderwerbsteuergesetz und dem Zuwachssteuergesetz den Steuerbehörden zu machenden Mitteilungen vielfach keinen Aufschluß darüber gäben, zu welchem Zeitpunkt der nunmehrige Veräußerer das Grundstück erworben habe. Der Justizminister wies deshalb in dieser Verfügung die Gerichte und Notare erneut auf die genaue Beachtung der bezeichneten Bestimmungen über die den Steuerbehörden nach dem Grunderwerbsteuergesetz und dem Zuwachssteuergesetz zu machenden Mitteilungen hin, insbesondere auf die vollständige Ausfüllung der Vordrucke zu den Veräußerungs- und Übereignungsanzeigen. Zugleich gab er dem § 4 der Allg. Verfügung vom 6. Februar 1922 (JMBl. S. 39) folgende Fassung: „Die für die Grunderwerbsteuer und die Zuwachssteuer bestimmten Anzeigen sind in jedem Falle gesondert an die für die Erhebung der betreffenden Steuern in Frage kommenden Steuerstellen zu übersenden." Damit sind die Bestimmungen gekennzeichnet, die dem Beklagten die Anzeige an das Zuwachssteueramt zur Pflicht gemacht hatten. Mit Recht hat daher das Landgericht angenommen, daß der Beklagte zur Anzeige verpflichtet gewesen sei und durch ihre Unterlassung seine Amtspflicht verletzt habe.

Gleichwohl ist der erste Richter zur Abweisung der Klage gelangt. Er ist nämlich der Ansicht, die vom Beklagten verletzte Amtspflicht habe ihm nur seiner vorgesetzten Dienstbehörde, nicht einem Dritten, nämlich dem städtischen Wertzuwachssteueramt gegenüber obgelegen. Er führt aus, von den Amtspflichten des § 839 BGB. seien diejenigen Amtspflichten scharf zu trennen, die dem Beamten nur seinem Dienstherrn, dem Staate, gegenüber oblägen. Eine Verletzung solcher Amtspflichten mache den Beamten nur seiner vorgesetzten Behörde gegenüber disziplinarisch verantwortlich, begründe aber keinen zivilrechtlichen Anspruch gegen ihn. Bei der hiernach gebotenen Unterscheidung zwischen den Amtspflichten sei das Hauptgewicht darauf zu legen, welchen Zwecken die einzelnen Amtspflichten dienen sollten. Seien sie dem Beamten für den Verkehr mit dem Publikum und zu dessen Gunsten auferlegt, so handle es sich um eine ihm gegen einen Dritten obliegende Amtspflicht. Sei jedoch der Zweck nur die Aufrechterhaltung der öffentlichen Ordnung, so finde die Vorschrift des § 839 BGB. keine Anwendung (RGZ. Bd. 78 S. 241). Die dem Beklagten hier obliegende Mitteilungspflicht sei vom Gesetzgeber nur im Interesse der Steuerbehörde vorgeschrieben, um ihr eine erschöpfende Erfassung der Steuerpflichtigen zu ermöglichen; sie sei also dem Beamten nicht im Interesse des einzelnen auferlegt, nämlich nicht für seinen Verkehr mit dem Publikum. Eine Amtspflichtverletzung im Sinne des § 839 BGB. liege somit nicht vor.

Diese Ausführungen sind, wie die Revision zutreffend rügt, von Rechtsirrtum beeinflußt. Unzutreffend ist schon der Ausgangspunkt des Landgerichts, daß die Verletzung der dem Staatsbeamten im Verhältnis zum Staat obliegenden Dienstpflicht nur disziplinarisch geahndet werden könne. Schädigt durch pflichtwidrige Handlung ein Staatsbeamter den Staat oder ein Kommunalbeamter die öffentlichrechtliche Körperschaft, der er dient, unmittelbar, so kann freilich § 839 BGB. für seine Haftung nicht in Betracht kommen. Denn in solchem Falle ist der Staat, die Gemeinde oder der Gemeindeverband im Verhältnis zum Beamten nicht Dritter, sondern öffentlicher Dienstherr. Da das Dienstverhältnis der Beamten öffentlichrechtlicher Natur ist, läßt sich dessen Schadensersatzpflicht in solchem Falle auch nicht auf andere Vorschriften des bürgerlichen Rechts stützen. Daraus folgt aber keineswegs, daß der Beamte nicht für den Vermögensschaden aufzukommen braucht, den er bei Ausübung seines Amtes dem Reich, dem Staat oder dem sonstigen öffentlichrechtlichen Gemeinwesen, dem er dient, zufügt; seine Haftung bestimmt sich vielmehr insoweit nach dem einschlägigen Beamtenrecht (RGZ. Bd. 78 S. 243; RGUrt. vom 15. Februar 1927 III 132/26, abgedr. JW. 1927 S. 1591 Nr. 25 und LZ. 1927 Sp. 1269 Nr. 10). Der preußische unmittelbare und mittelbare Staatsbeamte hat insofern nach der durch Art. 80 Abs. 1 EG. z. BGB. aufrecht erhaltenen Vorschrift des § 89 ALR. II 10 (RGZ. Bd. 82 S. 278,

Bd. 92 S. 236, Bd. 95 S. 346, Bd. 97 S. 244) dem öffentlichen Dienstherrn gegenüber jedes bei seiner Amtsführung begangene Versehen zu vertreten, das bei gehöriger Aufmerksamkeit hätte vermieden werden können. Er kann sich insbesondere nicht darauf berufen, daß er eine einschlägige Gesetzesvorschrift nicht gekannt und die nötige Erfahrung nicht besessen habe (RGZ. Bd. 75 S. 233).

Im vorliegenden Falle handelt es sich nun nicht darum, daß der Beklagte als Notar durch Amtspflichtverletzung den Staat geschädigt hat, dem er untersteht; er hat vielmehr ein Gemeinwesen geschädigt, dem er nicht dienstlich unterstellt war. Daß ein solches Gemeinwesen im Sinne des § 839 Abs. 1 BGB. nicht ein Dritter sein könne, ist in der vom Landgericht angezogenen Entscheidung RGZ. Bd. 78 S. 243 nicht gesagt worden. Dort wird lediglich hervorgehoben, daß alle Amtspflichten des Beamten für die Haftung aus § 839 ausscheiden, die ihm nur gegenüber seinem Dienstherrn, dem Staate, obliegen. Bei der hiernach gebotenen Unterscheidung der einzelnen Amtspflichten wird, wie die Entscheidung weiter ausführt, das Hauptgewicht auf den Zweck zu legen sein, dem die einzelne Amtspflicht dienen soll. Ist ihr Zweck nur die Aufrechterhaltung der öffentlichen Ordnung, der Schutz der vermögensrechtlichen Interessen des Gemeinwesens, dem der Beamte dient, oder das Interesse des Gemeinwesens an einer ordentlichen Amtsführung des Beamten, so handelt es sich nicht um eine dem Beamten einem Dritten gegenüber obliegende Amtspflicht. Ist die Amtspflicht dagegen dem Beamten gerade im Interesse des einzelnen auferlegt, so liegt sie ihm einem Dritten gegenüber ob. Zu Unrecht folgert das Landgericht aus diesen Ausführungen, daß Dritter (§ 839 BGB.) immer nur das Publikum sein könne. Weder der Wortlaut der Ausführungen noch ihr Zusammenhang rechtfertigt diese Annahme. Dritte im Sinne von § 839 sind nach der Rechtsprechung des Reichsgerichts nicht nur die bei dem Amtsgeschäft unmittelbar Beteiligten, sondern alle Personen, deren Interessen nach der besonderen Natur des Amtsgeschäfts durch dieses berührt werden und in deren Rechtskreis dadurch eingegriffen wird. Solche Personen können auch der Staat oder sonstige Körperschaften des öffentlichen Rechts sein, wenn und soweit nämlich der Beamte nach den maßgeblichen Gesetzes- und Dienstvorschriften das Vermögensinteresse eines anderen Gemeinwesens zu wahren hat, dem er nicht untersteht. Demgemäß hat das Reichsgericht im Urteil vom 7. Mai 1909 II 490/08 (abgedr. Recht 1909 Nr. 1886) gegen den Bürgermeister einer Landbürgermeisterei den Anspruch des Preußischen Staates auf Ersatz entgangener Steuerbeträge aus § 839 für begründet erklärt, weil er als Kommunalbeamter eine 10 Jahre bei ihm wohnende, eine jährliche Witwenpension und damit steuerpflichtiges Einkommen beziehende Verwandte nicht in die Personenstands- und Staatssteuerliste aufgenommen hatte, deren Führung ihm gemäß §§ 21, 23 des preußischen Einkommensteuergesetzes vom 24. Juni 1891 oblag. Dadurch hatte er verschuldet, daß für mehrere Jahre die Veranlagung zur Staatssteuer unterblieben war und der Anspruch auf sie gegen die Frau wegen Verjährung nicht mehr geltend gemacht werden konnte. Hier handelt es sich umgekehrt darum, daß der Anspruch der Stadtgemeinde auf eine indirekte Steuer nicht rechtzeitig hat erhoben werden können, weil der Beklagte als Notar, somit als Staatsbeamter, einer ihm vom Gesetz dem städtischen Zuwachssteueramt gegenüber auferlegten Mitteilungspflicht nicht nachgekommen war. Es kann keine Rede davon sein, daß der Beklagte durch seine Unterlassung nur für den inneren Dienst gegebene Anweisungen oder solche Vorschriften nicht beachtet habe, die den reibungslosen Verkehr innerhalb des Behördenorganismus gewährleisten sollen. Es handelt sich nicht um sog. Ordnungs- und Aufsichtsvorschriften, die im inneren Verhältnis zu übergeordneten, nebengeordneten und nachgeordneten Beamten zu beobachten sind, oder um Vorschriften, die dem Schutze der öffentlichen Ordnung dienen, sondern um Gesetzesvorschriften, die nach der eigenen, zutreffenden Ausführung des Landgerichts den städtischen Zuwachssteuerämtern die erschöpfende Erfassung der Steuerpflichtigen ermöglichen sollen und eben zu diesem Zwecke dem Notar eine Anzeige an die Ämter, also an Dritte, zur Pflicht machen. Ein geordnetes Staatswesen kann nur dann bestehen, wenn die für die Zwecke des Reiches, des Staates und der Gemeinden erforderlichen Steuern und Abgaben so, wie sie nach der Reichsverfassung (Art. 8, 11, 12 Abs. 1, Art. 134), den Finanzausgleichs- und übrigen Steuergesetzen ihnen zugewiesen sind, auch eingehen. Daher liegt es im allgemeinen Staatsinteresse, daß die Länder und Gemeinden und ihre Beamten im Rahmen der Gesetze einander bei der Erfassung der Abgaben behilflich sind. Für die Wertzuwachssteuer ist, wie bereits ausgeführt wurde und aus den mitgeteilten Vorschriften folgt, den Notaren in ihrer öffentlichrechtlichen Stellung die amtliche Verpflichtung zur Mitteilung der steuerpflichtigen Rechtsvorgänge durch § 38 ZuwachssteuerG. auch im Interesse der Gemeinden, denen die Steuer zum Teil zufließen soll, also im Vermögensinteresse der Gemeinden auferlegt. Bei dieser Verpflichtung der Notare beließ man es auch, als das Reich auf diese Steuerquelle für seine Zwecke verzichtete; ja die Notare haben darüber hinaus den Steuerbehörden nach § 41 ZuwachssteuerG. zur Ermittlung der Abgaben Hilfe zu leisten. Daraus folgt, daß ihnen insoweit gegenüber den Stadtgemeinden, die eine solche Steuer erheben, im Sinne des § 839 BGB. eine Amtspflicht obliegt, deren Verletzung sie zum Schadensersatz verpflichtet. Nach §§ 4, 5 ZuwachssteuerG. trat zwar die Steuerpflicht regelmäßig erst mit der Umschreibung des veräußerten Grundstücks im Grundbuch oder, falls eine solche nicht erfolgte, mit Ablauf eines Jahres nach Abschluß des Veräußerungsgeschäfts ein. Aber § 6 hatte bereits Rechtsgeschäfte, welche steuerpflichtige Rechtsgeschäfte verdecken sollten, in gleicher Weise für steuerpflichtig erklärt, insbesondere solche Rechtsvorgänge, die es ohne Übertragung des Eigentums einem anderen ermöglichen, über ein Grundstück wie ein Eigentümer zu verfügen. Die Allg. Verfügung des Preußischen Justizministers vom 24. Juli 1925 geht also insoweit unmittelbar auf das Gesetz zurück. Mit Unrecht bezieht sich das Landgericht für seine unzutreffende Ansicht, daß die Verletzung der dem Notar nach § 38 ZuwachssteuerG. obliegenden Mitteilungspflicht an das Zuwachssteueramt keinen Schadensersatzanspruch gegen ihn begründen könne, auf die in der Zeitschrift des Deutschen Notarvereins 1929 S. 430 Nr. 4 teilweise mitgeteilte Entscheidung des erkennenden Senats vom 26. April 1929 III 338/28. In jenem Falle hatte der eine Gesellschafter einer Gesellschaft mbH., zu deren Vermögen ein Grundstück gehörte, zum Zwecke der Auseinandersetzung dem anderen Gesellschafter seinen Geschäftsanteil vor einem Notar abgetreten und dieser Gesellschafter hatte in der Abtretungsurkunde die Annahme erklärt. Die Urkunde über diesen nach § 3 GrunderwerbsteuerG. steuerpflichtigen Rechtsvorgang hatte der Notar erst nach zwei Jahren dem zuständigen Bezirksbeamten der Stadt Berlin eingereicht. Wegen der Verspätung machte nicht etwa die Stadt Berlin gegen den Notar einen Schadensersatzanspruch geltend, sondern der Erwerber des Anteils verlangte im Klageweg vom Notar, daß er ihn nunmehr von der Grunderwerbsteuer befreie, zu der er nachträglich herangezogen wurde. Dieser Anspruch wurde auf die Behauptung gestützt, daß der Kläger, falls der Notar entsprechend der Vorschrift des § 25 Abs. 1 Nr. 3 GrunderwerbsteuerG. und dem § 1 C Nr. 2 der Ausführungsbestimmungen dazu vom 14. Oktober 1919 die Abtretungsurkunde dem Bezirksamt alsbald eingereicht hätte, innerhalb zweier Jahre seit der Abtretung des Geschäftsanteils die Aufhebung des Auseinandersetzungsvertrags herbeigeführt und damit nach § 23a Nr. 3 GrunderwerbsteuerG. die Steuer beseitigt haben würde. Demgegenüber hat der Senat ausgeführt: Die Mitteilungspflicht sei dem Notar vom Gesetzgeber lediglich im Interesse der Steuerbehörde auferlegt worden, um dieser eine erschöpfende Erfassung der Steuerpflichtigen zu ermöglichen, nicht aber im Interesse der Grundstücksverkäufer und der Grundstückserwerber. Die Notare und alle übrigen Behörden und Beamten, denen nach dem Gesetz die Mitteilungspflicht obliege, seien damit nicht zu Hütern der Belange der Steuerpflichtigen berufen worden. Erfüllten sie der Steuerstelle gegenüber ihre öffentlichrechtliche Anzeigepflicht nicht, so machten sie sich ihren Vorgesetzten gegenüber disziplinarisch, nicht aber dem Steuerpflichtigen gegenüber zivilrechtlich verantwortlich. Zur Sicherung der Steuererlaß- und Steuererstattungsmöglichkeiten des § 23 GrunderwerbsteuerG. sei die Vorschrift des § 25 das. nicht gegeben worden. Sie habe nicht einen Steuererlaß oder eine Steuererstattung erleichtern oder begünstigen, sondern im Gegenteil gerade jede Umgehung oder sonstige Verletzung der Steuerpflicht verhindern sollen. Die zur Sicherung etwaiger Ansprüche aus § 23 a. a. O. erforderlichen Maßnahmen zu treffen, sei lediglich Sache der Parteien. Es handelte sich also, wie diese Ausführungen klar ergeben, um einen ganz anders gearteten Fall. Zu der Frage Stellung zu nehmen, ob eine Stadtgemeinde, wenn sie durch verspätete Mitteilung des Notars an das Bezirksamt oder Zuwachssteueramt selbst Schaden nimmt, vom Notar Ersatz verlangen kann, gab der Fall keinen Anlaß.

Das Landgericht hat hiernach die Schadensersatzpflicht des Beklagten aus einem unzutreffenden rechtlichen Gesichtspunkt verneint. . . .

58. Welche Bedeutung hat die Zustimmung des in einem früheren Erbvertrag eingesetzten Erben zu einem späteren Testament des Erblassers?

BGB. §§ 182, 183.

III. Zivilsenat. Urt. v. 1. Dezember 1931 i. S. Ehefrau H. (Kl.) w. Witwe M. (Bekl.). III 35/31.

I. Landgericht Kiel.
II. Oberlandesgericht daselbst.

Die Klägerin ist die einzige Tochter des Hüfners Johann K.; sie stammt aus dessen erster Ehe. Nach dem Tode ihrer Mutter hat sich der Vater wieder verheiratet; die Ehe ist kinderlos geblieben. Nachdem sich die Klägerin mit ihrem jetzigen Ehemann verlobt hatte, hat sie mit ihrem Vater zur Beilegung von Meinungsverschiedenheiten am 29. November 1920 einen gerichtlichen Vergleich geschlossen. Der Vergleich enthielt den Vorbehalt, daß der Vater seine stets betonte Absicht, seiner Tochter ihren gesetzlichen Erbteil unverkürzt zuzuwenden, baldigst in einem Erbvertrag zwischen ihm, seiner Frau und seiner Tochter niederlegt. Tags darauf hat Johann K. mit seiner Ehefrau Dora geb. T. einen Erbvertrag geschlossen und darin die Klägerin und seine Ehefrau zu gesetzlichen Erben berufen. Den Erbvertrag hat der inzwischen verstorbene Notar Justizrat M. in Gegenwart zweier Zeugen beurkundet. Beide Zeugen waren mit Johann K. im zweiten Grade verschwägert. Am 31. März 1926, wenige Tage vor seinem Tode, hat Johann K. ein Testament errichtet. Darin hat er unter Ziff. I bestimmt: an der gesetzlichen Erbfolge solle nichts geändert werden, sodaß die Tochter (Klägerin) zu drei Vierteln, die zweite Ehefrau zu einem Viertel als Erbe in Betracht komme. In Ziff. II hat er seiner Ehefrau eine „Abnahme" zugewendet, bestehend in freier Wohnung und gewissen Naturalleistungen. In Ziff. IV hat er „für die Auseinandersetzung zwischen seinen Erben" das seiner Ehefrau am Nachlaß zustehende Viertel auf 6000 Goldmark festgesetzt.

Durch diesen Sachverhalt erachtet sich die Klägerin für benachteiligt. Sie führt aus, der Erbvertrag vom 30. November 1920 sei im Hinblick auf die Zuziehung der beiden verschwägerten Zeugen nichtig gewesen; infolgedessen habe sie den ihr ungünstigen Anordnungen des

Testaments vom 31. März 1926 nicht mit der Berufung auf den Erbvertrag wirksam begegnen können. Die Nichtigkeit des Erbvertrags habe der beurkundende Notar zu vertreten. Die Klägerin verlangt deshalb von der Beklagten als der Alleinerbin des Notars Schadensersatz gemäß § 839 BGB. in Höhe eines Teilbetrags von 1000 RM.

Das Landgericht hat die Klage abgewiesen. Berufung und Revision der Klägerin blieben ohne Erfolg.

Gründe:

... Zur Abweisung der Klage ist der Berufungsrichter auf Grund folgender tatsächlicher und rechtlicher Gesichtspunkte gelangt:

Nach seinen Feststellungen hat man am 31. März 1926, als Johann K. sich anschickte, das Testament zu errichten, die Klägerin und ihren Ehemann eigens mit Kraftwagen herbeigeholt, damit nicht der Erblasser Bestimmungen treffe, die gegen den Willen der Klägerin gingen. Wie der Berufungsrichter insbesondere den Bekundungen des Zeugen C. entnimmt, ist die Sache mit der Klägerin und ihrem Ehemann eingehend besprochen, ist insbesondere über die Höhe der der Ehefrau K. zu gewährenden „Abnahme" und über den Betrag der an sie zu zahlenden Geldsumme eingehend verhandelt, ja „gefeilscht" worden, bis sich endlich die Klägerin und ihr Ehemann mit dem Inhalt des Testaments einverstanden erklärten. Allerdings hätten sich diese beiden, wie sie jetzt behaupten, nur deshalb nicht gegen die Testamentserrichtung verwahrt, weil sie auf den Rechtsbestand des Erbvertrags vertraut und daher angenommen hätten, das Testament werde, soweit mit dem Erbvertrag im Widerspruch stehend, nicht wirksam werden können. Nachdem aber die Klägerin und ihr Ehemann eigens herbeigeholt worden seien, damit man sich ihres Einverständnisses versichern könne, nachdem sie um die Beträge der Zuwendungen an die Ehefrau K. gefeilscht, gleichwohl aber schließlich ihr Einverständnis an den Tag gelegt hätten, verstoße es gegen das Anstandsgefühl aller billig und gerecht Denkenden, wenn sie das Testament im Hinblick auf den Erbvertrag nicht gegen sich gelten lassen wollten. Damit handle die Klägerin sittenwidrig und arglistig. Durch dieses rechtlich unstatthafte Verhalten habe sie die Errichtung einer letztwilligen Verfügung, die auch dem Erbvertrag gegenüber Bestand gehabt hätte, verhindert. Infolgedessen sei der Klägerin angesichts des gekennzeichneten Verhaltens das Recht genommen, sich, selbst im Falle der Gültigkeit des Erbvertrags, auf die Unwirksamkeit des Testaments zu berufen. Diesen Einwand könne auch die Beklagte als Rechtsnachfolgerin des Notars der Klägerin entgegenhalten; denn auch ihr gegenüber würde die Klägerin arglistig handeln, indem sie sich mit ihrem eigenen, bei der Testamentserrichtung an den Tag gelegten Verhalten in einer nicht zu billigenden Weise in Widerspruch setze.

Diesen Ausführungen ist jedenfalls im Ergebnis beizutreten.

Der vom Berufungsrichter festgestellte Sachverhalt ist, namentlich auch im Hinblick auf die Anschauungen der ländlichen Bevölkerung, der die Beteiligten angehören, unbedenklich dahin zu beurteilen, daß die Verhandlungen vom 31. März 1926 geradezu rechtsgeschäftlichen Charakter getragen haben. Man hat die Klägerin und ihren Ehemann eigens herangeholt, damit nichts gegen den Wunsch und Willen der Klägerin geschehe. Der auch für diese erkennbare Zweck war mithin, sich ihres Einverständnisses zu versichern. Ihres Einverständnisses bedurfte es nur insoweit, als die Verfügungen des Erblassers geeignet sein konnten, die Rechte der Klägerin zu gefährden oder zu beeinträchtigen. Über den Inhalt der vom Erblasser zu treffenden Verfügungen hat der Zeuge C. für diesen mit der Klägerin und ihrem Ehemann bis in die Einzelheiten verhandelt, und er hat schließlich das Einverständnis der beiden zu den Einzelheiten erzielt. Das bedeutet, rechtlich gewürdigt, nichts anderes, als daß die Klägerin dem Testament zugestimmt, daß sie also „eingewilligt" hat (§ 183 BGB.). Diese Einwilligung bedurfte keiner Form (§ 182 Abs. 2 das.). Mithin muß die Klägerin die Verfügungen ihres Vaters auch insoweit gegen sich gelten lassen, als diese (möglicherweise) in ihre Rechtsstellung eingreifen konnten. Ihr Vorbringen, sie sei in Wahrheit nicht einverstanden gewesen und habe sich nur im Vertrauen auf den Erbvertrag eines Widerspruchs enthalten, kennzeichnet sich als Berufung auf einen sog. geheimen Vorbehalt und ist daher unbeachtlich (§ 116 BGB.), und zwar um so mehr, als die Klägerin durch dieses Verhalten den Erblasser verhindert hat, durch anderweitigen Erbvertrag oder durch gemeinschaftliches Testament den früheren Erbvertrag zu beseitigen, was er ohne weiteres tun konnte (§§ 2290, 2292 BGB.). Damit rechtfertigt sich das Ergebnis des Berufungsrichters. Kann sich die Klägerin schon auf Grund des unmittelbar oder mindestens sinngemäß anzuwendenden § 183 BGB. nicht auf den Erbvertrag von 1920 berufen, so ist sie auch nicht durch dessen Nichtigkeit geschädigt, die der Notar zu vertreten hat. Es gebricht mithin am ursächlichen Zusammenhang zwischen der schuldhaften Amtspflichtverletzung des Notars und dem Schaden, den die Klägerin nach ihrer Behauptung dadurch erlitten hat, daß sie sich auf den nichtigen Erbvertrag nicht berufen kann.

Das Ergebnis wäre aber auch dann kein anderes, wenn man annähme, daß die Verhandlungen vom 31. März 1926 keinen rechtsgeschäftlichen Charakter getragen hätten. Denn dann können die Verhandlungen im Hinblick auf die nahen Familienbeziehungen unter den Beteiligten nur als verwandtschaftliche und Familien-Besprechungen zur Erhaltung des Familienfriedens und des guten Einvernehmens zwischen der Klägerin und ihrem Ehemann auf der einen, dem Erblasser und seiner zweiten Frau auf der anderen Seite gewertet werden. Auch von diesem Standpunkt aus ist es keineswegs rechtsirrig, sondern zu billigen, daß, wie der Berufungsrichter annimmt, bei dem gegebenen Sachverhalt die Klägerin, wenn sie den Inhalt des zu errichtenden Testaments nicht billigte, sittlich verpflichtet war, mit ihrem Widerspruch hervorzutreten und dem Erblasser anheimzugeben, ob er sich ihrem Widerspruch fügen oder, wie ihm freistand und wie ihm der anwesende Notar alsbald hätte auseinandersetzen können, den Erbvertrag von 1920 beseitigen wollte. Mit der Unterlassung des Widerspruchs hat die Klägerin demgemäß im Verhältnis zum Erblasser und zu dessen Ehefrau sittenwidrig und arglistig gehandelt; hierauf kann sie sich nicht berufen. Ohne Rechtsverstoß hat der Berufungsrichter aber auch angenommen, daß ebenso die Beklagte als Witwe des Notars der Klägerin den Einwand der Arglist entgegenhalten kann. Im Verhältnis zur Beklagten handelt die Klägerin arglistig, indem sie jetzt Ersatz wegen der Nichtigkeit des Erbvertrags begehrt, obschon sie infolge des von ihr bei der Testamentserrichtung an den Tag gelegten Verhaltens den Erbvertrag nicht mehr für sich anführen kann. Es geht rechtlich nicht an, daß sich die Klägerin bei der Beklagten als einer Dritten wegen eines Schadens erholt, mit dessen Geltendmachung sie gegenüber der Nächstbeteiligten, nämlich der Witwe ihres Vaters, ausgeschlossen ist. Es handelt sich also, wie der Vertreter der Beklagten zutreffend bemerkt hat, um einen Anwendungsfall der auch sonst im Recht anerkannten Einrede der allgemeinen (gegenwärtigen) Arglist, keineswegs aber um die Anwendung des § 826 BGB. In Wahrheit kommt es auch hier im letzten Grunde auf die Verneinung des ursächlichen Zusammenhangs hinaus.

---

59. 1. Unterliegt die Anrechnung der von einem Ruhegehaltsempfänger nach der Zurruhesetzung geleisteten Dienste auf das ruhegehaltsfähige Dienstalter der Nachprüfung durch die ordentlichen Gerichte?

2. Stellt § 5 des preuß. Volksschullehrer-Altruhegehaltsgesetzes für die Anrechnung von Kriegsdiensten eine die Anwendung anderer Gesetze ausschließende, erschöpfende Sonderregelung dar oder kommen daneben noch die §§ 19, 20, 20a des preuß. Volksschullehrer-Pensionsgesetzes in Betracht?

3. Zur Tragweite des § 20a des preuß. Volksschullehrer-Pensionsgesetzes.

Preuß. Volksschullehrer-Altruhegehaltsgesetz vom 17. Dezember 1920 §§ 1 bis 6. Preuß. Lehrer-Pensionsgesetz vom 6. Juli 1885/10. Juni 1907 in der Fassung des Volksschullehrer-Diensteinkommensgesetzes vom 17. Dezember 1920 und des Personalabbau-Abwicklungsgesetzes vom 25. März 1926 §§ 19, 20, 20a.

III. Zivilsenat. Urt. v. 4. Dezember 1931 i. S. A. (Kl.) w. Preuß. Staat (Bekl.). III 39/31.

I. Landgericht Breslau.
II. Oberlandesgericht daselbst.

Der Sach- und Streitstand ergibt sich aus den beiden früheren Urteilen des erkennenden Senats vom 25. Januar 1929 (RGZ. Bd. 123 S. 191) und vom 13. Mai 1930 (RGZ. Bd. 129 S. 31). Nach Aufhebung auch des zweiten Berufungsurteils und nochmaliger Zurückverweisung der Sache an das Berufungsgericht hat dieses nunmehr den Anspruch des Klägers, soweit er die Anrechnung der bei den vier Zivilbehörden abgeleisteten Dienstzeiten auf sein ruhegehaltsfähiges Dienstalter betrifft, sachlich geprüft, aber als unbegründet aberkannt und ist damit zum gleichen Ergebnis gelangt wie die früheren Berufungsurteile. Wegen der im Berufungsverfahren geltend gemachten Anrechnung der Militärdienstzeit des Klägers vom 1. Januar bis 31. Mai 1919 hat der Berufungsrichter den Klageweg nicht für zulässig erachtet, weil nicht dargetan sei, daß der Kläger wegen ihrer Anrechnung den durch § 15 des preuß. Gesetzes betr. die Pensionierung der Lehrer und Lehrerinnen an den öffentlichen Volksschulen (LPG.) vom 6. Juli 1885/10. Juni 1907 (GS. S. 298/133) in der Fassung von § 25 des Volksschullehrer-Diensteinkommensgesetzes (VDG.) vom 17. Dezember 1920 (GS. S. 623) vorgeschriebenen Verwaltungsweg überhaupt schon beschritten habe.

Die jetzige Revision des Klägers wurde in der Hauptsache zurückgewiesen und hatte nur in einem Punkte Erfolg.

Gründe:

Zutreffend geht der Berufungsrichter davon aus, daß die Festsetzung des ruhegehaltsfähigen Dienstalters und als Vorfrage hierzu auch die Anrechnung der von einem Ruhegehaltsempfänger nach der Zurruhesetzung geleisteten Dienste der Nachprüfung durch die ordentlichen Gerichte unterliegt. Für das Besoldungsdienstalter bestimmt allerdings § 8 VDG. und gleichlautend § 9 des Volksschullehrer-Besoldungsgesetzes — VBG. — vom 1. Mai 1928 (GS. S. 125), daß die Entscheidung der Schulaufsichtsbehörde für die Beurteilung der vor den Gerichten geltend gemachten vermögensrechtlichen Diensteinkommensansprüche maßgebend ist. Der erkennende Senat hat denn auch in ständiger Rechtsprechung die Feststellung des Besoldungsdienstalters als ausschließliche Aufgabe der Verwaltungsbehörden und daher als im Rechtswege nicht anfechtbar angesehen (RGZ. Bd. 48 S. 321, Bd. 103 S. 292, Bd. 110 S. 266, Bd. 119 S. 240; JW. 1928 S. 1042 Nr. 7). Wie jedoch bereits am Schlusse des ersten Revisionsurteils vom 25. Januar 1929 angedeutet, gelten die gesetzlichen Vorschriften über das Besoldungsdienstalter der Beamten und Lehrer nicht für die Festsetzung des davon rechtlich verschiedenen ruhegehaltsfähigen Dienstalters, das hier allein in Frage kommt. Der Senat hat daher gleichfalls in feststehender Rechtsprechung angenommen, daß die Frage, ob und welche Dienstzeiten auf das Ruhegehalt eines Beamten anzurechnen sind, der Nachprüfung durch die Gerichte zugänglich ist (RGZ. Bd. 6 S. 105, Bd. 12 S. 74, Bd. 108 S. 415, Bd. 113 S. 219; RGUrt. vom 7. Oktober 1930 III 397/29). Nur bei Vornahme solcher Nachprüfung durch die Gerichte kommt, wie der Berufungsrichter zutreffend annimmt, der in § 15 LPG. zugelassenen Beschreitung des Rechtswegs gegen die Entscheidung der Schulaufsichtsbehörde nach § 14 das. Sinn und Bedeutung zu.

Auch die Annahme des Berufungsgerichts, daß der § 5 des Volksschullehrer-Altruhegehaltsgesetzes — VARG. — vom 17. Dezember 1920 (GS. S. 655) dem Anspruch des Klägers nicht als Rechtsgrundlage dienen könne, ist rechtlich nicht zu beanstanden. Diese Vorschrift sieht eine Hinzurechnung von Dienstleistungen zur ruhegehaltsfähigen Dienstzeit nur dann vor, wenn die Altruhegehaltsempfänger in der Zeit vom 1. August 1914 bis 31. Dezember 1918, also in den Kriegsjahren, im öffentlichen Schuldienst in Preußen voll wiederbeschäftigt oder als Beamte im unmittelbaren Staatsdienst verwendet worden sind. Dies war beim Kläger nicht der Fall. Das angefochtene Urteil stellt als unstreitig fest, daß er in der in Betracht kommenden Zeit im Reichs- und Gemeindedienst wieder beschäftigt worden ist.

Bei der Erörterung darüber, ob der Kläger seinen Anspruch auf Anrechnung der bei den vier Zivilbehörden verbrachten Dienstzeiten auf andere gesetzliche Vorschriften, namentlich auf die §§ 19 und 20 LPG. stützen könne, nimmt der Berufungsrichter nicht völlig abschließend Stellung zu der Frage, ob § 5 VARG. eine die Anwendung anderer Gesetze ausschließende erschöpfende Sonderregelung der Anrechnung der durch Altruheständler nach ihrer Versetzung in den Ruhestand geleisteten Dienste darstellt. Er neigt jedoch zur Bejahung dieser Frage. Dieser Auffassung kann nicht beigepflichtet werden. Zwar ergibt sich der Ausgangspunkt des Vorderrichters, daß § 1 VARG. und — wie hinzugefügt werden mag — auch die §§ 2, 3 und 4 das. eine grundsätzliche Gleichstellung der Altruhegehaltsempfänger und ihrer Angehörigen mit den Neuruheständlern und deren Familienmitgliedern zum Gegenstand haben, unmittelbar aus dem Wortlaut dieser Vorschriften, er steht auch im Einklang mit den hierzu erlassenen Ausführungsbestimmungen des Preußischen Ministers für Wissenschaft, Kunst und Volksbildung vom 30. März 1921 (Sonderbeilage zum Zentralblatt für die gesamte Unterrichtsverwaltung in Preußen 1921, Heft 8, auch abgedr. bei von Rohrscheidt Kommentar zum VDG. 8. Aufl. S. 315). Die §§ 1 bis 4 VARG. regeln jedoch die Rechtsverhältnisse der Altruhegehaltsempfänger nur für die Zeit vom 1. April 1920, also von dem Zeitpunkt an, zu dem das Gesetz nach § 12 und ebenso das Volksschullehrer-Diensteinkommensgesetz nach § 54 dieses Gesetzes in Kraft getreten ist. Wäre das Volksschullehrer-Altruhegehaltsgesetz nicht erlassen worden, so hätte es bei den Vorschriften des Volksschullehrer-Pensionsgesetzes in vollem Umfang sein Bewenden behalten müssen. Daß die Vorschriften über das Ruhen der Versorgungsbezüge, wie sie im Volksschullehrer-Pensionsgesetz vorgesehen sind, durch das Volksschullehrer-Altruhegehaltsgesetz nicht schlechthin beseitigt werden sollten, ergibt sich schon aus dem Wortlaut des § 6 dieses Gesetzes, wo die fortdauernde Gültigkeit des § 19 Abs. 2 LPG. anerkannt wird. Aus der grammatikalischen Fassung der Überschrift zu § 5 VARG. ist für die Entscheidung der hier zu beantwortenden Frage nichts zu gewinnen. Dagegen läßt der Inhalt des § 5 keinen Zweifel darüber, daß den Altpensionären unter den Lehrern eine besondere Anerkennung und Belohnung für die dem Staat in der Kriegsnotzeit geleisteten Dienste zuteil werden sollte. Das ergibt sich zweifelfrei aus der amtlichen Begründung zu § 7 des Entwurfs zum Beamten-Altruhegehaltsgesetz vom 17. Dezember 1920 (Verhandlungen der Verfassunggebenden Preußischen Landesversammlung, Tagung 1919/21, Drucks. Nr. 2435 S. 3930), auf welche die Begründung zum Volksschullehrer-Altruhegehaltsgesetz Bezug nimmt (das. Drucks. Nr. 2442 S. 3938). Das beweist ferner die Tatsache, daß bei einer Wiederverwendung binnen eines Zeitraums von nur 60 Tagen innerhalb des Kriegs die ruhegehaltsfähige Dienstzeit um ein volles Jahr erhöht werden sollte, während bei einer Anrechnung nach § 20 Abs. 1 LPG. eine neue Dienstzeit von wenigstens einem Jahr verlangt wird. Auch soll — wenigstens nach der Bestimmung des erwähnten Ministerialerlasses vom 30. März 1921 unter A I c Nr. 2 — unter offensichtlicher Erweiterung der in § 20 Abs. 1 und 3 LPG. enthaltenen Vorschriften zugunsten der Altpensionäre eine Wiederverwendung als Beamter im unmittelbaren Staatsdienst auch bei Beschäftigung und Entlohnung auf Privatdienstvertrag dann angenommen werden, wenn der Ruhestandslehrer mit Ausübung von Staatshoheitsrechten beauftragt war. Angesichts der grundsätzlichen Gleichstellung der Altpensionäre mit den Neuruhegehaltsempfängern im Volksschullehrer-Altruhegehaltsgesetz und ihrer besonderen Bevorzugung im § 5 das. erscheint es ausgeschlossen, daß ihnen die in anderen Gesetzen enthaltene Rechtswohltat der Gewährung eines neuen Ruhegehalts durch das Volksschullehrer-Altruhegehaltsgesetz hätte genommen werden sollen. Bei der erörterten Richtung der Gesetzgebung muß vielmehr im Gegensatz zum Berufungsgericht angenommen werden, daß es eines unzweideutigen Ausspruchs im Gesetz bedurft hätte, wenn dies beabsichtigt gewesen wäre.

Sind aber hiernach die §§ 19 und 20 LPG. als neben dem Volksschullehrer-Altruhegehaltsgesetz fortdauernd gültig anzusehen, so kann zunächst dem Berufungsrichter nicht beigepflichtet werden, wenn er in diesen Bestimmungen keine Vorschriften zugunsten des Ruhegehaltsempfängers, sondern im Gegenteil unter Umständen lediglich Kürzungsvorschriften erblickt. Für den § 20 Abs. 1 trifft diese Annahme sicherlich nicht zu; denn nach ihm erwirbt der Ruhegehaltsempfänger bei Erfüllung der dort aufgestellten Voraussetzungen für den Fall des Zurücktretens in den Ruhestand den Anspruch auf Gewährung eines neuen Ruhegehalts, das nach seiner nunmehrigen verlängerten Gesamtdienstzeit zu berechnen ist. Daß dieses Ruhegehalt für die Gesamtdienstzeit höher sein muß als das früher erdiente, daß sonach der § 20 Abs. 1 eine Bestimmung zugunsten des Ruhegehaltsempfängers darstellt, bedarf keiner weiteren Begründung. Nach den getroffenen Feststellungen hat indessen der Kläger die gesetzlichen Voraussetzungen des § 20 Abs. 1 LPG. nicht erfüllt, er kann daher aus dieser Vorschrift keine Rechte für sich herleiten.

Der § 20 Abs. 3 LPG. ist, worauf die Revision zutreffend hinweist, durch § 31 des Personalabbau-Abwicklungsgesetzes vom 25. März 1926 (GS. S. 105) als § 20a LPG. neu gefaßt worden. Dies hat jedoch auch der Berufungsrichter nicht übersehen; er läßt nur dahingestellt, ob die Vorschrift in der Neufassung des § 20a oder in der alten Fassung als § 20 Abs. 3 anzuwenden sei. Mit der Revision muß angenommen werden, daß die Neufassung maßgebend ist. Für die Entscheidung in der vorliegenden Sache bedeutet dies jedoch, wie auch die Revision anerkennt, keinen ausschlaggebenden Gesichtspunkt. Denn die Neufassung enthält — abgesehen von der Einbeziehung der „sonstigen öffentlichen Dienste" in den Kreis der in Betracht kommenden Arten der Wiederbeschäftigung — im wesentlichen nur eine redaktionelle Änderung und ist in der Hauptsache der Absicht entsprungen, diese Bestimmung mit § 28a des preußischen Gesetzes betr. die Pensionierung der unmittelbaren Staatsbeamten usw. vom 27. März

1872 (GS. S. 268) und mit § 59 RBG. in Übereinstimmung zu bringen (Begründung zu § 25 Nr. 4 des Entwurfs zum Volksschullehrer-Diensteinkommensgesetz in den Verhandlungen der Verfassunggebenden Preußischen Landesversammlung 1919/20, Drucks. Nr. 2547 Sp. 25).

Dagegen muß — und das ist der entscheidende Punkt — im Widerspruch mit den Ausführungen der Revision dem Berufungsrichter darin beigetreten werden, daß auch die Voraussetzungen des § 20a LPG. vom Kläger nicht erfüllt, zum mindesten nicht nachgewiesen worden sind. Allerdings sieht § 20a unter gewissen Voraussetzungen auch die Berücksichtigung einer nicht nur im Staatsdienst, sondern auch im Reichs- oder in einem sonstigen öffentlichen Dienst verbrachten Beschäftigungszeit des Ruhegehaltsempfängers vor. Allein er knüpft diese Berücksichtigung an die Voraussetzung, daß in dem anderen Dienst ein Ruhegehalt erdient ist. Daß diese Voraussetzung erfüllt sei, hat der Kläger nach der Feststellung des Berufungsurteils nicht einmal behauptet, und nach den vom Landgericht erörterten näheren Umständen der verschiedenen Beschäftigungen des Klägers kann dies auch nicht wohl der Fall gewesen sein. Es geht nicht an, wenn die Revision den Sinn der §§ 19, 20 und 20a LPG. einfach darin finden will, daß eine Vergleichung der Bezüge des Ruhegehaltsempfängers unter Anrechnung der gesamten im öffentlichen Dienst verbrachten Zeiten vorgenommen wird, und wenn sie ausführt, auch wenn jene Dienstzeiten zur Begründung eines neuen Ruhegehaltsanspruchs nicht ausreichten, seien sie doch mit der für den früheren Anspruch maßgebenden Dienstzeit zusammenzurechnen und danach sei der dem Kläger zustehende Gesamtruhegehaltsanspruch festzustellen. Eine derartige Auslegung würde sich über den Wortlaut des Gesetzes hinwegsetzen und in diesem keine Rechtsgrundlage mehr finden. Der § 20a steht offenbar in bewußtem und gewolltem Gegensatz zu § 20 Abs. 1 LPG. und ebenso zu § 5 BARG. Er läßt eine Berücksichtigung der außerhalb des öffentlichen Volksschuldienstes durch den Ruhegehaltsempfänger geleisteten Dienste nur dann zu, wenn in dem anderen öffentlichen Dienst ein Ruhegehalt tatsächlich erdient worden ist (vgl. hierzu die oben angeführte Begründung zu § 7 des Beamten-Altruhegehaltsgesetzes). Unter diesem rechtlichen Gesichtspunkt betrachtet erscheint die Ansicht des Berufungsrichters, daß es sich in der Hauptsache um eine bloße Pensionskürzungsvorschrift handle, als zutreffend, soweit der § 20a in Frage kommt. Jedenfalls ist nach dem Gesagten der Klaganspruch insoweit nicht begründet, als es sich um die Beschäftigung des Klägers bei den vier Zivilbehörden handelt.

(Es folgen Ausführungen zur Anrechnung der Militärdienstzeit des Klägers vom 1. Januar bis 31. Mai 1919; insoweit ist auf Aufhebung und Zurückverweisung erkannt worden.)

---

60. Zur Frage der Verjährung wiederholter zum Schadensersatz verpflichtender unerlaubter Handlungen im Sinne des Wettbewerbsgesetzes, begangen durch fortgesetzte vorsätzliche und planmäßige Verletzung eines fremden Warenzeichen- und Ausstattungsschutzes.

UnlWG. § 21.

II. Zivilsenat. Urt. v. 18. Dezember 1931 i. S. Norsk Vacuum Oil Comp. Aktiebolaget (Kl.) w. Eagle Oil Comp. of New York GmbH. (Bekl.). II 161/31.

I. Landgericht Hamburg, Kammer für Handelssachen.
II. Oberlandesgericht daselbst.

Durch Urteil des erkennenden Senats vom 8. Juli 1930 (RGZ. Bd. 129 S. 385) wurde die Entscheidung des Oberlandesgerichts Hamburg vom 18. Oktober 1929, die den auf Schadensersatz in Höhe von 20000 norwegischen Kronen wegen unerlaubter Handlung und unlauteren Wettbewerbs gerichteten Klaganspruch dem Grunde nach für gerechtfertigt erklärt hatte, aufgehoben und die Sache an das Berufungsgericht zurückverwiesen. In dem erneuten Verfahren machte die Klägerin entsprechend ihrem schon früher unter Beweis gestellten, aber vom Berufungsgericht bisher nicht berücksichtigten Vorbringen geltend, daß die Beklagte auch in dem Zeitraum von Anfang 1924 bis Mai 1930, also zum Teil noch lange Zeit nach der am 11. Januar 1929 erfolgten Zustellung der jetzigen Klage, mehrere (im einzelnen angeführte) Verletzungshandlungen begangen habe. Die Klägerin ist der Ansicht, daß bei den soeben erwähnten und den vom Berufungsgericht seinem früheren Urteil allein zugrunde gelegten Verletzungshandlungen aus der Zeit vom Mai 1918 bis Anfang 1924 nur eine einheitliche

Dauerhandlung in Frage komme. Da hierbei eine Trennung nach der Begehungszeit nicht gemacht werden könne, so betreffe die jetzige Klage die Gesamtheit dieses vom Mai 1918 bis zum Mai 1930 sich erstreckenden unlauteren Verhaltens der Beklagten. Durch dessen Fortsetzung nach Anfang 1924 sei der Klägerin außer dem Schaden von 20000 norw. Kronen ein weiterer Schaden von mindestens 5000 bis 6000 norw. Kronen verursacht worden. Sie behalte sich eine entsprechende Erhöhung der Klagforderung vor und betrachte daher den bisher eingeklagten Betrag von 20000 norw. Kronen nur als einen Teilbetrag. Die Klägerin hat aber den auf Zahlung dieses Betrags lautenden bisherigen Klagantrag bis zum Schluß des neuen Verfahrens vor dem Berufungsgericht nicht erhöht. Die Beklagte bat erneut um Bestätigung des klagabweisenden landgerichtlichen Urteils. Das Oberlandesgericht wies nunmehr die Berufung der Klägerin durch Teilurteil in Höhe von 14000 norw. Kronen zurück. Die Revision der Klägerin war erfolglos.

Gründe:

Nach der Begründung des ersten Revisionsurteils vom 8. Juli 1930 ist durch die im norwegischen Vorprozeß der Parteien von der nunmehrigen Klägerin erhobene Widerklage die Verjährung ihres jetzt geltend gemachten Schadensersatzanspruchs (wegen der in Norwegen begangenen vorsätzlichen und planmäßigen Verletzung ihres Zeichen- und Ausstattungsschutzes, wegen unlauteren Wettbewerbs und wegen vorsätzlicher sittenwidriger Schädigung) nicht unterbrochen worden. Wie in jenem Revisionsurteil weiter dargelegt ist, konnte jedoch die Klage nicht wegen Verjährung des Schadensersatzanspruchs aus den vom Berufungsgericht seiner damaligen Entscheidung allein zugrunde gelegten, in der Zeit vom Mai 1918 bis Anfang 1924 verübten Verletzungshandlungen abgewiesen werden. Denn nach dem eine zulässige Ergänzung tatsächlicher Anführungen darstellenden, mit Beweisantritt versehenen Vorbringen der Klägerin in der früheren Berufungsinstanz, das damals unberücksichtigt blieb, waren die Verletzungshandlungen der Beklagten über jenen Zeitraum hinaus sogar bis nach Erhebung der vorliegenden Klage fortgesetzt worden. Zur Aufklärung des Sachverhalts nach dieser Richtung wurde die Sache durch das Urteil vom 8. Juli 1930 an das Berufungsgericht zurückverwiesen, da es nicht möglich war, einen zeitlichen Einschnitt in dem Sinne zu machen, daß nur die von dem Urteil des Gerichts in Oslo erfaßten, bis Anfang 1924 begangenen Verletzungshandlungen Gegenstand der jetzigen Klage würden, die etwaigen späteren dagegen einem künftigen neuen Rechtsstreit vorbehalten werden müßten. Denn die jetzige, beim deutschen Gericht erhobene Klage ist ein völlig selbständiger Schadensersatzanspruch, der sich auf sämtliche nunmehr geltend gemachte Verletzungshandlungen der Beklagten gründet, und in diesem Rechtsstreit ist das Urteil des Gerichts in Oslo nur als Beweismittel zu werten. So spricht sich auch schon das Revisionsurteil vom 8. Juli 1930 aus unter Hinweis darauf, daß das norwegische Urteil auf das deutsche Rechtsverhältnis keine materielle Wirkung auszuüben, keine Rechtskraft für dieses zu begründen vermöge.

Das Berufungsgericht hat in dem erneuten Verfahren den Anspruch auf Ersatz des Schadens aus den vom Mai 1918 bis Anfang 1924 begangenen Verletzungshandlungen als verjährt angesehen und deshalb die Klage abgewiesen, soweit sie das Verhalten der Beklagten während dieses Zeitraums betrifft, d. h. in Höhe von (20000 weniger 6000 =) 14000 norw. Kronen. Die Klägerin dagegen hat geltend gemacht, die Klage könne noch auf den ganzen „Komplex" der Verletzungshandlungen der Beklagten gestützt werden, auch wenn diese zum Teil zeitlich soweit zurücklägen, daß sie, als Einzelhandlungen betrachtet, wegen Ablaufs der Verjährungsfrist nicht mehr zur Grundlage von Ansprüchen gemacht werden könnten. Sie weist dabei darauf hin, daß das frühere Revisionsurteil mit Bezug auf das in die Rechte der Klägerin eingreifende Verhalten der Beklagten von einer „fortgesetzten Handlung" spreche. Der Klägerin schwebt dabei der Gedanke einer Übertragung der von der strafrechtlichen Rechtsprechung entwickelten Grundsätze über den Begriff der fortgesetzten Handlung vor. Das Berufungsgericht vertritt aber unter Bezugnahme auf verschiedene Urteile des Reichsgerichts in Zivilsachen (z. B. JW. 1912 S. 31 Nr. 15; WarnRspr. 1914 Nr. 189; LZ. 1919 Sp. 322 Nr. 4) die Auffassung, daß die Grundsätze, welche die strafrechtliche Rechtsprechung für die fortgesetzte strafbare Handlung und insbesondere für die Verjährung der Strafverfolgung solcher Delikte herausgebildet habe, nicht auf die Tatbestände des bürgerlichen Rechts übertragbar seien, daß für letzteres vielmehr fortgesetzte Handlungen mit ihren Schadensfolgen nicht als eine einzige Handlung gelten könnten, möchten auch die einzelnen Handlungen auf einen einheitlichen Entschluß zurückgehen, gleichartig sein und sich zeitlich mehr oder weniger unmittelbar aneinander anschließen. Es handelt sich dabei, wie das Berufungsgericht in Übereinstimmung mit jenen Urteilen weiter darlegt, nicht um eine Fortdauer schädigender Einwirkungen einer und derselben Handlung, sondern um Wiederholungen der schädigenden Handlung selbst, die mit neuen Schädigungen verbunden sind. Deshalb laufe in solchen Fällen — so nimmt das angefochtene Urteil an — die Verjährungsfrist für den Schadensersatzanspruch aus jeder Einzelhandlung besonders. Daher müsse eine Forderung auf Schadensersatz als verjährt angesehen werden, soweit sie sich auf Handlungen gründe, die länger als drei Jahre vor der Klagerhebung lägen; nur die späteren seien nicht verjährt. Demgemäß hält der Berufungsrichter den Schadensersatzanspruch bis zum Jahre 1924, den die Klägerin auf 20000 norw. Kronen beziffert, für verjährt. Dagegen möge der Anspruch auf Ersatz des später entstandenen Schadens, den die Klägerin auf 5000 bis 6000 norw. Kronen angebe, ganz oder teilweise unverjährt und noch mit der jetzigen Klage verfolgbar sein.

Diese Begründung ist rechtlich zutreffend; die Beanstandungen der Revision können keinen Erfolg haben. Letztere wiederholt im wesentlichen ihren in dem erneuten Verfahren vertretenen Standpunkt, es sei entscheidend, aber vom Vorderrichter nicht erörtert, ob nicht auch die nach Anfang 1924 begangenen Verletzungshandlungen auf einem bereits im Jahre 1918 gefaßten Entschluß beruhten, der dann bis in die neueste Zeit fortgewirkt habe. Eine solche Prüfung habe um so näher gelegen, als die Verletzungshandlungen vom Jahre 1918 an bis in die neueste Zeit herein in weitestem Umfang gleichartig seien. Im Falle der Feststellung eines einheitlichen Entschlusses sei die Verletzung nicht mit Anfang 1924 beendet, sondern als einheitliches, bis in die neueste Zeit andauerndes Gesamtverhalten der Beklagten zu beurteilen, sodaß die Verjährung irgendwelcher Schadensersatzansprüche der Klägerin noch gar nicht begonnen habe.

Demgegenüber muß in Übereinstimmung mit der Rechtsprechung des Reichsgerichts, z. B. mit dem Urteil des erkennenden Senats in RGZ. Bd. 80 S. 436, zunächst grundsätzlich daran festgehalten werden, daß der durch die strafrechtliche Rechtsprechung geschaffene und deren besonderen Bedürfnissen dienende Begriff der fortgesetzten Handlung (wozu Einheitlichkeit des Vorsatzes, Gleichartigkeit der Begehungsform, Einheit des angegriffenen Rechtsgutes und eine gewisse nicht zu ferne Aufeinanderfolge der Einzelakte verlangt wird) mit seinen Rechtswirkungen nicht in das Zivilrecht zu übernehmen ist. Die durch die Schaffung dieses Begriffs — der in Wahrheit nur ein künstliches Gebilde ist — erreichte Möglichkeit der Festsetzung einer einheitlichen Strafe für alle in dem angegebenen Rahmen liegenden strafbaren Handlungen des Täters mag einem Bedürfnis der Rechtsprechung in Strafsachen entsprungen sein. Man denke hierbei namentlich an die Wirkungen, daß der staatliche Strafanspruch für eine einzelne strafbare Handlung, die erst nach der Straffestsetzung für die übrigen den Gegenstand des Strafverfahrens bildenden Handlungen bekannt wird, als verbraucht gilt und daß die Verjährung der Strafverfolgung für alle Einzelakte nicht vor Begehung des letzten beginnen kann. Für das bürgerliche Recht kann von alledem keine Rede sein; für dieses liegen die Verhältnisse vollkommen anders. Im bürgerlichen Recht fehlen jene Umstände, die im Strafrecht in gewissem Umfang zugunsten des Täters berücksichtigt werden sollen in Anknüpfung an die Tatsache der gesetzlichen Regelung des anderen Falles, nämlich des Vorliegens mehrerer selbständiger strafbarer Handlungen (§ 74 StGB.). Es ist nicht einzusehen, weshalb bei einer schadenstiftenden unerlaubten Handlung Beginn und Beendigung der Verjährung anders behandelt werden sollen, je nachdem diese Handlung die einzige geblieben ist oder noch andere ihr gefolgt sind als Ausfluß eines einheitlichen Entschlusses.

Durch die Ablehnung der Möglichkeit, den strafrechtlichen Begriff der fortgesetzten Handlung auf das bürgerliche Recht zu übernehmen, wird aber nach allgemeinem Sprachgebrauch die Verwendung dieser Bezeichnung auch im bürgerlichen Recht nicht ausgeschlossen für den Fall, daß eine Reihe von schadenstiftenden Verletzungshandlungen in Frage steht, die auf einen von vornherein einheitlichen und in der mehr oder weniger weitgehenden Gleichartigkeit der Begehung sich vollziehenden Willen zurückzuführen sind. Man könnte hier auch von „wiederholten Handlungen" sprechen, um jeden Gedanken an einen Zusammenhang mit der strafrechtlichen fortgesetzten Handlung auszuschließen. Bei diesen wiederholten Handlungen verkörpert jede einzelne Handlung den Tatbestand der

Verletzung des Berechtigten, und damit beginnt auch der Lauf der Verjährung des aus ihr fließenden Schadensersatzanspruchs unter der Voraussetzung der Kenntnis des Verletzten von der Handlung, von der Person des Verletzers und vom Eintritt des Schadens (§ 852 BGB.). Wenn aber Beginn und Ende der Verjährung für die erste Handlung so geregelt sind, so ist nicht einzusehen, weshalb das nicht auch bei der zweiten und bei jeder etwa noch folgenden Handlung ebenso der Fall sein sollte. Hier kommt noch hinzu, daß die einzelnen Verletzungshandlungen in der Art ihrer Ausführung durchaus nicht immer gleich waren. Es handelt sich nach der Behauptung der Klägerin um Verletzungen durch gelegentliche Zeitungsanzeigen, durch Preisverzeichnisse, durch Anbringung der beanstandeten bildlichen und wörtlichen Bezeichnungen auf Tonnen und Ölkannen durch die Beklagte selbst, endlich aber auch durch das Verhalten ihrer Agenten in verschiedenen Orten Norwegens.

Der erkennende Senat hat bereits in drei Entscheidungen (RGZ. Bd. 80 S. 436, M. u. W. XIX S. 227 und ebendort XXXI S. 276) den gleichen Standpunkt vertreten. In der ersten Entscheidung, in der es sich um den fortdauernden Gebrauch einer im Handelsregister eingetragenen verwechslungsfähigen Firma handelt, wird für die Annahme, daß der Anspruch mit jedem Gebrauchsakt neu entstehe, besonders hingewiesen auf die Begründung zu § 11 des Entwurfs des Wettbewerbsgesetzes alter Fassung, wo es heißt: „Es bedarf nicht des besonderen Ausdrucks, daß jede wiederholte Zuwiderhandlung einen neuen Anspruch erzeugt, der einer besonderen Verjährung unterliegt." Ebenso wird in der Entscheidung in M. u. W. XIX S. 227 ausgeführt: „Jede Einzelhandlung in der Gesamtreihe der fortgesetzten Handlung hat für ihren Teil der Klägerin durch Diskreditierung der echten Ware, Kundenentziehung, Absatzminderung und Erschwerung des loyalen Wettbewerbs Schaden zugefügt. Eine jede solche wiederholte Zuwiderhandlung erzeugt danach auch einen neuen, einer besonderen Verjährung unterliegenden Anspruch (RGZ. Bd. 74 S. 434, Bd. 80 S. 436; JW. 1901 S. 620 Nr. 9, 1907 S. 833 Nr. 10, 1908 S. 11 Nr. 11)." Endlich sagt die dritte oben erwähnte Entscheidung (M. u. W. XXXI S. 276) in Übereinstimmung mit diesen Grundsätzen: wenn auch eine fortgesetzte unerlaubte Handlung nach § 14 UnlWG. durch unwahre betriebsgefährdende Behauptungen über Waren und gewerbliche Leistungen eines Mitbewerbers durch Inserate, Prospekte, mündliche und schriftliche Erklärungen der Beklagten oder ihrer Handelsvertreter mit Wissen der letzteren vorliege, so könne sie mit ihren schädlichen Folgen doch nicht als eine einzige Handlung gelten, sondern es müsse für die Geltendmachung der durch die einzelnen Tätigkeitsakte verursachten schädlichen Folgen Beginn, Unterbrechung und Vollendung der Verjährung nach allgemeinen Grundsätzen beurteilt werden.

Von solchen sich wiederholenden Verletzungshandlungen mit mehr oder weniger gleichartiger Ausführung kann man mit Baumbach Das gesamte Wettbewerbsrecht 2. Aufl. S. 106flg. die Dauerhandlungen als eine besondere Art abtrennen und darunter diejenigen Handlungen verstehen, die „ununterbrochen verletzen, solange der durch sie hervorgerufene Zustand andauert", so z. B. beim fortwährenden Gebrauch einer verwechslungsfähigen eingetragenen Firma (RGZ. Bd. 80 S. 436). Hier äußert sich, wie Baumbach a. a. O. zutreffend sagt, der Wille, der den Erfolg verursachte, ständig neu im Dulden und Ausnutzen des Zustands. Die Entscheidung im Band 80 spricht auch in solchem Falle von einer „fortgesetzten Handlung".

Die Auffassung, daß jede Einzelhandlung in der Gesamtreihe wiederholter Verletzungshandlungen für ihren Teil einen neuen Schadensersatzanspruch erzeugt, der einer besonderen Verjährung unterliegt, wird auch im Schrifttum überwiegend vertreten; vgl. Staudinger 9. Aufl. Note 2 A γ zu § 852 BGB.; Planck-Flad 4. Aufl. Not 2a α letzter Abs. zu § 852 BGB.; Warneyer Komm. zum BGB. Note II a E. zu § 852. Anderer Meinung ist Baumbach, a. a. O., der nur bei „Dauerhandlungen" annimmt, es beginne während der ganzen Dauer in jedem Augenblick eine neue Verjährung. Dagegen soll nach seiner Ansicht bei fortgesetzten Handlungen, d. h. bei solchen, wo „eine Reihe gleichartiger Handlungen demselben Entschluß entfließt, eine einheitliche, aus mehreren Teilen zusammengefügte Handlung" vorliegen; deshalb begründe die erste Verwirklichung aller Tatbestandsmerkmale den Anspruch, jede Teilhandlung schiebe aber den Beginn der Verjährung bis zum völligen Abschluß hinaus.

61. Verstößt es gegen die Grundsätze des lauteren Wettbewerbs, wenn ein Unternehmer, der auf gesunder kaufmännischer Grundlage wegen seiner geringeren Gestehungskosten billiger verkaufen kann, von einem finanziell übermächtigen Mitbewerber durch das Kampfmittel rücksichtslosen Preisunterbietens vor die Wahl gestellt wird, entweder seine niedrigeren Preise den höheren des Mitbewerbers anzupassen oder — falls er hierzu nicht bereit ist — wirtschaftlich zugrunde zu gehen?

UnlWG. § 1. BGB. § 826.

II. Zivilsenat. Urt. v. 18. Dezember 1931 i. S. Rh.-O. Mineralölwerke AG. u. Gen. (Bekl.) w. E. (Kl.). II 514/30.

I. Landgericht Düsseldorf, Kammer für Handelssachen.
II. Oberlandesgericht daselbst.

Der Kläger, der seit vielen Jahren eine Tankstelle in B. besitzt, bezog seinen Autotreibstoff bis zum Jahre 1926 von der Erstbeklagten, der Rh.-O. Mineralölwerke AG.; diese brachte den Treibstoff unter ihrem Warenzeichen „Stellin", später unter dem Zeichen „Shell", in den Verkehr. Nach Beendigung seines festen Vertragsverhältnisses mit der Erstbeklagten bezog der Kläger zur Deckung seines Bedarfs Erzeugnisse von mehreren der verklagten fünf Firmen ohne Preisbindung. Die Beklagten ihrerseits hatten im Mai 1928 ganz Deutschland in Zonen eingeteilt nach der Höhe der Tankstellenpreise, die sie innerhalb derselben Zone immer einheitlich festsetzten. Dieser Vereinbarung trat alsbald eine Reihe anderer großer Unternehmen des gleichen Geschäftszweigs bei. Diese Firmen und die Beklagten schlossen sich zu einer Konvention zusammen, welche die „Bedingungen für den Verkauf von Autotreibstoffen" vom 1. Oktober 1928 aufstellte. Die Mitglieder verpflichteten sich darin zur Einhaltung bestimmter Richtlinien für den Verkauf ihrer Waren, um auf diese Weise die abträglichen Folgen gegenseitigen Wettbewerbs tunlichst einzuschränken und die von ihnen ins Leben gerufene Verkaufsorganisation zu festigen. Zwar gingen die Mitglieder der Konvention in bezug auf die Tankstellen-Verkaufspreise keine ausdrückliche Bindung ein, sie vereinbarten aber, daß sie sich über diese Preise von Fall zu Fall verständigen wollten. Der Erfolg war, daß die Tankstellen-Verkaufspreise der Konventions-Mitglieder in den einzelnen Zonen tatsächlich übereinstimmten.

Für das Amt B., das zur zweiten Zone (Rheinland) gehört, betrugen vor Abschluß der Konvention die Tankstellenpreise der späteren Konventionsmitglieder für Benzin 0,29 RM. je Liter. Diesen Preis nahm auch der Kläger, der seit Februar 1929 seinen Bedarf von der Firma The T. Company in Br. bezog; mit ihr schloß er einen Lieferungsvertrag auf längere Zeit ab. Nach Abschluß der Konvention nahmen die zu ihr gehörigen Firmen eine allgemeine Preiserhöhung vor: für die zweite Zone wurde der Benzinpreis auf 0,33 RM. hinaufgesetzt, die Preise der höherwertigen Treibstoffe Benzol und Benzin-Benzol-Gemisch, die stets über dem Benzinpreis liegen, wurden entsprechend höher festgesetzt. Schon am 24. Oktober 1928 setzten jedoch die Konventionsfirmen den Benzinpreis für die zweite Zone auf 0,32 RM. herab. Der Kläger hielt dagegen nach wie vor an seinem Preise von 0,29 RM. für Benzin fest. Infolgedessen stieg sein Absatz, während derjenige der Beklagten zurückging. Nach vergeblichen Versuchen, den Kläger zur Erhöhung seines Preises auf die Konventionspreise zu bewegen, setzten die Beklagten am 25. Februar 1929 einzig und allein für ihre Pumpen in B. den Benzinpreis auf 0,28 RM. herab. Daraufhin ermäßigte der Kläger seinen Benzinpreis auf 0,26 RM., worauf die Beklagten den ihrigen für das Amt B. auf 0,25 RM. heruntersetzten und die Inhaber ihrer Tankstellen allgemein anwiesen, auch in Zukunft den Kläger unter allen Umständen zu unterbieten, und zwar — wie der Kläger behauptet, die Beklagten aber bestreiten — stets um 0,01 RM. Im Mai 1930 gab eine Zollerhöhung der Konvention Anlaß zur Erhöhung des Benzinpreises für die zweite Zone auf 0,37 RM.; der Kläger erhöhte seinen Benzinpreis damals auf 0,32 RM. Später trat eine allgemeine Preissenkung ein. Dieser folgten die Konventionsfirmen durch die am 18. September 1930 bewirkte Herabsetzung ihres Benzinpreises für die zweite Zone auf 0,36 RM.; am 29. September 1930 erfolgte eine weitere Herabsetzung auf 0,34 RM. Der Kläger forderte für Benzin nach dem Vorbringen der Beklagten: seit dem 20. September 1930 0,31 RM. und seit dem 5. Oktober 1930 0,29 RM.; nach seiner eigenen Behauptung: seit dem 29. September 1930 0,30 RM., seit dem 21. Oktober 1930 0,29 RM. und seit dem 3. November 1930 0,28 RM. Als Zweck ihrer ständigen Preisunterbietungen geben die

Beklagten an, sie hätten den Kläger zwingen wollen, seine Preise in gleicher Höhe festzusetzen wie sie, weil sein Verhalten eine schwere Schädigung ihrer Verkaufsorganisation bedeute. Der Kläger behauptet dagegen, die Beklagten seien darüber hinaus auf seine wirtschaftliche Vernichtung ausgegangen, um so einen unbequemen Wettbewerber zu beseitigen.

Der Kläger verlangt nunmehr, den Beklagten solle untersagt werden, an den Tankstellen im Bezirk des Amtes B. ihre Benzine, ihr Aral und ihr Benzol zu einem niedrigeren Preise anzubieten als demjenigen, zu dem er selbst sie anbiete, solange dieser Preis unter den Konventionspreisen bleibe. Die Beklagten bestreiten, daß sie die Absicht hätten, den Kläger wirtschaftlich zu vernichten, und bezeichnen diesen etwa eintretenden Erfolg nur als eine von ihnen nicht beabsichtigte Begleiterscheinung des eigenen Verhaltens des Klägers, die dieser ohne weiteres verhindern könne, wenn er sich ihren Preisen anpasse.

Nachdem die Beklagten vom Landgericht entsprechend dem damaligen Klagantrag zur Unterlassung verurteilt worden waren, wies das Oberlandesgericht ihre Berufungen mit der Maßgabe zurück, daß sie das in dem neuen Klagantrag gekennzeichnete Verhalten zu unterlassen hätten. Die Revisionen der Beklagten waren gleichfalls erfolglos.

Gründe:

Nach der Feststellung des Berufungsgerichts haben die Beklagten den Kläger fortgesetzt, und zwar — wie sich auch aus ihrer unbestrittenen allgemeinen Anweisung an ihre B.er Tankstellen-Inhaber, ihn stets zu unterbieten, ergebe — nach einem festen Plan in ihren Benzinpreisen unterboten. Der Zweck dieses Tuns war, seine Stellung als selbständiger Inhaber eines Tankstellen-Betriebs, der wesentlichen Grundlage seiner wirtschaftlichen Stellung, zu vernichten, falls er es nicht schließlich doch vorzöge, sich den Beklagten durch Gleichstellung seiner Preise mit den ihrigen zu unterwerfen. Das angefochtene Urteil stellt ausdrücklich fest, daß sich die Beklagten nach ihren vergeblichen Versuchen, den Kläger umzustimmen, von ihrem Verhalten nur dann hätten Erfolg versprechen können, wenn sie ohne Rücksicht auf eigene Verluste die Unterbietung gegenüber den Preisen des Klägers so lange fortzusetzen entschlossen gewesen seien, bis er mit seinem Tankgeschäft erliege, und daß sie mit seinem baldigen Erliegen nicht nur hätten rechnen können, sondern nach Lage der Sache auch gerechnet hätten, da dem Kläger, der in diesem Kampf von seiner Lieferfirma in Br. nicht unterstützt werde, sondern ganz auf sich selbst angewiesen sei, im Vergleich zu den Beklagten nur ganz geringe Geldmittel zur Verfügung ständen. Jener Erfolg wäre nach der weiteren Feststellung des Berufungsgerichts auch längst eingetreten, wenn nicht eine — noch zu Recht bestehende — einstweilige Verfügung des Landgerichts Düsseldorf vom 4. April 1929 dem Vorgehen der Beklagten vorläufig ein Ziel gesetzt hätte. Zur Kennzeichnung der wirtschaftlichen Machtstellung der Beklagten weist das Urteil darauf hin, daß der seit dem 1. Oktober 1928 bestehenden Benzin-Konvention — sie wurde im Laufe des Rechtsstreits, anscheinend zum 1. Oktober 1930, gekündigt — mit den größten Geldmitteln ausgestattete und unter den Herstellern von Treibstoffen auch sonst in jeder Hinsicht überragende deutsche Firmen angehört hätten, u. a. die jetzigen Beklagten. Weiter wird festgestellt: Die Konvention, die im Laufe des Berufungsverfahrens rechtlich zu bestehen aufhörte, habe dazu gedient, den Verkauf von Treibstoffen, namentlich an den über das ganze Land verteilten Tankstellen der Mitglieder, in bestimmter Art zu regeln, um so zunächst den gegenseitigen Wettbewerb der Mitglieder selbst in möglichst milde Formen zu kleiden, die Mitglieder vor Schaden zu schützen und ihnen möglichst günstige Erträge zu verschaffen. Diesem Zweck diene auch die ohne vertragliche Bindung tatsächlich — und zwar selbst jetzt noch nach Aufhören der Konvention — unter den früheren Mitgliedern bestehende stete Übereinstimmung der Kleinverkaufspreise an den Tankstellen, da auch heute noch jedes der früheren Konventionsmitglieder verpflichtet sei, den anderen jede Veränderung seiner Tankstellen-Verkaufspreise spätestens 24 Stunden vor dem Inkrafttreten mitzuteilen. Aus alledem entnimmt das Berufungsgericht, daß es sich um einen Trust handelte, der seine Aufgabe durch die Regelung des Wettbewerbs unter den Mitgliedern keineswegs als erschöpft angesehen habe, sondern auch darauf ausgegangen sei, die Außenseiter, soweit sie nicht zum Anschluß an die Konvention zu bringen waren, doch wenigstens zur Anpassung an die von den Mitgliedern festgelegten Verkaufspreise zu zwingen und sie auf diese Weise aufzusaugen oder unschädlich zu machen, um dann eine uneingeschränkte Preisdiktatur ausüben zu können. Außenseiter wie z. B. der Kläger waren aber nach der Feststellung des Vorderrichters wegen ihrer erheblich billiger arbeitenden Betriebe durchaus in der Lage, ihr Benzin mit gutem Gewinn, also ohne unrentable Preisdrückerei, billiger zu verkaufen. Wenn nun die Beklagten trotz dieser sachlich begründeten geringeren Preise der Außenseiter gegen den Kläger mit planmäßiger und in Vernichtungsabsicht ausgeübter Unterbietung vorgingen, so verfolgten sie damit, wie der Berufungsrichter annimmt, das klare Ziel, den gesamten Außenseiter-Handel zu zerschlagen, um dann eine uneingeschränkte Herrschaft über den gesamten Markt der Treibstoffe auszuüben. Der Kläger ist — so folgert das angefochtene Urteil — nur der zuerst herausgegriffene Außenseiter. Das gleiche Schicksal — Vernichtung ihres Handels mit Treibstoff — drohe allen übrigen, die auf den Druck der Beklagten nicht bereit seien, ohne innere sachliche Gründe unter Aufgabe ihres Selbstbestimmungsrechts die höheren Preise der Beklagten zu übernehmen.

Das Berufungsgericht stellt danach, was das von den Beklagten verfolgte Ziel und die dazu angewandten Mittel betrifft, zusammenfassend fest, daß die Beklagten mit Hilfe ihrer überragenden Geldmittel, die ihnen ohne weiteres das Unterbieten in jedem Umfang und auf beliebig lange Zeit erlaubten, den bei weitem kapitalschwächeren und daher wehrlosen Kläger, der nur kurze Zeit hätte Widerstand leisten können, durch planmäßiges, zur Vernichtung seiner Stellung als selbständiger Treibstoff-Händler ausgeübtes Unterbieten niederzwingen wollten, um sich, auf dem eingeschlagenen Wege fortschreitend und einen Außenseiter nach dem anderen beseitigend, somit jeden Wettbewerb ausschaltend, allmählich eine völlige Monopolstellung im ganzen Lande zu verschaffen und dann den Markt schrankenlos zu beherrschen.

Nach Ansicht des Berufungsrichters fällt dieses Vorgehen der Beklagten völlig aus dem Rahmen des auf gesetzlichem Boden sich bewegenden eigentlichen Wettbewerbs heraus. Ziel und Kampfmittel und damit die ganze Handlungsweise der Beklagten verstießen gegen die guten Sitten und verletzten den § 1 UnlWG. und den § 826 BGB. Denn für Ziel und Mittel sei der auf finanzielle Überlegenheit gestützte und demgemäß mit wirksamen Machtmitteln ausgestattete Vernichtungswille maßgebend. Deshalb komme es nicht mehr darauf an, daß das zur Verwirklichung dieser Absicht angewandte Unterbieten an sich ein lauteres Mittel des Wettbewerbskampfes bilde. „Der damit gepaarte brutale Vernichtungswille" mache das Kampfmittel hier auf alle Fälle zu einem unsittlichen. Der demnach unsittliche Zweck beherrsche das an sich nur in dem angewandten Mittel zutage tretende Verhalten der Beklagten derart, daß dieses als ganzes gesehen sittenwidrig sei; „der unsittliche Zweck entheilige das Mittel". Der Berufungsrichter geht zwar selbst davon aus, daß das Ziel jeglichen Wettbewerbs die Schädigung des Gegners sei. Aber diese sei — so führt das Urteil aus — in den Fällen des normalen Wettbewerbs meist zu ertragen und zu überwinden und daher vom sittlichen Empfinden aus jedenfalls so lange nicht zu beanstanden, als sie nicht zum bloßen Selbstzweck werde oder sich für den Betroffenen zu einem Nachteil entwickle, der in keinem Verhältnis zu dem vom Schädiger erstrebten Nutzen stehe. Das Wettbewerbsgesetz erkenne allerdings die Berechtigung des Wettbewerbs mit seinen für den Gegner schädlichen Folgen an, wolle aber diesen doch vor solchen Schädigungen bewahren, die den guten Sitten zuwiderliefen. Es diene also dazu, den Wettbewerb aufrechtzuerhalten, ihn aber gleichzeitig in gesunde Bahnen zu lenken. Damit lehne es ein wirtschaftliches Faustrecht ab, das den Gegner im Wettbewerbskampf mit überragenden Geldmitteln und ohne eigenes erhebliches Risiko vernichten wolle, um jeglichen Wettbewerb auszuschalten.

Dieser Auffassung ist im Ergebnis beizutreten, wenn auch die Begründung verschiedenen rechtlichen Bedenken unterliegt. Das Berufungsgericht hält das Kampfmittel der Beklagten, nämlich ihr planmäßiges fortgesetztes Unterbieten der Preise des Klägers, deshalb für sittenwidrig, weil es in Anbetracht der überragenden Geldmittel der einen Trust auf dem Benzinmarkt bildenden Beklagten, denen der Kläger als einzelner kleiner Unternehmer wehrlos gegenüberstehe, den Willen und die Macht zur Vernichtung des Klägers als selbständigen Tankstellen-Besitzers in sich trage. Nun ist aber zugunsten der Beklagten zu unterstellen, daß sie — was der Kläger übrigens auch nicht bestreitet — dessen wirtschaftliche Stellung dann nicht weiter antasten wollen, wenn er seine Verkaufspreise in gleicher Höhe festsetzt wie sie die ihrigen, und zwar nicht durch Herabsetzung, sondern durch Heraufsetzung. Daß er, wenn er dies täte, vor dem wirtschaftlichen Zusammenbruch stände oder ihm unabweisbar verfiele, ist nicht festgestellt. Die Beklagten behaupten — und das ist nicht widerlegt —, daß er dann vermöge der überaus günstigen örtlichen Lage seiner Tankstelle ihnen gegenüber immer noch einen nicht unwesentlichen Vorsprung im Wettbewerb hätte. Dazu kommt, daß der Kläger nach seiner eigenen Angabe mit erheblich geringeren Geschäftsunkosten zu rechnen hat als die Beklagten. Er hätte somit bei Anpassung seiner Preise an die der Beklagten auch in dem Vorteil des höheren Verkaufsnutzens einen gewissen Ausgleich für den Wegfall seiner bisherigen Freiheit in der Preisfestsetzung. Es läßt sich also von diesem Standpunkt aus nicht sagen, daß die Beklagten die völlige Vernichtung des Klägers, d. h. die Vernichtung seiner gewerblichen Stellung schlechthin erstrebten. Sie bestreiten auch eine solche Absicht aus naheliegenden Gründen mit Entschiedenheit. Der Fall liegt rechtlich ähnlich dem, wo ein Kartell mit Sperren und dergl. gegen einen lästigen Außenseiter vorgeht. In Fällen solcher Art berücksichtigt das Kartellgericht stets, ob dem Außenseiter der Beitritt zu annehmbaren Bedingungen offengelassen worden ist (Entscheidungen des Kartellgerichts vom 16. Januar 1929 und vom 13. Februar 1929 in KartRdsch. 1929 S. 99 und S. 220). Nun ist aber die Bindung eines Kaufmanns an bestimmte Preise, die ihm einen guten Gewinn ermöglichen, nicht nur keine Vernichtung seiner wirtschaftlichen Geltung überhaupt, sondern auch keine Vernichtung seiner Stellung als selbständiger Kaufmann. Preisbindungen sind Zustände, die in der jetzigen Zeit der Verbände, Tarifverträge und dergl. im deutschen Wirtschaftsleben im weitesten Umfang herrschen. Diese Verhältnisse haben naturgemäß auf dem hier in Betracht kommenden Gebiet eine Wandlung in den Anschauungen der Geschäftswelt mit sich gebracht. Die davon betroffenen Kreise mögen in solcher Gebundenheit verschiedener Art zunächst, als diese Dinge noch neu waren, eine Beschränkung ihrer kaufmännischen Selbständigkeit gesehen haben. Heute, wo diese Zustände jedem am Geschäftsleben — sei es als Unternehmer, als Angestellter oder als Arbeiter — Beteiligten und weiten anderen Kreisen durchaus geläufig sind, kommt niemand mehr auf den Gedanken, anzunehmen, daß die selbständige Stellung eines Kaufmanns vernichtet sei, weil er in der Festsetzung der Preise durch Bestimmungen eines Syndikats, dem er angehört, oder in der Gestaltung der Löhne für seine Angestellten und Arbeiter durch Tarifverträge gebunden ist.

Die Begründung, mit der das Berufungsgericht die Sittenwidrigkeit des Kampfmittels der Beklagten bejaht, läßt sich somit nicht aufrechterhalten.

Das gleiche gilt von der Darlegung, daß auch das von den Beklagten erstrebte Ziel, nämlich die Schaffung einer Monopolstellung auf dem Benzinmarkt mit uneingeschränkter Preisdiktatur, wider die guten Sitten verstoße. Was der Berufungsrichter insoweit zur Begründung ausführt, ist nicht ganz klar. Anscheinend hält er dieses Ziel ohne weiteres deshalb für sittenwidrig, weil die Beklagten es unter Preiskampf zur Ausschaltung der Mitbewerber zu erreichen suchten und dadurch ein berechtigtes Interesse der Allgemeinheit verletzten, nämlich das Interesse an der für die Gewährleistung einer gesunden Preispolitik erforderlichen Erhaltung unabhängiger und daher selbständiger Mitbewerber an Stelle der Alleinherrschaft der Beklagten, die dann dieses Wirtschaftsgebiet unbeschränkt ausbeuten würden. Demgegenüber ist zu bemerken, daß durch diese Begründung der Rechtsbestand jeder Preiskonvention mit dem fast immer beabsichtigten Ziel der Erringung einer Monopolstellung in Frage gestellt würde, obgleich dem deutschen Recht die Anschauung fremd ist, daß eine Preiskonvention mit dem Ziel der Schaffung einer Monopolstellung durch Preiskampf ohne weiteres sittenwidrig sei. Auch diese Ausführung des Berufungsrichters vermag daher die Annahme der Sittenwidrigkeit des Verhaltens der Beklagten nicht zu stützen. Im übrigen kommt es für die Frage, ob eine solche zu bejahen ist, nicht darauf an, welche Endziele (Monopolstellung, Preisdiktatur) die Beklagten verfolgt haben.

Aus alledem folgt aber nicht die Zulässigkeit des Verhaltens der Beklagten. Vielmehr ergibt sich aus dem Gesagten nur, daß das Berufungsgericht gewissen Umständen eine ausschlaggebende Bedeutung beigemessen hat, denen eine solche nicht zukommt. Die Fragestellung zur Lösung des wichtigen Problems, wie das Verhalten der Beklagten zu beurteilen ist, muß eine andere sein, als der Vorderrichter annimmt. Und zwar kann es sich nur um die Frage handeln, ob ein Unternehmer, der wegen seiner viel geringeren Gestehungskosten auf gesunder kaufmännischer Grundlage billiger verkaufen kann, von seinem geldlich übermächtigen Wettbewerber durch das Kampfmittel des rücksichtslosen Preisunterbietens gezwungen werden darf, seine niedrigeren Verkaufspreise den höheren des Wettbewerbers anzupassen oder — falls er hierzu nicht bereit ist — sich wirtschaftlich zugrunde richten zu lassen.

Ein solches Verhalten kann nach den Grundsätzen der Lauterkeit und Billigkeit im Geschäftsverkehr nicht mehr als mit den sittlichen Anforderungen übereinstimmend angesehen werden.

Bei Prüfung der Frage der Sittenwidrigkeit einer Wettbewerbshandlung, d. h. eines Verstoßes gegen die Grundsätze des lauteren Wettbewerbs, ist mit dem Berufungsgericht schon grundsätzlich davon auszugehen, daß es rechtlich verfehlt wäre, den Zweck der Handlung ganz außer acht zu lassen. An dem Zweck eines Tuns geht das Gesetz auch sonst nicht achtlos vorüber. Das zeigt die Vorschrift des § 226 BGB., außerdem aber auch der § 138 Abs. 1 das., dessen Anwendbarkeit nach feststehender Rechtsprechung davon abhängt, ob das betreffende Rechtsgeschäft nach seinem aus der Zusammenfassung von Inhalt, Zweck und Beweggrund zu entnehmenden Gesamtcharakter ein sittenwidriges Geschäft darstellt. Es ist nicht einzusehen, weshalb gerade für die guten Sitten im gewerblichen Wettbewerb der Zweck des Handelns überhaupt beiseite gelassen werden soll. Der Wettbewerb muß unlauter, nicht etwa nur unzulässig sein. Deshalb ist der Ansicht von Elster in LZ. 1927 Sp. 1076 zuzustimmen, daß der rechtsethische Gehalt des Wettbewerbsrechts nicht unberücksichtigt bleiben dürfe. Wie das Berufungsgericht zutreffend annimmt, ist es auch keineswegs richtig, daß als Sinn, Ziel und Zweck jedes gewerblichen Wettbewerbs die Vernichtung der Mitbewerber anzusehen sei (dies behaupten die Gegner der hier vertretenen Meinung, um daraus herzuleiten, daß sich die Frage der Unlauterkeit deshalb nur auf die zur Erreichung des Vernichtungszwecks denkbaren zahlreichen Mittel beziehen könne). Allerdings hat jeder Wettbewerb den Zweck, das eigene Unternehmen auf Kosten von Mitbewerbern durch Steigerung des eigenen Umsatzes zu fördern. Das ist aber noch lange nicht gleichbedeutend mit dem Handeln zum Zwecke der Vernichtung der Mitbewerber. Hat der in den angewandten Mitteln an sich nicht unlautere Wettbewerb des einen Wettbewerbers die Vernichtung des wirtschaftlichen Fortbestehens des andern zur Folge (z. B. weil diesem als Inhaber eines Kleinbetriebs nicht die günstigen Einkaufsmöglichkeiten zur Verfügung stehen wie jenem und er deshalb gezwungen ist, zu höheren Preisen zu verkaufen als jener), so kann selbstverständlich nicht von sittenwidrigen Wettbewerbshandlungen des ersteren die Rede sein, auch wenn er mit dem Erliegen des andern gerechnet oder es sogar beabsichtigt haben sollte. Denn das Unterbieten, dessen er sich — in diesem Beispielsfall — im Wettbewerbskampf bediente, ist an sich eine erlaubte Maßnahme und ist auch nicht durch den Hinzutritt besonderer Umstände unlauter geworden. Das wäre u. a. dann der Fall, wenn die niedrigeren Verkaufspreise wegen der eigenen hohen Geschäftsunkosten allmählich zu Verlustpreisen wurden, aber zur Niederringung des Mitbewerbers aufrechterhalten wurden „koste es, was es wolle". Mit Unrecht meinen die Revisionen, der hier zur Entscheidung stehende Fall liege rechtlich nicht anders als der in dem obigen Beispiel angeführte, wobei aber zugunsten der Beklagten noch berücksichtigt werden müsse, daß die wirtschaftliche Stellung des Klägers nicht vernichtet worden sei, nach ihrer Absicht auch nicht habe vernichtet werden sollen.

Außer dem angegebenen Zweck der Förderung des eigenen Unternehmens auf Kosten der Mitbewerber wird eine Wettbewerbshandlung häufig noch mehrere andere Zwecke verfolgen, die nicht immer offen zutage zu liegen brauchen. Weshalb diese Zwecke oder wenigstens einer davon — unabhängig von dem angewandten Kampfmittel — nicht unlauter sein und deshalb die Wettbewerbshandlung selbst nicht sollte unlauter machen können, ist nicht einzusehen. Auch das Reichsgericht hat in zahlreichen Entscheidungen ausgesprochen, daß für die Frage der Sittenwidrigkeit einer Wettbewerbshandlung außer dem angewandten Kampfmittel auch der mit ihr verfolgte Zweck maßgebend sei; vgl. z. B. RGZ. Bd. 60 S. 94 (104, 105), Bd. 64 S. 155 (158), Bd. 92 S. 132 (139), Bd. 93 S. 302 (303, 304), Bd. 104 S. 327 (330), Bd. 117 S. 21, Bd. 118 S. 84 (89), ferner JW. 1913 S. 134 Nr. 11, 1927 S. 112 Nr. 14 und 15, 1928 S. 1209 Nr. 9 und S. 2910 Nr. 5. Es handelt sich hierbei um Entscheidungen des I., II., IV. und VI. Zivilsenats. Mögen sich auch mehrere davon auf Tatbestände des sozialpolitischen Kampfes beziehen, worauf Nipperdey in seinem für die Beklagten erstatteten Privatgutachten hinweist, so trifft das doch nicht zu bei zahlreichen anderen, welche Fälle des gewerblichen Wettbewerbskampfes zum Gegenstand haben. Der Umstand, daß diesen zum großen Teil Tatbestände zugrunde liegen, welche Maßnahmen von Kartellen oder ähnlichen Unternehmer-Vereinigungen betreffen, rechtfertigt nicht, wie Callmann S. 36 Abs. 2 der Einl. und Note 25 zu § 1 UnlWG. will, eine andere Betrachtungsweise, nämlich in dem Sinne, daß der Vernichtungszweck dann beachtlich sei, wenn der einzelne im Wirtschaftskampf einer „Kollektivmacht" — einem Kartell, Trust, Verband oder dergl. — gegenüberstehe. Es läßt sich kein Grund dafür denken, weshalb der Vernichtungszweck, der nach Ansicht der Gegner der reichsgerichtlichen Rechtsprechung gerade deshalb, weil er stets das Ziel des kaufmännischen Wettbewerbs sei, bei Prüfung der Frage der Sittenwidrigkeit einer Wettbewerbshandlung außer Betracht zu bleiben hat, dann berücksichtigt werden soll, wenn die Maßnahmen von Kartellen usw. ausgehen. Mag es sich um den Vernichtungszweck bei einem einzelnen oder bei einem Kartell handeln, die Zielsetzung, die dem Handeln den Stempel des Sittenwidrigen aufdrückt, ist in beiden Fällen die gleiche; verschieden ist vielfach nur die Nachdrücklichkeit des Handelns, auf die es aber hier nicht ankommt. Im übrigen liegt, wie schon hervorgehoben, der gegenwärtige Fall nicht viel anders, als wenn ein Kartell mit einer Sperre oder einer ähnlichen Maßnahme gegen einen lästigen Außenseiter vorgeht. Auch nach der Meinung, welche Callmann in seinem Kommentar zum Wettbewerbsgesetz vertritt — in seinem für die Beklagten in diesem Rechtsstreit erstatteten Privatgutachten nimmt er im Ergebnis den gegenteiligen Standpunkt ein — ist somit bei Prüfung der Unlauterkeit des Verhaltens der Beklagten dessen Zweck zu berücksichtigen.

Aber auch Nipperdey a. a. O. lehnt die Heranziehung des Zwecks einer Handlung als Kennzeichen für ihre Sittenwidrigkeit keineswegs grundsätzlich ab, worauf schon das Berufungsgericht mit Recht hingewiesen hat. Er unterscheidet zwei Gruppen von Wettbewerbs-Tatbeständen, nämlich 1. solche, die in der Förderung der Absatztätigkeit des eigenen Geschäftsbetriebs mit den Mitteln der eigenen Leistung bestehen, 2. solche, die nur eine Behinderung des Mitbewerbers herbeiführen, um dadurch erst freie Bahn für den eigenen Absatz zu schaffen. In der ersten Gruppe zeigt sich nach seiner Darlegung die Schadenszufügung nur als Folge des Nebeneinanderbestehens mehrerer auf das gleiche Ziel — Vergrößerung des eigenen Absatzes — hinstrebender Gewerbebetriebe. Dagegen verfolgt der Behinderungs-Wettbewerber (zweite Gruppe) ohne Steigerung der eigenen gewerblichen Leistung nur den Zweck, den

Mitbewerber in seiner Handlungsfreiheit zu beeinträchtigen, um sich dadurch freie Bahn für künftige eigene Absatztätigkeit zu schaffen; hier ist die Schädigung sowohl Mittel als auch Zweck. Für den Leistungswettbewerb soll nach der Ansicht Nipperdeys stets das Recht zu freier Betätigung ohne jede Rücksicht auf schädliche oder vernichtende Wirkungen bestehen mit der Folge, daß auch nicht etwa die Absicht der Schädigung oder Vernichtung des wirtschaftlichen Fortbestehens diese Wettbewerbshandlungen sittenwidrig machen könne. Für den Behinderungswettbewerb dagegen, der dazu führe, daß die natürliche Folge des Wettbewerbs — das Werben um den freien Kunden unter Einsatz der Vorteile der eigenen Leistung — ausgeschaltet und damit eine der wesentlichen Voraussetzungen des freien Marktes beseitigt werde, könne die übermäßige Behinderung des Gegners ein sittenwidriges Mittel im Wettbewerbskampfe sein. Das gleiche gilt — wie hinzuzufügen ist — von dem hier ausschließlich auf Schädigung, vielfach auf gänzliche Vernichtung der wirtschaftlichen Stellung des Gegners gerichteten Zweck der Handlung.

Nipperdey verneint aber trotz dieser Grundsätze für den vorliegenden Fall die Rechtswidrigkeit der Handlungsweise der Beklagten, weil er den Fall als Leistungswettbewerb angesehen wissen will. Dieser Standpunkt ist verfehlt. Es handelt sich hier vielmehr, wenn man sich die Einteilung der Wettbewerbs-Tatbestände in die von Nipperdey vorgeschlagenen zwei Gruppen zu eigen macht (wie es auch schon das Reichsgericht, erstmals in RGZ. Bd. 28 S. 247, getan hat), um einen typischen Fall des sog. Behinderungswettbewerbs, wie auch der Vorderrichter annimmt. Denn nach seiner bedenkenfreien Feststellung beabsichtigten die Beklagten nicht etwa, durch die Billigkeit ihrer Preise mit dem Kläger in einen echten Wettbewerb zu treten, indem sie dem Publikum ernstgemeinte Vorteile boten und es auf diese Weise durch die Preiswürdigkeit ihrer Leistung als Kunden gewinnen wollten. Hätten sie das gewollt, dann hätten sie, wie das Urteil mit Recht betont, ihre Ware überall zu dem billigeren Preis anbieten müssen, nicht nur in dem kleinen Amt B. und nicht nur (wie aus ihrer Anweisung an die dortigen Tankstellen-Verwalter, den Kläger stets zu unterbieten, ersichtlich war) zu dem Zweck, den Betrieb des letzteren, der sich ihnen nicht fügen wollte, lahmzulegen. Ihr Bestreben ging aber, wie der Vorderrichter feststellt, nur dahin, durch ein künstliches und möglichst rasch durchgeführtes Manöver dem zu ihnen im echten Leistungswettbewerb stehenden Kläger die Beteiligung am Wettbewerb unter allen Umständen unmöglich zu machen, indem sie das Publikum durch Unterbieten „koste es, was es wolle" von ihm abzogen, um hinterher, nach Beseitigung des Klägers, sofort zu ihren alten oder zu noch höheren Preisen zurückzukehren. Danach stellt sich nach der Meinung des Berufungsgerichts die dem Publikum für billigen Preis gebotene Leistung der Beklagten nur als ein Scheinvorteil heraus, der nach der Besiegung des bekämpften Gegners alsbald in einen Nachteil umschlagen mußte, weil das Publikum nun nicht mehr zu dem niedrigeren Preise des Klägers, sondern nur noch zu dem höheren der Beklagten kaufen konnte. Die Schädigung des Gegners aber war bei diesem Kampfe keineswegs nur dessen Folge, sondern sie war das Kampfmittel der Beklagten und zugleich — dem Kläger gegenüber — der ausschließliche Zweck ihres Handelns. Die gegenteilige Ansicht der Revisionen richtet sich gegen die ohne Rechtsverstoß und auf Grund der dargelegten Tatsachen getroffenen tatsächlichen Feststellungen des Berufungsrichters.

Da es sich hiernach nicht um ein Unterbieten im Rahmen des Leistungswettbewerbs, sondern, wie das angefochtene Urteil selbst annimmt, von vornherein um einen Fall des sog. Behinderungswettbewerbs handelt, so liegt nicht einer der an sich denkbaren, von Nipperdey auch als möglich erwähnten Fälle vor, wo das Unterbieten ursprünglich im Rahmen des Leistungswettbewerbs geschehen ist, diesen Charakter aber infolge Hinzutretens besonderer Merkmale verloren hat und dann unzulässig geworden ist. Das Berufungsgericht übersieht das anscheinend. Doch ist dieser Punkt für die Entscheidung ohne Bedeutung.

Danach sieht der Berufungsrichter auf Grund seiner Ausführungen und Feststellungen über das Vorliegen eines Falles des sog. Behinderungswettbewerbs — bei dem die Beklagten zunächst nur die Vernichtung des ihnen nicht gefügigen Klägers anstrebten, um dann für ihre höhere Preisfestsetzung freie Bahn zu haben — in dem Verhalten der Beklagten nach Zweck und Kampfmittel einen Verstoß gegen die guten Sitten und eine Verletzung der § 1 UnlWG., § 826 BGB., deren übrige Voraussetzungen er gleichfalls als vorhanden erachtet. Diese Auffassung, die sich als weitere selbständige Begründung der angefochtenen Entscheidung darstellt, ist rechtlich nicht zu beanstanden. Das fortgesetzte planmäßige Preisunterbieten gegenüber dem Kläger geschah nach den Feststellungen des Berufungsgerichts nicht im Rahmen eines Leistungswettbewerbs. Es handelte sich also bei dem Vorgehen der Beklagten nicht um eine Beeinträchtigung des Klägers als ihres Mitbewerbers durch Führung eines Konkurrenzbetriebs, sondern um ein Verfahren, das dem Zwecke diente, seinen Gewerbebetrieb zu vernichten, weil er sich ihrem Verlangen nicht unterwarf, seine Preise, die keineswegs Schleuderpreise waren, sondern ihm bei seinen geringeren Geschäftsunkosten einen guten Gewinn ließen, ihren höheren Preisen anzugleichen. Danach liegt ein Fall schwersten Behinderungswettbewerbs vor. Ein solches Verhalten der Beklagten, die zunächst jedenfalls ganz offenkundig den Zweck verfolgten, den Gegner zu vernichten, weil er sich ihrer Forderung auf Anpassung an ihre höheren Preise nicht unterwarf, und die sich bei ihrer starken wirtschaftlichen Überlegenheit des den Erfolg binnen kurzer Zeit verbürgenden Kampfmittels rücksichtslosen Preisunterbietens bedienten, ist sittenwidrig, und zwar nicht nur wegen des die Vernichtung des Gegners mit Sicherheit herbeiführenden Kampfmittels, sondern ganz besonders auch wegen des klar zutage liegenden Vernichtungszwecks.

Es ist nicht ausgeschlossen, daß ein solches Verhalten in weiter zurückliegenden Zeiten milder beurteilt worden wäre, etwa von dem Standpunkt aus, daß der Kläger die Folgen seines Widerstands gegen die Annahme der höheren Preise, die ihm möglicherweise keinen erheblichen Schaden gebracht hätte, tragen müsse und daß das Vorgehen der Beklagten daher nicht als Verstoß gegen die Grundsätze des lauteren Geschäftsverkehrs angesehen werden könne. Aber der Rechtsbegriff des Verstoßes gegen die guten Sitten ist, wie der erkennende Senat schon wiederholt (z. B. in JW. 1929 S. 249 Nr. 6 und in M. u. W. XXXI S. 154) ausgesprochen hat, nicht starr und unabänderlich. Mit der Entwicklung des wirtschaftlichen, sittlichen und geistigen Lebens des Volkes hat sich das Bewußtsein von der Notwendigkeit gesteigerter Anforderungen an die Lauterkeit des Verhaltens aller am Wirtschaftsleben Beteiligten allgemein durchgesetzt. Das Gefühl für das, was Anstand und Sitte im Geschäftsverkehr erfordern, ist feiner geworden. Die Rechtsprechung folgt pflichtgemäß dieser Entwicklung. Diese ist auch nicht unbeeinflußt geblieben von der Schaffung starker wirtschaftlicher Machtkörper durch Zusammenfassung vieler Einzelunternehmungen zu Kartellen, Syndikaten, Trusts und dergl. und von dem starken wirtschaftlichen Druck, den diese Zusammenballungen auf den — wirtschaftlich gesehen — fast wehrlosen einzelnen ausüben. Eine solche Vereinigung bestand auch auf seiten der Beklagten und besteht nach der Feststellung des Vorderrichters, jedenfalls tatsächlich, auch heute noch unter ihnen. Von allergrößter Bedeutung für die — übrigens schon bejahte — Frage, ob den Beklagten eine Sittenwidrigkeit zur Last fällt, ist aber auch die zur Zeit in unserem ganzen Volk herrschende ungeheure wirtschaftliche Not. Schwerste Opfer werden von jedem einzelnen im Interesse des Volksganzen gefordert. Es gilt ein Notrecht mit weitreichender Außerkraftsetzung sogar verfassungsmäßiger Grundrechte, insbesondere des Art. 153 Abs. 1 RVerf. über die Gewährleistung des Eigentums. Aufs schärfste greift dieses Notrecht in bestehende Verträge, Rechte und Rechtsverhältnisse ein zum Zweck der Senkung der allgemeinen Lebenshaltungskosten und der sonstigen privaten sowie der öffentlichen Ausgaben. Im Rahmen dieser Verhältnisse könnte es unmöglich als mit der Anschauung aller billig und gerecht Denkenden vereinbar bezeichnet werden, daß ein auf gesunder wirtschaftlicher Grundlage aufgebauter kaufmännischer Betrieb von einer kapitalistisch übermächtigen Gruppe vor die Wahl gestellt wird, entweder vernichtet zu werden oder seine Preise auf den Stand derjenigen der Gruppe zu erhöhen, weil diese sonst ihrer Gestehungskosten wegen nicht konkurrieren könnte. Dabei handelt es sich um einen Treibstoff für Kraftmaschinen und Fahrzeuge, also um einen lebenswichtigen Bedarfsgegenstand. Es wäre ein Unding und ein unerträglicher Widerspruch, wenn die Rechtsordnung einerseits durch Erlassung zahlreicher Notverordnungen schärfste Mittel zur Lockerung der starren Preise anwenden, anderseits aber es zulassen würde, daß auf dem Wege des stärksten wirtschaftlichen Druckes Preiserhöhungen durchgesetzt werden.

Hiernach ist der Unterlassungsanspruch aus § 1 UnlWG. und § 826 BGB. gerechtfertigt, und es braucht daher nicht geprüft zu werden, ob das auch nach § 1 Nr. 1a und 3 KartNotVo. vom 26. Juli 1930 und nach § 1 Nr. 1a sowie nach § 2 der Ausführungsverordnung hierzu vom 30. August 1930 der Fall wäre. . . .

62. Zur Frage der Verwirkung des Aufwertungsanspruchs bei Vermögensanlagen.

BGB. § 242. AufwG. § 63 Abs. 1.

IV. Zivilsenat. Urt. v. 26. November 1931 i. S. E.-Brauerei AG. (Bekl.) w. Vereinsbank S. eingetr. Gen. m. beschr. Haftpfl. (Kl.). IV 206/31.

I. Landgericht I Berlin.
II. Kammergericht daselbst.

Die Klägerin verlangt Aufwertung in Höhe von 25% für ein Darlehen von 5 Millionen Mark, das sie der Beklagten am 15. September 1921 verzinslich zu 5% und auf ein Jahr fest gewährt hat und das sie als Vermögensanlage betrachtet. Die Rückzahlung ist nach ihrer Behauptung am 26. Februar 1923 erfolgt. Sie hat Mitte April 1930 einen Teilbetrag von 6100 RM. nebst Zinsen eingeklagt. Die Beklagte machte u. a. Verwirkung geltend. Das Landgericht hat die Klage abgewiesen; das Kammergericht hat ihr entsprochen. Die Revision der Beklagten hatte keinen Erfolg.

Aus den Gründen:

(Es wird ausgeführt, daß gegen die Auffassung des Darlehens als einer Vermögensanlage kein rechtliches Bedenken bestehe. Dann wird fortgefahren:)

Im Urteil vom 1. Oktober 1931 IV 136/31 hat der erkennende Senat einen erstmals im Juni 1929 erhobenen Aufwertungsanspruch der — jetzigen und damaligen — Klägerin unter ähnlichen Umständen nicht als verwirkt betrachtet. Um die gleiche Zeit ist hier der Aufwertungsanspruch erstmals außergerichtlich geltend gemacht worden. Der erkennende Senat läßt in ständiger Rechtsprechung den Verwirkungseinwand gegenüber dem Aufwertungsanspruch aus Vermögensanlagen nur unter besonderen Umständen zu. Um eine Vermögensanlage hat es sich in dem Falle nicht gehandelt, der dem von der Revision angezogenen Urteil des II. Zivilsenats vom 30. Januar 1931 (RGZ. Bd. 131 S. 225) zugrunde lag. Jene Entscheidung bezieht sich vielmehr auf die freie Aufwertung in Sachen des handelsrechtlichen Verkehrs. Der erkennende Senat hat aber schon im Urteil vom 24. Februar 1930 IV 281/29 auch für Vermögensanlagen ausgesprochen, daß zwar der Zeitablauf immer nur einer der nach § 242 BGB. für die Verwirkungsfrage maßgebenden Umstände sei, daß aber, je länger das Zögern gedauert habe, um so eher auch eine Verwirkung angenommen werden könne und daß bei ungewöhnlich langem Zögern die sonstigen gegen die Verwirkung sprechenden Umstände gegenüber dem Zeitablauf schließlich ganz in den Hintergrund treten könnten. Damit ist zugleich anerkannt (die Revision vertritt dieselbe Meinung durch Bezugnahme auf RGZ. Bd. 131 S. 225), daß es schließlich bei allzu langem Zögern auf die sonst für erheblich erachtete Frage nicht mehr anzukommen braucht, ob der Schuldner auf Grund seiner Annahme, er werde nicht mehr in Anspruch genommen, vermögensrechtliche Verfügungen getroffen habe, die er sonst unterlassen hätte. Die Frage ist nur, ob diese Zeit hier schon als gekommen anzusehen ist. Der Berufungsrichter hält der Klägerin zugute, daß sie im Saargebiet ansässig und des Glaubens gewesen sei, es komme auf die Aufwertung saarländisches Recht zur Anwendung. Alsbald nach Erscheinen der saarländischen Aufwertungsverordnung vom 22. April 1929 habe sie den Aufwertungsanspruch geltend gemacht. Der Revision, die sich auch insoweit auf die mehrerwähnte Entscheidung des II. Zivilsenats beruft, ist zuzugeben, daß es nicht entscheidend ist, ob das lange Warten auf Verschulden beruht. Es braucht vielmehr auch ein schuldloses Verhalten der Verwirkung nicht entgegenzustehen, weil es eben auf die Sachlage beim Gläubiger nicht allein ankommt. Hier liegen die Dinge insofern besonders, als bei Vermögensanlagen der Schuldner seit Erlaß des Aufwertungsgesetzes unbedingt damit rechnen mußte, in Anspruch genommen zu werden, und nicht erwarten konnte, daß der Gläubiger gesetzlich geregelte Ansprüche preisgeben werde. Es kann deshalb nicht anders sein, als daß bei Vermögensanlagen — der erkennende Senat hat auf die Unterschiede gegenüber der freien Aufwertung in RGZ. Bd. 124 S. 40 grundsätzlich hingewiesen — der Zeitablauf nicht ebenso streng zu nehmen ist wie bei der freien Aufwertung. Dazu kommt als weitere Besonderheit im Vergleich zu RGZ. Bd. 131 S. 225, daß die Klägerin ein saarländisches Unternehmen ist. Schon das Urteil dieses Senats vom 1. Oktober 1931 weist darauf hin — und das gilt auch hier —, daß sie sich zwar die Kenntnis von der Anwendbarkeit deutschen Aufwertungsrechts frühzeitiger hätte verschaffen können, daß sie aber doch der deutschen Rechtsprechung in Aufwertungssachen ferner stand als ein im übrigen Deutschland ansässiges Unternehmen und daß daher ein Verhalten, das beim letzteren unachtsam zu nennen wäre, bei ihr einer milderen Beurteilung unterliegen muß. Scheidet damit der Vorwurf aus, daß die Klägerin fahrlässig die deutsche Rechtsprechung nicht genügend verfolgt habe, so braucht angesichts ihrer Schuldlosigkeit der Zeitablauf allein mit Rücksicht darauf, daß eine Vermögensanlage vorliegt, die Verwirkung noch nicht zu rechtfertigen. Jedenfalls läßt sich die Auffassung des Berufungsrichters nicht als rechtsirrtümlich bezeichnen. Verwirkung kann aber auch nicht aus dem Gesichtspunkt angenommen werden, daß die Beklagte mit Rücksicht auf das lange Zögern der Klägerin gewisse vermögensrechtliche Verfügungen getroffen habe. Denn der Berufungsrichter verneint mit tatsächlichen Erwägungen, daß sich die Beklagte wirtschaftlich auf das Nichtbestehen der Aufwertungsschuld eingerichtet habe, und zieht weiter in Betracht, daß die Klägerin ein kleines Bankunternehmen sei, während sich die Beklagte in sehr günstigen Vermögensverhältnissen befinde, sodaß ihr eine Aufwertung in Höhe von 15000 RM. (wovon nur 6100 RM. eingeklagt sind) zugemutet werden könne, ohne daß sie allzusehr belastet werde. Schließlich entschuldigt der Vorderrichter das Zögern mit der Klagerhebung bis Mitte April 1930 damit, daß sich an die erstmalige Geltendmachung des Anspruchs ein bis September 1929 dauernder Briefwechsel angeschlossen und daß die Klägerin nach ihrer glaubhaften Behauptung die Zeit von da bis zur Klagerhebung zu Vorverhandlungen mit ihren Berliner Prozeßvertretern benötigt habe. Auch dagegen ist kein rechtliches Bedenken zu erheben.

---

63. 1. Gewährt Art. 143 Abs. 3 RVerf. den Lehrern an öffentlichen Schulen unmittelbar Beamteneigenschaft oder enthält er nur eine Anweisung an die Reichs- und Landesgesetzgebung, sie so zu behandeln, als wären sie Staatsbeamte?

2. Ist die Lehrtätigkeit an den von einer Stadtgemeinde eingerichteten Fachkursen als Ausübung hoheitsrechtlicher Verrichtungen anzusehen?

Preuß. Kommunalbeamtengesetz vom 30. Juli 1899 § 8. GewO. § 120 Abs. 3.

III. Zivilsenat. Urt. v. 1. Dezember 1931 i. S. K. (Kl.) w. Stadtgemeinde Bochum (Bekl.). III 61/31.

I. Landgericht Bochum.
II. Oberlandesgericht Hamm.

Im August 1922 wurden auf Grund eines vom Verband der Bergarbeiter Deutschlands beim Preußischen Minister für Handel und Gewerbe gestellten Antrags Verhandlungen eingeleitet zur Errichtung einer Versuchsschule zur Ausbildung von Gewerkschaftsangestellten und Betriebsratsmitgliedern. Die Vorarbeiten wurden einem Arbeitsausschuß übertragen. Im Laufe der Verhandlungen legte der Minister Wert darauf, daß die verklagte Stadtgemeinde Trägerin der geplanten Schule werde, für welche die Regierung die Bezeichnung „Fachkurse für Wirtschaft und Verwaltung" in Aussicht nahm. Die Beklagte sollte sich verpflichten, geeignete Unterrichtsräume einschließlich Heizung, Beleuchtung und Reinigung zur Verfügung zu stellen, die örtlichen Verwaltungsangelegenheiten zu erledigen und die Benutzung der vorhandenen Büchereien für die Besucher der Kurse sowie auch die Mitarbeit vorhandener städtischer Lehrkräfte bei Erteilung des Unterrichts zu ermöglichen. Dagegen sollten die entstehenden Personalkosten für die Besoldung der Lehrkräfte und für die Leitung vom Staate getragen werden. Die Beklagte erklärte sich durch Schreiben vom 23. Februar 1923 mit dem Vorschlag einverstanden, indem sie anregte, die Kurse an die bei ihr bestehende Beamtenschule (Märkische Verwaltungsschule) anzuschließen. Die Regierung entschloß sich darauf, dem Antrag der Beklagten zu entsprechen und die Leitung der Fachkurse für Wirtschaft und Verwaltung dem Direktor der Märkischen Beamtenschule zu übertragen. In der abschließenden Sitzung des vorbereitenden Ausschusses vom 18. September 1923 wurde die Anstellung eines hauptamtlichen Lehrers auf Privatdienstvertrag in Aussicht genommen. Hierbei wurde mitgeteilt, daß es gelungen sei, den Kläger als solchen zu gewinnen. Dieser erhielt nunmehr vom Magistrat der Beklagten ein Schreiben folgenden Wortlauts:

Der Magistrat hat Sie als nebenamtlichen Lehrer für die einzurichtende Schule für Wirtschaft und Verwaltung vorbehaltlich der Genehmigung durch die Stadtverordnetenversammlung gewählt. Ihre Einstellung erfolgt auf Privatdienstvertrag, die Besoldung nach Gruppe 10. Die Festsetzung des Besoldungsdienstalters bleibt näheren Vereinbarungen vorbehalten ...

Dem Schreiben lag ein entsprechender Beschluß des Magistrats zugrunde. In einer Aufnahmeverhandlung erklärte sich der Kläger mit der Anstellung auf Grund Privatdienstvertrags gegen beiderseits jederzeit zulässige vierwöchige Kündigung unter Anerkennung der Bestimmungen über die Beschäftigung von Angestellten der städtischen Verwaltung in Bochum einverstanden. Nach diesen Bestimmungen wird durch die Beschäftigung bei der städtischen Verwaltung keine Anstellung als Beamter im Dienste der Stadt Bochum im Sinne des Kommunalbeamtengesetzes vom 30. Juli 1899 und kein Rechtsanspruch auf Ruhegehalt und Hinterbliebenenversorgung begründet. Die Fachkurse wurden eröffnet wie geplant. Die Schule erhielt nicht die Befugnis, irgendwelche Berechtigungen zu erteilen. Ihr Personaletat wurde im städtischen Haushaltplan unter den Nebenverwaltungen geführt. Erst nach jedesmaliger Bewilligung der Mittel durch den Staat wurde alljährlich die Fortführung der Schule beschlossen. Der Kläger war außer seiner Tätigkeit an den Fachkursen an der Märkischen Verwaltungsschule und ferner bei der Verwaltung der städtischen Bücherei beschäftigt.

Am 28. Dezember 1928 wurde ihm seine Stellung bei der Beklagten zum 31. März 1929 wegen Verminderung der Zahl der Lehrgänge und wegen der dadurch notwendig werdenden Einschränkung des Lehrkörpers gekündigt. Er hält diese Kündigung für unzulässig und verlangt von der Beklagten Weiterzahlung des Gehalts. Er ist der Ansicht, daß die Fachschule für Wirtschaft und Verwaltung eine öffentliche Schule im Sinne des Art. 143 Abs. 3 RVerf. darstelle. Sie werde von einer öffentlichen Körperschaft, der Beklagten, getragen und sei jedermann zugänglich; auch werde an ihr nach einem bestimmten, festen Lehrplan gearbeitet. An dieser Schule sei er als Lehrer angestellt worden. Er habe somit als Lehrer an einer öffentlichen Schule nach Art. 143 Abs. 3 a. a. O. die Rechte und Pflichten eines Staatsbeamten erworben.

Das Landgericht gab der Klage statt. Auf die Berufung der Beklagten wurde sie abgewiesen. Die Revision des Klägers blieb ohne Erfolg.

Gründe:

Der Kläger stützt seine Rechtsmeinung, daß er nach § 8 des preuß. Kommunalbeamtengesetzes vom 30. Juli 1899 (GS. S. 141)

Kommunalbeamter der Beklagten auf Lebenszeit geworden sei, auf zwei Gesichtspunkte: einmal auf seine Anstellung als Lehrer an den „Fachkursen für Wirtschaft und Verwaltung", einer angeblich öffentlichen Schule im Sinne des Art. 143 Abs. 3 RVerf., zum andern auf die Betrauung mit einer Tätigkeit, die obrigkeitlichen Charakter gehabt habe.

Der Berufungsrichter hat die erste Begründung zurückgewiesen, weil die Fachkurse nicht als öffentliche Schule im Sinne des Art. 143 Abs. 3 a. a. O. anzusehen seien, während er in der Auslegung dieser Vorschrift dem Kläger darin beitritt, daß sie keinen lediglich programmatischen Charakter trage. Schon das geht indessen zu weit. Aus Art. 143 Abs. 3 ist nicht zu folgern, daß die Lehrer an einer öffentlichen Schule durch ihre Anstellung unmittelbar Beamteneigenschaft hinsichtlich ihrer äußeren Stellung, insbesondere in bezug auf Lebenslänglichkeit der Anstellung, auf Gehalt und auf Pensionsberechtigung erlangen. Insoweit hat jedenfalls Art. 143 Abs. 3 a. a. O. kein geltendes Recht geschaffen, wobei dahingestellt bleiben mag, ob dies auch für den in anderen Vorschriften (z. B. § 839 BGB.) enthaltenen Beamtenbegriff, der anerkanntermaßen nicht überall derselbe ist, angenommen werden könnte. Die teilweise auch im Schrifttum vertretene andere Ansicht wird weder dem Wortlaut noch dem Zweck der Vorschrift noch auch ihrer Entstehungsgeschichte gerecht. Der Entwurf der Verfassung enthielt in Art. 31 noch keine entsprechende Bestimmung. Dagegen lautete Art. 31 Abs. 3 Satz 1 in dem von demokratisch-sozialdemokratischer Seite eingebrachten Antrag Nr. 98 (Bericht des Verfassungsausschusses der Verfassunggebenden Deutschen Nationalversammlung; Drucksache Nr. 391 Bd. 336 S. 210): „Die Lehrer an den öffentlichen Schulen sind Staatsbeamte". Dieser Antrag wurde in der Vollsitzung der Nationalversammlung vom 18. Juli 1919 abgelehnt (Sten. Ber. S. 1675 A), und an seine Stelle wurde in Anlehnung an Art. 23 Abs. 2 der Verfassungsurkunde für den Preußischen Staat vom 31. Januar 1850 die jetzige Vorschrift gesetzt: „Die Lehrer ... haben die Rechte und Pflichten der Staatsbeamten". Dabei spielten Einwendungen der Gemeinden gegen Einschränkung ihrer Selbstverwaltung eine Rolle. Durch die Änderung wurde klargestellt, daß eine unmittelbare Begründung der äußeren beamtenrechtlichen Stellung, wie sie sich im öffentlichrechtlichen Verhältnis zum anstellenden Staat oder Gemeinwesen verkörpert, nicht beabsichtigt war. Denn eine Vorschrift, die es sich ausdrücklich versagt, die Lehrer ohne weiteres als Staatsbeamte zu bezeichnen, sondern nur anordnet, daß sie durch die zuständige Reichs- und Landesgesetzgebung, also erst in anderen Gesetzen, in bezug auf Rechte und Pflichten so behandelt werden sollen, als wären sie Staatsbeamte, stellt keinen unmittelbar anwendbaren Rechtssatz auf, der für Behörden und Bürger ohne weiteres verbindlich sein und hinsichtlich der äußeren Beamtenstellung subjektive Rechte und Pflichten gewähren will.

Daß Art. 143 Abs. 3 RVerf. keinen positiven Gesetzesbefehl enthält, ergibt sich auch aus der Betrachtung, daß Rechte und Pflichten der Beamten in Ansehung ihrer äußeren Stellung ihren notwendigen Inhalt naturgemäß erst dadurch erhalten können, daß feststeht, wem gegenüber diese Rechte ausgeübt werden können und wem gegenüber ihnen Pflichten obliegen. Da nun Art. 143 Abs. 3 die Frage, ob die Lehrer unmittelbare oder mittelbare Staatsbeamte sind, nicht ausdrücklich entscheidet, so wären etwaige durch diese Vorschrift unmittelbar gegebene Rechte und Pflichten in der genannten Beziehung unbestimmt und daher wesenlos. Die Wortfassung „haben die Rechte und Pflichten" kann daher in ihrer scheinbar bestimmten Anordnung eines Rechtszustandes nicht darüber hinwegtäuschen, daß es sich insoweit in Wahrheit bloß um einen an den künftigen Gesetzgeber gerichteten Befehl handelt, also um eine nur diesen bindende Richtlinie. Höchstens könnte die Begründung von sog. Reflexrechten angenommen werden (Georg Jellinek System der subjektiven öffentlichen Rechte 2. Aufl. S. 67flg.). Wenn im Schrifttum ausgeführt wird, es sei unmöglich, einen Unterschied zu machen zwischen denjenigen, die Beamte sind, und denjenigen, welche die gleichen Rechte und Pflichten wie Beamte uneingeschränkt besitzen, so übersieht diese Meinung, daß das Gesetz die von ihr gezogene Folgerung nach der eindeutigen Entstehungsgeschichte nicht ziehen will.

Es kann deshalb dahingestellt bleiben, ob der Ansicht des Berufungsrichters beizutreten wäre, daß die fraglichen Fachkurse nur als lose Kurse und nicht als öffentliche Schule im Sinne der Vorschriften der Reichsverfassung anzusehen wären. Die Entscheidung des Rechtsstreits hängt vielmehr davon ab, ob der Kläger Beamtenstellung im Sinne des § 8 KBG. dadurch erlangt hat, daß er mit hoheitsrechtlichen Aufgaben betraut wurde (vgl. RGZ. Bd. 134

S. 17 mit Anführungen). Dies muß auf Grund des unbestrittenen Sachverhalts und der Feststellungen des Berufungsrichters verneint werden. Damit ist zugleich ausgesprochen, daß durch die Anstellung des Klägers auch nicht etwa auf Grund Landesrechts eine Stellung als Kommunalbeamter begründet wurde. Die Vorschriften des Preußischen Allgemeinen Landrechts in Teil II Titel 12, die davon ausgehen, daß Schulen und Universitäten Veranstaltungen des Staates sind, haben nach der heutigen Schulgesetzgebung ihre allgemeine Bedeutung verloren. Beim Fehlen ausdrücklicher gesetzlicher Vorschriften kann daher die Frage der Begründung der Beamteneigenschaft eines Lehrers nur nach dem Charakter der einzelnen Schule und nach der ihm dort zugewiesenen Tätigkeit beurteilt werden.

Dem Kläger sind an den Fachkursen der Beklagten keine hoheitsrechtlichen Verrichtungen, auch nicht im Sinne einer fürsorgenden Staatstätigkeit, übertragen worden. Dabei ist davon auszugehen, daß einfache Unterrichtstätigkeit an sich keine Staatstätigkeit darstellt. Es ist deshalb daraus, daß ein öffentliches Gemeinwesen eine Schule betreibt, auch wenn sie jedermann zugänglich und dadurch als öffentliche anzusehen ist (vgl. RGZ. Bd. 92 S. 205), noch nicht zu folgern, daß es sich bei der Unterrichtstätigkeit an ihr um eine Staatstätigkeit handeln muß. Denn während nach dem, wie hervorgehoben, heute nicht mehr im vollen Umfang geltenden Rechte des Preußischen Allgemeinen Landrechts (II 12 § 1) Schulen und Universitäten Veranstaltungen des Staates waren und alle öffentlichen Schulen und Erziehungsanstalten unter Aufsicht des Staates gestellt wurden (§ 9), hat die spätere Rechtsentwicklung dazu geführt, daß auch die Gemeinden eigene Schulen eingerichtet haben, bei denen nicht ohne weiteres feststeht, ob die dort angestellten Lehrer eine obrigkeitliche Staatstätigkeit in Verkörperung des staatlichen Hoheitsrechts, insbesondere der dem Staat allgemein zustehenden Schulaufsicht, wahrnehmen. Der Berufungsrichter stellt fest, daß bei den Fachkursen keine Bestimmungen bestanden, auf Grund deren in der Schule Ordnung und Schulzucht im gewöhnlichen Sinne gehandhabt wurden, sowie daß keine Schulstrafen zur Erreichung dieses Zweckes verhängt werden konnten. Auch hatten die einmal angemeldeten Schüler nicht die Verpflichtung, zum Schulunterricht regelmäßig zu erscheinen; vielmehr nahmen sie am

Unterricht in voller Freiwilligkeit teil. Wer aus irgendeinem Grunde nicht mehr daran teilnehmen wollte, konnte wegbleiben und wurde aus der Liste der Teilnehmer gestrichen. Hieraus ergibt sich, daß bei Lehrern keinerlei Zwangsgewalt gegenüber den Schülern durch deren Eintritt in die Schule eingeräumt worden war. Ihre Stellung, und damit auch die des Klägers, erschöpfte sich vielmehr in der reinen Unterrichtstätigkeit. Wenn der Vorderrichter die Unterzeichnung von Zeugnissen durch den Kläger erwähnt, so ist dies tatbestandswidrig, da der Kläger nur behauptet hat, er habe bei seiner Tätigkeit an der Beamtenschule Zeugnisse ausgestellt. Ferner gewährte die Schule keinerlei Berechtigung. Durch den Schulunterricht übernahm daher der Lehrkörper keine Verantwortung für die Erreichung eines bestimmten Lehrzieles. Selbst in den Zeugnissen wird nur allgemein bescheinigt, daß der Schüler den Unterricht regelmäßig besucht und sich einer öffentlichen Abschlußprüfung mit Erfolg unterzogen habe. Diese Abschlußprüfung fällt lediglich in den Rahmen der einfachen Unterrichtstätigkeit. Wenn es auch für den heutigen Kulturstaat eine Staatsnotwendigkeit ist, breite Volksschichten mit Unterricht zu versorgen, so erfüllt er doch diese Verpflichtung durch Errichtung derjenigen Schulen, deren Besuch entweder gesetzlich im Sinne eines Schulzwangs vorgeschrieben ist oder deren Besuch die Grundlage zur Erlangung gewisser staatlich anerkannter Stellen und Berechtigungen bildet. Die Gemeinden, die ebenfalls derartige Schulen errichten und führen, erfüllen damit nur dann eine Staatsnotwendigkeit, wenn die Schulen dem bezeichneten Zwecke dienen. Soweit ihre Schulen dagegen bloß die einfache Unterrichtserteilung erstreben, können sie mit den vorgenannten anderen Schulen nicht auf die gleiche Stufe gestellt werden. Sie sind dann gewissermaßen Privatschulen vergleichbar, die sich nur in der Hand der Gemeinden, wenn sie jedermann zugänglich sind, als öffentliche Schulen darstellen.

Eine Ausübung von Herrschaftsrechten an solchen Schulen, die der reinen Lehrtätigkeit dienen, kommt daher nicht in Frage. Wenn die Revision meint, in der Streichung aus der Schülerliste liege eine Schulstrafe, so hat der Berufungsrichter keine dahingehende Feststellung getroffen. Er nimmt vielmehr in tatrichterlicher Würdigung an, daß das Fortbleiben der Schüler freiwillig war, woraus sich ohne weiteres ergibt, daß die etwaige Untersagung eines weiteren

Besuchs der Schule nicht als Schulstrafe im typischen Sinne aufgefaßt werden konnte. Im übrigen ist die von der Revision betonte staatliche Genehmigung und Beaufsichtigung im Sinne des Fallens unter die allgemeine Staatsaufsicht kein Kennzeichen für ein mit Herrschaftsrechten ausgestattetes Schulwesen. Denn das allgemeine Aufsichtsrecht des Staates, das sich nach der wiedergegebenen Vorschrift des Preußischen Allgemeinen Landrechts (II 12 § 9) zunächst nur auf öffentliche Schulen und Erziehungsanstalten bezog, ist durch § 1* des Schulaufsichtsgesetzes vom 11. März 1872 (GS. S. 183) auf alle öffentlichen und privaten Lehr- und Erziehungsanstalten erstreckt worden. Dementsprechend ist die Aufsicht über die Fachschulen durch Allerhöchsten Erlaß vom 14. Oktober 1878 dem Minister für Handel und Gewerbe übertragen worden (abgedr. bei Laacke Die Schulaufsicht in ihrer rechtlichen Stellung 2. Aufl. 1887 S. 88). Dieser hat die Grundsätze, die für die Erteilung der Erlaubnis zur Führung privater Handels- und Gewerbeschulen gelten (vgl. Erlasse vom 15. Februar 1908 MinBl. der Handels- und Gewerbeverwaltung S. 67 und vom 1. Juni 1926 das. S. 157), auch auf Schulen der Gemeinden ausgedehnt, welche Staatsunterstützung erhalten (Erlaß vom 18. April 1910 das. S. 140). In dieser Beziehung unterliegen alle Schulen, welche Staatsunterstützung erhalten, ohne weiteres der staatlichen Aufsicht und Genehmigung.

Die staatliche Genehmigung ist anderseits nicht vom Gesetz vorgesehen, sondern sie wird durch Verträge zwischen Staat und Verwaltung für die von jenem unterstützten Fachschulen geregelt (Erlaß vom 15. April 1910 a. a. O. S. 139). Die nur eine reine Lehrtätigkeit entfaltenden Fachschulen und insbesondere die Fachkurse der Beklagten, die eine besondere Art darstellen, stehen im Gegensatz zu Fortbildungsschulen, deren Besuch in gewissem Sinn gesetzlich geregelt ist (vgl. § 120 Abs. 3, § 127 Abs. 1, § 150 Abs. 1 Nr. 4 GewO.). Der Besuch der Fachschule ist im allgemeinen völlig freiwillig; doch kann ihr Besuch unter Umständen von der Pflicht zum Besuch einer Fortbildungsschule befreien (§ 120 Abs. 3 Satz 4 GewO.). Der Zweck des Unterrichts in den Fachschulen, der teils regelmäßig, teils nach Bedürfnis für die Angehörigen des Handels- und Gewerbestandes abgehalten wird, besteht darin, die Ausbildung der Schüler für ihren zukünftigen Beruf zu fördern und die in der ordentlichen Schule gewonnenen Kenntnisse zu erweitern und zu vertiefen (vgl. von Bitter

Handwörterbuch der Preuß. Verwaltung 3. Aufl. Artikel „Fachschulen" Bd. I 1 S. 492). Die Abendkurse der Beklagten unterscheiden sich zudem noch von den regelmäßigen Fachschulen. Während bei diesen die Schüler (meist ein Jahr) aus der Berufsarbeit herausgenommen werden, um lediglich Schüler zu sein, besuchten die Schüler die Bochumer Wirtschaftskurse gemäß deren Abendschulcharakter neben der Ausübung ihres Berufs. Insoweit handelt es sich auch beim Zweck und Ziel dieser Schule nur um Vertiefung und Erweiterung des schon früher erworbenen Wissens.

Aus dem staatlichen Zuschuß ist nicht auf den Charakter einer mit Herrschaftsrechten ausgestatteten Schule zu schließen. Der Staat erfüllt durch den Zuschuß bloß eine allgemeine ihm obliegende Kulturpflicht. In Anbetracht aller dieser Umstände ist es daher in keiner Weise ausschlaggebend, daß bei städtischen Fortbildungsschulen der Charakter der Lehrer als Beamter in Rechtsprechung und Schrifttum bejaht worden ist (vgl. RGZ. Bd. 97 S. 312). Die vom Kläger angeführte Entscheidung des Preußischen Oberverwaltungsgerichts (Bd. 62 S. 501) betrifft nur die Frage, ob die Beamtenstellung eines Lehrers an einer öffentlichen Fachschule im Sinne des früheren Gemeindesteuerrechts gegeben war. Es ist, wie schon betont, anerkannten Rechtens, daß der Beamtencharakter je nach den verschiedenen Gesetzen verschieden sein kann. Die Darlegungen des Oberverwaltungsgerichts haben daher für den vorliegenden Rechtsstreit keine Bedeutung. Eine Beamtenstellung des Klägers erwuchs somit weder aus seiner Anstellung an den Fachkursen für Wirtschaft und Verwaltung noch aus der Zuweisung der dort ausgeübten Tätigkeit. Denn die vorstehenden Ausführungen ergeben, daß die Tätigkeit des Klägers an den Fachkursen keine hoheitsrechtliche war.

---

64. 1. Über Inhalt und Voraussetzungen des Zustimmungsvertrags, den der Unternehmer einer Kleinbahn nach § 6 Abs. 1 des preußischen Kleinbahngesetzes vom 28. Juli 1892 mit den Wegeunterhaltungspflichtigen abschließt.

2. Was versteht § 6 Abs. 3 a. a. O. unter „Bahn im Ganzen"?

Preuß. Kleinbahngesetz vom 28. Juli 1892 (GS. S. 225) §§ 2, 6.

IX. Zivilsenat. Urt. v. 16. Dezember 1931 i. S. Stadt K. (Bekl.) w. M. Kleinbahn AG. (Kl.). IX 31/31.

I. Landgericht Köln.
II. Oberlandesgericht daselbst.

Eine Vereinigung, bestehend aus dem Bauunternehmer K. und der Elektrizitäts-Aktiengesellschaft vorm. L. & Co. — Rechtsvorgängerin der Klägerin —, schloß mit der Stadt M. — Rechtsvorgängerin der Beklagten — am 3./8. August 1901 einen privatschriftlichen Vertrag über die Anlage einer elektrischen Straßenbahn in M. Es wurde insbesondere vereinbart:

§ 1. Die Stadt erteilt gemäß § 6 des Gesetzes über Kleinbahnen und Privatanschlußbahnen vom 28. Juli 1892 dem Unternehmer ihre Zustimmung zur Mitbenutzung näher bezeichneter Straßen des Stadtgebietes.

§ 2. Der Unternehmer verpflichtet sich zur Herstellung und zum Betriebe der Kleinbahn für verschiedene Strecken in neun Straßenzügen, sowie über die Stadtgrenzen hinaus im Anschluß an das vorstehend bezeichnete Bahnnetz nach vier Nachbargemeinden.

Dieses Kleinbahnnetz mit Abzweigungen bildet ein in sich abgeschlossenes, für sich bestehendes, einheitliches Unternehmen, das ohne besondere Zustimmung der Stadt durch Zusetzung . . . neuer Bahnlinien nicht erweitert werden darf.

§ 33 trägt die Überschrift „Heimfall bezw. Ankauf des Bahnunternehmens" und bestimmt: Die Stadt ist berechtigt, das in § 2 bezeichnete Bahnunternehmen nach bestimmter Zeit nach vorhergegangener einjähriger unwiderruflicher Kündigung käuflich zu erwerben . . . .

Es folgen Abmachungen, wie „der Kaufpreis für das Bahnunternehmen" zu berechnen sei, wobei die Werte für den im Stadtgebiet liegenden „Teil" des Unternehmens anders zu ermitteln sind als für den außerhalb der Stadt liegenden. Der erstere Teil geht nach 60 Jahren unentgeltlich und schuldenfrei in das Eigentum der Stadt über. Mehrfach wird dann noch der „Heimfall oder Ankauf" oder der „Heimfall bezw. Ankauf" erwähnt.

§ 52 bestimmt: . . . Der Unternehmer hat die Genehmigung zum Betriebe bei der zuständigen Behörde nachzusuchen . . .

Die erforderliche behördliche Genehmigung holte für die im Stadtgebiet liegenden Strecken die Stadt M. für sich selbst ein, entgegen der Bestimmung des § 52 des Vertrags. Dementsprechend wurde die Genehmigung auch der Stadt M. erteilt, und zwar in neun verschiedenen Urkunden in der Zeit zwischen dem 5. Januar 1903 und dem 15. März 1911. In den Urkunden wurde die Stadt für berechtigt erklärt, den Bau oder den Betrieb der Bahn oder beides der genannten Vereinigung zu übertragen. Es wird nur noch ausdrücklich die Anzeige von der erfolgten Übertragung und die Stellung der Sicherheit verlangt, auch darauf hingewiesen, daß sich die Rechte und Pflichten der Vereinigung aus der vorliegenden Genehmigungsurkunde ergäben. Im Anschluß daran wird gesagt (in den späteren Genehmigungsurkunden mit etwas anderem Wortlaut):

> Zu einem Wechsel in der Person des Betriebsunternehmers ist die vorherige Zustimmung der Aufsichtsbehörde erforderlich. Die Stadtgemeinde M. bleibt aber der Genehmigungs- und Aufsichtsbehörde gegenüber neben dem Betriebsunternehmer für die Erfüllung der Bedingungen dieser Genehmigung, insbesondere bezüglich des Baues und des Betriebs, unmittelbar verantwortlich.

Auf Grund dieser Genehmigungen wurden zwischen der Stadt und der Vereinigung Nachtragsverträge abgeschlossen, in denen die Stadt alle ihr aus der Genehmigungsurkunde zustehenden Rechte auf die Vereinigung oder auf die Klägerin übertrug, wogegen diese alle der Stadt aus der Genehmigung erwachsenden Pflichten übernahm.

Mit Genehmigung der Stadt und des Regierungspräsidenten trat später die Klägerin an die Stelle der Vereinigung.

Von den Außenstrecken erhielt für diejenige nach O. die Vereinigung die Genehmigung, für die nach D. und Sch. die Klägerin selbst. Beide hatten vorher mit dem Provinzialverband Verträge über die Benutzung der Provinzialstraßen geschlossen. In diesen Verträgen erklärt der Provinzialverband auf Grund des § 6 KleinbahnG. die Zustimmung zum Bau und zum Betrieb der Bahn, behält sich aber deren Erwerb im ganzen zu den Bedingungen der §§ 31 flg. dieses Gesetzes vor. Im Laufe der Jahre gelangte ein Teil dieser Provinzialstraßen durch Eingemeindungen an die Städte K. u. O.; M. wurde nach K. eingemeindet.

Mit Schreiben vom 23. Juli 1927 kündigte die Stadt K. der Klägerin den Vertrag vom 3./8. August 1901 gemäß § 33 das. zum Zwecke des Ankaufs des Unternehmens auf den 8. August 1928. Die Klägerin bezeichnete diese Erwerbserklärung als unwirksam, weil die Beklagte die Kündigung nur gemeinsam mit den andern

Wegeunterhaltungspflichtigen hätte vornehmen dürfen, und verlangt mit der Klage Feststellung der Rechtsunwirksamkeit der Kündigung und der Nichtberechtigung der Beklagten zum Erwerb der Bahnen.

Das Landgericht wies die Klage ab, das Oberlandesgericht gab ihr statt. Die Revision der Beklagten führte zur Wiederherstellung des landgerichtlichen Urteils.

Gründe:

Das Berufungsgericht erblickt in dem Vertrage vom 3./8. August 1901 einen Zustimmungsvertrag im Sinne des § 6 KleinbahnG. Es sieht in dem ganzen hier in Betracht kommenden Unternehmen der Klägerin eine einzige „Bahn im ganzen" im Sinne dieser Vorschrift, stellt fest, daß diese Bahn die Wege mehrerer Wegeunterhaltungspflichtigen benutze, und kommt in Berücksichtigung des Umstands, daß nur alle Wegeunterhaltungspflichtigen gemeinsam ihren Heimfallanspruch aus § 6 geltend machen könnten — woran es fehle —, zu dem Schluß, daß die Kündigung der Beklagten allein unzulässig gewesen sei.

Diese Begründung beruht auf der Annahme, daß das ganze wirtschaftliche Unternehmen nur eine „Bahn im ganzen" darstellt. Hierin liegt ein Rechtsirrtum.

Das Gesetz umschreibt den Begriff „Bahn im ganzen" nicht näher; er muß aus Zweck und Inhalt des Gesetzes abgeleitet werden.

Es liegt nahe, daran zu denken, den Begriff „Bahn im ganzen" nach der jeweiligen wirtschaftlichen Einheit zu fassen. Dem öffentlichen Interesse, alle geschaffenen Verkehrsmittel leistungsfähig zu erhalten, würde hierdurch oft am meisten gedient sein. Einer vernünftigen Verkehrsentwicklung der Gemeinden könnte damit aber auch das schwerste Hindernis bereitet werden. Auch das ist kein minderes öffentliches Interesse. Aus diesen Überlegungen allein kann also die Entscheidung nicht gewonnen werden. Der Inhalt des Gesetzes aber spricht dagegen, den Begriff „Bahn im ganzen" nach diesen sich dauernd verschiebenden wirtschaftlichen Gesichtspunkten zu bestimmen. Das ergibt sich aus folgenden Erwägungen: Das Heimfallrecht der Wegeunterhaltungspflichtigen würde durch Ausdehnung des Unternehmens bis zur Beseitigung erschwert und damit diese Bestimmung entkräftet werden können. Weiter bildet die nach § 6 a. a. O. erforderliche Zustimmung die Unterlage für die behördliche Genehmigung der Bahn. Diese Genehmigung bestimmt deren Umfang. Die durch die Genehmigung gezogenen Grenzen sind also das, was für den räumlichen Umfang der „Bahn im ganzen" entscheidend ist. Gleiches ergibt sich aus den Vorschriften der §§ 30 flg. über das Erwerbsrecht des Staates. Nach § 32 ist der Unternehmer unter Umständen verpflichtet, über jede Bahn, für die ihm eine besondere Genehmigung erteilt ist, getrennt Rechnung zu führen, sodaß der Staat danach seinen Erwerbspreis berechnen kann. Hier setzt also das Gesetz voraus, daß jede besondere Genehmigung wesentlich ist und das Erwerbsrecht des Staates in seinem Umfang hiervon abhängt, während dem Staat weitere Teilungen nicht gestattet sind. Aus alledem muß der Schluß gezogen werden, daß schon im Gesetz über die Kleinbahnen vom 28. Juli 1892 dem Begriff der „Bahn im ganzen" (§ 6) derselbe Gedanke zugrunde liegt, der in den späteren Gesetzen vom 19. August 1895 und 11. Juni 1902 die Grundlage für die Bahneinheit bildet. Das Entscheidende für den Begriff „Bahn im ganzen" ist also der Umfang jeder einzelnen Genehmigung. Diesen Erwägungen von Hilse (Zeitschrift für Kleinbahnen 1898 S. 266, 490) muß beigepflichtet werden. So auch, ohne Begründung, Fritsch Eisenbahngesetzgebung 3. Aufl. Anm. 19 zu § 6 KleinbahnG.; vgl. auch Hein-Krüger Kleinbahngesetz § 6 Anm. 7. Für die rein praktischen Bedürfnisse der Zuständigkeit der Behörden mögen andere Gesichtspunkte entscheidend sein (OVG. bei Eger Eisenb.Entsch. Bd. 15 S. 53).

Es ist unstreitig, daß das Unternehmen der Klägerin aus verschiedenen Strecken besteht, für welche gesonderte Genehmigungen eingeholt worden sind und dementsprechende Bahneinheiten bestehen. Diese Strecken liegen zum Teil nur auf Wegen, deren Unterhaltung der Beklagten obliegt. Die Vorschrift des § 6 KleinbahnG. würde also nicht im Wege stehen, daß bei diesen verschiedenen, lediglich Wege der Beklagten benutzenden „Bahnen im ganzen" die Beklagte allein das Heimfallrecht ausübt. Von der weitergehenden Parteivereinbarung sei dabei zunächst abgesehen.

Ein Teil der Strecken mit gesonderten Genehmigungen lag aber zur Zeit des Vertragsabschlusses bloß auf ortsfremden Wegen, von denen Teile später an M. oder an K. gefallen sind, sodaß jetzt die Beklagte insoweit mitwegeunterhaltungspflichtig ist. Für diese Strecken dürften also jetzt nur mehrere Berechtigte gemeinsam das Heimfallrecht ausüben, während es zur Zeit des Vertragsschlusses der Provinz allein zugestanden haben mag. Die Beklagte kam damals überhaupt nicht als Wegeunterhaltungspflichtige in Betracht, sie durfte somit wegen dieser Strecken auch keinen Anspruch aus § 6 KleinbahnG. erheben. Es fragt sich daher, ob eine Verpflichtung über Strecken, die in vollem Umfang ortsfremd sind, oder auch über Strecken, an denen der Vertragschließende als Wegeunterhaltungspflichtiger mitbeteiligt ist, Gegenstand eines Vertrags nach § 6 KleinbahnG. zwischen der Stadt M. und der Unternehmerin hätte sein können, eines Vertrags, dessen Grundlage die Bahnen bildeten, die nur im ortseigenen Gebiet lagen. Diese Frage muß bejaht werden; denn der freien Vereinbarung im Rahmen des § 6 ist gesetzlich keine Schranke gezogen, solange nicht gegen den Sinn dieser Vorschrift verstoßen, eine verbotene Zerstückelung vorgenommen wird oder die Rechte anderer Wegeunterhaltungspflichtiger gesetzwidrig geschmälert werden. Hier ist das Gegenteil von Zerstückelung vereinbart worden; es sollten alle Bahneinheiten vereinigt bleiben, die bisher eine wirtschaftliche Einheit gebildet hatten. Das Heimfallrecht der anderen Wegeunterhaltungspflichtigen wurde rechtlich nicht berührt; denn wenn sich die Klägerin zur Übertragung auch ortsfremder Strecken verpflichtete, so ergab sich aus der Rechtslage, daß sie es nur unbeschadet der Heimfallrechte der Provinz tun wollte und tun konnte. Aber die Heimfallrechte wurden auch bei einer Veräußerung an einen einzelnen, der später zufällig in die Zahl der Wegeunterhaltungspflichtigen einrückte, tatsächlich nicht dadurch hinfällig gemacht, daß dieser Berechtigte sich später vielleicht nicht mehr geneigt zeigen würde, zusammen mit den anderen Berechtigten das Heimfallrecht gegen sich selbst auszuüben. Vor solchem Mißbrauch schützt die notwendige behördliche Genehmigung beim Wechsel in der Person des Unternehmers (§ 2 KleinbahnG.), deren Voraussetzung die Zustimmung aller Wegeunterhaltungspflichtigen ist. Sie können bei dieser Gelegenheit ihre Rechte wahren, ehe die Behörde ihre Genehmigung zu einem Wechsel der Person des Betriebsunternehmers gibt. Durch derartige Zusatzverpflichtungen über andere Strecken würde ein Zustimmungsvertrag betreffend die ortseigenen Strecken nicht seiner Eigenart als öffentlichrechtlicher Vertrag im Rahmen des § 6 KleinbahnG. entkleidet und nicht zu einem formbedürftigen privatrechtlichen Kaufvertrag werden.

Aber auch sonst bestehen keine rechtlichen Bedenken gegen die Auffassung des Berufungsgerichts, daß es sich um einen öffentlichrechtlichen Zustimmungsvertrag handle. Die Möglichkeit, daß der Unternehmer seine Bahn — vorbehaltlich einer erforderlichen Genehmigung — privatrechtlich verkauft, ist zwar nicht zu bezweifeln. Indessen kann es hier nicht darauf ankommen. Denn der vor Erlaß des Gesetzes vom 11. Juni 1902 abgeschlossene Vertrag enthält die Verpflichtung zur Übertragung des Eigentums an Grundstücken, entbehrt aber der Form des § 313 BGB. Im übrigen spricht nach den Feststellungen des Berufungsgerichts nichts für die Absicht der Parteien, einen privatrechtlichen Kaufvertrag abzuschließen.

Entgegen der Meinung der Revision waren aber auch die Voraussetzungen für einen Zustimmungsvertrag im Sinne des § 6 KleinbahnG. gegeben und wurden nicht dadurch beseitigt, daß nicht die Klägerin, sondern die Rechtsvorgängerin der Beklagten die erste Genehmigung erwirkt hatte. Denn wenn diese dann den Betrieb weiter übertragen wollte — auf die Klägerin —, so bedurfte sie auch hierzu der Genehmigung (§ 2 KleinbahnG.), und Voraussetzung dieser Genehmigung war die Zustimmung des Wegeunterhaltungspflichtigen. War nun dieser Wegeunterhaltungspflichtige sie selbst, so ergab sich aus ihrem Antrag auf Genehmigung schon ihre Zustimmung, sodaß diese Voraussetzung für die Genehmigung damit dargetan und ohne weiteres erfüllt war. Die gesetzliche Vorschrift — Erfordernis der Zustimmung — ist in solchem Falle nicht etwa beseitigt, und daher ist auch die gesetzliche Grundlage für einen Zustimmungsvertrag bestehen geblieben. Auf die Schadloshaltung des Unternehmers beim Heimfall kann im Zustimmungsvertrag auch ganz verzichtet werden (Hilse a. a. O. S. 269; Eger Kleinbahngesetz S. 166).

Nach alledem darf die Beklagte für sich allein ihr Heimfallrecht aus dem Vertrag vom 3./8. August 1901 ausüben, ohne dabei an die Mitwirkung der für die Außenbahnen in Betracht kommenden Wegeunterhaltungspflichtigen gebunden zu sein; die Vorschriften des § 6 KleinbahnG. stehen nicht entgegen. Es ist aber weiter die Frage zu prüfen, welche Folgen sich aus der im § 2 Abs. 3 des Vertrags vereinbarten Einheitlichkeit des ganzen Unternehmens ergeben. Über diese Vereinbarung hinaus hat eine Erweiterung des Bahnnetzes nach dem Tatbestand nicht stattgefunden. Damit erledigen sich die Ausführungen der Revision hierzu. Zweifel daran, daß diese Abrede zugunsten beider Parteien getroffen worden ist, sind nicht geäußert worden. Die Beklagte kann daher die Herausgabe einzelner

Strecken — nur der im Stadtgebiet liegenden — nicht verlangen. Sie hat sich dementsprechend zur Übernahme aller Strecken bereit erklärt. Ob sich das aber ermöglichen läßt, hängt nicht von den Parteien ab. Ein Wechsel des Betriebsunternehmers bedarf der Genehmigung der Aufsichtsbehörde (§ 2 KleinbahnG.). Bei den der Klägerin genehmigten Außenlinien liegt ein solcher Wechsel zweifellos vor; ebenso aber auch bei den Innenlinien, selbst wenn nicht die Konzession, sondern nur der Betrieb (und Bau) der Bahn von der Stadt M. mit behördlicher Genehmigung der Klägerin hätte übertragen werden können und übertragen worden ist. Die der Stadt früher erteilte Genehmigung behält ihre Wirkung auch nicht, da in der Zwischenzeit, in welcher der ursprünglich Berechtigte den Betrieb aus den Händen gegeben hatte, in seiner Person möglicherweise erhebliche Änderungen eingetreten sind, die hier gerade in der Änderung der Ortsgrenzen und in der dadurch herbeigeführten Interessenverschiebung liegen können (vgl. Eger Kleinbahngesetz § 2 S. 56, 66, 164). Die Betriebspflicht der bisherigen Unternehmerin hört ohne Genehmigung der Behörde nicht auf.

Die Aufsichtsbehörde ist bei der neuen Erteilung der Genehmigung an die Zustimmung der Wegeunterhaltungspflichtigen (Stadt K., Provinz, vielleicht Stadt O.) gebunden, darf sie vielleicht ergänzen. Bisher ist nicht ersichtlich, ob die Beklagte diese Genehmigung erhalten hat oder ob sie mit der Genehmigung rechnen kann. Sollte diese nicht oder nicht für alle Strecken erteilt werden, so würde die Klägerin von ihrer Pflicht zum Betrieb der Strecken auch nicht frei. Das alles war übrigens schon bei Vertragsschluß klar. Selbstverständliche Voraussetzung der Vertragsverpflichtungen ist also die Erteilung der Genehmigung durch die Behörde. Wird sie nicht für sämtliche Linien erteilt, so ist die Übernahme aller Strecken durch die Beklagte nicht möglich, und für diesen Fall bleibt die Kündigung wirkungslos, ist das vertraglich vorgesehene Recht der Beklagten aus Gründen des öffentlichen Rechts nicht durchführbar und ein Recht auf Übertragung des Gesamtunternehmens nicht gegeben.

Diese Fragen mußten erörtert werden, um jeden Irrtum über die Bedeutung des Urteilsspruchs auszuschließen.

65. Haftet eine juristische Person nach § 31 BGB., wenn die Handlung des Vorstandsmitglieds darin bestand, daß er als Kollektivvertreter die Unterschriftszeichnung der juristischen Person, z. B. auf einem Wechsel, durch unbefugte Beisetzung des Namens eines Mitzeichnungsberechtigten bewirkte?

II. Zivilsenat. Urt. v. 22. Dezember 1931 i. S. S. Beamtenbank, eingetr. Gen. m. beschr. Haftpfl. (Kl.) w. Konsumverein W., eingetr. Gen. m. beschr. Haftpfl. (Bekl.). II 295/31.

I. Landgericht Wiesbaden.
II. Oberlandesgericht Frankfurt a. M.

Die Klägerin macht eine Forderung aus Wechseln über 8000 RM. nebst Zinsen geltend, für welche sie die Beklagte aus § 31 BGB. für haftbar hält. Die Wechsel rühren daher, daß der Geschäftsführer der Beklagten, B., im August 1927 von der Klägerin ein persönliches Darlehen von 10000 RM. erbat und erhielt, worüber die Klägerin von B. Wechsel mit der Unterschrift der verklagten Genossenschaft verlangte. B. übergab der Klägerin damals vor Empfang der Darlehenssumme drei auf insgesamt 10000 RM. lautende Wechsel, die sein Akzept und an der Stelle des Ausstellers und ersten Giranten je den Firmenstempel der Beklagten mit den Unterschriften des B. und des zweiten Geschäftsführers, Sch., trugen. Bei Fälligkeit dieser Wechsel, im November 1927, zahlte B. 2000 RM. ab und gab der Klägerin über den Restbetrag von 8000 RM. gegen Rückgabe der alten Papiere drei auf zusammen 8000 RM. lautende neue Wechsel, die in bezug auf Akzept, Ausstellervermerk und erstes Indossament den früheren vollkommen entsprachen. Die Klägerin bezeichnet die auf allen Wechseln unter dem Firmenstempel der Beklagten befindliche Unterschrift des Sch. als von B. gefälscht und hält danach die Haftung der Beklagten für die Wechselsummen für begründet, weil B. die Papiere in seiner Eigenschaft als Geschäftsführer der Beklagten und im Rahmen der ihm zustehenden Verrichtungen an die Klägerin begeben habe. Die Beklagte wandte ein: B. habe das Wechselgeschäft im eigenen Namen gemacht, ein Fall des § 31 BGB. liege daher nicht vor. Die Wechsel seien überdies verjährt. Der Klägerin sei auch kein Schaden erwachsen.

Das Landgericht gab der Klage statt, das Oberlandesgericht wies sie ab. Die Revision der Klägerin war erfolglos.

Gründe:

Die Klägerin verfolgt gegen die Beklagte keinen Wechselanspruch, sondern eine Schadensersatzforderung, die auf Grund einer unerlaubten Handlung ihres Vorstandsmitglieds, des B., gemäß § 31 BGB. geltend gemacht wird. Das angefochtene Urteil hält die Voraussetzungen einer solchen gesetzlichen Haftung der Beklagten nicht für gegeben, weil B., obwohl er die Firmenzeichnung der Beklagten sowohl auf den ursprünglichen wie auf den Prolongations-Wechseln durch Nachahmung der Unterschrift des zweiten Geschäftsführers gefälscht habe, doch bei dem Darlehens- und bei dem Diskontierungsgeschäft als Privatmann und nicht in seiner Eigenschaft als Vertreter der Beklagten tätig geworden sei. Die Revision greift die Schlüssigkeit dieser Erwägungen vergeblich an. Auch sie unterstellt, daß B. den Diskontierungsvertrag im eigenen Namen abgeschlossen habe, sie hält es aber für rechtsirrig, daß das Berufungsgericht die Entscheidung überhaupt auf das Diskontierungsgeschäft abstelle, und sieht den die Haftung der Beklagten nach § 31 BGB. begründenden Umstand in der Fälschung der Unterschrift des Sch. Dem kann nicht beigetreten werden. Das Berufungsgericht sagt schon mit Recht, daß durch die Fälschung an sich gar kein Schaden eingetreten sei, der eine Haftung der Beklagten nach der erwähnten Vorschrift begründen könnte. Schadenbegründend für die Klägerin war allein das Diskontierungsgeschäft, bei dem sie dem B. auf falsche Wechsel 10000 RM. lieh, und dieses Geschäft hat eben B. nach der nicht angefochtenen Feststellung des Vorderrichters rein als Privatmann abgeschlossen, ohne Bezugnahme auf seine Stellung bei der Beklagten. Hiervon geht übrigens auch die Klägerin selbst aus. Dabei nimmt das angefochtene Urteil mit durchweg zutreffenden Erwägungen weiter an: durch die scheinbare Wechselzeichnung der Beklagten allein sei noch keine Beteiligung dieser Genossenschaft an dem Diskontierungsgeschäft herbeigeführt worden, insbesondere habe ihr Indossament nicht notwendig eine solche Beteiligung begründet; der Klägerin habe es vielmehr genügt, mit der Unterschrift der Beklagten versehene Wechsel, über die zu verfügen B. legitimiert gewesen sei, als Sicherheit für das Darlehen in die Hand zu bekommen:

Im übrigen kann auch keine Rede davon sein, daß B., wie die Revision annimmt, bei Herstellung der Wechselzeichnung der Beklagten in Ausführung ihm zustehender Verrichtungen gehandelt hätte. Wenn er, wie unstreitig ist, die Beklagte in Gemeinschaft mit dem zweiten Geschäftsführer vertreten konnte, so war er allein überhaupt nicht in der Lage, eine Wechselzeichnung für sie herzustellen, auch nicht dadurch, daß er etwa die Unterschrift des Mitvorstands fälschte. Die Fälschung einer fremden Unterschrift, die zu einem Rechtsakt erforderlich war, kann selbstverständlich nicht in den Rahmen seines Geschäftskreises gefallen sein. Begründete eine solche rechtswidrige Handlung eines Vorstandsmitglieds die Haftung der juristischen Person nach § 31 BGB., so würde das die Erreichung des der Kollektivvertretung zugrunde liegenden Sicherungszweckes vollkommen vereiteln, weil durch Anwendung des § 31 a. a. O. die im Erfordernis des Zusammenwirkens mehrerer Vertreter enthaltene Gewähr für die Ordnungsmäßigkeit der Geschäfte der juristischen Person (vgl. § 25 GenG.) gerade in den Fällen außer Kraft gesetzt würde, wo sie am wirksamsten sein muß, nämlich bei deliktischem Handeln eines Vertreters (RGUrt. vom 4. April 1928 IV 708/27). Gewiß sind nach der Rechtsprechung da, wo eine Gesamtvertretung besteht, auch Delikte eines einzelnen Vertreters als solche der juristischen Person anzusehen (RGZ. Bd. 57 S. 93, Bd. 74 S. 250; JW. 1913 S. 587 Nr. 1, 1917 S. 593 Nr. 1; LZ. 1913 Sp. 140 Nr. 5). Wo jedoch das Delikt des Vertreters lediglich in einer Fälschung der Unterschriftszeichnung der juristischen Person besteht, kann es logischerweise nicht als solches der juristischen Person betrachtet werden, weil diese bloß in der gesetz- oder satzungsmäßigen Weise verbindlich zeichnen kann.

---

66. Ist in einem Rechtsstreit gegen eine Gesellschaft mbH. auf Unterlassung bestimmter patentverletzender Handlungen, nachdem das Verfahren durch Eröffnung des Konkurses über das Vermögen der Gesellschaft unterbrochen worden war und der Konkursverwalter die Aufnahme abgelehnt hatte, der bisherige Geschäftsführer nach § 10 Abs. 2 KO. zur Aufnahme befugt?

I. Zivilsenat. Urt. v. 6. Januar 1932 i. S. Ter. Gesellschaft mbH. (Bekl.) w. Tel. (Kl.). I 295/30.

I. Landgericht Magdeburg.
II. Oberlandesgericht Naumburg a. S.

Auf den Inhalt des in RGZ. Bd. 132 S. 362 abgedruckten Zwischenurteils wird Bezug genommen. Dort ist festgestellt worden, daß das Verfahren durch die Eröffnung des Konkurses über das Vermögen der Beklagten unterbrochen worden ist. Der Konkursverwalter hat darauf erklären lassen, daß er mangels Masse nicht in der Lage sei, den Prozeß aufzunehmen. Nunmehr ließen die bisherigen Geschäftsführer der verklagten Gesellschaft in deren Namen durch ihren Prozeßbevollmächtigten erklären, daß sie für die Gesellschaft den Rechtsstreit aufnähmen.

In der Verhandlung wurde festgestellt, daß die Klägerin als Konkursforderungen drei bezifferte Kostenforderungen und eine unbezifferte Schadensersatzforderung angemeldet hatte, daß ferner der Konkursverwalter im Prüfungstermin sämtliche vier Forderungen bestritten, dann aber zwei Kostenforderungen in Teilhöhe anerkannt hatte.

Auf Antrag der Parteien wurde die Verhandlung auf die Frage beschränkt, ob das durch die Konkurseröffnung unterbrochene Verfahren durch die Geschäftsführer der Gemeinschuldnerin ordnungsmäßig aufgenommen worden ist. Die Gemeinschuldnerin bejahte dies, die Klägerin bestritt es unter Hinweis auf §§ 144, 146 KO. Das Reichsgericht trat der Auffassung der Gemeinschuldnerin bei.

Gründe:

Wie in dem Zwischenurteil dargelegt worden ist, war das Verfahren durch die Konkurseröffnung unterbrochen worden. Aufgenommen werden kann es daher nur nach den Vorschriften der Konkursordnung. Hierfür kommen die §§ 10, 11, 144 Abs. 2 und § 146 Abs. 3 KO. in Betracht. Könnte man den Anspruch auf Unterlassung als gewöhnliche Konkursforderung ansehen, dann müßte dieser Anspruch vor der Aufnahme erst das Prüfungsverfahren durchgemacht haben, und die Fortführung des Rechtsstreits zwischen der Klägerin und der Gemeinschuldnerin selbst wäre nur gemäß § 144 Abs. 2 KO. möglich. Voraussetzung wäre somit, daß die Geschäftsführer die Forderung im Prüfungstermin bestritten hätten. Möglich wäre dann die Fortführung, wenngleich nicht auf Grund einer Aufnahme durch die Gemeinschuldnerin, wohl aber, wenn die Klägerin ihrerseits den Rechtsstreit gegen die Gemeinschuldnerin aufnähme und weiterführte. Allein dieser Fall ist nicht gegeben, weil der Unterlassungsanspruch (soweit nicht der Konkursverwalter selber in den Schutzbereich des Patents eingegriffen hat, was hier nicht in Frage kommt) sich immer nur gegen den Gemeinschuldner, nicht gegen die Konkursmasse richten kann. Ein Unterlassungsanspruch ist daher seiner Natur nach überhaupt nicht geeignet, in die Konkurstabelle aufgenommen zu werden. Zu erwägen bleiben noch die beiden anderen Aufnahmemöglichkeiten aus § 10 und § 11 KO. Die letztere Vorschrift betrifft jedoch Rechtsstreitigkeiten gegen den Gemeinschuldner auf Aussonderung, Absonderung oder über Masseschulden. Keiner dieser Fälle liegt hier vor. Die Fälle, für die Jaeger in seinem Erläuterungswerk zur Konkursordnung (§ 11 Anm. 1) im Anschluß an RGZ. Bd. 45 S. 170 (172) bei anhängigen Unterlassungsklagen die Annahme eines Aussonderungsstreits für denkbar hält, liegen anders. Als einzige Grundlage für die Möglichkeit einer Aufnahme des Verfahrens bleibt daher § 10 KO. Es ist anerkannten Rechtens, daß für die Frage, ob ein Rechtsstreit für den Gemeinschuldner anhängig ist (sog. Aktivprozeß) — und um solche handelt es sich im § 10 — die Parteirolle nicht unbedingt den Ausschlag gibt. Betroffen hatte das Verfahren über den Unterlassungsanspruch die Konkursmasse insofern, als im Hintergrund der Schadensersatzanspruch der Gemeinschuldnerin aus § 945 ZPO. stand, wie dies im ersten Zwischenurteil des näheren dargelegt worden ist. Hierauf braucht aber im gegenwärtigen Zusammenhang nicht einmal eingegangen zu werden, weil schon der Gesichtspunkt allein ausreicht, daß sich im vorliegenden Falle der Unterlassungsanspruch gegen den eingerichteten Gewerbebetrieb der Gemeinschuldnerin richtet. Der eingerichtete Gewerbebetrieb als Immaterialgut ist in der reichsgerichtlichen Rechtsprechung anerkannt (vgl. RGZ. Bd. 126 S. 93 [96]; auch Pietzcker PatG. § 4 Anm. 74 zu Nr. 4, S. 309, 310). Schon hiernach ist der gegen die nachmalige Gemeinschuldnerin geltend gemachte Rechtsstreit auf Unterlassung als ein Aktivprozeß im Sinne von § 10 KO. anzusehen (vgl. auch RGZ. Bd. 45 S. 374 [376, 377]). Die Gemeinschuldnerin konnte also, nachdem der Konkursverwalter die Aufnahme abgelehnt hatte, den unterbrochenen Rechtsstreit nach § 10 Abs. 2 KO. aufnehmen.

Die Anmeldungen der Klägerin zur Konkurstabelle stehen der Wirksamkeit dieser Aufnahme in keiner Weise entgegen. Denn der Unterlassungsanspruch gehört nicht dazu, hätte es auch nach dem vorher Gesagten gar nicht gekonnt. Allerdings hat die Klägerin offensichtlich die ihr bisher erwachsenen Kosten des gegenwärtigen Rechtsstreits, sei es allein, sei es neben anderen Kostenforderungen, angemeldet. Allein dies kann nur dazu führen, entweder bei der künftigen Kostenentscheidung diesen Kostenteil auszuscheiden oder im künftigen Kostenfestsetzungsverfahren hierauf Rücksicht zu nehmen.

Anhang:

Entscheidungen des Staatsgerichtshofs.

1.

In der verfassungsrechtlichen Streitsache

des Deutschen Reichs,

Antragstellers,

gegen

das Land Preußen,

Antragsgegner,

wegen der Abmeldung 12- und 13jähriger Kinder vom Religionsunterricht — StGH. 18/30 — hat der Staatsgerichtshof für das Deutsche Reich in der Sitzung vom 24. Oktober 1931 beschlossen:

Die Abmeldung eines 12- oder 13jährigen Kindes vom Religionsunterricht bedarf der Zustimmung des Kindes.

Gründe:

I. Der Preußische Minister für Wissenschaft, Kunst und Volksbildung hat in einem an die Provinzialschulkollegien, die Regierungen, den Oberpräsidenten in Magdeburg (für die Grafschaft Stolberg-Roßla) gerichteten Erlaß vom 29. März 1924 U III A 2277/23 U II (abgedr. im Zentralblatt für die gesamte Unterrichts-Verwaltung S. 122) Anordnungen über die Anwendung des Reichsgesetzes betr. die religiöse Kindererziehung vom 15. Juli 1921 (RGBl. S. 939) getroffen. Er hat dort über den Religionsunterricht u. a. folgendes gesagt:

Die Nichtteilnahme am Religionsunterricht erfordert mit Rücksicht auf § 2 Abs. 2 des Reichsgesetzes über religiöse Kindererziehung grundsätzlich eine Erklärung beider Eltern. . . . Eine eigene Erklärung 12- und 13jähriger Kinder über Nichtteilnahme am Religionsunterricht ist daneben nicht erforderlich. § 5 Satz 2 des Reichsgesetzes vom 15. Juli 1921 bezieht sich nur auf die auch im § 2 von der Nichtteilnahme am Religionsunterricht geschiedenen Fälle des Bekenntniswechsels.

Den Reichsministern des Innern und der Justiz hat dieser Erlaß Veranlassung gegeben, an den genannten Preußischen Minister folgendes Schreiben vom 13. September 1930 zu richten:

§ 5 Satz 2 des Gesetzes über die religiöse Kindererziehung vom 15. Juli 1921 — RGBl. S. 939 — bestimmt, daß ein Minderjähriger, der das 12. Lebensjahr vollendet hat, nicht gegen seinen Willen in einem anderen Bekenntnis erzogen werden darf. Nach Ihrem Runderlaß vom 29. März 1924 — U III A 2277/23 U II — (Zentralbl. S. 122) ist eine eigene Erklärung 12- und 13jähriger Kinder, daß sie am Religionsunterricht nicht teilnehmen wollen, neben der Erklärung der Eltern nicht erforderlich. Wir sind der Auffassung, daß durch § 5 Satz 2 des Gesetzes den Sorgeberechtigten alle Maßnahmen untersagt sein sollen, die geeignet sind, den Minderjährigen seinem bisherigen Bekenntnis zu entfremden, es sei denn, daß der Minderjährige sich selbst mit der Zuführung zu einem anderen Bekenntnis oder mit einer bekenntnislosen Erziehung einverstanden erklärt hat. Nach unserer Auffassung steht es nicht im Einklang mit § 5 Satz 2 des Gesetzes, wenn bei der Entscheidung über die Teilnahme am Religionsunterricht der Wille 12- und 13jähriger Kinder ausnahmslos unberücksichtigt bleibt. Die Frage, ob die Abmeldung vom Religionsunterricht als eine Maßnahme anzusehen ist, die geeignet ist, den Minderjährigen seinem bisherigen Bekenntnis zu entfremden, läßt sich unseres Erachtens nicht allgemein, sondern nur unter Berücksichtigung des Einzelfalles entscheiden. Dabei würde insbesondere von Bedeutung sein, aus welchem Anlaß und in welcher Absicht die Abmeldung des Minderjährigen erfolgt, und ob die Erziehungsberechtigten seine weitere Erziehung in dem bisherigen Bekenntnis anderweit sichergestellt haben.

Indem wir diese unsere Auffassung zu Ihrer Kenntnis bringen, bitten wir ergebenst, die Bestimmung Ihres Runderlasses mit den dargelegten Gesichtspunkten in Übereinstimmung zu bringen."

Durch Schreiben vom 10. Oktober 1930 hat der Preußische Minister für Wissenschaft, Kunst und Volksbildung darauf folgendes erwidert:

Der in dem Schreiben vom 13. September d. J. — III 3022/2. 8. — vertretenen Auffassung bedaure ich mich nicht anschließen zu können. Das Reichsgesetz über die religiöse Kindererziehung unterscheidet, wie der Wortlaut von § 2 Abs. 2 und § 5 zeigt, deutlich zwischen Bekenntniswechsel und Abmeldung vom Religionsunterricht; nur im Falle des Bekenntniswechsels schreibt das Gesetz (§ 5) eine eigene Erklärung des Kindes nach vollendetem 12. Lebensjahr vor. Eine Prüfung, aus welchem Anlaß und in welcher Absicht im Einzelfalle die Abmeldung des Minderjährigen erfolgt, und ob die Erziehungsberechtigten seine weitere Erziehung in dem bisherigen Bekenntnis anderweit sichergestellt haben, scheint mir aus rechtlichen, pädagogischen und praktischen Gründen gleich bedenklich. Ich bin daher nicht in der Lage, die Bestimmung meines Runderlasses vom 29. März 1924 — U III A 2277/23 U II —, nach der eine eigene Erklärung 12- und 13jähriger Kinder über Nichtteilnahme am Religionsunterricht neben der Erklärung der Eltern nicht erforderlich ist, abzuändern.

Nunmehr hat das Deutsche Reich beim Staatsgerichtshof für das Deutsche Reich Klage gegen das Land Preußen erhoben mit dem Antrag:

> Der Staatsgerichtshof wolle eine Entscheidung dahin treffen, daß der in dem Runderlaß des Preußischen Ministers für Wissenschaft, Kunst und Volksbildung vom 29. März 1924 — U III A 2277/23 U II — angeordnete Verzicht auf eine eigene Erklärung 12- und 13jähriger Kinder über die Nichtteilnahme am Religionsunterricht dem § 5 Satz 2 des Gesetzes über die religiöse Kindererziehung vom 15. Juli 1921 nicht entspricht.

Zur Begründung macht der Antragsteller unter Wiederholung der Ausführungen des oben wiedergegebenen Schreibens vom 13. September 1930 geltend, daß im Einzelfall zu prüfen sei, ob die Abmeldung eines 12- oder 13jährigen Kindes vom Religionsunterricht eine Maßnahme des Bekenntniswechsels sei und deshalb der Zustimmung des Kindes selbst bedürfe. Der preußische Ministerialerlaß vom 29. März 1924 widerspreche also dem Reichsrecht, sofern er anordne, daß eine Erklärung 12- oder 13jähriger Kinder dahin, sie wollten am Religionsunterricht nicht mehr teilnehmen, niemals zu erfordern sei.

Das Land Preußen hat gegenüber diesem Antrag, dessen Ablehnung es begehrt, folgendes ausgeführt:

Art. 149 Abs. 2 RVerf. habe die Entscheidung über die Teilnahme an den religiösen Unterrichtsfächern und an religiösen Feiern und Handlungen der Willenserklärung desjenigen überlassen, der über die religiöse Erziehung des Kindes zu befinden habe. Die Frage, wer als Erziehungsberechtigter und wieweit der Schüler selbst zu der vorgesehenen Willenserklärung berechtigt sei, habe die Reichsverfassung unberührt gelassen. Sie sei inzwischen durch das Reichsgesetz über die religiöse Kindererziehung vom 15. Juli 1921 geregelt, das den Grundsatz der freien Einigung der Eltern aufstelle und deren Recht nur für einzelne Fälle beschränke. Eine solche Einschränkung enthalte § 5 Abs. 2 RelErzG., und zwar dahin, daß ein Kind nach vollendetem 12. Lebensjahr nicht gegen seinen Willen in einem anderen Bekenntnis erzogen werden könne. Diese Ausnahme vom Erziehungsrecht der Eltern sei ausdrücklich auf den Fall des Bekenntniswechsels beschränkt. Die Abmeldung vom Religionsunterricht sei kein Bekenntniswechsel. Vielmehr habe der Gesetzgeber zwischen der religiösen Erziehung und dem Religionsunterricht scharf unterschieden. Das ergebe sich nicht bloß aus den Vorarbeiten zum Gesetz vom 15. Juli 1921, sondern auch aus dessen Wortlaut. Sein § 2 Abs. 2 führe neben dem Bekenntniswechsel die Abmeldung vom Religionsunterricht als Sonderfall auf.

Zuzugeben sei, daß Abmeldung vom Religionsunterricht und Religionswechsel zusammenfallen könnten. Dies im Einzelfall zu ermitteln, sei aber gleichwohl nicht angängig, da es sich stets um zwei verschiedene Fragen handle. Der Bekenntniswechsel betreffe die religiöse Erziehung des Kindes, während die Abmeldung vom Religionsunterricht ein Gebrauchmachen von dem Freiheitsrecht des Art. 149 Abs. 2 RVerf. sei. Diese Abmeldung falle daher auch nicht als engerer Begriff in den weiteren des Bekenntniswechsels. So werde der Ausnahmevorschrift des § 5 Satz 2 RelErzG. ein ganz anderer Sinn gegeben, wenn man jede Abmeldung vom Religionsunterricht daraufhin untersuche, ob sie möglicherweise gleichzeitig einen Bekenntniswechsel enthalte.

Endlich sei das von der Reichsregierung geforderte Verfahren mit Art. 149 Abs. 2 RVerf. unvereinbar. Diese Vorschrift beseitige jeglichen Gewissenszwang bei der Beteiligung am Religionsunterricht und gewährleiste statt dessen jedem einzelnen ein Freiheitsrecht mit Verfassungsgarantie. Für die Ausübung dieses Freiheitsrechts müsse die einfachste Form genügen, jeder Anschein einer absichtlichen Beeinflussung vermieden werden. Die verfassungsrechtlich freie Willensentschließung werde jedoch ganz wesentlich beeinträchtigt, wenn der Auffassung der Reichsregierung gemäß bei jeder Abmeldung 12- und 13jähriger Schüler vom Religionsunterricht festgestellt werden müsse, aus welchem Anlaß und in welcher Absicht sie erfolge. Die vom Reich vertretene Auslegung des § 5 Abs. 2 RelErzG. führe also zu einer Verletzung der Reichsverfassung.

Das Deutsche Reich hat darauf erwidert: Der Unterschied zwischen religiöser Erziehung und Religionsunterricht habe einen anderen Sinn, als die Preußische Staatsregierung annehme. Das Reichsgesetz über die religiöse Kindererziehung habe nur die familienrechtliche, privatrechtliche Frage ordnen wollen. Diese familienrechtliche Ordnung sei aber für den Religionsunterricht insofern von Bedeutung, als sich aus ihr beantworte, wer als Erziehungsberechtigter und inwieweit der Schüler selbst zu der im Art. 149 Abs. 2 RVerf. vorgesehenen Willenserklärung berechtigt sei. Die Frage nach dem Grund der Abmeldung vom Religionsunterricht aufzuwerfen, sei erforderlich, um festzustellen, ob eine familienrechtlich vollgültige Entscheidung vorliege, wie sie Art. 149 voraussetze. Wenn bei einer Abmeldung, die einen Bekenntniswechsel enthalte, auch der Wille des 12- oder 13jährigen Kindes festgestellt werde, so beeinträchtige ein solches Verfahren die freie Willensentschließung der Beteiligten nicht. Es sei deshalb auch verfassungsrechtlich zulässig.

Danach komme es für die Entscheidung lediglich darauf an, festzustellen, ob das Gesetz über die religiöse Kindererziehung die Mitentscheidung des 12- oder 13jährigen Kindes bei der einen Religionswechsel enthaltenden Abmeldung vom Religionsunterricht habe zulassen oder ausschließen wollen. Sei das Kind zur familienrechtlichen Mitentscheidung berufen, so sei die Gültigkeit des öffentlichrechtlichen Aktes von seiner Zustimmung abhängig. Aus der Nichterwähnung der Abmeldung vom Religionsunterricht in § 5 Satz 2 RelErzG. sei nichts zu folgern. Die Abmeldung vom Religionsunterricht könne eben je nach den Umständen des Einzelfalles eine die religiöse Erziehung des Kindes ändernde Handlungsweise des Erziehungsberechtigten darstellen oder nicht.

II. Der umstrittene Erlaß des Preußischen Ministers für Wissenschaft, Kunst und Volksbildung vom 29. März 1924 ist eine Maßnahme der Schulverwaltung. Als deren oberster Leiter hat der Minister durch den Erlaß den nachgeordneten Schulbehörden Anweisungen über die Anwendung des Reichsgesetzes betr. die religiöse Kindererziehung vom 15. Juli 1921 erteilt. Er hat ihnen insbesondere aufgegeben, die Nichtteilnahme eines Kindes am Religionsunterricht von der Genehmigung beider Eltern abhängig zu machen, daneben aber, auch bei einem bereits 12- oder 13jährigen Kinde, keine eigene Erklärung des Kindes zu fordern. Gegen diesen Erlaß können seines ausschließlich öffentlichrechtlichen Charakters wegen keine unmittelbaren Einwendungen aus dem Reichsgesetz über die religiöse Kindererziehung erhoben werden. Denn dieses Gesetz hat einen rein privatrechtlichen Inhalt. Das Bürgerliche Gesetzbuch hat die religiöse Erziehung der Kinder nicht geregelt, sondern die landesgesetzlichen Vorschriften darüber unberührt gelassen (Art. 134 EG. z. BGB.). Diese Lücke im bürgerlichen Recht des Reiches hat das Gesetz vom 15. Juli 1921 unter Aufhebung aller ihm entgegenstehenden Vorschriften der Landesgesetze sowie des genannten Art. 134 ausgefüllt (§ 8). Die rein bürgerlichrechtliche Natur des geplanten Gesetzes ist besonders betont worden in den Verhandlungen des 22. Ausschusses des Reichstags, der aus einem Antrag Marx und Gen. das Gesetz so gestaltet hat, wie es dann (mit einer geringfügigen Änderung, vgl. Sitzung des Reichstags vom 4. Juli 1921 Sten. Ber. S. 4392 A, 4393 C) von der Vollversammlung des Reichstags angenommen worden ist. Ein Abgeordneter hat dabei ausdrücklich ausgesprochen, daß das Gesetz nicht die Frage der Teilnahme des Kindes am Religionsunterricht regeln wolle, denn diese Frage sei bereits durch Art. 149 RVerf. entschieden (Ausschußbericht in den Verhandlungen des Reichstags I. Wahlperiode 1920 Bd. 368 Aktenstück 2317 S. 2002). In dem Ausschußbericht (S. 2003) ist demgemäß die Feststellung getroffen worden, der Ausschuß sei einhellig der Ansicht gewesen, daß das geplante Gesetz lediglich privatrechtliche Wirkungen haben solle. Diesem Grundsatz ist bei der Fassung der einzelnen Vorschriften des Gesetzes ständig Rechnung getragen worden, sodaß in ihm die von dem Ausschuß gewollte Beschränkung auf das privatrechtliche Gebiet mit ausreichender Deutlichkeit zum Ausdruck gelangt ist. Das Gesetz regelt also nur die familienrechtliche Seite der religiösen Kindererziehung. Es verteilt die hierbei in Betracht kommenden Rechte und Pflichten zwischen den Gewalthabern (Eltern, Vormund, Pfleger) und den Kindern einerseits, zwischen den einzelnen Gewalthabern (Vater, Mutter, Vormund, Pfleger) anderseits. Die öffentlichrechtliche, die kirchen- und schulrechtliche Seite der religiösen Kindererziehung ist dagegen im Gesetz nicht behandelt worden.

Fehlt aus diesen Gründen dem Reichsgesetz über die religiöse Kindererziehung eine unmittelbare Bedeutung für die Gültigkeit des Ministerialerlasses vom 29. März 1924, so ist eine solche Bedeutung doch mittelbar gegeben. Das Bindeglied zwischen den beiden in

Betracht kommenden Rechtsgebieten, zwischen dem bürgerlichen Familienrecht, dem das Reichsgesetz vom 15. Juli 1921 angehört, und dem öffentlichen Schulrecht bildet Art. 149 Abs. 2 RVerf. Nach dieser Vorschrift, deren sofortige Rechtsverbindlichkeit unzweifelhaft ist, bleibt die Teilnahme an religiösen Unterrichtsfächern der Willenserklärung desjenigen überlassen, der über die religiöse Erziehung des Kindes zu bestimmen hat. Damit ist reichsverfassungsrechtlich festgelegt, wer über die Beteiligung eines Kindes am Religionsunterricht zu befinden hat. Sie wird nicht mehr staatlich erzwungen, ist nicht notwendig an das Bekenntnis gebunden, dem das Kind angehört. Vielmehr ist sie freiwillig; der zur religiösen Erziehung des Kindes Berechtigte hat sich über sie schlüssig zu machen. Die Vorschrift ist öffentlichrechtlicher Natur. Sie regelt in einem wesentlichen Punkt das öffentliche Schulrecht, die Beziehungen zwischen der Schule auf der einen, den Kindern und ihren Gewalthabern auf der anderen Seite. Ihre Rechtsnatur ist also der oben entwickelten des Reichsgesetzes über die religiöse Kindererziehung gerade entgegengesetzt. Trotzdem muß dieses bei Anwendung des Verfassungsartikels herangezogen werden. Denn er läßt offen, wer über die religiöse Erziehung des Kindes zu bestimmen hat, und verweist damit auf die diese familienrechtliche Frage regelnde Gesetzgebung. Sie war bei Erlaß der Reichsverfassung noch ausschließlich landesrechtlicher Natur. Das Landesrecht ist aber durch das Reichsgesetz vom 15. Juli 1921 ersetzt worden. Art. 149 Abs. 2 RVerf. hat nunmehr die Bedeutung, daß über die Teilnahme eines Kindes am Religionsunterricht (zwischen „Religionsunterricht" Art. 149 Abs. 1, „religiösem Unterricht", „religiösen Unterrichtsfächern" Abs. 2 das. braucht jedenfalls für die Entscheidung der gegenwärtigen Streitsache nicht geschieden zu werden) der familienrechtlich zur religiösen Erziehung des Kindes Berufene entscheidet, daß dessen Entscheidung für die Schulverwaltung maßgebend ist.

Der Streit der Parteien führt also zu der Frage, wer nach dem Reichsgesetz über die religiöse Kindererziehung bei einem 12- oder 13jährigen Kinde über dessen religiöse Erziehung zu bestimmen hat. Drei Möglichkeiten sind denkbar: die Bestimmung kann den Eltern (Vormund, Pfleger) oder dem Kinde oder beiden gemeinschaftlich zustehen. Welche dieser Möglichkeiten geltendes Recht ist, muß dem Gesetz vom 15. Juli 1921 entnommen werden.

Das Gesetz hat die Rechte der Gewalthaber und der Kinder bei der religiösen Kindererziehung unzweideutig gegeneinander abgegrenzt für die Zeit bis zum vollendeten 12. und dann wiederum für die Zeit vom 14. Lebensjahre ab. Bis zum 12. Lebensjahre hat das Kind keinen Anteil an der Bestimmung über seine religiöse Erziehung. Sie steht ausschließlich den in §§ 1—3 RelErzG. genannten Personen zu. Die Pflicht des Vormundschaftsgerichts, das über 10 Jahre alte Kind in gewissen Fällen zu hören, ehe eine seine religiöse Erziehung betreffende Entscheidung ergeht (§ 2 Abs. 3 Satz 5, § 3 Abs. 2 Satz 5 RelErzG.), begründet keine Beteiligung des Kindes selbst an der Regelung seiner religiösen Erziehung. „Nach der Vollendung des vierzehnten Lebensjahres steht dem Kinde die Entscheidung darüber zu, zu welchem religiösen Bekenntnis es sich halten will" (§ 5 Satz 1 RelErzG.). Von da an ist die Rechtslage also wiederum klar, die Bestimmung über die religiöse Erziehung steht dem Kinde selbst zu. Ob und inwieweit man von da an überhaupt noch von einer religiösen „Erziehung" des zu so weitgehender Selbstbestimmung berufenen Kindes sprechen kann, bedarf keiner Erörterung. Jedenfalls fordert § 5 Satz 1 RelErzG. in Verb. mit Art. 149 Abs. 2 RVerf., daß das über 14 Jahre alte Kind selbst bestimmt, ob es am Religionsunterricht teilnehmen will oder nicht.

Für die im gegenwärtigen Fall streitige Zwischenzeit, für das 12. und 13. Lebensjahr, ist § 5 Satz 2 RelErzG. entscheidend, der besagt:

> Hat das Kind das zwölfte Lebensjahr vollendet, so kann es nicht gegen seinen Willen in einem anderen Bekenntnis als bisher erzogen werden.

Für ein 12- oder 13jähriges Kind gelten also zunächst noch die §§ 1 bis 3 RelErzG. Die darin genannten Personen bestimmen über seine religiöse Erziehung. Ihnen tritt aber das Kind selbst mit eigenem Recht zur Seite; gegen seinen Willen kann es nicht in einem anderen Bekenntnis als bisher erzogen werden. Hält man sich lediglich an den Wortlaut des Gesetzes, insbesondere an den Gegensatz der Fassung von § 5 Satz 2 zu der von Satz 1, welcher dem über 14 Jahre alten Kinde ausdrücklich die Entscheidung über sein religiöses Bekenntnis zuweist, so möchte man zu dem Schluß gelangen können, daß das 12- oder 13jährige Kind noch nicht über seine religiöse Erziehung zu bestimmen habe. Indessen würde man damit dem sachlichen Gehalt des § 5 Satz 2 nicht gerecht werden. Er beläßt es zwar allein dem Ermessen des berufenen Gewalthabers, wie die einmal begonnene religiöse Erziehung des Kindes weitergeführt werden soll. Zu jeder Änderung des Bekenntnisstands des Kindes ist aber dessen Zustimmung nötig. Bei einer so weitgehenden Beteiligung des Kindes an der Ordnung seiner religiösen Erziehung kann nicht mehr von einem alleinigen, wenngleich beschränkten Bestimmungsrecht der Eltern (des Vormunds oder Pflegers) gesprochen werden. Es steht ihnen und dem Kinde in Wirklichkeit gemeinsam zu, mag auch nicht jede Maßnahme eine Entschließung beider Teile fordern. Letzteres ist ja ebensowenig bei den Eltern der Fall, die nach der in §§ 1, 2 RelErzG. getroffenen Regelung gemeinschaftlich über die religiöse Erziehung ihrer Kinder zu bestimmen haben.

Aus der Entstehungsgeschichte von Art. 149 RVerf. ist nichts zu entnehmen für die Frage, wann das Bestimmungsrecht über die religiöse Erziehung allein bei den Eltern (Vormund, Pfleger), wann es bei ihnen und dem Kinde gemeinsam oder endlich bei diesem allein liegt. Zunächst war in den Anträgen und Entwürfen von dem Willen „des (der) Erziehungsberechtigten" die Rede. Erst am Schlusse der Beratungen im Reichstag (beim sog. Zweiten Weimarer Schulkompromiß, Drucks. der Verfassunggebenden Deutschen Nationalversammlung Nr. 724 zu 3b) wurde die Entscheidung über die Teilnahme an religiösen Unterrichtsfächern der Willenserklärung desjenigen überlassen, „der über die religiöse Erziehung des Kindes zu bestimmen hat". Die Fassungsänderung sollte nach der vom Unterstaatssekretär Schulz (Sitzung der Nationalversammlung vom 31. Juli 1919 Sten. Ber. 2162 D) gegebenen Erläuterung insbesondere auch dem Umstand Rechnung tragen, daß von gewissen Lebensaltern an der junge Mensch selber über seine religiöse Erziehung bestimmen kann. Ob diese Bestimmung stets eine ausschließliche sein müsse, um ihm die Entscheidung über seine Teilnahme am Religionsunterricht zu geben, ob nicht auch ein Mitbestimmungsrecht des älteren Kindes zusammen mit den Erziehungsberechtigten in Frage kommen könne, diese Frage ist damals nicht erörtert worden, ebensowenig wie sich darüber etwas aus den Vorarbeiten zum Reichsgesetz vom 15. Juli 1921 ergibt.

Der Wortlaut des Art. 149 Abs. 2 steht dem gewonnenen Ergebnis keineswegs entgegen. Man wird sogar sagen müssen, daß es ihm am meisten entspricht. Die Befugnis, über die Teilnahme des Kindes am Religionsunterricht zu entscheiden, hängt nach der Reichsverfassung ab von einer durch objektive Normen geregelten

Rechtslage, von dem Recht, über die religiöse Erziehung des Kindes zu bestimmen. Die Reichsverfassung setzt dieses Recht als einheitlich und gleichmäßig gestaltet voraus, als unabhängig von den Umständen, unter denen es im Einzelfall ausgeübt wird. Bei Anwendung der Vorschrift darf deshalb nicht auf die besonderen Beweggründe zurückgegangen werden, die gerade diese Eltern zur Erklärung über die Teilnahme oder Nichtteilnahme des Kindes am Religionsunterricht geführt haben. Insbesondere ist es im Verhältnis zur Schule unerheblich, ob die Abmeldung vom Religionsunterricht mit einem vollzogenen oder beabsichtigten Bekenntniswechsel im Zusammenhang steht oder nicht. Die Schulverwaltung hat von der durch § 5 Satz 2 RelErzG. allgemein geschaffenen Rechtslage auszugehen, daß ein 12- oder 13jähriges Kind an der Bestimmung über seine religiöse Erziehung rechtlich beteiligt ist. Sie darf deshalb einem solchen Kinde, das bisher am Religionsunterricht teilgenommen hat, die Nichtteilnahme nur gestatten, wenn es selbst zustimmt. Nur so wird eine Verletzung des verfassungsgeschützten Mitbestimmungsrechts des Kindes wirklich vermieden. Bei dieser sich aus der Reichsverfassung ergebenden Rechtslage ist es auch unerheblich, daß § 5 Satz 2 RelErzG. — im Gegensatz zu § 2 Abs. 2 — die Abmeldung vom Religionsunterricht nicht besonders erwähnt.

Schulrechtlich ist sonach jede Abmeldung eines 12- oder 13jährigen Kindes vom Religionsunterricht an seine Zustimmung gebunden. Sie kann auch nicht durch eine Entscheidung des Vormundschaftsgerichts ersetzt werden, da das Gesetz vom 15. Juli 1921 eine solche in § 5 nicht vorsieht (anders § 2 Abs. 3 das. für die Zustimmung des anderen Elternteils).

Das vorstehend begründete Ergebnis weicht vom Standpunkt beider Streitteile ab, auch von dem des Antragstellers. Über dessen Meinung geht es insofern hinaus, als die Schule die Zustimmung des 12- oder 13jährigen Kindes zur Abmeldung vom Religionsunterricht stets zu fordern hat, nicht bloß dann, wenn ein Bekenntniswechsel in Frage steht. Verfahrensrechtlich besteht indessen kein Hindernis, dem Antrag des Deutschen Reiches mit einer über die seinige hinausgehenden Begründung zu entsprechen. Diese Begründung räumt aber auch die Bedenken verfassungsrechtlicher und pädagogisch-praktischer Art aus dem Wege, die der Antragsgegner der Auffassung des Reiches vielleicht nicht ohne Grund entgegengehalten hat. Das Erfordernis der Zustimmung schon des 12- und 13jährigen Kindes zu seiner Abmeldung vom Religionsunterricht kann erfüllt werden, ohne daß eine Beeinflussung durch die Schule stattfindet. Diese übt keinen mit dem freiheitlichen Grundgedanken des Art. 149 Abs. 2 unvereinbaren Gewissenszwang aus, wenn sie sich nicht mit der Erklärung des Gewalthabers begnügt, sondern auch die des Kindes fordert. Es steht damit, vom Gesichtspunkt der freien Willensentschließung des Berechtigten aus betrachtet, nicht anders als mit dem Verlangen, daß neben dem Vater auch die Mutter zustimmt. Ob sie oder im hier gegebenen Falle das Kind das Einverständnis erklären will, hängt allein von ihnen, nicht von staatlichen Einflüssen ab. Schultechnisch mag es nicht erwünscht sein, den Schulleiter untersuchen zu lassen, aus welchen Gründen eine Abmeldung vom Religionsunterricht erfolgt, ob in Verbindung mit einem Bekenntniswechsel oder wie sonst. Von dem dargelegten Standpunkt aus fällt diese Schwierigkeit fort. Der Schule wird keine Untersuchung des einzelnen Falles zugemutet. Sie hat nur eine Willenserklärung mehr zu verlangen, um die Abmeldung vom Religionsunterricht als rechtmäßig erfolgt anerkennen zu dürfen, also eine ganz einfache äußere Prüfung vorzunehmen.

Die hier vertretene Rechtsauffassung, nicht die engere des Reichsministers des Innern, liegt den von ihm mitgeteilten Erlassen der Staatsregierungen verschiedener Länder zugrunde. Besonders kennzeichnend ist das Schreiben des Bayerischen Staatsministeriums für Unterricht und Kultus an den Evangelisch-lutherischen Landeskirchenrat vom 30. Juli 1925 Nr. IV 23086. Darin wird die Auffassung vertreten, daß die Erklärung über die Abmeldung eines über 12 Jahre alten Kindes vom Religionsunterricht im Hinblick auf Art. 149 Abs. 2 RVerf. und § 5 Satz 2 RelErzG. der Zustimmung des Kindes bedürfe. Das Schreiben gibt also in Kürze dieselbe Begründung, die oben ausführlicher entwickelt worden ist. Die Verbindung von Art. 149 Abs. 2 RVerf. mit § 5 Satz 2 RelErzG. ergibt auch nach Ansicht des Bayerischen Staatsministeriums, daß stets die Zustimmung des 12 oder 13 Jahre alten Kindes zu fordern ist. Im gleichen Sinne hat das Württembergische Ministerium des Kirchen- und Schulwesens in der Verfügung vom 8. März 1923 (Kultministerialamtsblatt S. 50) angeordnet: „Kinder über 12 Jahre können nicht gegen ihren Willen vom Religionsunterricht abgemeldet werden (vgl. § 5 Satz 1 des Reichsgesetzes). Wenn daher das Kind bei der Abmeldung das 12. Lebensjahr vollendet hat, so ist es auch selbst um seine Zustimmung zu befragen." In der Bekanntmachung des Badischen Ministeriums des Kultus und Unterrichts vom 19. Januar 1922 (Amtsblatt S. 23) heißt es: „Hat das Kind das zwölfte Lebensjahr vollendet, so ist überdies das Kind um seine Zustimmung zu befragen." Der Sinn beider Anweisungen ist natürlich der, daß das Kind nicht bloß zu befragen, zu hören ist, sondern daß seine Befreiung von der Teilnahme am Religionsunterricht voraussetzt, daß die Befragung zu seiner Zustimmung führt.

Die aus diesen Darlegungen sich ergebende Entscheidung war nicht auf die Frage der Verfassungsmäßigkeit des angefochtenen Erlasses des Preußischen Ministers vom 29. März 1924 zu beschränken. Vielmehr war, der Tragweite der Sprüche des Staatsgerichtshofs entsprechend, die objektive Rechtslage klarzustellen, woraus sich dann die Rechtsfolge für den besonderen Streitfall ohne weiteres ergibt. Es war deshalb dahin zu entscheiden, daß die Abmeldung eines 12- oder 13jährigen Kindes vom Religionsunterricht der Zustimmung des Kindes bedarf.

2.

In den verfassungsrechtlichen Streitsachen zwischen

1. der Stadt Strelitz,
vertreten durch den Rat der Stadt,

2. der Deutschnationalen Fraktion des Mecklenburg-Strelitzschen Landtags,
vertreten durch den Fraktionsvorsitzenden,
Antragsteller,

und

dem Mecklenburg-Strelitzschen Staatsministerium in Neustrelitz,
Antragsgegner,

wegen Feststellung der Verfassungswidrigkeit der Verordnung vom 10. September 1931 (Mecklenburg-Strelitzscher Amtlicher Anzeiger Nr. 43), betr. die Eingemeindung der Stadt Strelitz in die Landeshauptstadt Neustrelitz (StGH. 11 und 13/31), hat der Staatsgerichtshof für das Deutsche Reich auf die mündliche Verhandlung vom 21. November 1931 am 5. Dezember 1931 für Recht erkannt:

Die Anträge werden zurückgewiesen.

Gründe:

I.

Auf Grund des Art. 48 Abs. 2 RVerf. hat der Reichspräsident am 24. August 1931 eine Verordnung, „Sicherung der Haushalte von Ländern und Gemeinden" betreffend, erlassen. Nach Abs. 1 das. sind die Landesregierungen ermächtigt, alle Maßnahmen im Verordnungswege vorzuschreiben, die zum Ausgleich der Haushalte von Ländern und Gemeinden (Gemeindeverbänden) erforderlich sind. Sie können dabei von dem bestehenden Landesrecht abweichen. Nach Abs. 2 Satz 1 können die Landesregierungen insbesondere bestimmen, daß und in welcher Weise die Personalausgaben und andere Ausgaben der Länder und Gemeinden (Gemeindeverbände) herabgesetzt werden. Auf Grund der ihm durch diese Verordnung erteilten Ermächtigung hat das Mecklenburg-Strelitzsche Staatsministerium unter dem 10. September 1931 eine Verordnung erlassen (Amtl. Anz. Nr. 43 S. 291), durch welche die Stadt Strelitz-Alt, die Landgemeinde Amtsgebiet Strelitz und der Forstbezirk Kalkhorst in Größe von 230,7413 ha in die Landeshauptstadt Neustrelitz eingemeindet worden sind. Nach Ziff. III dieser Verordnung treten die nach der Feststellung des Wahlkommissars gewählten ersten fünf Stadtverordneten der Stadt Strelitz-Alt sowie der an erster Stelle gewählte Gemeindevorsteher der Landgemeinde Amtsgebiet Strelitz als Stadtverordnete in die Stadtverordnetenversammlung der Landeshauptstadt Neustrelitz ein, während von den bisherigen Stadtverordneten der Landeshauptstadt Neustrelitz die nach der Feststellung des Wahlkommissars gewählten letzten sechs Stadtverordneten ausscheiden. Sollte ein Stadtverordneter der so gebildeten neuen Stadtverordnetenversammlung im Laufe der Wahlperiode ausscheiden, so soll der nächste auf seinem Wahlvorschlag stehende an seine Stelle treten. Die Verordnung ist am 1. Oktober 1931 in Kraft getreten.

Die Stadt Strelitz hat beantragt,

im Verfahren gemäß Art. 19 der RVerf. festzustellen, daß die Verordnung des Mecklenburg-Strelitzschen Staatsministeriums vom

10. September 1931 (Mecklenburg-Strelitzscher Amtl. Anz. S. 291), durch welche die Eingemeindung der Stadt Strelitz in die Landeshauptstadt verfügt wird, im Widerspruch steht mit dem Landesgrundgesetz von Mecklenburg-Strelitz in der Fassung des Gesetzes vom 24. Mai 1923 (Mecklenburg-Strelitzscher Amtl. Anz. S. 363), mit der Städte-Ordnung für den Freistaat Mecklenburg-Strelitz vom 29. Juli 1919 in der vom 9. Juni 1923 ab geltenden Fassung (Mecklenburg-Strelitzscher Amtl. Anz. S. 461) und mit der Reichsverfassung.

Die Deutschnationale Fraktion des Mecklenburg-Strelitzschen Landtags hat beantragt,

die Verordnung des Mecklenburg-Strelitzschen Staatsministeriums vom 10. September 1931 für ungültig zu erklären.

Die Antragsteller haben ihre Anträge wie folgt begründet: Art. 48 Abs. 2 RVerf. ermächtige den Reichspräsidenten nur dazu, die in den Art. 114, 115, 117, 118, 123, 124 und 153 festgesetzten Grundrechte vorübergehend ganz oder zum Teil außer Kraft zu setzen. Im übrigen sei er nicht befugt, auf dem im Art. 48 Abs. 2 RVerf. bezeichneten Wege Maßnahmen zu treffen, die eine Änderung oder Durchbrechung der Verfassung bedeuteten. Die Verordnung des Reichspräsidenten vom 24. August 1931 stehe mit der Reichsverfassung insofern nicht im Einklang, als sie die Zuständigkeit des Reiches auf das Gebiet der den Ländern zustehenden Kommunalaufsicht und auf das Gebiet des Notverordnungsrechts der Länder erweitere. Letzteres verstoße gegen Art. 17 Abs. 1 RVerf. Die Verordnung des Reichspräsidenten sei daher rechtsunwirksam, und daraus folge auch die Rechtsunwirksamkeit der Verordnung des Mecklenburg-Strelitzschen Staatsministeriums vom 10. September 1931.

Selbst wenn die Verordnung des Reichspräsidenten rechtsgültig sein sollte, würde die Verordnung des Mecklenburg-Strelitzschen Staatsministeriums vom 10. September 1931 als Notverordnung im Sinne des § 35 des Landesgrundgesetzes für Mecklenburg-Strelitz nicht als rechtswirksam angesehen werden können, da die Form und die Voraussetzungen hierfür nicht vorlägen. Dies ergebe sich aus dem allgemeinen Begriff des Notstands. Auch bei Dauer-Notzuständen dürfe die Notverordnung nur die Maßnahmen treffen, die zur Beseitigung des Notstands bis zu der Zeit erforderlich seien, in der die ordentliche Gesetzgebung Vorsorge treffen könne.

Abgesehen davon entspreche die Verordnung des Staatsministeriums vom 10. September 1931 nicht dem Sinn der Verordnung des Reichspräsidenten. Die letztere ermächtige die Landesregierungen, alle zum Ausgleich der Haushalte von Ländern und Gemeinden (Gemeindeverbänden) erforderlichen Maßnahmen zu treffen. Zum Ausgleich des Haushalts einer Gemeinde diene die Senkung der Ausgaben und die Erhöhung der Einnahmen. Nur diese Maßnahmen könnten als erforderlich im Sinne der Verordnung vom 24. August 1931 angesehen werden. Das zeige Teil 2 Kapitel IX § 3 der vorangegangenen Verordnung des Reichspräsidenten vom 5. Juni 1931 (RGBl. I S. 279). Über die Dauer einer Haushaltsperiode hinaus könnten die Maßnahmen nicht gehen. Durch eine Eingemeindung werde der Haushalt der eingemeindeten Stadt nicht zum Ausgleich gebracht, sondern gleichzeitig mit der selbständigen Existenz dieser Stadt beseitigt. Eine Senkung der Ausgaben werde dadurch vielleicht für die Zukunft erreicht, für die Gegenwart werde aber eine Vermehrung der Ausgaben herbeigeführt. Im vorliegenden Falle sei auch künftig nicht mit einer Verminderung, sondern mit einer Vermehrung der Ausgaben zu rechnen, da die Weichbildgrenzen der beiden in Betracht kommenden Städte 3 km voneinander entfernt lägen.

Sei die Verordnung vom 10. September 1931 nicht rechtsgültig, so greife § 5 der Städte-Ordnung für den Freistaat Mecklenburg-Strelitz Platz. Hiernach sei für eine Eingemeindung nicht das Staatsministerium, sondern der Staatsrat zuständig. Diese Bestimmung sei eine Norm des materiellen Verfassungsrechts.

Die Verordnung vom 10. September 1931 stehe in ihrer Ziff. III nicht im Einklang mit den Wahlgrundsätzen, wie sie im Art. 17 RVerf., in den §§ 6 und 41 des Landesgrundgesetzes, im § 17 der Städte-Ordnung und im § 16 der Landgemeindeordnung für den Freistaat Mecklenburg-Strelitz niedergelegt seien. Es fehle die Allgemeinheit der Wahl, und der Grundsatz der Gleichheit der Wahl sei verletzt. Der Gemeindevorsteher der Landgemeinde Amtsgebiet Strelitz, der als Stadtverordneter in die Stadtverordnetenversammlung von Neustrelitz eintreten solle, sei in seinem bisherigen Bezirk nicht als Gemeindevertreter nach § 16, sondern als Gemeindevorsteher nach § 33 der Landgemeindeordnung mit unbedingter Stimmenmehrheit gewählt worden. Damit seien zugleich die Grundsätze der Verhältniswahl verletzt. Die von den Organisationen der Einheitsgemeinde aufzustellenden Listen (Wahlvorschläge) deckten sich nicht mit denen der bisherigen Bezirke. Danach sei die Verteilung der Stadtverordnetensitze auf die bisherigen drei Gemeinden rein willkürlich. Sie suche sich der Einwohnerzahl der drei Bezirke anzupassen, stehe aber im Widerspruch mit den bisherigen Wahlergebnissen. Gegen die Wahlgrundsätze verstoße es auch, wenn die Staatsregierung einseitig bestimme, wer von den bisherigen Stadtverordneten sein Mandat verliere. Dies gelte insbesondere im Hinblick darauf, daß nach der Verordnung vom 10. September 1931 die betroffenen Gemeinden nicht zu einer neuen Gemeinde vereinigt, sondern daß die übrigen Gemeinden in die bestehenbleibende Stadt Neustrelitz eingemeindet würden.

II.

Das Mecklenburg-Strelitzsche Staatsministerium hat gebeten, der Staatsgerichtshof möge sich für unzuständig erklären oder die gestellten Anträge abweisen.

Es ist den Ausführungen der Antragsteller entgegengetreten und hat insbesondere geltend gemacht: Eine Verfassungsstreitigkeit innerhalb eines Landes im Sinne des Art. 19 RVerf. liege nicht vor. Die Verordnung vom 10. September 1931 enthalte ebenso wie die Verordnung des Reichspräsidenten vom 24. August 1931 Reichsrecht, zumal da nach ihrem Abs. 1 Satz 2 von bestehendem Landesrecht abgewichen werden dürfe und im Absatz 2 ein Eingriff in das bürgerliche Recht des Reichs zugelassen werde. Sollten hierüber Zweifel bestehen, so werde auf eine amtliche Auskunft des Reichspräsidenten und der Reichsregierung dafür Bezug genommen, daß der Wille der am Erlaß der Verordnung vom 24. August 1931 beteiligten Stellen der gewesen sei, eine Vollmacht zum Erlaß von Reichs-Ausnahme-Verordnungen im Sinne des Art. 48 RVerf. zu geben.

Die Eingemeindung sei notwendig gewesen, weil ohne sie die bisherige Gemeinde Strelitz-Alt finanziell zusammengebrochen wäre. Wie Ministerialrat von der Decken bezeugen könne, habe Bürgermeister Lange bereits vor längerer Zeit erklärt, daß die Stadt Strelitz-Alt ihre Zahlungen einstellen müsse. Diese Erklärung habe den Anstoß dazu gegeben, daß über die Eingemeindung zwischen den beteiligten Städten bis in die kleinsten Einzelheiten verhandelt worden sei. Am 1. Oktober 1931 früh habe die Stadtkasse von Strelitz-Alt der Leitung der neuen Gesamtgemeinde mitgeteilt, daß die bisherige

Stadt Strelitz am 1. Oktober 10000 RM. und am 4. Oktober weitere 22000 RM. Zinsen zu zahlen habe und daß hierfür keine Mittel vorhanden seien. Zahlung sei darauf aus Mitteln der Stadt Neustrelitz erfolgt. Bei Übernahme der Kasse der Stadt Strelitz-Alt habe sich herausgestellt, daß einem Barbestand von 143,15 RM. und einem Postscheckkonto-Guthaben von 534,75 RM. außer der Zinsenschuld von 32000 RM. ungedeckte Kontokorrentschulden von 59969,51 RM. und 98898,82 RM. gegenübergestanden hätten. Die halben Beamtengehälter seien erst am Monatsschluß gezahlt worden.

Mit den Wahlgrundsätzen der Reichs- und Landesverfassung stehe Ziff. III der Verordnung vom 10. September 1931 im Einklang. Neustrelitz habe etwa 13260 Einwohner gehabt, die bisherige Stadt Strelitz-Alt 4700, die bisherige Landgemeinde Amtsgebiet Strelitz 900, die neue Gesamtgemeinde also etwa 18860 Einwohner. Da 21 Stadtverordnetensitze zu vergeben seien, entfalle auf 898 Einwohner ein Sitz. Hiernach müßten erhalten Neustrelitz 14,76, abgerundet 15 Sitze, Strelitz-Alt 5,22, abgerundet 5 Sitze und das Amtsgebiet einen Sitz. Diese Verteilung sei auch in der Verordnung vom 10. September 1931 vorgesehen. Danach seien in die zur Verfügung stehenden Sitze diejenigen Stadtverordneten und Gemeindevertreter berufen worden, die nach dem Ergebnis der letzten Wahl gewählt worden wären, wenn damals nur die jetzt für die einzelne Gemeinde zur Verfügung stehende Zahl von Stadtverordneten zu wählen gewesen wäre.

Die Antragsteller haben die Behauptungen des Mecklenburg-Strelitzschen Staatsministeriums über die Vorgänge, die zur Eingemeindung geführt hätten, unter Berufung auf das Zeugnis des Bürgermeisters Lange bestritten. Seit Jahren habe die Regierung die Frage der Eingemeindung behandelt. An den Verhandlungen darüber habe sich die Stadt Strelitz-Alt beteiligt, um eine für sie günstige Lage zu erwirken. Wiederholt sei aber der Wille dieser Stadt betont worden, ihre kommunale Selbständigkeit zu erhalten. Dies würden Zeugen bestätigen. Die finanzielle Lage von Strelitz-Alt sei nicht besonders ungünstig und jedenfalls nicht ungünstiger gewesen als bei anderen Städten in Mecklenburg-Strelitz. Strelitz-Alt sei gegenüber den meisten anderen Städten des Landes mit Volksschullasten vorbelastet gewesen, was unabhängig von anderen Schulden zu einer Schuldenlast von 324569 RM. im Anfang des Jahres 1931 geführt habe. Die Regierung habe niemals ernstliche Schritte getan, um die finanzielle Lage der Stadt Strelitz zu bessern. Die Stadt wäre in der Lage gewesen, die Stadtkasse zur Leistung der am 1. Oktober 1931 fälligen Zahlungen instand zu setzen, habe dazu aber nach erfolgter Eingemeindung keine Veranlassung gehabt. In der vom Staatsministerium richtig angegebenen Kontokorrentschuld sei der Fehlbetrag des Jahres 1930/31 mit rund 117000 RM. enthalten. Sie habe durch eine langfristige Anleihe abgedeckt werden sollen, sei auch gedeckt gewesen, wie Bürgermeister Lange bestätigen werde und durch Vorlage der Bücher nachgewiesen werden könne. Nicht die Notlage der Stadt Strelitz-Alt sei der Anlaß zu der nur ihr gegenüber ergriffenen Maßnahme der Eingemeindung gewesen, sondern der geringe Landbesitz der Stadt Neustrelitz und deren beengte räumliche Entwicklungsmöglichkeit. Neuerdings sei das Bestreben dazugekommen, Neustrelitz in seiner Einwohnerzahl so anwachsen zu lassen, daß es für den Fall des Zusammenschlusses mit Preußen eine genügende Größe für eine kreisfreie Stadt erhielte und als Sitz der Bezirksregierung geeignet erschiene.

III.

1. Die Zuständigkeit des Staatsgerichtshofs für das Deutsche Reich ist jedenfalls insoweit gegeben, als der Streit der Parteien darum geht, ob die Verordnung des Mecklenburg-Strelitzschen Staatsministeriums vom 10. September 1931 mit dem Landesgrundgesetz von Mecklenburg-Strelitz im Widerspruch steht. Insoweit liegt eine Verfassungsstreitigkeit innerhalb eines Landes im Sinne des Art. 19 Abs. 1 RVerf. und des § 16 Nr. 3 des Gesetzes über den Staatsgerichtshof vom 9. Juli 1921 (RGBl. S. 905) vor. Ob das gleiche auch zu gelten hat, soweit behauptet wird, daß die Verordnung vom 10. September 1931 mit der Städte-Ordnung für den Freistaat Mecklenburg-Strelitz nicht im Einklang stehe, und ob die hierzu in der Entscheidung des Staatsgerichtshofs vom 13. März 1926 StGH. 6/25 (Lammers u. Simons Rspr. Bd. 1 S. 385) vertretene Ansicht aufrechtzuerhalten ist, kann dahingestellt bleiben.

Der Auffassung des Staatsministeriums von Mecklenburg-Strelitz, daß seine auf Grund der Verordnung des Reichspräsidenten vom 24. August 1931 erlassene Verordnung ebenso wie die Verordnung des Reichspräsidenten reichsrechtlicher Natur sei, kann nicht beigetreten werden. Sie läßt sich nicht damit begründen, daß die Verordnung des Reichspräsidenten im Abs. 1 Satz 2 Abweichungen vom Landesrecht gestatte und im Abs. 2 einen Eingriff in das bürgerliche Recht des Reichs zulasse. Eine Übertragung staatsrechtlicher Befugnisse durch den Reichspräsidenten auf die Landesregierungen derart, daß diese in die Lage kämen, Reichsrecht zu schaffen, enthält die Verordnung des Reichspräsidenten nicht. Es handelt sich bei der Verordnung des Mecklenburg-Strelitzschen Ministeriums vielmehr um Landesrecht, das auf Grund einer reichsgesetzlichen Ermächtigung zustande gekommen ist. Die beantragte Einholung einer amtlichen Auskunft des Reichspräsidenten und der Reichsregierung darüber, daß bei Erlaß der Verordnung vom 24. August 1931 der Wille dahin gegangen sei, eine Vollmacht zum Erlaß von Reichs-Ausnahme-Verordnungen zu geben, würde an dieser rechtlichen Beurteilung nichts zu ändern vermögen.

Ein Gericht zur Erledigung von Verfassungsstreitigkeiten besteht in Mecklenburg-Strelitz nicht (vgl. § 4 des Landesgrundgesetzes); ein anderer Gerichtshof des Reiches ist nicht zuständig.

2. Von Vorschriften der Reichsverfassung, die verletzt sein sollen, wird lediglich Art. 17 Abs. 1 Nr. 1 ziffermäßig bezeichnet. Daß er die Landesverfassungen ergänzt, ist in den Entscheidungen des Staatsgerichtshofs vom 22. März 1929 StGH. 13/28, RGZ. Bd. 123 Anh. S. 13flg. = Lammers u. Simons Rspr. Bd. 2 S. 127, und vom 28. April 1931 StGH. 14/30, RGZ. Bd. 133 Anh. S. 15flg., anerkannt worden und nicht zweifelhaft. Im übrigen wird behauptet, daß die Verordnung des Reichspräsidenten vom 24. August 1931 entgegen der Reichsverfassung die Zuständigkeit des Reiches auf das Gebiet der den Ländern zustehenden Kommunalaufsicht und auf das Gebiet des Notverordnungsrechts der Länder erweitere. Damit wird ein Verstoß gegen die die Zuständigkeit für die Gesetzgebung im Verhältnis des Reiches zu den Ländern regelnden Art. 6flg. RVerf. gerügt. Diese Vorschriften ergänzen zwar auch die Verfassungen der Länder, indem sie ihre Gesetzgebungsbefugnis einschränken, eine Verfassungsstreitigkeit innerhalb eines Landes knüpft sich daran aber im vorliegenden Falle schon deswegen nicht, weil nicht behauptet wird, daß Mecklenburg-Strelitz seine Zuständigkeit dem Reich gegenüber überschritten habe.

3. Daß Gemeinden in Eingemeindungsstreitigkeiten vor dem Staatsgerichtshof parteifähig sind, ist wiederholt angenommen worden, z. B. in den Entscheidungen vom 11. Dezember 1929

StGH. 9, 11, 14, 15, 16 und 18/29, RGZ. Bd. 126 Anh. S. 14flg. = Lammers u. Simons Rspr. Bd. 2 S. 99, und StGH. 19/28, RGZ. Bd. 126 Anh. S. 9flg. = Lammers u. Simons Rspr. Bd. 2 S. 109flg. Die Parteifähigkeit der Stadt Strelitz-Alt ist auch nicht dadurch verloren gegangen, daß die Verordnung vom 10. September 1931 bereits am 1. Oktober 1931 in Kraft getreten ist und die Stadt Strelitz-Alt damit ihre Selbständigkeit verloren hat. Sie muß vielmehr für den vorliegenden Streit als fortbestehend angesehen werden (Entsch. vom 11. Dezember 1929 StGH. 9, 11, 14, 15, 16 und 18/29, RGZ. Bd. 126 Anh. S. 14flg. = Lammers u. Simons Rspr. Bd. 2 S. 99flg.). Auch die Parteifähigkeit von Landtagsfraktionen ist anerkannt.

4. Gegen die Sachbefugnis der Stadt Strelitz als Antragstellerin bestehen keine Bedenken. Bei dieser Sachlage kann dahingestellt bleiben, ob auch die Deutschnationale Fraktion des Mecklenburg-Strelitzschen Landtags zur Sache befugt ist.

5. Ebensowenig ist etwas dagegen einzuwenden, daß die Anträge gegen das Mecklenburg-Strelitzsche Staatsministerium gerichtet sind (Entsch. vom 13. März 1926 StGH. 6/25, Lammers u. Simons Rspr. Bd. 1 S. 385flg. [388]). Allerdings ist in der Entscheidung vom 28. April 1931 StGH. 14/30, RGZ. Bd. 133 Anh. S. 15flg., das Land Anhalt, vertreten durch das Staatsministerium, als der richtige Antragsgegner bezeichnet worden, weil für die Verfassungsmäßigkeit der Landesgesetze das Land selbst als der Gesamtorganismus einzustehen habe. Allein dadurch wird die Inanspruchnahme des Staatsministeriums als solchen jedenfalls in einem Falle wie dem vorliegenden nicht ausgeschlossen, in dem nicht ein in den landesverfassungsmäßigen Formen zustande gekommenes Gesetz, sondern eine vom Staatsministerium auf Grund reichsgesetzlicher Ermächtigung erlassene Verordnung angegriffen wird.

IV.

1. Die Antragsteller bekämpfen die Rechtsgültigkeit der Verordnung vom 10. September 1931 mit dem Hinweis darauf, daß die Verordnung des Reichspräsidenten vom 24. August 1931, auf Grund deren sie erlassen sei, gegen die Reichsverfassung verstoße. Es erhebt sich daher zunächst die Frage, ob der Staatsgerichtshof berechtigt und verpflichtet ist, die Verfassungsmäßigkeit der Verordnung des Reichspräsidenten zu prüfen. Das ist indessen anzunehmen. (Dies wird

übereinstimmend mit der Entscheidung vom 5. Dezember 1931 StGH. 17/30, nachstehend S. 26* flg., begründet.)

2. Die hiernach vorzunehmende Prüfung der Verfassungsmäßigkeit der Verordnung des Reichspräsidenten vom 24. August 1931 ergibt die Unbegründetheit der dagegen erhobenen Angriffe.

Gerügt wird, daß der Reichspräsident bei Erlaß dieser Verordnung entgegen der Reichsverfassung die Zuständigkeit des Reichs auf das Gebiet der den Ländern zustehenden Kommunalaufsicht und auf das Gebiet des Notverordnungsrechts der Länder erweitert habe. Dieser Vorwurf ist nicht begründet. Denn abgesehen davon, daß die Verordnung das Notverordnungsrecht der Länder in keiner Weise berührt, ist die Zuständigkeit des Reichspräsidenten bei Ausübung der Diktaturgewalt nach Art. 48 Abs. 2 RVerf. eine selbständige, unmittelbar auf dieser Vorschrift beruhende und bedarf nicht der Ableitung aus sonstigen Zuständigkeitsvorschriften der Reichsverfassung. Sie gestattet daher dem Reichspräsidenten, innerhalb der Grenzen, die der Anwendung des Art. 48 im übrigen gezogen sind, auch Rechtsverordnungen auf den der Zuständigkeit der Länder unterworfenen Gebieten zu erlassen (vgl. Grau im Handbuch des Deutschen Staatsrechts 1931 Bd. 2 S. 276, 277, 281).

3. Behauptet wird auch, daß die Verordnung vom 24. August 1931 gegen Art. 127 RVerf. verstoße. Das ist indessen nicht gerechtfertigt, da diese Vorschrift, wie der Staatsgerichtshof wiederholt ausgesprochen hat, keineswegs anordnet, daß alle städtischen und ländlichen Gemeinden ein Recht auf gesonderten Weiterbestand hätten, und der Eingemeindung einer Gemeinde in eine andere nicht entgegensteht. Das gleiche gilt von den §§ 3 und 40 des Landesgrundgesetzes und von § 59 der Städte-Ordnung von Mecklenburg-Strelitz (Entsch. vom 13. März 1926 StGH. 6/25, Lammers u. Simons Rspr. Bd. 1 S. 385 flg. [388]).

4. Die Verordnung des Reichspräsidenten ermächtigt im Abs. 1 die Landesregierungen, alle Maßnahmen im Verordnungsweg vorzuschreiben, die zum Ausgleich der Haushalte von Ländern und Gemeinden erforderlich sind, und dabei von dem bestehenden Landesrecht abzuweichen; nach Abs. 2 können die Landesregierungen insbesondere bestimmen, daß und in welcher Weise die Personalausgaben und andere Ausgaben der Länder und Gemeinden (Gemeindeverbände) herabgesetzt werden, wobei Verpflichtungen aus Verträgen unberührt bleiben, soweit es sich nicht um Personalausgaben handelt.

Die Verordnung erteilt somit im Abs. 1 den Landesregierungen eine umfassende Machtbefugnis auf dem Gebiete der Landes- und Gemeindefinanzwirtschaft; im Abs. 2 wird für die Ausübung dieser Machtbefugnis zwar eine gewisse Richtlinie gezogen, aber nicht in der Art, daß sich daraus eine Einschränkung der im Abs. 1 erteilten Ermächtigung ergäbe. Ob eine so weitgehende Ermächtigung zulässig ist, bedarf der Prüfung. Grundsätzlich ist davon auszugehen, daß die Entscheidung darüber, ob die Voraussetzungen des Art. 48 Abs. 2 RVerf. vorliegen und welche Maßnahmen zur Wiederherstellung der öffentlichen Sicherheit und Ordnung nötig sind, vom Reichspräsidenten selbst getroffen werden muß. Die außerordentlichen Machtbefugnisse, die der Art. 48 Abs. 2 in sich schließt, würden das unentbehrliche und von der Reichsverfassung gewollte Gegengewicht verlieren, wenn man zulassen wollte, daß diese Entscheidungen an Stelle des vom ganzen deutschen Volke aus besonderem Vertrauen gewählten und mit besonderer Verantwortung ausgestatteten höchsten Organs des Reichs von anderen Stellen getroffen werden. Dies schließt indessen nicht aus, daß der Reichspräsident, wenn dies nach seiner Auffassung zur Wiederherstellung der gestörten oder erheblich gefährdeten öffentlichen Sicherheit und Ordnung nötig ist, Maßnahmen allgemeiner Art trifft, die der Durchführung im einzelnen bedürfen, und daß er die Durchführung und Ausgestaltung anderen Stellen überläßt. Dabei muß aber gefordert werden, daß diese Ermächtigung scharf genug umgrenzt ist, um eine Prüfung zu ermöglichen, ob sich die Anordnungen der ermächtigten Stellen im Rahmen der erteilten Ermächtigung halten. Eine solche Grenze enthält die Verordnung vom 24. August 1931 insofern, als sie das Ziel der Maßnahmen bezeichnet, die von den Landesregierungen getroffen werden dürfen; nur solche Anordnungen dürfen getroffen werden, die dem Ausgleich der Haushalte von Ländern und Gemeinden dienen. Daraus ergibt sich sowohl eine sachliche wie auch eine zeitliche Begrenzung. Daß gleichwohl die Ermächtigung außerordentlich weit gefaßt ist und daß sich gegen ihre Zulässigkeit ernste Bedenken erheben lassen, ist nicht zu verkennen. Der Staatsgerichtshof hat diese Bedenken aber nicht für durchgreifend erachtet. Dabei hat er auch erwogen, daß in der Gegenwart mit Hilfe des Art. 48 Abs. 2 Aufgaben von ungeheurem Ausmaß bewältigt werden müssen und daß die Frage, welche Maßnahmen im einzelnen zum Zwecke des Ausgleichs der Haushalte von Ländern und Gemeinden nötig sind, nicht einheitlich vom Reich, sondern zutreffend nur unter Berücksichtigung der besonderen Verhältnisse jedes Landes und jeder Gemeinde von einer Landesstelle beantwortet werden kann.

5. Der Ansicht der Antragsteller, daß unter die Verordnung nur solche Maßnahmen fielen, die eine Senkung der Ausgaben und eine Erhöhung der Einnahmen herbeizuführen geeignet seien, kann nicht zugestimmt werden. Es mag sein, daß diese Beschränkung für die Verordnung des Reichspräsidenten vom 5. Juni 1931 Teil 2 Kap. IX zu gelten hat; es erscheint aber nicht zulässig, sie auf die mehr als $2^1/_2$ Monate später erlassene Verordnung vom 24. August 1931 zu übertragen, die offenbar erlassen worden ist, weil sich die frühere als unzulänglich erwiesen hatte. Bei einer Eingemeindung verliert zwar die eingemeindete Gemeinde ihre selbständige Persönlichkeit. Sie hat nach der Eingemeindung keinen eigenen Haushalt mehr, sondern die ihren Zwecken dienenden Einnahmen und Ausgaben erscheinen fortan als unselbständige Teile im Haushalt der Gemeinde, zu der sie infolge der Eingemeindung gehört. Aber der Erfolg der Eingemeindung kann sehr wohl der sein, daß die Ausgaben, die bisher von den Gemeindemitgliedern der eingemeindeten Gemeinde für deren Zwecke gemacht wurden und die in keinem angemessenen Verhältnis zu den Gemeindeeinnahmen standen, im Rahmen des Haushalts der aufnehmenden Gemeinde mit deren Einnahmen im Einklang stehen. In diesem weiteren Sinne kann man davon sprechen, daß die Eingemeindung dazu diene, den Haushalt der eingemeindeten Gemeinde auszugleichen. Sie wird hierzu vielfach ganz besonders geeignet, vielleicht das einzige für die Dauer wirksame Mittel sein, selbst wenn im Einzelfall dadurch zunächst eine Ausgabenerhöhung eintreten sollte. Sie kann auch dazu dienen, den Haushalt eines Landes auszugleichen, das bei einem unausgeglichenen Gemeindehaushalt zur Bestreitung der der Gemeinde erwachsenen Ausgaben, z. B. derjenigen für die Wohlfahrtspflege, herangezogen werden müßte.

Die Auffassung, daß die Maßnahmen, die zu treffen der Reichspräsident die Landesregierungen ermächtigt hat, zunächst nur für eine Haushaltsperiode getroffen werden dürften, entbehrt ausreichender Stütze. Allerdings dürfen die Maßnahmen des Reichspräsidenten aus Art. 48 Abs. 2 RVerf., da sie nur zur Wiederherstellung der erheblich gestörten oder gefährdeten öffentlichen Sicherheit und Ordnung getroffen werden können, nicht endgültig für alle Dauer bestimmt sein. Dies ist aber beim Erlaß der Verordnung vom 24. August 1931 auch nicht beabsichtigt gewesen. Vielmehr soll die getroffene Regelung ihrer Natur nach nur Geltung haben, solange der finanzielle Notstand dauert, zu dessen Behebung sie bestimmt ist. Daß dies für eine unbestimmte Zeit von voraussichtlich längerer Dauer der Fall sein wird, beeinträchtigt die Gültigkeit der Verordnung nicht. Hieraus ergibt sich indessen nur, daß die Ermächtigung, die den Landesregierungen durch die Verordnung vom 24. August 1931 erteilt wurde, zeitlich beschränkt ist. Diese Begrenzung schließt aber nicht aus, daß während Bestehens der Ermächtigung von den Landesregierungen zum Zwecke des Ausgleichs der Haushalte von Ländern und Gemeinden Maßnahmen getroffen werden, die, wie die Eingemeindung einer Gemeinde in eine andere, zu Dauerzuständen führen.

Die Verordnung vom 10. September 1931 hält sich in den Grenzen der durch die Verordnung des Reichspräsidenten erteilten Ermächtigung. Abweichungen vom Landesrecht — eine solche liegt darin, daß nach § 5 der Städte-Ordnung für Mecklenburg-Strelitz nicht das Staatsministerium, sondern der Staatsrat eine Eingemeindung zu beschließen hat — sind danach ausdrücklich gestattet. Daß die Eingemeindung künftig eine Erhöhung der Ausgaben im Gefolge haben werde, wie die Antragsteller vermuten, ist unerheblich; es genügt, wenn das Staatsministerium damit rechnen durfte, daß an die Stelle des unausgeglichenen Haushalts der Gemeinde der Stadt Strelitz ein ausgeglichener Haushalt der Stadt Neustrelitz oder des Landes Mecklenburg-Strelitz treten werde. Daß dies nicht angenommen werden konnte, ist nicht ersichtlich. Dem freien Ermessen des Staatsministeriums muß insoweit ein weiter Spielraum gelassen werden.

Hiernach kann die Rechtsungültigkeit der Verordnung vom 10. September 1931 weder damit begründet werden, daß die Verordnung des Reichspräsidenten vom 24. August 1931 verfassungswidrig sei, noch damit, daß sie die in dieser gesetzten Grenzen nicht innehalte.

6. Ebenso unbegründet ist es, wenn geltend gemacht wird, daß die Verordnung vom 10. September 1931 gegen das Landesgrundgesetz von Mecklenburg-Strelitz verstoße, weil die dort im § 35 bestimmten Voraussetzungen nicht vorlägen. Denn es handelt sich nicht um eine Notverordnung im Sinne dieser Verfassungsvorschrift, sondern um eine Verordnung, zu deren Erlaß das Staatsministerium

vom Reichsgesetzgeber in einer nach dem Gesagten zulässigen Weise die Ermächtigung erhalten hat. Es bedarf daher auch keiner Prüfung, ob die Verordnung als Notverordnung hätte getroffen werden können, ob ein Notstand im Sinne des § 35 des Landesgrundgesetzes vorlag und ob auf diesem Wege eine für die Dauer bestimmte Eingemeindung angeordnet werden konnte.

An die Vorschriften der Städte-Ordnung war das Staatsministerium nach der Verordnung des Reichspräsidenten nicht gebunden.

Nicht einzugehen ist auf die Gründe, die das Staatsministerium nach der Behauptung der Antragsteller veranlaßt haben sollen, die Eingemeindung zu verordnen. Es genügt, daß die gesetzlichen Voraussetzungen für die Eingemeindung auf Grund der Verordnung des Reichspräsidenten vorgelegen haben. Daß der Haushalt der Gemeinde Strelitz-Alt nicht ausgeglichen war, diese Stadt vielmehr eine erhebliche Schuldenlast hatte und sich in schwieriger Finanzlage befand, geht aus ihren eigenen Anführungen zur Genüge hervor.

7. Fraglich kann nur sein, ob die in Ziff. III der Verordnung vom 10. September 1931 angeordnete Zusammensetzung der Stadtverordnetenversammlung von Neustrelitz für die Zeit nach der Eingemeindung mit Art. 17 Abs. 3 Satz 1 RVerf. und mit § 41 Abs. 1 in Verb. mit § 6 Abs. 1 Satz 1 des Landesgrundgesetzes von Mecklenburg-Strelitz im Einklang steht, wonach die Gemeindevertretungen in allgemeiner, gleicher, unmittelbarer und geheimer Wahl nach den Grundsätzen des Verhältniswahlrechts zu wählen sind. Streng genommen entspricht Ziff. III diesen Anforderungen nicht. Denn die sechs Abgeordneten, die danach in die Stadtverordnetenversammlung von Neustrelitz eintreten sollen, sind nicht von den Gemeindeangehörigen der Stadt Neustrelitz, sondern von den Angehörigen der eingemeindeten Gemeinden Stadt Strelitz-Alt und Landgemeinde Amtsgebiet Strelitz, und die übrigen Stadtverordneten der erweiterten Gemeinde Neustrelitz nicht von den Gemeindeangehörigen der eingemeindeten Gemeinden gewählt worden. Die Stadtverordnetenversammlung der jetzigen Gemeinde Neustrelitz ist hiernach nicht aus allgemeinen Wahlen aller ihrer Gemeindeangehörigen hervorgegangen. Die Stimmen der Wähler haben, wie sich aus den vom Staatsministerium mitgeteilten Einwohnerzahlen ergibt, in den verschiedenen Gemeinden auch nicht völlig die gleiche Kraft gehabt, was einer strengen Durchführung des Grundsatzes der

Gleichheit der Wahl nicht entspricht. Zulässig ist es ferner unter gewöhnlichen Verhältnissen nicht, wenn die Regierung bestimmt, daß von gehörig gewählten Stadtverordneten einzelne dieses ihr Amt fernerhin nicht mehr auszuüben hätten. Dagegen ist eine Verletzung der Grundsätze des Verhältniswahlrechts nicht ersichtlich.

Trotz der angegebenen Mängel läßt sich nicht sagen, daß sich die Regierung von Mecklenburg-Strelitz über die verfassungsmäßigen Wahlgrundsätze schlechthin hinweggesetzt habe. Sie hat sie vielmehr beobachtet, soweit das möglich war, ohne die Stadtverordnetenversammlung durch eine innerhalb des erweiterten Stadtbezirks von Neustrelitz nach den allgemeinen Vorschriften vorzunehmende Wahl neu zusammenzusetzen, indem sie aus den Stadtverordneten, die in den in Betracht kommenden Gemeinden gewählt waren, unter Berücksichtigung der Einwohnerzahlen eine Stadtverordnetenversammlung der erweiterten Stadt Neustrelitz gebildet hat. Eine neue Wahl zu veranlassen, verbietet sich vielfach in unruhigen Zeiten, wie die gegenwärtige es ist, weil sie zu einer Verschärfung der ohnehin schon großen innerpolitischen Gegensätze führt. Dazu kommen die immerhin nicht unerheblichen Kosten einer solchen Wahl, die bei der bestehenden Finanznot der Länder und Gemeinden schwer ins Gewicht fallen. Es handelt sich um eine Übergangsregelung, bei welcher, wie der Staatsgerichtshof in seiner Entscheidung vom 28. April 1931 StGH. 14/30, RGZ. Bd. 133 Anh. S. 15flg., ausgesprochen hat, ein noch größerer Spielraum bei der Durchführung der großen Wahlgrundsätze gegeben ist, als er ohnehin schon besteht. Es bedeutet daher in einem solchen Fall nicht jede Abweichung von diesen Grundsätzen eine Verfassungsverletzung. Insbesondere kann eine solche nicht festgestellt werden im vorliegenden Falle, der sich von dem im vorgenannten Erkenntnis behandelten wesentlich unterscheidet.

3.

In der verfassungsrechtlichen Streitsache

der Fraktion der Reichspartei des Deutschen Mittelstandes (Wirtschaftspartei) im Sächsischen Landtag,

Antragstellerin,

gegen

den Sächsischen Staat,

vertreten durch den Ministerpräsidenten,

Antragsgegner,

wegen Feststellung der Verfassungswidrigkeit der Sächsischen Gemeindesteuer-Notverordnung vom 24. September 1930 und Änderung des § 7 des Gesetzes vom 30. März 1931 zum Vollzuge des Zweiten Abschnitts der Verordnung des Reichspräsidenten vom 1. Dezember 1930 (StGH. 17/30),

hat der Staatsgerichtshof für das Deutsche Reich auf die mündliche Verhandlung vom 20. November 1931 am 5. Dezember 1931 für Recht erkannt:

Die Anträge werden zurückgewiesen.

Gründe:

A.

I. Die Sächsische Regierung hat am 24. September 1930 eine mit ihrer Verkündung am 26. September 1930 in Kraft getretene Notverordnung über die Gemeinde-Biersteuer, -Bürgersteuer und -Getränkesteuer (Gemeindesteuer-Notverordnung) (Sächs. GBl. S. 121) erlassen. Im § 1 Abs. 1 dieser Verordnung heißt es: „Vom 1. Oktober 1930 ab wird in den Gemeinden eine Biersteuer als Gemeindesteuer (Gemeinde-Biersteuer) nach den Sätzen des § 2 des Zweiten Abschnitts der Verordnung des Reichspräsidenten zur Behebung finanzieller, wirtschaftlicher und sozialer Notstände vom 26. Juli 1930 (RGBl. I S. 311) und nach näherer Bestimmung des Ministeriums des Innern erhoben. In den selbständigen Gutsbezirken wird die Steuer von den Bezirksverbänden erhoben. Für Grenzgemeinden kann das Ministerium des Innern auf Antrag der Gemeinde, bei bezirkszugehörigen Gemeinden mit Zustimmung des Bezirksverbandes, nachlassen, daß die beim Inkrafttreten der Verordnung des Reichspräsidenten geltende Gemeinde- (Bezirks-) Biersteuer-Ordnung weiter in Kraft bleibt. Welche Gemeinden (selbständigen Gutsbezirke) Grenzgemeinden im Sinne dieser Vorschrift sind, bestimmt das Ministerium des Innern."

Nach § 1 Abs. 2 erhält von dem Aufkommen in den bezirkszugehörigen Gemeinden der Bezirksverband in der zweiten Hälfte des Rechnungsjahrs 1930 die Hälfte desjenigen Hundertsatzes, mit dem der Bezirksverband am Ertrag einer bisher erhobenen Bezirks-Biersteuer beteiligt war. Von den nach dem 31. März 1931 eingehenden Steuerbeträgen erhält der Bezirksverband ein Drittel. Für diejenigen bezirkszugehörigen Gemeinden, denen auf Grund von § 7 des Wohlfahrtspflegegesetzes vom 28. März 1925 (GBl. S. 55) die Wohlfahrtspflege ganz oder teilweise zur selbständigen Erledigung übertragen worden ist, sind die Vereinbarungen zwischen dem Bezirksverband und den in Frage kommenden Gemeinden maßgebend. Entsteht über die Verteilung des Aufkommens der Biersteuer Streit, so entscheidet der Kreisausschuß endgültig.

Nach § 1 Abs. 3 liegt die Verwaltung der Biersteuer in den bezirkszugehörigen Gemeinden dem Bezirksverband ob. Der Bezirksverband hat, soweit die Steuerbeträge bei ihm selbst eingehen, den Gemeinden ihre Steueranteile ohne Abzug unverzüglich, spätestens innerhalb 5 Tagen nach dem allgemeinen Fälligkeitstermin zuzuführen.

§ 2 enthält Vorschriften über die Bürgersteuer. Im ersten Absatz werden die Landessätze der Bürgersteuer im Sinne des § 5 Abs. I des Zweiten Abschnitts der Verordnung des Reichspräsidenten vom 26. Juli 1930 je für ein Rechnungsjahr bestimmt.

§ 3 lautet: „Zur Erhebung der Gemeinde-Getränkesteuer (§ 3 des Zweiten Abschnitts der Verordnung des Reichspräsidenten vom 26. Juli 1930) in den selbständigen Gutsbezirken ist der Bezirksverband berechtigt.

Gesuche um Zustimmung der Landesregierung zur Erhebung der Gemeinde-Getränkesteuer sind durch die Staatsbehörde dem Ministerium des Innern zur Entschließung vorzulegen. Die Zustimmung ist nur unter Vorbehalt des Widerrufs zu erteilen. Einer Genehmigung nach § 7 (§ 151) der Gemeindeordnung bedarf es daneben nicht. Das Ministerium des Innern kann die Entschließung über die Zustimmung allgemein oder im Einzelfall der Staatsbehörde übertragen."

Zur Zeit des Erlasses dieser Notverordnung, zu der das Ministerium des Innern mehrere Ausführungsverordnungen erlassen hat, war der Landtag nicht versammelt. Sie wurde ihm nach seinem Zusammentritt zur Genehmigung vorgelegt. Die Vorlage ging an den Rechtsausschuß, der auf Verlangen der Regierung über das Ergebnis seiner Beratungen schriftlichen Bericht erstattete und zu dem Antrag gelangte, „der Landtag wolle beschließen, die Notverordnung vom 24. September 1930 nicht zu genehmigen". Bevor der Landtag Beschluß faßte, brachte die Regierung am 12. Dezember 1930 eine Vorlage ein betr. den Entwurf eines Gesetzes zum Vollzuge des Zweiten Abschnitts der Verordnung des Reichspräsidenten vom 26. Juli 1930 in der Fassung vom 1. Dezember 1930. § 1 dieser Vorlage lautete: „Die Notverordnung über die Gemeinde-Biersteuer, -Bürgersteuer und -Getränkesteuer (Gemeindesteuer-Notverordnung) vom 24. September 1930 (GBl. S. 121) tritt außer Kraft." § 8 der Vorlage lautete: „Die Paragraphen 2 und 6 dieses Gesetzes treten mit Wirkung vom 1. Oktober 1930 an, im übrigen tritt das Gesetz am 1. Januar 1931 in Kraft." Der Rechtsausschuß des Landtags stimmte diesem Entwurf mit der Maßgabe zu, daß der § 7 zu streichen sei und im § 8 die Worte „am 1. Januar 1931" ersetzt werden sollten durch die Worte „mit der Verkündung". In der Sitzung des Landtags vom 19. März 1931, in welcher der Antrag des Rechtsausschusses zur Beratung stand, wurde auch über die Frage beraten, ob die Notverordnung statt mit dem Tage der Verkündung schon mit dem 1. Oktober 1930 außer Kraft gesetzt werden sollte. Die Nationalsozialistische Deutsche Arbeiterpartei hatte beantragt, den § 1 der Vorlage in der Fassung anzunehmen: „Die Notverordnung über die Gemeinde-Biersteuer, -Bürgersteuer und -Getränkesteuer (Gemeindesteuer-Notverordnung) vom 24. September 1930 — GBl. S. 121 — tritt mit Wirkung vom 1. Oktober 1930 außer Kraft." Die Wirtschaftspartei hatte beantragt, den § 8 der Vorlage in folgender Fassung anzunehmen: „Die Paragraphen 1, 2 und 6 dieses Gesetzes treten mit Wirkung vom 1. Oktober 1930 an, im übrigen tritt das Gesetz mit der Verkündung in Kraft." Bei der Abstimmung wurde über den Antrag der Nationalsozialistischen Deutschen Arbeiterpartei zuerst abgestimmt. Er wurde abgelehnt. Im weiteren Verlauf der Abstimmung wurde auch über den Antrag der Wirtschaftspartei abgestimmt. Er wurde einstimmig angenommen. Die Vorlage wurde darauf am 2. April 1931 als Gesetz vom 30. März 1931 zum Vollzuge des Zweiten Abschnitts der Verordnung des Reichspräsidenten vom 26. Juli 1930 in der Fassung vom 1. Dezember 1930 verkündet. § 1 dieses Gesetzes schreibt vor: „Die Notverordnung über die Gemeinde-Biersteuer, -Bürgersteuer und -Getränkesteuer (Gemeindesteuer-Notverordnung) vom 24. September 1930 — GBl. S. 121 — tritt außer Kraft." § 7 des Gesetzes lautet: „Die Paragraphen 2 und 6 dieses Gesetzes treten mit Wirkung vom 1. Oktober 1930 an, im übrigen tritt das Gesetz mit der Verkündung in Kraft."

Die Fraktion der Reichspartei des Deutschen Mittelstandes (Wirtschaftspartei) im Sächsischen Landtag hält die Gemeindesteuer-Notverordnung vom 24. September 1930 für verfassungswidrig und hat deshalb bei dem Staatsgerichtshof für das Deutsche Reich beantragt,

festzustellen, daß die Gemeindesteuer-Notverordnung Nr. 68 über die Gemeinde-Biersteuer, -Bürgersteuer und -Getränkesteuer (Gemeindesteuer-Notverordnung) des Sächsischen Ministeriums vom 24. September 1930 — veröffentlicht in dem sächsischen GBl. Nr. 24 vom 26. September 1930 S. 121 flg. — überhaupt oder mindestens insoweit, als sie sich mit der Gemeinde-Biersteuer und der Getränkesteuer befaßt, nebst den dazu gehörigen Verordnungen des Sächsischen Ministeriums des Innern nicht im Einklang mit den Bestimmungen der Deutschen Reichsverfassung und der Sächsischen Verfassung steht.

Die Antragstellerin ist ferner der Meinung, daß das Gesetz vom 30. März 1931 nicht so verkündet worden sei, wie es der Landtag beschlossen habe, und hat deshalb ferner beantragt,

festzustellen, daß § 7 des Gesetzes vom 30. März 1931 folgendermaßen zu lauten hat:

§ 7.

Die §§ 1, 2 und 6 dieses Gesetzes treten mit Wirkung vom 1. Oktober 1930 an, im übrigen tritt das Gesetz mit der Verkündung in Kraft —

und ferner,

die Sächsische Regierung anzuweisen, das Gesetz in dieser Fassung zu verkünden oder selbst die der Rechtslage entsprechenden Maßnahmen zu treffen.

Zur Begründung hat die Antragstellerin folgendes geltend gemacht:

1. Die Gemeindesteuer-Notverordnung vom 24. September 1930 stütze sich auf die Verordnung des Reichspräsidenten zur Behebung finanzieller, wirtschaftlicher und sozialer Notstände vom 26. Juli 1930. Die letztere, auf Grund des Art. 48 Abs. 2 RVerf. erlassene Verordnung sei ungültig, weil die Voraussetzungen dieser Gesetzesbestimmung nicht vorgelegen hätten. Art. 48 RVerf. könne nicht angewendet werden, um dem deutschen Volke Steuern aufzuerlegen, welche der Reichstag ihm nicht auferlegen wolle. Die

Verordnung des Reichspräsidenten sei auch deshalb ungültig, weil sie sich hinsichtlich der darin geordneten Landesabgaben nicht gemäß Art. 11 RVerf. auf die Aufstellung von Grundsätzen beschränke.

2. Die Sächsische Regierung sei über die ihr gesetzten Schranken in unzulässiger Weise hinausgegangen. Denn während die Verordnung des Reichspräsidenten vom 26. Juli 1930 die Gemeinden zur Erhebung einer Gemeinde-Biersteuer lediglich ermächtige, würden sie durch die Verordnung der Sächsischen Regierung dazu verpflichtet.

3. Nach der Verordnung des Reichspräsidenten dürfe eine Gemeinde-Getränkesteuer nur mit Zustimmung der Landesregierung und nur dann eingeführt werden, wenn der Haushaltsplan der Gemeinde durch öffentliche Lasten in außerordentlichem Umfang belastet sei. Nach der sächsischen Notverordnung seien Gesuche um Zustimmung der Landesregierung dem Ministerium des Innern vorzulegen und dieses könne die Entschließung allgemein oder in einzelnen Fällen der Staatsbehörde übertragen. Damit werde Sinn und Zweck der Verordnung des Reichspräsidenten verkannt und die durch diese Verordnung beabsichtigte Erschwerung der Einführung der Gemeinde-Getränkesteuer umgangen.

4. Das Reich habe hinsichtlich der Gemeinde-Biersteuer das Selbstbestimmungs- und Selbstverwaltungsrecht der Gemeinden nach jeder Richtung hin wahren wollen. Das zeige auch § 1 Abs. 1 der Durchführungsverordnung des Reichsfinanzministers vom 4. September 1930 (RGBl. I S. 450): „Die Vorschriften des § 2 der Verordnung vom 26. Juli 1930 finden Anwendung auf solche Beschlüsse von Gemeinden, die nach dem 27. Juli 1930 (dem Tage der Verkündung der Verordnung vom 26. Juli 1930) gefaßt sind." Danach dürfe von der Landesregierung kein Zwang auf die Entschließung der Gemeinden ausgeübt werden. Dem widerspreche die sächsische Notverordnung, wenn sie die Erhebung einer Gemeinde-Biersteuer vorschreibe. Das sei um so weniger zulässig, als sich eine bedeutende Anzahl von Gemeinden durch ihre verfassungsmäßigen Organe gegen die Erhöhung der Gemeinde-Biersteuer und gegen die Einführung von Gemeinde-Getränkesteuern ausgesprochen hätten.

5. Die Aufgaben, die in der sächsischen Notverordnung den Gemeindeverbänden übertragen worden seien, fänden in der Verordnung des Reichspräsidenten keine Stütze.

6. Nach § 1 Abs. 3 der Durchführungsbestimmungen vom 4. September 1930 zur Verordnung vom 26. Juli 1930 könne ein Gemeindeverband eine Steuer auf den örtlichen Verbrauch von Bier nicht mehr weiter für eine Gemeinde erheben, die eine Gemeinde-Biersteuer nach § 2 der Verordnung vom 26. Juli 1930 erhebe. Im Widerspruch hiermit habe die Sächsische Regierung diese Weitererhebung nicht nur gestattet, sondern den Anteil des Bezirksverbands an der eingenommenen Gesamtsteuer gegenüber der Zeit vor dem 1. Oktober 1930 noch erhöht.

7. Die sächsische Notverordnung verletze das durch Art. 127 RVerf. gewährleistete Selbstbestimmungsrecht der Gemeinden, ziehe entgegen Art. 134 das. einseitig den Stand der Gastwirte zu den öffentlichen Lasten heran und verstoße gegen Art. 164 das., weil die Gastwirte der Notverordnung machtlos gegenüberständen, während sie sich in den Gemeindevertretungen durch ihre berufenen Vertreter gegen die neue Belastung hätten wehren können. Das Gastwirtsgewerbe in Sachsen befinde sich in einer Notlage, wie aus Nr. 21 des Zentralblatts für das Deutsche Gastwirtsgewerbe vom 29. Mai 1931 hervorgehe und die zu den Akten überreichten vier Denkschriften zeigten.

8. Die im Art. 40 der Sächsischen Verfassung bestimmten Voraussetzungen für den Erlaß der Notverordnung hätten nicht vorgelegen. Sachsen habe damals einen ordnungsmäßig gewählten Landtag besessen. Seine Einberufung sei ohne weiteres möglich gewesen und habe unmittelbar bevorgestanden. Die Bestimmungen über die Gemeinde-Bier- und über die Gemeinde-Getränkesteuer hätten ohne Schaden für die Gesamtheit bis dahin unterbleiben können. Ferner beschränke sich das Notverordnungsrecht auf Angelegenheiten, deren Regelung der Zustimmung des Landtags bedürfe. Das treffe auf die Gemeinde-Biersteuer nicht zu, da die Verordnung des Reichspräsidenten die Beschlußfassung darüber ausschließlich den Gemeinden zuweise.

Weiterhin müsse eine Regierung beim Erlaß von Notverordnungen auf den mutmaßlichen Willen der gesetzgebenden Körperschaft Rücksicht nehmen. Das sei hier nicht geschehen. Der Zwischenausschuß des Landtags habe deutlich erklärt gehabt, daß er den geplanten Inhalt der Notverordnung nicht billigen werde.

Endlich habe die Sächsische Regierung es unterlassen, die Genehmigung der erlassenen Notverordnung durch den Landtag alsbald herbeizuführen, vielmehr alles getan, um eine Entscheidung darüber zu verzögern. Sie habe wegen dieser Genehmigung zwar am 30. September 1930 die Vorlage 6 beim Landtag eingebracht, dann aber nach der ersten Beratung vom Rechtsausschuß auf Grund des Art. 17 der Sächsischen Verfassung schriftlichen Bericht verlangt, sodaß darüber nochmals habe verhandelt werden müssen, und schließlich habe sie, um den in Aussicht stehenden Beschluß des Landtagsplenums auf Nichtgenehmigung der Verordnung zu verhindern, die Vorlage über den Entwurf eines Gesetzes zum Vollzuge des Zweiten Abschnitts der Verordnung des Reichspräsidenten vom 26. Juli 1930 in der Fassung vom 1. Dezember 1930 eingebracht. Dadurch sei es ihr gelungen, die Entscheidung bis zum 19. März 1931 hinauszuschieben.

9. Die Sächsische Regierung sei als bloß geschäftsführende Regierung zum Erlaß der Notverordnung nicht befugt gewesen.

10. Entbehre hiernach die Gemeindesteuer-Notverordnung vom 24. September 1930 der gesetzmäßigen Grundlage, dann seien auch die auf ihr fußenden Verordnungen des Sächsischen Ministeriums des Innern ohne rechtliche Wirkung.

Ihre Anträge zum sächsischen Gesetz vom 30. März 1931 begründet die Fraktion der Reichspartei des Deutschen Mittelstandes damit, daß das Gesetz anders verkündet als beschlossen worden sei. Der Versuch des sozialdemokratischen Abgeordneten Edel, die vollzogene Abstimmung nachträglich anzufechten, sei vom Landtagspräsidenten selbst mit den Worten zurückgewiesen worden: „Die Abstimmung läßt sich nicht mehr anzweifeln" und ferner: „Nachdem wir die Abstimmung alle hinter uns haben, ist eine Anzweiflung unmöglich." Diese Abstimmung habe sich unter den Augen der sächsischen Regierungsvertreter vollzogen. Nach der Abstimmung habe eine Einwirkung der Sächsischen Regierung auf den Landtag eingesetzt, um die der Regierung unbequeme Abstimmung zu verbessern. Dies könnten Zeugen bestätigen.

II. Der Sächsische Staat hat um

Zurückweisung der gestellten Anträge

gebeten, ist den Ausführungen der Antragstellerin entgegengetreten, hat eine unzulässige Einwirkung auf den Landtag bestritten und erwidert:

1. Der Reichstag habe in seiner Sitzung vom 6. Dezember 1930 die Aufhebung der Verordnung vom 26. Juli 1930 ausdrücklich

abgelehnt. Im übrigen könne die Rechtsgültigkeit dieser Verordnung im gegenwärtigen Verfahren nicht geprüft werden.

2. Wenn in der Verordnung des Reichspräsidenten vom 26. Juli 1930, abgesehen von den Fällen des § 6, die Berechtigung der Gemeinden zur Biersteuer-Erhebung ausgesprochen werde, so sei dies geschehen, weil andernfalls Länder und Gemeinden wegen der Erhebung einer Biersteuer durch das Reich nicht berechtigt sein würden, selbst eine solche Steuer zu erheben. Weder Wortlaut noch Sinn der Verordnung beeinträchtige aber das Recht eines Landes, seine Gemeinden durch Landesgesetze zur Erhebung einer bestimmten, vom Reiche nicht für sich beanspruchten Steuer zu verpflichten. Dieses Recht ergebe sich für Sachsen aus der allgemeinen Steuerautonomie des Landes, aus der das Steuerrecht der Gemeinden abgeleitet werde. Von ihm sei auch schon in früheren Fällen unstreitig Gebrauch gemacht worden. In diesem Sinn habe auch der Reichsminister der Finanzen in einem Schreiben an den Verband der Faßbiergroßhändler Sachsens vom 2. November 1930 ausdrücklich gesagt, daß die Länder reichsrechtlich nicht gehindert seien, ihren Gemeinden allgemein die Erhebung der Gemeindebiersteuer vorzuschreiben, und daß ihm daher die sächsische Gemeindesteuer-Notverordnung vom 24. September 1930 vom Standpunkt des Reichsrechts zu Bedenken keinen Anlaß gebe. Art. 127 RVerf. und Art. 49 der Verfassung des Freistaates Sachsen in Verb. mit den §§ 1 und 170 der Gemeinde-Ordnung für den Freistaat Sachsen verlangten lediglich, daß eine Verpflichtung der Gemeinden, soweit nicht an eine einzelne Gemeinde eine Anweisung gemäß § 172 der Gemeindeordnung ergehe, durch Gesetz, nicht durch einfache Verordnung begründet werde. Die Gemeindesteuer-Notverordnung vom 24. September 1930 habe aber Gesetzesnatur.

3. Die Bestimmungen in § 1 Abs. 2 und 3 der Gemeindesteuer-Notverordnung, wonach die Bezirksverbände die Gemeindebiersteuer verwalten sollten und an ihrem Ertrag im bisherigen Umfang beteiligt würden, widersprächen weder der Verordnung vom 26. Juli 1930 noch dem verfassungsmäßigen Selbstverwaltungsrecht der Gemeinden. Daß die Steuerverwaltung so habe geordnet werden können, ergebe sich aus der landesrechtlichen Möglichkeit, die Steuern für die Gemeinden überhaupt zu regeln. Die Beteiligung der Bezirksverbände am Aufkommen rechtfertige sich daraus, daß diese Verbände Zusammenschlüsse der Gemeinden seien, die im wesentlichen ihre

finanzielle Kraft, wenn nicht durch Steuerbeteiligung, so durch Bezirksumlage von den Gemeinden bezögen. Es unterliege keinem Zweifel, daß das Verhältnis zwischen Gemeinden und Bezirksverbänden durch Landesgesetz oder gesetzesgleiche Notverordnung geregelt werden könne.

4. Die Vorschrift des § 3 Abs. 2 Satz 4 der Gemeindesteuer-Notverordnung, wonach die Entschließung über die Zustimmung der Landesregierung zur Einführung von Gemeinde-Getränkesteuern auch Staatsbehörden, nämlich den Gemeinde-Aufsichtsbehörden übertragen werden könne, stütze sich auf § 2 Abs. 3 letzter Halbsatz der Durchführungsbestimmungen vom 4. September 1930.

5. Wenn die Gemeindesteuer-Notverordnung den Vorschriften in Art. 134 und 164 RVerf. widersprechen sollte, so müsse das schon für die Verordnung des Reichspräsidenten vom 26. Juli 1930 gelten.

6. Art. 40 der Sächsischen Verfassung sei nicht verletzt. Die Biersteuer sei bisher in Sachsen mit zwei Ausnahmen von den Bezirksverbänden erhoben worden, die gleichzeitig die Hauptlast der Wohlfahrtspflege zu tragen hätten. Es hätten die größten Schwierigkeiten entstehen müssen, wenn man ihnen die Einnahmen aus der Biersteuer mitten im Rechnungsjahr entzogen hätte. Deshalb sei sofortige Regelung nötig gewesen. Wegen der Bürgersteuer habe es sofortiger Festlegung der maßgebenden Bestimmungen bedurft, weil diese Steuer nach § 14 Abs. 1 Satz 2 der Durchführungsbestimmungen vom 4. September 1930 nur dann von den Finanzämtern auf der Steuerkarte habe angefordert werden sollen, wenn die Steuerordnung dem Finanzamt bis zum 30. November 1930 mitgeteilt werde, das sonst nach § 18 der Durchführungsbestimmungen in Betracht kommende Verfahren aber nur einen Bruchteil des Steuerbetrags habe erwarten lassen. Im übrigen hätten die Verhältnisse sofort geordnet werden müssen, um es den Gemeinden in der Zeit stärkster finanzieller Not zu ermöglichen, sich mit ihren Mitteln für die Zukunft einzurichten. Außerdem müsse Dringlichkeit so lange angenommen werden, als sich nicht das Gegenteil einwandfrei ergebe. Auch wenn der Landtag nur auf kürzere Zeit nicht versammelt sei, könne eine Notverordnung erlassen werden. Dazu sei auch ein Geschäftsministerium befugt, zumal da dieses nach Art. 27 Abs. 5 Satz 2 der Sächsischen Verfassung nicht auf „laufende" Geschäfte beschränkt sei.

7. Das Gesetz vom 30. März 1931 hebe in seinen §§ 1 und 7

die Gemeindesteuer-Notverordnung vom 24. September 1930 mit Wirkung vom Tage der Verkündung des Gesetzes auf. Darin liege zugleich die Genehmigung der Notverordnung durch den Landtag. Die Notverordnung stehe danach rechtlich in jeder Beziehung einem Gesetze gleich.

8. Nach Art. 39 der Sächsischen Verfassung habe das Gesamtministerium die verfassungsmäßig beschlossenen Gesetze auszufertigen und binnen Monatsfrist im sächsischen Gesetzblatt zu verkünden. Das Gesetz vom 30. März 1931 sei in der Fassung verkündet worden, die es nach der schriftlichen Mitteilung des Landtagspräsidenten vom 20. März 1931 (Nr. 47 der Geschäftsordnung des Sächsischen Landtags) durch die Beschlüsse des Landtags erhalten habe. Der tatsächliche Vorgang bei der Beschlußfassung habe der Regierung keinen Grund gegeben, an einer verfassungsmäßigen Beschlußfassung des Landtags zu zweifeln. Mit der Abstimmung über den nationalsozialistischen Antrag zu § 1 der Vorlage habe festgestanden, daß der Landtag die Aufhebung der Notverordnung mit Wirkung vom 1. Oktober 1930 nicht wünsche. Der wirtschaftsparteiliche Abänderungsantrag zu diesem Punkt sei also erledigt gewesen. Versehentlich habe aber der Landtagspräsident im weiteren Verlauf der Abstimmung zu § 8 der Vorlage nochmals besonders über ihn abstimmen lassen. Irrtümlicherweise hätten dafür auch die Parteien gestimmt, die den inhaltlich gleichen nationalsozialistischen Antrag abgelehnt und sich im Rechtsausschuß wie im Plenum für ein Inkrafttreten des Gesetzes mit dem Tage der Verkündung ausgesprochen gehabt hätten. Im weiteren Verlauf der Sitzung habe dann der Landtagspräsident festgestellt, daß ihm bei der Abstimmung ein Versehen untergelaufen sei, da er nach der Ablehnung des nationalsozialistischen Antrags über den inhaltlich gleichlautenden Teil des Antrags der Wirtschaftspartei nicht hätte abstimmen lassen dürfen. Die Abstimmung zu dem letzteren Antrag sei nach § 70 der Geschäftsordnung für den Sächsischen Landtag ungültig. Da dieser Auffassung aus dem Landtag heraus widersprochen worden sei, habe sich der Ältestenausschuß des Landtags noch einmal mit der Frage beschäftigt und die Auffassung des Präsidenten gebilligt. Dieser habe darauf dem Gesamtministerium gemäß § 47 der Geschäftsordnung schriftlich eine entsprechende Mitteilung über die Beschlußfassung des Landtags gemacht.

9. Es frage sich, ob nach Erlaß des Gesetzes vom 30. März 1931

noch Raum sei für eine Entscheidung des Staatsgerichtshofs. Da nach der ständigen Rechtsprechung des Sächsischen Oberverwaltungsgerichts, das im Einzelfall zur höchstrichterlichen Entscheidung berufen wäre, Steuerveranlagungsbescheide durch Ablauf der für den einzelnen Steuerbescheid gegebenen Rechtsmittelfrist auch dann Rechtskraft erlangten, wenn ihnen ungültige Steuerrechtssätze zugrunde lägen, würde es sich praktisch nur noch um die Rechtsgültigkeit derjenigen auf Grund der Gemeindesteuer-Notverordnung bisher erlassenen Steuerforderungen handeln, für die noch Rechtsmittelfristen liefen.

III. Die Antragstellerin hat erwidert:

1. Der die Verordnung des Reichspräsidenten vom 26. Juli 1930 genehmigende Beschluß des Reichstags entbehre der erforderlichen verfassungsändernden Mehrheit und sei am Tage des Erlasses der sächsischen Gemeindesteuer-Notverordnung noch nicht ergangen gewesen.

2. Auf die Landessteuerhoheit könne sich der Antragsgegner nicht berufen bei einer Steuer, die das Reich für sich beanspruche oder für deren Erhebung es grundsätzliche Vorschriften erlassen habe. Bei der Biersteuer sei beides der Fall. Lediglich den Gemeinden sei das Recht zur Erhebung einer Biersteuer übertragen worden. Das Schreiben des Reichsministers der Finanzen an den Verband der Faßbiergroßhändler Sachsens e. V. vom 2. November 1930 sei unmaßgeblich. Dabei habe der Reichsfinanzminister nicht die sächsischen gemeinderechtlichen Verhältnisse, sondern die preußischen vor Augen gehabt.

3. Die Ausführungen des Antragsgegners berücksichtigten nicht, daß außer den Bezirksverbänden auch die bezirksfreien Städte die Biersteuer bis zum 30. September 1930 erhoben hätten. Für die Bezirksverbände habe allerdings die Gefahr bestanden, daß ihnen infolge Inanspruchnahme der Biersteuer durch die Verbandsgemeinden auf Grund der Verordnung vom 26. Juli 1930 und der Ausführungsbestimmungen dazu die Einnahme aus der Biersteuer insoweit entzogen werde. Das sei aber eine Folge des Reichsrechts, das die Sächsische Regierung verletzt habe.

4. § 70 der Geschäftsordnung des Sächsischen Landtags sei nicht zwingender Natur. Hierauf habe der Abgeordnete Dr. Wilhelm bereits in der Landtagssitzung vom 24. März 1931 hingewiesen.

5. Durch das Gesetz vom 30. März 1931 sei der Verfassungsstreit nicht erledigt. Gegen die Rechtsgültigkeit der auferlegten Zahlung schwebten zahlreiche Rechtsmittel. Außerdem hätten die Öffentlichkeit und die betroffenen Berufsstände auch jetzt noch ein Interesse an der begehrten Entscheidung.

Der Reichsminister des Innern hat sich in einem zu den Akten eingereichten Schriftsatz vom 11. November 1931 zur Frage der Verfassungswidrigkeit der Verordnung des Reichspräsidenten vom 26. Juli 1930 geäußert. Der Sächsische Ministerpräsident hat erklärt, er schließe sich den darin enthaltenen Ausführungen an.

Der Präsident des Sächsischen Landtags ist um Auskunft darüber ersucht worden, 1. ob das Gesetz vom 30. März 1931 zum Vollzuge des Zweiten Abschnitts der Verordnung des Reichspräsidenten vom 26. Juli 1930 in der Fassung vom 1. Dezember 1930 (Sächs. GBl. S. 52) mit dem Inhalt, wie es die Regierung verkündet hat, ihr nach § 47 der Geschäftsordnung des Landtags mitgeteilt worden ist, 2. auf Grund welcher Erwägungen dies geschehen ist, 3. ob der Ältestenausschuß die Auffassung des Landtagspräsidenten gebilligt hat, 4. welche Bewandtnis es mit diesem Ältestenausschuß hat, insbesondere welche Aufgaben ihm auf dem Gebiete der Gesetzgebung obliegen. Der Präsident des Landtags hat die erste Frage bejaht, zur zweiten Frage auf die Verhandlung des Landtags Nr. 37 vom 19. März 1931, insbesondere auf Seite 1360 A verwiesen und zu den Fragen 3 und 4 erklärt: Der Ältestenrat des Landtags (nicht Ältestenausschuß, den es beim Landtag nicht gebe), der nach § 20 der Geschäftsordnung zur Herbeiführung einer freien Verständigung über die Handhabung der Geschäfte zu bilden sei, habe sich in seiner Sitzung am 24. März 1931 mit der Abstimmung zur Vorlage 17 befaßt. Die über die eingehende Aussprache aufgenommene Niederschrift sage am Schlusse, der Ältestenrat sei in seiner Mehrheit der Meinung, daß die Ausführungen des Präsidenten zur Abstimmung richtig seien. Eine auszugsweise Abschrift der Niederschrift über die Sitzung des Ältestenrats vom 24. März 1931 ist dieser Auskunft beigefügt worden. Die Parteien haben sich dazu geäußert.

Die Antragstellerin hat behauptet, daß im Ältestenrat überhaupt nicht abgestimmt worden sei. Der Bericht über seine Sitzung sei weder vorgelesen noch von irgend jemand genehmigt worden; er sei niemand zu Gesicht gekommen und ohne jede rechtliche Bedeutung.

Der Sächsische Ministerpräsident ist diesen Ausführungen entgegengetreten und hat wegen der Vorgänge in der Sitzung des Ältestenrats vom 24. März 1931 auf die Auskunft des Präsidenten des Landtags verwiesen und auf sein Zeugnis Bezug genommen.

B.

I. 1. Die Parteien streiten darüber, ob die sächsische Gemeindesteuer-Notverordnung vom 24. September 1930 mit der Reichsverfassung und mit der Sächsischen Landesverfassung im Einklang steht. Sie streiten ferner darüber, ob das sächsische Gesetz vom 30. März 1931 so, wie es im sächsischen Gesetzblatt verkündet worden ist, gemäß der Sächsischen Landesverfassung beschlossen worden ist. Hiernach handelt es sich um Verfassungsstreitigkeiten innerhalb eines Landes im Sinne des Art. 19 Abs. 1 RVerf. insoweit, als eine Verletzung der Sächsischen Landesverfassung behauptet wird.

Soweit die Antragstellerin eine Verletzung der Reichsverfassung rügt, ist davon auszugehen, daß nach ständiger Rechtsprechung des Staatsgerichtshofs Verfassungsstreitigkeiten innerhalb eines Landes im Sinne des Art. 19 Abs. 1 RVerf. auch in der Reichsverfassung wurzelnde Streitigkeiten sein können, sofern es sich um Vorschriften der Reichsverfassung handelt, welche die Landesverfassung oder andere verfassungsrechtliche Normen ergänzen. Dies trifft auf die Artikel 8, 11, 127, 134 und 164 RVerf. zu, welche als verletzt bezeichnet werden.

Auf die gleichen Vorschriften (mit Ausnahme des Art. 8), ferner auf Art. 48 RVerf. beruft sich die Antragstellerin schließlich, um damit die Ungültigkeit der Verordnung des Reichspräsidenten vom 26. Juli 1930 zu begründen, die ihrerseits die Grundlage für die als verfassungswidrig bekämpfte sächsische Gemeindesteuer-Notverordnung vom 24. September 1930 gewesen sein soll. Eine Verfassungsstreitigkeit innerhalb eines Landes wird durch die Anzweiflung der Gültigkeit der Verordnung des Reichspräsidenten nicht begründet. Wieweit die Gültigkeit dieser Verordnung im anhängigen Landesverfassungsstreit als Vorfrage zu prüfen ist, wird Gegenstand der späteren sachlichen Würdigung sein.

2. In Sachsen besteht kein Gericht zur Erledigung von Verfassungsstreitigkeiten. Ein anderer Gerichtshof des Reichs ist nicht zuständig. Insbesondere ist die Zuständigkeit des Reichsfinanzhofs nach Art. 13 Abs. 2 RVerf., § 6 des Finanzausgleichsgesetzes nicht be-

gründet. Daß die Verordnung vom 24. September 1930 eine Notverordnung ist, vermag die Zuständigkeit des Staatsgerichtshofs nicht auszuschließen.

3. Gegen die Sachbefugnis der Fraktion der Reichspartei des Deutschen Mittelstandes (Wirtschaftspartei) im Sächsischen Landtag bestehen ebensowenig Bedenken wie dagegen, daß in der vorliegenden Streitsache der Sächsische Staat in Anspruch genommen wird.

4. Die Anträge der Antragstellerin müssen in vollem Umfang geprüft werden. Es ist nicht zutreffend, daß der auf die Verordnung vom 24. September 1930 bezügliche Antrag durch Erlaß des Gesetzes vom 30. März 1931 gegenstandslos geworden sei.

II. 1. Die Antragstellerin leitet die Verfassungswidrigkeit der Gemeindesteuer-Notverordnung in erster Reihe daraus her, daß die Verordnung des Reichspräsidenten vom 26. Juli 1930 verfassungswidrig sei.

Es erhebt sich daher die Frage, ob der Staatsgerichtshof im vorliegenden Streitverfahren, bei dem es sich um eine Verfassungsstreitigkeit innerhalb eines Landes handelt, die Verfassungsmäßigkeit der Verordnung des Reichspräsidenten vom 26. Juli 1930 zu prüfen befugt ist. Das ist zu bejahen. Allerdings sind Verfassungsstreitigkeiten innerhalb des Reiches nicht der Entscheidung durch den Staatsgerichtshof unterworfen. Anderseits hat er aber gemäß Art. 19 Abs. 1 RVerf. allgemein über Streitigkeiten nicht privatrechtlicher Art zwischen dem Reich und einem Lande zu entscheiden. Hierbei wird es sich in erster Reihe um Auslegung und Anwendung der Reichsverfassung und insbesondere darum handeln, ob eine reichsrechtliche Verordnung gültig ist oder nicht. Aus der Art und Weise, wie die Zuständigkeit des Staatsgerichtshofs geregelt ist, läßt sich daher nicht schließen, daß er die Gültigkeit einer reichsrechtlichen Norm zu prüfen nicht berechtigt sein soll. Auch anderen Vorschriften ist nicht zu entnehmen, daß ihm hierin eine engere Grenze gezogen wäre als den ordentlichen Gerichten. Hiergegen spricht, daß im Rahmen der Zuständigkeit des Staatsgerichtshofs eine der wirklichen Rechtslage entsprechende Entscheidung oft nur ergehen kann nach Beantwortung von Vorfragen, die auf anderen Rechtsgebieten liegen als dem des Landesverfassungsrechts. Es kann sich daher nur fragen, ob für Verordnungen des Reichspräsidenten etwas besonderes zu gelten hat. Für diese Annahme würde es aber an jedem Grunde fehlen. Das ist jedenfalls auch die Ansicht des Reichsministers des Innern, der sich in seiner im vorliegenden Streitverfahren abgegebenen Erklärung nicht auf den Standpunkt gestellt hat, daß der Staatsgerichtshof Verordnungen des Reichspräsidenten auf ihre Verfassungsmäßigkeit nicht zu prüfen befugt sei. Er hat vielmehr ausgeführt, daß darüber, ob die tatsächlichen Voraussetzungen für den Erlaß einer Verordnung auf Grund des Art. 48 Abs. 2 RVerf. vorlägen und welche Maßnahmen zur Wiederherstellung der gefährdeten öffentlichen Ordnung und Sicherheit nötig seien, allein das der Nachprüfung durch die Gerichte entzogene pflichtmäßige Ermessen des Reichspräsidenten zu entscheiden habe, und zwar auch dann, wenn der Staatsgerichtshof bei einer Verfassungsstreitigkeit innerhalb eines Landes als Vorfrage zur Gültigkeit einer auf Grund des Art. 48 erlassenen Verordnung Stellung zu nehmen habe.

2. Das Land Sachsen vertritt die Meinung, daß die Verordnung des Reichspräsidenten schon deshalb der Prüfung auf ihre Gültigkeit entzogen sei, weil der Reichstag in seiner Sitzung am 6. Dezember 1930 ihre Aufhebung ausdrücklich abgelehnt habe. Diese Auffassung kann indessen nicht als zutreffend angesehen werden. Für Notverordnungen nach Art. 55 PrVerf. hat sich der Staatsgerichtshof dahin ausgesprochen, daß die Genehmigung einer solchen durch den Landtag sie einem Gesetz nicht völlig gleichstelle und ihre Mängel nicht heile. Auch wenn hieran nicht festzuhalten sein sollte, so ist doch die Ausgestaltung des Notverordnungsrechts nach Art. 55 PrVerf., wenn es sich auch mit den diktatorischen Befugnissen des Reichspräsidenten nach Art. 48 Abs. 2, 3 RVerf. in manchen Beziehungen berührt, von diesen so verschieden, daß die für jenes geltenden Grundsätze hierauf nicht ohne weiteres übertragen werden können. Im besonderen ist es erheblich, daß Art. 48 Abs. 3 RVerf. dem Reichstag nur das Recht gibt, die Außerkraftsetzung der vom Reichspräsidenten angeordneten Maßnahmen zu verlangen, während nach Art. 55 Satz 2 PrVerf. die Notverordnung dem Preußischen Landtag „zur Genehmigung" vorzulegen ist. Die Tätigkeit des Reichstags ist nur die Ausübung eines Aufsichtsrechts. Verlangt er die Außerkraftsetzung der ihm zur Kenntnis mitgeteilten Maßnahmen nicht, so hat das lediglich die Bedeutung einer Entlastung des Reichspräsidenten von der politischen Verantwortlichkeit dafür.

3. Hiernach ist die Verordnung des Reichspräsidenten vom

26. Juli 1930 auf ihre Verfassungsmäßigkeit hin zu prüfen. Diese Prüfung kann sich aber auf den Zweiten Abschnitt der Verordnung, die Gemeinde-Biersteuer, -Bürgersteuer und -Getränkesteuer betreffend, beschränken, weil die darin enthaltenen Vorschriften mit den übrigen Teilen der Verordnung in keinem untrennbaren rechtlichen Zusammenhang stehen.

Die Prüfung ergibt die Verfassungsmäßigkeit der Verordnung des Reichspräsidenten.

III. 1. Nach Art. 48 Abs. 2 RVerf. kann der Reichspräsident dann, wenn im Deutschen Reiche die öffentliche Sicherheit und Ordnung erheblich gestört oder gefährdet wird, die zur Wiederherstellung der öffentlichen Sicherheit und Ordnung nötigen Maßnahmen treffen. Zu diesem Zweck darf er vorübergehend die in Art. 114, 115, 117, 118, 123, 124 und 153 festgesetzten Grundrechte ganz oder zum Teil außer Kraft setzen. Das Reichsgesetz, das nach Art. 48 Abs. 5 das Nähere bestimmen soll, ist bisher nicht erlassen worden. Die Antragstellerin behauptet, daß die Voraussetzungen zu Maßnahmen des Reichspräsidenten gemäß Art. 48 RVerf. beim Erlaß der Verordnung vom 26. Juli 1930 nicht vorgelegen hätten, und vertritt die Ansicht, daß der Reichspräsident auf diesem Wege dem Volk keine neuen Steuern auferlegen dürfe. Dem kann nicht beigetreten werden.

2. Die Rechtseinrichtung der außerordentlichen diktatorischen Gewalt im Art. 48 Abs. 2 RVerf. ist geschichtlich aus der Einrichtung des Kriegszustands im Art. 68 der alten Reichsverfassung in Verb. mit dem preußischen Gesetz über den Belagerungszustand vom 4. Juni 1851 (GS. S. 451) und mit dem bayerischen Gesetz über den Kriegszustand vom 5. November 1912 (Ges. u. VoBl. S. 1161) hervorgegangen. Diese Einrichtung des älteren Rechts ist indessen durch Art. 48 und 178 Abs. 1 der neuen Reichsverfassung beseitigt worden. Ob, unter welchen Voraussetzungen und in welcher Art der Reichspräsident diktatorische Maßnahmen ergreifen kann, ist jetzt allein aus Art. 48 Abs. 2 RVerf. zu beantworten. Hiernach genügt jede erhebliche Störung oder Gefährdung der öffentlichen Sicherheit und Ordnung. Und diese Begriffe sind nicht lediglich im Sinne des Polizeirechts (vgl. Pr. ALR. § 10 II 17) als Störung oder Gefährdung der äußeren Ordnung durch Aufruhr, Natur- oder Kriegsereignisse zu verstehen, sondern umfassen auch wirtschaftliche Schwierig-

keiten. Freilich ist diese Ansicht nicht unbestritten; namhafte Rechtslehrer haben sich gegen eine so weite Ausdehnung der Machtbefugnisse des Reichspräsidenten ausgesprochen. Diese Bedenken können aber im Hinblick auf den umfassenden Wortlaut der Vorschrift nicht für durchschlagend erachtet werden, zumal da gerade die neueste Zeit gelehrt hat, daß auch die wirtschaftliche, finanzielle und soziale Lage die öffentliche Sicherheit und Ordnung in hohem Grade zu gefährden und zu stören vermag.

3. In seinem Rechte zur Anordnung von Maßnahmen gemäß Art. 48 Abs. 2 RVerf. ist der Reichspräsident nur durch Art. 48 selbst und durch die sonstigen Vorschriften der Reichsverfassung beschränkt, soweit er nicht nach Art. 48 Abs. 2 gewisse Grundrechte vorübergehend außer Kraft setzen darf. Er ist daher, wie in der Rechtsprechung des Reichsgerichts wiederholt anerkannt worden ist (vgl. z. B. RGSt. Bd. 55 S. 115, Bd. 56 S. 161, 163, 420), auch zum Erlaß von Rechtsverordnungen befugt, und diese können, wie sich aus dem schon Gesagten ergibt, auch in der Auferlegung von Abgaben bestehen, besonders dann, wenn die öffentliche Ordnung oder Sicherheit durch die finanzielle oder wirtschaftliche Lage gestört oder gefährdet ist. Die Maßnahmen müssen nur zur Wiederherstellung der öffentlichen Sicherheit und Ordnung oder, wo diese noch nicht gestört sind, zur Beseitigung ihrer Gefährdung dienen können. Insoweit berührt sich der Art. 48 Abs. 2 RVerf. trotz seines abweichenden Wortlauts mit dem Notverordnungsrecht des Preußischen Staatsministeriums nach Art. 55 PrVerf., für das in der Rechtsprechung des Staatsgerichtshofs stets anerkannt worden ist, daß seine Ausübung auch durch wirtschaftliche Mißstände und durch finanzielle Not gerechtfertigt werden kann und daß auf Grund dieses Notverordnungsrechts auch die Auferlegung von Steuern zulässig ist (Entsch. vom 23. März 1929 StGH. 8/28, RGZ. Bd. 124 Anh. S. 19flg. (29) = Lammers und Simons Rspr. Bd. 2 S. 51flg. (58), S. 66flg. (70); vom 21. November 1925 StGH. 3/25, RGZ. Bd. 112 Anh. S. 1flg. (10) = Lammers und Simons Rspr. Bd. 1 S. 267; vom 25. April 1931 StGH. 6/30). Die Maßnahmen des Reichspräsidenten aus Art. 48 Abs. 2 dürfen allerdings, da sie nur zur Wiederherstellung der erheblich gestörten oder gefährdeten öffentlichen Sicherheit und Ordnung getroffen werden können, nicht endgültig für alle Dauer bestimmt sein (RGSt. Bd. 59 S. 29flg.).

Dies ist aber beim Erlaß der Verordnung vom 26. Juli 1930 auch nicht beabsichtigt gewesen. Vielmehr soll die getroffene Regelung, der Natur dieses Teils der Verordnung als eines Steuergesetzes entsprechend, nur Geltung haben, solange der finanzielle Notstand dauert, zu dessen Behebung sie bestimmt ist. Der Umstand, daß dies für eine unbestimmte Zeit von voraussichtlich längerer Dauer der Fall sein wird, beeinträchtigt die Gültigkeit der Verordnung nicht.

4. Es erhebt sich weiterhin die Frage, ob und inwieweit der Staatsgerichtshof zu prüfen berechtigt und verpflichtet ist, ob die Voraussetzungen des Art. 48 Abs. 2 zur Zeit des Erlasses der Verordnung vom 26. Juli 1930 vorlagen und ob die darin angeordneten Maßnahmen zur Wiederherstellung der öffentlichen Sicherheit und Ordnung oder zur Beseitigung ihrer Gefährdung nötig waren. In der Rechtsprechung des Staatsgerichtshofs zum landesverfassungsrechtlichen Notverordnungsrecht, insbesondere in Preußen, ist anerkannt, daß der Staatsgerichtshof zu prüfen hat, ob ein ungewöhnlicher Notstand vorhanden war und ob er den Erlaß der Notverordnung dringend erforderte, daß jedoch hierbei dem Ermessen der zu einem schnellen und entschlossenen Handeln verpflichteten Regierung ein gewisser Spielraum belassen und ihr Vorgehen so lange als berechtigt angesehen werden muß, als sich nicht das Gegenteil aus den Verhältnissen der betreffenden Zeit heraus einwandfrei ergibt (Entsch. vom 21. November 1925 StGH. 3/25, RGZ. Bd. 112 Anh. S. 1flg. (10) = Lammers und Simons Rspr. Bd. 1 S. 267; vom 17. Dezember 1927 StGH. 6/27, RGZ. Bd. 118 Anh. S. 22flg. (31) = Lammers und Simons Rspr. Bd. 1 S. 398flg. (404); vom 23. März 1929 StGH. 8/28, RGZ. Bd. 124 Anh. S. 19flg. (30) = Lammers und Simons Rspr. Bd. 2 S. 51flg. (58); vom 25. April 1931 StGH. 6/30). Man kann die Ansicht vertreten, daß Entsprechendes auch hier zu gelten habe. Doch erübrigen sich weitere Erörterungen hierüber. Denn wenn man rückschauend die Entwicklung der Dinge seit dem Sommer 1930 betrachtet, die immer größer werdende Zahl der Erwerbslosen, das Darniederliegen der Wirtschaft, der Industrie, des Handels und der Landwirtschaft, die zunehmende Verschuldung des Reichs, der Länder, der Gemeinden und der Privatwirtschaft, die wachsende Not der Massen, die sich in der zunehmenden Zahl von Vergehen gegen Leib und Leben und Eigentum und in der bedenklichen Zuspitzung der innerpolitischen

Gegensätze äußert, so kann es nicht zweifelhaft sein, daß schon am 26. Juli 1930 die öffentliche Sicherheit und Ordnung erheblich gefährdet war und daß die in der Verordnung vom 26. Juli 1930 angeordneten steuerlichen Maßnahmen zur Beseitigung der Gefährdung notwendig waren. Sie haben sich dazu sogar als noch nicht ausreichend erwiesen, wie die bald danach am 1. Dezember 1930 und im Jahre 1931 weiterhin auf Grund des Art. 48 Abs. 2 ergangenen Verordnungen des Reichspräsidenten und die an einen völligen Zusammenbruch grenzende Finanzlage des Reichs, der Länder und der Gemeinden, großer Banken und Handelsunternehmungen deutlich erkennbar machen. Insoweit kann hiernach die Verfassungsmäßigkeit der Verordnung vom 26. Juli 1930 nicht bemängelt werden.

5. Im Schrifttum ist auch die Frage erörtert worden, ob es zulässig war, daß der Reichspräsident, nachdem die Verordnungen vom 16. Juli 1930 (RGBl. I S. 207 und 212) auf Verlangen des Reichstags durch Verordnung vom 18. Juli 1930 (RGBl. I S. 223) außer Kraft gesetzt worden waren, entgegen dem so erklärten Willen der Reichstagsmehrheit die Verordnung vom 26. Juli 1930 mit im wesentlichen gleichem Inhalt erließ. Das ist indessen zu bejahen. Wie bereits der erste Strafsenat des Reichsgerichts in seinem Urteil vom 6. Oktober 1931 (RGSt. Bd. 65 S. 364) ausgeführt hat, kommt in der Reichsverfassung nicht zum Ausdruck und ergibt sich auch nicht aus allgemeinen staatsrechtlichen Gründen, daß der Reichspräsident dieselben Maßnahmen nicht mehrmals treffen dürfte, auch nicht für den Fall, daß der Reichstag schon einmal ihre Außerkraftsetzung verlangt hat und demzufolge ihre Aufhebung verfügt worden ist. Es besteht stets die Möglichkeit, daß sich bei einer erneuten Abstimmung keine Mehrheit für die Außerkraftsetzung der Maßnahmen ergibt, wie der Reichstag ja auch im vorliegenden Fall in seiner Sitzung vom 6. Dezember 1930 die Aufhebung der Verordnung vom 26. Juli 1930 abgelehnt hat. Der Reichspräsident ist daher durch den Willen der Reichstagsmehrheit nicht gehindert gewesen, die Verordnung vom 26. Juli 1930 zu erlassen, ebenso wie ihm das Recht zur Auflösung des Reichstags nach Art. 25 Abs. 1 RVerf. gesetzlich zustand. Daß er bei diesen Maßnahmen ein anderes Ziel verfolgt habe als das, das Staatsleben in den von der Verfassung vorgeschriebenen Bahnen zu halten, dafür liegt nichts vor. Aus den angegebenen Gesichtspunkten kann daher die Verordnung vom 26. Juli 1930 nicht beanstandet werden.

6. Es fragt sich aber, ob der Reichspräsident bei Erlaß dieser Verordnung den Rahmen der ihm zustehenden Maßnahmen überschritten hat, indem er etwa von Vorschriften der Reichsverfassung abgewichen ist, die außer Kraft zu setzen ihm nicht gestattet war.

a) In dieser Beziehung wird zunächst geltend gemacht, daß bei Erlaß der Verordnung gegen die Zuständigkeitsregelung im Art. 11 RVerf. verstoßen worden sei, der in seinem hier in Betracht kommenden Teil das Reich nur für befugt erklärt, im Wege der Gesetzgebung Grundsätze über die Zulässigkeit und Erhebungsart von Landesabgaben aufzustellen, soweit sie erforderlich sind, um wichtige Gesellschaftsinteressen zu wahren. Dieser Vorwurf ist nicht begründet. Denn die Zuständigkeit des Reichspräsidenten bei Ausübung der Diktaturgewalt nach Art. 48 Abs. 2 ist eine selbständige, unmittelbar auf dieser Vorschrift beruhende und bedarf nicht der Ableitung aus sonstigen Zuständigkeitsvorschriften der Reichsverfassung. Sie gestattet daher dem Reichspräsidenten auch, innerhalb der Grenzen, die der Anwendung des Art. 48 im übrigen gezogen sind, Rechtsverordnungen auf den der Zuständigkeit der Länder unterworfenen Gebieten zu erlassen (vgl. Grau im Handbuch des Deutschen Staatsrechts 1931 Bd. 2 S. 276, 277, 281).

b) Ferner werden die Artikel 127, 134 und 164 RVerf. als verletzt bezeichnet.

aa) Nach Art. 127 haben die Gemeinden und Gemeindeverbände zwar das Recht der Selbstverwaltung, aber nur innerhalb der Schranken der Gesetze. Daraus geht hervor, daß das Selbstverwaltungsrecht nicht völlig unbeschränkt ist, sondern auf dem Wege der Gesetzgebung eingeschränkt, wenn auch ohne die Voraussetzungen einer Verfassungsänderung nicht völlig beseitigt werden kann (vgl. insbesondere Entsch. vom 11. Dezember 1929 StGH. 9, 11, 14, 15, 16, 18/29, RGZ. Bd. 126 Anh. S. 14flg. [22] = Lammers und Simons Rspr. Bd. 2 S. 99flg. [107]). Gesetz in diesem Sinne ist aber regelmäßig auch eine vom Reichspräsidenten gemäß Art. 48 Abs. 2 RVerf. erlassene Rechtsverordnung. Von einer gänzlichen Beseitigung des Selbstverwaltungsrechts der Gemeinden durch die Verordnung vom 26. Juli 1930 kann keine Rede sein. Wenn aber ihr Selbstverwaltungsrecht dadurch eingeschränkt wird, so verstößt das nicht gegen Art. 127 das.

bb) Nach Art. 134 RVerf. tragen alle Staatsbürger ohne Unterschied im Verhältnis ihrer Mittel zu allen öffentlichen Lasten nach Maßgabe der Gesetze bei. Diesem Grundsatz ist unbedenklich zu entnehmen, daß Steuervorrechte einzelner Personen, Stände oder Gesellschaftsklassen nicht weiterbestehen oder neu eingeführt werden dürfen. Das steht aber hier nicht in Frage. Im übrigen hat Art. 134 kaum eine weitere Bedeutung als die einer allgemeinen Richtlinie für Gesetzgebung und Verwaltung, zumal da der Grundsatz der Besteuerung nach der Leistungsfähigkeit bei indirekten Steuern, wie es die Gemeinde-Bier- und Getränkesteuer sind, überhaupt nicht durchführbar ist. Für die Bürgersteuer kommt in Betracht, daß sie mit Ausnahme gewisser aus sozialen Gründen befreiter minderbemittelter Personenklassen von allen im Gemeindebezirke wohnenden Personen ohne Unterschied zu erheben und nach der Höhe des Einkommens abgestuft ist. Ein Verstoß gegen Art. 134 kann ebensowenig für die Gemeinde-Bier- und -Getränkesteuer angenommen werden, die von denjenigen, bei denen sie erhoben wird, auf die Verbraucher abgewälzt werden kann. Es mag sein, daß dadurch ein Rückgang im Verbrauch von Bier und anderen Getränken eintritt und daß damit eine Schädigung gewisser Erwerbskreise verbunden ist. Das verstößt aber nicht gegen den Grundsatz gleichmäßiger Heranziehung aller Staatsbürger zu den öffentlichen Lasten. Endlich kommt aber auch hier in Betracht, daß die nähere Ausgestaltung dieses Grundsatzes den Gesetzen vorbehalten ist und daß zu diesen Gesetzen auch die Verordnung des Reichspräsidenten vom 26. Juli 1930 gehört.

cc) Nach Art. 164 RVerf. ist der selbständige Mittelstand in Landwirtschaft, Gewerbe und Handel in Gesetzgebung und Verwaltung zu fördern und gegen Überlastung und Aufsaugung zu schützen. Zum selbständigen Mittelstand gehört unbedenklich auch der Stand der Gastwirte. Aber die Vorschrift enthält, worüber man sich schon im Verfassungsausschuß klar geworden ist, nicht mehr als eine allgemeine Mahnung an den Gesetzgeber, ein Programm. Davon, daß sie durch die Verordnung vom 26. Juli 1930 verletzt sei, kann umsoweniger die Rede sein, als die Bürgersteuer grundsätzlich von allen im Gemeindebezirk wohnenden Personen erhoben wird und die Gemeinde-Bier- und -Getränkesteuer auf die Verbraucher abgewälzt werden kann, alle diese Steuern also nicht — oder jedenfalls im Ergebnis nicht — den Mittelstand als solchen belasten. Es kann aber nicht der Sinn des Art. 164 sein, daß die Schäden, die der Gastwirtsstand möglicherweise dadurch erleidet, daß sich sein Einkommen infolge einer allen Verbraucherkreisen auferlegten Steuer mindert, von ihm ferngehalten werden müßten.

Hiernach verstößt die Verordnung vom 26. Juli 1930 in ihren hier in Betracht kommenden Teilen nicht gegen die Reichsverfassung.

IV. 1. Daraus folgt freilich noch nicht ohne weiteres die Verfassungsmäßigkeit der sächsischen Gemeindesteuer-Notverordnung, weil deren Inhalt zum Teil über die Verordnung des Reichspräsidenten vom 26. Juli 1930 hinausgeht. Dies ist allerdings nicht für § 3 Abs. 2 Satz 4 der Gemeindesteuer-Notverordnung anzuerkennen; denn § 2 Abs. 3 Halbsatz 2 der Durchführungsbestimmungen des Reichsfinanzministers sieht ausdrücklich die Möglichkeit vor, die Befugnis der Landesregierungen, der Erhebung einer Gemeinde-Getränkesteuer zuzustimmen, auf eine nachgeordnete Behörde zu übertragen.

2. Dagegen geht die sächsische Gemeindesteuer-Notverordnung über den Inhalt der Verordnung des Reichspräsidenten vom 26. Juli 1930 hinaus, wenn sie allgemein zur Erhebung einer Gemeinde-Biersteuer in den Gemeinden und selbständigen Gutsbezirken verpflichtet und wenn die Erhebung der Gemeinde-Biersteuer vom 1. Oktober 1930 ab ohne Rücksicht darauf vorgeschrieben wird, ob ein entsprechender Gemeindebeschluß ergangen ist. Ob ein gleiches für die Beteiligung der Bezirksverbände am Aufkommen aus der Gemeinde-Biersteuer und für die Übertragung der Verwaltung der Biersteuer für die bezirkszugehörigen Gemeinden auf die Bezirksverbände zu gelten hat, kann zweifelhaft sein.

3. Dieser Frage braucht indessen für die hier zu treffende Entscheidung nicht näher nachgegangen zu werden. Denn wenn die Verordnung vom 26. Juli 1930, von ihrem § 6 abgesehen, die Gemeinden auch lediglich für berechtigt erklärt, eine Gemeinde-Biersteuer zu erheben, so fehlt es doch an jedem Anhalt für die Annahme, daß es den Ländern verwehrt sein soll, sie zur Erhebung einer solchen Steuer allgemein zu verpflichten. Der Zweck der Verordnung, den Gemeinden zu weiteren Einnahmen zu verhelfen, kann durch eine solche Verpflichtung noch eher und besser erreicht werden als durch die bloße Berechtigung zur Steuererhebung. Wenn auch ferner im Zweiten Abschnitt der Verordnung lediglich die Gemeinden

als Steuergläubiger bestimmt sind, so wird dieser Bestimmung doch nicht dadurch zuwidergehandelt, daß die sächsische Gemeindesteuer-Notverordnung die Verwaltung der Biersteuer den Bezirksverbänden als Zusammenschlüssen von Gemeinden übertragen und im Wege des innerstaatlichen Finanzausgleichs den Bezirksverbänden einen Anteil am Aufkommen aus der Biersteuer gewährt hat. Vielmehr schließt die Verordnung vom 26. Juli 1930 die Erklärung in sich ein, daß die darin behandelten und den Gemeinden überlassenen Abgaben für die Zwecke des Reiches nicht in Anspruch genommen würden, sodaß die auch durch § 1 des Finanzausgleichsgesetzes gewährleistete Steuerhoheit der Länder Platz greift und die von der Verordnung vom 26. Juli 1930 abweichenden Bestimmungen der sächsischen Gemeindesteuer-Notverordnung hierdurch gedeckt werden. Damit steht auch das Schreiben des Reichsministers der Finanzen vom 2. November 1930 im Einklang, auf das sich der Sächsische Staat bezogen hat. Die Vermutung der Antragstellerin, daß man dabei von unrichtigen Voraussetzungen ausgegangen sei, entbehrt jeder tatsächlichen Unterlage.

Hiernach war das Land Sachsen kraft der ihm zustehenden Steuerhoheit zur Regelung der Gemeinde-Biersteuer in der aus der Gemeindesteuer-Notverordnung ersichtlichen Weise zuständig. Die Art. 8, 11 RVerf. sind dadurch nicht verletzt.

V. 1. Was die sonstigen Angriffe gegen diese Verordnung anlangt, so erweisen sie sich als unbegründet, sodaß die Frage auf sich beruhen kann, ob ihre Gültigkeit schon infolge ihrer Genehmigung durch den Landtag der Prüfung durch den Staatsgerichtshof entzogen ist. Eine Verletzung der Grundsätze in Art. 127, 134, 164 RVerf. enthält sie nach dem zu diesen Vorschriften schon Ausgeführten nicht.

2. Es kann sich nur fragen, ob die sächsische Gemeindesteuer-Notverordnung im Widerspruch mit Art. 40 der Verfassung des Freistaates Sachsen erlassen worden ist. Das ist aber auch nicht der Fall.

a) Nach Art. 40 dieser Verfassung kann das Gesamtministerium, solange der Landtag nicht versammelt ist, eine durch das Staatswohl dringend gebotene Anordnung, die nach ihrer Art der Zustimmung des Landtags bedarf, als Notverordnung erlassen, wenn ihr Zweck durch Verzögerung vereitelt würde. Vorher soll die Regierung den Zwischenausschuß hören, wenn es möglich ist. Die Verfassung und das Landeswahlgesetz können durch Notverordnung nicht geändert werden. Hiernach muß es sich um eine Anordnung handeln, die durch das Staatswohl dringend geboten ist, und es ist weiterhin erforderlich, daß ihr Zweck durch Verzögerung vereitelt würde. In der Rechtsprechung des Staatsgerichtshofs zu den Verfassungen anderer Länder ist anerkannt, daß der Staatsgerichtshof zu prüfen hat, ob die verfassungsmäßigen Voraussetzungen für den Erlaß von Notverordnungen vorgelegen haben, daß dabei aber dem Ermessen der Regierung ein gewisser Spielraum belassen und ihr Vorgehen so lange als berechtigt angesehen werden muß, als sich nicht das Gegenteil aus den Verhältnissen der betreffenden Zeit heraus einwandfrei ergibt. Das muß auch für die Verfassung des Freistaates Sachsen gelten. Es fragt sich also, ob die Gemeindesteuer-Notverordnung durch das Staatswohl dringend geboten war. Dies ist aus denselben Gründen zu bejahen, aus denen nach dem oben Gesagten die Verordnung des Reichspräsidenten vom 26. Juli 1930 als eine zur Wiederherstellung der öffentlichen Sicherheit und Ordnung nötige Maßnahme bezeichnet worden ist. Es ist bekannt und liegt in der Natur der Sache, daß sich gerade im Lande Sachsen mit seiner überwiegend in der Industrie beschäftigten Bevölkerung der Niedergang der Industrie, die schlechte Wirtschaftslage, die Not der Arbeitslosen besonders stark ausgewirkt haben. Gerade die sächsischen Gemeinden haben infolgedessen schon lange mit finanziellen Schwierigkeiten zu kämpfen gehabt. Ihnen neue Einnahmequellen zu erschließen, war schon im Herbst 1930 dringend geboten. Ob der Zweck der Notverordnung vereitelt worden wäre, wenn man mit den gesetzgeberischen Maßnahmen bis zur Beschlußfassung durch den Landtag gewartet hätte, ist schwer zu beurteilen. Es muß aber davon ausgegangen werden, daß die Sächsische Regierung bei Erlaß der Notverordnung dieser Ansicht gewesen ist, und die Unrichtigkeit ihrer Beurteilung liegt keineswegs klar zutage. Sie hat dafür auch in diesem Verfahren ausreichende Gründe vorgetragen.

b) Nun ist nach Art. 40 SächsVerf. weiterhin Voraussetzung für den Erlaß einer Notverordnung, daß es sich um eine Anordnung handelt, die ihrer Art nach der Zustimmung des Landtags bedarf. Dies trifft zu, soweit die Gemeindesteuer-Notverordnung über den Inhalt der Verordnung des Reichspräsidenten vom 26. Juli 1930 hinausgehend allen Gemeinden Rechte und

Pflichten gibt. Denn dazu war ein vom Landtag zu beschließendes Gesetz erforderlich (Art. 5 SächsVerf.). Soweit die Gemeindesteuer-Notverordnung lediglich Ausführungsbestimmungen zur Reichsverordnung vom 26. Juli 1930 enthält, bedurfte es allerdings nicht der Zustimmung des Landtags, da nach Art. 32 Abs. 1 der Verfassung die zuständigen Ministerien die Gesetze, die Reichsverordnungen und die Beschlüsse des Landtags ausführen. Dazu kommen § 8 Abs. 1 Satz 3 der Verordnung vom 26. Juli 1930, wodurch die Landesregierungen für befugt erklärt werden, Bestimmungen über die Ausgestaltung der Gemeinde-Biersteuer und der Gemeinde-Getränkesteuer im einzelnen zu erlassen, und weiter die Ermächtigungen in § 11 Abs. 2 und in § 18 Nr. 3 der Durchführungsbestimmungen vom 4. September 1930. Es steht aber nichts entgegen, daß die Ausführungsbestimmungen zu Reichsgesetzen, statt von den zuständigen Ministern, im Wege der Gesetzgebung vom Landtag oder, soweit die Voraussetzungen einer Notverordnung im übrigen gegeben sind, durch eine solche vom Gesamtministerium erlassen werden. Dadurch, daß man diesen Weg einschlägt, wird die Anordnung eine solche, die der Zustimmung des Landtags im Sinne des Art. 40 Abs. 1 Satz 1 der Verfassung bedarf.

c) Gegeben war auch die fernere Voraussetzung der Notverordnung nach dieser Vorschrift, daß der Landtag nicht versammelt ist. Darauf, daß er bald danach wieder zusammengetreten ist, kommt es nicht an (Entsch. vom 21. November 1925 StGH. 3/25, RGZ. Bd. 112 Anh. S. 1flg. [6] = Lammers und Simons Rspr. Bd. 1 S. 267flg. [271]; vom 23. März 1929 StGH. 8/28, RGZ. Bd. 124 Anh. S. 19flg. [32] = Lammers und Simons Rspr. Bd. 2 S. 51flg. [60]; vom 25. April 1931 StGH. 6/30). Der Zwischenausschuß ist gehört worden. Seine Zustimmung war nicht Voraussetzung des Erlasses der Notverordnung. Insoweit unterscheidet sich die Verfassung für den Freistaat Sachsen von der Preußischen Verfassung, nach deren Art. 55 eine Notverordnung nur in Übereinstimmung mit dem Ständigen Ausschuß erlassen werden darf. Daß sich das Gesamtministerium in Sachsen bei Erlaß einer Notverordnung nach den zu vermutenden oder auch geäußerten Wünschen der Landtagsmehrheit zu richten hätte, ist der Verfassung nicht zu entnehmen. Rechtsirrig ist auch die Ansicht der Antragstellerin, daß das Sächsische Gesamtministerium, weil es nur ein geschäftsführendes gewesen sei, die Notverordnung nicht habe erlassen dürfen. Diese Auffassung hat der Staatsgerichtshof in seiner Entscheidung vom 21. November 1925 StGH. 3/25, RGZ. Bd. 112 Anh. S. 1flg. (5flg.) = Lammers und Simons Rspr. Bd. 1 S. 267flg. (270flg.) für das preußische Recht abgelehnt, obwohl nach Art. 59 Abs. 2 PrVerf. die von ihrem Amt zurückgetretenen Staatsminister nur die „laufenden" Geschäfte bis zu deren Übernahme durch die neuen Minister weiterzuführen haben. Das dort Gesagte muß für die Sächsische Verfassung um so mehr gelten, als nach deren Art. 27 Abs. 5 Satz 2 nach dem Rücktritt des Ministerpräsidenten bis zur Neubildung des Gesamtministeriums die bisherigen Mitglieder die Geschäfte ohne jede Einschränkung weiterführen. Daß die Gemeindesteuer-Notverordnung inhaltlich der Sächsischen Verfassung zuwiderlaufe, ist weder behauptet noch ersichtlich.

VI. Was die Antragstellerin sonst noch zur Begründung ihres Antrags zur sächsischen Gemeindesteuer-Notverordnung vorgebracht hat, ist unerheblich. Dazu gehört die Behauptung, daß die Gastwirte infolge der den Gemeinden zur Erhebung der Biersteuer auferlegten Verpflichtung der Möglichkeit beraubt seien, ihren Einfluß in den Gemeindevertretungen gegen die Einführung der Biersteuer geltend zu machen. Denn es ist nicht ersichtlich, wodurch ihnen der Fortbestand dieser Möglichkeit gewährleistet sein soll. Aus einer Vorschrift der Verfassung läßt sich das nicht herleiten. Der Umstand ferner, daß sich der Stand der Gastwirte in Sachsen, wie behauptet worden ist, in einer großen Notlage befindet — was übrigens für andere Stände nicht weniger zutrifft —, vermag an der rechtlichen Beurteilung nichts zu ändern. Unerheblich ist auch die Behauptung, daß die Sächsische Regierung unterlassen habe, die Genehmigung der Notverordnung durch den Landtag alsbald herbeizuführen, daß sie die Entschließung des Landtags darüber absichtlich hinausgezögert habe. Denn diese Umstände, falls sie richtig sein sollten, könnten vielleicht den Vorwurf der Pflichtwidrigkeit gegen das Gesamtministerium begründen, vermöchten aber den Antrag auf Feststellung der Verfassungswidrigkeit der Gemeindesteuer-Notverordnung nicht zu rechtfertigen. Für die Entscheidung hierüber kommt es auch nicht darauf an, ob die Gemeindesteuer-Notverordnung mit anderen gesetzlichen Vorschriften als verfassungsrechtlichen Normen im Widerspruch steht.

VII. Verstößt hiernach die sächsische Gemeindesteuer-Notverordnung weder gegen die Verfassung des Reiches noch gegen die des Landes Sachsen, so fehlt es auch an jedem Grund, eine solche Verfassungsverletzung für die vom Sächsischen Ministerium des Innern dazu erlassenen Verordnungen anzunehmen.

VIII. 1. Was den Streit der Parteien zum Gesetz vom 30. März 1931 anlangt, so steht durch die Auskunft des Präsidenten des Landtags des Freistaates Sachsen vom 4. August 1931 fest, daß das Gesetz mit dem Inhalt, wie es die Regierung verkündet hat, ihr nach § 47 der Geschäftsordnung des Landtags mitgeteilt worden ist. Das enthebt aber den Staatsgerichtshof nicht der Prüfung, ob der Inhalt des verkündeten Gesetzes mit der Beschlußfassung des Landtags übereinstimmt; denn die Verfassung ermächtigt den Landtagspräsidenten nicht zur endgültigen, nicht nachprüfbaren Feststellung des Ergebnisses einer Abstimmung des Landtags über Gesetzesvorlagen. Hieran wird der Staatsgerichtshof auch nicht dadurch gehindert, daß der Ältestenrat des Sächsischen Landtags in seiner Mehrheit der Auffassung des Landtagspräsidenten darüber, was beschlossen worden war, beigetreten ist; denn der Ältestenrat als solcher ist an der Gesetzgebung selbst nicht beteiligt, seine Aufgabe ist es nach § 20 der Geschäftsordnung vielmehr lediglich, eine freie Verständigung über die Handhabung der Geschäfte herbeizuführen. Die hiernach gebotene Prüfung ergibt indessen, daß das Gesetz mit dem ihm durch die Beschlüsse des Landtags gegebenen Inhalt verkündet worden ist.

2. In der 37. Sitzung des Sächsischen Landtags vom 19. März 1931 wurde über die Drucksache Nr. 266 abgestimmt, die den Bericht des Rechtsausschusses zur Vorlage Nr. 17 über den Entwurf eines Gesetzes zum Vollzuge des Zweiten Abschnitts der Verordnung des Reichspräsidenten vom 26. Juli 1930 in der Fassung vom 1. Dezember 1930 enthielt. Der Antrag ging dahin, die §§ 1 bis 6 der Vorlage 17 unverändert anzunehmen, den § 7 abzulehnen, den § 8 mit der Änderung anzunehmen, daß an die Stelle der Worte „am 1. Januar 1931" gesetzt werde „mit der Verkündung", und mit diesen Änderungen die Vorlage samt Überschrift, Eingang und Schluß anzunehmen (S. 1329 der Sitzungsberichte). § 1 der Vorlage 17 lautete: „Die „Notverordnung über die Gemeinde-Biersteuer, -Bürgersteuer und -Getränkesteuer (Gemeindesteuer-Notverordnung) vom 24. September 1930 — GBl. S. 121 — tritt außer Kraft." § 8 der Vorlage 17

lautete: „Die §§ 2 und 6 dieses Gesetzes treten mit Wirkung vom 1. Oktober 1930 an, im übrigen tritt das Gesetz am 1. Januar 1931 in Kraft." Nach der Vorlage sollte also die Gemeindesteuer-Notverordnung außer Kraft treten (§ 1), und zwar am 1. Januar 1931, demgemäß bis zum 1. Januar 1931 in Kraft bleiben. Nach dem Antrag des Rechtsausschusses sollte hierin nur insofern eine Änderung eintreten, als das Gesetz mit Ausnahme der §§ 2 und 6, also auch § 1, mit der Verkündung statt mit dem 1. Januar 1931 in Kraft treten sollte. Hiernach wäre die Gemeindesteuer-Notverordnung mit der Verkündung des Gesetzes, d. h. am 2. April 1931, außer Kraft getreten. Die Abgeordneten Dr. Fritsch und Genossen hatten zu Ziff. 1 des Ausschußantrags den Abänderungsantrag gestellt, der Landtag wolle beschließen, § 1 der Vorlage Nr. 17 in folgender Fassung anzunehmen: „Die Notverordnung über die Gemeinde-Biersteuer, -Bürgersteuer und -Getränkesteuer (Gemeindesteuer-Notverordnung) vom 24. September 1930 — GBl. S. 121 — tritt mit Wirkung vom 1. Oktober 1930 außer Kraft" (S. 1329 der Sitzungsberichte). Dieser Abänderungsantrag wurde abgelehnt (S. 1356 a. a. O.). Darauf wurde über die Drucksache Nr. 266 abgestimmt. Sie wurde zu Ziff. 1 bis 7 angenommen, zu Ziff. 4 mit einem Abänderungsantrag Dr. Bünger und Genossen. Zu Ziff. 8 der Vorlage lag ein Abänderungsantrag der Abgeordneten Dr. Kaiser und Genossen vor, den § 8 der Vorlage in folgender Fassung anzunehmen: „Die §§ 1, 2 und 6 dieses Gesetzes treten mit Wirkung vom 1. Oktober 1930 an, im übrigen tritt das Gesetz mit der Verkündung in Kraft" (S. 1329 a. a. O.). Hiernach sollte also bestimmt werden, daß die Gemeindesteuer-Notverordnung, deren Außerkrafttreten zu § 1 der Vorlage beschlossen worden war, bereits mit Wirkung vom 1. Oktober 1930 außer Kraft treten sollte. Der Abänderungsantrag wurde angenommen (S. 1357 a. a. O.). Dann wurde weiterhin beschlossen, die Vorlage mit diesen Änderungen und mit Überschrift, Einleitung und Schluß anzunehmen.

Hiernach hatte der Landtag bei § 1 der Vorlage abgelehnt, daß die Gemeindesteuer-Notverordnung schon mit Wirkung vom 1. Oktober 1930 außer Kraft treten sollte, dasselbe aber bei § 8 der Vorlage angenommen.

Daß die erste dieser beiden entgegengesetzten Entschließungen allein maßgebend sei, kann aus § 70 der Geschäftsordnung des

Sächsischen Landtags nicht gefolgert werden. Hier wird allerdings bestimmt, daß ein vom Landtag gefaßter Beschluß in derselben Beratung (Lesung) nicht abgeändert oder zurückgenommen werden kann. Es handelt sich dabei aber um eine bloße Ordnungsvorschrift, über die sich der Landtag jederzeit hinwegsetzen kann.

Anderseits ist aus der zeitlichen Folge nicht ohne weiteres zu entnehmen, daß der zweite Beschluß der allein maßgebende sei. Im allgemeinen mag das allerdings zutreffen. Es kommt nicht selten vor, daß bei Abstimmungen, welche Gesetzesvorlagen betreffen, über Anträge mit gleichem Inhalt mehrfach und mit verschiedenem Ergebnis abgestimmt wird. Das kann seinen Grund darin haben, daß die Zusammensetzung der Versammlung der Abgeordneten bei den mehreren Abstimmungen verschieden ist. Es können dabei auch Parteirücksichten mitspielen. In solchen Fällen wird die letzte Abstimmung als maßgebend betrachtet werden müssen. Im gegenwärtigen Falle liegt aber nichts dafür vor, daß sich der Wille der Landtagsmehrheit, der bei der Abstimmung über den Antrag Dr. Fritsch und Genossen zu § 1 der Vorlage zu klarem Ausdruck gekommen war, bis zur Abstimmung über den Antrag Dr. Kaiser und Genossen zu § 8 der Vorlage geändert hätte. Besondere Umstände lassen vielmehr darauf schließen, daß die Abstimmung über den Antrag Dr. Kaiser und Genossen von einem Irrtum beeinflußt worden ist und dem Willen der Landtagsmehrheit nicht entsprochen hat.

Die Art und Weise der Abstimmung ließ Mißverständnissen Raum. Nachdem der Präsident des Landtags bekanntgegeben hatte, daß zu Ziff. 8 der Drucksache Nr. 266 ein Abänderungsantrag Kaiser vorliege und daß darüber auf Antrag des Abgeordneten Studentkowski getrennt abgestimmt werden solle, zunächst bis § 1, dann über §§ 2 bis 6, bemerkte der Abgeordnete Renner, er möchte, daß abgestimmt werde, bis § 1 „vom 1. Oktober an"; „im übrigen" könne man jetzt nicht abstimmen. Darauf erklärte der Präsident, er lasse abstimmen bis § 1 „und natürlich das andere dazu". Diese Erklärung ermangelte der erforderlichen Klarheit und konnte mißverstanden werden. Anscheinend ist sich der Landtagspräsident dabei nicht bewußt gewesen, daß der Antrag Dr. Kaiser und Genossen, soweit er sich auf § 1 der Vorlage bezog, sachlich bereits mit dem Antrag Dr. Fritsch und Genossen abgelehnt worden war. Andernfalls hätte er wohl darauf aufmerksam gemacht und eine Beschlußfassung des Hauses darüber herbeigeführt, ob der Antrag Dr. Kaiser und Genossen nicht erledigt sei. Da dies unterblieben ist, muß angenommen werden, daß sich ein erheblicher Teil der Abgeordneten über die Bedeutung der Abstimmung zum ersten Teil des Abänderungsantrags Dr. Kaiser und Genossen geirrt hat, indem er sich nicht bewußt gewesen ist, daß danach die Gemeindesteuer-Notverordnung bereits mit dem 1. Oktober 1930 außer Kraft treten sollte, daß er dies mit seiner Zustimmung zum Abänderungsantrag nicht zum Ausdruck bringen wollte und der gleichen irrigen Auffassung auch noch bei der Abstimmung über Ziff. 9 der Drucksache Nr. 266 war. Daß eine solche Unklarheit bestand, hat auch der Abgeordnete Edel alsbald ausgesprochen, freilich unter Widerspruch der Wirtschaftspartei und nicht ohne daß der Landtagspräsident eine Anzweiflung der Abstimmung für unmöglich erklärte. Hiernach ist davon auszugehen, daß sich die beiden Beschlüsse des Landtags zum Antrag Dr. Fritsch und Genossen und zum Antrag Dr. Kaiser und Genossen, wie sie in den Ergebnissen der Abstimmungen zutage getreten sind, infolge eines Irrtums bei der Abstimmung sachlich widersprechen. Deshalb kann nur ein Beschluß als maßgebend betrachtet werden, und dies kann nur der erstgefaßte sein, der zwar formell bloß dazu führte, im § 1 das Außerkrafttreten der Gemeindesteuer-Notverordnung zu bestimmen ohne Angabe eines Zeitpunktes, von wann ab dies geschehen sollte, aber zugleich die Erklärung der Landtagsmehrheit in sich schloß, daß dies nicht schon mit dem 1. Oktober 1930 der Fall sein solle. Bei der Abstimmung über den Antrag Dr. Kaiser und Genossen ist der wahre Wille der Mehrheit, der auf Ablehnung des Antrags gerichtet war, nicht zum Ausdruck gekommen. § 7 des Gesetzes vom 30. März 1931 ist also von der Sächsischen Regierung so verkündet worden, wie er bei Zugrundelegung des wahren Willens der Landtagsmehrheit lauten muß.

Register.

Die Zahlen bedeuten die Seiten.

A. Sachregister.

A

D

E

F

G

S

T

U

V

W

Z

B. Gesetzesregister.

1. Reichsrecht.

b. Einführungsgesetz zum Bürgerlichen Gesetzbuch.

c. Handelsgesetzbuch von 1897.

d. Zivilprozeßordnung von 1877.

e. Zivilprozeßordnung in der Fassung von 1924.

2. Landesrecht.

Baden.

3. Ausländisches Recht.

Österreich.

C. Zusammenstellung der Entscheidungen nach der Zeitfolge.

Entscheidungen des Staatsgerichtshofs.

Zusammenstellung
der
im 134. Bande
mitgeteilten Entscheidungen
nach
Oberlandesgerichtsbezirken

(bei Sprungrevisionen und bei Beschwerden in Angelegenheiten der freiwilligen Gerichtsbarkeit nach Landgerichtsbezirken).

(Die Zahlen bezeichnen die Nummern der Entscheidungen.)

Berlin	5. 12. 13. 15. 17. 23. 31. 32. 33. 35. 40. 41. 42. 44. 46. 49. 50. 53. 54. 62.
Breslau	19. 28. 48. 59.
Celle	7. 27. 29.
Darmstadt	18.
Dresden	11. 36.
Düsseldorf	3. 43. 61.
Frankfurt a. M.	38. 65.
Hamburg	8. 14. 24. 52. 60.
Hamm	34. 63.
Jena	2. 10. 21.
Kassel	22.
Kiel	9. 58.
Köln	20. 26. 64.
Königsberg i. Pr.	39. 45.
München	6.
Naumburg a. S.	47. 66.
Oldenburg	1. 4. 25.
Stettin	16. 51.

Landgericht I Berlin	57.
Landgericht Bremen	56.
Landgericht Kiel	37.
Landgericht Liegnitz	55.
Landgericht München I	30.
Staatsgerichtshof. Anhang	1. 2. 3.

Berichtigungen.

Hundertvierunddreißigster Band.

Bd. 95 S. 92 Z. 6 v. o. (nach der Überschrift) statt „II 343/19" lies: „II 343/18".
Bd. 116 S. 153 Z. 6 v. o. statt „Bd. 109" lies: „Bd. 108".
Bd. 134 S. 107 Z. 7 v. u. statt „Bd. 131" lies: „Bd. 132".

Kolibri 360 GmbH
Ferdinand-Jühlke-Straße 7
99095 Erfurt, Deutschland
produktsicherheit@kolibri360.de